ASCENSÃO E DECLÍNIO DO ESTADO

ASCENSÃO E DECLÍNIO DO ESTADO

Martin van Creveld

Tradução
JUSSARA SIMÕES

Revisão da tradução
SILVANA VIEIRA

Revisão técnica
CÍCERO ARAÚJO

Esta obra foi publicada originalmente em inglês com o título
THE RISE AND DECLINE OF THE STATE
por The Press Syndicate of the University of Cambridge,
The Pitt Building, Trumpington Street, Cambridge, Inglaterra –
Cambridge University Press.
Copyright © Martin van Creveld 1999.
Copyright © 2004, Livraria Martins Fontes Editora Ltda.,
São Paulo, para a presente edição.

1ª edição 2004
2ª edição 2022

Tradução
JUSSARA SIMÕES

Revisão técnica
Cícero Araújo
Revisão da tradução
Silvana Vieira
Acompanhamento editorial
Luzia Aparecida dos Santos
Revisões
Sandra Regina de Souza
Mauro de Barros
Dinarte Zorzanelli da Silva
Produção gráfica
Geraldo Alves
Paginação
Studio 3 Desenvolvimento Editorial
Capa
Katia Harumi Terasaka Aniya

Dados Internacionais de Catalogação na Publicação (CIP)
(Câmara Brasileira do Livro, SP, Brasil)

Van Creveld, Martin
Ascensão e declínio do Estado / Martin van Creveld ; tradução Jussara Simões ; revisão da tradução Silvana Vieira ; revisão técnica Cícero Araújo. – 2.ed. – São Paulo : Editora WMF Martins Fontes, 2022. – (Biblioteca jurídica WMF)

Título original: The rise and decline of the State
Bibliografia.
ISBN 978-85-469-0396-2

1. O Estado 2. Política mundial I. Título. II. Série.

22-117858 CDD-320.109

Índices para catálogo sistemático:
1. Estado : Ciência política : História 320.109
Cibele Maria Dias - Bibliotecária - CRB-8/9427

Todos os direitos desta edição reservados à
Editora WMF Martins Fontes Ltda.
Rua Prof. Laerte Ramos de Carvalho, 133 01325-030 São Paulo SP Brasil
Tel. (11) 3293-8150 e-mail: info@wmfmartinsfontes.com.br
http://www.wmfmartinsfontes.com.br

Sumário

Prefácio VII

1. Antes do Estado: da pré-história a 1300 d.C. 1
  Tribos sem governantes.. 2
  Tribos com governantes (chefias)............................ 15
  Cidades-Estado... 29
  Impérios, fortes e fracos... 49
  Os limites das sociedades sem Estado.................... 75

2. A ascensão do Estado: de 1300 a 1648................. 83
  A luta contra a Igreja.. 87
  A luta contra o império... 106
  A luta contra a nobreza.. 123
  A luta contra as cidades... 146
  O triunfo dos monarcas... 166

3. O Estado como instrumento: de 1648 a 1789...... 177
  A construção da burocracia...................................... 180
  A criação da infra-estrutura..................................... 201
  O monopólio da violência.. 220
  A evolução da teoria política................................... 241
  Por dentro do Leviatã.. 260

4. O Estado como ideal: de 1789 a 1945................... 269
  A Grande Transformação... 272

Disciplinando o povo 292
A conquista do dinheiro.. 319
O caminho para a guerra total 346
A apoteose do Estado.. 369

5. A propagação do Estado: de 1696 a 1975 377
Rumo ao leste europeu 378
A experiência anglo-saxônica................................... 403
O experimento latino-americano............................ 427
Frustração na Ásia e na África................................. 451
O que todos têm… 476

6. O declínio do Estado: 1975- 481
A decadência das grandes guerras.......................... 483
O recuo do estado de bem-estar.............................. 507
A internacionalização da tecnologia....................... 540
A ameaça à ordem interna.. 564
A retirada da fé 584

Conclusões: além do Estado 595

Índice remissivo.. 605

Prefácio

O Estado, que desde meados do século XVII é a mais importante e a mais característica das instituições modernas, está em declínio. Da Europa ocidental à África, voluntária ou involuntariamente, muitos Estados estão se fundindo em comunidades maiores ou se desmoronando. Quer se desmoronem, quer se fundam, muitas de suas funções estão passando às mãos de uma série de instituições que, seja qual for sua natureza exata, não são Estados.

Globalmente falando, o sistema internacional está se afastando da configuração de Estados distintos, territoriais, soberanos, legalmente iguais, rumo a estruturas diferentes, mais hierárquicas e, em muitos aspectos, mais complicadas. No tocante a cada Estado, há bons motivos para achar que muitos deles em breve não estarão mais dispostos ou não serão mais capazes de controlar e proteger a vida política, militar, econômica, social e cultural de seus cidadãos tanto quanto o faziam antes. Não é preciso dizer que esses acontecimentos atingem todos os indivíduos que ora vivem neste planeta. Em alguns lugares serão acontecimentos pacíficos, porém em outros é possível que resultem – como de fato já anunciam – em levantes tão profundos, e talvez tão sangrentos, quanto os que impulsionaram a humanidade da Idade Média para o mundo moderno. Se os rumos dessa mudança são desejáveis, como alguns esperam, ou indesejáveis, como outros temem, só o tempo dirá.

Neste volume, tentarei investigar o futuro do Estado por meio do exame de seu passado: isto é, sua pré-história, seu desenvolvimento, sua maturidade e sua apoteose, e o modo como se difundiu pelo mundo inteiro. O capítulo 1 trata do período – que compreende, na verdade, a maior parte da história registrada e, em especial, da não registrada – em que não havia Estados e, pelo menos originalmente, nem mesmo governo no sentido de poder organizado que alguns exercem sobre os outros. O capítulo 2 trata do período de aproximadamente 1300 (a *Res Publica Christiana* em seu apogeu) a 1648 (o Tratado de Vestefália); mostra como o Estado emergiu da Idade Média por meio de lutas e superando o universalismo eclesiástico e imperial, bem como o particularismo urbano. O capítulo 3 dá prosseguimento à história de 1648 até a Revolução Francesa. Esse período levou à separação entre Estado e "sociedade civil" e à criação de muitas de suas instituições mais características, entre elas a burocracia, a infra-estrutura estatística, as forças armadas, o aparato policial e as prisões. O quarto capítulo explica como os Estados, tendo descoberto as forças do nacionalismo, proclamadas por pessoas como Moser e Herder, se transformaram de instrumentos para a imposição da lei e da ordem em deuses seculares; e como, tendo aumentado sua força de maneira desproporcional ao invadir a alma dos cidadãos e, sistematicamente, pungueá-los, usaram essa força para lutar uns contra os outros (1914-45) em tal escala, e com intensidade tão assassina, que quase acabaram consigo mesmos. O capítulo 5 descreve a difusão do Estado, de seu berço na Europa ocidental para outras partes do globo, entre elas o leste europeu, as colônias inglesas na América do Norte e na Australásia, as espanholas e portuguesas na América Latina e, por fim, os países da Ásia e da África. Por fim, porém não menos importante, o capítulo 6 trata das forças que, mesmo agora, solapam Estados do mundo inteiro e que, muito provavelmente, farão com que muitos deles desmoronem (como a Iugoslávia), abram mão de parte de sua soberania e se integrem aos outros (como na Europa), ou descentralizem e afrouxem seu poder sobre a vida dos cidadãos (se os republicanos mantiverem seu "contrato com o Povo Americano" de 1994) ainda na atual geração.

Como os leitores logo perceberão, comprimir um assunto como este num único volume representa tarefa hercúlea. A possibilidade de sua realização se deve, em primeiro lugar, à minha companheira na vida, Dvora Lewy. Como sempre, ela sofreu com meus repetidos períodos de intenso desespero; não fosse seu constante incentivo e incansável devoção, o trabalho jamais chegaria ao fim. Também quero agradecer ao professor Gabriel Herman e ao professor Benjamin Kedar da Universidade Hebraica, em Jerusalém, por lerem meu trabalho, discuti-lo comigo, fazer sugestões e apontar erros que, caso contrário, me teriam escapado. Sobretudo, quero expressar minha gratidão aos meus filhos adotivos, Adi e Jonathan Lewy, por terem passado todos esses anos ao meu lado. É a eles, com todo meu amor, que dedico este livro.

1. Antes do Estado: da pré-história a 1300 d.C.

As definições de Estado variam muito. A que adoto neste livro não pretende exclusividade; é apenas a mais conveniente para nossos fins. O Estado é, então, uma entidade *abstrata* que não se pode ver, ouvir nem tocar. Essa entidade não é idêntica aos governantes nem aos governados; nem o presidente Clinton, nem o cidadão Smith, nem mesmo o conjunto de todos os cidadãos agindo em comum pode declarar que *é* o Estado. Por outro lado, ele inclui todos e se diz estar acima de todos.

É o mesmo que dizer que o Estado, sendo distinto tanto de seus membros quanto de seus regentes, é uma corporação, assim como universidades, sindicatos e igrejas, entre outras coisas. À semelhança de qualquer corporação, também tem diretores, funcionários e acionistas. É corporação, sobretudo no sentido de que possui uma *persona* jurídica própria, o que significa que tem seus direitos e deveres e pode realizar diversas atividades *como se* fosse uma pessoa de carne e osso. As diferenças entre o Estado e as outras corporações são, em primeiro lugar, o fato de que ele as autoriza todas, mas só é autorizado (reconhecido) por outros de sua espécie; em segundo lugar, o fato de que certas funções (conhecidas coletivamente como atributos da soberania) estão reservadas somente a ele; e, em terceiro lugar, de que exerce essas funções sobre determinado território, dentro do qual sua jurisdição é tanto exclusiva quanto abrangente.

Entendido dessa maneira, o Estado – assim como a corporação da qual é subespécie – é invenção relativamente recente. Durante a maior parte da história, e em especial da pré-história, existia governo, mas não Estados; na verdade, a idéia de Estado como corporação (em vez de um mero grupo, assembléia ou comunidade de pessoas reunidas que vivem sob um conjunto de leis comuns) era desconhecida. Surgindo em civilizações tão distantes entre si quanto Europa e Oriente Médio, América do Sul e Central, África e leste da Ásia, essas comunidades políticas anteriores ao Estado eram variadíssimas – ainda mais porque se desenvolviam umas das outras, interagiam entre si, conquistavam umas às outras e se fundiam para produzir uma variedade infindável de formas, a maioria delas híbridas.

Não obstante, grosso modo e omitindo muitos tipos intermediários, podemos classificá-las em: (1) tribos sem governantes; (2) tribos com governantes (chefias)[1]; (3) cidades-Estado; e (4) impérios, fortes e fracos.

Tribos sem governantes

As tribos sem governantes, também denominadas sociedades segmentadas ou acéfalas, são representadas por algumas das comunidades mais simples que conhecemos. Antes que a colonização de suas terras pelos brancos as destruísse, incluíam as chamadas sociedades de bandos, espalhadas em várias partes do mundo: por exemplo, os aborígines australianos, os esquimós do Alasca, do Canadá e da Groenlândia, e os bosquímanos kalahari. Outras comunidades aqui discutidas são um pouco maiores, e suas instituições políti-

---

1. Ao distinguir entre tribos sem governantes e chefias, sigo M. Fortes e E. E. Evans-Pritchard (orgs.), *African Political Systems* (Oxford: Oxford University Press, 1940). Para algumas outras classificações de sociedades tribais, ver E. R. Service, *Origins of the State and Civilization* (Nova York: Norton, 1975), e T. C. Llewellen, *Political Anthropology: An Introduction* (South Hadley, MA: Bergin & Garvey, 1983).

cas ligeiramente mais complexas. Entre elas figuram algumas tribos da região do Nilo na África oriental, tais como os anuak, os dinka, os masai e os nuer, que se tornaram famosas devido às pesquisas antropológicas de Evans-Pritchard[2]; os habitantes do planalto da Nova Guiné e da Micronésia; e a maioria – embora não todas – das tribos ameríndias da América pré-colombiana, tanto na América do Norte quanto na do Sul.

O que todas essas tribos tinham em comum era o fato de que, entre elas, o "governo" começava e terminava dentro da família estendida, linhagem ou clã. Portanto, não havia superiores, a não ser homens, anciãos e pais; e não havia inferiores, a não ser mulheres, jovens e filhos, inclusive os parentes por casamento (que, dependendo de a noiva ir morar com a família do noivo ou o contrário, podiam ser do sexo masculino ou feminino). Dessa maneira, toda a autoridade, todos os direitos e todas as obrigações – em resumo, todas as relações sociais que eram institucionalizadas e iam além da simples amizade – eram definidos exclusivamente pelo parentesco. Os parentes eram tão importantes na formação da estrutura da comunidade que, nos casos em que não existiam laços reais, era comum inventar laços fictícios e fazê-los valer. Ou as pessoas se adotavam umas às outras como filhos, ou criavam o tipo de laço quase-sangüíneo conhecido como parentesco por afinidade, no qual as pessoas se tratavam como se fossem irmãs. Entre os nuer, esse sistema chegou ao ponto em que as mulheres podiam, para alguns fins, "contar" como homens[3].

Dentro dos limites do grupo familiar, a posição do indivíduo em relação a todos os demais era determinada, de maneira muito precisa, pelo sexo, pela idade e pelo casamen-

---

2. E. E. Evans-Pritchard, *The Nuer* (Oxford: Oxford University Press, 1940). Talvez essa seja a descrição mais completa e empática que já se produziu de uma tribo sem governantes.

3. Evans-Pritchard, *Kinship and Marriage Among the Nuer* (Oxford: Clarendon Press, 1951), pp. 180-9.

to. Inversamente, aqueles que, por algum motivo, não estivessem cercados por uma rede de parentes – tais como estrangeiros originários de outras tribos e, em muitos lugares, mães solteiras – costumavam encontrar-se em situação marginal ou sem posição alguma. Exemplo excelente é a história bíblica de Rute. Originalmente moabita, Rute casou-se com um israelita que se instalara na terra natal dela. Ao enviuvar, mudou-se com a sogra, Naomi, de Moab para Israel. Contudo, enquanto não foi reconhecida e reintegrada à família do falecido marido por intermédio do casamento com um parente dele, sua situação na vida permaneceu extremamente precária. Além de ver-se reduzida à mendicância, na condição de mulher sozinha estava exposta a todo tipo de agressão que resolvessem lhe infligir.

Na ausência de autoridades institucionalizadas além da que funcionava dentro da família estendida, as sociedades em questão eram igualitárias e democráticas. Todo homem adulto era considerado, e se considerava, igual a todos os outros; ninguém tinha o *direito* de dar ordens a ninguém, de exercer justiça sobre ninguém nem exigir pagamento de ninguém. As tarefas "públicas" – isto é, as que estavam além da capacidade de grupos familiares simples, como cultos, grandes caçadas, pesca em alto-mar, deflorestação e, como logo veremos, guerra – não eram realizadas por governantes e governados, porém por líderes e seus seguidores[4]. As unidades operantes eram as chamadas confrarias, ou associações de homens. Em muitas sociedades, embora não em todas, cada confraria tinha seu próprio animal totêmico, emblema e parafernália sagrada, como instrumentos musicais, máscaras, trajes festivos etc. Acreditava-se que tais objetos, ou pelo menos as instruções para sua confecção, haviam sido dados pelos deuses. Eram guardados em lugares especialmente designados e muitas vezes se considerava perigoso que es-

---

4. As antigas tribos germânicas expressavam essa relação com precisão ao chamar de *Gefolgschaft* (literalmente, "sequazes") os que obedeciam ao líder. Ver H. Mitteis, *The State in the Middle Ages* (Amsterdam: Elsevier, 1974), p. 11.

trangeiros, sobretudo mulheres e crianças, os tocassem ou mesmo olhassem para eles[5].

A afiliação na confraria não dependia da livre escolha; era hereditária. A cada determinado número de anos realizava-se uma cerimônia na qual os idosos se retiravam e seus postos passavam a ser ocupados por um grupo de jovens, geralmente parentes entre si, que ingressavam na confraria depois de passar pelos rituais apropriados[6].

Dentro de cada confraria, a liderança costumava passar de pai para filho. Contudo, ser de boa estirpe de pouco valia se não se possuísse a combinação necessária de qualidades pessoais. Entre elas estavam certa idade mínima, eloqüência, coragem, experiência e, talvez a mais importante, competência comprovada na execução de diversas atividades que compunham a *raison d'être* da confraria. Em muitas sociedades, essas qualidades também incluíam a fama de controlar poderes mágicos, como a capacidade de fazer a caça aparecer na hora marcada e, assim, liderar uma boa temporada de caça.

Voltando ao todo da comunidade, a lei – no sentido de conjunto obrigatório de regulamentos feitos pelo homem, formalmente promulgados (e, portanto, alteráveis), e que prescrevem o comportamento de indivíduos e grupos – não existia. Em seu lugar, encontramos costumes; em outras palavras, um número indeterminado de regras não-escritas, de origem em parte religiosa e em parte mágica. As regras abrangiam todos os aspectos da vida, dos costumes sexuais à divisão de heranças; assim, nossa diferenciação atual entre a esfera pública (coberta pela lei) e a privada (na qual supostamente temos liberdade para fazermos o que quisermos, como ao organizar a família e fazer um testamento) não se

---

5. Ver exemplo de tais organizações em Y. Murphy e R. P. Murphy, *Women of the Forest* (Nova York: Columbia University Press, 1974), pp. 92-5.

6. Sobre como funcionavam os sistemas de faixa etária, ver B. Bernhardi, *Age-Class Systems: Social Institutions and Politics Based on Age* (Londres: Cambridge University Press, 1985).

aplicava. Por exemplo, os costumes ditavam que o jovem *tinha* de passar pelos ritos apropriados de iniciação – e sofrer as agonias correspondentes – para ser admitido no *status* de adulto, ingressar na confraria à qual pertenciam os outros membros da família e ter permissão para se casar. O casal recém-casado *tinha* de morar com a família do noivo ou da noiva. E os bens da noiva *tinham* de ser compartilhados com os diversos membros varões da família, todos os quais tinham direitos sobre esses bens.

Na ausência do Estado como entidade para a qual se podiam encaminhar os agravos, outra diferença que não se aplicava era aquela entre o direito civil e o criminal; e, de fato, dizia-se que essas sociedades reconheciam os delitos, mas não os crimes[7]. Os delitos, porém, além de se dirigir a outras pessoas, podiam dirigir-se – em casos como incestos ou sacrilégio – aos espíritos ancestrais do grupo e às divindades em geral. Estas eram invencíveis, em geral seres malignos que viviam no ar e assumiam a forma de vento, raio e nuvem; às vezes, eram representadas por certas pedras, árvores, riachos e outros objetos. Qualquer que fosse sua forma ou local escolhido de residência, faziam questão de ver seus direitos respeitados. Se fossem insultadas, poderiam vingar-se impondo secas, doenças ou esterilidade não só ao ofensor, mas também a seus parentes ou, de fato, qualquer outra pessoa.

Novamente, a Bíblia fornece uma boa ilustração de como tudo funcionava, desta vez no Levítico, que deve ser visto como codificação dos costumes tribais antigos. Grande parte do livro trata em especial, porém não exclusivamente, da impureza de tipo sexual – menstruação, ejaculação involuntária etc. Cada regra vem acompanhada do modo em que se dará a expiação em caso de desobediência, entendendo-se

---

7. Ver uma discussão excelente desses problemas em H. I. Hogbin, *Law and Order in Polynesia: A Study of Primitive Legal Institutions* (Londres: Christopher's, 1934), especialmente o capítulo 4; e L. K. Popisil, *Kapauku Papuans and Their Law* (New Haven, CT: Yale University Press, 1958).

que o Senhor preocupava-se de maneira especial com esses problemas e não tolerava impureza em Seu povo. Transgressões de menor importância não acarretavam nenhuma penalidade específica e podiam ser retratadas se o indivíduo recorresse a reclusão temporária, purificação, preces e sacrifícios. Contudo, as grandes transgressões, como o incesto, eram conhecidas como *tevel* (abominação). Acarretavam a pena de morte, geralmente no fogo, ou o texto dizia simplesmente que o culpado devia ser "afastado" do povo (em outras palavras, destruído). Assim, e embora não houvesse uma categoria independente de direito penal, existiam certos tipos de comportamento reconhecidos como ofensivos – não só para indivíduos, mas também para Deus e, em razão de Sua ira, para toda a comunidade – que, a menos que tratados de maneira adequada, resultariam nas mais graves conseqüências.

Como demonstra esse exemplo, os costumes tribais, longe de serem considerados parte da natureza das coisas e de receberem obediência automática, eram ocasionalmente transgredidos[8]. Nas sociedades de "bandos", mais simples, era o chefe da família que arbitrava e decidia tais casos, ao passo que, entre os pastoralistas mais adiantados do leste da África e os índios norte-americanos, esse papel pertencia à assembléia da aldeia. A assembléia era formada por anciãos, o que significava não apenas ser idoso, mas ter passado pelos ritos apropriados para definir seu *status*, razão por que tais pessoas eram consideradas próximas aos espíritos e guardiães da sabedoria coletiva do grupo. Mesmo assim, pertencer à faixa etária adequada não era o bastante para qualificar a pessoa a falar na assembléia; embora todo membro da assembléia tivesse de ser idoso, nem todo idoso pertencia à assembléia e, dos que pertenciam, nem todos podiam exigir atenção. Para tornar-se "chefe falante", era preciso ser conhecido pela compaixão e pela sabedoria, bem como

---

8. Ver B. Malinovsky, *Crime and Punishment in Primitive Society* (Londres: Kegan Paul, 1926).

ter um histórico comprovado de manter a paz entre os membros do próprio grupo familiar. Como diziam os berti do Sudão, quem é incapaz de fortalecer seu próprio curral não deve procurar fortalecer o do vizinho[9].

Quem tomava a iniciativa de convocar a assembléia eram as partes envolvidas em litígio ou, mais provavelmente, um dos parentes alarmados que resolvesse procurar ajuda. Reunida no local designado – em geral à sombra de uma árvore sagrada –, a assembléia ouvia os diretamente envolvidos, bem como outras testemunhas escolhidas entre os parentes. No caso de transgressão invisível – isto é, quando se suspeitava que o infortúnio tivera origem em bruxaria – chamava-se um adivinho para descobrir o transgressor; em seguida, obrigava-se o réu ou suspeito a passar por um ordálio, como tomar veneno ou mergulhar o braço em água fervente, como maneira de descobrir sua culpa[10]. O modo de resolver litígios interpessoais, inclusive o homicídio, costumava ser por meio de retaliação – olho por olho, dente por dente –, ressarcimento ou compensação. Esta se baseava na escala dos costumes: a morte ou o ferimento de um homem valia um certo tanto, os de uma mulher, ou de um jovem, outro tanto. Todos esses pagamentos, contudo, só eram devidos quando a pessoa ofendida pertencia a outra família ou linhagem; não se pagava por agressão a parentes.

Por faltar-lhes algo como um executivo centralizado ou força policial, a única sanção à disposição dos anciãos era sua capacidade de persuadir os membros do grupo a obedecer aos seus desejos e executar a decisão da assembléia. O que importava mesmo era a postura pessoal e o número de parentes que se podia convocar para ajuda; assim como em todas as outras sociedades, os fortes e influentes se safavam de situações nas quais os fracos e sem bons relacionamentos

---

9. L. Holy, *Neighbors and Kinsmen: A Study of the Berti People of Darfur* (Londres: Hurst, 1974), p. 121.

10. O tratado clássico da adivinhação e dos rituais é o de E. E. Evans-Pritchard, *Witchcraft, Oracles and Magic Among the Azande* (Oxford: Clarendon Press, 1976).

se complicavam. Uma comunidade pequena, íntima e bem-unida talvez não achasse muito difícil disciplinar e, se necessário, punir indivíduos. Contudo, tomar semelhantes providências contra pessoas com família numerosa e preparada para defendê-las não era tão fácil, já que poderia resultar de imediato na divisão do grupo em partes hostis e até em rixas seguidas de desintegração. Também há ilustrações disso na Bíblia: no livro dos Juízes, por exemplo, a tentativa de punir os membros da tribo de Benjamim pelo insulto cometido contra uma mulher levou a uma guerra civil.

A ausência de uma autoridade centralizada também definia a forma e a natureza de outra função normalmente associada ao Estado: a guerra[11]. Em algumas sociedades mais isoladas e menos complexas raramente havia guerra; em vez disso, os indivíduos resolviam suas disputas em combates ritualizados, usando armas sem corte ou arma nenhuma. Tal era o caso dos aborígines australianos, em que os adversários se enfrentavam com o cajado na mão.

A mesma coisa se aplicava às tribos esquimós, nas quais os dois lados trocavam cantos debochados diante da comunidade reunida até que um ou outro cedesse; nesse ponto, o adversário era declarado vencedor. Mas a maioria das sociedades, em especial as das regiões leste e central da África, bem como da Nova Guiné, da Micronésia e das Américas, não se contentavam com confrontos tão amistosos entre seu próprio povo. Fazendo uso das confrarias como alicerce organizacional, armavam ataques de surpresa – que pouco se distinguiam das rixas – contra os membros de outras linhagens, clãs ou tribos.

Um dos objetivos mais importantes da guerra era a vingança por lesões físicas, por danos à propriedade (ex.: gado ou hortas), por ofensas à honra e por roubo (inclusive o rapto ou a sedução de mulheres). Outro era a pilhagem, que vi-

---

11. A melhor obra sobre o assunto continua sendo H. Turney-High, *Primitive War: Its Theory and Concepts* (Columbia: University of South Carolina Press, 1937).

sava não somente arrebatar bens, mas mulheres núbeis e crianças pequenas que pudessem ser incorporadas na linhagem para aumentar-lhe a força. De Papua até o norte da África e a América do Sul, dava-se enorme importância aos troféus simbólicos que a guerra proporcionava. Estes eram em forma de orelhas, escalpos e cabeças dos inimigos; secos, defumados, preservados em conserva ou encolhidos, podiam ser transportados junto ao corpo ou usados na decoração da residência. Em sociedades mais desenvolvidas, a pessoa que possuía tais símbolos podia transformá-los de imediato em *status* social, favores sexuais, alianças familiares e bens. Por conseguinte, o papel da guerra na vida dos homens era bem amplo: tanto o *populus* latino quanto a tribo alemã podiam significar originalmente "povo" ou "exército". Entre os índios das planícies norte-americanas, os homens eram conhecidos como "bravos", ao passo que no livro do Êxodo "membros da hoste" é sinônimo de "varões adultos". Na ausência de um corpo decisório centralizado, a guerra propriamente dita pode ser definida mais como atividade característica de varões adultos, empreendida na época apropriada e quando não houvesse outras ocupações[12], do que como ato político deliberado.

Por outro lado, era precisamente porque todo varão adulto era também guerreiro que a organização militar se limitava a grupos de assalto. Em hipótese alguma se devem entender as confrarias como forças armadas permanentes, especializadas, beligerantes, ou mesmo como milícias populares. Tratava-se, na verdade, de simples associações de homens que, na maior parte do tempo inativas, ganhavam vida quando a ocasião exigia e o líder conseguia convencer seus sequazes de que existia uma causa pela qual valia a pena lutar. Era freqüente os grupos de assalto passarem semanas

---

12. Para saber como eram essas coisas numa sociedade extremamente guerreira e as implicações disso para toda a humanidade, ver N. Chagnon, *Yanomano: The Fierce People* (Nova York: Holt, Rinehart and Winston, edição de 1983).

a fio percorrendo distâncias impressionantes para dificultar a perseguição; para disciplinar os membros, podiam quebrar suas armas (insulto grave), infligir-lhes punições corporais e até matá-los, se necessário. Contudo, terminadas as hostilidades, as confrarias invariavelmente se dissolviam, retirando dos líderes a autoridade. Era assim, por exemplo, entre os cherokee com seus chamados chefes vermelhos, e também entre os pueblo, os jivaro, os dinka e os masai[13]. Nenhuma dessas sociedades tinha um sistema de arrendamento, tributos ou taxação que redistribuísse a riqueza e, assim, desse origem a uma classe de indivíduos com o tempo livre necessário para o treinamento e a prática da guerra como ocupação principal.

Em algumas dessas sociedades, como a dos bosquímanos, a religião institucionalizada não tinha função praticamente nenhuma e todo chefe de família era, ao mesmo tempo, seu próprio sacerdote. Contudo, a maioria reconhecia um chefe religioso na pessoa do xamã, do profeta ou do sacerdote, cuja autoridade ia além daquela da linhagem individual. Contrariando Karl Marx, a diferença mais fundamental entre os seres humanos e os animais não é que aqueles realizam atividades produtivas para viver[14]. É o fato de reconhecerem a idéia do incesto, mesmo que a regra contra ele seja ocasionalmente quebrada. Em nenhum caso conhecido no mundo inteiro os grupos familiares nos quais as pessoas passavam a maior parte da vida costumavam praticar a endogamia. Procuravam seus cônjuges entre os membros de grupos semelhantes, normalmente aqueles com quem tinham parentesco, porém não muito próximo.

---

13. Sobre esse tipo de organização militar, ver P. Clastres, *Society Against the State* (Oxford: Blackwell, 1977), pp. 177-80; P. Brown, *Highland People of New Guinea* (Londres: Cambridge University Press, 1978); e J. G. Jorgensen, *Western Indians: Comparative Environments, Languages, and Culture of 172 Western American Indian Tribes* (San Francisco: Freeman, 1980).

14. K. Marx e F. Engels, *The German Ideology* (Nova York: International Publishers, 1939 [1843]), p. 7. [Trad. bras. *A ideologia alemã*, São Paulo, Martins Fontes, 2ª ed., 1998.]

Além disso, e com o risco de infligir infortúnio, as divindades exigiam veneração. Da Austrália à África e às Américas, esses dois fatores sociais tornavam necessárias reuniões sociais periódicas, ou festivais. Dependendo de sua importância religiosa e do número de pessoas que reunia, o festival poderia durar de três dias a uma quinzena. Declarava-se trégua, e a paz, isto é, a ausência de agressões mútuas, prevalecia; dessa forma, os membros dos diversos clãs podiam se reunir para rezar, fazer sacrifícios, comer até se fartar, socializar-se e fazer intercâmbio de mulheres (permanente, por meio de casamentos arranjados, ou temporário, pelo relaxamento dos costumes sociais) e outras prendas. Para culminar suas funções práticas e religiosas, o festival também oferecia aos indivíduos a oportunidade de reafirmarem sua identidade coletiva, como até hoje acontece em outras sociedades.

A pessoa que liderava as comemorações, embora pudesse usar assistentes do sexo feminino para a execução de suas obrigações, era invariavelmente do sexo masculino. Sua função é mais bem descrita como uma combinação de sábio, profeta e sumo sacerdote; por origem, tinha de pertencer à linhagem que, segundo a tradição, era considerada mais próxima da divindade principal da tribo. O exercício da função pressupunha conhecimentos profundos da sabedoria popular, de astronomia, rituais mágicos, medicina etc., só adquiridos por meio de longo aprendizado. Os sacerdotes deviam treinar seus próprios sucessores dentre os membros da família, filhos ou sobrinhos. Mesmo assim, a sucessão não era automática; tinha de ser confirmada pelos anciãos da linhagem sacerdotal, que selecionavam o candidato que julgassem mais adequado. Entre os shilluk e os meru do leste da África, por exemplo, o sacerdote possuía o título de *reth* e *mugwe*, respectivamente[15].

Depois de assumir a função, o sacerdote era diferenciado por certos símbolos do ofício: a pintura corporal, os adere-

---

15. Ver L. Mair, *Primitive Government* (Harmondsworth, Reino Unido: Penguin Books, 1962), pp. 63 ss.; e E. E. Evans-Pritchard, *The Divine Kingdom of the Shilluk of the Nilotic Sudan* (Cambridge: Cambridge University Press, 1948), pp. 13 ss.

ços para a cabeça, o traje, o cajado que carregava e o formato da residência. Podia também estar sujeito a tabus, tais como cortar o cabelo, tocar certos objetos considerados impuros, comer certos tipos de alimentos, ou casar com certas categorias de mulheres. Sua influência residia na idéia de que a fertilidade da terra, do gado e do povo dependia da realização de ritos que só ele, devido à ascendência e aos conhecimentos que lhe haviam sido transmitidos pelo predecessor, podia realizar. Como teria dito certa feita um xamã bakwain (os malineses modernos) ao explorador David Livingstone, "por intermédio da minha sabedoria as mulheres se tornam fortes e resplandecentes"[16]. Dessa maneira, havia uma forte ligação entre o bem-estar da tribo e o dele. Os sacerdotes eram responsáveis pela ocorrência pontual de fenômenos climáticos, tais como a chuva, sem a qual "o gado não teria pasto, as vacas não dariam leite, nossos filhos emagreceriam e morreriam, nossas mulheres fugiriam para outras tribos que fazem chuva e têm milho, e toda a tribo se tornaria dispersa e perdida"[17]. Se fracassassem no cumprimento do dever, podiam ser depostos e substituídos.

Sabe-se de casos em que sacerdotes capazes manipularam seus supostos poderes mágicos para transformar sua influência em autoridade e tornar-se líderes tribais *de facto*. Atuavam como mediadores, resolviam litígios, representavam seu povo perante os estrangeiros e instigavam ação com relação a outros grupos, inclusive, nos tempos coloniais, a organização de rebeliões contra o poder imperial. Embora, devido a sua função sagrada, os sacerdotes não pudessem assumir postos de comando militar nem participar de batalhas, era comum dirigirem as cerimônias de abertura e de encerramento consideradas necessárias para autorizar o derramamento de sangue e, portanto, um meio de expiá-lo. Em retribuição pelo ministério, podiam receber presentes na forma de alimentos, pois uma parte das oferendas era reserva-

---

16. Citado em M. Gluckman, *The Allocation of Responsibility* (Manchester: Manchester University Press, 1972), p. xviiii.

17. *Ibid.*

da para eles. Sua recompensa também podia incluir roupas, serviços (como ajuda para construir residências) e, em algumas sociedades, mulheres.

Não obstante, por mais importante que fosse sua função, os sacerdotes não criavam os costumes, só explicavam o que eram e os interpretavam de acordo com o caso em questão. Não tinham mais direito do que todas as outras pessoas de exigir obediência. Não arrecadavam tributos, não tinham um séquito organizado para garantir a realização de seus desejos e não exerciam o comando na guerra. Suas armas eram a persuasão e a mediação, não a coação; como as únicas sanções a seu alcance eram de um tipo que chamaríamos de sobrenaturais, seu poder não se aproximava, nem remotamente, do poder de um chefe ou, de fato, de qualquer tipo de governante no sentido comum do termo. É na descrição de Samuel sobre a ordem que o rei instituía depois de ungido e empossado que descobrimos o que ele próprio, um mero profeta, não podia fazer:

> Eis como governará o rei que reinará sobre vós: tomará vossos filhos para encarregá-los de seus carros e de sua cavalaria e terão de correr na frente de seu carro.
> Ele os tomará para fazer deles chefes de mil e chefes de cinqüenta, para lavrar sua lavoura, para colher a sua colheita, para fabricar suas armas e o equipamento de seus carros.
> Tomará vossas filhas como perfumistas, cozinheiras e padeiras.
> Tomará os vossos melhores campos, as vossas vinhas e vossos olivais. Ele os tomará e os dará aos seus servos.
> Cobrará o dízimo de vossas searas e de vossas vinhas para dá-lo aos seus eunucos e servos.
> Tomará vossos servos e vossas servas, os melhores de vossos jovens, e os vossos jumentos para pô-los a seu serviço.
> Cobrará o dízimo de vossos rebanhos. Vós mesmos, enfim, sereis seus escravos.
> Naquele dia, gritareis por causa do rei que tiverdes escolhido, mas o Senhor não vos responderá, naquele dia.[18]

---

18. 1 Samuel 8, 11-19 (*Tradução ecumênica da Bíblia*).

Tribos com governantes (chefias)

Já que sua estrutura social era quase idêntica à da família estendida, da linhagem ou do clã, as tribos sem governantes eram obrigatoriamente pequenas e raramente contavam com mais de alguns milhares de pessoas. Embora talvez seja exagerada a descrição hobbesiana de que essas sociedades viviam em constante estado de guerra de todos contra todos, sabe-se que eram descentralizadas e que aquelas que evoluíam para além do nível de bando eram destruídas por rixas constantes. As operações militares eram realizadas em pequena escala e as baixas costumavam ser poucas. Contudo, podiam chegar a representar, com o tempo, um fator importante na mortalidade masculina.

O modo de vida dessas sociedades, quer se baseasse em caça, colheita, criação de gado, plantações temporárias, quer em alguma combinação dessas atividades, exigia baixa densidade demográfica, vastos espaços abertos e um estilo de vida nômade ou seminômade. Já que não existiam comunicações bem desenvolvidas, fortalecia-se a tendência inerente de se dividir e desintegrar. A desintegração muitas vezes deve ter impedido que as rixas chegassem aos extremos assassinos observados em sociedades com sistema de governo mais desenvolvido. Nesse sentido, constituía ao mesmo tempo um infortúnio e uma bênção.

Tanto na guerra quanto na paz, essas sociedades eram incapazes de realizar ações coordenadas numa escala mais ampla que a da confraria; as raras exceções, como a Liga Iroquesa criada no nordeste dos Estados Unidos, simplesmente confirmam a regra. Os baixos números, a propriedade comunitária dos meios de produção, tais como terras, florestas e água, e a relativa igualdade econômica também impediam a especialização e um outro tipo de divisão do trabalho que não fosse baseado, como em todas as sociedades, em idade e sexo. Já que todos os lares dependiam quase exclusivamente de si mesmos para atender a suas necessidades econômicas, os padrões de vida e o desenvolvimento tecnológico permaneciam no nível da subsistência. Quaisquer que sejam as virtudes primitivas que lhes atribuíram os ocidentais a partir de Rousseau e Diderot, historicamente falando essas tribos foram e ainda são – aquelas que sobreviveram – umas das mais malsucedidas de todas as sociedades humanas. Foi somente em regiões onde não encontraram formas mais avançadas de governo, como a Austrália, partes do leste da África e as planícies norte-americanas, que as tribos sem governantes conseguiram espalhar-se em grandes territórios e manter seu modo de vida. Em todas as outras partes do mundo seu destino foi a expulsão para a selva, como na América do Sul e na África central; para os desertos, como na África do Sul; ou para os desertos árticos da Groenlândia, do Canadá e do Alasca. E, de fato, só nesses ambientes inóspitos algumas delas conseguiram resistir até recentemente[19].

Por sua vez, tribos com governantes, também conhecidas como chefias, encontram-se em muitas partes do mundo. Muitas delas estão nas regiões sudeste, oeste e sul da África, e outras se espalham pelo sudeste da Ásia, Polinésia, Havaí e Nova Zelândia. À guisa de exemplos adicionais, a história nos fala de tribos que destruíram a civilização micenense e governaram a Grécia durante a Idade das Trevas, entre cerca de 1000 e 750 a.C.; das diversas tribos góticas, francas e outras germânicas, dos últimos séculos do Império Romano (isto é, *não* as dos tempos de Tácito, que provavelmente correspondiam melhor às tribos sem governantes) até a ascensão do império carolíngio, no século VIII; e as tribos escandinavas durante o século X, ou seja, pouco antes de se tornar cristãs e adotar formas mais centralizadas de governo.

---

19. A idéia de que as mais simples tribos sem governantes são, na verdade, remanescentes de sociedades mais complexas que se desintegraram é apresentada por E. E. Service, *Primitive Social Organization: An Evolutionary Perspective* (Nova York: Random House, 1964). Ver também D. W. Lathrap, *The Upper Amazon* (Londres: Thames & Hudson, 1970), e R. D. Alexander, *Darwinism and Human Affairs* (Seattle: University of Washington Press, 1979).

As chefias eram o que o nome expressa: tinham chefes, isto é, indivíduos que se erguiam acima dos outros e possuíam o *direito* de governá-los. Esse direito invariavelmente se baseava na suposta ascendência divina do chefe que, por sua vez, ditava que o método normal de sucessão devia ser de pai para filho. Contudo, raramente havia um sistema no qual o descendente varão mais velho simplesmente assumia o cargo do predecessor. O motivo era que, assim como na Arábia Saudita atual (que até a década de 1930 era um mero agrupamento de chefias, todas em constante guerra umas contra as outras), a maioria dessas sociedades era polígama por excelência. Não há dúvida que um dos motivos da poligamia se encontra nos prazeres da cama; do rei Salomão com suas mil esposas a Mao Tsé-tung com suas enfermeiras, satisfazer o apetite sexual sempre foi um dos privilégios dos governantes, e quanto mais alto o *status* maior o número de esposas[20]. Contudo, as mulheres, por meio do trabalho, também eram uma fonte de riqueza – observemos as inúmeras "mulheres peritas em fiação" que passam de mão em mão nas páginas dos poemas homéricos. As descendentes de linhagens nobres, ou as especialmente belas, também serviam de símbolo de *status* para seus donos.

O resultado natural da poligamia era um grande número de filhos que, quando chegava a hora, podiam apresentar-se como candidatos à sucessão. O possível conflito resultante podia piorar porque as mulheres pertenciam a diversas classes: algumas eram esposas legítimas do chefe, outras eram concubinas, outras talvez domésticas, cativas ou escravas que, além de suas outras obrigações, eram usadas como reprodutoras. Enquanto algumas mulheres tinham filhos em conseqüência de uma ligação apenas temporária, a grande maioria provavelmente concebia porque fazia parte da família do senhor, em uma condição ou outra.

Em razão dessas gradações, a diferença entre os filhos legítimos e os ilegítimos nem sempre era clara.

---

20. R. D. White, "Rethinking Polygyny: Co-Wives, Codes and Cultural Systems" (*Current Anthropology*, 29, 1989), pp. 519-72.

Na prática, fazia muita diferença se o indivíduo em questão era capaz de liderar e, acima de tudo, quem era sua mãe. Normalmente a primeira ou principal esposa do chefe provinha de família importante. Formalmente entregue pela família, casava-se segundo os ritos cerimoniais e, mais tarde, seu filho tinha precedência sobre os outros. Quando o velho governante morria e era substituído por um dos filhos, a mãe do herdeiro tornava-se uma pessoa de importância, já que ele devia seu cargo a ela; é nesse sentido limitado que se pode dizer que tais sociedades eram matrilineares. Mais um exemplo nos vem da Bíblia, desta vez do livro dos Reis. Quando um novo governante de Israel ou da Judéia subia ao trono, o nome da mãe era registrado, normalmente pela primeira e última vez – a menos que ela excedesse seu devido papel e tentasse exercer o poder. Nos reinos germânicos da Europa de primórdios da Idade Média, bem como em algumas chefias africanas e do sudeste da Ásia, era costume o chefe escolher um dos filhos para ser designado seu sucessor ainda em vida. Nomeava-se uma espécie de conselho de regência, formado por funcionários do palácio, para garantir que seu desejo seria satisfeito[21].

Abaixo do chefe, a sociedade era geralmente dividida em duas camadas ou classes. Primeiro vinha o grupo privilegiado, pequeno em relação à população total e composto pelos membros da família estendida, da linhagem ou do clã do chefe. Gozavam de direitos especiais, tais como acesso ao chefe, compensação muito mais alta em caso de ferimento ou morte e imunidade a certos tipos de punição considerados degradantes. Quase sempre se distinguiam pela permissão de usar insígnias ou trajes especiais, ou, em regiões onde o clima era favorável e o traje não tinha importância,

---

21. Para saber como funcionavam essas coisas entre os bantos da África do Sul, ver, por exemplo, I. Schapera, *Government and Politics in Tribal Societies* (Londres: Watts, 1956), pp. 50 ss. Os merovíngios também tinham um sistema semelhante; cf. I. Wood, *The Merovingian Kingdoms 450-751* (Londres: Longman, 1994), pp. 55 ss.

tatuagens. Considerados individualmente, sua situação na sociedade costumava ser definida mais exatamente pelo parentesco com o chefe, isto é, se eram filhos, tios, irmãos, sobrinhos, parentes por casamento etc. Normalmente era entre essas pessoas que o chefe escolhia os governantes das províncias. Por outro lado, e precisamente porque tinham algum direito à sucessão, raramente eram nomeados para cargos importantes na corte, tais como *majordomo* ou comandante da guarda.

Abaixo da linhagem, do clã ou da tribo real, havia uma classe muito mais numerosa de plebeus – como os trabalhadores ou *thétes* da Grécia antiga (também conhecidos por uma série de nomes pejorativos, como *kakoí*, "os ruins"), os natchez "fedorentos" e muitos outros. Estavam sujeitos a diversos tipos de discriminação, entre elas, não ter permissão para possuir gado (os hutus de Burundi e Ruanda), cavalgar garanhões (os agricultores da Escandinávia pré-cristã), usar adornos de penas na cabeça (nas Américas), ou portar armas (muitos lugares do mundo). Se fossem feridos ou mortos por um membro da classe alta, podia ser que eles ou sua família recebessem uma pequena indenização, mas às vezes não recebiam nenhuma; se fossem eles os agressores, a punição era especialmente cruel. Os membros dessa classe não tinham parentesco com o chefe. Pelo contrário, para este e seus parentes próximos, casar-se com eles seria, a não ser em circunstâncias anormalíssimas, algo indigno, impuro e até perigoso. Em especial na África, com sua longa história de migrações, assentamentos e conquistas tribais, era comum que governantes e governados pertencessem a grupos étnicos diferentes. Nem sempre tinham costumes comuns ou falavam a mesma língua.

Não obstante a lacuna que os separava da elite, os plebeus eram considerados e se consideravam – na medida em que a comunidade permanecia intacta – súditos do chefe. Deviam-lhe fidelidade e, de fato, "pertenciam" a ele, no sentido de que, direta ou indiretamente, por intermédio dos subchefes, eram "seu" povo. Dessa maneira as chefias criaram um novo e revolucionário princípio de governo. Os laços sangüíneos continuavam a ter papel importante para determinar quem possuía quais direitos com relação a quem. Isso era verdadeiro no nível superior, isto é, entre os membros do clã do chefe, mas também se aplicava a níveis mais baixos, onde, modificado apenas pela supervisão superior de maior ou menor rigor, o grupo familiar estendido continuava sendo a entidade fundamental na qual a maioria das pessoas passava a maior parte da vida. O fato de que as chefias não se baseassem exclusivamente nesses laços permitia que as mais fortes criassem um governo impessoal e conquistassem crescimento numérico. Esse crescimento trouxe alguma divisão de trabalho entre os diversos grupos da população: agricultores, pastores, pescadores e até alguns especialistas que não produziam, como comerciantes, artesãos e sacerdotes. O mais importante para nosso propósito é que se criaram concentrações muito maiores de poder político, econômico e militar.

A autoridade do chefe variava muito. Em alguns casos, ele podia ser pouco mais que um sumo sacerdote, conforme descrito na seção anterior: realizar cerimônias religiosas, exigir presentes, usar os presentes para manter alguns assistentes e tratar o povo com prepotência, usando seus poderes mágicos para recompensar ou punir. Um momento decisivo foi quando os membros da classe superior, ou alguns deles, foram tão exaltados que deixaram de trabalhar com as próprias mãos. Até por volta de 1200 a.C., esse estágio não fora ainda atingido no mundo grego: segundo a lenda, quando chegou o mensageiro do rei Agamenon, que fora enviado para anunciar a convocação para a guerra de Tróia, encontrou Odisseu arando o campo. Entre as tribos germânicas da época de Tácito e também na Escandinávia, *foi* atingido antes de 1000 d.C.

Entre as chefias mais poderosas que conhecemos estão as do século XIX em Angkole, Bunyoro e Buganda (África oriental), Daomé (África ocidental) e Zulu (África do Sul), cujos chefes se transformaram em verdadeiros monarcas. Deviam parte de seu poder a fatores sobrenaturais. Eram considerados sagrados e costumavam viver no isolamento; quanto mais antiga a chefia, mais verdadeiro isso se tornava. Geralmente havia tabus que os proibiam de comer certos alimentos, ficar em certas posições (como de joelhos), tocar certas substâncias, ou mesmo caminhar no chão. Tabus semelhantes cercavam as insígnias reais: cordões umbilicais, cajados, adornos de cabeça, banquetas e tambores. Acreditava-se que todos esses objetos possuíam poderes mágicos, que eram benéficos se bem utilizados – por exemplo, para chamar chuva ou curar doenças – mas perigosos se tocados ou mesmo olhados. Não raro precisavam ficar sob a guarda de um grupo especial de sacerdotes, que cuidavam deles por meio de oferendas e sacrifícios.

Os chefes mais poderosos tinham poder de vida e morte sobre os súditos. Estes recebiam ordens para só se aproximarem deles deitados de bruços, caso tivessem permissão para fazê-lo; quando o chefe viajava ou era transportado de um local para outro na liteira, falar com ele sem permissão ou olhar para seu rosto poderia constituir crime capital. Uma vez que o chefe devia obedecer religiosamente aos costumes estabelecidos, não se pode dizer que estava acima da lei, muito menos que a criasse, à maneira dos monarcas absolutos. Por outro lado, é verdade que suas ordens, decretos e proibições representavam a única fonte de legislação positiva dentro da comunidade. Ele atuava também como ministro da justiça e chefe do executivo, os três poderes numa só pessoa.

Quando o território sob seu comando era vasto, o chefe ocupava o ápice de uma pirâmide formada por subchefes regionais. A não ser quando o chefe os depunha, o que acontecia quando praticavam alguma ofensa ou pareciam representar uma ameaça, a posição de subchefe passava de pai para filho; nesse ponto, a semelhança com o feudalismo se torna evidente. Longe de ser especializados, eram cópias menores do chefe. Mantinham suas próprias cortes, governavam seu próprio povo e, sujeitos a supervisão de cima, tinham deveres semelhantes ao do chefe. De vez em quando também eram chamados à corte do superior para homenageá-lo e participar da assembléia.

Uma investigação genealógica dos subchefes talvez demonstrasse que a maioria deles era parente do chefe; quando não, isso indicava geralmente que a conquista e a subjugação eram de origem recente. Era comum, de fato, que os chefes se empenhassem numa política deliberada de reforçar a estrutura do governo por meio da criação de laços de família. Enviavam parentes jovens para governar províncias distantes e presenteavam os subordinados com mulheres da família real para casamento, gerando assim uma camada administrativa cujos membros estavam unidos entre si tanto pelo sangue quanto pelos interesses. Tendo em vista o mesmo objetivo, os filhos varões do subchefe, ao atingir a idade entre seis e nove anos, eram levados para ser educados na corte. Esperava-se que, com o tempo, eles se transformassem em leais defensores do chefe, úteis como regentes de províncias ou como funcionários do palácio. Por outro lado, como também acontecia em outras sociedades – como Roma no início do império ou o Japão feudal –, serviam de reféns para garantir o bom comportamento dos pais.

Afora esse tipo de funcionários, tanto o chefe quanto os subchefes tinham criados à disposição. Embora não fossem parentes próximos, os criados eram considerados membros da família (o termo anglo-saxão *huyscarls*, "soldados da casa", indica claramente esse *status*) e serviam ao chefe em diversos afazeres. Para que fossem controlados com mais facilidade, quase sempre eram estrangeiros – em outras palavras, haviam sido capturados na infância ou eram refugiados de outras tribos. Em alguns casos, comiam à mesa do chefe, como faziam os guerreiros escandinavos antes que a introdução de formas mais hierárquicas de governo, no reinado de São Olavo, pouco antes do ano 1000, tivesse levado os "reis" (em inglês, *kings*, isto é, *men of notable kin*, homens de linhagem notável) a retirar-se primeiro para uma plataforma elevada e, depois, para seus próprios aposentos à procura de mais privacidade[22]. Às vezes, como em muitas sociedades africanas, asiáticas e polinésias, os criados recebiam algumas cabeças de gado do rebanho real para cuidar e/ou uma faixa de terra para que os membros de sua família cultivassem.

Como deixam claro as crônicas e sagas escandinavas, manter a lealdade dos subordinados – fossem eles parentes, subchefes ou servos – dependia muito da capacidade do chefe de distribuir as riquezas, que poderiam assumir a forma de alimentos, roupas, gado, terras e, em algumas sociedades, tesouros e também mulheres núbeis. Parte dessa riqueza tinha origem nos espólios de guerra, ao passo que outra parte era de propriedade do próprio chefe. Contudo, a maior parte era fruto da crença de que era ele, por realizar os devidos rituais e fazer os devidos sacrifícios, o responsável pela manutenção da fertilidade da terra e pela garantia de boa colheita; também competia a ele atribuir terras devolutas às pessoas que não possuíam terras. Por conseguinte, qualquer pessoa que cultivasse a terra, que nela pastasse o gado, caçasse ou explorasse seus recursos de alguma outra maneira devia ao chefe parte do produto do trabalho.

Assim, as chefias se tornaram as primeiras entidades políticas a instituir aluguel, tributos ou impostos (é típico da maioria das sociedades anteriores ao Estado, com exceção das cidades-Estado clássicas, que não se pudesse distinguir os três com clareza) – em outras palavras, pagamentos compulsórios e unilaterais que tiravam os bens das mãos dos muitos governados e os concentravam nas mãos dos poucos governantes[23]. A natureza precisa das riquezas pagas dependia dos recursos proporcionados pelo ambiente e tam-

---

22. Ver em Snorre Strualson, *Heimskringla, or the Lives of the Norse Kings,* ed. E. Monsen (Nova York: Dover Publications, 1990), pp. 520-1, um relato passo a passo de como os reis escandinavos se retiraram para a privacidade.

23. Ver A. I. Pershits, "Tribute Relations", em S. L. Seaton e H. J. M. Claessen (orgs.), *Political Anthropology: The State of the Art* (Haia: Mouton, 1979), pp. 149-56.

bém dos costumes. Em toda parte consistia numa parcela da colheita básica, fosse ela de cereais, arroz, inhame ou mandioca. Havia, então, os objetos de prestígio, como bons animais domésticos e peixes; as melhores partes das caças grandes, como cabeça, pele ou cauda, que costumavam ser usadas para adornar o chefe e distinguir sua classe social; tecidos em suas diversas formas e, em algumas sociedades, mulheres[24]. Algumas chefias, tanto antigas quanto modernas, usavam uma forma primitiva de dinheiro que consistia em objetos que não se destinavam a consumo imediato e eram fáceis de guardar e preservar. Esses objetos incluíam dentes de baleia (no Pacífico), garras de tigre (na África), contas feitas de conchas (América do Norte) e conchas de caurim (diversas regiões). Podiam ser utilizados para fazer pagamentos ao chefe, cujos estoques normalmente eram os maiores, bem como para outros fins comerciais. As chefias que entraram em contato com civilizações urbanas mais complexas também conheciam o dinheiro de metal. Este podia ser obtido por meio de troca, como era o caso dos braceletes conhecidos como manilhas, que os portugueses levaram para a África ocidental e que, ainda na década de 1940, eram usadas para realizar pequenas transações. Contudo, também havia casos em que os chefes criavam sua própria moeda, como fizeram os escandinavos do século XI, imitando Bizâncio[25].

Alguns tributos eram pagos diretamente nos armazéns do chefe, pelos próprios inquilinos. O resto da população pagava aos subchefes que, depois de receber, subtraíam uma parte – tanto quanto achavam que podiam subtrair sem que a ira do chefe recaísse sobre eles – e passavam o resto adiante. Tanto os chefes quanto os subchefes tinham fontes adicionais de renda, originárias do direito de aplicar a justiça,

---

24. Uma boa descrição de um sistema de tributação que ainda estava em vigor encontra-se em W. Mariner, *Natives of the Tonga Islands* (Nova York: AMS Press, 1979 [1818]), vol. II, pp. 230 ss.

25. Ver P. Einzig, *Primitive Money in Its Ethnological, Historical and Economic Aspects* (Londres: Eyre & Spottiswoode, 1949).

como taxas, multas, pertences dos condenados e também subornos, o que não era raro. Muitas vezes havia uma espécie de sistema de licenciamento que permitia aos chefes de todos os escalões exigir e receber pagamento por conceder certos privilégios aos súditos. Entre eles figurava o direito de controlar mercados, fazer comércio de longa distância, sair em expedições de assalto a outras tribos (nesse caso, era bem provável que o chefe exigisse parte do saque) etc. Em resumo, rara era a atividade econômica em que o chefe não estivesse envolvido e da qual não recebesse seu quinhão.

Parte da riqueza acumulada por tais métodos era consumida pelo chefe e pelos membros da família; de mulheres belas a caros animais de montaria, poder fazer despesas extravagantes sempre foi uma das marcas do governo, bem como um de seus privilégios. O resto ficava guardado em depósitos especiais que faziam parte da própria residência do chefe ou era enviado a pontos estratégicos espalhados por todo seu domínio. Em certas ocasiões festivas, bem como durante emergências como escassez, seca ou enchente, abriam-se as portas dos depósitos e seu conteúdo era exibido – às vezes em festas com distribuição de presentes – e usado para alimentar o povo. Tamanha generosidade reforçava os laços que uniam governante e súditos. Isso também pode ser interpretado como precaução, porque, em circunstâncias extremas, o que não era distribuído de imediato podia ser tomado à força. Existia, então, a idéia de que a transferência de riqueza não era unilateral, mas recíproca. Da Polinésia à África, seu uso com esse fim era uma das principais maneiras de justificar todo o sistema.

A riqueza era usada, sobretudo, para conquistar e manter adeptos; constituiu, portanto, a base para a instituição, o exercício e o aumento de todos os tipos de poder. As entidades resultantes costumavam ser muito mais centralizadas e mais coesas do que as tribos sem governantes. Também eram maiores, reunindo pelo menos centenas de habitantes; às vezes, porém, sua população chegava a dezenas ou – embora fosse raro – centenas de milhares. De fato, já se disse que a pressão da população sobre os recursos foi o fator mais importante que levou à instituição das chefias e, com elas, do governo propriamente dito[26]. Em tais circunstâncias, pode ter sido necessário dividir o país em províncias e construir ou abrir pelo menos algumas estradas que ligassem as províncias ao centro. Este assumiu a forma de uma aldeia maior que as outras. Continha, além da residência do chefe, as habitações de seus parentes e servos, bem como um templo da divindade da qual ele descendia.

Algumas chefias, em especial as pré-históricas, que provavelmente erigiram os megalitos espalhados pelo interior da Inglaterra[27], empenharam-se em grandes construções, principalmente com fins religiosos e militares. Estabeleceram-se sistemas de mensagens, e os mensageiros do chefe usavam insígnias, tais como folhas de palmeira ou cajados, que os tornavam invioláveis e lhes dava o direito de receber refeições e outros serviços da população local. O núcleo da força de trabalho necessária provavelmente era constituído pelos servos pessoais do chefe. Contudo, algumas das mais poderosas chefias africanas – como os zulus da África do Sul, com seu maior "rei", Shaka – também contavam com uma fonte de mão-de-obra possivelmente muito mais ampla: membros de determinadas faixas etárias que, como condição para receber terras e ter permissão para casar, tinham de servir durante um período estipulado – o que não significava que o chefe sempre fosse escrupuloso e os liberasse após cumprirem sua obrigação[28].

Qualquer que fosse a fonte de funcionários, eles também podiam ser usados na polícia e na guerra. Assim, encon-

---

26. Ver principalmente E. Boserup, *The Conditions of Agricultural Growth: The Economics of Agrarian Change Under Population Pressure* (Chicago: Aldine, 1965). Ver também M. Harris, *Cannibals and Kings: The Origins of Culture* (Nova York: Vintage, 1977).

27. Ver S. Sherman, "Wessex in the Third Millennium BC", trabalho apresentado no Royal Anthropological Institute Symposium, 19 de fevereiro de 1983.

28. Sobre Shaka e seu bando, ver, mais recentemente, J. Taylor, *Shaka's Children: A History of the Zulu People* (Londres: HarperCollins, 1994), parte I.

tramos não só guerreiros, mas forças armadas no sentido de classe de pessoas que, em razão do *status* ou da idade, se organizavam para praticar a violência, e pelo menos alguns deles estavam sempre à disposição do chefe. No caso dos zulus, por exemplo, os fundadores das chefias eram líderes militares que comandavam seus próprios exércitos. Confiando mais na religião do que na força para manter o poder, seus sucessores nomeavam subchefes para comandar ou escolhiam outros indivíduos dentre seus colaboradores imediatos. Às vezes havia uma hierarquia de unidades, desde a guarda real, passando pelas faixas etárias recrutadas, até as forças locais. Estas, à semelhança dos camponeses medievais alistados ou *fyrd*, compunham-se de pessoal com pouco ou nenhum treinamento, mobilizado somente em casos de emergência.

Amparadas pela força, ou pela ameaça de força, as chefias instituíram a hierarquia em vez da igualdade; a autoridade permanente em vez de liderança temporária; os tributos em vez de presentes mais ou menos voluntários; e os julgamentos, quase sempre reforçados por castigos cruéis, em vez da simples revanche ou compensação que resultava da mediação da assembléia da aldeia. Além de se envolver – ou permitir que seus subordinados se envolvessem – nas usuais rixas, nos saques e nas expedições de pilhagem, também introduziram a conquista, a subjugação e a dominação de um grupo sobre o outro[29]. Todos esses fatores fizeram com que as diferenças entre os que pertenciam e os que não pertenciam se tornassem mais claras, mais ainda porque o modo de vida assentado "enjaulava" os indivíduos e os grupos, dificultando que deixassem a proteção de um chefe para aceitar a de outro.

A organização mais forte, os números maiores e a maior capacidade de ação coordenada eram as vantagens de que

---

29. A idéia de que o governo teve origem na conquista esteve em voga especialmente na virada do século XX. Ver L. Gumplowicz, *The Outlines of Sociology* (Filadélfia: American Academy of Political and Social Sciences, 1899), e F. Oppenheimer, *The State* (Nova York: Free Life, 1975 [1911]).

gozavam as chefias sobre as tribos sem governantes. Contudo, o fato de sempre serem capazes de expulsar ou conquistar estas últimas não deve cegar-nos para suas limitações. A mais importante era a tendência à fissão inerente ao sistema de governo com subchefes hereditários, bem como os métodos de sucessão. Desde os tempos bíblicos, passando pela Escandinávia do século XI até a África, a Ásia e a Polinésia do século XIX, a morte de um chefe quase sempre sinalizava o início de uma guerra civil. Os candidatos adversários lutavam entre si recorrendo a todos os meios disponíveis, de assassinatos a verdadeiras batalhas; o mesmo faziam as mães, que, em caso de derrota, poderiam ser executadas ou, em algumas sociedades, sofrer a degradação de serem encaminhadas ao harém do vencedor. Os subchefes podiam aproveitar a oportunidade para se libertarem, deixando de pagar os impostos, usurpando os direitos dos superiores e declarando a própria independência. Chefes vizinhos também podiam intervir, na tentativa de aumentar o próprio poder.

Esses fatores explicam por que poucas chefias, antigas ou modernas, duraram mais do que algumas gerações. Nas que o fizeram, a maioria dos governantes chegou ao poder após vencer uma guerra civil e matar os parentes do derrotado[30]. Esse "sistema", se tivesse sido utilizado com freqüência e levado adiante por tempo suficiente, teria provavelmente cessado o desenvolvimento e transformado as chefias de novo em tribos descentralizadas sem governantes[31]. Para criar instituições políticas de vida mais longa e evitar repetidas dizimações da elite social, era preciso criar novos princípios de governo. Era necessário regularizar a sucessão

---

30. As fraquezas das chefias africanas do século XIX – as mais desenvolvidas de todas – são analisadas em M. Gluckman, *Politics, Law and Ritual in Tribal Society* (Oxford: Blackwell, 1965), pp. 147 ss.

31. Quem defende a tese de que as chefias com freqüência "involuíam" e voltavam a ser tribos sem governantes é M. Mann em *The Sources of Social Power* (Londres: Cambridge University Press, 1986), vol. I, pp. 69-73.

da chefia e, por outro lado, evitar que os subchefes deixassem o cargo para os descendentes.

Cidades-Estado

As sociedades descritas até este ponto eram predominantemente rurais. Seus membros eram nômades ou seminômades – como viveram, quase até os dias de hoje, muitas tribos sem governantes; havia também as que viviam em aldeias mais ou menos permanentes. De qualquer forma, seu sustento dependia quase exclusivamente da caça-coleta, da criação de gado, da pesca e da agricultura, quase sempre de subsistência. Só em algumas das chefias mais desenvolvidas é que a existência de uma corte e de uma classe dominante aristocrática gerou a exigência de bens de luxo e, assim, permitiu o surgimento de profissões e especializações econômicas fora da agricultura. Algumas chefias, como as dos antigos góticos e outras da África ocidental do século XIX, conheciam a escrita, embora ela fosse quase sempre importada do exterior e usada principalmente com fins religiosos por indivíduos especializados. Não obstante, o número de pessoas que se dedicavam integralmente a atividades especializadas que não fossem a de produzir alimentos – geralmente membros de uma casta à parte e hereditária – era minúsculo relativamente ao total da população.

As cidades, porém, são outra questão. Pode-se definir a cidade como um assentamento permanente cujas casas são construídas com material durável, como pedra ou tijolo. Contém um templo, um mercado – como a ágora grega e o fórum romano –, um ou mais prédios exclusivos do governo e um número considerável de habitantes que não mais dependem da agricultura como ocupação principal[32]. Tendo

---

32. Ver L. Mumford, *The City in History* (Harmondsworth, Reino Unido: Penguin Books, 1961), caps. 1 e 2. [Trad. bras. *A cidade na história*, São Paulo, Martins Fontes, 4.ª ed., 1998.]

dominado a arte da escrita ou, pelo menos, da manutenção de registros, trabalham com artesanato, manufatura e comércio, inclusive, onde as condições permitam (em geral, acesso a vias hídricas), comércio de longa distância. A partir de fins do neolítico surgem grandes números desses assentamentos em muitas partes do mundo, entre elas China, Índia e Oriente Médio. Após o longo intervalo de alguns milênios, também surgem nas Américas Central e do Sul.

Do ponto de vista político, podemos dividir as cidades em três classes. É provável que a maioria fosse governada por chefes subordinados. O chefe era conhecido como *lugol* no antigo Oriente Médio, *wanax* no mundo micenense, e *kshatriya* na Índia[33]; no livro bíblico de Josué, descobrimos que cada uma das dúzias de cidades ocupadas pelos invasores israelitas era governada por um "rei", embora a exata abrangência de seus poderes não seja especificada em nenhuma parte do livro. Esse tipo se distingue das chefias principalmente pelo sistema administrativo mais avançado e por uma estrutura social mais complexa. Aos aristocratas e plebeus acrescenta-se um grupo de autoridades nomeadas – que, já que tinham de ser cultos, não eram simples subchefes –, bem como uma classe de pessoas que não eram livres, ou escravos. Estes podiam pertencer ao governante, a indivíduos ou, às vezes, ao templo.

Uma segunda classe de cidades não representava nenhuma comunidade independente. Faziam parte de entidades políticas muito maiores às quais serviam de capitais ou centros provinciais. Tal era o caso, o mais remoto que foi possível encontrar, da Mesopotâmia após sua unificação,

---

33. Sobre o pouco que se sabe a respeito de como eram governadas as cidades-Estado do Oriente Médio, ver T. Jacobsen, "Early Political Development in Mesopotamia", *Zeitschrift für Assyrologie und Vorderasiatische Archäologie,* 52, 1957, pp. 91-140; e N. Bailey, "Early Mesopotamian Constitutional Development", *American Historical Review,* 72, 4, 1967, pp. 1211-36. Sobre Micenas, ver L. R. Palmer, *Myceneans and Minoans* (Londres: Faber & Faber, 1965), pp. 97-107; sobre a Índia, ver B. Parsed, *Theory of Government in Ancient India* (Allahabad: India Press, 1926).

nas mãos de Sargão, por volta de 2350 a.c.; da China, a partir das primeiras dinastias imperiais; da Índia durante os períodos do império centralizado (320-185 a.c., 320-500 d.C e 1526-1707 d.C.); e da América Latina pré-colombiana, até onde nos permitem ver os registros históricos[34].

Por fim, o terceiro tipo compreende as cidades de governo autônomo. Pode ser que tenham existido na Mesopotâmia pré-dinástica, mas em geral se limitaram ao litoral do Mediterrâneo. Só nessas cidades autogovernadas, os gregos, os romanos e talvez também os etruscos e os fenícios (Cartago) puderam criar um novo princípio de governo; só nessas cidades houve uma forma de governo que perdurou durante séculos e que constituiu o mundo "clássico". Do sistema político dos etruscos, que deixaram poucos registros, não sabemos quase nada. De Cartago, sabemos que era realmente uma cidade-Estado e que Aristóteles planejava incluir sua constituição na coleção que reuniu 158 documentos desse tipo – hoje perdida, graças a Roma, que fez um serviço minucioso de destruição, não só da cidade, mas dos registros que poderiam lançar alguma luz sobre a história e o governo de Cartago. Isso é mais ou menos tudo o que sabemos. Por conseguinte, esta seção vai concentrar-se em Grécia e Roma, e somente nelas.

Não se sabe quase nada sobre como as cidades-Estado evoluíram das comunidades que as precederam. Presumindo-se, como fazem as pesquisas recentes[35], que as comunidades em questão consistiam originalmente em sociedades nas quais o governo se limitava principalmente à família, em algum momento deve ter acontecido o que os autores gre-

---

34. Sobre esse tipo de cidade e seu governo, ver B. Sjoberg, *The Pre-Industrial City: Past and Present* (Nova York: Free Press, 1961), pp. 108-44, 182-255.

35. Sobre algumas tentativas modernas de explicação, ver Y. Ferguson, "Chiefdom to City-States: The Greek Experience", em T. Earle (org.), *Chiefdoms: Power, Economy und Ideology* (Londres: Cambridge University Press, 1991), cap. 8; e M. Stahl, *Aristokraten und Tyrannen im archaischen Athen* (Stuttgart: Steiner, 1987), especialmente pp. 140-4, 150-75.

gos subseqüentes chamaram de *synoikismós,* ou "união das famílias". Como quer que tenha acontecido, desse ponto em diante o governo não mais se confinava à família estendida, como no caso das tribos sem governantes, nem se concentrava nas mãos de uma só pessoa, como nas chefias; em vez disso, as cidades eram consideradas empreendimentos coletivos e governadas por muitos. Para esse fim, não importa se determinada cidade era uma oligarquia, como a maioria foi a princípio e muitas permaneceram durante muito tempo, ou se passou por uma transformação democrática; nem faz diferença, no primeiro caso, se a elite de onde saíam os governantes representava os verdadeiros aristocratas (que era como gostavam de se denominar), ou meros oligarcas que deviam o título à riqueza (que é como os oponentes costumavam considerá-los). Não importa quantos fossem, ou qual fosse a base de seu poder, a característica notável das cidades-Estado clássicas era que seus cidadãos *indicavam* certas pessoas entre si para governá-los. Essas pessoas agiam, ou pelo menos se presumia que agiam, em nome da comunidade, e não apenas para seus próprios fins. Em outras palavras, não se tratava de governantes, mas de magistrados.

Há outro modo de tratar do assunto. Nos sistemas políticos até aqui descritos – bem como nos impérios e nas sociedades feudais que descreverei na próxima seção – a diferença entre "governo" e "propriedade" era desconhecida ou, pelo menos, difusa[36]. Forte ou fraco, o governante regia – isto é, liderava, comandava, promulgava decretos, julgava, tributava e, se necessário, punia – os que eram "seus", independentemente de serem membros de sua linhagem ou subchefes, correligionários, serviçais, dependentes, inquilinos ou escravos (que, na forma de prisioneiros de guerra, existiam em algumas das chefias mais desenvolvidas). Em

---

36. A situação descrita levou a debates intermináveis entre os acadêmicos acerca da existência ou inexistência de propriedade privada nessas sociedades. Ver, p. ex., A. M. Bailey e J. R. Llobera (orgs.), *The Asiatic Mode of Production* (Londres: Routledge, 1981).

outras palavras, não existia governo "político" no sentido moderno do termo, nem, naturalmente, o próprio termo. Em todas essas sociedades havia algumas pessoas que exerciam autoridade sobre as outras, seja como simples cabeças de um clã, capatazes ou chefes com poderes totais. Contudo, sem exceção, não o faziam na qualidade de autoridades "públicas", mas como pessoas físicas que, devido ao sexo, à idade, à ascendência divina, ou a alguma combinação desses fatores, eram consideradas mais elevadas que todas as outras e, portanto, *mereciam* governar.

A situação na cidade-Estado clássica era completamente diferente. Com efeito, tanto a pólis grega (até onde chegam nossas informações) como a república romana durante muito tempo conservaram traços de um sistema anterior. Em ambas, os cidadãos não constituíam um corpo único, mas estavam divididos em demos, fratrias, cúrias, centúrias e tribos que, em Roma, pelo menos, votavam em bloco. Contudo, não se organizavam ao redor de laços de família; contanto que não fossem parentes próximos, os cidadãos tinham liberdade para se casar com as filhas uns dos outros. Muito menos se baseavam em qualquer outra forma de "propriedade" de uma pessoa por outra. Pelo contrário, tanto na Grécia quanto em Roma, o "governo" (*arkhé, imperium*) era definido como forma de autoridade exercida por algumas pessoas sobre as outras, que, ao contrário dos membros da família e dos escravos, eram iguais a elas (*hómoioi*) perante a lei e não lhes "pertenciam" em nenhuma das condições mencionadas. Havia, portanto, um limite bem nítido entre as esferas privada (*ídios, res privata*) e pública (*demósios, res publica*). Dentro do lar (*oîkos, domus*), as relações sociais baseavam-se na propriedade exercida pelo *pater-familia* sobre seus dependentes, parentes ou não (estes, os escravos) que, naturalmente, não possuíam autonomia jurídica própria. Fora do lar, havia a autoridade política, ou governo.

Até onde conseguimos descobrir, essas diferenças, como a própria pólis, ainda não existiam na civilização micenense que se difundiu pelo sul da Grécia e do mar Egeu durante o segundo milênio a.c. Também não se encontram na *Ilíada* de Homero, povoada exclusivamente de chefes *(basileús)*, dos membros de suas linhagens e seus correligionários – na maior parte anônimos[37]. Sua existência é indicada pela primeira vez no outro épico, provavelmente mais recente, a *Odisséia*. Escrito não muito antes de 700 a.c. e tido como descrição das circunstâncias sociais presentes talvez um século ou dois antes[38], contém um trecho em que Telêmaco, filho do herói, informa ao anfitrião Menelau que veio "em seu próprio nome e não em nome do povo". Como se pretendesse comunicar o fato de que surgira um admirável mundo novo, há dois outros locais onde o poeta recorre a terminologia semelhante. No segundo deles, o mesmo Telêmaco diz aos pretendentes da mãe, que estavam desperdiçando sua herança, que "esta é a casa de [meu pai] Odisseu e não uma casa pública"[39].

Há mais indícios do surgimento da pólis como novo tipo de entidade política numa inscrição encontrada em Creta e com data da segunda metade do século XVII a.C. Nela, os cidadãos de Dreros solenemente declaram e decretam que o magistrado conhecido como *kósmos* não deve exercer o mesmo cargo pela segunda vez antes de decorridos dez anos; caso o fizesse, não obstante a advertência, ele perderia a condição de cidadão e "qualquer coisa que faça *como kósmos* [grifo meu] será anulada". Vale notar a diferença entre o cargo, que é temporário, e a pessoa que o ocupa e que dará prosseguimento a sua vida privada depois de deixá-lo. Atualmente, é a mais antiga menção direta ao magistrado que possuímos[40].

---

[37]. Ver R. Drews, *Basileus: The Evidence for Kingship in Geometric Greece* (New Haven, CT: Yale University Press, 1983).

[38]. A melhor análise moderna da sociedade que Homero descreveu é a de M. I. Finley, *The World of Odysseus* (Londres: Penguin, 1979).

[39]. Os trechos da *Odisséia* (Londres: Heinemann, Loeb Classical Library, 1966), são IV.314, III.82 e XX.264-5.

[40]. Inscrição publicada em R. Meiggs e D. Lewis (orgs.), *A Selection of Greek Historical Inscriptions to the End of the Fifth Século BC* (Oxford: Clarendon, 1975), nº 2. Agradeço ao colega Dr. G. Herman por trazê-la à minha atenção.

Talvez a invenção política mais fundamental de todos os tempos, a teoria madura da diferença entre governo e propriedade – e qualquer que seja a forma – deve ter levado séculos para se desenvolver. Também não se deixou de lado com facilidade a perspectiva anterior, que confundia as duas. Em Atenas, por exemplo, só durante as reformas de Sólon em 594-93 a.c. foi abolida a escravidão por dívida e se traçou um limite absoluto entre o *status* de (cidadão) livre e cativo (servil); em Roma, a mesma reforma teve de esperar ainda mais. O último teórico político importante que, retrospectivamente na história, queria governar a cidade *como se* fosse uma família estendida foi Platão na *República*. Por isso foi criticado por Aristóteles, que assinalou, com perfeita justiça, que família e cidade eram instituições completamente distintas e que os princípios sociais que fundamentavam uma não eram aplicáveis à outra[41]. Usando Platão como saco de pancadas, Aristóteles, escrevendo por volta do século IV a.C., dedicou mais da metade da primeira parte da *Política* à elaboração minuciosa dessa diferença[42]. Tampouco se equivocou ao inseri-la no início do livro. Comparada a ela, todas as outras definições institucionais sobre as quais ele discorre – ou que existiam na vida cotidiana das diversas cidades-Estado – eram de importância secundária, quase trivial.

Os órgãos do governo da cidade-Estado não correspondiam à nossa separação costumeira entre executivo, legislativo e judiciário[43]. Talvez a instituição mais importante fosse a assembléia popular. Parece que só em Roma havia

---

41. Sobre a relação entre *pólis* e *oîkos*, ver J. Ober, "The *Polis* as a Society: Aristotle, John Rawls and the Athenian Social Contract", em M. G. Hansen (org.), *The Ancient Greek City-State* (Copenhague: Royal Danish Academy, 1993), pp. 130-5.

42. Ver W. J. Booth, "Politics and the Household: A Commentary on Aristotle's *Politics* Book I", *History of Political Thought*, 2 (2), verão de 1981, pp. 203-26.

43. O melhor relato curto acerca das instituições da antiga cidade-Estado continua sendo V. Ehrenberg, *The Greek State* (Nova York: Norton, 1960).

mais de uma assembléia, na verdade quatro; cada uma delas compreendia uma parte distinta da população, que votava segundo sistema próprio, e alcançou importância constitucional com relação às outras três em um período histórico diferente. Em outros locais havia uma única assembléia, composta de todos os cidadãos; em outras palavras, todos os varões adultos que não faziam parte da família de outros [escravos] nem eram estrangeiros. Reunia-se a pedido dos magistrados que a presidiam, a intervalos regulares ou segundo as necessidades; em Atenas, única cidade sobre a qual temos tais informações, parece que havia quarenta reuniões por ano. A principal função da assembléia era aprovar leis, conhecidas como *nómoi* na Grécia e *leges* em Roma; mas também elegia magistrados e dava a palavra final em questões de guerra e paz. Por fim, em Atenas e talvez também em outras cidades gregas, a assembléia tinha o direito de apelar ao ostracismo para obrigar ao exílio os cidadãos considerados inimigos públicos.

Próximos à assembléia em importância estavam os diversos magistrados. Embora muitos fossem escolhidos por sorteio, os mais importantes eram invariavelmente eleitos. Com poucas exceções, a duração do mandato era de um ano. Só em Esparta os chamados reis tinham mandato vitalício, porém mesmo assim eram pouco mais que autoridades hereditárias cujo poder estava estritamente limitado e sujeito à supervisão de um grupo especial de cinco *éforos*[44]. Além de convocar a assembléia, como acabamos de mencionar, os magistrados eram responsáveis pela administração dos assuntos cotidianos da cidade. Estes incluíam assumir o comando na guerra (os *strategoí* e *polémarkhos* gregos e os cônsules e o ditador romanos, este último um comandante temporário eleito por seis meses), cuidar das finanças (os *quaestores* romanos), construir prédios públicos e supervisionar os mercados (os *aediles* romanos), exercer a justiça e manter a or-

---

44. Ver H. Mitchell, *Sparta* (Cambridge: Cambridge University Press, 1964), pp. 101 ss.

dem interna (os cônsules e os pretores romanos juntos). Na Grécia – embora raramente em Roma, onde as tradições aristocráticas eram mais fortes e mais antigas – o objetivo era geralmente capacitar o maior número possível de cidadãos para governar e, por sua vez, serem governados. Por conseguinte, o número de magistrados, em especial os que ocupavam cargos inferiores como o de supervisionar os mercados e manter as ruas limpas, costumava ser bem grande.

Embora os detalhes sejam obscuros, as origens militares do governo são denunciadas pelo fato de que todas as cidades provavelmente exigiam que os cidadãos se alistassem para o serviço militar e participassem de um número prescrito de campanhas militares antes de se candidatar à eleição na magistratura. Muitas também devem ter estabelecido uma idade mínima para que o cidadão pudesse ser eleito, embora essa lei – como aquela que, em Roma, proibia os magistrados de exercer duas vezes o mesmo cargo – às vezes fosse anulada, em emergências. Ao contrário das instituições governamentais modernas, parece que na maioria dos casos não havia progressão obrigatória de cargos pelos quais o indivíduo tivesse de passar para chegar ao topo; já que, para evitar a tirania, nenhum magistrado tinha autoridade sobre os outros, o governo era dispersa. Mais uma vez a única exceção conhecida a essa regra era Roma. Ali havia um estruturadíssimo *cursus honorum,* ou carreira honorária, que levava os aspirantes à política das posições mais humildes às mais elevadas. Os magistrados romanos também possuíam *coercitio* (poder de coerção), um poder cujo nome fala por si e que não era exercido pelos colegas gregos. Não obstante, mesmo em Roma os dois cônsules tinham poderes iguais. Não se podia implantar nenhuma política sem o consentimento de ambos; isso chegou ao absurdo de, até algum tempo durante a segunda guerra púnica, comandarem o exército em dias alternados. Além disso, e precisamente por ser tão forte o governo romano, acreditava-se necessário indicar magistrados especiais – os tribunos – para proteger as plebes contra quaisquer excessos que os governantes pudessem cometer e também para dar-lhes alguma participação no governo.

Outra peculiaridade do sistema era que os sacerdotes também estavam sujeitos ao rodízio anual. Embora em Atenas e outros lugares alguns postos sacerdotais fossem monopólio de certas famílias, via de regra o sacerdócio não era hereditário nem exercido por especialistas; os sacerdotes eram simples magistrados cuja função por acaso era servir às divindades da cidade e mantê-las satisfeitas. Cada templo, deus e função ficava a cargo de um grupo de sacerdotes; Roma era ímpar porque tinha um *pontifex maximus*, ou sumo pontífice, que exercia autoridade sobre toda a religião oficial. Uma vez que estavam encarregados das diversas maldições, augúrios e presságios que permitiam ou proibiam certas atividades, os sacerdotes, individualmente ou em seus grupos, podiam influenciar, e influenciavam, as políticas dos outros órgãos do governo; por exemplo, podiam decidir se este ou aquele dia era adequado para fundar um templo, concluir uma aliança ou travar uma batalha. Contudo, o sistema não facultava que sua influência se tornasse institucionalizada ou persistisse ao longo do tempo. Um conflito entre a sociedade organizada e a Igreja, como era comum surgir em outras sociedades, tornava-se portanto impossível[45].

O terceiro órgão que compunha o governo da cidade-Estado era a *boulé* ou câmara. A de Esparta era conhecida como *gerousía* e, assim, originava-se claramente de um conselho tribal de anciãos; o mesmo acontecia em outras cidades. Embora não seja mais possível traçar as etapas, nos tempos históricos as câmaras da maioria das cidades perderam o caráter aristocrático em favor de um sistema no qual os membros eram indicados por sorteio e serviam pelo período habitual de um ano. Só em Roma eram os senadores indica-

---

45. Um bom relato da relação entre a religião e a sociedade organizada, especialmente em Roma, é D. Potter, *Prophets and Emperors: Human and Divine Authority from Augustus to Theodosius* (Cambridge, MA: Harvard University Press, 1994), pp. 147-58.

dos *ex officio* dentre ex-magistrados que já tinham cumprido seu mandato. A não ser quando desqualificados pelos *censores* (dois magistrados eleitos a cada cinco anos e cuja responsabilidade era fazer investigar as propriedades e a conduta de cada cidadão), os senadores mantinham o cargo pelo resto da vida.

As principais funções da câmara eram preparar projetos de lei para apresentação na assembléia e supervisionar o trabalho dos magistrados, investigando suas contas e recebendo reclamações. Na Grécia, era normalmente a parte menos importante do governo, mas em Roma funcionava como um reservatório onde se acumulava a experiência política da república. A influência do senado sobre os assuntos políticos, tanto domésticos quanto estrangeiros, era imensa. Além de exercer as funções citadas, substituía a assembléia no recebimento dos enviados de governos estrangeiros; tinha autorização para suspender os direitos civis, declarando estado de emergência ou *tumultus*; e, em pelo menos uma ocasião, apelou a um detalhe técnico para invalidar as eleições consulares e forçar a realização de novas eleições[46]. Não obstante, nem em Roma durante seu apogeu, no século II a.C., a autoridade (*auctoritas*) do senado jamais foi formalizada. Ao contrário do moderno parlamento, o senado não aprovava leis; o máximo que podia fazer era deliberar e encaminhar *consulta* (estritamente falando, conselhos) aos magistrados. Contudo, não podia dar-lhes ordens nem responsabilizá-los, muito menos passar por cima da assembléia dos cidadãos, que sempre conservava a soberania – caso seja esse o termo apropriado – nas próprias mãos.

Por fim, e como é adequado a uma comunidade que se emancipou do governo exercido por um indivíduo, a cidade não tinha um sistema jurídico unificado. Não existiam tribunais de apelação – as decisões, uma vez tomadas, eram definitivas – nem ministro da justiça ou supremo tribunal.

---

46. Isso aconteceu em 163 a.C.: ver M. T. Cicero, *De Natura Deorum* (Londres: Heinemann, Loeb Classical Library, 1967), II, pp. 10-11.

Em vez disso, havia uma série de tribunais independentes, cada um deles se reunindo diariamente e, em geral conhecidos pelos diversos locais em que se encontravam, com nomes como Novo Tribunal, Tribunal Triangular, Pequeno Tribunal etc. A decisão relativa a qual causa seria julgada, e em qual tribunal, cabia aos funcionários especializados no assunto, como os *árkhontes* e os *thesmothétai* atenienses e os pretores romanos. Os tribunais eram formados por cidadãos comuns. Assim como os jurados modernos, trabalhavam caso a caso, sem receber formação especial para tal fim. Em Atenas, pelo menos a partir da época de Péricles, recebiam um pagamento modesto pelos serviços – que mal dava para mantê-los financeiramente solventes, ao que parece.

O sistema de júri significava que uma parte considerável da população estava envolvida no exercício da justiça. Assim, em Atenas, a assembléia elegia anualmente um grupo de 6 mil possíveis jurados; para impedir o suborno, a decisão acerca de quem iria para cada tribunal a cada dia era tirada em sorteio, com o auxílio de uma máquina criada especialmente para tal fim[47]. O sistema significava que, em vez de poderes executivo e jurídico nas mãos das mesmas pessoas, como era comum em todas as sociedades anteriores e na maioria das subseqüentes até os tempos modernos, esses poderes eram separados. Assim, a clássica cidade-Estado tornou-se a primeira, e durante muito tempo a única, comunidade política a tirar os poderes jurídicos das mãos do(s) governantes(s). Nenhum magistrado, nem mesmo os cônsules romanos, cujo poder era maior do que o de todos os outros, tinha o direito de infligir a pena capital em tempos de paz, a não ser que antes tivesse tido autorização para apresentar o processo perante um tribunal de cidadãos, que, em alguns casos, poderia ser representado pela câmara ou pela assembléia. Em Roma, esse direito, corretamente definido por Cícero como pedra angular da liberdade, era conhecido como *provocatio*.

---

47. Sobre o sistema de seleção do júri, ver D. M. MacDowell, *The Law in Classical Athens* (Ithaca, NY: Cornell University Press, 1978), p. 34.

Na ausência do Estado como pessoa jurídica que se pudesse ofender, não se aplicava a nossa diferença moderna entre jurisdição civil e criminal[48]. Não fazia diferença se a questão levada ao tribunal envolvia litígio acerca de herança ou assassinato; em vez disso, traçava-se um limite entre os processos que só envolviam indivíduos e aqueles, como peculato, traição, impiedade e, em Roma, insulto à grandeza da *majestas* do povo romano, que diziam respeito a toda a comunidade. Nos primeiros casos, os únicos que podiam processar eram os prejudicados ou, caso não estivessem mais vivos, seus parentes; no segundo caso, qualquer cidadão que assim desejasse poderia instaurar o processo. Em conseqüência disso, às vezes esse recurso era usado para livrar-se de indesejáveis, dos quais o mais famoso foi Sócrates. Além disso, as pessoas envolvidas na política podiam persuadir alguém a fazer acusações desse tipo a um adversário, método conhecido como sicofantia[49]. Em relação ao método, havia uma diferença, já que o número de jurados convocados para transgressões "políticas" era muito maior – 501 ou, em casos especiais, até 1.001. Contudo, mesmo nesses casos não havia advogado de acusação indicado pelo Estado segundo a nossa definição da expressão.

Como não eram governadas por poucos, mas por muitos, as cidades-Estado clássicas não tinham pessoal especializado, grandes máquinas administrativas nem forças armadas regulares. Era questão de princípio que, com algumas exceções (tais como aquelas que, em algumas cidades, restringiam certos sacerdócios aos membros de certas famílias), qualquer cidadão pudesse tornar-se magistrado; após longa batalha, que colocou os patrícios contra os plebeus, isso passou a acontecer até em Roma. Também não havia nenhuma

---

48. Ver R. Sealey, *The Justice of the Greeks* (Ann Arbor: University of Michigan Press, 1994), cap. 5.
49. Ver R. A. Bauman, *Political Trials in Ancient Greece* (Londres: Routledge, 1990); e R. Garner, *Law and Society in Classical Athens* (Londres: Croom Helm, 1987), pp. 51 ss.

tentativa de preparar ou formar profissionais em campos como serviços policiais, contabilidade, diplomacia etc. Parece que havia pouquíssima administração. Inicialmente, pelo menos, até as próprias leis eram consideradas dádivas divinas e só estavam disponíveis na forma de tradições orais. Muito tempo depois da extinção desse costume e de serem publicadas as leis – em Roma, isso aconteceu em 451 a.C., quando foram inscritas doze placas de bronze depois expostas no fórum – parece que a burocracia já existente era realizada pelos próprios magistrados. Eles não recebiam salários; no máximo, pequenas quantias em dinheiro para fins de despesas. Sem quadro de pessoal, a não ser um ou dois secretários em Atenas, era comum empregarem seus próprios criados, escravos e parentes politicamente ambiciosos para as tarefas administrativas.

Junto com o caráter secular do governo, a quase ausência de uma burocracia, no sentido que damos hoje ao termo, significava que os magistrados gregos e romanos, ao contrário de muitos outros tipos de governantes, antes e depois, eram, acima de tudo, figuras públicas. O próprio fato de que tinham de se candidatar a eleições os tornava conhecidos; ao exercer o cargo, eram vistos diariamente na ida e na volta dos locais públicos de assembléia no centro da cidade. Podiam, no máximo, ter uma modesta guarda, como os lictores que serviam aos cônsules e pretores romanos. Contudo, nada impedia que o povo os abordasse nas ruas para entregar petições e fazer reclamações; certa feita, Péricles ofereceu uma tocha a um cidadão que o insultara e mandou um escravo escoltá-lo até a casa. Era nos espaços abertos da ágora e do fórum, bem como nas estruturas públicas que os cercavam, que os magistrados cumpriam a maior parte de seus deveres. O restante provavelmente realizavam na privacidade do lar[50].

---

50. Sobre as fraquezas da administração pública grega e romana, ver M. Finley, *Politics in the Ancient World* (Cambridge: Cambridge University Press, 1983), pp. 18 ss.

O que se aplicava à administração também se aplicava às forças armadas. Tanto na Grécia quanto em Roma, sempre que terminava uma guerra os soldados – inclusive os comandantes e os oficiais – simplesmente se dispersavam e voltavam para casa. Sempre que eclodia nova guerra, os magistrados responsáveis se dirigiam ao local designado – como, em Roma, o Campus Martius ou Campo de Marte –, consultavam a lista de cidadãos e realizavam a convocação. Admitiam primeiro os voluntários e, só depois disso, voltavam-se para os outros cidadãos que ainda não tinham servido o número de campanhas estipulado por lei. Em Roma, e talvez em outros lugares, sempre que havia convocação os homens tinham de prestar novo juramento – não à república, vale notar, mas à pessoa do cônsul no comando. Se este morresse em campanha, era preciso repetir a cerimônia em nome do sucessor. Os cidadãos-soldados, que naturalmente não usavam uniforme, deviam apresentar-se com suas próprias armas; para tal fim eram divididos em classes de propriedade[51]. Já que a guerra era considerada assunto do povo, não recebiam pagamento pelos serviços; no máximo, distribuíam-se quantias para a subsistência.

Assim, a melhor definição para as forças armadas da cidade-Estado, conhecidas como *stratós* ou *exercitus*, é hostes. Assim como as levas recrutadas nas tribos sem governantes, porém ao contrário dos exércitos normais, essas forças armadas não se distinguiam claramente do corpo geral de cidadãos. Não se tratava de uma organização com existência independente nem, conseqüentemente, era capaz de desenvolver um *esprit de corps* militarista. Às vezes empregavam mercenários, especialmente na Grécia a partir da guerra do Peloponeso, quando havia tropas especializadas, tais como arqueiros, atiradores de funda e arremessadores de dardo. Mas os mercenários, embora profissionalíssimos, por definição não eram cidadãos. Em vez de participar da

---

51. Sobre o modo como se fazia isso em Atenas, ver Aristóteles, *The Athenian Constitution* (Londres: Heinemann, Loeb Classical Library, 1942), p. 49.

sociedade organizada do empregador, eram pagos e despachados o mais depressa possível, para o mais longe possível. Só em Esparta a existência dos hilotas – uma classe de servos hereditários que executava a maior parte do trabalho produtivo – deu folga aos cidadãos e permitiu que a guerra se transformasse numa indústria nacional, razão por que foram chamados, por Plutarco, de "professores de guerra"[52]. Nos outros lugares, a guerra era travada principalmente por amadores semitreinados, deficiência que Platão identificou e censurou na *República*[53].

Extraordinariamente, em razão das habilidades que alguns romanos adquiriram, o sistema também se estendia aos comandantes. Sua posição dependia de sua habilidade de fazer-se eleger pelo povo; por conseguinte, eram quase sempre políticos em primeiro lugar e militares em segundo lugar. Se Nícias, que comandou algumas campanhas e foi, por fim, escolhido pelos atenienses para liderar a maior expedição militar de sua história, tinha alguma formação especial para a função, ignoramos totalmente. Mas nem soldados de destaque como o cônsul romano Gaius Titus Flamininus, que em 197-196 a.C. derrotou a Macedônia e conquistou a Grécia, tinham treinamento especializado de oficial. Ele "aprendeu a comandar os outros sendo, ele mesmo, comandado"[54]. Na maioria das cidades-Estado, e durante a maior parte da história, o sistema de soldados amadores sem remuneração impunha limites rígidos a sua capacidade de realizar operações militares distantes de casa e também de conquistar e dominar outras cidades[55].

Por não possuir uma burocracia abrangente nem forças armadas regulares, as cidades-Estado eram, em sua maioria,

---

52. Plutarco, *Pelopidas*, em *Lives* (Londres: Heinemann, Loeb Classical Library, 1921), XXIII, 3.

53. Platão, *Republic* (Londres: Heinemann, Loeb Classical Library, 1949), livro II, 374.

54. Plutarco, *Lives, Flamininus*, I, 3.

55. Ver Y. Garlan, *Études dans la poliocrétique grecque* (Atenas: École française, 1974), esp. cap. 1.

capazes de sobreviver sem tributar os cidadãos diretamente. Uma emergência militar poderia exigir um imposto especial sobre as propriedades ou na forma de capitação. Caso o conflito fosse demorado, isso poderia tornar-se muito oneroso; em 215 a.c., por exemplo, o senado romano dobrou as contribuições devidas pelos cidadãos e antecipou a data de seu recolhimento. Contudo, mesmo em tais ocasiões, a natureza fundamentalmente democrática e igualitária da comunidade significava que sempre havia uma tendência de transferir o ônus para os mais fracos, isto é, as classes não-votantes.

Um excelente exemplo é oferecido pela tentativa do senado romano de tributar as viúvas ricas durante a segunda guerra púnica. Isso provocou o protesto das mulheres: já que não faziam parte do corpo de cidadãos e não estavam em guerra contra Aníbal, não podiam obrigá-las a pagar as despesas da guerra[56].

O método normal de manter as despesas do governo em tempos de paz era recorrer aos tributos do mercado e aos frutos do sistema judiciário na forma de multas e bens confiscados. Para fins religiosos, havia as sobras dos sacrifícios de animais, que eram vendidas, bem como as operações financeiras dos templos, que faziam as vezes de depositários e emprestavam dinheiro a juros. As cidades que tinham a sorte de ter minas em seu território arrendavam a operação das minas a indivíduos e destinavam a receita a algum fim público (como a marinha ateniense, criada a conselho de Temístocles) ou simplesmente a dividiam entre os cidadãos. Algumas das cidades mais cosmopolitas, como Corinto, contavam com alfândegas, taxas portuárias e pagamentos feitos por estrangeiros em troca do direito de residir e fazer comércio. Por fim, algumas conseguiam governar outras cidades. Em troca da "proteção" que ofereciam, recebiam tributos. Esse era o caso de Atenas, que, depois de estabelecer seu

---

56. Ver Lívio, *The Histories* (Londres: Heinemann, Loeb Classical Library, 1929), XXIV, xviii, 13-14.

domínio sobre os outros membros da Liga de Delos, usava o dinheiro que recolhia deles para pagar seus remadores e manter a supremacia naval no Egeu.

Contudo, a fonte mais importante de renda de que gozavam as antigas cidades-Estado, tanto gregas como romanas, consistia nas ditas liturgias – que podem ser descritas com mais precisão como contribuições feitas pelos ricos para fins específicos. O projeto poderia ser encenar uma peça, fornecer suprimentos ao ginásio ou salão de exercícios, erigir um prédio público ou construir, e mesmo manter, uma nave de guerra[57]. As liturgias eram atribuídas aos indivíduos pelos magistrados responsáveis, com base em listas de bens que, naturalmente, levavam em conta contribuições já feitas no passado. Ao contrário das instituições de caridade modernas, não eram voluntárias, pois representavam um dever cívico do qual só se poderia escapar indicando alguém que possuísse mais bens, mas que tivesse doado menos. Em certo sentido, eram pagamentos feitos pelos ricos para proteger seus bens de serem expropriados pelos pobres[58], mas fazer esses pagamentos era considerado honroso. Muitas doações eram comemoradas em inscrições feitas pelos gratos recebedores ou pelos próprios doadores. Com freqüência os cidadãos pagavam mais do que tinham de pagar, para assim obter popularidade, influência e, na pouco improvável eventualidade de serem levados ao tribunal, alguma solidariedade dos jurados; de fato, nosso conhecimento acerca do assunto deve muito a casos desse tipo.

Essa diversidade de fontes de renda significa que poucas cidades (se é que alguma) mantinham um tesouro público único para o qual ia todo o dinheiro e que, por sua vez, era responsável por todos os pagamentos públicos. Roma,

---

57. Sobre a Grécia, ver, por exemplo, Pausânias, *A Description of Greece* (Londres: Heinemann, Loeb Classical Library, 1967), 10, 9, 2; também G. Gilula, "A Career in the Navy", *Classical Quarterly*, 1989, pp. 259-61. Sobre Roma, ver Lívio, *The Histories*, XXIV, xi, 7-9.

58. A. Fuks, "The Sharing of Property by the Rich with the Poor in Greek Theory and Practice" (*Scripta Classica Israelica*, 5, 1979-80), pp. 46-63.

que não tinha essa forma de liturgias e que em alguma data desconhecida criou o tesouro ou *aerarium*, era exceção à regra. Contudo, mesmo nesse caso eram sempre os magistrados que arcavam com o ônus das despesas públicas, inclusive o que hoje consideraríamos gastos militares. Por exemplo, durante a guerra com Aníbal, o ditador Quinto Fábio Máximo Cunctator utilizou seus recursos pessoais para pagar pela libertação de alguns prisioneiros romanos. Quando o filho de Cipião Africano (que, na época, exercia a função de comandante-chefe *de facto*) foi capturado durante a guerra contra Antioquia em 190 a.C., foi ele, e não a república, que teve de providenciar o resgate[59].

À medida que Roma se tornava mais rica e se ampliava a lacuna entre ricos e pobres, mais se usavam o capital privado e as forças armadas privadas – que consistiam em parentes e clientes – para atingir objetivos públicos. O sistema chegou ao auge na época de figuras como Crasso e Pompeu, que, em 73-71 a.C., usaram seus próprios recursos para reprimir a revolta de Espártaco, conquistando assim a gratidão do senado e do povo. Durante as duas décadas seguintes, seu exemplo foi seguido por Júlio César, originalmente um nobre sem importância que fez fortuna primeiro derrotando os piratas do Mediterrâneo e, depois, conquistando a Gália, que lhe fora atribuída pelo senado como província. Os três juntos conquistaram tanto poder e popularidade que chegaram a minar e, por fim, destruir a república.

Nesse exemplo, como em outros, o sistema financeiro, tanto quanto podemos rastreá-lo, funcionava, em geral, de acordo com as necessidades. A assembléia votava verbas específicas, distribuídas entre as classes segundo sua capacidade de pagar e recolhidas para fins específicos. Na maior parte das vezes, isso era feito não a intervalos regulares, mas somente quando a ocasião exigia. Depois de recolhido, o dinheiro era depositado num fundo dedicado a algum deus; é

---

59. Lívio, *The Histories*, XXII, xxiii, 8; Políbio, *The Histories* (Londres: Heinemann, Loeb Classical Library, 1922-), xxi, 15.

o caso, por exemplo, do próprio *aerarium*, localizado no templo de Saturno no Capitólio. Em 431 a.C., ao embarcar numa arriscada empreitada conhecida como guerra do Peloponeso, os atenienses aprovaram uma resolução segundo a qual, exceto em caso de emergência, qualquer um que propusesse a violação da reserva de 5 mil talentos guardada no templo de Atena seria punido com a pena capital. Qualquer que fosse o local onde estivesse guardado, o dinheiro era administrado pelo magistrado ou pelos magistrados responsáveis. Parece que não houve tentativa de criar um sistema contábil centralizado que unisse as diversas verbas, muito menos um orçamento geral.

Contanto que não caíssem sob o domínio de uma potência externa ou vítima de um tirano (nesse caso, a pólis propriamente dita deixaria de existir), todas as cidades-Estado clássicas gozavam de liberdade (*eleuthería, libertas*), tanto com relação aos assuntos externos quanto aos internos. Externamente, "liberdade" significava algo bem próximo da soberania moderna. Os cidadãos adoravam seus próprios deuses e viviam segundo suas próprias leis, isto é, gozavam de *autonomia*; eram julgados em seus próprios tribunais, presididos por magistrados eleitos e administrados pelos concidadãos; não deviam e não pagavam nenhum tributo compulsório (*phóros, tributum*) a nenhuma outra cidade ou governante; e, para garantir tudo isso, não tinham de tolerar tropas estrangeiras em seu meio[60]. Internamente, significava que os cidadãos tinham o direito de participar da vida política e eram considerados iguais perante a lei; também não tinham, enquanto prevalecesse a normalidade, de pagar muitos impostos diretos. A não ser em caso de golpe de um tirano, em geral com o auxílio de mercenários trazidos do exterior, o minucioso sistema de poder e contrapoder que acabamos de descrever evitava a ascensão de governos arbitrários.

---

60. Sobre o significado romano de liberdade, ver C. Wirszubski, *Libertas as a Political Idea at Rome During the Late Republic and the Early Principate* (Cambridge: Cambridge University Press, 1960).

Ademais, ao separar a pessoa do magistrado do cargo que exercia e tornar o cargo tanto temporário como eletivo, as cidades-Estado clássicas deram uma contribuição monumental à vida política. Desse modo, descobriram um método que permitia que os talentos de cada cidadão circulassem livremente em benefício de toda a sociedade organizada; e que, em princípio e com muita freqüência também na prática, poderia levar à mudança de governo sem que se recorresse à conspiração, à guerra civil ou a qualquer outro tipo de violência. Desde então, seu exemplo foi muitas vezes obscurecido e, durante certas épocas, considerado até mesmo perigoso; na Rússia, o czar Nicolau I (1825-55) chegou a mandar retirar todas as menções a "república" e "republicanismo" dos livros didáticos que tratavam do mundo clássico. Vejamos esta descrição da antiga cidade-Estado em seu apogeu:

> Nossa constituição chama-se democracia porque o poder não está nas mãos de uma minoria, mas de todo o povo. Quando a questão é resolver litígios particulares, todos são iguais perante a lei; quando se trata de dar prioridade a alguém em cargos de responsabilidade pública, o que conta não é pertencer a determinada classe, mas a real capacidade que o homem possui. Ninguém que tenha a intenção de ser útil à pólis é mantido na obscuridade política em razão da pobreza [...].
> Somos livres e tolerantes na nossa vida privada [...] prestamos obediência àqueles que pusemos nos cargos de autoridade; e obedecemos às leis propriamente ditas, em especial àquelas que têm o fim de proteger os oprimidos, e às leis não-escritas que é vergonhoso transgredir.[61]

Impérios, fortes e fracos

As comunidades discutidas até este ponto eram relativamente pequenas. No caso das tribos sem governantes, isso

---

61. Tucídides, *The Peloponnesian War* (Londres: Heinemann, Loeb Classical Library, 1921), II, 36.

se devia a uma combinação de fatores, entre eles a economia calcada na caça, na coleta, na pesca, na pecuária e na agricultura de queimadas; o estilo de vida nômade ou seminômade que essas atividades impunham; os amplos espaços abertos que requeriam; e a fraqueza do próprio governo. Quando um grupo ou tribo excedia certo tamanho crítico, tendia a se dividir. Os chefes das novas linhagens seguiam seu próprio caminho e iniciavam uma vida independente, embora provavelmente ainda reconhecendo os diversos laços culturais, religiosos e familiares que os uniam ao grupo de origem.

Embora as chefias geralmente crescessem mais do que as tribos sem governantes, o número de pessoas que podiam ser controladas num só centro era limitado pela ausência de uma administração que fizesse uso da palavra escrita. Como já assinalamos, a instabilidade resultante era reforçada pelo sistema prevalecente de poliginia, razão pela qual os governantes quase sempre tinham inúmeros filhos. A não ser que se tomasse muito cuidado e houvesse providências antecipadas, toda vez que morria um chefe o resultado era uma crise sucessória que lançava o povo na desordem e proporcionava aos subchefes a oportunidade de rompimento.

Quanto às cidades-Estado, eram pequenas por definição. Os cidadãos de cada uma se consideravam um povo separado, que descendia de uma só raça e adorava os mesmos deuses[62]. Embora as cidades gregas reconhecessem sua identidade cultural comum, até o advento da era helenística (que, ao subordinar a maioria das cidades a entidades políticas maiores, reduziu as diferenças entre elas) relutavam muito em admitir estrangeiros. Ademais, e por menor ou maior que

---

62. Sobre a pólis grega como comunidade de adoradores dos ancestrais, ver sobretudo N. D. Fustel de Coulanges, *The Ancient City* (Garden City, NY: Doubleday, 1956). Sobre indícios arqueológicos de como a comunidade de poucos foi provavelmente transformada em comunidade de muitos, ver I. Morris, *Burial and Ancient Society: The Rise of the Greek City-State* (Londres: Cambridge University Press, 1987).

fosse o número dos que possuíam direitos políticos, a essência da cidade-Estado era um sistema direto de governo no qual todos participavam de uma maneira ou outra. Tal sistema exigia que ninguém vivesse longe demais do centro cívico, onde a assembléia realizava suas reuniões e onde os prédios públicos da cidade – templos, fóruns, teatros etc. – também se agrupavam: a distância, digamos, que um homem conseguia percorrer a pé em um só dia. Assim, Atenas, próxima de Siracusa, a maior cidade-Estado grega, tinha provavelmente uma população de 250 mil habitantes em seu apogeu. Entre eles, talvez 30 mil a 40 mil fossem cidadãos; o restante eram os membros de suas famílias, parentes ou não (estes últimos, escravos). Ao todo, viviam em uma área não superior a 1.500 km². Outras cidades-Estado eram bem menores. Sua população contava poucos milhares de habitantes e, muitas vezes, apenas centenas, como ilustra o fato de que só a ilha de Creta estava dividida em nada menos que cinqüenta cidades.

Os impérios, pelo contrário – mesmo os mais antigos – eram geralmente organismos imponentes. Alguns conseguiram durar séculos e até milênios. É o caso principalmente daqueles que, como os antigos impérios egípcio e chinês, eram etnicamente homogêneos e elaboraram um sistema político que era idêntico à cultura em questão. Homogêneos ou não, os impérios abrangiam centenas de milhares, se não milhões, de quilômetros quadrados, e seus súditos – quando podiam ser contados – chegavam aos milhões e dezenas de milhões. Por exemplo, o império inca se estendia por mais de 5 mil quilômetros de norte a sul e pode ter tido de 6 a 8 milhões de habitantes. O Império Romano em seu apogeu abrangia a moderna Itália, a Iugoslávia, a Romênia, a Bulgária, a Grécia, a Turquia, a Armênia, a Síria, a Mesopotâmia (por um período curto, no império de Trajano), a Palestina, o Egito, as províncias do norte da Líbia, a Tunísia, a Argélia e o Marrocos, a Espanha, a França, a Bretanha, o sul da Alemanha e a Suíça, bem como partes da Áustria e da Hungria; as estimativas quanto ao número de pessoas que viviam sob o governo imperial variam entre 50 e 80 milhões. No caso da China, a instituição conhecida como império demonstrou ser capaz também de governar uma população que acabou chegando a centenas de milhões num período medido em milênios – embora esse controle não tenha sido sempre completo e tendesse a ser pontuado por repetidos períodos de descentralização, desordem e rebelião.

A origem de alguns dos mais antigos impérios, por exemplo, o chinês e o egípcio, é desconhecida. A maioria dos restantes nasceu quando uma chefia conquistou seus vizinhos – alguns dos mais primitivos talvez sejam, com efeito, mais bem compreendidos como chefias que cresceram. Esse era o caso dos impérios inca e asteca, que deviam ambos sua gênese a uma série de chefes guerreiros excepcionalmente capacitados: assumiram o comando de governantes anteriores e ampliaram o domínio em todas as direções, utilizando os membros de suas próprias tribos para criar uma nova classe dominante. Os impérios assírio, babilônico, persa, árabe, mongol, otomano e mogol também tiveram origem na conquista de muitas tribos por um chefe e sua tribo.

Roma, pelo contrário, cresceu diretamente de uma cidade-Estado e, de fato, no início do século IV d.C. ainda era possível para Constantino afirmar que tinha "vingado a *res publica* no tirano" (o usurpador Maxêncio)[63]. Nas últimas décadas do século II a.C., embora ainda mantivesse seu antigo sistema republicano de governo, Roma tinha se expandido até uma população de centenas de milhares[64]. Com o advento dos dois aspirantes a reformadores sociais, os irmãos Graco, o sistema começou a se deteriorar; quando a dita guerra social de 90-89 a.C. emancipou os aliados italianos de Roma e os tornou cidadãos, o sistema se tornou totalmente impraticável. Embora houvesse poucos milhões de cidadãos, espalhados por toda a península, o poder vigen-

---

63. H. Dessau (org.), *Inscriptiones Latinae Selectae* (Zurique: Weidmann, 1967), vol. 1, p. 156, n.º 694.
64. P. Brunt, *Italian Manpower* (Oxford: Clarendon, 1971), pp. 44-90.

te passou às mãos do populacho romano. Estes continuaram a se organizar em suas diversas assembléias e a ser presididos por demagogos que, apelando para pão e circo, os faziam oscilar para o lado que queriam. Conforme mencionado acima, durante meio século esses demagogos lutaram entre si, até que um deles, que mobilizou o maior e mais eficiente exército, por fim se tornou imperador.

No comando de cada império havia – obviamente – um único imperador. Logo no início do século IV, Diocleciano tentou dividir Roma entre dois imperadores, conhecidos como *augusti*, cada um deles com um sucessor designado para assumir seu lugar quando chegasse a hora; contudo, a tentativa fracassou assim que ele entregou as rédeas do governo e parece que não encontrou imitadores. Tanto em Roma quanto na China alguns imperadores tentaram regular a sucessão nomeando os próprios filhos – reais ou adotivos – como co-regentes ainda em vida. No império otomano, para evitar que se tornassem alvos de intrigas, os filhos geralmente muito numerosos do imperador eram criados numa parte separada do palácio conhecida como "a jaula"[65]; quando um novo sultão subia ao poder, geralmente sua primeira providência era mandar estrangular todos os irmãos. Se tivessem importância suficiente, as mulheres da família imperial também podiam ter um papel na sucessão. Faziam-no por meio de intrigas a favor dos filhos, ou sobrevivendo ao marido imperial e casando-se com o sucessor para confirmar mais uma vez seu *status*; uma princesa bizantina do século X casou-se com três imperadores seguidos.

Assim como os chefes que muitos deles haviam sido, a maioria dos imperadores afirmava dever o cargo a alguma espécie de ligação divina. Isso aconteceu até em Roma, talvez o império mais secular de todos; César assumiu o posto de *pontifex maximus*, ao passo que seu sucessor, Augusto, permitia que construíssem templos para ele nas províncias,

---

65. Lord Kinross, *The Ottoman Centuries: The Rise and Fall of the Turkish Empire* (Nova York: Morrow Quill, 1977), p. 333.

quando não na própria Roma. Os sucessores imediatos de Augusto persistiram nesse costume, cada um deles – contanto que tivesse se comportado durante a vida – proclamado divino pelo senado logo após a morte. A sucessão de Adriano foi anunciada por Apolo, e Marco Aurélio, dizia-se, era capaz de inspirar a chuva[66]. O processo se concluiu em 218 d.C., quando Varius Avitius Bassianus, ao subir ao trono, se identificou com o deus sírio Elgabalo. Dessa época até o império tornar-se cristão, no reinado de Constantino, cada imperador era um deus *ex officio* e exigia adoração como tal, tanto nas províncias quanto na própria Roma.

Os imperadores romanos demoraram a se transformar em deuses, mas em outros lugares a vinculação era óbvia desde o início. Alguns eram deuses encarnados: portanto, entre os antigos egípcios e incas, ambos adoradores do sol, essa era a escolha popular para a ascendência imperial; e também na China, onde o imperador era filho de Tien, ou céu. Nos outros lugares, as diversas combinações existentes invariavelmente implicavam forte medida de apoio sobrenatural. Assim, os imperadores da Mesopotâmia, embora ao que tudo indica não se autodeclarassem divinos, eram quase sempre representados na arte enfrentando face a face a divindade e recebendo ordens dela. Os califas árabes diziam-se descendentes de Maomé. Na função de "chefes dos fiéis", usavam o cargo para exercer o governo secular e também o governo religioso; o mesmo ocorria com os sultões otomanos. Mesmo quando o imperador não era deus nem descendente do profeta, como em Bizâncio, agia como chefe da Igreja e, de fato, seria difícil dizer qual de suas funções, a secular ou a religiosa, era a mais importante.

Com efeito, talvez o único imperador que não uniu os poderes secular e religioso em sua própria pessoa tenha sido o cristão ocidental; porém, mesmo assim, o primeiro deles, isto é, Carlos Magno, se considerava chefe da Igreja também. Conseqüentemente, nomeava bispos, convocava con-

---

66. Potter, *Prophets and Emperors*, pp. 122, 128-9.

selhos eclesiásticos e, em geral, impunha sua vontade em questões como dias de festas e orações sem consultar o papa em Roma[67].

Qualquer que fosse sua relação exata com os deuses, todos os imperadores eram governantes absolutistas que combinavam as funções legislativa, executiva e jurídica em suas próprias pessoas. Não havia aqui as restrições constitucionais da separação dos poderes; como afirmava o ditado latino, *salus principis lex est* (a lei é o que é bom para o imperador) e *princeps legibus solutus est* (o imperador está acima da lei). De maneira semelhante, os governantes helênicos eram *nómos émpsykhos*, a lei encarnada, governando tanto o povo quanto as crenças religiosas. Para mostrar o que significava realmente o poder absoluto, Antíoco III certa ocasião deu a própria esposa ao filho, Antíoco IV, em casamento. Ao exército, que se reunira para testemunhar a ocasião, ele explicou que "faço isso não de acordo com as leis de deus nem do homem, mas porque é a minha vontade; e como são ambos jovens, decerto terão filhos"[68].

Ideologicamente falando, a maioria dos impérios elaborou doutrinas cuja finalidade era conformar os súditos em sua obediência ao poder constituído. Assim, a China tinha o confucionismo em duas formas, "paternal" e "jurídica"[69]. A primeira apresentava o império como uma vasta família na qual os jovens e os subordinados deviam respeito aos mais velhos e aos superiores, ao passo que a segunda salientava o papel da disciplina e prescrevia castigos drásticos aos que perturbassem a estrutura social ditada pelo céu. Nos impérios árabe, otomano e persa (de meados do século XVII em diante), o islã (a palavra significa "submissão") desem-

---

67. L. Halperin, *Charlemagne and the Carolingian Empire* (Amsterdam: North Holland, 1977), pp. 148-9.

68. Appian, *The Histories* (Londres: Heinemann, Loeb Classical Library, 1964), prefácio, 7.

69. Ver W. T. de Bary, "Chinese Despotism and the Confucian Ideal: A Seventeenth Century View", in J. K. Fairbank (org.), *Chinese Thought and Institutions* (Chicago: University of Chicago Press, 1984), pp. 163-200.

penhava um papel semelhante que, pelo menos em algumas de suas versões, dava ênfase ao fatalismo, à resignação e à obediência. Por fim, as filosofias antigas como o cinismo, o epicurismo e o estoicismo nasceram todas da ruína da cidade-Estado independente e são mais bem entendidas como reações ao despotismo, tanto helênico quanto romano. Por conseguinte, os cínicos ensinavam que, para compensar a perda da liberdade, o homem devia doar seus bens e afastar-se do mundo. O epicurismo sugeria que o homem, também se recolhendo à vida privada, devia concentrar-se no prazer, ao passo que o estoicismo, pelo contrário, punha a ênfase na resistência, em servir ao próximo e – quando a vida se tornasse difícil de suportar – suicidar-se como maneira de escapar para um mundo que nem o longo braço do imperador conseguiria alcançar[70]. Com o tempo, todas essas ideologias foram superadas pelo cristianismo primitivo, que, nas palavras de seu fundador, dava a César o que era de César, ao mesmo tempo capacitando o crente a concentrar-se na salvação da própria alma[71].

Desde que os imperadores se comportassem, seu governo podia ser benéfico. Contudo, sempre havia o risco de que, motivados pela necessidade, pela ambição, ou pela mera loucura, deixassem de fazê-lo. Nesse caso as conseqüências eram infelizes especialmente para os membros da comitiva mais próxima. Já no antigo Egito, deparamo-nos com a história de um servidor que deu um suspiro de alívio porque não foi punido após haver tocado sem querer no faraó[72], e a Ester bíblica, tendo-se aproximado de Xerxes sem antes pe-

---

70. Sobre o pensamento político helênico e romano, ver M. Hammond, *City-State and World State in Greek and Roman Political Theory Until Augustus* (Cambridge, MA: Harvard University Press, 1951); e M. L. Clarke, *The Roman Mind: Studies in the History of Thought from Cicero to Marcus Aurelius* (Londres: Cohen & West, 1956).

71. Um bom relato das posturas políticas do cristianismo primitivo é A. Cunningham, *The Early Church and the State* (Filadélfia: Fortress Press, 1982).

72. K. Sethe, *Urkunden des ägyptischen Altertums* (Leipzig: Heinrichs, 1921), vol. IV, pp. 608-10.

dir permissão, teve a sorte de escapar com vida. Na China, os servidores usavam acolchoados para agüentar as chibatadas que provavelmente receberiam e que podiam incapacitar a pessoa durante muitas semanas; do Oriente Médio e da América Latina pré-colombiana temos relatos de castigos espetaculares, em geral infligidos por imperadores aos subordinados que os desagradavam. Em Roma, segundo o historiador Suetônio, o temor ao imperador às vezes levava ao suicídio em legítima defesa *e* a fim de deixar para ele tudo o que tinham[73]. Em resumo, o imperador podia fazer qualquer coisa com qualquer dos súditos, ao passo que qualquer crueldade que ele escolhesse não lhes infligir contava como pura *indulgentia* da parte dele[74].

Já que pareciam assustadores para os súditos, quase criaturas divinas, outra conseqüência da posição dos imperadores era sua pretensão a ser governantes universais. O Estado moderno se considera uma entidade soberana entre outras, mas os impérios, por definição, não podiam aceitar iguais. Além de suas fronteiras, não viam outras comunidades políticas com direito à existência independente, porém bárbaros que, na pior das hipóteses, provocavam problemas e, na melhor, não valia a pena conquistar. Já na Mesopotâmia, os primeiros imperadores acadianos diziam governar sobre os "quatro cantos do céu", tradição mais tarde seguida pelos seus sucessores assírios e babilônios até os "reis dos reis" persas. O imperador da China possuía o título de governante de "tudo sob o céu", ao passo que Roma se identificava com o *oikouméne*, "mundo habitado" em grego, que diziam estender-se do oceano britânico ao Tigre[75]. Essa

---

73. Suetônio, *Lives of the Emperors* (Londres: Heinemann, Loeb Classical Library, 1965), *Tiberius,* 49, 1; *Caligula,* 38. Ver também P. Plass, *The Game of Death in Ancient Rome: Arena Sport and Political Suicide* (Madison: University of Wisconsin Press, 1995), pp. 89 ss.

74. Plínio, Jovem, *Letters and Panegyric* (Londres. Heinemann, Loeb Classical Library, 1975); H. Cotton, "The Concept of *Indulgentia* Under Trajan", *Chiron,* 14, 1984, pp. 245-66.

75. Por exemplo, Dessau, *Inscriptiones,* vol. I, p. 168, n.º 754.

idéia mais tarde foi adotada por Carlos Magno, que, bem como seus sucessores, portava consigo a orbe celestial para simbolizar sua posição. Todos se declaravam legítimos governantes de todo o universo[76], como faziam os imperadores do México e do Peru pré-colombianos[77].

Como essas declarações, e outras semelhantes, não correspondiam à realidade, às vezes levavam a resultados cômicos. Assim, Solimão, o Magnífico, uma vez escreveu com arrogância a Francisco I da França que "seus pedidos de ajuda [contra Carlos V] foram ouvidos nos degraus do nosso trono"; recusando-se a aceitar como igual a rainha Elizabete da Inglaterra, Ivan IV, o Terrível, da Rússia, referia-se a ela como "mera donzela". Ainda nas primeiras décadas do século XVIII, diplomatas dos Estados europeus que tentavam marcar audiência com a Sublime Porta tinham de sujeitar-se a usar uma túnica turca sobre a própria roupa, fingindo estarem se dirigindo a um superior. No Extremo Oriente, sempre que uma delegação japonesa visitava a capital da China naquela época, demonstrava sua independência usando uma linguagem não apropriada para súditos, ofensa que os chineses – desde que quisessem, é claro, manter relações corretas – "perdoariam" com magnanimidade, atribuindo-a à suposta ignorância dos convidados quanto às formas corretas.

Religião à parte, os dois pilares que sustentavam o governo imperial eram o exército e a burocracia. Parece que poucos impérios foram tão longe quanto Roma, onde o título *Imperator*, ou comandante vitorioso, estava invariavelmente no topo da lista de cargos imperiais, mas a ligação entre o domínio político e o poderio militar era sempre clara. Comparadas às sociedades organizadas descritas anteriormente, as forças armadas mantidas pelos impérios eram enormes.

---

76. R. Foltz, *Le souvenir et la légende de Charlemagne dans l'empire germanique médiéval* (Paris: Société d'édition les belles lettres, 1950), pp. 81 ss.

77. R. F. Townsend, *State and Cosmos in the Art of Tenochtitlan,* Dumbarton Oaks Studies in Pre-Columbian Art and Archaeology, n? 20 (Washington, DC: Dumbarton Oaks, 1979).

E essas forças não consistiam simplesmente em bandos de guerreiros, criados particulares ou milícias populares. Pelo contrário, eram soldados regulares que escolhiam como profissão o serviço militar, serviam durante longos períodos, eram comandados por oficiais profissionais e pagos com dinheiro do tesouro imperial. Podiam chegar a centenas de milhares – porém é importante notar que o grau baixíssimo de desenvolvimento econômico e social da maioria dos impérios (só alguns chegaram a existir até o período da Revolução Industrial, e os que chegaram até esse ponto, como o otomano e o chinês, se extinguiram poucas décadas após deparar-se com civilizações mais adiantadas) os impedia de levar para o exército mais do que um ou dois por cento da população. Roma, portanto, em hipótese alguma o menos desenvolvido dos impérios, em seu apogeu só chegou a 300 mil soldados – e quando esse número dobrou em fins do império, sua economia não resistiu à pressão. Em outros lugares, os números provavelmente eram ainda mais baixos.

Além disso, o custo de manutenção dos exércitos era tal que a maioria dos impérios só mantinha um número relativamente pequeno de soldados na ativa; mesmo em Roma, que talvez tenha avançado mais nesse aspecto, a primeira coisa que Vespasiano, por exemplo, fez quando se preparava para subjugar a Judéia em 66 d.C. foi reunir auxiliares[78]. Em outros locais, os Persas Imortais, a guarda imperial chinesa e, no império otomano, os janízaros mal excediam as geralmente poucas dezenas de milhares. Essas unidades serviam a tripla função de exército permanente, guarda da capital e força policial responsável pelo trato com os levantes internos. Enquanto isso, a grande maioria dos soldados do exército não eram regulares, mas agiam sob algum tipo de acordo feudal. Em troca de terras e da isenção de impostos, colocavam-se temporariamente à disposição, como era o caso dos sipaios otomanos. Outras vezes, consistiam em recrutas

---

78. Josephus Flavius, *The Jewish War* (Londres: Heinemann, Loeb Classical Library, 1965), III, I, p. 3.

que serviam durante pouco tempo e ficavam disponíveis só para a defesa de suas próprias províncias, como era comum em certos períodos da história da China e entre os incas. Quanto às marinhas, eram uma proposta muito mais dispendiosa. Poucos impérios da história conseguiram construir frotas de naves de guerra e mantê-las por muito tempo. O método normal era confiar nas cidades marítimas que, em tempo de guerra, forneciam os navios, com as devidas modificações, e as tripulações.

Bem diferenciada do exército, a burocracia civil era formada por *literati*. É provável que a princípio fossem sacerdotes que dominavam a sagrada arte da escrita – como no Egito, onde a escrita que usavam ainda é conhecida como hierática (sacerdotal), na Mesopotâmia (impérios acadiano e babilônio) e entre os astecas e os incas. Mais tarde, passaram a ser selecionados nas classes sociais mais altas. Depois de iniciada a carreira, as promoções obedeciam a um sistema mais ou menos regular, influenciado, nem é preciso dizer, por relações familiares e também pela imperial *ira et studio;* só na China, desde os tempos da dinastia T'ang, existia um sistema de provas rigidamente praticado como modo de seleção[79]. Teoricamente, todos (menos certas classes de criminosos condenados) podiam apresentar-se. Na prática, o tempo e as despesas necessários na preparação para os exames eram tais que só os filhos de oficiais ou de comerciantes ricos podiam inscrever-se. Contudo, o sistema impedia a criação de uma aristocracia hereditária, como de fato fora pensado para evitar.

Já que um conluio entre os burocratas e os comandantes militares poderia ser fatal para o regime, era prioridade máxima de todo imperador mantê-los afastados. Isso feito, o número de administradores indicados pelo imperador costumava ser surpreendentemente pequeno. Tanto em Roma quanto na China de Ming, os cargos burocráticos sob con-

---

79. Ver detalhes em I. Miyazaki, *China's Examination Hell* (Nova York: Weatherhill, 1976).

trole direto do imperador não chegavam provavelmente a 10 mil – e, no segundo caso, governavam uma população estimada em 150 milhões[80]. É verdade que cada autoridade romana e cada mandarim tinha seus assistentes, membros ambiciosos da família, criados e escravos (quase sempre, escravos libertos) que comiam à mesma mesa que eles, prestavam-lhes assessoria e podiam receber ordens para realizar tarefas de rotina, fazer serviços externos etc. Mesmo assim, porém, seus números gerais continuavam limitados e, decerto, não tinham relação com os sistemas administrativos modernos.

Assim como o próprio imperador exercia várias funções, os servidores imperiais eram administradores e juízes ao mesmo tempo; embora os senadores romanos nos primórdios do império ainda tivessem de ser julgados por membros da própria classe, a idéia de que as duas funções deviam separar-se foi, em essência, acontecimento europeu moderno que não remonta a períodos anteriores aos séculos XVII ou XVIII.

Fora essas tarefas, a responsabilidade mais importante de qualquer servidor era coletar impostos em nome do imperador. Por toda parte os dois impostos mais importantes eram o imposto sobre a terra, que consistia em uma parcela da colheita, e o imposto de capitação. Em alguns impérios mais primitivos – como o asteca[81], o inca[82] e o primeiro império chinês[83] –, esses impostos deviam ser pagos em espécie; nos outros lugares, costumavam ser cobrados em dinheiro, as taxas definidas, nem é preciso dizer, pelas próprias autoridades. A essas fontes de renda acrescentavam-se os mono-

---

80. Ver detalhes em R. Huang, *Taxation and Government Finance in Sixteenth-Century Ming China* (Londres: Cambridge University Press, 1974), cap. 2.

81. Ver R. Hassig, *Trade, Tribute and Transportation: The Sixteenth-Century Political Economy of the Valley of Mexico* (Norman: University of Oklahoma Press, 1985), pp. 225-8.

82. J. V. Murray, *The Economic Organization of the Inca State* (Greenwich, CT: JAI Press, 1980).

83. T'ung-tsu Ch'u, *Han Social Structure* (Seattle: University of Washington Press, 1972), p. 92.

pólios imperiais. Da América pré-colombiana até Roma e China, estes quase sempre consistiam nos produtos mais valiosos, entre eles sal (cada família tinha de comprar certa quantidade de sal anualmente), artefatos de metal, pedras preciosas, certos tipos de couros, peles e penas e, no caso de Roma, o famoso bálsamo que era cultivado nas praias do mar Morto. Na maioria dos lugares, minas, florestas, rios e lagos eram considerados propriedades imperiais; em alguns impérios o mesmo se aplicava a certas espécies de animais considerados preciosíssimos em razão do preço de seus produtos ou simplesmente porque eram grandes e, por isso, caçá-los conferia prestígio. Todos esses recursos eram explorados diretamente por pessoas nomeadas pelo próprio imperador – tais como servidores, criados e escravos – ou, o que talvez fosse mais provável, arrendados a quem fizesse o lance mais alto para ser explorados em troca de uma fração dos recursos.

Uma lista de tributos elaborada pelo rei assírio Tiglat Pileser III (que reinou de 745 a 727 a.C.) continha "ouro, prata, alumínio, ferro, couro de elefante, marfim, roupas multicoloridas, roupas de linho, madeiras das cores roxo-azulado e violeta, madeira de buxo, todos os tipos de objetos preciosos… pássaros que voam no céu cujas asas são da cor roxo-azulado, cavalos, mulas, gado e ovelhas, camelos machos e fêmeas com os filhotes"[84]. Com essas e outras fontes de renda à disposição, muitos imperadores conseguiram acumular fortunas espetaculares; Augusto, por exemplo, declarou que todo o Egito era propriedade imperial e o fechou para os membros do governo, isto é, a classe senatorial. A cidade proibida em Pequim, assim como a *domus aurea* de Nero, continha tesouros incalculáveis; os acumulados pelos regentes asteca e inca se tornaram lendários. Quando Alexandre, o Grande, entrou na capital persa em 330 a.C., encontrou no tesouro de Dario 50 mil talentos de ouro (cujo valor em fins do século XX seria de 1,8 bilhão a 3 bilhões de dólares) – além de quantidades incontáveis de prata e ou-

---

84. H. Tadmor, *The Inscriptions of Tiglat Pileser III, King of Assyria* (Jerusalém: Israel Academy, 1994), pp. 69-70.

tros objetos preciosos acumulados num período de talvez dois séculos e meio.

Na ausência do Estado abstrato, deve-se notar que todas essas riquezas pertenciam ao imperador em pessoa, ou pelo menos estavam à disposição dele. Assim como em todas as sociedades organizadas anteriores à criação do Estado, ele *tinha* de ser a pessoa mais rica em seu domínio; quaisquer concorrentes nesse aspecto eram *ipso facto* perigosos e tinham de ser eliminados. Em Bizâncio, na China e em outros lugares, houve tentativas de manter câmaras separadas para recolher os dois tipos de receita, a que provinha da tributação e a que era gerada pela propriedade "privada" do imperador; da mesma maneira, eram mantidas duas câmaras para separar as despesas dos palácios das despesas do exército e da administração. Na prática, porém, essas distinções raramente eram obedecidas. Assim, os imperadores romanos e chineses costumavam perdoar o pagamento de impostos às regiões assoladas por catástrofes naturais; os elogios que recebiam por sua generosidade nesses casos seriam completamente despropositados se as somas em questão não fossem destinadas ao seu próprio bolso. Por outro lado, quando precisavam de dinheiro para a guerra ou outros fins, os imperadores quase sempre recorriam a seus recursos "privados". Vendiam palácios e terrenos e até casavam os filhos com os que oferecessem mais dinheiro; quando se deparou com a necessidade de dinheiro para lutar contra os protestantes na Alemanha, Carlos V usou o dote que o filho Felipe trouxera de seu casamento com uma princesa portuguesa[85]. O sistema prevalecente foi bem resumido pelo historiador romano Tácito quando, certa ocasião durante o reinado de Tibério, o senado votou a transferência de dinheiro do velho *aerarium* republicano para o *fiscus* imperial – "como se isso fizesse diferença"[86].

---

85. K. Brandi, *The Emperor Charles V* (Londres: Cape, 1967), p. 495.

86. Tácito, *Annales* (Londres: Heinemann, Loeb Classical Library, 1937), vi, 2. O mesmo acontecia em Bizâncio: W. Ennslin, "The Emperor and the Imperial Administration", em N. H. Baines e H. L. St. Moss (orgs.), *Byzantium: An Introduction to East Roman Civilization* (Oxford: Clarendon Press, 1948), p. 283.

O que se aplicava às posses do império – é difícil encontrar um termo mais preciso – também se aplicava ao exército e à burocracia. Ambos eram formados por homens do imperador e serviam a ele, não ao Estado; alguns o serviam em sua vida privada, outros na pública. Na prática, essa distinção muitas vezes desaparecia. Para acrescentar certo brilho à corte, alguns dos mais altos dignitários do império costumavam cuidar das necessidades pessoais do imperador, como segurar sua taça, cuidar do guarda-roupa, supervisionar os estábulos etc. Inversamente, os servos do palácio, fossem livres ou servis no sentido de poderem ser comprados ou vendidos, costumavam ser usados em tarefas "públicas", entre elas comandar a guarda pessoal do imperador e exercer cargos administrativos importantes, como o de secretário imperial. Às vezes esses servidores provinham do harém imperial (onde ficavam não só as mulheres do imperador, mas também instituições como a casa da moeda e o arsenal) e consistiam em eunucos. Esse era o caso dos impérios persa, bizantino, árabe, otomano e chinês, entre outros.

Como demonstram as campanhas do general bizantino Narses e do almirante chinês Zheng He – ambos eunucos –, o governo exercido pelos membros da família não era necessariamente menos competente ou mais corrupto do que o exercido pela administração regular. No entanto, eles geralmente passavam a perna na elite dos bem-nascidos *literati*, que viam seus cargos serem usurpados e seu acesso ao imperador controlado por gente a quem temiam e desprezavam. Reduzidos então à impotência política, destilavam seu veneno por escrito, o que talvez explique o mau nome que freqüentemente se atribuía ao governo exercido pela família, tanto na época quanto aos olhos de muitos historiadores subseqüentes[87].

Quer fossem livres quer não, tanto os membros da administração quanto os do exército deviam obediência aos im-

---

87. Ver exemplo de um mandarim protestando contra o governo exercido pelos eunucos em De Bary, "Chinese Despotism and the Confucian Ideal", pp. 176-7.

peradores. Os juramentos que faziam dirigiam-se à pessoa dele e tinham de ser renovados toda vez que um sucessor subia ao trono; em troca, normalmente podiam esperar receber algum tipo de generosidade. Para garantir a lealdade constante dos administradores e servidores mais antigos, muitos imperadores adotavam o costume de distribuir-lhes presentes a intervalos regulares, e o valor de cada presente era cuidadosamente estipulado segundo o cargo de quem recebia, para não ofender os outros. A confusão entre o privado e o público acentuava-se ainda mais pelo fato de que muitos membros das classes proprietárias, em especial os comerciantes, também estavam encarregados de recolher impostos – principalmente os impostos sobre mercadorias – e entregá-los ao tesouro imperial. Se este sofresse déficit, tanto os comerciantes quanto os servidores podiam ser obrigados a fazer empréstimos. Assim, o serviço imperial e a iniciativa privada se fundiram. Na ausência do Estado abstrato, toda a estrutura se resumia a pouco mais do que uma quadrilha gigantesca, na qual o imperador se juntava aos servidores, qualquer que fosse seu *status*, para espoliar o restante da população.

O poder absoluto do imperador e a ausência de qualquer distinção clara entre o público e o privado significavam que a única instituição mais ou menos protegida contra a interferência arbitrária era a religião ou Igreja estabelecida. Esta geralmente tinha um sistema de tributação paralelo ao do próprio imperador, como entre os incas; em outros lugares, possuía imensos latifúndios que só perdiam em tamanho para os do imperador, como, por exemplo, na Europa dos primórdios da Idade Média. Mesmo onde o imperador também fazia as vezes de chefe religioso, como acontecia na maioria dos impérios, esses fatores lhe davam certa autonomia. Com efeito, os recursos que se tornavam possíveis graças a essa autonomia sempre despertavam a cobiça dos imperadores, que tentavam apropriar-se deles por diversos meios. Por outro lado, o fato de deverem seu cargo à religião costumava ditar certa circunspeção no trato com ela. Opor-se abertamente à Igreja era um convite ao fracasso; muitos imperadores tiveram por isso um final ruim, como o egípcio Tutancâmon (Akhenaton) quando tentou trocar os velhos deuses por novos. O selêucida Antíoco III foi assassinado em 187 a.C., depois de assaltar um templo de Baal; e é evidente que um dos motivos do êxito fácil da Espanha no Peru foi o fato de que, pouco antes da chegada de Pizarro com seus homens, o inca Atahualpa brigara com o clero na tentativa de reduzir as despesas do culto às múmias imperiais, do qual o clero era o principal beneficiado[88]. Por outro lado, graças à relativa segurança oferecida pelo templo, o povo muitas vezes o procurava para ali depositar seus bens. Assim o templo passou a realizar operações bancárias e tornou-se um centro de comércio; os vendilhões que Jesus expulsou do templo em Jerusalém parecem ter sido lugar-comum[89].

Outro fator capaz de impor limites ao poder do imperador estava associado com tempo e distância. Dada a centralização extrema de seus sistemas políticos, depois de derrotar em batalhas as forças armadas de outros impérios, conquistar vastos espaços às vezes era relativamente fácil e se podia fazer em tempo bem curto; como as conquistas de Alexandre e dos mongóis demonstram, porém, administrá-los era outra questão e, de fato, quanto menos homogêneo, etnicamente falando, fosse o império, maior a dificuldade. Para superar essas dificuldades, os impérios de vida mais longa deixavam sua marca física na paisagem na forma de um número imenso de obras "públicas"– leia-se obras incentivadas (e às vezes pagas) pelo império. Os chineses e os romanos são famosos pelas fortificações com as quais cercavam

---

88. G. W. Conrad e A. E. Demarest, *Religion and Empire: The Dynamics of Aztec and Inca Expansionism* (Cambridge: Cambridge University Press, 1984), pp. 136 ss.

89. Sobre a situação do templo como lugar alternativo para o acúmulo de riquezas e o exercício do poder, ver M. V. Fox (org.), *The Temple in Society* (Winona Lake, MN: Eisenbach, 1988).

ANTES DO ESTADO: DA PRÉ-HISTÓRIA A 1300 D.C. 67

suas fronteiras. Os persas, romanos e incas, todos se destacaram na construção de estradas, aquedutos e pontes. O México pré-colombiano, o império egípcio e diversos impérios mesopotâmios seriam inconcebíveis sem os sistemas de canais que construíram e que serviam para irrigação e transporte; Tiglat Pileser se gabava: "Cavei o Canal Patti [...] e o fiz borbulhar com água abundante."[90] Menos duráveis, mas igualmente importantes para manter o império unido, eram os sistemas de mensageiros que ligavam as províncias à capital e que, no caso de Roma, conseguiam distribuir os mandados imperiais às províncias mais remotas no prazo de um a quatro meses[91], bem como realizar os censos periódicos.

No Egito helenístico, segundo um documento remanescente, o sistema de controle imperial viabilizado por esses meios era tão rígido que até a prostituta que quisesse exercer seu ofício durante um único dia em determinada cidade tinha de requerer uma licença e, provavelmente, pagar por ela[92]. Os imperadores bizantinos fizeram inúmeras tentativas de regulamentar a economia, prescrevendo tudo, do horário de abertura das lojas aos preços que se poderiam cobrar por diversas mercadorias[93]. Os incas chegaram a criar um sistema de registro – que consistia em nós coloridos ou *quippu* – para fins de tributação. Segundo Garcilaso de la Vega, filho de um conquistador espanhol com uma princesa inca e, portanto, familiarizado com a cultura, o sistema de processamento de dados do império era tão abrangente que era capaz de registrar cada quilo de milho e cada par de sandálias produzidos em todo o império[94].

---

90. Tadmor, *The Inscriptions of Tiglat Pileser III*, p. 43.

91. Sobre a velocidade do correio imperial romano, ver R. Duncan-Jones, *Structure and Scale in the Roman Economy* (Cambridge: Cambridge University Press, 1990), pp. 15, 26-7.

92. O documento está impresso em *Archiv*, 6, 1920, p. 220, n. 1.

93. R. Runciman, *Byzantine Civilization* (Nova York: World Publishing, 1961), pp. 81-3.

94. G. de la Vega, *Commentarios reales* (Buenos Aires: Plus Ultra, 1973 [1609]), pp. 281-4.

Por outro lado, há indicações de que os registros imperiais estavam sempre cheios de furos e que os resultados das tentativas de obter informações eram, na melhor das hipóteses, medíocres. Por exemplo, quando Xerxes partiu para conquistar a Grécia em 490 a.C., desconhecia completamente a existência da segunda pessoa mais rica do reino – de fato, tão rica que podia sustentar o exército imperial (segundo uma fonte, um milhão e meio de homens) com seus próprios recursos quando passava por seus latifúndios[95]. Embora o Egito helenístico, herdeiro do domínio imperial milenar, estivesse talvez entre os impérios de governo mais rígido, Ptolomeu IV Filopátor certa ocasião não conseguia lembrar-se de haver concedido certos privilégios (isenção da obrigação de manter quartéis) à cidade de Soli, conforme afirmavam seus cidadãos[96]. Com relação a Roma e à China de Ming, há quem sustente que a inexistência de bons mapas, de boas "bases de dados" e de boas comunicações reduziu seus imperadores à passividade, de modo que eles só lidavam com os casos que eram levados a seu conhecimento – do contrário ficavam limitados às funções rituais[97]. Com efeito, é difícil imaginar como uma pessoa tão empreendedora quanto Sétimo Severo, que iniciara a carreira como aspirante a oficial, poderia ter aberto mão de seu estilo de vida ativo depois de subir ao trono imperial em 193 d.C. Por outro lado, está claro que nenhum imperador podia saber de tudo e que essas limitações quase sempre representavam um impedimento importante à sua capacidade de governar.

De fato, dados os problemas do tempo e da distância, bem como os limites das informações a seu dispor, muitos

---

95. Heródoto, *The Histories* (Londres: Heinemann, Loeb Classical Library, 1943), 7, pp. 27-9.

96. C. B. Welles, *Royal Correspondence of the Hellenistic Period: A Study of Greek Epigraphy* (New Haven, CT: Yale University Press, 1934), n.º 30, p. 136.

97. F. Millar, *The Emperor in the Roman World, 31 BC-AD 337* (Ithaca, NY: Cornell University Press, 1977); Millar, "Emperors, Frontiers and Foreign Relations, 31 BC to AD 378", *Britannia,* 13, 1982, pp. 1-23; R. Huang, *1587, a Year of No Significance* (New Haven, CT: Yale University Press, 1981).

imperadores preferiam lidar com comunidades inteiras – tribos, chefias, aldeias, cidades, até mesmo reis vassalos – a lidar com indivíduos. Em Tenochtitlán e Cuzco, as pedras fundamentais do edifício social asteca e inca não eram as famílias, mas guardiões conhecidos como *calpullin* e *alyu*, respectivamente[98]; também nos arredores das capitais seu domínio era indireto, exercido por meio de chefes tribais subordinados a quem haviam conquistado. A China tinha, originalmente, o chamado sistema dos oito poços, que contava as famílias de camponeses pelos "poços"[99], ao passo que Roma, durante muito tempo, deixou a administração a cargo de centenas e mais centenas de cidades-Estado autônomas, bem como numerosos reis vassalos. Em vez de contar suas populações inteiras, os impérios preferiam efetuar o recenseamento por lares ou famílias. É provável que ambas as instituições contassem igualmente entre os membros da família os parentes e os não parentes, razão por que definir o multiplicador correto deve ter sido tão difícil para os administradores da época como para os historiadores subseqüentes.

As deficiências de seus sistemas administrativos talvez também expliquem por que muitos impérios relutavam em impor um sistema jurídico único sobre todos os habitantes. Originários de conquistas, muitos eram heterogêneos por definição: por conseguinte, contanto que os súditos obedecessem às ordens e pagassem os impostos, a maioria dos imperadores os deixavam em paz. Afora o fato de que muitos, talvez a maioria, dos envolvidos na administração do império jamais figuravam nas folhas de pagamento imperiais, o sistema significava que, quando as autoridades chegavam para cumprir seu dever, quase nunca se deparavam com indivíduos, mas com comunidades organizadas dos mais diversos tipos. É provável que isso reduzisse seu poder e, em

---

98. Conrad e Demarest, *Religion and Empire*, pp. 52, 97.
99. Ch'ien Mu, *Traditional Government in Imperial China: A Critical Analysis,* trad. Chun-tu Hsueh e G. T. Totten (Hong Kong: Chinese University Press, 1982), pp. 23-6.

muitos casos, deve ter reduzido o governo a um processo de negociações.

Outro fator que costumava funcionar na mesma direção e impor limites práticos ao poder do imperador era de natureza financeira. Parece que nenhum império da história chegou a ponto de criar um tesouro único (fosse "público" ou "privado"), no qual entrassem todas as receitas e que, por sua vez, fosse responsável pela realização de todos os pagamentos. O motivo mais importante era que, em razão das despesas para transportar as barras de ouro e dos riscos nisso envolvidos, grande parte do dinheiro recolhido pela tributação sempre ficava nas províncias e era usado nas despesas locais. O mesmo acontecia com os recebimentos em espécie, que costumavam ficar nos depósitos das províncias; para não falar das corvéias, ou trabalhos forçados, que a população de súditos não raro era obrigada a realizar, trabalhando nas propriedades do império, construindo e mantendo as obras imperiais e fornecendo transportes e outros serviços às autoridades. Cada um desses fatores significava que somente uma pequena fração das somas arrecadadas, ou da mão-de-obra empregada, chegava à capital e era posta à disposição do imperador. O resto permanecia no local de origem, ou perto dele, e o imperador só lucrava com elas, quando lucrava, de maneira indireta e proporcional ao controle que tinha sobre as autoridades locais.

Para evitar que as autoridades locais fizessem o que lhes aprouvesse e se apropriassem dos recursos imperiais para uso próprio, os imperadores recorriam a uma série de expedientes. Impedia-se que as autoridades firmassem laços locais fazendo-as trocar de posto e província. No Egito helenístico, parece que havia administração dupla, isto é, um grupo de burocratas encarregado da coleta de impostos e outro que os supervisionava[100]; em outros locais quase sempre havia inspetores itinerantes, como os *quaestores* (mais

---

100. M. Rostovstzeff, *The Social and Economic History of the Hellenistic World* (Oxford: Clarendon Press, 1941), vol. I, p. 251.

tarde substituídos pelos *agentes rerum*) e os secretários visitantes da China, que tiveram uma série de títulos mas cuja função era sempre a mesma[101]. Os reis da Assíria, em seu apogeu, tinham o hábito de indicar eunucos – "os filhos de ninguém" – para governar cidades recém-conquistadas[102], método que provavelmente tinha a vantagem adicional de humilhar os conquistados.

Embora todos esses métodos oferecessem soluções práticas para o problema, nenhum deles foi capaz de resolvê-lo de uma vez por todas. Os inspetores, tanto itinerantes como permanentes, eram enganados ou comprados por pessoas do local. Transferir autoridades de um posto para outro significava apenas que elas não tinham tempo para conhecer bem os distritos, o que, portanto, geralmente aumentava o poder dos chefes das comunidades locais à custa do centro. O uso de eunucos tornava obviamente impossível que as famílias consolidassem sua permanência no poder, mas, pelo mesmo motivo, talvez arriscasse a estabilidade de outras maneiras. Em resumo, o imperador podia ser absoluto dentro da própria capital. Não obstante, quanto mais distante fosse alguma província, mais difícil era impor a vontade imperial.

Em tais circunstâncias, sempre havia o risco de que as autoridades subordinadas – religiosas ou seculares – se aproveitassem de alguma dificuldade enfrentada pelo centro – não raro uma guerra ou crise sucessória – para deixar de obedecer ao imperador e cortar os laços com o império. É provável que os governadores das províncias usassem os recursos econômicos à disposição para reunir forças armadas, ao passo que os comandantes militares possivelmente usavam os soldados para se apropriar de alicerces econômicos. A tarefa

---

101. Sobre os deveres dos inspetores provinciais do século II, ver o relato de um Ts'ai Chin contemporâneo, reproduzido em Wang Yu-ch'uan, "An Outline of the Central Government of the Former Han Dynasty", *Harvard Journal of Asiatic Studies,* 12, 1949, pp. 159-60.

102. Tadmor, *The Inscriptions of Tiglat Pileser III*.

de ambos era quase sempre facilitada pelas comunidades autônomas que viviam na maioria dos impérios. Exceto quando fisicamente retiradas de seus lares de origem e exiladas, o que era comum entre os assírios e os incas[103], as tribos súditas quase sempre constituíram a base para a construção do feudalismo. A maior conseqüência seria a desintegração do império e sua substituição por um sistema de governo mais descentralizado, embora ainda bastante hierárquico[104]; e, de fato, o próprio feudalismo chegou a ser considerado simplesmente como a estrutura política que surgia quando os impérios atravessavam períodos ruins. Esse foi o caso do oeste europeu durante a Idade Média, do Egito e da China durante seus vários períodos interdinásticos, bem como de um grande número de outras sociedades, entre elas, Pérsia, Bizâncio, Índia e Japão, em diversos períodos de sua história[105].

Assim que nasceu a classe de guerreiros governantes tão característica do feudalismo, estes passaram a investir pesadamente em séquitos militares e em defesas físicas que lhes permitissem desafiar o imperador. Quando todos os senhores se puseram a lutar para emancipar seus domínios, o sistema centralizado de coleta de informações, de transportes e de defesa se deteriorou e se desintegrou. Desapareceram as burocracias – e, em grande parte, a cultura letrada necessária entre as classes não-religiosas –, os serviços postais, os recenseamentos, até mesmo os mais elementares meios de transporte; em nenhuma outra época estiveram as estradas européias tão ruins, e as comunicações tão difíceis, quanto durante a Idade Média, com sua infinidade de

---

103. Sobre os assírios, ver o livro bíblico dos Reis; sobre os incas, ver M. A. Malpass, *Daily Life in the Inca Empire* (Westport, CT: Greenwood Press, 1996), p. 72.

104. M. Weber, *Economy and Society: An Outline of Interpretative Sociology*, G. Roth e C. Wittich (org.) (Nova York: Bedminster, 1968), vol. III, cap. 12; e O. Hintze, *Staat und Verfassung: gesammelte Abahandlungen zur algemeinen Verfassungsgeschichte* (Göttingen: Vanderhoek, 1961), vol. I, pp. 84-119.

105. Sobre a história do feudalismo nesses países, ver R. Coulbom (org.), *Feudalism in History* (Hamden, CT: Archon Books, 1965).

principados interligados. As forças armadas regulares também se dissolveram, talvez até o ponto de reduzir-se a um mero punhado de criados que comiam na cozinha do imperador quando ele se mudava de uma residência para outra. Os direitos que antes pertenciam ao imperador, tais como o usufruto dos recursos econômicos (minas, florestas etc.), a tributação e a cunhagem de moedas, se dispersaram e passaram às mãos de inúmeros lordes e barões.

Refletindo o surgimento do feudalismo, a ideologia imperial desmoronou. Seu lugar foi tomado por um sistema que dava destaque bem maior aos direitos coletivos da aristocracia e da religião estabelecida. Segundo Tomás de Aquino, talvez o maior e decerto o mais sistemático dos "cientistas políticos" medievais, o governo, em vez de ser criado pelos homens e para eles, era parte integrante da ordem divina. Como tal, formava uma trama sem costuras em que cada pessoa e cada classe tinham seu lugar indicado, o qual não estava sujeito a interferência superior arbitrária[106]. Quanto mais forte fosse um imperador, mais os privilégios que ele concedia a uma pessoa, grupo ou classe eram considerados dotes que ele poderia revogar quando lhe aprouvesse; nas sociedades feudais, porém, privilégios se vinculavam aos proprietários, que dessa maneira adquiriam certas garantias "constitucionais" que praticamente não existiam nos impérios[107].

Quando os guerreiros governantes deixaram de ser nomeados pelo imperador e conseguiram tornar hereditários seus cargos, o processo atingiu sua conclusão lógica e o império chegou a um fim *de facto*, por mais vivo que seu nome ainda estivesse. A estrutura resultante não se baseava em laços de família (embora tais laços fossem importantes para ajudar na formação de alianças) nem em ordens burocráti-

---

106. Ver D. Bigongiari (org.), *The Political Ideas of St. Thomas Aquinas* (Nova York: Hafner, 1981), principalmente a introdução.
107. Os melhores relatos modernos são M. Bloch, *Feudal Society* (Londres: Routledge, 1961), e F. L. Ganshof, *Feudalism* (Nova York: Harper, 1961).

cas. Pelo contrário, fundamentava-se numa rede de lealdade que vinculava todos os membros da aristocracia tanto aos superiores quanto aos inferiores. Por meio de um juramento, os vassalos se entregavam aos senhores e aceitavam servir-lhes, oferecendo-lhes conselhos, portando armas e fornecendo auxílio financeiro quando necessário. Em troca, recebiam proteção, terras para sustento próprio e de quantos vassalos fossem necessários a sua posição, e os direitos pertinentes a tais terras na forma de arrendamento e diversos tipos de serviços anteriormente devidos ao imperador e a seus representantes. Mais abaixo na escala social, os que viviam de fato nas terras e nelas trabalhavam costumavam tornar-se *glebi adscripti*, vinculados ao solo. Eram governados pelo senhor da propriedade, praticamente sem interferência da parte do imperador.

Conforme indicam as inúmeras transições que levaram do império centralizado ao regime feudal descentralizado, e vice-versa, os dois sistemas não eram tão diferentes quanto pareciam à primeira vista. Ao contrário das tribos sem governantes e das cidades-Estado, os impérios, fortes ou fracos, tinham pronunciado caráter hierárquico e um chefe bem definido, ainda que, após a feudalização, fosse apenas figurativo. Ao contrário da situação nas chefias, essas hierarquias não se baseavam apenas na identidade étnica e nos laços de família, mas faziam uso de burocracias relativamente bem desenvolvidas e de exércitos permanentes, bem como da lealdade. Enquanto os imperadores concentravam todo o poder nas próprias mãos, até o ponto em que as ponderações práticas permitiam, o feudalismo surgia quando algum tipo de crise fazia com que as prerrogativas do império passassem às mãos de seus soldados e administradores, que se fundiam numa única classe hereditária. A relação entre o público e o privado era a mesma, porém, e diferia bastante da situação nas cidades-Estado e da situação que se vê no Estado moderno. Na próxima seção, vamos explorar de maneira mais minuciosa a natureza dessa relação.

Os limites das sociedades sem Estado

O pequeno estudo acima não abrange todos os tipos de comunidades políticas existentes antes do advento do Estado. Para tanto, deveria mencionar várias outras, em sua maioria tipos intermediários como as sociedades governadas por subchefes nomeados ou as sociedades hierárquicas[108]; e, a meio caminho entre as chefias e os impérios burocráticos, reinos de todos os períodos, tamanhos e formas. Os impérios, ao conquistar tribos sem governantes, quase sempre as transformavam em chefias, impondo a nomeação de um chefe único que assumisse a responsabilidade por assuntos como administração interna e tributação; por outro lado, ao subjugar chefias, sempre as decapitavam e, na tentativa de evitar rebeliões, voltavam a transformá-las em instituições baseadas em laços de parentesco. As cidades-Estado também corriam o risco de ver sua constituição destruída ao conquistarem ou serem conquistadas, até que, mais cedo ou mais tarde, elas próprias deixaram de existir na forma de comunidades independentes com governo autônomo. Nenhuma dessas comunidades representou novos princípios de governo, mas meras recombinações, numa ou noutra escala, dos já examinados. Resta assinalar algumas conseqüências políticas, sociais e econômicas decorrentes da estrutura das sociedades que precederam o advento do Estado.

Na ausência do Estado na forma de *persona* jurídica independente, a maioria das sociedades históricas não conseguiu elaborar uma distinção clara entre governo e propriedade em suas várias formas. A confusão resultante entre as esferas pública e privada levava a todos os tipos de paradoxos, como a afirmação de Aristóteles de que os bárbaros, que não viviam em *póleis* de governo autônomo e estavam sujeitos à vontade de seus governantes ou reis, eram escravos

---

108. Ver M. D. Sahlins, *Tribesmen* (Englewood Cliffs, NJ: Prentice Hall, 1968), caps. 4 e 5; e M. H. Fried, *The Evolution of Political Society: An Essay in Political Anthropology* (Nova York: Random House, 1967), cap. 4.

"por natureza"[109]. Em Roma, durante os primeiros séculos depois de Cristo, deparamo-nos com o fato curioso de que o *cursus publicus,* ou sistema postal, era qualquer coisa menos público, pois só podia ser usado pelo imperador ou por quem agisse em seu nome. A Idade Média européia seguiu o caminho extremo oposto. Com o colapso de Roma, a esfera pública cujo significado era simplesmente aquilo que pertencia ao imperador, praticamente desapareceu. No latim medieval, o termo *dominium* – de *domus,* casa ou residência – significava tanto a propriedade privada do príncipe como o país que ele governava[110], e os advogados costumavam discutir o uso correto do termo. Entretanto, a palavra "privada" significava o único lugar aonde até o rei ia sozinho.

Com efeito, esses problemas não afetavam da mesma maneira as cidades-Estado gregas nem a república romana – e, de fato, é provável que principalmente esta tenha se aproximado mais de ser um "Estado" do que qualquer entidade política pré-moderna. Ambas conseguiram distinguir perfeitamente entre as funções do governo e a propriedade privada dos indivíduos que, durante algum tempo, ocupavam cargos e atuavam como magistrados. Em geral (embora não invariavelmente), eleger-se era caro; contudo, não era necessário que os governantes fossem os cidadãos mais ricos. Muitas cidades também mantinham conselhos especiais, como os *logistai* atenienses e os censores romanos, cuja função era impedir que o peculato levasse à transgressão dos limites entre as duas esferas[111]. Dois dos maiores estadistas gregos e romanos, Péricles e Cipião Africano, tiveram problemas nesse aspecto. Para evitar suspeitas de ligações com

---

109. Ver a discussão em Aristóteles, *Politics* (Londres: Heinemann, Loeb Classical Library, 1977), I, ii, pp. 19-21. Essa perspectiva encontra eco em Samuel, onde o filisteu Golias chama os israelitas de "escravos" de Saul (1 Sm 51,8).

110. Ver J. F. Niermeyer, *Medicea Latinitatis Lexicon Minus* (Leiden: Brill, 1976), vol. I, p. 353; e J. H. Bruns, "Fortescue and the Political Theory of Dominium", *Historical Journal,* 28, 4, 1985, pp. 777-97.

111. Ver R. A. Knox, "'So Mischievous a Beaste?': The Athenian Demos and Its Treatment of Its Politicians", *Greece and Rome,* 32, 1985, pp. 132-61.

seus parentes espartanos durante a guerra do Peloponeso, o primeiro sentiu-se obrigado a entregar seus bens à pólis. A carreira política do segundo jamais se recuperou da acusação de que, junto com o irmão, se apropriara do dinheiro do rei Antíoco durante a guerra da Síria de 191-189 a.C.[112]

Como demonstra a sucessão regular de magistrados, o sistema tornava possível que o governante deixasse o cargo sem, ao mesmo tempo, perder todo o resto também; ou, o que é a mesma coisa, que os governados trocassem de governantes sem recorrer a golpe, revolta, rebelião ou qualquer tipo de violência. As cidades-Estado maiores – Roma, Atenas e, durante os primeiros séculos de sua história registrada, Esparta – conseguiram preservar a paz civil. Ao evitar as repetidas perdas de vida e propriedade que as mudanças políticas quase sempre acarretavam em outros lugares, se lançaram no caminho do êxito.

Os sistemas de governo diferentes do da pólis costumavam ser impotentes, como nas tribos sem governantes e no feudalismo em suas formas mais frouxas, mais descentralizadas. Outras vezes, era arbitrário, como nas chefias e nos impérios de governo mais forte. Neles, as funções legislativa, judiciária e executiva estavam todas concentradas nas mãos de um só governante, e a conseqüência era, com exceção dos obstáculos técnicos e da sempre presente possibilidade de rebelião, que a única restrição "legal" ao seu poder era a religião cujo chefe, seja como descendente do deus seja como seu representante na terra, ele era. John Locke talvez tenha sido o primeiro a assinalar[113], na década de 1680, que ambos os tipos de comunidade política tinham mais em

---

112. G. Herman, *Ritualised Friendship and the Greek City* (Cambridge: Cambridge University Press, 1987), p. 71; H. H. Scullard, *Scipio Africanus, Soldier and Politician* (Londres: Thames & Hudson, 1970), pp. 217 ss.

113. J. Locke, "Second Treatise", em P. Laslett (org.), *John Locke: Two Treatises on Government* (Cambridge: Cambridge University Press, 1967), pp. 344 ss. [Trad. bras. *Dois tratados sobre o governo*, São Paulo, Martins Fontes, 1998.] Aqui aceito como verdade que, como o próprio Hobbes diz, as tribos sem governantes correspondem grosso modo ao "estado de natureza" de fins do século XVII.

comum do que se percebia à primeira vista. Embora opostas, nenhuma conseguiu, nem mesmo tentou, garantir a segurança da vida ou dos bens dos indivíduos.

No feudalismo, quem possuísse qualquer coisa era obrigado, *ipso facto,* a ser guerreiro também, violando assim o princípio da divisão do trabalho e impondo limites à eficiência econômica. No regime imperial, qualquer êxito econômico de vulto que se conseguisse alcançar quase nunca assumia a forma de empresas voltadas para o mercado, mas de atividades relacionadas com o governo – como a coleta de impostos (ocupação que, tanto em Roma como na China, quase sempre dava origem às maiores fortunas), a contratação para a construção de obras "públicas" como fortificações e aquedutos em nome do imperador, o arrendamento de propriedades imperiais, como florestas ou minas, e o suprimento de soldados. Por fim, tal êxito só era possível se, e enquanto, o empresário caísse nas graças do governante. De ambos os modos, os indivíduos tinham de recorrer a meios não-econômicos para acumular e defender suas posses. Era possível fazê-lo investindo-se em fortalezas, armamento e comitivas militares, como faziam os lordes europeus e japoneses em larga escala; ingressando no serviço imperial, conforme aconteceu durante milhares de anos na China a partir da dinastia Han; ou refugiando-se na religião e entregando as posses à proteção do templo. Teoricamente, embora nem sempre na prática, a primeira e a segunda opções eram mutuamente exclusivas. Isso não se dava com a terceira, que podia ser, e quase sempre era, combinada às outras.

Segundo Adam Smith, a única coisa mais importante que a opulência é a defesa[114]. A insegurança, seja por fraqueza do governo seja por sua força excessiva (em impérios com composição étnica heterogênea e territórios extensos demais, às vezes se aplicavam os dois fatores), impedia a

---

114. A. Smith, *The Wealth of Nations,* ed. E. Carman (Chicago: University of Chicago Press, 1976 [1776]), vol. I, p. 487. [Trad. bras. *A riqueza das nações*, São Paulo, Martins Fontes, 2003.]

acumulação de excedentes entre as pessoas e o surgimento de crescimento econômico *per capita* sustentado. Houve tentativas esporádicas de fazer o contrário, mas nem uma dessas sociedades conseguiu criar papel-moeda nem evoluir muito na direção de inventar algo semelhante a um banco central. Simplificando, a confiança na capacidade e disposição do governo de honrar suas obrigações era inexistente; não é à toa que, em hebraico, "jogar dinheiro pelo ralo" provém de um termo cujo significado original era "tesouro público" (*timaîon* em grego)[115]. Isso, por sua vez, significava que, apesar da quase sempre notável engenhosidade que exibiam os indivíduos, o progresso tecnológico era obstruído, retardado ou evitado. Não é preciso falar muito do atraso em que viviam nesses aspectos as tribos sem governantes e as chefias; essa situação levou diretamente a sua queda (com o nome de modernização, essa queda ainda prossegue em muitos lugares). Mais significativo e menos conhecido é o fato de que, até a primeira metade do século XIX, a Ásia Menor sob o governo otomano era tão primitiva que não havia estradas de pedra britada nem veículos sobre rodas. Na ausência de mapas, as distâncias eram medidas pelo número de horas de viagem e, portanto, variavam segundo a qualidade das estradas[116]; até mesmo a primeira prensa só chegou lá em 1783[117].

Quase a mesma coisa se aplicava às sociedades mais avançadas, como a Roma imperial em seus primórdios, a China de Ming e a Índia mogol. Todas eram sedes de civilizações adiantadas capazes de conceber e construir imensas obras "públicas". Todas também criaram produtos literários e artísticos que nunca foram superados em qualidade ou esplen-

---

115. Sou grato a minha aluna, Sra. Talma Luft, por trazer esse fato à minha atenção.

116. J. Brewer, *A Residence at Constantinople in the Year 1827, with Notes to the Present Time* (New Haven, CT: Drurie & Peck, 1830), p. 126.

117. Houve uma experiência anterior com o uso da prensa em 1727, mas foi logo abandonada: ver detalhes em Kinross, *The Ottoman Centuries*, pp. 381-2.

dor. Não obstante, com exceção parcial de uma classe de comerciantes que dependiam do governante, a maioria desses produtos destinava-se à corte, a seus criados e a seus favoritos. Não raro eram fabricados nas oficinas imperiais, ou compostos por aduladores imperiais; o nome de um cortesão, Mecenas, amigo de Augusto, tornou-se proverbial devido ao auxílio aos artistas. Deixados para trás os limites da corte, da capital e dos centros administrativos provinciais, a civilização e seus encantos praticamente desapareciam. Império nenhum conseguiu ultrapassar a condição de que pelo menos noventa por cento de sua população vivia da terra, onde, sempre dividindo espaço com seus animais "domésticos", cavavam a vida de maneira bem próxima do nível de subsistência[118].

Quanto às cidades-Estado, eram pequenas por definição e igualmente problemáticas quanto a suas perspectivas de obter algum êxito econômico mais do que modesto; zelavam pela sua independência e eram autárquicas por preferência[119]. Teoricamente, a cidade-Estado ideal era aquela que, sendo auto-suficiente, não precisava fazer comércio e conseguia preservar sem alterações a constituição transmitida pelos ancestrais. Na prática, as mais prósperas dentre elas foram as que, como Atenas, Corinto, Siracusa e Cartago, usavam sua localização geográfica para criar extensas redes de comércio. Conforme demonstra o caso de Atenas, tais cidades costumavam ser receptivas à mudança, fervilhavam de novidades e eram capazes de oferecer a muitos dos cidadãos o que estes consideravam um padrão de vida confortável;

---

118. Sobre o papel dos direitos de propriedade na promoção do crescimento econômico, ver D. C. North e R. P. Thomas, *The Rise of the Western World. A New Economic History* (Cambridge: Cambridge University Press, 1973), cap. 1; sobre os limites econômicos das sociedades pré-Estado em geral, ver J. G. A. Pocock, "The Political Limits to Pre-Modern Economies", em J. Dunn (org.), *The Economic Limits to Modern Politics* (Cambridge: Cambridge University Press, 1990), pp. 121-41.

119. Sobre os limites econômicos das cidades-Estado clássicas, ver M. Finley, *The Ancient Economy* (Londres: Cambridge University Press, 1975).

contudo, sua prosperidade era limitada pela tecnologia primitiva de comunicações e transportes de que dispunham. A única exceção à regra era Roma, que, graças a sua destreza militar, acumulou imensas fortunas por meio de saques e tributos[120].

Em parte porque se recusavam a assimilar os estrangeiros em seu corpo de cidadãos e, em parte, porque assimilar estrangeiros demais levaria à inevitável perda de seu princípio democrático fundamental, as cidades-Estado só puderam ampliar seu domínio até certo limite. Além desse limite, as entidades políticas maiores que tentaram construir desmoronaram, destino que assolou Atenas e Esparta; no longo prazo, descobriram que era impossível manter o jugo sobre súditos relutantes. Em outros casos, foram conquistadas por algum império – como as gregas pela Macedônia (e como pode ter acontecido na Mesopotâmia pré-dinástica) – ou elas mesmas tomaram o caminho da república romana, rumo ao império e ao despotismo. Vale notar que, apesar de suas origens exclusivas, as conseqüências do despotismo romano sobre a economia foram semelhantes a seus resultados em qualquer outro lugar. Já durante o século II, as cidades começaram a perder sua autonomia quando foram nomeados procuradores para supervisionar suas finanças e garantir o pagamento dos impostos. Pouco a pouco o poder saiu das mãos dos magistrados, e a única função que lhes restou foi pagar pelas liturgias. Decorridos mais cem anos, as exigências do governo começaram a pesar tanto sobre os ombros da sociedade que chegaram a ameaçar tanto a prosperidade quanto a vida urbana em geral. Em especial no Ocidente, onde as cidades eram mais recentes e menos consolidadas, o resultado foi obrigar os habitantes a fugir para o interior[121].

---

120. Sobre o papel desses fatores na expansão de Roma, ver J. W. Harris, *War and Imperialism in Republican Rome, 327-70 BC* (Oxford: Oxford University Press, 1979), pp. 58 ss.

121. Sobre o colapso da vida urbana na Roma do século III, ver R. MacMullen, *Soldier and Civilian in the Later Roman Empire* (Cambridge, MA: Harvard University Press, 1963), pp. 38 ss, 136 ss.

Por fim, a linguagem usada por nossos antigos historiadores deixa bem claro que nem os gregos nem os romanos jamais consideraram o Estado uma entidade abstrata distinta dos cidadãos. Nos casos em que diríamos "o Estado", eles escreviam "o público"ou "o povo"; afinal, foi o historiador Tucídides que escreveu que "a cidade é seus homens", e o advogado Cícero que definiu a *res publica* como "assembléia de homens que vivem de acordo com a lei"[122]. Assim, o pensamento pré-moderno, independentemente de civilização ou grau de desenvolvimento, não conseguiu conceber a corporação como entidade jurídica abstrata distinta de suas autoridades e de seus membros. Isso ajuda a explicar o papel da religião nessas sociedades; dada a ausência da corporação tanto na vida pública quanto na vida privada, muitas de suas funções, tais como exercer a propriedade e proporcionar legitimidade, eram atribuídas a divindades igualmente invisíveis. Já que não existia Estado, a única maneira de criar unidades políticas maiores que as chefias e as cidades-Estado levava ao império com todas as suas imperfeições. Entendido isso, o Estado representa a segunda mais importante invenção da história, depois da separação grega entre propriedade e governo. Sua natureza exata e suas funções nos ocuparão mais tarde; por ora, devemos concentrar-nos no processo que levou a seu nascimento, a partir do feudalismo e da Idade Média.

---

122. Tucídides, *The Peloponnesian War*, 7, 77, 7; M. T. Cícero, *De Respublica* (Londres: Heinemann, Loeb Classical Library, 1928), I, 39. [Trad. bras. *História da Guerra do Peloponeso I*, São Paulo, Martins Fontes, 1999.]

2. A ascensão do Estado: de 1300 a 1648

O sistema feudal da Europa ocidental que se seguiu à queda do império carolíngio – curta tentativa de impor ordem à desordem resultante da invasão bárbara que destruíra Roma – era descentralizado até mesmo pelos padrões de regimes semelhantes em outras regiões. No feudalismo, o governo não era "público" nem se concentrava nas mãos de um único monarca ou imperador; pelo contrário, dividia-se entre um grande número de governantes desiguais que tinham entre si relações de lealdade e que o tratavam como propriedade privada. Na Europa ocidental, porém, a situação se complicava ainda mais em razão da posição excepcional ocupada pela Igreja.

Embora na maioria dos impérios a posição do imperador fosse fortalecida pelo fato de descender de um deus ou de seu profeta, na cristandade ele não era nem uma coisa nem outra. Isso também acontecia em Bizâncio, embora, nesse caso, houvesse ao menos a compensação de não existirem comunidades de gregos ortodoxos politicamente independentes além das fronteiras do império. No Ocidente, todavia, a partir de cerca do ano 1000, sempre houve países e regiões importantes como a Irlanda, a Inglaterra, o norte da Espanha, a Escandinávia e a Polônia que, apesar de cristãos e, portanto, sujeitos à autoridade do papa, não se curvavam ao imperador.

Para piorar, as capitais secular e religiosa não eram as mesmas. Bizâncio e os otomanos tinham Constantinopla; os incas, Cuzco com seus palácios e templos; mas os imperadores europeus estavam sempre mudando. Na maior parte do tempo, instalavam-se na Grande Germânia (formada, na época, pela região que hoje corresponde a Lorena, Alsácia, Suíça, Boêmia e Países Baixos) ou então no norte e no sul da Itália. Isso significava que, durante a maior parte da Idade Média, o papa, em Roma, estava fora de alcance, não apenas do imperador, mas também de qualquer governante secular. Ao contrário de seus equivalentes em outros impérios, o papa possuía território próprio, que, todavia, nunca estava seguro e cujo controle tinha de ser compartilhado com as grandes famílias de nobres, como os Colonna e os Orsini. O papa também tinha suas próprias forças armadas – ordens militares das quais ele era o senhor supremo – embora fossem pouco numerosas e espalhadas em pequenos grupos por boa parte da cristandade, do Mediterrâneo e do Oriente Médio[1].

Por fim, o império carolíngio também se distinguia pelo fato de que a religião instituída era mais antiga que ele e, tecnicamente, mais evoluída. A Igreja herdara a língua do Império Romano ocidental bem como muitas de suas tradições jurídicas e políticas. Durante alguns séculos, exerceu um monopólio quase total sobre a educação, o que tornava seus serviços indispensáveis a qualquer governante secular cujos territórios fossem vastos e que desejasse transformá-los em algo mais do que mero domínio ou feudo. Não durou muito a tentativa de Carlos Magno de resolver o problema fornecendo escolas e educação. Na época das invasões magiares e normandas, nos séculos IX e X, a Igreja e em especial os mosteiros continuaram sendo praticamente os únicos centros onde algo semelhante a uma civilização organizada teria condições de sobreviver. Os bens da Igreja não se concentravam em apenas um local, mas consistiam em construções e latifúndios espalhados por toda a Europa. Por

---

1. Ver W. Ullmann, *Law and Politics in the Middle Ages: An Introduction to the Sources of Medieval Political Ideas* (Ithaca, NY: Cornell University Press, 1975), cap. 4.

conseguinte, foi necessário criar um sofisticado aparato financeiro, jurídico e administrativo capaz de superar o tempo e a distância. Já em 1300 esse aparato estava muito à frente de qualquer sistema equivalente à disposição dos governantes seculares.

Esses fatores explicam por que, após a morte de Carlos Magno, o imperador perdeu o posto de soberano religioso. Quando seus sucessores brigavam entre si, era comum pedirem a mediação da Igreja. Em troca, a Igreja ganhava ou conseguia obter privilégios muito maiores do que em qualquer outra civilização. A partir de cerca de 1100, além do poder de decretar e interpretar as leis divinas, e de imunidade em relação às leis seculares (também conhecida como privilégio do clero), a Igreja detinha muitos outros direitos, como o de nomear e promover suas próprias autoridades; julgar e punir seus próprios funcionários (e até mesmo os leigos, nos casos que envolviam assistência espiritual); dar asilo a fugitivos da justiça secular; invalidar os juramentos de vassalos a seus senhores; e, para sustentar todos esses privilégios, imensas extensões de terra, um sistema tributário próprio e, em alguns lugares, o direito de extorquir dinheiro também. Além de serem quase sempre nobres os seus prelados mais altos, a Igreja, da mesma forma que outros senhores feudais, podia conceder e receber privilégios. Em grande parte da Europa, os domínios eclesiásticos e até mesmo os principados conviviam lado a lado com seus correspondentes seculares, com a principal diferença de que a sucessão, em vez de ocorrer de pai para filho (necessariamente ilegítimo), quase sempre era de tio para sobrinho. Assim, a Igreja integrou-se ao sistema feudal numa relação de apoio mútuo.

O poder da Igreja atingiu seu clímax entre o período de Gregório VII (1073-85) e Clemente IV (1265-68). O primeiro entrou em conflito com o imperador Henrique IV pelo direito de nomear bispos, excomungou-o, absolveu dos juramentos os vassalos, fomentou uma rebelião contra ele e, por fim, obrigou-o a ir para Canossa, onde, de joelhos, arrependeu-se publicamente de seus pecados[2]. O segundo mobilizou grande parte da Europa, engajou-se em uma série de guerras e só descansou quando viu a execução do último descendente de Henrique – o imperador Conrado, de 16 anos de idade. Também no âmbito jurídico, as reivindicações eclesiásticas de supremacia tornaram-se cada vez mais ousadas. Inocêncio III (1198-1216), com base em fundamentos anteriores, declarou que o papa tinha o direito de julgar todos e não ser julgado por ninguém. Por outra via, Tiago de Viterbo († 1308) declarou que o governo secular trazia a mácula do pecado original e que só poderia tornar-se perfeito se fosse supervisionado pela Igreja; Egídio Romano (1246-1316) disse aos príncipes que "seus domínios pertencem mais à Igreja do que a vocês". O ponto culminante aconteceu em 1302, quando o papa Bonifácio VIII publicou sua famosa *Unam sanctam Ecclesiam*. Citando Jeremias – "hoje vos concedo autoridade sobre as nações e sobre os reinos"–, a bula proclamava que o poder secular deveria ser exercido *ad nutum et patientiam sacerdotis*, "sob o comando e a autorização do sacerdote"[3].

Conforme foi observado acima, as tendências centrífugas existentes na maioria dos impérios provocaram o desmoronamento de alguns deles. Isso se dava principalmente quando as pressões externas se uniam às internas e tornavam o todo ingovernável, como aconteceu em fins do Império Romano. Outros impérios, em especial os do Egito, da China e do Japão antigos, conseguiram sobrepujar o particularismo feudal – algumas vezes repetidamente – e restabelecer o poder central após um período maior ou menor. Só na Europa era a posição da Igreja tão forte que, em vez

---

2. U. K. Blumenthal, *The Investiture Controversy: Church and Monarchy from the Ninth to the Twelfth Century* (Filadélfia: University of Pennsylvania Press, 1982), cap. 4.

3. Sobre as declarações papais acerca do governo secular, ver E. Lewis, *Medieval Political Ideas* (Londres: Routledge, 1954), vol. II; e A. J. Carlyle, *A History of Medieval Political Theory* (Edimburgo: Blackwood, 1928), vol. IV. O texto da Unam Sanctam encontra-se em H. Bettenson (org.), *Documents of the Christian Church* (Oxford: Oxford University Press, 1967), pp. 115-16.

de sujeitar-se de novo ao poder imperial, lutou contra ele até chegarem a um impasse. Portanto, ao contrário de ter um final relativamente rápido, o feudalismo durou quase um milênio e chegou a dar nome a uma época histórica. E o mais importante, do nosso ponto de vista, é que o império nunca mais se recuperou. Nas frestas entre as duas grandes instituições universais, surgiram as duas grandes monarquias que, muito mais tarde, estavam destinadas a se transformar em Estados.

A luta contra a Igreja

Quando, em 1170, alguns homens, a mando do rei Henrique II da Inglaterra, assassinaram o primaz da Inglaterra, Thomas Becket, em sua própria catedral, a causa real sofreu um violento revés. Logo após a morte do prelado, seu túmulo se tornou centro de peregrinação e começaram a acontecer milagres ali; dois anos depois ele foi formalmente canonizado. Para se ter uma idéia do que significou a rendição do rei, ele não só foi obrigado a arrepender-se publicamente, como a Inglaterra foi inundada por uma enxurrada de decretos papais versando sobre todos os aspectos do governo, inclusive, em especial, o direito do clero de ser julgado unicamente por seus pares[4]. O filho de Henrique, segundo na linha de sucessão, foi ainda mais longe. O rei João (1199-1216) passou grande parte de seu reinado brigando com Felipe Augusto da França pela posse de Anjou e Maine. Exigindo toda a ajuda de que pudesse dispor, ele se apropriou da receita da Igreja em vão, pois acabou desprovido de poder quando o papa Inocêncio III, em retaliação, invalidou a elei-

---

4. Sobre a repercussão do assassinato de Becket nas relações entre a Igreja e a monarquia inglesa, ver Z. N. Brooke, *The English Church and the Papacy from the Conquest to the Reign of John* (Cambridge: Cambridge University Press, 1952), pp. 211 ss; e C. Duggan, "From the Conquest to the Death of John", em C. H. Lawrence (org.), *The English Church and the Papacy in the Middle Ages* (Nova York: Fordham University Press, 1965), pp. 87-93.

ção do candidato real à posição eclesiástica mais importante do país. O litígio, cujo ponto culminante ocorreu em 1213, foi finalmente resolvido quando João aceitou a indicação do papa e abriu mão de seu candidato. O rei chegou até a transformar a Inglaterra em feudo papal, recuperando-o posteriormente com a condição de pagar mil marcos de prata por ano.

Noventa anos após essa rendição aconteceu um incidente semelhante na França, embora o resultado tenha sido bem diferente. A prolongada luta do papado contra o império, apesar de terminar vitoriosa, aumentara sua dependência da dinastia dos Capeto; na virada do século XIV, o rei Felipe IV, o Belo, era o homem mais poderoso da cristandade. Ele e Bonifácio VIII brigaram, como é de praxe entre os governantes, por questões de dinheiro. O que estava em questão, em primeiro lugar, era o direito do clero francês de transferir verbas para fora do reino e, em segundo lugar, o direito do próprio rei de tributá-las. O papa dificilmente cederia nessa questão – o que, na esperança de obter apoio em outros assuntos, acabou fazendo em 1297-98. Surgiu, então, outro litígio, dessa vez com relação ao direito do rei de afastar bispos transgressores e levá-los a juízo. Felipe encontrou em João de Paris († 1306), então, um eclesiástico que defendia a perfeição do governo secular com a mesma tenacidade com que o papa a rejeitava[5]. Quando as questões chegaram ao ápice, o rei e seus conselheiros reuniram-se secretamente no Louvre. Ali, forjaram todo tipo de acusações contra Bonifácio, desde ocupação ilícita da Santa Sé até heresia[6]. Um deles, Guilherme de Nogaret, foi enviado a Roma para descobrir se era possível incitar uma rebelião antipapal entre as famílias nobres que mantinham o controle da cidade. Em meados de 1303, ele e um grupo de homens armados invadiram a residência do pontífice e o levaram como prisioneiro, chegando a agredi-lo fisicamente.

---

5. Ver João de Paris, *De potestate regia et papali*, ed. J. Leclercq (Paris: Vrin, 1942).

6. Ver detalhes em J. Favier, *Philippe le Bel* (Paris: Fayard, 1978), pp. 373-6.

Embora Bonifácio tenha falecido logo após esse incidente, a disputa ainda estava longe de chegar ao fim. Seu sucessor imediato, Benedito XI, reinou apenas alguns meses. Quando Clemente V, porém, assumiu a mitra, Felipe, então inquestionavelmente com o controle nas mãos, obrigou-o a anular a *Unam sanctam* no que se aplicava à França. Em meados de 1307, Clemente, que esperava presidir um concílio eclesiástico em Tours, viajou para a França. Teve de ficar aguardando enquanto o rei produzia uma série de julgamentos espetaculares, nos quais os templários foram acusados de tudo, de homossexualismo a heresia. Todas as forças militares que a Igreja possuía na França foram destruídas; seus comandantes foram executados, suas fortalezas e receitas confiscadas e anexadas ao domínio real. Para não dar as costas ao desenrolar desses acontecimentos, Clemente permaneceu na França. Em 1309, resolveu morar em Avignon. No entanto, como se tratava de um feudo papal cercado por território francês, tornou-se prisioneiro do rei. Durante os setenta anos seguintes, todos os papas foram franceses e, sem exceção, indicados pela coroa francesa. O caráter internacional do papado sofreu desgaste, já que, provavelmente, quaisquer providências sugeridas ou tomadas por um papa recebiam apoio automático dos cleros francês, espanhol e escocês e, de modo igualmente automático, eram rejeitadas pelos cleros inglês, húngaro, italiano e, sobretudo, imperiais[7].

Em 1356, esses litígios resultaram na perda do direito do papa de participar do processo de eleição imperial. Ao retorno do papado a Roma, em 1378, seguiu-se logo o Grande Cisma, que foi precipitado pela insistência da população romana em que o sucessor de Gregório XI († 1378) não fosse outro francês, mas italiano[8].

---

7. Ver M. Keen, *The Pelican History of Medieval Europe* (Harmondsworth, Reino Unido: Penguin Books, 1969), pp. 198-9; e C. W. Previte-Orton, *The Shorter Cambridge Medieval History* (Cambridge: Cambridge University Press, 1952), vol. II, p. 961.

8 Há um relato moderno desses eventos em W. Ullmann, *The Origins of the Great Schism* (Londres: Burns, Oates & Washbourne, 1948).

Durante trinta anos, o cisma desencadeou repetidas cenas em que dois ou até três papas brigavam furiosamente entre si para provar quem seria o verdadeiro representante de Cristo e quem, por outro lado, seria o Anticristo. É difícil imaginar a situação do papado durante esses anos. Urbano VI, por exemplo, temia tanto uma conspiração que chegou a torturar e executar seus próprios cardeais quando, expulso de Roma, perambulou pela área rural do sul da Itália. Outro papa, João XXIII, foi acusado de assassinato, estupro, sodomia e incesto (as acusações mais sérias foram omitidas) antes de ser obrigado a fugir do Concílio de Constança, disfarçado de besteiro; depois disso, seu nome foi apagado da lista oficial de pontífices. Enquanto se excomungavam e se destituíam uns aos outros, os papas apelavam aos governantes laicos para intervirem em seu favor, declarando guerra e sitiando os centros de poder um do outro, em Roma e Avignon. Assim, possibilitaram que tais governantes recebessem, em troca, concessões de todos os tipos.

Muito tempo depois que o cisma chegou ao fim, com a eleição de Martinho V (1417), seus resquícios ainda continuavam a afetar a relação entre os governos seculares e eclesiásticos. O espetáculo da sucessão de papas sendo eleitos e depostos reabrira uma antiga questão: qual autoridade, a do papa ou a do conselho da Igreja, era mais poderosa[9]? Pior que isso, os contemporâneos se acostumaram com a possibilidade de um indivíduo, ao mesmo tempo, usar a mitra *e* ser herege. Em 1438, os conciliários demonstraram sua força ao depor Eugênio IV e eleger Félix V em seu lugar. Ainda se passariam dez anos até que se curasse a ferida; não é de espantar, portanto, que os papas subseqüentes realizassem conselhos eclesiásticos em clima de terror. Durante o século seguinte – na verdade até o início da Contra-Reforma – a divisão da Igreja tornou-se um jogo nas mãos dos governantes seculares. Quando parecia haver probabilidade de

---

9. Ver M. Wilks, *The Problem of Sovereignty in the Later Middle Ages* (Cambridge: Cambridge University Press, 1963), pp. 479-523.

conflito com a Igreja – por exemplo, devido a tributação – os governantes franceses e espanhóis, em especial, podiam pedir auxílio ao papa; reciprocamente, no trato com a cúria romana, ameaçavam convocar uma assembléia de prelados do reino ou, na Inglaterra, do Parlamento. Invocar o patriotismo do clero e compará-lo às reivindicações da Roma "estrangeira" (ou, na França, "ultramontana") era sempre uma boa maneira de obter seu apoio, principalmente com relação a privilégios. E, quanto mais o tempo passava, mais isso acontecia.

Durante a primeira metade do século XV, o papado sofreu ainda mais golpes. Como demonstram principalmente os movimentos albingense, valdense, catarista e lolardista, a heresia – até mesmo em larga escala, organizada e apoiada por grupos sociais inteiros – não era nada incomum durante a Idade Média[10]. A rebelião hussita de 1419-36, no entanto, foi diferente, a primeira a unir a maior parte de uma antiga nação cristã contra a religião instituída. Seu líder, Hus, cometeu o erro de confiar num salvo-conduto que lhe fora concedido e terminou na fogueira. Seus partidários sofreram violenta repressão nas mãos do imperador e dos governantes territoriais alemães. Não obstante, seus princípios não foram esquecidos. Protegida por parte da nobreza tcheca, uma igreja hussita (utraquista) continuou em funcionamento na Boêmia[11]. Seus métodos, em especial com relação à língua nas quais se realizavam as missas (tcheco, em vez de latim) e ao vinho da eucaristia (que era tomado tanto pelo padre quanto pelos leigos), diferiam muitíssimo dos de Roma, mas tiveram de ser tolerados por esta durante quase dois séculos. Muitas propriedades eclesiásticas que haviam sido confiscadas pela mesma nobreza não foram devolvidas. Por fim, a facilidade com que o movimento conseguiu se difundir desde sua origem, passando pela Saxônia e por Mecklenburg até

---

10. Ver H. A. Obermann, *Forerunners of the Reformation* (Nova York: Holt, 1961).

11. Ver H. Kaminsky, *A History of the Hussite Revolution* (Berkeley: University of California Press, 1967), pp. 97-161.

o litoral báltico serviu de advertência acerca da Reforma que estava por vir.

Enquanto isso, os alicerces da autoridade secular da Igreja eram atacados pelos novos acadêmicos humanistas que surgiam na Itália. Seu conceito principal era a admiração por tudo o que era clássico, sugerindo que era possível alcançar uma civilização organizada – até mesmo evoluída e intelectualmente superior – sem os benefícios da fé cristã. Em 1440 evidenciou-se pela primeira vez o que o humanismo e seus partidários, quando concentrados no assunto, podiam fazer para enfraquecer a Igreja. A origem exata e o significado da Doação de Constantino – um dos principais documentos usados pelo papado para justificar sua pretensão ao poder monárquico sobre Roma, Itália e o Ocidente – eram discutidos desde o século X[12]; até que Lorenzo Valla, exercendo seus conhecimentos de latim clássico, encerrou o debate ao denunciar que o documento era uma falsificação, aliás nem tão boa, do século VIII. Valla, que assim como muitos de seus patrícios italianos considerava a Igreja instituída uma fonte de corrupção, divisão política e guerra, tornou-se famoso da noite para o dia. Encerrou o discurso expressando a esperança de que, com as pretenções da Igreja devidamente expostas, suas terras fossem rapidamente secularizadas e suas funções se reduzissem à esfera espiritual, única que lhe pertencia.

Nessa época, as mais importantes monarquias já se haviam tornado fatos consumados fazia bastante tempo. Os reis impunham resoluções através dos parlamentos – como os Estatutos de Praemunire na Inglaterra (1351) e a Sanção Pragmática francesa (1439) – ou negociavam com o papa da época e assinavam um acordo. Qualquer que tenha sido o método, a Igreja invariavelmente foi perdendo sua independência financeira e suas propriedades se tornaram sujeitas à tributação real. Para mencionar apenas alguns fatos marcantes, Eduardo II (1307-27) já conseguia extorquir mais

---

12. O debate acerca da Doação está resumido em D. Maffei, *La Donaxione di Constantino nei giuristi medievali* (Milão: Giuffre, 1964).

da Igreja do que dos vassalos leigos[13]. Em 1366, João de Gaunt, em nome de Ricardo II, fez a renúncia formal do *status* inglês de feudo papal; quando o mesmo rei, tendo atingido a maioridade, recorreu a Roma em seu litígio com a nobreza, esse ato foi usado como pretexto adicional para o depor. Na França, a nomeação de estrangeiros para preencher cargos eclesiásticos foi proibida em 1439, embora a proibição só tenha entrado em vigor em 1516. Luís XI (1461-83) mandou listar os seiscentos mais importantes privilégios eclesiásticos e os declarou sujeitos ao seu próprio controle, fortalecendo seu poder sobre os funcionários e permitindo-lhe exercer o clientelismo; ao concedê-los a partidários leigos, transformou-os em mais um instrumento do governo real – governo, vale notar, notoriamente corrupto[14]. Por fim, na Espanha, o rei Fernando – que, com a esposa, se autodenominava "o Católico" – nomeou-se chefe das diversas ordens militares quando os cargos se tornaram vagos entre 1477 e 1498. Em 1531, o papa Adriano VI aceitou a mudança como *fait accompli* e a confirmou. Isso proporcionou terras e receita à coroa; contudo, só dez anos depois disso Carlos V seguiu o exemplo do colega francês e proibiu definitivamente os estrangeiros de receber privilégios eclesiásticos no país.

Os outros direitos do clero, tais como recorrer ao papa contra o sistema jurídico real, também estavam sendo reduzidos. Na França, após o fim da Guerra dos Cem Anos, Luís XI proibiu a Inquisição de processar hereges, a não ser por ordens expressas dele mesmo. Ele fazia questão de que cada veredicto do tribunal eclesiástico se submetesse ao crivo do *parlement* de Paris. Para evitar que os padres conspirassem contra ele, proibiu-os de viajar ao exterior sem pedir autorização antes. Francisco I (1515-47) obrigou-os a fazer

---

13. J. H. Denton, *Robert Winchelsey and the Crown 1294-1313* (Cambridge: Cambridge University Press, 1980), pp. 78-9, 297-301.

14. Ver P. Ourliac, "The Concordat of 1472: An Essay on the Relations Between Louis XI and Sixtus IV", em P. S. Lewis (org.), *The Recovery of France in the Fifteenth Century* (Nova York: Harper, 1965), principalmente pp. 146 ss.

o mesmo juramento que lhe faziam todos os outros súditos, dando assim mais um passo rumo ao fim de seu *status* especial. Enquanto isso, na Inglaterra, durante os primeiros anos do reinado de Henrique VIII, realizou-se um censo – o primeiro em duzentos anos – para decidir quais eram os bens que pertenciam e os que não pertenciam à Igreja (e também quais igrejas tinham o direito de oferecer asilo). Algumas questões, como a elaboração e a execução de testamentos, foram removidas da jurisdição da Igreja. Os processos por difamação foram eliminados, a não ser quando esta fosse dirigida contra o rei. Na Inglaterra, como em outros lugares, as autoridades eclesiásticas passaram então a depender totalmente da colaboração dos funcionários do rei para executar as sentenças que impunham aos casos que permaneceram dentro de sua jurisdição. Isso se aplicava também aos conservadores Portugal e Espanha; e, de fato, diz-se que nenhuma instituição esteve tão completamente sob o controle real quanto a Inquisição espanhola. De qualquer modo, os bons e velhos tempos, em que qualquer prelado mais antigo e todo abade de primeira classe possuíam suas próprias cadeias, estavam chegando ao fim[15].

Um momento de decisão ainda mais importante no triunfo dos monarcas sobre a Igreja foi a Reforma. Desde o início, um dos motivos por que Lutero recebeu muito mais apoio do que os reformadores anteriores foi a sua insistência em que o movimento que liderava não tinha nuances revolucionárias; ele achava que não se devia permitir que a religião invadisse os domínios do poder secular[16]. Essa postura o levou a escrever tratados perversos contra a rebelião dos

---

15. Sobre os acontecimentos na França durante esse período, ver F. Laurent, *L'église et l'état* (Paris: Libraire internationale,1866); sobre os ingleses, ver R. N. Swanson, *Church and Society in Late Medieval England* (Oxford: Blackwell,1989), bem como L. C. Gabel, *Benefits of Clergy in England in the Later Middle Ages* (Northampton, MA: Smith College Studies in History, n? 14, 1928).

16. Ver, sobretudo, seu *Secular Authority: To What Extent Should It Be Obeyed?* (1523), em M. Lutero, *Werke: kritische Gesamtsausgabe* (Weimar: Weimarer Ausgabe, 1883-), vol. XI, pp. 245-80.

camponeses de 1525; em 1530 foi formalizada quando seu colaborador, Melanchthon, redigiu a Confissão de Augsburgo e citou as palavras de Cristo para ressaltar que Seu Reino não era deste mundo. Outros reformadores importantes, especialmente Zwinglio, Calvino, Bucer e Beza, dedicaram algumas ou todas as suas obras aos governantes seculares da época, na esperança de obter ajuda na divulgação de suas idéias[17].

Quando se aplacaram os temores dos príncipes no tocante a suas conseqüências políticas, o protestantismo se espalhou rapidamente. Sua vitória talvez tenha sido mais completa na Escócia, nos países escandinavos e, embora tenha demorado mais e terminado de maneira diferente, na Inglaterra; porém também conquistou grandes partes da Alemanha, Boêmia, Polônia, Hungria, Suíça, França e Países Baixos. Não importa se luterano, zuingliano, calvinista, anglicano ou presbiteriano (escocês), em todos os lugares onde chegou o protestantismo levou seus adeptos a renunciar à obediência ao papa. Estes também dissolveram os mosteiros, que eram os centros espirituais da Igreja, e, realizando confiscos em larga escala das propriedades eclesiásticas, reduziram seu poder econômico geral.

O processo de confisco das propriedades da Igreja assumiu diversas formas. Na Alemanha, principados inteiros foram secularizados; o exemplo mais espetacular ocorreu em 1525. Utilizando a consultoria de Lutero, Alberto de Brandemburgo-Ansbach aproveitou-se de seu cargo de mestre da Ordem Teutônica para apropriar-se totalmente delas. Criou, assim, uma nova entidade política que, em sua maior extensão, media 192 por 320 quilômetros e que ficou conhecida na história como Ducado da Prússia[18]. Em outros luga-

---

17. Há uma lista em E. Cameron, *The European Reformation* (Oxford: Clarendon Press, 1991), p. 462, n. 32.

18. Detalhes em M. Biskop, "The Secularization of the State of the Teutonic Order in Prussia in 1525: Its Genesis and Significance", *Polish-Western Affairs*, 22, 1-2, 1981, pp. 2-23.

res, foi mera questão de despir as igrejas, como durante o movimento de "destruição dos ídolos" que assolou a Holanda em 1566; na Suécia, o rei Gustavo Vasa decretou que todas as igrejas do país deviam sacrificar um sino em favor do tesouro. O mais importante foi que a Reforma permitiu que os governantes se apossassem dos imóveis eclesiásticos, que, em alguns países, chegavam a 25-30 por cento do território. Os rendeiros que trabalhavam na terra costumavam colaborar, contentes por se livrarem dos monges e dos padres, que eram notórios pela execução rígida dos arrendamentos e de outras prerrogativas. Depois de confiscadas, as terras eram vendidas à vista ou, embora talvez com menos freqüência, arrendadas a subcontratados. Seja como for, o resultado foi um aumento na receita real – em alguns casos um aumento substancial, como na Inglaterra, onde Henrique VIII se tornou o primeiro monarca a ser mais rico do que todos os magnatas do reino juntos – e a obtenção de apoio institucional às reformas – que, quando atingiam os bolsos, tornavam-se muito mais difíceis de desfazer.

Ademais, e embora dezenas de milhares de monges e freiras tivessem sido simplesmente expulsos e abandonados sem meio de vida, era preciso sustentar o restante do clero. Os padres, que tradicionalmente haviam sido membros de uma instituição universal independente que zelava por eles concedendo-lhes benefícios, foram então transformados em servidores reais cuja função era cuidar da alma do povo, como nos países luteranos. Nos países calvinistas, embora mantivessem alguma autonomia no tocante à organização interna e à eleição de sacerdotes, foram impedidos de interferir em questões do governo. Os governantes desses países, embora não se nomeassem formalmente chefes da Igreja, incumbiam-se de supervisionar suas atividades, entre elas a educação (tanto dos leigos como dos sacerdotes), os ritos e a pregação. Nos países luteranos, muitas vezes foram mais longe e, consultando os teólogos da corte, eles mesmos publicaram novos artigos da fé. Na Inglaterra, Henrique VIII, que não era luterano nem calvinista, porém mero bígamo com tendências absolutistas, eliminou a independência da Igreja *e* promulgou uma série de doutrinas para que os súditos estudassem e professassem. Qualquer dúvida relativa a suas intenções desapareceram em 1539, quando o clero foi obrigado a trocar sua antiga tradução da Bíblia por uma nova que trazia o sinete real. A página de rosto mostrava uma assembléia de pessoas ilustres, todas dizendo *vivat rex*[19].

Os governantes católicos, que continuavam a reconhecer a autoridade do papa, não foram tão longe nesses aspectos. Contudo, embora as imunidades e os poderes jurídicos do clero continuassem muito mais extensos do que sob o governo protestante, muitos deles tornaram mais rígido o controle da religião; no império, seu direito de fazê-lo foi sancionado pela Paz de Augsburgo (1555)[20]. Transformando a necessidade em virtude, usavam a necessidade de lutar em nome da "verdadeira" religião como desculpa conveniente para tomar posse de principados eclesiásticos, confiscando as propriedades da Igreja e fixando impostos, como fez Carlos V em 1520 quando transformou em tributos permanentes contribuições voluntárias como o *tercio reale* e a *cruzada*. Francisco I, por sua vez, ordenou que todos os privilégios eclesiásticos que valessem mais de 100 mil *livres* fossem vendidos e sua renda encaminhada aos cofres reais. Seus sucessores transformaram a extorsão em arte requintada. Era comum haver confisco de propriedades da Igreja e, também regularmente, serem revendidas aos ex-proprietários; conforme explicava Michel de L'Hôpital, secretário de 1560 a 1568: "tudo o que eles [o clero] possuem pertence ao rei", que poderia vender sempre que quisesse, "sem ao menos in-

---

19. Sobre o uso da Bíblia para fortalecer a autoridade durante esse reinado e o seguinte, ver G. Brennan, "Patriotism, Language and Power: English Translations of the Bible, 1520-1580", *History Workshop*, 27, 1989, pp. 18-36.

20. Ver H. Tuechle, "The Peace of Augsburg: A New Order or Lull in the Fighting?", em H. J. Cohn (org.), *Government in Reformation Europe 1520-1560* (Londres: Macmillan, 1971), pp. 145-69; e J. Leclercq, "Les origines et le sens de la formule: cuius regio, eius religio", *Recherches de Science Réligieuse*, 37, 1950, pp. 119-31.

formar-lhes"[21]. Em fins do século, o paradigma da piedade, Felipe II da Espanha, estava levando à penúria a igreja castelhana, chegando a sugar metade de sua receita. A renda que ele obtinha disso, sendo senhor do maior e mais rico império internacional da história até então, era igual à que extraía do Novo Mundo[22].

Com o duque da Baviera no comando, um após outro governante católico criou conselhos – invariavelmente com uma maioria de leigos entre os membros – para supervisionar os assuntos da Igreja, inclusive a distribuição das autoridades e dos privilégios. A fé propriamente dita também não foi abandonada. Carlos V, embora firme na velha fé, abriu o caminho; entre 1520 e 1543, seus teólogos empenharam-se na procura incessante de uma doutrina que, sendo igualmente satisfatória tanto para católicos quanto para protestantes, pudesse ser declarada obrigatória para todos. Na França, com suas tradições independentes – já no século XIV a Sorbonne tivera a presunção de legislar nas questões de doutrina –, a tentativa do Concílio de Trento de redefinir a religião católica foi recebida com alarme. A literatura francesa sobre os direitos respectivos do rei e da Igreja crescia cada vez mais. Em 1594, Pierre Pithou, em *Libertés de l'église gallicane*, proclamou que, dentro das fronteiras do reino, o poder secular do papa era nulo e sua autoridade espiritual se limitava ao que o rei consentia; quando Blanche de Savóia, a noiva de Henrique IV (1598-1610), lhe pediu que adotasse os artigos tridentinos como presente de casamento, recebeu a ordem de jamais se envolver com assuntos de Estado. Retornando a Felipe II, embora ele não ditasse os princípios da fé, afirmou seu poder até o ponto em que não se podia publicar nenhuma bula papal em seus domínios sem que fosse antes aprovada por ele.

---

21. Citado em I. Clouas, "Gregoire XIII et l'aliénation des biens du clergé de France en 1574-1575", *Mélanges d'Archéologie et d'Histoire: École Française de Rome*, 71 (1959), pp. 381-404; citação à p. 397.

22. J. H. Elliott, *Imperial Spain, 1469-1716* (Londres: Edward Arnold, 1963), pp. 192-3.

Quando os governantes seculares aumentaram seu poder sobre a Igreja, também houve mudança no pessoal do governo. Incentivados pela disseminação do humanismo secular, a partir do século XV os leigos cada vez mais obtinham formação tão boa quanto o clero. Com o passar do tempo, esse fato acabou com aquela situação na qual os governantes dependiam de "clérigos" para trabalhar na administração. Por exemplo, Thomas Wolsey – dispensado em 1525 – foi o último cardeal a ocupar o cargo de secretário na Inglaterra. Seu sucessor, Thomas More, usava uma camisa de tecido de crina sob a roupa; não obstante, era principalmente um advogado cuja escalada passara pelo Parlamento, pelos tribunais reais e por uma sucessão de negócios comerciais que o enriqueceram. Os monarcas ingleses subseqüentes em geral fizeram o possível para evitar a nomeação de religiosos em cargos do governo – algo negado até a William Laud, que, quando arcebispo da Cantuária, teve papel importante na perseguição aos puritanos e a outros dissidentes no governo de Carlos I. Ali, assim como em outros países protestantes, a nobreza leiga estava abrindo mão de seu estilo de vida independente e recorrendo ao serviço real como meio de progredir. A partir da segunda metade do século XVI, acorreram às universidades em números sem precedentes para estudar, entre outras coisas, a recém-criada ciência "política", cujos fundadores foram Bodin e Justos Lipsios[23].

Embora um pouco mais lentos, os governantes católicos acompanharam a tendência. Na Espanha, o cardeal Granvelle, que serviu ao seu senhor durante mais de vinte anos até morrer trabalhando, em 1586, foi o último de sua espécie. O primeiro-ministro de Felipe III era o duque de Lerma. Felipe IV nomeou o conde de Olivares e, depois dele, Don Luis Mendez de Haro. Só a França, que na época de Catarina de

---

23. L. H. Stone, "The Educational Revolution in England, 1560-1640", *Past and Present*, 28, 1964, pp. 41-80; P. M. Hahn, *Struktur and Funktion des brandenburgischen Adels im 16. Jahrhundert* (Berlim: Colloquium-Verlag, 1979), pp. 206 ss.

Medici (1559-89) e Henrique IV (1589-1610) rumara na mesma direção, foi exceção à regra geral. Durante 37 anos – de 1624 a 1661 – foi governada por dois cardeais, Richelieu e Mazarino, que agiam em nome de Luís XIII e do jovem Luís XIV, respectivamente. Deve-se reparar, porém, que ninguém poderia ter mais zelo na defesa do "Estado" contra a Igreja em Roma (e também na acumulação de cargos para si mesmo) do que o próprio Richelieu – a ponto de ser quase sempre lembrado como seu verdadeiro fundador. Também nesse caso a experiência não se repetiu. Uma das primeiras coisas que Luís XIV fez ao atingir a maioridade foi dar fim ao governo exercido por eclesiásticos. Agindo como seu próprio primeiro-ministro, procurou conselheiros entre leigos como Colbert e Louvois.

Enquanto isso, a própria idéia de que o governo organizado dependia da sanção da religião estava sendo atacada. Mais uma vez, foi o humanismo que abriu as portas. Ao comentar sobre sua tão admirada república romana, Maquiavel afirmou que um dos segredos da estabilidade política consistia em as classes altas usarem a religião para manter o povo em seu lugar[24]. A verdade ou mentira dessas crenças não importava; para ele, não era o mandato do céu, mas *virtù*, mais bem definida como um misto de patriotismo e coragem, que tanto criava quanto justificava o governo. E Maquiavel não foi a única voz a se erguer; três anos depois que escreveu *O príncipe,* Thomas More publicou *Utopia* (1516). Nesse livro ele descreveu uma sociedade imaginária que exercia a tolerância religiosa sem cair na desordem nem sofrer qualquer tipo de conseqüências adversas. A única exceção eram os ateus, que negavam ao homem uma alma eterna; porém, nem mesmo eles eram molestados, contanto que não expressassem suas opiniões em público. Pelo fato de ser famoso por seu amor à sátira, poderíamos aceitar More como o primeiro autor verdadeiramente moderno.

Seja como for, é necessário dizer se a proposta era mesmo séria. Ele próprio era uma pessoa muito religiosa que,

---

24. N. Maquiavel, *Discourses* (Nova York: Random House, 1950), cap. 13.

durante seu mandato de secretário, perseguiu hereges com o máximo de empenho. Terminou se sacrificando ao defender o catolicismo contra Henrique VIII.

Enfim, a idéia destinava-se a tomar forma em países como a França e a Holanda. Quando aquela entrou em guerra civil de 1561 em diante, a tolerância religiosa foi considerada pelos porta-vozes dos huguenotes como meio de se proteger contra a maioria católica; houve apoio adicional proveniente da escola de pensamento conhecida como *politiques* (originalmente o contrário dos *fanatiques*), que esperava usá-la para superar as divisões religiosas[25]. Tanto Carlos IX (1560-74) quanto Henrique III (1574-89) brincavam com ela de vez em quando, bem como a mãe deles, que era o verdadeiro poder por trás do trono[26]. Embora fosse católico devoto, Henrique III acabou nomeando o protestante Henrique de Navarra como sucessor, alienando muitos de seus súditos mas deixando claros os imperativos do governo sobre os da religião. No fundo, talvez o próprio rei de Navarra fosse cético; contudo, e como indica sua famosa frase sarcástica sobre Paris merecer uma missa, ele era uma pessoa preparada para seguir as formas externas, contanto que servissem a seus fins. Converteu-se ao catolicismo e assumiu o trono como Henrique IV. Seu próximo passo foi pôr fim às tentativas de perseguição iniciadas por seu predecessor e garantir tolerância religiosa na forma do Édito de Nantes, que durante noventa anos transformou a França numa verdadeira colcha de retalhos de comunidades católicas e protestantes. Durante todo seu reinado, seu *factotum* e principal conselheiro foi um huguenote, o duque de Sully, figura que voltaremos a encontrar.

Na Holanda, as diferenças religiosas eram tão fortes quanto em qualquer outro lugar; no norte, porém, tendiam

---

25. M. G. Smith, "Early French Advocates of Religious Freedom", *Sixteenth-Century Journal*, 25, 1, 1994, pp. 29-51.
26. L. 1. Taber, "Religious Dissent Within the Parliament of Paris in the Mid-Sixteenth Century", *French Historical Studies*, 16, 3, 1990, pp. 684-99.

a ficar submersas na luta desesperada contra a Espanha pela independência. Guilherme, o Taciturno, em sua posição de primeiro líder da revolta, fez tudo o que pôde para manter a unidade, o que explica por que, em fins da década de 1560 e início da década de 1570, defendeu a igualdade formal entre as igrejas católica e calvinista. Contudo, as desconfianças mútuas – em especial as dos calvinistas extremistas, conhecidos como *Predikanten* – limitaram seu êxito. Em 1573, os habitantes católicos das províncias do norte perderam o direito ao culto, embora não tenha havido tentativas de privá-los da liberdade de pensamento. Ali, como na maioria dos outros países, passar-se-iam séculos até que fossem abolidas todas as formas de discriminações de motivação religiosa, que as ofensas à religião fossem retiradas dos estatutos e que se alcançasse a separação entre Igreja e Estado – para não falar do fim da posição predominante da Igreja em setores como o bem-estar social e a educação.

Mesmo quando os governantes católicos e protestantes travavam guerras em nome de seus respectivos credos, eram pressionados pelas exigências da política e do comércio a lidar uns com os outros de igual para igual. O costume de ter representantes permanentes teve origem após a Paz de Lodi (1454) na Itália, onde os governantes tinham contatos diários e não havia diferenças culturais para interferir. Dali, espalhou-se para países como Espanha, França e Inglaterra, cujos reis costumavam contar com pessoal italiano experiente[27]. Quando a Reforma dividiu a Europa em campos de batalha, o desenvolvimento rumo a um serviço diplomático moderno foi interrompido; contudo, mais ou menos a partir de 1600, as realidades políticas voltaram a prevalecer e tal evolução retomou seu curso. Sempre que chegavam embaixadores em alguma corte estrangeira, uma das primeiras questões a resolver era seu direito – e de seu pessoal – a seus próprios cultos. Na maioria dos casos, a exigência aca-

---

27. J. G. Russell, *Peacemaking in the Renaissance* (Filadélfia: University of Pennsylvania Press, 1986), p. 68.

bava sendo concedida, primeiro em particular e, depois, cada vez mais, também em público[28].

Nessa época, tanto os governantes católicos quanto, *a fortiori*, os protestantes estavam começando a tratar suas igrejas como se fossem meros órgãos do governo. No caso dos católicos, muitos dos privilégios e das imunidades eclesiásticas foram conservados até a época da Revolução Francesa; mas, no caso dos segundos, em especial os da Prússia, Suécia e Inglaterra (onde Henrique VIII chamara o clero de "nossos súditos pela metade")[29], as diferenças entre eles e os leigos iam sendo rapidamente eliminadas. Embora a maioria das pessoas cultas talvez continuasse a acreditar tanto no direito divino dos reis quanto no direito e dever destes de cuidar do bem-estar espiritual dos súditos[30], também nesse setor havia mudanças no ar. Talvez a postura mais radical fosse a da Inglaterra, onde Thomas Hobbes publicou o *Leviatã* em 1651. Influenciado por Galileu, Hobbes buscou fundamentar seu sistema político na física de seu tempo, eliminando qualquer fator que não pudesse ser visto, sentido e medido. Foi o primeiro a proclamar que a crença em Deus (caso Ele existisse) era irrelevante para a política; quanto às formas externas, seguiu Maquiavel ao recomendar que os súditos fossem obrigados a praticar a religião indicada pelo soberano por ser a mais adequada à manutenção da ordem pública. Durante a guerra civil inglesa, foi atacado como um cripto-herético e obrigado a fugir para o exterior. Contudo, isso era

---

28. Ver G. Mattingly, *Renaissance Diplomacy* (Londres: Jonathan Cape, 1955), pp. 266 ss.

29. A. Fox e J. Guy, *Reassessing the Henrician Age: Humanism, Politics and Reform 1500-1550* (Oxford: Blackwell, 1986), p. 15.

30. Ver, para o caso da Inglaterra, S. Doran e C. Durton, *Princes, Pastors and People: The Church and Religion in England, 1529-1689* (Londres: Routledge, 1991), p. 100; para a França, ver W. J. Stankiewcz, *Politics and Religion in Seventeenth-Century France* (Berkeley e Los Angeles: University of California Press, 1960), pp. 164, 199; e, para a Espanha, J. J. Elliott, "Power and Propaganda in Spain of Philip IV", em S. Wilentz, (org.), *Rites of Power: Symbolism, Ritual and Politics Since the Middle Ages* (Filadélfia: University of Pennsylvania Press, 1985), pp. 149 ss.

sintoma da mudança de perspectiva e, embora o Protetorado estivesse comprometido com o puritanismo, no mandato de Cromwell ele teve permissão para voltar. De então até sua morte – que aconteceu bem depois da Restauração e, portanto, depois de outra grande mudança na política religiosa –, teve permissão para viver em paz como pensionista do rei, embora proibido de publicar suas idéias – parte da culpa pela peste de 1666 era atribuída a suas opiniões blasfemas.

O papado também mudou de caráter. A ascensão das grandes monarquias não passara despercebida ao sul dos Alpes. Fez com que os papas percebessem que seu próprio futuro estava num principado territorial onde exerceriam um governo absoluto independente de qualquer outro.

A construção foi iniciada pelo "terrível" (Jacob Burkhardt) Sisto IV (1471-84). Ao entregar a Luís XI o que não poderia proteger – isto é, o direito de tributar as receitas eclesiásticas e controlar os benefícios – ganhou o apoio da França, ou pelo menos neutralidade, em suas contendas com os outros governantes italianos. Usou a trégua que conseguiu para capturar as fortalezas da família Colonna e matar seu líder, exterminando seu poder e instituindo o governo papal sobre a cidade de Roma de uma vez por todas. Contudo, as tentativas de Sisto de continuar em seu recorde de intrigas e assassinatos a fim de ampliar seu controle também sobre Florença foram interrompidas por sua morte. Seu sucessor imediato, Inocêncio VIII, foi ineficaz e não fez progresso nenhum. O sucessor de Inocêncio, Alexandre VI (o espanhol Rodrigo Bórgia), envolveu-se numa série de guerras franco-espanholas que irromperam quando os franceses invadiram a Itália em 1494 e só terminaram em 1559. Fazendo trocas hábeis de alianças em diversos momentos críticos, conseguiu mais oportunidades de engrandecimento. Contudo, seu objetivo não era tanto fortalecer o Estado papal em si, mas oferecer aos parentes – e o principal deles era seu filho, César – principados que distribuía a torto e a direito.

Em seguida chegou a vez do sobrinho de Sisto, o papa guerreiro Júlio II (1503-13). Ao concluir sua aliança com a

Espanha, maior potência da época, vestiu a armadura e, comandando em pessoa, fez campanha por toda a Itália central. César Bórgia foi capturado, vendido a Nápoles e enviado para a Espanha, onde morreu numa escaramuça; as terras perdidas por Roma durante o mandato de Alexandre VI foram recuperadas, e partes adicionais da Romanha foram anexadas. Quando Júlio foi sucedido por Leão X (1513-23) e, depois, por Clemente VII (1523-35), ambos membros da família Medici, pareceu que até Florença e, de fato, toda a Toscana estavam destinadas ao governo papal. Não foi o que aconteceu, e a pilhagem de Roma pelos soldados de Carlos V (1527) demonstrou que os riscos que ameaçavam o Estado papal ainda não tinham acabado. Todavia, dessa época até as guerras napoleônicas, Roma conseguiu manter-se como entidade política independente tendo o papa como governante indiscutível. Suas fronteiras duraram ainda mais, permanecendo fixas durante os três séculos e meio seguintes, e só caíram em 1859, quando a Itália foi unificada.

Não obstante, a construção de tal Estado acabou sendo uma faca de dois gumes. Movidos pela necessidade de recrutar e manter mercenários, os papas da época praticaram a venalidade de maneira jamais vista antes – ou talvez, esse tenha sido o início. Assim, vendiam indulgências (com a promessa de tirar os pecadores do purgatório) e quadruplicaram o número de cargos que podiam ser comprados; na Alemanha, especialmente, que não tinha um único monarca para protegê-la, também sugavam dinheiro da organização eclesiástica local para Roma[31]. Tudo isso despertou a ira dos crentes – durante sua visita a Roma, em 1510, Lutero presenciou a corrupção papal – e, quando chegou o momento, contribuiu para que Lutero e seus companheiros reformadores encontrassem adeptos. Enquanto isso, as dis-

---

31. Sobre as finanças papais durante esse período, ver J. A. F. Thomson, *Popes and Princes, 1487-1517* (Londres: Allen & Unwin, 1980), pp. 86ss.; sobre a oposição feita à venda de indulgências, ver R. Kiermayer, "How Much Money Was Really in the Indulgence Chest?", *Sixteenth-Century Journal*, 17, 3, 1986, pp. 303-18.

cussões de Guicciardini e Maquiavel demonstram que os contemporâneos estavam se acostumando a ver a Igreja apenas como pura política de poder. Aquele acusava o Estado papal de ter abandonado toda e qualquer semelhança com o cristianismo na busca de seus fins seculares. Este a via como um Estado entre outros, notável unicamente por sua fantástica hipocrisia.

Em razão das circunstâncias da época, foi inevitável o uso de intrigas, da espada e do fogo para instituir um Estado papal viável. A Igreja universal, cujo chefe fora poupado da dominação secular, foi preservada. Contudo, os papas seguintes acharam difícil reconciliar seu papel de vigário de Cristo com o de governante secular[32]; com o passar do tempo, sua influência sobre os assuntos internacionais tornou-se proporcional à extensão territorial que governavam e às forças armadas que comandavam. De meados do século XVII em diante, significou muito pouco fora da Itália; conforme um dia Stalin perguntaria: quantas divisões tinha o papa? Quanto às congregações locais da Igreja, fossem reformadas ou não, a tendência era recaírem sob a autoridade do Estado. Despidas de seu poder independente, sobreviviam sob a autoridade do Estado com a qual sempre criavam estreita aliança. Mesmo quando os eclesiásticos e suas instituições ainda se opunham ao Estado, como acontecia às vezes, era inevitável que o fizessem dentro do Estado ou fugindo para outros Estados que lhes oferecessem asilo; o tempo em que possuíam suas próprias comunidades políticas estava praticamente encerrado.

A luta contra o império

À medida que os reis venciam a luta contra a Igreja, o Sacro Império Romano também batia em retirada diante dos

---

32. Sobre esse desdobramento, ver N. S. Davidson, "Temporal Power and the Vicar of Christ: The Papal State from 1450 to 1650", *Renaissance and Modern Studies*, 36,1993, pp. 1-14.

ataques que sofria. Sua posição se enfraquecera com o litígio acerca da investidura; de fins do século XI até o início do século XIV, raros foram os imperadores que não sofreram excomunhão em algum momento do reinado. Enquanto isso, alterou-se o equilíbrio do poder militar. Na batalha de Bouvines (1214), Felipe II Augusto da França derrotou a última tentativa séria de um imperador – Oto IV – de atrasar o relógio para os dias de Carlos Magno. Depois, à morte do imperador Conrado IV em 1254, seguiu-se um longo intervalo durante o qual o trono ficou vago. Quando Rodolfo I de Habsburgo subiu ao trono em 1273, esse interregno levara à extinção de qualquer realidade que o poder imperial ainda possuísse fora da Grande Germânia. Foi durante esse período que, explorando a situação em que pretendentes rivais brigavam entre si, os reis de Aragão, da Hungria e da Boêmia assumiram o globo imperial e a chamada coroa fechada como símbolos de sua autoridade.

Até a "ajuda" que o Sacro Império Romano às vezes recebia do papado em sua luta contra os monarcas era tiro que saía pela culatra. Assim, em sua campanha perpétua contra Felipe IV, Bonifácio VIII tentou fazer com que Alberto I de Habsburgo se interessasse pelo trono francês. Embora Alberto I tenha gentilmente recusado o convite, o papa continuou a insistir para que o rei da França se subordinasse ao imperador[33]. Um advogado dentre os conselheiros de Felipe respondeu utilizando a frase *rex in regno suo imperator est* (o rei é imperador de seu próprio reino). Com o tempo, conquistaria ampla aceitação, não só na França, mas também em outros países[34].

Outrossim, essa frase expressava o *status* superior do Império em todos os assuntos que, transcendendo cada rei-

---

33. Discurso de 30 de abril de 1303: J. P. Pfeffinger (org.), *Corpus Iuris Publicis* (Frankfurt: Varrentrapp, 1734), vol. I, p. 377.

34. Ver R. Feenstra, "Jean de Blanot et la formule 'Rex Franciae in regno suo princeps est'", em *Études d'histoire canonique dediées à Gabriel le Bras* (Paris: Sirey, 1965), pp. 883-95.

no, afetassem o cristianismo. Por mais sombrio que fosse seu poder real, o Império, herdeiro de Roma, permanecia bem vivo no pensamento humano; e isso não acontecia só na Europa central, mas também na Itália, onde o povo desesperadamente procurava meios de se opor ao poder da Igreja. Apenas dez anos depois que Bonifácio publicara a *Unam sanctam,* Dante Alighieri (1265-1321) publicou *De monarchia.* Com a intenção do autor de torná-la sua obra-prima em prosa, a obra foi escrita tendo como pano de fundo as guerras intermináveis que assolavam a península. Dante começa por explicar que o governo secular fora instituído por Deus para manter sob controle os seres humanos, uma espécie de animais voluntariosos. Em seguida, afirma que, já que os reinos existentes não podem entrar em conflito uns com os outros, precisa-se de uma autoridade secular suprema para exercer a justiça sobre eles; que é ao povo romano, e nenhum outro, que a monarquia universal pertence realmente; e que o seu monarca deve estar em igualdade de condições com o papa, jamais subordinado a ele.

Menos interessados nos assuntos romanos, porém ainda mais decididos na defesa do império estavam dois contemporâneos próximos de Dante, Marsílio de Pádua (1280-1343) e Guilherme de Ockham (1285-1349). O primeiro era um monge franciscano que passou boa parte da vida em Paris, durante os anos em que o papado denunciava violentamente os franciscanos por insistirem na pobreza de Cristo e exigirem que a Igreja seguisse seus passos; talvez em defesa da ordem, Marsílio se pôs a serviço de Luís, o Bávaro, durante a tentativa deste de conquistar o trono imperial. A obra-prima de Marsílio foi *Defensor pacis,* em que afirmava que o imperador, e não o papa, era o principal responsável diante de Deus por manter a paz entre os homens. A posição do papa originava-se meramente do fato de ser o bispo da capital do império; sua missão era apenas espiritual, o que significava que a Igreja não podia ter propriedades nem gozar de imunidade nem de privilégios especiais.

O tratado, originalmente escrito em latim, porém mais tarde traduzido para o francês, foi lido pelo papa Clemente V, que nele encontrou nada menos que 224 heresias e acusou seu autor de ser "uma besta do inferno". Isso não impediu que Ockham, companheiro de Marsílio na ordem dos franciscanos e consultor político de Luís, escrevesse em seu *Dialogus* que o imperador era "supremo acima de todas as pessoas e causas". "Por mais liberdades que o imperador possa conceder ao rei da França e aos outros reis, o reino da França e os outros não podem separar-se totalmente do império, pois isso destruiria o império"[35]. Mais adiante, na mesma obra, Ockham, exibindo a mesma casuística que lhe valeu o apelido de "professor invencível", declarou que todos os reis estavam sujeitos ao imperador, embora este, em sua sabedoria, não o tivesse ordenado expressamente.

Durante todo esse período, o imperador conservou sua posição titular de chefe da hierarquia feudal. Tendo recebido seu domínio diretamente de Deus, seus direitos eram imutáveis e seu mandado, teoricamente, válido em toda a cristandade. Por ser "romano", estava acima de todas as nações e podia agir como juiz delas; por toda parte seu nome continuava a ser mencionado nas missas que o povo rezava. Sempre que um imperador e outro governante se encontravam, era o primeiro que gozava de precedência, situação que quase sempre levava a incidentes diplomáticos. Um rei, como Carlos VI da França, que recebesse a visita de um imperador tinha de proteger-se contra o perigo de que o convidado se sentasse no trono real sem pedir permissão[36]. Já o imperador que visitasse um rei talvez fosse recebido com a declaração de que ele não era superior. Para prová-lo, talvez lhe apontassem uma espada, conforme aconteceu com o imperador Sigismundo (1433-37) quando foi à Inglaterra; ou davam-lhe um cavalo preto, em vez do branco, que era o sím-

---

35. Marsílio de Pádua, *Defensor pacis*, trad. de A. Gewirth (Nova York: Harper, 1956); Guilherme de Ockham, *Dialogus* (Londres: Oxford University Press, 1925), parte III, tr. ii, lib. II, e. 7.

36. Tal incidente, que aconteceu em 1416, é descrito em Juvenal des Ursin, *Histoire de Charles VI* (Paris: Panth. Litt., 1898), p. 530.

bolo da suserania. E essas rixas não terminaram com a Idade Média. Ainda em 1677 em Nijmegen, os agentes diplomáticos franceses e ingleses deram prova do tradicional complexo de inferioridade de seus senhores ao exigir que os representantes do imperador não gozassem de precedência sobre eles[37].

A posição do imperador também não deixava de ter sua importância prática. Ele era, afinal, o único que podia nomear reis; conforme o imperador Maximiliano (1493-1519) uma vez comentou à guisa de chiste, ele era de fato "o rei dos reis", já que todos os que teoricamente estavam sob sua autoridade aspiravam a ser reis (e, como aconteceu com o duque Carlos, o Temerário, da Borgonha em 1472, ficavam decepcionados e ressentidos quando seu pedido era negado). Ademais, em várias épocas e locais houve outros atos que só ele podia executar. Assim, Luís, o Bávaro, apropriou-se do direito de permitir casamentos entre graus proibidos de consangüinidade, com tudo o que isso significava para a distribuição de heranças etc.[38]; na Escócia, até o reinado de Jaime III (1460-1484), só o imperador tinha o direito de criar tabeliões. Por fim, até 1356 – que foi quando os reis da Boêmia, da Polônia e da Hungria o assumiram para si – o crime de lesa-majestade só podia ser cometido contra ele. Assim, estritamente falando, só o imperador dentre os mortais representava um tipo de lei diferente e superior à que governava os litígios entre indivíduos.

Como fora o caso desde a ascensão de Oto I em 962, o centro de poder do Sacro Império Romano continuava a ser a Alemanha, onde vários imperadores possuíam suas próprias terras hereditárias – principalmente na Áustria, na Boêmia, no Tirol e na Alsácia. Ao contrário dos outros príncipes,

---

37. Ver H. Durchardt, "Imperium und Regna im Zeitalter Ludwigs XIV", *Historische Zeitschrift*, 23, 3, 1981, pp. 555-81; e B. Guennée, *States and Rulers in Later Medieval Europe* (Oxford: Blackwell, 1985), pp. 8-9, onde há muitos outros exemplos desse tipo.

38. Ver Wilks, *Problem of Sovereignty*, pp. 324-5.

cujo cargo se tornara hereditário por volta do ano de 1300, os imperadores continuaram a ser eleitos. As diretrizes para tal foram regulamentadas pela Bula de Ouro de 1356, que, dentre outras coisas, tirou do papa o direito de participar e só lhe deixou a cerimônia de coroação para realizar. Por outro lado, a própria bula representou um passo significativo no enfraquecimento do Império. Outorgou, ou confirmou, aos sete príncipes designados como eleitores, direitos importantes como mineração (isto é, quaisquer recursos descobertos em seus territórios passavam a pertencer exclusivamente a eles), coleta de impostos, tributação dos judeus e, em alguns casos, cunhagem de moedas. O mais importante é que acabou com o direito de seus súditos de apelar contra eles ao tribunal imperial.

Contudo, a capacidade dos príncipes de se fortalecer à custa do imperador tinha seus limites. Além de ele continuar sendo o único indivíduo com autoridade para convocar as forças imperiais, também permanecia em suas mãos o controle de obras comuns como fortalezas, estradas e rios. Criada pelos e para os eleitores, a bula não alterou a situação de talvez trezentos senhores seculares e eclesiásticos de diversos escalões; nem a de mais ou menos 2 mil cavaleiros, que controlavam terras do imperador; nem a de 85 cidades "livres" ou imperiais espalhadas do mar Báltico à Suíça e que se tornavam cada vez mais centros de riquezas e de indústrias. Todos continuaram sujeitos à jurisdição do imperador, exercida em primeiro lugar por meio do Hofgericht (tribunal interno) e, depois, por meio do Kammergericht e do Reichsgericht, que o substituíram durante o século XV. É verdade que o imperador Maximiliano teve pouco êxito em suas tentativas de instituir um sistema imperial de tributação, bem como um exército imperial. Por outro lado, as tentativas repetidas dos príncipes de elaborar uma nova constituição que lhes permitisse uma emancipação maior também não tiveram êxito. Enquanto isso, o próprio fato de haver tentativas de reforma deu vida nova à idéia de um destino comum e de uma autoridade comum acima daquela de cada príncipe[39].

Também na Itália, embora tivesse de afirmar sua posição por meio de incontáveis guerras, a suserania do império continuava a ser reconhecida. Ainda que somente porque o papado lutava com unhas e dentes para evitar a unificação da Itália, a península não viu crescer uma monarquia forte capaz de subjugar as cidades-Estado rebeldes ou, fracassando nisso, ao menos regularizar a posição de seus governantes. Isso não importava muito, contanto que estes fossem eleitos por suas comunidades; mas o capitalismo incipiente e a polarização cada vez maior entre ricos e pobres indicavam que a era do governo razoavelmente democrático estava chegando ao fim. Mais ou menos a partir de 1300, as cidades foram assoladas por uma onda de perturbações cívicas quando as classes médias, às vezes com apoio das guildas e outras vezes sofrendo oposição delas, se rebelaram contra o governo dos aristocratas[40]. Quando os plebeus e os camponeses se uniram a essas quase sempre complicadíssimas lutas, abriram caminho para o triunfo dos *condottieri*, como os que pertenciam às famílias Gonzaga, Visconti e Sforza, ou de banqueiros bem-sucedidos como os Medici. Fossem quem fossem, apropriaram-se do poder ao qual não tinham direito legítimo e precisavam, portanto, da anuência do imperador para confirmar seu *status*.

Tal anuência, que encerrava o reconhecimento explícito da soberania imperial, geralmente só se obtinha mediante muito dinheiro. Por exemplo, em 1355 os florentinos imploraram humildemente para se tornarem vicariato imperial e até pagaram 100 mil florins pelo privilégio. Em 1359, Galeaz-

---

39. Ver H. S. Offler, "Aspects of Government in the Late Middle Ages", em J. R. Hale, *et al.* (orgs.), *Europe in the Late Middle Ages* (Evanston, IL: Northwestern University Press, 1965), pp. 241 ss.; e F. Hartung, "Imperial Reform, 1485-1495: Its Course and Character", em G. Strauss (org.), *Pre-Reformation Germany* (Londres: Macmillan, 1972), pp. 73-135.

40. Ver M. Mollat e P. Wolff, *The Popular Revolutions of the Late Middle Ages* (Londres: Allen & Unwin, 1973), pp. 76-83, 98-107, 142-61.

zo Visconti também pagou 100 mil florins para ser reconhecido como duque de Milão. Amadeu VIII foi nomeado duque de Savóia em 1416, Giovan Franceso Gonzaga, conde de Mântua em 1432. Em 1437, procurando legitimar seu controle sobre a *terra ferma* recém-conquistada, até Veneza – que jamais fizera parte do Império – pediu para ser admitida como vicariato imperial e prometeu pagar mil ducados por ano. Em 1452, o imperador Frederico III visitou a Itália e encontrou as diversas cidades disputando entre si qual delas lhe faria as maiores homenagens. Vendeu títulos como se fossem peixes; para livrar-se do maior de todos os peixes, conferiu o título de duque a Luís III de Mântua. Já em 1494, Ludovico, o Mouro, pagou ao imperador Maximiliano 100 mil florins – que parece ter sido o preço normal – para ser nomeado duque de Milão. Decerto esses negócios, e outros semelhantes, não devem ser compreendidos como uma busca vã de títulos, mas como parte de um jogo cruel de *Realpolitik* que os governantes italianos jogavam entre si, bem como vários potentados estrangeiros. Por outro lado, nada disso teria sido possível se não houvesse vantagens bem reais na obtenção do reconhecimento do imperador, o que, por sua vez, servia como índice do poder, tanto legal quanto prático, que ele ainda detinha.

Conforme demonstram os poemas, os contos folclóricos e as profecias, durante os últimos 25 anos do século XV a idéia de Império como instituição universal estava bem viva na consciência popular[41]. Na Alemanha e na Itália, parecia que o próprio espírito da época jogava suas esperanças no imperador, em inúmeras obras de menor importância havia menção a ele como único governante que podia, se ao menos quisesse, livrar a cristandade dos inúmeros males que a atacavam. Sempre em primeiro lugar na ordem das prioridades estava a derrota dos turcos, que causavam problemas em todo o Mediterrâneo e ameaçavam as fronteiras

---

41. Ver F. Kampers, *Die deutsche Kaiseridee in Prophetie und Sage* (Munique: Aalen, 1969), pp. 129 ss.

orientais da cristandade nos Bálcãs e na Hungria. Em seguida, dar fim à corrupção da Igreja e obrigar os príncipes a fazer as pazes entre si para cessar os assassinatos e os assaltos e para que as estradas servissem para viagens seguras. Para coroar tudo, a idéia medieval de uma cruzada com o objetivo de recapturar o Santo Sepulcro em Jerusalém continuava bem viva. Novamente, esperava-se que a liderança dessa conquista fosse obviamente do imperador.

Uma demonstração de como essas expectativas eram difundidas é o fato de que encontravam eco onde menos se poderia esperar, a saber, na França. É claro que, nesse caso, era num rei francês, não alemão ou romano, que vários autores concentravam suas esperanças. Contudo, o teor dessas esperanças e as qualidades atribuídas ao próprio candidato a imperador tinham semelhança surpreendente com as expressas no Império durante o mesmo período; tanto ali como nos outros lugares, tratava-se de um príncipe que, exercendo o *sacrum imperium* sobre o *populus praeelectus Christi,* imporia justiça, uniria a cristandade e chefiaria uma cruzada[42]. De volta à Alemanha e à Itália, as obras de figuras como o cardeal Nicolau de Cusa e do humanista Enea Piccolomini – ambos na função de conselheiros de Frederico III, e o segundo destinado a ser eleito papa em 1503 – provam que essas aspirações populares eram compartilhadas pelo menos por uma parte da elite, conforme também o prova o famoso poema de Ariosto, *Orlando furioso.* Essas e outras obras contemporâneas[43] podem ajudar a explicar por que, com toda a fraqueza do Império, a maioria relutava em tomar providências que levassem a sua desintegração. Surpreendentemente, isso também se aplicava à mentalidade independente

---

42. Wilks, *Problem of Sovereignty,* p. 430; também W. J. Bouwsma, *Concordia Mundi: The Career and Thought of Guillaume Postel (1510-1581)* (Cambridge, MA: Harvard University Press, 1957), pp. 216 ss.

43. Ver F. A. Yates, *Astraea: The Imperial Theme in the Sixteenth Century* (Londres: Routledge, 1975), pp. 20 ss; e D. Perry, "*Catholicum Opus Imperiale Regiminis Mundi:* An Early Sixteenth-Century Restatement of Empire", *History of Political Thought,* 2, 2, verão de 1981, pp. 227-52.

dos suíços. Fazendo parte do Império, porém resistindo à incorporação nas terras hereditárias, lutavam contra os Habsburgo desde pelo menos 1291. No início do século XV, criou-se um conselho federal que uniu vários cantões em uma confederação livre e os lançou rumo à condição de Estado. Não obstante, foi só na Paz da Basiléia (1499) que se emanciparam formalmente da obediência às leis imperiais.

A coroação do imperador Charles V em 1519 representou um marco. Ele teve de fazer um juramento que, pela primeira vez, deu voz aos príncipes nos assuntos imperiais; isso se ampliou com a instituição, na Dieta de Worms em 1521, de um *Reichsregiment*, ou conselho imperial, formado por 22 membros, que governaria em sua ausência e preservaria a paz. Lado a lado com essas reformas internas, mandou seu secretário e mentor, Mercurio Gattinara, preparar dois memorandos que expressavam seus direitos e deveres de imperador "universal"[44]. Carlos era mestre em propaganda e o espetáculo do imperador em seu conselho não deixou de impressionar os contemporâneos. Seja como for, os conselheiros do rei francês, como Jean Feu e Charles de Grassaille, persistiram em suas tentativas de provar que seu amo era tão bom quanto o imperador e não era seu súdito. O mesmo se aplica a Henrique VIII da Inglaterra, que, por ocasião da visita que Carlos lhe fez em 1522, organizou um *tableau vivant* que exibia Carlos Magno no ato de entregar coroas a ambos. Durante todo seu reinado, "o último imperador medieval", como costuma ser denominado, conservou sua pretensão de árbitro supremo entre os príncipes cristãos de todos os escalões. Achava que tinha responsabilidade igual à do papa de manter a fé e defendê-la contra as heresias e, naturalmente, que era o líder indicado pelo próprio Deus na luta da cristandade contra os infiéis – cujo poder, de fato, atingira o cume durante aqueles anos.

O que dava nova credibilidade a essas pretensões era o fato de que, apesar da perda real de poder político do impé-

---

44. Sobre os projetos de Gattinara, ver H. J. Koenig, *Monarchia Mundi and Res Publica Christiana* (Hamburgo: Lüdke, 1969), pp. 58-85.

rio durante os dois séculos anteriores, Carlos estava numa posição singular. De nascimento, era apenas duque da Borgonha, território que em grande parte seu avô perdera para a coroa francesa em 1477 e que nem ele nem quaisquer de seus sucessores jamais conseguiram recuperar. Contudo, uma série feliz e totalmente imprevista de acidentes dinásticos lhe deu a posse da Espanha (também com suas possessões no norte e no sul da Itália), bem como da Alemanha e de sua própria Holanda nativa. Da Espanha, onde recentemente fora destruído o último principado muçulmano remanescente, provinham os melhores soldados do mundo, "doutores da disciplina militar" como dizia o provérbio[45]. Também da Espanha, bem como da Holanda e, cada vez mais, do Novo Mundo, provinha a força financeira para o sustento desses soldados[46].

Governante conscienciozo, embora um tanto desajeitado, Carlos preocupava-se sobretudo com a manutenção de seu patrimônio divino. Considerava puramente defensivas as muitas guerras que travava; os outros, porém, que contavam seus diversos territórios e sabiam da dignidade superior inerente ao título imperial, suspeitavam de que suas conquistas eram uma tentativa de restabelecer o governo universal, a *monarchia mundi*, em toda sua glória passada. Espalhando-se pelo globo, da Europa até as Filipinas, passando pelas Américas, o poder de Carlos chegou ao auge em 1525, quando, logo após a batalha de Pavia, aprisionou Francisco I, seu principal inimigo, e lhe impôs suas próprias condições. Em 1527 suas forças saquearam Roma e aprisionaram o papa Clemente VII para mostrar ao mundo inteiro quem mandava.

---

45. Ver T. S. Foreman, "Doctors of Military Discipline: Technical Expertise and the Paradigm of the Spanish Soldier in the Early Modern Period", *Sixteenth-Century Journal,* 27, 1, primavera de 1996, pp. 325-54.

46. E. J. Hamilton, *American Treasure and the Price Revolution in Spain, 1501-1650* (Cambridge, MA: Harvard University Press, 1934), p. 34, contém uma tabela de barras de ouro exportadas da América para a Espanha; Elliott, *Imperial Spain,* p. 200, dá ênfase ao papel da Holanda no financiamento das campanhas de Carlos V.

Três dias depois, recebeu a coroa imperial do mesmo papa em Bolonha; e essa foi a última vez que tal cerimônia se realizou.

O marco decisivo talvez tenha sido quando Carlos, cansado e percebendo sua própria incapacidade de controlar um reino tão grande, abdicou em 1555-56. Ele embalara a idéia de deixar tudo para o único filho legítimo, Felipe; este, porém, acabou recebendo a Espanha (juntamente com suas colônias estrangeiras), a Sicília, o sul e o norte da Itália e os Países Baixos. O Império propriamente dito, mais o título "imperial", ficou com o irmão de Carlos, Fernando, que, com o título de rei dos romanos, fora seu representante durante as três décadas anteriores e também governara as terras hereditárias dos próprios Habsburgo. Os dois ramos da dinastia Habsburgo tinham muito em comum, unidos que estavam pelo ódio à França, aos protestantes e, naturalmente, aos turcos. Casando entre si constantemente, tiveram laços íntimos durante um século e meio, até que a Guerra da Sucessão Espanhola (1702-13) por fim pôs um príncipe Bourbon francês no trono de Madri. Contudo, uma vez que o Império se viu privado dos recursos financeiros e militares espanhóis, morreram todos os sonhos acalentados por Viena no tocante ao restabelecimento da monarquia universal.

Embora o método de eleição do imperador, com votos de sete dos principais príncipes alemães, permanecesse o mesmo, a sucessão de Fernando também marcou outro momento decisivo. É verdade que o nome Habsburgo passara séculos associado ao trono imperial e, de fato, que só os Habsburgo o ocuparam a partir de 1438. Porém, ainda em 1519, dois príncipes que não eram Habsburgo nem alemães – Henrique VIII e Francisco I – conseguiram lançar candidatura séria ao trono; o último teve de ser afastado mediante suborno de quase um milhão de táleres, pagos aos eleitores pela família de banqueiros Fugger, de Augsburgo, em nome de Carlos. A facilidade com que Carlos conseguiu passar as rédeas do governo a um membro de sua própria família pôs fim à situação na qual, em teoria, qualquer cristão, de qualquer nacionalidade, poderia tornar-se imperador. Fernando, por sua vez, foi um governante capaz, que pressentiu o perigo. Incapaz de fazer com que o império financiasse suas guerras contra os turcos, recorreu às terras hereditárias, criando as bases de uma administração que inaugurou o primeiro conselho privado unificado, o primeiro tribunal de apelação unificado, uma chancelaria e um gabinete de contabilidade também unificados. Pode-se dizer que sua eleição e a de seu sucessor puseram em curso o processo pelo qual o Império, ao contrário do título, aos poucos se mudou da Alemanha para o Danúbio e se cristalizou num Estado dinástico bem semelhante a todos os outros, até que, com o tempo, passou a ser conhecido pelo nome de Áustria[47].

Quando isso ocorreu, a Reforma estava a todo vapor. Onde quer que chegassem, os governantes protestantes, tentando afirmar sua independência, apressavam-se em negar ao imperador quaisquer direitos especiais que ele ainda possuísse no tocante à religião. Em 1533, na tentativa de exercer controle sobre sua própria Igreja, um príncipe – Henrique VIII – rompeu com todas as tradições ao declarar "este reino da Inglaterra um império [que] assim foi aceito no mundo". Para essa declaração, as lendas arturianas não ofereciam fundamentação suficiente; o que havia a fazer era contratar humanistas italianos como consultores. Seu líder era Polidoro Vergílio, ex-funcionário papal encarregado de coletar o "dinheiro de Pedro" e que subira ao cargo de arquidiácono de Gales. Recorrendo à experiência, produziram uma série de complicadas maquinações históricas que provavam ser Henrique um "imperador" cujo título provinha de um bretão mais antigo, o imperador romano Constantino[48];

---

47. O processo pelo qual o império perdeu seu caráter internacional culminou em 1713, quando Carlos VI, ao adotar a Sanção Pragmática, aboliu o processo eleitoral. Ver J. Bryce, *The Holy Roman Empire* (Nova York: Schocken, 1961.), p. 267; e F. Heer, *The Holy Roman Empire* (Nova York: Praeger, 1968), p. 168.

48. Sobre esse episódio, ver R. Koebner, "The Imperial Crown of This Realm: Henry VIII, Constantine the Great and Polydore Vergil", *Bulletin of the Institute of Historical Research,* 26, 1953, pp. 29-52.

mais tarde, uma parte do trabalho que fizeram, conhecida como *História da Inglaterra*, veio a tornar-se leitura obrigatória nas escolas. Juntamente com a dignidade imperial, Henrique também se apropriou do título de "majestade". Nisso foi logo seguido por Francisco I e, uma geração depois, Felipe II, cujos próprios ancestrais espanhóis eram tratados simplesmente como "altezas". Os três também assumiram a coroa imperial fechada.

Para culminar, a expansão ultramarina da Europa estava começando a alterar a opinião do povo. Conforme Cortés orgulhosamente escreveu a Carlos V em 1520, tão imensas eram as conquistas espanholas e tão numerosos seus novos súditos, que mereciam o nome de um novo império além do antigo; a possibilidade de passar a denominar-se "imperador das Índias" foi, de fato, explorada pelos conselheiros de Carlos, mas acabou sendo rejeitada[49]. Assim, foram os domínios dos Habsburgo na Europa central que, até o primeiro quartel do século XVIII, continuaram a ser conhecidos simplesmente como "O Império", e seus funcionários, "imperialistas". Não obstante, a idéia de um construto religioso-político supremo que unificasse o mundo cristão mas excluísse os infiéis começou a se desfazer; ainda mais porque estava sendo atraído para a política européia um governante não-cristão – o otomano Solimão, o Magnífico – por intermédio da aliança que firmara com Francisco I. Das ruínas do império vêem-se surgir, a partir de cerca de 1550, pelo menos duas outras entidades – os espanhóis e os ingleses – que, embora nem universais nem romanos, pela extensão de seus territórios exigiam, e alguns achavam que mereciam, o mesmo título[50].

---

49. H. Cortés, *Letters from Mexico*, A. R. Pagden, ed. (New Haven, CT: Yale University Press, 1968), p. 48; Heer, *The Holy Roman Empire*, p. 168.

50. Há um exemplo do uso espanhol da palavra "império" na carta de Felipe III a seu vice-rei nas Índias, em 28 de novembro de 1606, citada em H. Grócio, *The Freedom of the Seas*, ed. R. van Deman Magoffin (Nova York, Carnegie Endowment, 1916), p. 77. Há um exemplo do uso inglês em F. Bacon, "An Essay upon the Origin and Nature of Government", em Bacon, *Works* (Londres: Miller, 1720), vol. I, p. 103.

Em 1598 o duque de Sully, declarando agir em nome de seu senhor, Henrique IV, propôs pela primeira vez um plano que, se tivesse sido aceito, teria levado à morte do Sacro Império Romano. A idéia era abolir o regime internacional existente, que, por meio de antigos laços feudais, fazia a maioria dos governantes depender, de alguma forma, de outros no tocante a pelo menos uma parte de seus países. Os diversos países seriam consolidados ao longo de divisas geográficas e a Europa seria dividida em quinze Estados iguais, cada um deles com os atributos plenos da soberania. Unir-se-iam, por sua vez, numa espécie de protótipo da Liga das Nações, que, ao contrário de sua sucessora do século XX, seria itinerante. Reunindo-se por um ano de cada vez em uma cidade escolhida numa lista de quinze, combinaria os papéis anteriormente desempenhados pelo Império e pela Igreja na luta contra os turcos, na elaboração das leis internacionais e na resolução de conflitos, preservando a paz e punindo os transgressores. Sully especificou que as forças armadas da liga consistiriam em precisamente 117 navios de guerra, 220 mil soldados de infantaria, 53 mil soldados de cavalaria e 217 canhões – força formidável para os padrões do século XVII e mais do que suficiente para intimidar qualquer de seus membros. O plano – que de certa forma pretendia simplesmente acabar com o domínio dos Habsburgo na Alemanha e fazer de Henrique IV o árbitro da Europa – não deu em nada. E, de fato, há dúvidas quanto à seriedade de suas intenções[51].

Exatamente duas décadas depois, os Habsburgo, não tolerando mais a contestação protestante a seu trono, iniciaram a Guerra dos Trinta Anos, numa última tentativa desesperada de restaurar o poder imperial na Alemanha, se não

---

51. Sobre o projeto de Sully, ver C. Pfister, "Les 'oeconomies royales' de Sully et le grand dessein de Henry IV", *Revue Historique,* 56, 1894, pp. 307-30; A. Puharre, *Les projets d'organisation européene d'après le grand dessein d'Henry IV et de Sully* (Paris: Union federaliste inter-universitaire, 1954), pp. 51ss.; e D. Heater, *The Idea of European Unity* (Leicester: Leicester University Press, 1992), pp. 30-8.

em toda a Europa. Começaram pela Boêmia, onde a aristocracia protestante estava em rebelião; a batalha de Monte Branco, em novembro de 1620, deu-lhes uma vitória rápida e completa. Oito anos depois, com as forças se aproximando do Báltico, Fernando II (1610-37) acreditava que fizera progressos suficientes para publicar o Édito da Restituição. Nesse édito, ele ordenava que as propriedades tomadas da Igreja após a Paz de Augsburgo fossem restituídas aos antigos donos. Os luteranos seriam tolerados, mas os calvinistas deveriam ser expulsos; com o toque da pena, o imperador tentou assim restaurar seu direito de governar a religião, não só em suas próprias terras hereditárias, mas em todo o Império. Contudo, e embora talvez um terço da população da Alemanha tenha perecido, a tarefa acabou sendo demasiada para os Habsburgo. Suas próprias vitórias, em especial na Alemanha central, onde culminaram com o saque de Magdeburgo em 1631, aterrorizaram os príncipes católicos e protestantes. Aqueles retiraram seu apoio e com isso temporariamente obrigaram o imperador a reduzir o exército, dispensar o comandante-chefe e procurar a paz. Estes foram induzidos a procurar ajuda além das fronteiras do Império. Gustavo Adolfo da Suécia e depois Luís XIII da França intervieram. O dinheiro holandês fez o resto, e a onda de conquistas imperiais foi contida.

A Paz de Vestefália, que, em 1648, encerrou a guerra, marcou o triunfo do monarca sobre o Império e a Igreja[52]. O território imperial foi repartido. O reino da Suécia ficou com grande parte do litoral báltico, ganho que, ao final, não seria permanente, pois foi perdido mais tarde para a Prússia; o rei da França recebeu uma parte considerável da Alsácia, que estava destinada a permanecer em suas mãos. Os suíços, que haviam se distanciado das leis imperiais em 1499, finalmente se libertaram e, assim, alcançaram a independência completa, que ainda conservam. O mais importante, do

---

52. Ver o texto do tratado em K. Muller (ed.), *Instrumenta Pacis Westphalicae* (Bern: Lang, 1966).

nosso ponto de vista, é que consciente ou inconscientemente a primeira metade do programa de Sully foi implantada. Quando se traçou uma linha nítida entre os territórios que pertenciam ao Império e os que não pertenciam, o imperador perdeu todas as pretensões que ainda pudesse ter sobre os outros governantes. O oeste e o centro da Europa foram divididos entre potentados soberanos seculares – embora seu número, engrossado pelos príncipes alemães que receberam "domínio territorial" ou *Landhoheit,* tenha passado bastante de quinze. Os que estavam dentro do Império receberam praticamente todos os privilégios da soberania, inclusive o direito de manter suas próprias forças armadas e, o que pelo menos em teoria lhes havia sido negado até então, o direito de fazer alianças entre si e com potências estrangeiras "contanto que não se voltassem contra o imperador". Esse acordo complicado foi garantido por dois príncipes não-imperiais, os reis da França e da Suécia. Assim, chegara-se ao ponto em que o próprio Império, em vez de proteger a paz dos outros, precisava de proteção.

Os tratados também foram os primeiros que, violando todos os costumes anteriores, não mencionavam Deus. O Édito da Restituição foi cancelado. O *terminus post quam* para restaurar propriedades confiscadas da Igreja foi adiado de 1555 para 1624, o que significava que quaisquer modificações ocorridas entre essas duas datas não seriam desfeitas e que bispados inteiros continuariam nas mãos de seus governantes seculares. Os direitos concedidos aos governantes luteranos pela Paz de Augsburgo também foram estendidos aos calvinistas, passando a haver três religiões oficiais em vez de duas. Qualquer que fosse a Igreja a que pertenciam, os governantes tinham autorização para regulamentar o exercício público da religião em seus territórios; quanto à fé particular dos súditos, não houve inclusão de artigos que os obrigassem a nada, embora os tratados enfatizassem uma política de tolerância que, de fato, tendeu a surgir em muitos Estados nas décadas seguintes. Como se para salientar o triunfo da política sobre a religião, o governo de um principado controvertido – o bispado de Osnabruck no norte da Alemanha – tornou-se alternadamente católico e protestante. Não é de admirar que o papa Inocêncio X, que não fora consultado, tenha repudiado os tratados, acusando-os de "nulos, inválidos, iníquos, injustos, abomináveis, réprobos, fúteis, destituídos de significado e vigência por todos os tempos"[53].

Contudo, os tempos tinham mudado desde que Carlos V elevara o padrão da Contra-Reforma e declarara guerra aos protestantes. Embora os tratados não conseguissem evitar a ocorrência de mais guerras, num mundo que estava se cansando de conflitos motivados pela religião e onde o Império evidentemente já não conseguia mais conter os seus nem dentro da Alemanha, a visão de mundo que expressavam sustentou-se muito bem. A aurora do Iluminismo demonstrou que a percepção da unidade cultural da Europa estava mais forte do que nunca. Por outro lado, a velha e universal *Res Publica Christiana* com seus gêmeos, os governos hierárquicos, estavam finalmente mortos. Do caos da guerra surgiu, pronta para assumir seu lugar, uma nova ordem, fundamentada num tosco equilíbrio de poderes entre os grandes Estados.

A luta contra a nobreza

À medida que se aproximava a vitória na luta contra a universalidade da Igreja e do Império, os monarcas também faziam avanços contra o particularismo feudal. Os dois processos estavam, de fato, interligados. Embora a Igreja fosse uma instituição universal, grande parte de sua base de poder era local, na forma de bispados, igrejas e mosteiros, cada um com suas propriedades (inclusive a fonte de todas

---

53. A bula *Zelo Domus Dei,* datada de 20 de novembro de 1648, citada em G. R. Cragg, *The Church in the Age of Reason 1648-1789* (Harmondsworth, Reino Unido: Penguin Books, 1960), p. 9.

as riquezas, a mão-de-obra servil), privilégios e imunidades. Ao contrário, embora as raízes da nobreza feudal geralmente fossem locais – cada senhor com seus próprios latifúndios e seu próprio castelo ou castelos –, sua situação provinha da rede de lealdade e de ligações que se estendia para além dos domínios individuais. Para piorar, os próprios monarcas medievais faziam parte dessa rede. Era raro haver um rei cujas propriedades estivessem localizadas dentro de seu próprio domínio (qualquer que fosse o significado disso); também era raro haver um rei cujo domínio não estivesse permeado de todos os tipos de principados independentes e semi-independentes. Em teoria, supunha-se que os reis tivessem mais poder que quaisquer de seus súditos, possuindo maior renda, mais terras e mais vassalos que pudesse obrigar a servir na paz e na guerra. Na prática, eram vassalos de outros homens em pelo menos parte de suas terras. Ainda em 1576, Jean Bodin, em seus *Six livres de la république,* afirmou que só havia um rei – isto é, o da França – que era soberano em todos os seus territórios e não devia obediência a outros por nenhum deles, e, estritamente falando, estava certo.

A velocidade com que, a partir dessa situação desfavorável, a posição dos reis se construiu não foi uniforme, mas variou de um país para outro. Ocasionalmente estava sujeita a retrocessos que duravam décadas, o que significava que um país que avançara mais no caminho se afundava em particularismos e, em geral, em anarquia e guerra. Um bom exemplo do modo como um dos primeiros movimentos rumo à centralização desandou é o da Inglaterra. Graças aos acontecimentos de 1066, que resultaram em que todas as terras inglesas fossem, a princípio, públicas e pudessem ser distribuídas à vontade, Guilherme, o Conquistador, conseguiu governar a Inglaterra com pulso excepcionalmente forte. Construiu castelos reais, realizou um censo abrangente (o famoso *Domesday Book*) e despachou juízes itinerantes para impor sua vontade. Seu filho, Guilherme, o Ruivo, que reinou de 1087 a 1100, manteve as realizações do Conquistador; porém, após a morte de seu segundo filho, Henrique I, o posto de rei começou a deteriorar. Primeiro houve uma guerra de sucessão entre a filha de Henrique, Matilda, e o primo Estêvão (1135-42). Foi resolvida com a ascensão do filho de Matilda, Henrique II, mas não antes que ele outorgasse um alvará aos barões e reafirmasse os direitos deles em 1154. Embora não fosse governante fraco, Henrique II passou apenas 14 de seus 37 anos na Inglaterra. Seus últimos anos foram prejudicados pela rebelião dos filhos, contra quem morreu lutando.

Nada melhorou também com o fato de Ricardo I, Coração de Leão (1189-99), ter resolvido reinar *in absentia*. Iniciou seu reinado partindo em cruzada à Terra Santa; ao voltar à Europa foi preso e teve de ser resgatado. Mal chegou em casa, saiu da Inglaterra pela segunda vez para lutar por suas possessões na França, onde encontrou a morte. O irmão de Ricardo, João (1199-1216), tentou retificar os danos provocados por seu cordo-leonino predecessor e, a princípio, parecia que teria êxito. Contudo, em 1204, com a perda de seu ducado da Normandia para o rei francês, ele passou a contar apenas com sua receita inglesa. Tentando extorquir os barões (e a Igreja, com resultados que já foram assinalados), brigou com eles e foi obrigado a promulgar a Magna Carta, na qual fez vastas concessões à nobreza, bem como à Igreja e às cidades. Quando Henrique III (1216-72) sucedeu João, a situação da monarquia chegou ao nadir. Alguns de seus próprios barões apoiaram o delfim francês em sua tentativa de conquistar a coroa inglesa. Embora a tentativa tenha sido repelida, o reinado de Henrique terminou como começara, em guerra civil; de fato, se a Inglaterra já chegou perto da desintegração, foi durante a sétima década do século XIII.

Graças ao costume de casar filhos e filhas com os filhos de príncipes estrangeiros, todos os reis acima mencionados possuíam terras, ou pelo menos interesses dinásticos, em locais distantes como França, Sacro Império Romano, Itália e Espanha. Na Idade Média, longe de ser travada em nome do "povo", a guerra era algo que os nobres adversários de todos os escalões travavam para defender ou ampliar suas diversas possessões⁵⁴. Para isso precisavam lutar pessoalmente; e a necessidade de lutar pessoalmente explica por que não só os monarcas ingleses, mas todos os outros, costumavam levar uma vida itinerante que os afastava dos seus centros de poder. Assim, os imperadores alemães, quando não viajavam em cruzadas, passavam grande parte do tempo em campanha na Itália. Alguns monarcas franceses também iam às cruzadas, mas, mesmo quando não iam, estavam sempre percorrendo seus domínios na tentativa de impedir que fossem repartidos pelo imperador, pelos reis de Aragão, Castela, Navarra e Inglaterra, pelo conde de Flandres e – em especial depois de 1356 – pelos duques da Borgonha também. Não havia, até então, nenhum prenúncio da idéia de que os territórios de algum governante tivessem de ser unificados pela nacionalidade dos súditos, nem que devessem ter fronteiras naturais, nem mesmo que devessem concentrar-se em um local, em vez de estarem dispersos. Em tais circunstâncias, qualquer progresso rumo à centralização que se pudesse fazer provavelmente seria lento e, ademais, temporário. Em geral, não dava certo; mais cedo ou mais tarde a própria nobreza nativa podia se rebelar, unir forças a um invasor estrangeiro, ou fazer ambas as coisas.

A partir das últimas décadas do século XIII, porém, havia mudança no ar. Na Inglaterra, Eduardo I demonstrou ser um monarca capabilíssimo. Ao pôr fim às rebeliões que assolavam o reino do pai, pressionou os magnatas a prestar serviço militar em Gales, na Escócia e na França; também criou a chancelaria, o tesouro e o sistema jurídico real, todos então administrados de maneira profissional e com pessoal muito experiente⁵⁵. Seu filho, Eduardo II, tornou-se o primeiro rei a subir ao trono sem ser eleito pelos barões. Embora esse Eduardo estivesse destinado a ser deposto e, subseqüen-

---

54. Ver P. Contamine, *The Art of War in the Middle Ages* (Oxford: Blackwell, 1984), pp. 260-70.
55. Ver S. Carpenter, *The Rise of theFeudal Monarchies* (Ithaca, NY: Cornell University Press, 1951), pp. 75 ss.

A ASCENSÃO DO ESTADO: DE 1300 A 1648 127

temente, assassinado pela esposa, Isabel, e pelo amante dela, Mortimer[56], uma monarquia ainda mais forte surgiu no reinado do filho dele, Eduardo III. Nessa época, já surgira e estava em vigor a fórmula inglesa característica de que o rei devia governar *em* parlamento. Utilizando-a, Eduardo conseguiu obter verba suficiente para dar início à Guerra dos Cem Anos e reivindicar o trono francês; era, saliente-se, uma causa essencialmente pessoal (embora, é claro, ele tenha prometido dividir com os vassalos os espólios) e não, em hipótese alguma, uma causa "pública" ou "nacional". Embora a guerra não tenha sido decisiva, pelo menos não houve mais rebeliões da nobreza durante o longo reinado de Eduardo III (1327-77).

Muito mais que heroísmo dos arqueiros ingleses, o empenho centralizador dos monarcas plantagenetas explica por que, embora o reino que governavam fosse pequeno e fraco, conseguiram lutar com o reino bem maior da França[57]. Contudo, quando Eduardo III morreu, seu filho, Ricardo II, tinha apenas dez anos de idade. Durante anos ele esteve indefeso, enquanto várias facções nobres procuravam manipular a coroa para fins próprios; chegou-se ao ponto mais baixo quando o Parlamento, liderado por um grupo conhecido como *Lords Appellant*, processou seu secretário (1386) e convocou uma comissão de onze homens para exercer a prerrogativa real em seu nome[58]. Em retaliação, Ricardo aplicou uma espécie de golpe de Estado. Tendo declarado sua própria maioridade em 1389, estava decidido a se emancipar do governo baronial, tornando-se a única fonte da lei, sem limitar-se pelos costumes. Para alcançar essa meta, sa-

---

56. Ver N. Fryde, *The Tyranny and Fall of Edward II 1321-1326* (Nova York: Cambridge University Press, 1979).

57. Ver em E. Perroy, *The Hundred Years War* (Nova York: Capricorn, 1965), pp. 34-60, uma comparação dos dois adversários.

58. Sobre esses acontecimentos, ver J. S. Roskell, *The Impeachment of Michael de la Pole Earle of Suffolk, in 1386* (Manchester: Manchester University Press, 1984); e R. H. Jones, *The Royal Policy of Richard II: Absolutism in the Later Middle Ages* (Oxford: Blackwell, 1968), cap. 5.

botou os atos do Parlamento; anulou leis que tinham sido sancionadas por ambas as dinastias; impôs novo juramento às autoridades provinciais, os xerifes; e mandou para o exílio seus principais adversários, confiscando-lhes as terras por toda parte.

Conforme demonstrariam os acontecimentos, Ricardo, assim como seu avô Eduardo III, estava tentando fazer coisa demais em tempo rápido demais. Novamente o resultado foi a rebelião e, em 1399, ele teve o mesmo fim de Eduardo II, deposto e assassinado.

No reinado de Henrique IV e de Henrique V, parecia que a monarquia finalmente se estabelecera, mas isso era uma ilusão. Henrique VI tinha apenas um ano de idade quando o pai morreu, em 1422. Sua menoridade jamais terminou oficialmente, porém, a partir de 1437, ele foi considerado maduro para governar sozinho. Seus principais interesses, porém, eram educação e religião. A seu redor, os nobres lutavam pelo controle – ainda mais porque pelo menos um deles, Ricardo, duque de York, em razão de estrita primogenitura, tinha mais direito ao trono do que o próprio rei. Um período durante o qual Henrique sofreu de demência (1453-54) serviu de palco ao início de uma luta armada entre os dois ramos da família real inglesa, a dinastia de York e a de Lancaster. Henrique, que era Lancaster, foi capturado em batalha pelos York (1461). Com a morte do duque de York, Henrique foi deposto em favor do filho deste, que subiu ao trono como Eduardo IV. Libertado pela segunda vez, partiu para a Escócia na condição de refugiado, voltou como testa-de-ferro de um levante contra Eduardo e foi capturado pela terceira vez (1465). Depois de aprisionado na torre durante cinco anos, foi libertado, reempossado no trono graças a um nobre poderoso (o conde de Warwick chamado de Kingmaker, "fazedor de reis"), derrotado pelas forças de Eduardo IV e, por fim, executado em 1471.

Mas o conflito conhecido como Guerra das Duas Rosas não terminou nesse ponto. Embora tivesse perdido momentaneamente o trono para seu predecessor em 1470, Eduardo IV, novamente no trono no ano seguinte, conseguiu reinar em paz e morreu no próprio leito (1483). Não aconteceu o mesmo com seus dois filhos, Eduardo e Ricardo; em poucos meses, desapareceram, obviamente assassinados pelo tio, Ricardo, duque de Gloucester, que logo a seguir assumiu o trono como Ricardo III. Mal acabara de vencer uma rebelião de nobres chefiada pelo duque de Buckingham, Ricardo teve de enfrentar mais um pretendente ao trono, o lancastriano Henrique Tudor, que deixara o exílio na França e aportara em Gales. Desertado pela maioria de seus partidários, Ricardo foi derrotado e morto na batalha de Bosworth Field (agosto de1485), e Henrique Tudor subiu ao trono como Henrique VII. Só então a Coroa inglesa deixou de ser o alegre campo de caça da facção aristocrática.

Henrique VII e, ainda mais, seus descendentes Henrique VIII e Elisabete I finalmente conseguiram estabelecer sua própria ascendência até o ponto em que as revoltas, em qualquer escala, não pareciam mais viáveis. Seus principais instrumentos para isso foram o Tribunal de Requisições, os Tribunais de Prerrogativas e a temida Câmara Estrelada, que compartilhavam todos a qualidade de não aplicar o direito consuetudinário. Em vez de mobilizar exércitos de correligionários como fizeram seus pais e avós, os nobres que se insurgiam contra a coroa podiam ser acusados de traição e executados. Utilizando terras confiscadas da Igreja para distribuir favores em grande escala, a monarquia conseguiu atrair para si as camadas mais altas da aristocracia[59]. Em 1625 a ascensão de Carlos I marcou a primeira vez na história da Inglaterra em que um novo rei se sentiu seguro o bastante para deixar de executar alguns dos nobres de seus predecessores e substituí-los por outros – uma mudança crucial, sem dúvida. Quando irrompeu mais uma guerra civil na década de 1640, a situação dos nobres se transformara completamente. Dessa vez não mobilizaram seus correligionários para li-

---

59. L. Stone, *The Crisis of the Aristocracy 1558-1641* (Oxford: Clarendon Press, 1965), cap. 8.

derá-los contra o rei. Pelo contrário, a maioria lutou ao lado dele e sofreu com ele a derrota, quando suas propriedades foram confiscadas e foram levados ao exílio juntamente com seu chefe, o futuro Carlos II.

Ao contrário dos colegas ingleses, os barões franceses jamais chegaram ao ponto de depor seus reis e executá-los; contudo, de outra maneira, o progresso na direção de tornar o monarca não só *primus inter pares,* porém um verdadeiro governante, foi ainda mais lento. Tanto a população quanto o território da França eram muito maiores que os da Inglaterra, o que dificultava mais seu controle. Mesmo em circunstâncias ideais, uma carta enviada de Paris a uma cidade próxima como Toulouse ou Bordéus levava de dez a quatorze dias para chegar, e um período de tempo igual para que se recebesse a resposta; mas as circunstâncias raramente eram ideais. Nem havia possibilidade de uma conquista definitiva e conseqüente redistribuição de todas as terras. A partir de Île de France, o reino foi unificado gradativamente, no período de alguns séculos. Sempre conteve enclaves independentes, bem como províncias, cujas leis, tradições e até línguas diferiam muito entre si.

Nessas circunstâncias não havia como criar uma administração unificada com base no modelo inglês. Reis como Felipe II (1179-1223), Luís IX (1226-70) e Felipe III (1270-85) tinham de agir com muita cautela. Equilibravam os privilégios da Igreja, da nobreza e das comunidades urbanas entre si, sempre precavidos com os vizinhos, que estavam constantemente dispostos a explorar quaisquer divisões que pudessem surgir para tomar posse de cidades e províncias próximas. Para piorar, o sistema francês de heranças diferia do inglês. Inúmeras vezes, foram criados vastos apanágios reais, isto é, benefícios não-hereditários, para sustentar os irmãos mais novos do rei, de acordo com o que se considerava seu direito; inúmeras vezes acabaram se tornando fonte de problemas e tiveram de ser reabsorvidos pelo reino, às vezes pelo uso da força. Contudo, era perceptível o progresso, avaliado pelo aumento do número de servidores reais como senescais, *prévôts* e bailios. Pagos pelo rei – embora, na prática, preferissem acumular latifúndios e se transformar em nobres, quando podiam – esses servidores reais supervisionavam os assuntos provinciais, cobravam impostos e executavam as vontades reais.

Essas mudanças foram especialmente pronunciadas no reinado de Felipe IV e de seus sucessores imediatos, Luís X (1314-16), Felipe V (1316-22), Carlos IV (1322-8), e durante os primeiros anos do governo de Felipe VI (1328-50). Esses reis começaram a anular privilégios senhoriais como o direito de extorquir dinheiro; impuseram o direito romano com suas inerentes tendências centralizadoras[60]; nomearam seus próprios conselheiros para presidir tribunais em províncias recém-anexadas; e fortaleceram suas posições como "fontes da justiça", isto é, chefes dos tribunais de apelações aos quais os vassalos apresentavam suas queixas contra os amos e aos quais estes também podiam recorrer. Essas medidas começavam a dar frutos quando irrompeu a Guerra dos Cem Anos em 1337. Incapazes de evitar a invasão, os exércitos reais foram derrotados em Crecy (1346) e Poitiers (1356). Esse foi o sinal para que bandos de soldados ingleses – alguns sob controle real, outros não – pilhassem o reino indefeso. Espalharam-se bastante, não só no noroeste, mas no sul e no sudoeste também; no mais famoso desses assaltos, percorreram nada menos que 900 quilômetros e a maior parte de Languedoc, até que, carregados de saques, terminaram em Bordéus. Enquanto isso, o rei francês, incapaz de socorrer os súditos, via sua autoridade desintegrar-se.

O terreno perdido para a monarquia só começou a ser recuperado durante as últimas décadas do século, quando a Inglaterra encontrou, na pessoa de Henrique V, um guerreiro formidável. Em 1415 ele atravessou o canal e infligiu aos franceses a derrota de Agincourt. Todo o oeste da França passou às mãos de Henrique ou entrou em acordo de paz

---

60. P. Vinogradoff, *Roman Law in Medieval Europe* (Oxford: Clarendon Press, 1929), pp. 29 ss.

com ele; o reino chegou a correr o risco de ser repartido entre os ingleses e seus aliados da Borgonha. A França perdeu Paris em 1419 e, em 1422, o Tratado de Troyes fez de Henrique o herdeiro do trono francês. A recuperação subseqüente da França deveu-se mais ao seu povo, representado por Joana D'Arc, a donzela de Orléans, do que ao governo do intermitentemente louco Carlos VI (1380-1422). O ponto decisivo foi em 1435, quando Carlos VII (1422-61) concluiu o Tratado de Arras e rompeu a aliança anglo-borgonhesa. No ano seguinte conseguiu reocupar Paris; os ingleses foram finalmente expulsos, seus diversos aliados franceses, como o duque da Bretanha, foram subjugados, e restabeleceu-se o controle sobre todo o reino.

Terminada a Guerra dos Cem Anos, a tarefa de reconstituir a autoridade da coroa francesa recaiu sobre Luís XI, que encontramos pela última vez quando estava restabelecendo os direitos da monarquia sobre os da Igreja. Os primeiros anos de seu reinado não foram nada auspiciosos. Os membros dos mais altos escalões da nobreza (entre eles seu irmão, Carlos da França) restabeleceram a tradição de rebelar-se contra ele em nome de suas antigas liberdades. Conspirando com o rei da Inglaterra, bem como com o duque da Borgonha, formaram a Liga do Bem Público com o fim de dividir entre si o governo da França, mais o recém-formado exército real; a sorte do rei chegou ao ponto mínimo em 1468, quando, durante uma reunião com o duque da Borgonha, deu-se conta de que estava sob prisão domiciliar. Tendo terminado a guerra em situação humilhante – teve de pagar pensões elevadíssimas aos senhores rebeldes –, conseguiu começar a reconstruir sua autoridade. Libertou a alta nobreza da obrigação de lhe prestar obediência como seu suserano, dispensando assim a idéia de reciprocidade; em seu lugar, criou uma fórmula na qual todos eram igualmente seus súditos[61]. O número de coletores de impostos aumen-

---

61. B. A. Poquet de Haut-Jusse, "Une idée politique de Louis XI: la subjection éclipse la vassalise", *Revue Historique*, 214, 1961, pp. 383-98.

tou e a tributação real foi ampliada para territórios adicionais que antes estavam livres dela. Os *parlements* provinciais passaram à supervisão real, e iniciou-se a elaboração de uma abrangente legislação na esperança de alcançar maior centralização da justiça[62].

Contudo, a maior realização de Luís não foi de sua própria autoria. A ocasião para isso aconteceu em 1477, quando Carlos, o Temerário, lutando contra os suíços, foi morto nas proximidades das muralhas de Nancy. Deixou uma filha única, Maria, que estava com 18 anos de idade e de imediato foi ameaçada por uma rebelião da própria nobreza nos Países Baixos, onde estava hospedada na época. A "donzela em apuros" foi salva pelo jovem imperador Maximiliano, que chegou literalmente num cavalo branco e a desposou; contudo, quando casou-se com ela, grande parte da herança da jovem, tanto no Franco Condado quanto em Flandres, fora ocupada por Luís e nada que Maximiliano ou seus sucessores fizessem poderia alterar esse fato.

Embora a anexação da Borgonha não tenha levado ao fim a política de criar apanágios reais, pelo menos a partir de então não mais se recorreria à força militar para reintegrá-los ao reino. Os filhos de Luís e os sucessores de Carlos VIII (1483-98) e Luís XII (1498-1515) dedicaram-se mais a campanhas na Itália do que aos assuntos internos, sendo sua meta conquistar mais reinos. Conseguir fazê-lo foi mérito principalmente do pai; quando o condestável de Bourbon, sem perceber que o período de anarquia feudal terminara, insurgiu-se em 1523 e conspirou com Carlos V, encontrou poucos seguidores e foi derrotado com facilidade. Ainda mais notável é o fato de que mesmo a captura de Francisco I na batalha de Pavia em 1525 e sua subseqüente prisão na Espanha não resultaram nenhum distúrbio civil grave.

Em fins do reinado de Francisco, porém, a situação voltou a mudar. Levado pela necessidade de dinheiro para suas

---

62. P. S. Lewis, "France in the Fifteenth Century: Society and Government", em Hale *et al.*, *Europe in the Late Middle Ages,* pp. 276-300.

campanhas contra os Habsburgo, ele deu início à política de se estabelecer e vender o governo das províncias, individualmente ou em lotes que compreendiam vários de uma vez, pelo lance mais alto. Em geral, os compradores eram membros da mais alta nobreza, como, por exemplo, os Guise, os Montmorency e os Rohan. Exatamente numa época em que sua antiga autoridade feudal deixava de ter importância, conseguiram acrescentar os recursos do governo – tais como emolumentos e receitas da coleta de impostos – aos próprios recursos particulares; como na Inglaterra um século antes, isso lhes deu novo alento e a capacidade de incitar problemas[63].

Em 1559, com a morte inesperada de Henrique II em conseqüência de um ferimento sofrido durante um torneio, os resultados dessa política se tornaram evidentes. Deixou uma viúva de reputação indecente, Catarina de Medici, bem como quatro filhos, nenhum dos quais capaz de governar ou gerar um herdeiro. Nessa época, a França, como outros países, estava sob o jugo da Reforma. Brigando entre si, católicos e huguenotes procuravam liderança para seus nobres nas dinastias de Guise e Condé, respectivamente. Mal o Tratado de Cateau-Cambresis pôs fim à guerra com a Espanha, irrompeu a guerra civil, que durou cerca de quarenta anos e trouxe mais destruição do que qualquer outro episódio da história da França.

A anarquia chegou ao auge em 1589 quando o último dos filhos de Catarina, Henrique III, foi assassinado. O herdeiro óbvio era, então, um parente distante, o futuro Henrique IV, que era protestante e, assim, inaceitável para a maioria. Empenhados numa luta de vida ou morte, ambos os lados convocaram governantes estrangeiros para ajudá-los. Os huguenotes constantemente recebiam dinheiro holandês e soldados ingleses, que eram enviados para defender – na verdade, ocupar – cidades ao longo do litoral do Atlântico.

---

63. G. Zeller, "Gouverneurs des provinces au seizième siècle", *Revue Historique*, 185, 1939, pp. 225-56.

Os católicos, por sua vez, empregavam mercenários papais e convidavam invasões do príncipe Casimiro do Palatinado e de Felipe II da Espanha, o maior inimigo da França. Depois de nove anos e várias batalhas importantes, Henrique IV – que nesse ínterim trocara de religião – conseguiu instaurar sua autoridade sobre o país inteiro.

Uma vez instaurado, o reinado de Henrique foi relativamente tranqüilo. Não que fosse seguro: houve um número incrível de tramas contra ele, de autoria de diversos nobres, a maioria deles católicos radicais que se recusavam a esquecer as origens protestantes do rei ou perdoar sua política de tolerância aos huguenotes. A última dessas tramas resultou no assassinato do rei; a natureza dos elos que podem ter ligado o homicídio à nobreza e à Espanha jamais foi esclarecida[64]. Que as realizações de Henrique foram mais de natureza pessoal do que institucional fica provado pela tempestuosa história dos reinados de seus sucessores, Luís XIII (1610-43) e Luís XIV (1643-1715). Tanto Richelieu quanto Mazarino consideravam a alta nobreza os principais inimigos da coroa e fizeram todo o possível para reduzir seus poderes. Demoliram seus castelos que não estavam localizados dentro das fronteiras; tentaram, embora sem muito êxito, proibir os duelos; e ocasionalmente executavam seus líderes *pour encourager les autres*.

Embora Richelieu, em especial, seja considerado às vezes o verdadeiro fundador do Estado francês, na verdade os resultados foram medíocres. Os dois cardeais conseguiram ser odiados como poucos administradores anteriores ou posteriores; durante todo seu mandato, espalhou-se o descontentamento, alimentado em parte pelos altos impostos exigidos pela intervenção francesa na Guerra dos Trinta Anos e, em parte, pelos atritos religiosos. Foram incontáveis as revoltas de cidades e de camponeses, que encontraram pessoas na mais alta nobreza para liderá-los. Muitos dos nobres ainda eram governadores de províncias, mas encontraram

---

64. D. Bruisseret, *Henry IV* (Londres: Allen & Unwin, 1984), pp. 125 ss.

mais um motivo de indignação na política real de criar, acima deles, outra camada de funcionários, os *intendants*. Em quarenta anos houve nada menos que onze ondas de rebeliões. Embora nem todas fossem igualmente importantes, todas, sem exceção, foram instigadas, chefiadas ou, pelo menos, tiveram a adesão de nobres importantes. A última onda ficou conhecida como Fronda e foi chefiada pelo príncipe Luís Condé, cujo sobrenome Bourbon é prova suficiente de seu *status*. Durou de 1652 a 1658 e, durante algum tempo, conseguiu dominar Paris contra os exércitos reais.

Só quando Luís XIV atingiu a maioridade, em 1661, é que se deu a mudança fundamental e decisiva e a nobreza francesa foi por fim domada, mais ou menos da mesma maneira que acontecera com a inglesa um século e meio antes. A política de privar os nobres de seus governos provinciais e nomear *intendants* em seu lugar foi sistematicamente implantada. A própria base de seu *status* foi alterada; concluindo uma tarefa iniciada por Henrique IV, Colbert, por meio de sua grande *recherché de la noblesse,* recusou-se a reconhecer quaisquer títulos, exceto os que tinham origem comprovada em concessão real. Milhares de nobres, em especial do escalão mais baixo, que não tinham meios financeiros para defender sua causa nos tribunais provinciais, perderam o título dessa maneira. O restante perdeu seus adeptos armados; os mais importantes receberam pensões e foram concentrados na corte, onde o rei podia ficar de olho neles. O próprio Condé deixou de lado a rebelião e, voltando a obedecer, pôs à disposição de Luís seus formidáveis talentos militares. Terminou seus dias levando damas a passear de barco pelo lago de Versalhes; seus colegas nobres logo passaram a usar peruca e competir entre si pela tarefa de segurar o penico do rei.

Enquanto na Inglaterra e na França havia um só rei, sem concorrentes titulares, o mesmo não era verdade na Espanha. O país, com seu terreno complicado, fora conquistado província por província durante séculos de operações militares contra os muçulmanos; ainda em 1479 não consistia em um reino único, mas em dois reinos distintos, Castela e Aragão, cujas leis e tradições diferiam completamente. No primeiro, Henrique II, da dinastia de Trastamara (1369-79), conseguira certa estabilidade. Seus apelidos, Henrique, o Bastardo, e Henrique, o Fratricida, esclarecem as origens de seu poder e o modo como o conquistou. Seu filho, João I (1379-90), foi irrelevante; foi Henrique III (1390-1406) que, desempenhando o mesmo papel que Eduardo III na Inglaterra, mais fez para reforçar o poder da coroa perante a nobreza, criando instituições reais como o conselho e o tesouro. Não obstante, a situação continuou precária. João (1406-54) sucedeu o pai ainda criança. Seu reinado foi assolado pelas brigas da nobreza com seu favorito, Álvaro de Luna, o que o levou finalmente a enfrentar e derrotar os nobres na batalha de Olmedo (1445).

A vitória de Olmedo só resolveu o problema temporariamente. Quando Henrique IV assumiu o governo em 1454, herdou Luna; novamente, o resultado foram vários anos de guerra civil, que durou até que o favorito fosse deposto e executado. Embora comandante capaz – em 1464 recapturou Gibraltar dos muçulmanos – Henrique mostrou-se inábil para dominar os nobres, até o ponto em que, no ano seguinte, estes se rebelaram e o depuseram simbolicamente. O pretexto da briga foi a sucessão, que Henrique queria dar a sua filha. Espalhando o boato de que ele era impotente e, portanto, não podia ser o pai dela, os magnatas insistiam em que o trono deveria passar para a meia-irmã do rei, Isabel; o verdadeiro motivo da briga era, como sempre, os temores dos nobres de que a centralização real levasse à erosão de seus privilégios. Aos 18 anos, a própria Isabel desconcertou seus partidários e também seus adversários ao fugir do palácio e casar-se secretamente com Fernando II de Aragão. Assim, o acontecimento mais importante de toda a história da Espanha – a união pessoal dos dois reinos – ocorreu como resultado de intriga palaciana e sem o consentimento, nem sequer o conhecimento, do rei, que era considerado o mais poderoso da península.

Em Aragão, assim como em outros lugares, as instituições reais progrediram um pouco durante o século XV[65], mas isso não impediu que sua história fosse tão tempestuosa quanto a de Castela. O próprio Fernando I (1412-16) era príncipe castelhano. Devia seu trono não à sucessão hereditária, mas à eleição pela nobreza aragonesa – que, naturalmente, cobrou o que lhe era devido na forma de um famoso juramento de coroação que condicionava sua obediência ao bom comportamento do monarca. Afonso V (1416-58) foi um governante capaz que, contudo, passou a maior parte do reinado lutando para estabelecer seu direito à Sicília e ao sul da Itália, que herdara de seus ancestrais. Em 1442, sob a influência da amante Lucrécia de Alagno, transferiu a corte permanentemente para Nápoles. Sua mulher e seu irmão, que ficaram para trás, não conseguiram controlar a nobreza, que fazia o que lhe aprouvesse e, em razão de suas exigências fiscais, levou as cidades e os camponeses à rebelião.

Depois foi a vez de João II. Três anos após sua coroação, teve de lidar com uma rebelião na Catalunha, a mais difícil de todas as províncias, onde os magnatas ofereceram a coroa a Pedro de Portugal; quando este morreu, ainda não satisfeitos, apelaram a Luís XI da França, pedindo ajuda contra seu senhor. A guerra durou nove anos e quase custou a coroa a João, chegando ao fim com a captura de Barcelona em 1471; mesmo então o resultado não foi a supressão da nobreza, mas, pelo contrário, a reafirmação de seus privilégios, acompanhada por uma anistia geral para todos os líderes, menos um, que foi executado. O filho de João, Fernando II, que mais tarde se casou com Isabel, ganhou sua precoce experiência militar nesses anos. A princípio, a nobreza castelhana tampouco estava inclinada a aceitá-lo como rei. Pelo contrário, também haviam chamado o rei de Portugal, que tinha direitos dinásticos. Descontando os anos da re-

---

65. J. M. Font y Ruis, "The Institutions of the Crown of Aragon in the First Half of the Fifteenth Century", em R. Highfield (org.), *Spain in the Fifteenth Century, 1369-1516* (Nova York: Harper, 1972), pp. 171-92.

belião aragonesa, o jovem casal levou dez anos em guerra quase contínua e foi preciso que Fernando realizasse muitos feitos heróicos para que se tornassem reconhecidos em ambos os países. Isso não impediu outra grande rebelião dos nobres em 1486, dessa vez ocasionada pela tentativa do rei católico de recuperar terras que foram alienadas durante as guerras civis[66].

Durante todo esse período a Espanha passou pelo que só se pode chamar de processo de aristocratização[67]. Não só membros de todas as classes moldavam seu estilo de vida segundo o da nobreza, como esta aumentava seu poderio econômico à medida que declinava em número – a ponto de, por volta de 1470, restarem apenas quinze famílias de magnatas em Castela e duas em Aragão[68]. Nesse contexto, o processo de unir Castela e Aragão num só país encontrou resistência de ambas as partes e foi lentíssimo. Em 1507, após a esperada morte de Isabel e a repentina morte de seu filho, o duque de Medina Sidonia e o conde de Urena se rebelaram e ameaçaram desmontar a Espanha em suas partes constituintes. Com quatro mil soldados, novamente Fernando conseguiu vencer; contudo, quando morreu, em 1516, a única realização tangível no sentido de construir instituições comuns fora a criação de uma moeda unificada.

No reinado de Carlos V (Carlos I, como era conhecido na Espanha) e de seu filho Felipe II, as propriedades da alta nobreza atingiram dimensões monstruosas. Em Salamanca, por exemplo, cerca de dois terços da população e do território estavam sob jurisdição dos nobres. Só o marquês Diego Lopez Pacheco possuía nada menos que 25 mil quilômetros quadrados de terras e 15 mil vassalos que lhe rendiam

---

66. Sobre esses acontecimentos, ver T. N. Bisson, *The Medieval Crown of Aragon* (Oxford: Clarendon Press, 1986), pp. 133-61.

67. Elliott, *Imperial Spain*, pp. 110 ss.; L. Fernandez Suarez, "The Kingdom of Castile in the Fifteenth Century", em Highfield, *Spain in the Fifteenth Century*, pp. 95 ss.

68. Ver J. R. L. Highfield, "The Catholic Kings and the Titled Nobility of Castile", em Hale *et al.*, *Europe in the Later Middle Ages*, pp. 358-87.

100 mil ducados por ano; outro, o duque do Infantado, era senhor de 800 aldeias e de 90 mil vassalos[69].

Contudo, os tempos estavam mudando. Embora a reconquista estivesse encerrada, os dois primeiros reis Habsburgo precisaram do apoio da nobreza castelhana contra as cidades e as classes médias que, em 1520-21, deram vazão a sua insatisfação com a revolta dos *communeros*. Em troca, permitiram-lhes exercer controle quase absoluto sobre suas propriedades, inclusive a justiça senhorial e o direito de manter exércitos particulares para controlar os rendeiros. Assim, com sua posição reforçada, os magnatas finalmente fizeram as pazes com o governo real. Alguns deles lhe prestaram serviços como comandantes e governadores de províncias estrangeiras – distantes do centro do poder, deve-se reparar.

Isso não aconteceu em Aragão, que, também em grande parte graças à nobreza, estava a caminho de se tornar o país mais atrasado da Europa ocidental. Em nenhum outro lugar os privilégios feudais eram tão arcaicos ou abrangentes. Durante a maior parte do século XVI, a receita que a província entregava à coroa era nula. Agindo de acordo com uma antiga tradição, os grandes armaram uma intriga com o vizinho do norte. A situação chegou a tal ponto que, do ponto de vista do rei, já não se sabia se a província era um bem ou mero risco de segurança[70]. Em 1591 houve outra revolta que, para reprimir, Felipe II precisou destacar 14 mil soldados[71].

Só então chegou a hora do acerto de contas. Embora nenhuma das instituições da província tivesse sido exterminada, foram reformadas segundo a vontade real. Pela primeira vez o rei conquistou o direito de nomear governadores não-aragoneses. Chegou ao fim o monopólio da nobreza

---

69. H. Kamen, *Spain 1469-1714: A Society of Conflict* (Londres: Longman, 1983), pp. 20, 155. Há números ainda mais altos em J. V. Vives, "The Economy of Spain During Ferdinand and Isabella's Reign", em Highfield, *Spain in the Fifteenth Century*, pp. 253-4.

70. J. Lynch, *Spain Under the Habsburgs* (Nova York: New York University Press, 1981), vol. I, pp. 210-17.

71. Elliott, *Imperial Spain*, pp. 279 ss.

sobre a *justitia*, uma espécie de protótipo de tribunal constitucional remanescente da Idade Média e com o fim de proteger os súditos contra governos arbitrários; seu chefe foi substituído por um funcionário real, e os membros restantes passaram a estar sujeitos a exoneração conforme a vontade do rei. Por fim, Felipe reforçou a Inquisição – instrumento cuja utilidade contra adversários políticos e hereges fora demonstrada em Castela – dando-lhe nova residência fortificada, bem como um contingente de soldados para sua proteção[72]. Assim, foi somente alguns anos antes da morte de Felipe que a tarefa de alinhar Aragão com o resto do país se completou e o poder independente da nobreza foi finalmente abolido, embora isso não tenha evitado outras rebeliões durante o século XVII.

Na Inglaterra, na França e na Espanha, a luta entre a coroa e a nobreza seguiu mais ou menos na mesma direção e, mais cedo ou mais tarde, rendeu resultados bem semelhantes, já que a primeira preponderou sobre a segunda. Não foi o que aconteceu na Alemanha, onde a situação era completamente diferente. Ainda que o Sacro Império Romano estivesse vivo como instituição e como idéia – em espírito, pode-se dizer –, seu poder real vinha declinando desde a segunda metade do século XIII, situação que a Bula de Ouro de 1356 meramente confirmou. A fraqueza dos imperadores deve ser atribuída a diversos fatores, entre eles, e não é para menos, o tamanho dos países que pretendiam governar. Sem falar na sua luta com a Igreja, de um lado, e seus inúmeros compromissos fora da Alemanha, de outro; em vez de perder a independência, os membros mais poderosos da nobreza conseguiram aumentar seus territórios e encaminhá-los à condição de Estado.

O fator que abriu mesmo o caminho foi, novamente, a Reforma. Até então, o futuro da Alemanha era incerto; um historiador moderno afirmou que uma aliança entre o im-

---

72. Sobre essas medidas constitucionais, ver R. B. Merriman, *The Rise of the Spanish Empire* (Nova York: Cooper, 1962), vol. IV, pp. 595-9.

perador Maximiliano e as cidades do sul da Alemanha poderia ter produzido um Estado unido[73]. As cidades estavam, nos primeiros anos do século XVI, no ápice do poder; conforme dizia uma rima contemporânea, o esplendor de Augsburgo, a sagacidade de Nuremberg, a artilharia de Estrasburgo e o dinheiro de Ulm governavam o mundo[74]. Por volta da década de 1520, essas quatro cidades, e muitas outras também, deram a Lutero entusiásticas boas-vindas e se tornaram protestantes. Os comerciantes-banqueiros aristocratas que governavam as cidades visando seus próprios interesses econômicos queriam muito a paz e a tranqüilidade. Não é inconcebível que tivessem cooperado com Carlos V contra a nobreza territorial; segundo diziam com freqüência ao imperador, porém, não tinham poder para ignorar os sentimentos das pessoas comuns e realizar a política imperial de impor a uniformidade religiosa. Não sabemos se o próprio Carlos chegou a pensar em abrandar a questão religiosa. Considerando a firmeza de sua fé individual, é quase certo que não – para não falar das conseqüências que a tolerância aos protestantes teriam tido sobre sua situação de imperador universal, eleito por Deus.

Durante as duas primeiras décadas de seu reinado, Carlos se desviou para outros compromissos na Espanha, na Hungria, na Itália e na África do Norte. Por conseguinte, só voltou à Alemanha em 1543-44, decidido a atacar o problema. Levou consigo soldados espanhóis sob o comando do duque de Alba; na batalha de Mühlberg, em 1547, dispersaram com facilidade as forças informais reunidas pela Liga de Schmalkalden, formada por governantes protestantes. Contudo, ele chegara com vinte anos de atraso. Não conseguiu restabelecer sua autoridade sobre as cidades nem obrigá-las a voltar ao catolicismo; a derrota das cidades serviu

---

73. T. A. Brady, *Turning Swiss: Cities and Empire, 1450-1550* (Cambridge: Cambridge University Press, 1985).

74. Citado em K. H. Roth von Schrekenstein, *Das Patriziat in den deutschen Städten* (Tübingen: Laupp, 1856), p. 552.

A ASCENSÃO DO ESTADO: DE 1300 A 1648

apenas para abrir caminho aos príncipes que estavam sendo incentivados por Henrique II da França. A tempestade aconteceu em 1552, quando um príncipe, Maurício da Saxônia, voltou-se contra Carlos, atacou-o de surpresa e o obrigou a fugir de Innsbruck para Villach, em Carinthia. Com pouco dinheiro e diante de novas ameaças dos turcos no Mediterrâneo e de Henrique II em Lorraine, Carlos continuou lutando por mais três anos. Contudo, a tentativa de restabelecer o poder imperial não deu certo e, como vimos, ele abdicou em 1555. Enquanto isso, os príncipes, tanto protestantes quanto católicos, atacaram todo o país como javalis enfurecidos. Secularizaram as propriedades da Igreja e anexaram cidades a torto e a direito.

O modo como os príncipes conquistaram o controle sobre suas nobrezas é bem ilustrado pela Baviera[75]. Durante o século XV, em conseqüência de incontáveis guerras fratricidas e divisões intermináveis, a nobreza representada nos estamentos era praticamente a única instituição a manter o país unido. Seu poder chegou ao auge durante a menoridade do duque Guilherme IV (1508-50), isto é, na segunda década do século XVI; dali em diante, porém, declinou. A área vulnerável nos estamentos eram os débitos enormes assumidos pelo próprio Guilherme e por seu sucessor, Alberto V (1550-79). Inúmeras vezes esses débitos ameaçaram paralisar o governo; inúmeras vezes os estamentos foram obrigados a assumi-los. Enquanto isso, uma combinação de intimidações e trapaças ducais impedia que conseguissem manter sua própria máquina de cobrança e que fossem vetados na contratação de obrigações futuras. Nem foram capazes os estamentos de impedir os duques de obter mais dinheiro tributando os próprios camponeses e, sob ameaça de secularização, a Igreja. O fato de ter dinheiro, ou pelo menos de poder obtê-lo por conta própria ou a crédito de seus estamentos, deu a Alberto condições de exigir que só católicos

---

75. Ver F. L. Carsten, *Princes and Parliaments in Germany* (Oxford: Clarendon Press, 1959), pp. 357 ss.

fossem admitidos para servi-lo. À época de sua morte, a Contra-Reforma bávara, e com ela a construção de uma aliança íntima entre a Igreja e o trono, já estava bem encaminhada.

O exemplo da Baviera foi seguido, embora bem mais tarde, por muitos dos principados remanescentes, entre eles Prússia, Saxônia, Hesse, Württemberg e Áustria. Contudo, existia uma diferença entre a Prússia e outras partes da Alemanha. Naquela, o poder da nobreza sobre os camponeses tendeu a crescer depois de 1550, quando se instituiu a servidão hereditária e muitos encargos feudais foram restabelecidos[76]. Embora também houvesse servidão em outras partes da Alemanha, ainda se admitia a existência de uma classe de camponeses livres, e alguns deles até conseguiam alcançar uma modesta prosperidade. Ademais, os poderes de polícia e a jurisdição da nobreza eram menos abrangentes do que na Prússia.

A marcha dos príncipes alemães rumo a um controle maior sobre suas nobrezas foi interrompida pela Guerra dos Trinta Anos, quando a maioria deles ficou reduzida a brinquedos nas mãos de governantes muito maiores, cujas forças invadiram a Alemanha de todas as direções. Em 1648, porém, a marcha recomeçou; não havia nada que os contemporâneos quisessem mais do que lei e ordem. Dessa vez quem deu o exemplo foi Frederico Guilherme da Prússia (1640-88). Apelidado de Grande Eleitor, cobrou impostos para recrutar soldados e depois usou-os para livrar-se dos estamentos. Seu sucessor, Frederico I, colheu os frutos de sua política e, tendo obtido permissão do imperador, foi declarado rei da Borússia. Os demais príncipes da Alemanha tiveram de contentar-se com títulos menos gloriosos; em compensação, construíram miniaturas de Versalhes e competiram entre si para ver quem criaria os uniformes mais extravagantes para os soldados. Os estamentos não tinham sido derrotados por toda parte; em Württemberg, em especial, permaneciam fir-

---

76. Carsten, *A History of the Prussian Junkers* (Aldershot: Scholar Press, 1989), pp. 7-16.

mes. Contudo, como confirmara o Tratado da Vestefália, no início da segunda metade do século XVII, os principados alemães que, dentre os inúmeros outros, tinham tamanho suficiente para serem considerados mais do que propriedade privada de seus governantes estavam se transformando em Estados[77]. A vitória dos monarcas sobre os nobres foi, de certa maneira, comprada à custa do restante da sociedade. Com exceção da Inglaterra, onde a revolução de 1688 passou a aplicar o direito consuetudinário a todas as classes, muitos dos privilégios da nobreza permaneceram intactos. Embora variassem de um local para outro, em geral esses privilégios incluíam condição jurídica especial, isto é, o direito de ser julgado por tribunais compostos de membros da própria classe e isenção das formas de punição mais degradantes; dispensa de certas formas de tributação, tanto direta quanto indireta; e um quase monopólio dos cargos mais altos na administração, no exército e nos tribunais. Além disso, havia certas *marques* simbólicas, como o direito de encontrar-se pessoalmente com o soberano, portar espada, caçar (direito que já não tinha importância econômica para os membros das classes mais altas mas que melindrava as classes mais baixas, às quais era negado) e manter um brasão de família[78]. Não é de admirar que dessa época até o cataclismo de 1789 – na verdade, até os levantes de 1848 – sempre que os monarcas eram ameaçados, a nobreza corria para o lado deles. Dava-lhes apoio, lutavam com eles e, como na França durante o Terror, às vezes também morriam com eles. O trato que a nobreza fez com o trono foi muito bem-sucedido. Em alguns casos, como na Prússia e na Espanha, os nobres conseguiram deter o desenvolvimento das cidades e,

---

77. Ver V. G. Kiernan, *State and Society in Europe, 1550-1650* (Nova York: St. Martin's, 1980), cap. 9, para um breve estudo dos acontecimentos na Alemanha.

78. Há uma discussão sobre as *marques* francesas da nobreza em E. Schalk, *From Valor to Pedigree: Ideas of Nobility in France in the Sixteenth and Seventeenth Centuries* (Princeton: Princeton University Press, 1986), cap. 7.

ao mesmo tempo, conservar e até ampliar seus direitos feudais sobre seus próprios rendeiros.

O preço do privilégio, porém, foi a perda da independência. De concorrente da coroa, a nobreza transformou-se em sua associada. Em vez de usar armaduras e levar seus próprios estandartes quando lutavam pela causa real, os nobres, pouco depois de 1648, passaram a usar uniformes e, assim, tornaram-se literalmente "homens do rei". Depois dessa data, nem mesmo o maior nobre de qualquer país podia ter esperança de desempenhar o papel de um Warwick, um Guise, um Condé, um Tilly ou um Wallenstein – para não falar do fato de que, quando o Sacro Império Romano decaiu e vários reis assumiram direitos "imperiais", a confirmação dos antigos títulos e a criação de novos tornaram-se monopólio real. No decorrer do século XVIII, com a perda gradual do papel independente da nobreza, ficou cada vez mais difícil justificar seus privilégios aos olhos da sociedade em geral. Antes que pudessem ser abolidos, porém, era preciso criar os instrumentos que permitiriam a afirmação do poder real.

A luta contra as cidades

Afora Igreja, império e nobreza, o quarto tipo de organização política a ser superado antes da criação do Estado moderno eram as comunidades urbanas. Em especial no sul da Europa, muitas dessas comunidades eram remanescentes dos tempos romanos; se no povo e nas instituições já não se via a continuidade dos tempos clássicos, estes ainda eram evidentes nos locais físicos e, às vezes, nas ruas e fortificações. Outras comunidades surgiram espontaneamente como centros de distribuição em lugares convenientes para o comércio – isto é, nas proximidades de minas, nos cruzamentos de estradas, ou em pontos onde os rios entravam em lagos ou se tornavam navegáveis –, ao passo que outras ainda, principalmente na Alemanha, foram criações artificiais de príncipes seculares e eclesiásticos de todos os escalões que, na tentativa de atrair o comércio, concederam privilégios às comunidades existentes ou criaram comunidades novas. Por volta de 1340, pouco antes de as cidades serem dizimadas pela Peste Negra, acredita-se que quase um décimo da população da Europa ocidental – estimada em 60 milhões – vivia em centenas e mais centenas de cidades, embora, para que nossos cálculos cheguem a tal número, seja preciso incluir na lista qualquer povoado com mais de 5 mil habitantes[79].

Desde o início, as cidades eram corporações. Fosse qual fosse a abrangência de seus privilégios e o modo como foram conquistados, não eram concedidos a indivíduos, mas a todos os cidadãos que, sendo nitidamente diferentes da população rural, possuíam o *status* de "livres" – isto é, não eram servos. Dessa maneira, as cidades contradiziam os próprios princípios do governo feudal, que se fundamentavam nos direitos interligados dos superiores sobre os inferiores; não obstante, do ponto de vista dos aspirantes a monarcas centralizadores, o problema que as cidades apresentavam era quase igual ao da nobreza. Assim como cada nobre era, até certo ponto, seu próprio senhor e exercia poder inferior ao do rei, porém não essencialmente diferente do poder do rei, as cidades tinham seus próprios órgãos de governo. Esses órgãos contavam com um ou mais magistrados superiores conhecidos por diferentes títulos: *echevins* (França e Holanda), cônsules (Itália), *Schöffen* (Alemanha) e *regidores* (Espanha). Além disso, as cidades tinham uma série de outras autoridades e uma câmara municipal, também eleitos; um sistema independente de tributos municipais; o direito de fazer suas próprias avaliações para fins de coleta de impostos reais; e, às vezes, como instituição ao mesmo tempo lucrativa e simbólica, uma casa da moeda também.

Por fim, as cidades diferiam das aldeias porque, além desses privilégios, possuíam suas próprias fortificações, guar-

---

79. F. R. Bairoch *et al.* (orgs.), *La population des villes europeennes* (Genebra: Droz, 1988), pp. 253-4.

das responsáveis pela manutenção da ordem pública e, na forma de milícias (especialmente na Itália) e mercenários, suas próprias forças armadas[80]. Até certo ponto, essa organização e essas forças – sustentadas pela riqueza proveniente do comércio e da indústria – permitiram-lhes afirmar sua independência tanto perante seus fundadores quanto perante a autoridade superior representada pelo rei. Essa capacidade muitas vezes estendeu-se a ponto de declararem e travarem guerras.

Também à semelhança dos nobres, a influência das cidades não era apenas local, mas complementada pelas ligações que mantinham entre si através de suas fronteiras territoriais. As relações comerciais representavam um alicerce sobre o qual era possível construir essas ligações; outro alicerce eram as instituições que tinham em comum, já que as cidades recém-fundadas quase sempre recebiam ou tomavam para si as leis e a organização política das já existentes e eram sensíveis a toda tentativa de revogá-las. Qualquer que fosse a base de seus sentimentos de solidariedade, costumavam formar alianças ou ligas com o objetivo de proteger as estradas, manter a paz e defender seus interesses com relação à isenção de pedágios e coisas assim. As associações mais famosas eram as do norte da Itália e as da Alemanha. As italianas foram criadas já no século XII. Combateram com êxito os imperadores alemães em Legnano, em 1176, e logo testemunhariam o florescimento cultural conhecido como Renascimento. As alemãs incluíam a Liga da Renânia, a Liga Suábia, a Aliança de Heidelberg e, naturalmente, a Hansa. A Hansa teve seu apogeu durante os séculos XIV e XV, quando realizava congressos com regularidade e, graças a seu poder naval e econômico, interagia em igualdade de condições com os reis e os imperadores. Naquela época, reunia cerca de cem cidades comerciais espalhadas do norte da Holanda até o leste do Báltico.

---

80. Há um relato recente acerca das instituições urbanas medievais em S. Reynolds, *Kingdoms and Communities in Western Europe, 900-1300* (Oxford: Clarendon Press, 1984), cap. 6.

Ademais, as cidades medievais quase sempre conseguiam aproveitar-se dos conflitos entre os diversos monarcas, príncipes e nobres para impor seus próprios interesses e até executar sua própria política internacional. Por serem locais fortificados, podiam impedir a entrada de um lado ou de outro, tornando necessário realizar um cerco longo e caro; por serem centros de riqueza e indústria, podiam exigir concessões políticas em troca de homens, dinheiro e armas. Isso se intensificou ainda mais quando, após a invenção da pólvora, as armas se tornaram mais sofisticadas e já não podiam ser obtidas nos ferreiros rurais, só podendo ser encontradas dentro ou ao redor das cidades. Como era de esperar, as exigências mais freqüentes eram de autogoverno, de um lado, e de imunidade a diversos tipos de tributação, de outro. Vista desta perspectiva, a ascensão das grandes monarquias é, em grande parte, a história das tentativas de seus governantes de reduzir ou eliminar esses dois privilégios.

Como no caso da nobreza, a maneira e a velocidade com que o processo se desenrolou diferiram muito de um país para outro. Também como no caso da nobreza, os resultados foram bem semelhantes na medida em que levaram à instituição de uma forte autoridade central que se erguia acima de todos. Isto foi mais fácil de realizar na Inglaterra, que, graças em parte a sua posição insular e em parte à Conquista, tornou-se um país unificado excepcionalmente cedo; conseqüentemente as cidades não podiam incitar o rei contra governantes estrangeiros, como acontecia em tantos outros lugares. Desde o início, o mais importante inimigo das cidades foi a nobreza, cuja turbulência ameaçava interromper o comércio pacífico; seu aliado natural era a coroa. Os nobres logo se integraram com a administração real, assumindo os fardos e realizando as tarefas que, por um motivo ou outro, a administração optava por não executar[81]. Embora durante as guerras civis que marcaram os últimos anos de Henrique III

---

81. C. R. Young, *The English Borough and Royal Administration, 1130-1307* (Durham, NC: Duke University Press, 1961), pp. 16, 155-61.

também houvesse alguns sinais de insatisfação nas cidades[82], jamais chegaram a provocar rebelião. Pelo contrário, já no início do século XIV chegou-se a uma situação em que, com um simples mandado judicial, o rei e seus funcionários podiam convocar os serviços de qualquer burgo da Inglaterra.

A situação relativamente subordinada das cidades significava que podiam conservar seus alvarás, ou receber alvarás novos, sem que o governo central se sentisse ameaçado[83]. Também permitiu o progresso ininterrupto de suas instituições, que, em essência, continuaram a existir até que as grandes reformas do século XIX viessem tirar o poder das mãos das oligarquias urbanas. Com o apoio do poder real, as autoridades locais conseguiram evitar as ferozes lutas entre as guildas e o patriarcado, que marcaram a vida urbana em todos os outros países; ademais, a situação das cidades explica por que, embora a Inglaterra medieval estivesse sujeita a revoltas de nobres como qualquer outro país, a partir do tempo de Eduardo I essas revoltas já tinham feições um tanto superficiais. Para tentar obter o controle da coroa, as facções aristocráticas costumavam fazer intrigas na corte. De vez em quando também perseguiam umas às outras pelo interior, em especial no norte, onde um lado ou ambos podiam quase sempre convocar os escoceses para unir-se à rixa. Como as cidades não se envolviam, e dado o colapso precoce do feudalismo na Inglaterra, as únicas pessoas com quem os nobres podiam contar para suas brigas eram os criados particulares e os voluntários que decidiam abraçar a causa. Conseqüentemente, seus números eram sempre pequenos. Por mais que se esforçassem, era raro conseguirem perturbar a vida do país. Mesmo na batalha de Bosworth Field, que pôs fim à Guerra das Rosas e levou ao trono a dinastia Tudor, o efetivo de ambos os lados não chegava a 10 mil homens.

---

82. S. Reynolds, *An Introduction to the History of English Medieval Towns* (Oxford: Clarendon Press, 1977), pp. 109-10.

83. De 1500 a 1700, foram incorporadas nada menos que 160 novas cidades inglesas. Cf. P. Clark e P. Slack, *English Towns in Transition 1500-1700* (Nova York: Oxford University Press, 1976), p. 128.

Foi só durante a guerra civil que a situação passou por uma mudança temporária. A maioria dos historiadores concorda que a rebelião contra Carlos I foi iniciada pela pequena nobreza, proprietários de terra que compunham nada menos que três quartos da Câmara dos Comuns[84]. Contudo, foram as cidades, com Londres na liderança, que geraram a força financeira, bem como a ideologia apropriada, o puritanismo. A disposição das cidades de se envolver no conflito significou que a guerra foi travada em escala bem mais ampla e provocou muito mais destruição do que qualquer outra de suas antecessoras; e isso principalmente porque a Inglaterra se tornara, em razão do declínio da influência da nobreza sobre as forças armadas, um país aberto, com poucas fortificações modernas capazes de resistir a ataques sérios. O que salvou a situação foi o fato de que, após um século e meio de poderosos monarcas Tudor, o controle do governo central sobre todo o reino deixara de ser questionado havia muito tempo. O protetorado que surgiu da guerra era, pelo menos, mais forte e mais centralizado do que a monarquia que substituiu. E foi, de fato, Cromwell que lançou a Inglaterra, até então muito menor e mais fraca do que a França ou a Espanha, no caminho do *status* de grande potência que iria ocupar no século XVIII.

Enquanto as cidades inglesas impunham poucos obstáculos à autoridade central, o mesmo não era verdade com relação a outros países, entre eles, sobretudo, a Itália e a Alemanha. Na Itália, com suas tradições romanas, as cidades chegaram cedo e talvez nunca tenham desaparecido totalmente. Embora algumas fossem governadas por bispos, praticamente todas, com raríssimas exceções, foram fundadas por membros da nobreza feudal e eram governadas por eles[85].

---

84. L. Stone, *The Causes of the English Revolution, 1529-1642* (Londres: Routledge,1972), pp. 91 ss.

85. Sobre as características das cidades italianas durante esse período, ver G. Chittolini, "Cities, 'City-Status', and Regional States in North-Central Italy", em C. Tilly e W. P. Blockmans (orgs.), *Cities and the Rise of States* in *Europe, AD 1000 to 1800* (Boulder: Westview Press, 1989), pp. 28-44.

Desde o início, destacaram-se nitidamente do interior; longe de terem que se emancipar da zona rural por meio da concessão de privilégios, as mais fortes delas começaram a conquistá-la a fim de criar para si um interior agrícola e comercial. Guerras intermináveis, a maioria delas originárias de rivalidades comerciais, também separaram as cidades. Como essas guerras abortaram o crescimento das menores, surgiram cinco grandes cidades – Gênova, Veneza, Milão, Florença e Roma – que conseguiram transformar-se, para todos os efeitos, em comunidades políticas totalmente independentes. O poder das cidades, tanto dentro quanto fora da Itália, por intermédio das redes de comércio e dos serviços bancários que criaram, chegou ao apogeu durante a segunda metade do século XV.

Contudo, o domínio sobre outros em geral tem seu preço, e as cidades italianas não foram exceções. Como bem sabia o mais importante dos historiadores de Florença, Francesco Guicciardini, as antigas cidades-Estado como Esparta, Atenas e Roma tiveram origem na simbiose voluntária de aldeias. Empenhando-se em sua carreira de conquistas, Roma, em especial, conseguira transformar seus súditos italianos em aliados voluntários com quem, até a "guerra social" de 90-89 a.C., repartia a sorte, boa ou má. Isso não se deu com as cidades medievais italianas. Quando seu poder se fez sentir fora de suas muralhas, em vez de estenderem cidadania aos habitantes do interior (inclusive os das cidades menores que continham), procuravam apenas explorá-los por meio de pedágios, impostos e outras formas de discriminação econômica criadas para impedir o desenvolvimento da indústria[86]. Além de não poder contar com os súditos para lutar por elas, ainda precisavam de forças armadas para contê-los. Conseqüentemente, jamais conseguiram criar exércitos nacionais, sendo obrigadas a recorrer a mercenários. Estes, além de ocasionalmente se voltarem contra os patrões e assumir

---

86. F. Bocchi, "Città e campagna nell'Italia centro-settentrionale (secc. XII-XIV)", *Storia della Città*, 10, 1986, pp. 101-4; M. Berengo, "Città e contado in Italia dal XV al XVII secolo", *Storia della Città*, 10, 1986, pp. 107-11.

o controle, eram caros e raramente se mostravam dispostos a lutar com muito empenho.

Os resultados dessa política se tornaram evidentes nos anos seguintes a 1494. Em realização econômica e cultural, a Itália liderava o mundo; não obstante, os exércitos não tinham qualidade nem quantidade para se comparar aos estrangeiros, muito mais fortes, que invadiram a península e lutaram entre si na disputa pelo território. De fato, esses estrangeiros eram geralmente bem recebidos, pelo menos pela parcela da população que pretendia restabelecer sua independência (como em Pisa) ou substituir o governo oligárquico pelo democrático (como em Florença), ou vice-versa. Durante mais de meio século, o norte da Itália, principalmente, se transformou num campo de batalha. Ali, os espanhóis, os franceses e os imperialistas – todos, por sua vez, apoiados por ferozes mercenários suíços – lutaram entre si; após repetidas conquistas e reconquistas, as cidades perderam sua independência para governos centrais, introduzidos de outros países. Apesar das esperanças que Maquiavel expressou no último capítulo de *O príncipe,* das cinco cidades apenas duas, Veneza e Roma, conseguiram sobreviver na forma de Estados independentes. Veneza, cujos dias de grandiosidade econômica terminaram após 1550, era pequena demais para desempenhar papel político significativo e logo passou a levar a existência onírica tão bem retratada nas pinturas de Canaletto, ao passo que Roma, em razão de seu singular caráter eclesiástico, continuou, como sempre, a se opor a tudo o que um Estado italiano pudesse representar.

Na Alemanha, as cidades eram mais numerosas, e suas origens mais diversas, do que em qualquer outro lugar. Algumas, em especial no sul, tinham raízes bem antigas, tendo sido colônias romanas quando de sua fundação; outras, principalmente no norte, foram criadas *ex novo* durante o grande período de migração para o leste, entre o século XI e o início do século XIV[87]. Para as cidades do norte, de manei-

---

87. Ver H. Stoob, *Forschungen zum Städtwesen in Europa* (Colônia: Boehlau, 1979), vol. I.

ra geral, e para as que formavam a Hansa (originalmente *An-See*, "no mar"), em especial, a sorte virou na segunda metade do século XV. A guinada teve a ver com a mudança de hábitat de seu principal produto, o arenque, e com a concorrência comercial holandesa, cada vez maior, que levou a seu declínio econômico[88]. Enquanto na Inglaterra (e, como veremos, na França) o rei normalmente protegia as cidades contra o pior que a nobreza pudesse fazer, na Alemanha o imperador era fraco demais e ficava muito distante para desempenhar esse papel – ainda mais porque o centro de seu poder já estava começando a mudar da Boêmia para o Danúbio.

Assim, já em 1442-48, o eleitor de Brandemburgo aproveitou-se das contendas entre o patriarcado e as guildas de Berlim para privar a cidade de seu direito à autogestão. A partir de cerca de 1480, há registros de casos em que o povo da cidade é proibido de dar abrigo a camponeses foragidos, está sujeito a diversas tarifas e é até mesmo obrigado a prestar serviços como transportar os bens do patrão. Em 1500 não restavam cidades livres em Brandemburgo; com o tempo, o sistema estendeu-se por toda a Prússia. As diferenças jurídicas entre a cidade e a zona rural praticamente desapareceram, caindo ambas sob o domínio despótico dos duques. Por volta do século XVIII, em vez de respirar o ar da liberdade e participar da revolução comercial que enriquecia as cidades inglesas e francesas, uma cidade na Prússia se considerava afortunada quando era escolhida para abrigar tropas reais.

Alguns membros da Hansa perceberam os perigos que os ameaçavam logo depois de 1500. Houve vários congressos e foram postos em prática diversos esquemas para reformar a associação e lhe dar um caráter mais centralizado – inclusive o que mais lhe faltava, um sistema de tributação e um exército em comum. A solução, no entanto, além de insuficiente chegou tarde demais. As cidades alemãs, embora nu-

---

88. Sobre o destino das cidades do norte da Alemanha, ver F. L. Carsten, *The Origins of Prussia* (Oxford: Clarendon, 1954), pp. 109 ss.

merosas, em geral eram menores que as italianas[89]. Cercadas por um número bem grande de pequenos domínios nobres, a maioria delas jamais conseguira gerar uma base de poder independente por meio da expansão para o interior. Durante os cem anos seguintes, algumas foram simplesmente anexadas pelos governantes da Dinamarca, da Suécia e da Prússia, com quem tinham antes conseguido negociar em igualdade de condições. Outras, embora conservassem sua independência como cidades livres, naufragaram na insignificância política – ainda que não necessariamente na insignificância econômica, como mostra o exemplo de Frankfurt e Hamburgo. A Guerra dos Trinta Anos atingiu algumas cidades de maneira muito mais dura do que outras; não obstante, ao revelar a impotência militar da Hansa, fechou a tampa de seu túmulo. Houve algumas tentativas de reviver a associação após 1648, mas com pouco êxito[90]. Só no leste do Báltico, onde os reis da Polônia eram fracos demais para exercer um papel análogo ao dos príncipes alemães, algumas cidades como Dantzig conservaram seus privilégios até o século XVIII.

Dominando as rotas comerciais entre o sul e o norte da Europa e não raro contendo minerais valiosos em seu território, as cidades do sul da Alemanha em geral tiveram mais êxito em manter sua prosperidade do que as do norte. Durante um período por volta de 1500, parece que tiveram a opção de se tornar suíças, isto é, de criar uma genuína aliança entre cidade e campo que lhes permitiria resistir à infiltração dos príncipes territoriais. Assim como na Itália, porém, esses planos foram derrotados pela perspectiva oligárquica das elites comerciais que só cuidavam dos próprios in-

---

89. Em 1500, a maior cidade alemã, Augsburgo, tinha 50 mil habitantes, enquanto Veneza ou Milão contavam com mais de 100 mil. Há alguns números em E. Ennen, *The Medieval Town* (Amsterdam: North Holland Publishing, 1979), pp. 187-9.

90. Sobre as tentativas de ressuscitar a Hansa e seu declínio final, ver P. Dollinger, *The German Hansa* (Londres: Macmillan, 1964), parte III.

teresses, estritamente definidos. A revolta dos camponeses de 1525 assustou as cidades do sul da Alemanha. Abandonadas por um imperador cujos compromissos em todo o mundo o tornaram evidentemente incapaz de protegê-las, daquele momento em diante ficaram propensas a cooperar com os príncipes.

Conforme acontecera no norte, algumas cidades foram totalmente anexadas e, a partir de então, ficaram sujeitas ao governo direto de pessoas indicadas pelos príncipes. Outras, conservando o *status* de livres ou imperiais, foram ignoradas pela história e desertadas pelas rotas do comércio, que estavam se deslocando para o Atlântico; caíram num torpor que durou até depois da Revolução Francesa.

Talvez as mais afortunadas foram as escolhidas como *Residenz* ou capital dos Estados territoriais que então se consolidavam, como Munique, Mannheim e Coblenz[91]; Viena, de onde Fernando I governava as terras hereditárias recém-consolidadas, chegou a conquistar a liderança político-econômica sobre toda a bacia do Danúbio. Ali e em outros lugares, porém, houve um preço a pagar. Em 1521-22, após uma revolta fracassada, os privilégios de Viena – inclusive o de manter uma casa da moeda – foram revogados. As eleições municipais chegaram ao fim e o burgomestre, que se chamava Siebenburger, foi executado.

Em algum ponto entre esses extremos estavam a França e a Espanha. Na França, as relações entre a coroa e as cidades eram muito semelhantes às relações entre a coroa e a nobreza. Houve algum progresso no tocante a afirmar o controle real sobre ambas a partir dos tempos de Felipe IV; no caso da nobreza, porém, os reis franceses perderam suas cidades durante a Guerra dos Cem Anos, quando muitos deles, entre dois adversários, foram obrigados a negociar em benefício próprio da melhor maneira possível. Em especial

---

91. H. Patze e G. Streich, "Die landesherrlichen Residenzen im spätmittelalterlichen Deutschen Reich", *Blätter für Deutsche Landesgeschichte*, 118, 1982, pp. 202-20.

durante o período decisivo da guerra, de 1415 a 1435, muitas cidades se comportaram quase como se fossem entidades políticas independentes. Abandonadas pelo rei, exerceram sua própria política internacional e muitas vezes usaram suas próprias forças armadas para se defender das depredações que sofriam de todos os lados. Mas isso não terminou após 1435. Muitas cidades estavam dentro do reino recém-consolidado e à mercê do rei. Outras, contudo – principalmente as localizadas perto das fronteiras da Borgonha –, conseguiram continuar jogando os velhos jogos.

De 1439 a 1559, os reis franceses, embora não se opusessem fundamentalmente à autonomia de suas *bonnes villes*, fizeram tudo que estava a seu alcance para dobrá-las a suas exigências, em especial no tocante às finanças[92]. O próprio Carlos VII mostrou o caminho, renovando impostos reais como a *taille* e a *gabelle* nas comunidades que foram libertadas do jugo inglês e, ocasionalmente, empregando a força para reprimir aquelas que, como Lyons, se recusassem a pagar[93]. Igualmente, Luís XI quis certificar-se de que obedeceriam à justiça real, sustentariam os exércitos reais quando passassem por lá e pagariam impostos. Já que sua situação era muito mais forte que a do seu pai, ele às vezes chegava a nomear os magistrados diretamente; normalmente, porém, mandava o conselho apresentar uma lista de três nomes para que o oficial de justiça escolhesse. Quando seu reinado terminou, muitas das fortificações das cidades encontravam-se em ruínas e as milícias não estavam mais em atividade[94].

Como no caso da nobreza, as cidades francesas ganharam nova vida política durante as guerras religiosas. Espalhando-se de Genebra, a Reforma francesa diferiu da alemã

---

92. Ver relato geral em B. Chevalier, *Les bonnes villes de France du XVe au XVIe siècle* (Paris: Aubier Montaigne, 1982).

93. R. Fedou, "A Popular Revolt in Lyons in the Fifteenth Century: The *Rebeyne* of 1436", em P. S. Lewis (org.), *The Recovery of France in the Fifteenth Century* (Nova York: Harper, 1971), pp. 242-64.

94. B. Chevalier, "The Policy of Louis XI Toward the *Bonnes Villes:* The Case of Tours", em Lewis, *Recovery of France*, pp. 265-93.

porque jamais se firmou entre as massas do campo. Pelo contrário, foi mais influente entre os nobres (em especial, as mulheres) e o povo da cidade. Diversas vezes a maioria católica, composta de 90 a 95 por cento da população, voltou-se contra os vizinhos huguenotes em massacres, grandes e pequenos. Obrigados a defender-se, a partir de 1560 estes transformaram o interior num verdadeiro arquipélago de comunidades semi-independentes, cada uma com seus órgãos de governo e forças armadas bem desenvolvidos. Conforme demonstra o termo "liga", tanto as cidades católicas quanto as huguenotes formaram alianças entre si, bem como com os nobres de seus respectivos credos (às vezes, quando predominavam os interesses pecuniários, os de outros credos). Todos lutaram entre si de maneira incoerente, às vezes aliando-se à coroa e outras vezes se opondo a ela, chegando a aprisionar o rei. Embora a guerra declarada tivesse cessado no mandato de Henrique IV, a realidade subjacente permaneceu quase inalterada. A independência comunitária foi, de fato, consolidada pelo Édito de Nantes que, além de conceder aos huguenotes a liberdade de culto, permitiu-lhes manter suas próprias fortificações e suas próprias forças armadas. Esses privilégios ajudam bastante a explicar por que, durante todo o tempo dos distúrbios, de 1610 a 1661, as cidades conseguiram exercer um papel semelhante ao da nobreza e provocar tantos problemas para a monarquia.

    No tocante ao governo interno das cidades, Henrique IV resolveu não implantar nenhuma modificação revolucionária. Continuou em vigor o sistema do século XV, por meio do qual as listas de candidatos ao cargo de prefeito eram encaminhadas ao rei; embora Henrique às vezes descartasse as propostas dos súditos, isso nem sempre era resultado de política deliberada, já que em alguns casos era mero reflexo da incapacidade da cidade de apresentar uma lista consensual. Seu comportamento ambíguo se expressou na opinião contemporânea acerca de Paris, a mais importante de todas as cidades. Havia quem achasse que Henrique jamais interferia nos assuntos da cidade; outros achavam que ele tentava sistematicamente eliminar sua independência. Parece que a verdade estava entre um oposto e outro. Em Paris e outros lugares, o poder do rei se fazia sentir quando o risco de tumultos ou as necessidades fiscais tornavam necessária a intervenção. De vez em quando ele também achava necessário impedir algum adversário de assumir cargos, ou usava os próprios cargos como meio de conceder favores sem ter despesas. Caso contrário, porém, ele costumava deixar as cidades em paz[95].

Muito mais perigosas para a independência municipal foram as tentativas de Sully, quando secretário do tesouro, de passar as finanças para sua supervisão. Como condição para autorizar a tributação, ele exigia que as cidades apresentassem suas contas a cada três anos; com o tempo, isso acabaria lhe dando o controle total. Acontece que Sully e seu patrão saíram de cena antes de ter o controle completo, deixando a tarefa a Mazarino, já em seus últimos anos de vida. Só para recordar alguns momentos importantes, em 1655 uma revolta antifiscal em Angers levou a uma ocupação de três meses da cidade pelas tropas reais comandadas pelos *intendants*; o antiqüíssimo sistema de eleições municipais foi extinto e o *maire* e os *echevins* foram substituídos por pessoas nomeadas pelo rei. Aix, tendo se rebelado em 1658, teve destino semelhante. Quando Marselha se rebelou no mesmo ano, foi tratada por Mazarino quase como cidade ocupada; os soldados se aquartelaram ali, partes do muro foram demolidas, dissolveu-se a milícia urbana, os habitantes foram desarmados, construiu-se uma nova cidadela e aboliu-se até o título de cônsul tradicionalmente ostentado pelos magistrados eleitos. Em 1692, Luís XIV concluiu o processo, abolindo a eleição de magistrados em todas as cidades francesas. A partir de então eram os *intendants* que governavam[96].

---

95. Bruisseret, *Henry IV*, pp. 164-6.
96. Sobre a história de como uma cidade francesa perdeu a independência, ver R. A. Schneider, "Crown and Capitoulat: Municipal Government in Toulouse, 1500-1789", em P. Benedict (org.), *Cities and Social Change in Early Modern France* (Londres: Unwin Hyman, 1989), cap. 6.

Na Espanha, graças principalmente às guerras contra os muçulmanos que obrigaram sucessivos reis a pedir-lhes apoio, a tradição das cidades autônomas era tão forte quanto em qualquer outro lugar[97]. Contudo, durante as últimas décadas do século XV, essas guerras chegaram ao fim. Os reis católicos estavam ansiosos por podar a independência das cidades; estas, por sua vez, estavam cansadas da anarquia e dispostas a aceitar um governo. Já desde o século XIV, *corregidores* eram enviados ocasionalmente às cidades castelhanas para supervisionar seus assuntos – naquela época, assim como hoje, a frase "Sou do governo; estou aqui para ajudar você" era uma grande mentira em qualquer língua. Em 1480, ficou decidido que esses funcionários seriam introduzidos em todas as cidades que ainda não os tinham e que seu cargo se tornaria permanente. Atuando a princípio como oficiais de justiça, *corregidores* mais tarde também adquiriram autoridade administrativa. Agiam como governadores reais *de facto,* controlando todos os aspectos da administração, inclusive e principalmente as finanças. Enquanto Fernando e Isabel estavam vivos, o sistema funcionava e satisfazia a ambos os lados. Depois que morreram, porém, Carlos V, durante sua primeira estada na Espanha em 1516-19, usou-o indevidamente para recompensar seus favoritos, em sua maioria estrangeiros e não qualificados para o cargo; não admira que isso tenha despertado a ira das cidades.

Quando Carlos, que ambicionava a coroa imperial, saiu da Espanha em 1519, as cidades acharam que chegara sua hora. Entre os membros da classe média e os artesãos, a resistência à infiltração aristocrática já estava latente havia décadas; naquele momento surgiu mais um agravo, na forma dos impostos recém-instituídos[98]. O sinal para a rebe-

---

97. Ver em P. Fernandez Albaladejo, "Cities and the State in Spain", em Tilly e Blockmans, *Cities and the Rise of States in Europe*, pp. 170-3, as relações entre a coroa e as cidades durante esse período.

98. Ver a história do movimento dos *communeros* em S. Haliczer, *The Communeros of Castile: The Forming of a Revolution, 1475-1521* (Madison: University of Wisconsin Press, 1981); e A. W. Lovett, *Early Habsburg Spain, 1517-1598* (Oxford: Oxford University Press, 1986), pp. 30 ss.

lião foi dado em maio de 1520, quando Toledo expulsou seu *corregidor*. No mês seguinte, a rebelião se espalhou pela maioria das cidades da Velha Castela. Uma por uma, expulsaram as autoridades reais e os coletores de impostos – alguns tiveram o azar de ser assassinados – e proclamaram uma *communidad*. Em julho, os representantes de quatro cidades se reuniram em Ávila. Criaram uma junta revolucionária que expulsou de Valladolid o regente Adriano de Utreque e instituiu um governo adversário. O movimento chegou ao apogeu em setembro, quando a junta, representando então catorze de dezoito cidades e com o apoio de um exército próprio, proclamou que o reino estava acima do rei e que ela mesma representava o reino. Após hesitação inicial, o regente reagiu, cooptando os representantes da alta nobreza. Mobilizando as forças desses nobres e as suas próprias, derrotou os rebeldes na batalha de Villalar em abril de 1521. As diversas cidades foram sitiadas, uma de cada vez, até que, por fim, a própria Toledo foi obrigada a capitular em outubro de 1521.

Simultaneamente aos *communeros,* as *germanias* (ou associações populares) de Aragão tomaram o controle das cidades das mãos das autoridades, embora os dois movimentos jamais tivessem trabalhado em cooperação. Assim como em Castela, a rebelião foi realizada principalmente pelas classes médias e dirigida contra o poder cada vez maior da aristocracia e contra a coroa. Também como em Castela, foi esta que saiu vitoriosa quando o movimento foi reprimido. Não obstante, a coroa espanhola teve menos êxito que a francesa em equilibrar a nobreza e as cidades. Em Aragão, estas foram abandonadas à mercê dos grandes, que durante alguns séculos fizeram de tudo para transformar o país numa Polônia mediterrânea. Em Castela, a derrota deixou-as impotentes, permitindo que Carlos V e Felipe II as sugasse por intermédio de monopólios reais, tarifas de exportação, empréstimos compulsórios e confisco constante das barras de ouro importadas[99].

---

99. Ver dados em R. Trevor Davies, *The Golden Century of Spain* (Londres: Macmillan, 1961), pp. 180ss.

Nem mesmo o fluxo cada vez maior de prata proveniente do Novo Mundo conseguiu salvar a economia de Castela, comprometida, havia anos, a dar apoio às campanhas militares da Espanha no Mediterrâneo e, mais tarde, na Holanda. Os primeiros sinais de decadência urbana, ocasionados principalmente pelas exigências impossíveis da tributação real, às quais era impossível resistir, tornaram-se evidentes na década de 1560[100]. As tristes súplicas de auxílio não adiantaram. Entre 1600 e 1700, a população urbana de Castela (menos a de Madri) caiu em mais de 50 por cento[101], lançando a Espanha no caminho do retrocesso econômico e social do qual só começaria a sair após a conquista napoleônica e, de fato, em fins do século XX.

Por fim, em dois países – Suíça e Países Baixos – as cidades, longe de se renderem ao governo real, conseguiram assumir o governo. A maior conquista das cidades suíças, ao contrário das italianas, foi que jamais perderam a lealdade do interior – os cantões – que governavam[102]. Conforme salientou Maquiavel em *A arte da guerra*, depois de Fornovo, em 1494, os exércitos italianos se tornaram famosos por sua ineficácia, dissolvendo-se antes do primeiro choque. Isso não aconteceu com os suíços, que, nos séculos anteriores, haviam conquistado merecido renome por sua coragem e até mesmo ferocidade. Conseqüentemente, conseguiram resistir às tentativas dos Habsburgo de dominá-los; mais tarde, também tiveram êxito na luta contra os governantes de Borgonha, França e Savóia. Depois disso, passaram à ofensiva e, de uma colcha de retalhos de distritos esparsos, ligados entre si somente por passagens entre montanhas, consolidaram um país razoavelmente coeso. Embora a se-

---

100. J. H. Elton, "The Decline of Spain", *Past and Present,* 20, 1961, pp. 61 ss.; A. D. Ortiz, *The Golden Century of Spain* (Londres: Weidenfeld & Nicolson, 1971), pp. 184 ss.

101. Números extraídos de Fernandez Albaladejo, "Cities and the State in Spain", p. 177, tabela 8.1.

102. Sobre as conquistas dos suíços, ver M. V. Clarke, *The Medieval City-State* (Cambridge: Speculum, 1966), cap. 7.

paração formal do império só tenha ocorrido em 1648, muito antes disso Zurique, Berna e as outras cidades já haviam fundado uma confederação informal praticamente independente, que logo adotou a política de neutralidade armada que viria a caracterizá-la nos séculos futuros. Interrompida somente pelas guerras da Revolução Francesa, durou até que uma curta guerra civil levasse à criação do moderno Estado suíço em 1847.

De 1384 em diante, os Países Baixos, até então um grupo heterogêneo de províncias governadas por vários duques e condes, caiu sob o controle da dinastia de Borgonha, que as conquistou uma por uma. Essas províncias passaram pelas mesmas tendências centralizadoras que prevaleciam em outros países; e, de fato, durante todo o século XV Borgonha esteve à frente das outras monarquias nesse aspecto[103]. O rumo que as coisas tomavam teve uma ilustração impressionante em 1540.

A própria avó de Carlos V, Maria, vira seu governo ameaçado e seus conselheiros executados pelos magistrados de Gand; agora, utilizando uma revolta antifiscal como desculpa, o imperador executara alguns dos principais cidadãos da cidade e a destituíra de seus antigos privilégios, em especial no tocante ao direito de recolher seus próprios impostos. Assim, o poder daquela comunidade que, durante séculos, provocara problemas incessantes para os reis franceses, e depois para os próprios ancestrais de Carlos, rompeu-se para nunca mais se restaurar, uma vez que a grandeza comercial a abandonou e deslocou-se para Antuérpia.

Contudo, na geração seguinte, o filho de Carlos, Felipe, exagerou ao tentar reprimir a Reforma e ao mesmo tempo criar novos impostos – a famosa *alcabala*. Assim como Carlos alienara as cidades espanholas ao nomear conselheiros flamengos, Felipe obteve o mesmo resultado, só que ao contrário, quando enviou o espanhol Nicholas Perenot para

---

103. H. Pirenne, "The Formation and Constitution of the Burgundian State", *American Historical Review*, 14, 1909, pp. 477-502.

suceder sua própria meia-irmã Margarete no governo da Holanda em 1565. Ao fazê-lo, conseguiu realizar o que poucos governantes dos primeiros países modernos haviam realizado: uma aliança entre as cidades e pelo menos uma parte da nobreza. O resultado da aliança, que se voltou contra ele, foi a guerra holandesa pela independência. Durou de 1568 a 1648 e foi quase totalmente paga pelas cidades da Holanda e da Zelândia, cuja prosperidade, já bastante elevada, continuava aumentando.

As Províncias Unidas que nasceram após o Tratado de Utrecht, em 1579, tinham um chefe titular na pessoa de Guilherme, o Taciturno. Depois de seu assassinato em 1584, o posto de *Stadthouder* ou tenente-geral estava destinado a permanecer nas mãos de sua família; longe de serem reis hereditários, contudo, todos os seus sucessores tiveram de obter a aprovação dos estados gerais para assumir o posto. A esses príncipes faltavam grandes recursos particulares; tendo gasto sua fortuna (bem modesta, para começar) para convocar exércitos durante os primeiros estágios da revolta, o próprio Guilherme, o Taciturno, só deixara dívidas. Por outro lado, não tinham o direito de coletar impostos. Por conseguinte, a dinastia de Orange nunca nem sequer chegou perto de instituir o governo absoluto que os monarcas de então tanto se empenhavam em conseguir; na verdade, houve períodos, como entre 1650 e 1672, em que as províncias não tiveram *Stadthouder* nenhum. Enquanto isso, as cidades representadas nos Estados gerais, que somavam não menos que 58, mantinham seus respectivos representantes com rédeas bem firmes. Nesse sentido, *eram* elas o Estado[104].

A posição predominante do patriarcado holandês significou que, como na Suíça, a evolução rumo ao Estado mo-

---

104. Sobre o sistema político dos Países Baixos, ver C. Wilson, *The Dutch Republic* (Londres: Weidenfeld & Nicolson, 1968), cap. 3; M. 'T Hart, "Intercity Rivalries and the Making of the Dutch State", em Tilly and Blockmans, *Cities and the Rise of States in Europe*, pp. 199-203; também, mais aprofundado, 'T Hart, *The Making of a Bourgeois State: War, Politics and Finance During the Dutch Revolution* (Manchester: Manchester University Press, 1993).

derno, uno e centralizado, foi interrompida ou pelo menos adiada. Não obstante, nenhum desses países foi vítima de seus vizinhos bem mais poderosos. Isso se deveu, em um dos casos, à singularidade das circunstâncias geográficas, bem como às proezas militares que, de 1500 em diante, transformaram os suíços na primeira opção de mercenários para quem pudesse custeá-los. E, no outro caso, o motivo foi a riqueza excepcional – que sustentava forças armadas eficientes – combinada, a partir de 1688, com uma aliança mais ou menos permanente com a potência protestante mais forte da época.

Com essas duas notáveis exceções, a tarefa de colocar as cidades sob o controle real fora realizada de maneira abrangente por volta de 1660. Como demonstra o exemplo da Inglaterra, as instituições municipais não foram suprimidas em toda parte; muitas cidades continuaram a gozar de certa autonomia no seu governo interno ou "polícia". Também é verdade que pequenas rebeliões, a maioria delas ocasionadas pela pobreza e pelo desemprego, continuaram a ser fenômeno freqüente principalmente na França. Nem as rebeliões nem a autogestão urbana, porém, conseguiram mais do que ameaçar o poder cada vez maior do Estado. A não ser para fornecer pessoal para funções menos importantes, como vigia noturno, supervisores de mercados e funcionários de prisões, as milícias urbanas – que em seu apogeu conseguiram desafiar reis e príncipes – foram deixando de ter serventia. Na Prússia, o próprio termo "milícia" foi proibido após 1670, e em outros locais tornou-se objeto de deboche.

Com a consolidação dos Estados territoriais, as fortificações das cidades localizadas dentro do país foram abandonadas – quando não, de fato, propositalmente destruídas – e logo caíram em ruínas. O restante saiu do controle municipal para as mãos dos comandantes das guarnições reais. Mais ou menos um século depois, esses fatores revolucionariam o papel que as cidades desempenhavam na guerra; de centros de resistência que precisavam ser sitiados, tornaram-se flácidas concentrações de riquezas que o invasor, depois da batalha, ocupava quase sem mais nem menos[105]. A população foi desarmada, e os "burgueses" e os "beligerantes" seguiram rumos diferentes. A não ser em tempos de guerra civil, como na França depois de 1789, as cidades já não podiam recusar-se a admitir seus governantes ou executar uma política independente em aliança com príncipes estrangeiros do outro lado da fronteira, muito menos realizar operações militares para seus próprios fins.

O triunfo dos monarcas

Olhando agora para trás – o exame retrospectivo é sempre o melhor amigo do historiador –, o triunfo dos monarcas durante o período em questão parecia inevitável. Talvez o fator mais importante tenha sido o prolongado – e como se fosse predestinado – conflito entre o papa e o imperador, que permitiu aos monarcas jogar um contra o outro; se o imperador também fosse o chefe da religião instituída, como no caso de quase todos os outros lugares do mundo onde existiam sistemas políticos semelhantes, é quase certo que seu poder teria sido sufocante e o Estado moderno jamais teria nascido. Porém, do jeito que aconteceu, a crise religiosa e a fragmentação do poder político imperial caminharam de mãos dadas, culminando na Reforma. Quase independentemente de apoiarem as reformas ou se oporem a elas, foram os monarcas que se beneficiaram.

Como sua lista de títulos geralmente sugere – quase sem exceção não só eram reis, mas também marqueses disso e condes daquilo –, a princípio os monarcas eram apenas grandes nobres que, colecionando propriedades aqui e ali, aos poucos, e quase sem perceber, se viram um dia na chefia de um Estado. Nesse ponto, já não faz sentido perguntar por que tiveram êxito sobre os demais: é como a história do

---

105. Ver M. van Creveld, *Technology and War* (Nova York: Free Press, 1989), pp. 27-8, 106.

filólogo que, depois de passar vinte anos tentando descobrir quem compôs a *Ilíada* e a *Odisséia*, por fim concluiu que não foram escritas por Homero, mas por outro poeta também chamado Homero. Isso é outro modo de dizer que, dos mais ou menos quinhentos adversários que se apresentaram na linha de largada e participaram da luta[106], alguns tiveram mais êxito do que os outros na criação de instituições, na mobilização dos recursos econômicos e na tradução desses recursos em poder civil e militar. Por conseguinte, terminaram por dominar os que se submeteram e derrotar (matando, se necessário) os que não se submeteram.

Assim como o papa e o imperador, em relação às cidades os monarcas quase sempre conseguiam jogar o jogo do dividir para governar. Em especial na Espanha e na Europa oriental, foi possível equipar a nobreza para combater as cidades e, se não eliminá-las totalmente, pelo menos deter seu desenvolvimento e reduzi-las à impotência política. Em outros lugares foi mais uma questão de usar as próprias divisões internas das cidades – entre os ricos e os pobres, os mercadores e os artesãos, os que viviam dentro das muralhas e os que moravam no campo, por exemplo – para alcançar o domínio sobre elas.

Freqüentemente se fazia isso recorrendo-se à pura força, como no sul da Alemanha. Em outros casos era um processo quase imperceptível, pois os nomeados pelo rei iam aos poucos exterminando a democracia urbana, assumindo as funções dos magistrados, coletando impostos em nome do amo e reprimindo revoltas ocasionais quando e onde ocorriam. Se governantes como Henrique IV da França *pretendiam* ou não pôr fim à independência de suas cidades é uma questão que tem sido tema de debates intermináveis[107]. O fato é que, com o tempo, foi exatamente isso que ele fez, assim como seus predecessores e sucessores.

---

106. Ver J. Anderson e S. Hall, "Absolutism and Other Ancestors", in J. Anderson (org.), *The Rise of the Modern State* (Brighton: Wheatsheaf, 1986), p. 31.

107. Por exemplo, D. Parker, *The Making of French Absolutism* (Londres: Edward Arnold, 1983), pp. 66-7.

Analisando de outro ponto de vista, porém, nem a nobreza nem as cidades foram derrotadas de maneira tão definitiva quanto este relato pode sugerir. Conforme já foi explicado, os nobres geralmente mantiveram seus privilégios – como a isenção de impostos, por exemplo – e um quase monopólio dos altos escalões do governo. Os habitantes das cidades perderam a independência política e, como membros do terceiro estamento, foram excluídos dos cargos do governo; porém, em compensação, o sistema econômico do qual eram os principais defensores e beneficiários progrediu como nunca antes. Em especial na Europa ocidental, o capitalismo e a monarquia caminharam juntos. Fosse por meio de tributação ou de empréstimos, o capitalismo deu força financeira à monarquia. Esta pagava seu débito oferecendo proteção militar aos empreendimentos capitalistas, tanto dentro do país como, mais tarde, fora de suas fronteiras; também concedia aos habitantes das cidades privilégios que os destacavam muito dos habitantes do campo. Com exceção apenas da Rússia, pelo menos a partir da segunda metade do século XVII, os Estados mais fortes eram também os que tinham os maiores e mais poderosos empreendedores capitalistas. Mais tarde, como Marx escreveria no *Manifesto Comunista,* a questão toda dizia respeito a quem pertencia a quem.

Tendo derrotado os rivais de um jeito ou de outro, os monarcas logo começaram a mudar seu modo de fazer negócios e se apresentar ao mundo. Uma das primeiras e mais importantes mudanças aconteceu no campo militar. Devido, em parte, à natureza pessoal da política e, em parte, ao *éthos* cavalheiresco, os governantes medievais em geral comandavam seus exércitos pessoalmente e, quase sempre, lutavam corpo a corpo nas primeiras fileiras. Conseqüentemente, as baixas entre eles não eram raras: alguns morriam, outros eram aprisionados e tinham de pagar resgate para ser libertados. Por exemplo, tanto o rei da França quanto seu herdeiro foram capturados na batalha de Poitiers em 1356. Jaime IV da Escócia foi assassinado em Flodden em 1513; como já vimos, a batalha de Pavia em 1525 terminou com a captura do rei Francisco I da França. Para não ser derrotado, Carlos V, rival de Francisco, lutou corpo a corpo diante das muralhas de Túnis em 1535 e perdeu várias de suas montarias. O retrato de autoria de Ticiano do imperador na batalha de Mühlberg mostra-o como um perfeito cavaleiro cristão, colado à montaria – ele era, de fato, um excelente cavaleiro – com o queixo firme e o olhar atento, embora, nessa ocasião, não haja indicação de que tenha lutado pessoalmente.

Pelo contrário, Carlos, o prudente filho de Felipe II, preferia comandar suas extensas campanhas com métodos burocráticos, confiando em comandantes de campo escolhidos na mais alta nobreza e cercados por cartas de instruções bem explícitas. À época da Guerra dos Trinta Anos, seu método já era compartilhado pela maioria dos principais monarcas envolvidos, inclusive seu filho e seu neto, Felipes III e IV, bem como o imperador Fernando II e Jaime I da Inglaterra. A única exceção importante foi Gustavo Adolfo da Suécia. Gênio militar *bona fide*, ele fazia questão de operar à velha moda e comandar no *front*. Não é de surpreender que tenha sido assassinado quando, escoltado apenas por dois ou três companheiros, foi prestar auxílio ao flanco direito, que corria perigo, na batalha de Lützen em 1632.

Durante o século XVIII, o número de reis que atuavam como comandantes de campo continuou a cair. As únicas exceções importantes foram o descendente de Gustavo Adolfo, Carlos XII, e Frederico II da Prússia, mas nem eles lutavam mais corpo a corpo: comandavam de um local seguro na retaguarda[108]. Para compensar-se pelas alegrias perdidas da batalha, alguns monarcas do século XVIII, principalmente Luís XIV, se apresentavam no final de um cerco, assumiam o comando formal e tomavam ares heróicos. Outros, notavelmente entre eles Pedro III da Rússia, brincavam com soldadinhos de chumbo, que até levavam para a cama. Dos

---

108. Ver M. van Creveld, *Command in War* (Cambridge, MA: Harvard University Press, 1985), pp. 52-5.

três imperadores presentes em Austerlitz em 1805, só um – Napoleão Bonaparte – era militar e exerceu o comando de fato. Os outros dois, Alexandre da Rússia e Francisco I da Áustria, comportaram-se como parasitas e fizeram pouco mais que pôr obstáculos à frente dos próprios subordinados – mas isso é antecipar nossa história.

A mudança na esfera militar veio associada com a mudança no governo, que de itinerante tornou-se sedentário. Nesse vínculo, não há necessidade de retroceder até João Sem Terra da Inglaterra, que passou a maior parte de seu reinado passeando pelo reino, acompanhado por alguns membros da família e servos, uma arca do tesouro e duzentos cães de caça; Luís XI da França, bem como seus contemporâneos, os imperadores Frederico III e Maximiliano I, viajaram quase tanto quanto ele. Tanto os governantes seculares quanto os eclesiásticos viajavam para onde houvesse problema a resolver e, segundo suas preferências, passavam o resto do tempo caçando animais e mulheres. Maximiliano, principalmente, quase nunca dormia mais de uma noite na mesma cama; durante seus últimos dias estava reduzido a tal penúria que não encontrava nem um estalajadeiro que o hospedasse. Como demonstra o exemplo de Carlos VIII e Luís XII, alguns governantes continuaram a passar muitos anos fora, não só da capital, mas também do país. Nem fora completamente esquecida a idéia medieval de monarcas partirem em cruzadas e abandonarem o governo pelo bem da própria alma, apesar de, em fins do século XIII, isso ter resultado apenas em exibicionismo. Daí surgiu o conselho de Erasmo em *A educação de um príncipe cristão*, de que era melhor ficarem em casa cuidando do bem-estar dos súditos[109].

Quando o governo se tornou mais centralizado, mais ou menos após 1550, esse conselho passou a ser ouvido. O primeiro monarca realmente sedentário, como já observamos, foi Felipe II. Ele se empenhou em governar atrás da escri-

---

109. Erasmo, *The Education of a Christian Prince*, L. K. Born (org.) (Nova York: Norton, 1964), p. 208.

vaninha, curvando-se à carga de trabalho e não raro adormecendo sobre os papéis. Na Inglaterra, Isabel passou grande parte do reinado viajando de uma casa de campo para outra; segundo ela, era economia viver à custa dos barões. Não foi esse o estilo escolhido por seus dois sucessores, Jaime I e Carlos I. Juntos, exerceram o que mais se aproximou do governo absoluto na Inglaterra – os anos entre 1629-40 ficaram conhecidos como o período do governo pessoal – e, com curtas interrupções, ambos optaram por ficar em Londres ou ali por perto. Do outro lado do canal, Catarina de Medici e os filhos tinham sido tão itinerantes quanto seus predecessores, quase sempre passando meses em viagens. Depois de encerrar a guerra civil, Henrique IV normalmente residia em Paris; Luís XIII, porém, inverteu a tendência e costumava passar meses a fio fora da capital para inspecionar as províncias, fazer "entradas triunfais", assistir a casamentos de parentes e supervisionar batalhas (era incapaz de exercer o comando). Depois chegou a vez de Luís XIV. Discípulo de Copérnico, foi o primeiro monarca francês a fazer com que os súditos girassem ao redor dele, em vez do contrário. Não foi à toa que assumiu o título de Rei Sol e mandou gravar as palavras, bem como o próprio símbolo, nas paredes e na mobília de todo o palácio.

Espelhando sua nova posição de superioridade em relação às reles mortais, a realeza passou a dispor de um leque muito reduzido para a escolha de cônjuges. Os reis medievais e renascentistas usavam alianças de família para solidificar laços feudais e unir novos territórios a seus domínios; por conseguinte, era comum se casarem com membros da alta nobreza, estrangeiros ou locais, tais como duquesas e condes. Ricardo II da Inglaterra, por exemplo, chegou a pensar numa aliança com a filha do senhor de Milão antes de escolher Ana da Boêmia, que também não tinha sangue real. Luís XI da França casou-se com Carlota de Savóia (1451), Carlos VIII casou-se com Ana da Bretanha (1497), e os reis franceses do século XVI casaram-se com as mulheres da dinastia Medici. Agora que as províncias estavam deixando de ser consideradas propriedades privadas e que, exceto na Alemanha com seu número infinito de minúsculos principados, a maioria das famílias não-reais não mais reinavam, os monarcas procuravam preservar seu *status* casando-se exclusivamente dentro da própria família. O resultado foi uma espécie de racismo; conforme declarou Lady Fleming, que em 1550 teve o breve privilégio de ser amante de Henrique II da França, "o sangue do rei é mais suave e mais doce do que qualquer outro"[110]. Em fins do século XVIII, até os czares russos, embora considerados retardatários pelo resto da Europa, estavam seguindo a tendência de maneira calculada para posicionar-se muito acima de seus melhores súditos. Em outros lugares, a endogamia sistemática durante gerações levou às vezes a casos perceptíveis de degeneração.

A mudança do governo, de itinerante para sedentário, também foi causa e resultado do crescimento em tamanho e esplendor das cortes. Já haviam passado os dias em que se podia ver um rei como Luís IX sentado à sombra de uma árvore distribuindo justiça entre seus nobres reunidos; quanto mais tardio o período, mais pronunciada a tendência rumo à magnificência e às despesas maiores. Os líderes nesse campo eram os duques de Borgonha, cuja etiqueta se tornou assunto de uma famosa descrição de Johan Huizinga[111]; primeiro em Dijon e mais tarde em Gand, até mesmo a disposição dos talheres em ordem que não fosse a prescrita era considerada uma afronta à dignidade ducal. Mas era precisamente essa qualidade que a recomendava aos outros, inclusive Carlos V – que passou a juventude cercado por seus esplendores – Francisco I e Henrique VIII.

Entre 1500 e 1700, o número de servos reais muitas vezes chegava aos milhares e até às dezenas de milhares. Das princesas de sangue-azul – que às vezes eram vistas corren-

---

110. Citado em E. Le Roy Ladurie, *The Royal French State 1460-1610* (Oxford: Blackwell, 1994), p. 156.

111. J. Huizinga, *The Waning of the Middle Ages* (Harmondsworth, UK: Penguin Books, 1965), pp. 39-44.

do pelo palácio para não perder alguma cerimônia em que se contava com sua presença – ao mais humilde lacaio, todos se submetiam a uma disciplina quase militar que definia quem faria o quê, como, quando e para quem; e que, por sua vez, só podia ser mantida se o próprio monarca todo-poderoso aderisse a ela, como a mola de um imenso relógio. Conforme o duque de Saint-Simon disse de Luís XIV, "com um calendário e um relógio, era possível dizer, a quinhentos quilômetros de distância, o que ele estava fazendo"[112]. Para abrigar esses afazeres, foi necessário construir palácios totalmente novos.

O primeiro foi o Escorial na Espanha, cuja localização no centro exato da Península Ibérica o tornava adequado à finalidade para a qual fora projetado. Depois vieram os franceses Palais Royal e Versalhes (originalmente um alojamento de caça que se expandiu numa comunidade de 150 mil pessoas); o bávaro Nymphenburg, o austríaco Schönbrunn e o prussiano Charlottenburg, para falar só dos mais conhecidos. Todos tinham uma parte residencial, uma administrativa e uma cerimonial[113]. Todos eram cercados por um jardim formal onde até as árvores eram obrigadas a obedecer ao dono e assumir formas geométricas. E todos tinham desde o início, ou logo recebiam, uma lista daqueles cujo *status* os tornava dignos de ali entrar. Os governantes raramente saíam dessas residências e, quando saíam, era somente em ocasiões de Estado e na companhia de toda a corte – quando Luís XV certa feita se mudou de Versalhes para outro local, fez questão que a nora, embora gravemente enferma, fosse junto. Os dias em que qualquer súdito podia, pelo menos na teoria, ter a esperança de conhecer o rei pessoalmente e apresentar uma queixa estavam chegando ao fim.

Numa civilização cristã, comparar o monarca a Deus equivalia a um sacrilégio. A Contra-Reforma dera fim à si-

---

112. Citado em E. Lavisse, *Louis XIV* (Paris: Tallandier, 1978 [1905]), vol. VII, parte I, p. 157.

113. Ver análise da planta desses palácios em N. Elias, *The Court Society* (Oxford: Basil Blackwell, 1983), cap. 5.

tuação em que reis como Olavo da Noruega ou Luís IX da França podiam ser grandes guerreiros *e* santos; contudo, a academia humanista se opunha. Agora que os governantes não eram mais beatificados, tornara-se disponível uma série de divindades com as quais podiam identificar-se. O favorito dos homens era Hércules – como o título passava de um monarca para outro, Henrique IV da França certa ocasião foi denominado "o Hércules que agora reina". Em geral sua contraparte feminina era a deusa caçadora Diana; Vênus, com seu histórico de adultério, teria causado provavelmente muito embaraço. Além dos insultos, divindades como Júpiter, Juno, Apolo, Netuno, Minerva e Baco – para não falar das inúmeras ninfas, quase sempre representadas por jovens nuas – costumavam freqüentar também os casamentos reais, os batismos, as entradas triunfais e cerimônias semelhantes[114]. Os que criavam quadros, esculturas e *tableaux vivants* retratando essas ocasiões baseavam-se em manuais escritos especialmente para esse fim, que continham ilustrações e nos quais se enumeravam as diversas qualidades dos deuses. Assim, os monarcas europeus puderam exibir-se com as divindades, ainda que fossem pagãs e só moderadamente levadas a sério.

O triunfo do monarca sobre seus diversos concorrentes também encontrou expressão no modo como eram pintados e esculpidos. Os reis medievais, até a segunda metade do século XV, quase sempre são mostrados misturando-se com os nobres em atividades como caça e banquetes. Outros, de inclinações mais religiosas, podem ser vistos em oração, humildemente ajoelhados na companhia de seus santos padroeiros. Uma distância imensa separa essas obras de suas sucessoras da época da Contra-Reforma em diante. Vasari,

---

114. Ver A. Huon, "Le thème du prince dans les entrées parisiennes au XVe siècle", em J. Jacquot (org.), *Les fêtes de la Renaissance* (Paris: Centre national de la recherche, 1956), vol. I, pp. 21-30; e R. Strong, *Art and Power: Renaissance Festivals 1450-1650* (Woodbridge, Suffolk: Boydel, 1973), que apresenta análise minuciosa do modo como os temas absolutistas se tornaram predominantes.

perto do fim da vida (ele morreu em 1574), pintou a *Apoteose do duque Cosimo de Medici*. Nos cinqüenta anos seguintes, Rubens, Velazquez e Van Dyck – os três foram pintores da corte muitíssimo bem-sucedidos – produziram grandes telas que mostram a realeza, sozinha ou em grupos exclusivamente familiares, contra um fundo calculado para realçar seu esplendor, como, por exemplo, um jardim, troféus de caça ou um cerco. Nas paredes dos palácios, os maiores quadros serviam de *coups de théâtre*, que faziam os visitantes se depararem com um ângulo diferente da pessoa augusta de seu senhor toda vez que entravam em novo prédio ou aposento. Outros, produzidos em menor escala, destinavam-se a decorar os aposentos particulares do rei ou a exposições[115].

Os governantes medievais quase sempre tinham estátuas verticais de si mesmos dentro de nichos em paredes de igrejas, ao passo que os túmulos eram decorados com efígies horizontais que os representavam junto de suas esposas. Durante a segunda metade do século XV, esses estilos começaram a ser substituídos por imponentes estátuas eqüestres feitas de bronze. Em vez de ficar dentro de prédios, sua finalidade era decorar praças públicas, moda que começou na Itália, onde o povo tinha uma de Marco Aurélio no monte Capitolino para servir de exemplo. Por volta de 1475, os governantes Sforza de Milão foram os primeiros a encomendar estátuas de si mesmos a cavalo, embora jamais tenham sido concluídas. Muito mais tarde, seu exemplo foi seguido em países como a França (Luís XIII) e a Prússia (o Grande Eleitor). Não raro, quanto menos guerreiro o governante, mais heróica a estátua. Exemplo disso é a estátua de Carlos I feita por Hubert le Sueur em 1630. Embora apareça trajando uma armadura de torneio, foi precisamente durante seu reinado que esse esporte – que em todo caso havia muito perdera qualquer semelhança com a guerra da vida real – foi abandonado[116].

---

115. Ver C. Brown, *Van Dyck* (Oxford: Phaedon, 1982), em especial cap. 4.
116. J. Pope-Hennessey, *Italian Renaissance Sculpture* (Londres: Phaedon, 1971), pp. 52-9.

Por onde quer que se olhe, a aurora do absolutismo encontrou os governantes elevados a alturas esplêndidas, raramente atingidas, se é que alguma vez imaginadas, por seus humildes predecessores medievais – inclusive também a recém-descoberta e ansiosamente desejada capacidade de curar diversas doenças com a imposição das mãos[117]. Ao destruir seus concorrentes ou submetê-los a seu serviço, os reis adquiriram, em teoria, um poder sem precedentes. Na prática, porém, os locais isolados dos palácios que construíram para si, o número de auxiliares que os cercavam e todo o cerimonial de que faziam questão apontavam para a direção oposta. Como veremos no próximo capítulo, quanto mais absoluto um monarca, maior sua dependência de mecanismos impessoais burocráticos, militares e jurídicos para transmitir e impor sua vontade à sociedade em geral. No fim das contas, esses mecanismos mostraram-se capazes de funcionar sem ele e até se destinaram a afastá-lo do poder.

---

117. Ver M. Bloch, *The Royal Touch: Sacred Monarchy and Scrofula in England and France* (Londres: Routledge, 1973).

3. O Estado como instrumento: de 1648 a 1789

Ramificação do feudalismo e inspirado nos tempos imperiais de Roma, o sistema de governo que surgiu na Europa entre 1337 e 1648 ainda era, na maioria dos aspectos, totalmente pessoal. O Estado na forma de entidade abstrata, com sua própria *persona*, separada da *persona* do governante, ainda não existia. Assim, na Itália, por volta de 1500, o termo significava "a máquina do governo", como quando Guicciardini escreveu sobre o "Estado dos Médici" e "aqueles em Florença que pretendem modificar o Estado"[1]. Dizer, portanto, como faz a maioria dos historiadores, que foi o Estado que sobrepujou a Igreja, o Império, a nobreza e as cidades, é incorreto. De fato, isso foi realização de reis com mentalidade autocrática; ou, como na Alemanha, de governantes cujos títulos não eram tão elevados mas cujas posições perante a própria sociedade e seus colegas tinham um caráter essencialmente monárquico. Entre seus contemporâneos, os territórios de Ludovico Sforza, Francisco I, Carlos V e os outros eram conhecidos como marquesados, condados, ducados, reinos e, é claro, o Império. Cada uma dessas unidades territoriais poderia conter "estados" (*états* em francês): o aristocrático, o eclesiástico e o comum. Inversamente, o "estado", com o significado de situação e recursos (em especial os recursos financeiros), de cada unidade poderia ser este ou

---

1. F. Guicciardini, *Ricordi* (Milão: Rizzoli, 1951), série 2, 64.

aquele. Eles mesmos, porém, só passaram a chamar-se estados durante a primeira metade do século XVII[2].

Esses mesmos contemporâneos também deram continuidade à tradição medieval – manifesta nas crônicas eclesiásticas e nas *chansons de geste* – de escrever as histórias das comunidades políticas, de todos os tipos e tamanhos, fundamentando-se quase totalmente na personalidade de quem as governava. Não pensavam na evolução das instituições, nas forças impessoais e nos vários fatores que se agrupavam para produzir este ou aquele resultado; na melhor das hipóteses, havia a idéia medieval da roda da fortuna, que girava em torno da ascensão e queda de indivíduos e era quase sempre representada, como em Maquiavel, pela clássica deusa Fortuna[3]. Normalmente os protagonistas eram os governantes, os membros de sua família, seus adversários, seus conselheiros e, é claro, suas amantes. Ora se aliavam, ora brigavam entre si e faziam intrigas de uns contra os outros.

Ainda em 1589, segundo Justos Lipsios em seu famosíssimo *politicorum sive civilis doctrinae libri sex*, o governo pessoal significava que poderia haver rebeliões porque os governantes não tinham filhos ou porque sofriam de deformação facial ou de alguma doença incurável. Os que esgotavam o tesouro por cultivar algum passatempo ou permitir que um caso de amor decidisse o destino do reino podiam ser criticados por frivolidade; não obstante, no fim, os ganhos e as perdas eram do próprio governante e de mais ninguém. É verdade que já se dissera aos governantes que, para salvar sua alma (e evitar rebeliões), era melhor cuidar do bem-estar dos súditos. Contudo, a freqüente comparação entre estes e um rebanho de ovelhas – que pertencia ao pastor e era criado para beneficiá-lo – fala por si mesma. Só depois

---

2. Ver N. Rubinstein, "Notes on the Word *Stato* in Florence Before Machiavelli", em R. G. Rose e W. K. Ferguson (orgs.), *Florilegium Historiale: Essays Presented to Wallace K. Ferguson* (Toronto: University of Toronto Press, 1971), pp. 313-26.

3. N. Machiavelli, *The Prince* (Harmondsworth, UK: Penguin Books, 1963), cap. 25.

de subir ao trono em 1660 Luís XIV conseguiu distinguir entre sua própria glória e o bem do *état* que governava. Foi o que ele disse, pelo menos, em suas memórias[4].

Em outras palavras, o Estado não consiste só em centralização. Como vimos no capítulo 1, desde os tempos do antigo Egito, muitos dos construtos políticos conhecidos como impérios foram o mais centralizados possível, pelo menos em teoria e tanto quanto permitiram os meios tecnológicos disponíveis. Não é de surpreender que os monarcas do século XVII tenham tentado deliberadamente imitar o Império Romano, buscando uma semelhança que não raro chegava a pormenores, como a latinização dos nomes (p. ex., Luís se tornava Ludovico), a adoção dos símbolos dos césares e a propagação da ideologia da resignação e do serviço conhecida como neo-estoicismo[5]. Inversamente, a verdadeira história do Estado absolutista refere-se não tanto ao despotismo em si quanto ao modo como, entre 1648 e 1789, a pessoa do governante e seu "estado" foram separados um do outro, até que a primeira se tornou quase completamente sem importância em comparação com o segundo.

Essa história, que representa uma evolução quase exclusiva da Europa ocidental e que só foi exportada para outros continentes em data bem posterior, será contada em quatro partes. Primeiro vamos acompanhar a ascensão da estrutura burocrática e o modo como se emancipou do controle real e da sociedade civil. Em segundo lugar, mostrarei como essa estrutura fortaleceu seu domínio sobre a sociedade ao definir-lhe as fronteiras, recolher todos os tipos de informações sobre ela e tributá-la. Em terceiro lugar, devemos examinar como a burocracia e os impostos, juntos, tornaram possível ao Estado criar forças armadas para uso interno e externo e, assim, estabelecer o monopólio do uso da

---

4. *Mémoires de Louis XIV*, ed. J. de Lognon (Paris: Tallandier, 1927), pp. 280-1.
5. G. Oestreich, *Neostoicism and the Origins of the Modern State* (Cambridge: Cambridge University Press, 1982).

violência. Em quarto lugar, é necessário rastrear o caminho pelo qual a teoria política acompanhou todos esses acontecimentos e os justificou.

A construção da burocracia

Fraco ou forte, nenhum governante no comando de uma unidade política maior que uma família pode trabalhar sem subordinados que o respeitem e, de uma maneira ou de outra, sejam dependentes dele. Nas tribos sem governantes, a função do sacerdote era em geral explicada pelo fato de não ter nenhum discípulo permanente, a não ser os membros de sua própria família, e talvez um ou dois assistentes; nas chefias e nos impérios, ao contrário, a função de governante era um reflexo do número de pessoas que, como clientes, criados, servidores ou escravos, cuidavam da administração e obedeciam às ordens que recebiam. Assim, a história das comunidades políticas – inclusive a que conhecemos como Estado – é mais ou menos a história do aumento do número de executivos, do modo como se organizavam e do modo como ganhavam a vida ou eram remunerados por seu trabalho; a propósito, ela também explica a tendência da maioria dos governantes, desde os imperadores chineses até os presidentes modernos, de se apresentar em público com o maior cortejo possível.

Durante o período em questão, a mudança notável foi a que levou do governo indireto dos senhores feudais ao governo direto exercido por funcionários assalariados em nome do rei. Houve tentativas de mudança nessa direção desde os tempos de Felipe Augusto da França (1179-1223); contudo, os obstáculos produzidos por tempo, distância e pela própria receita irregular do rei foram decisivos, e só por volta de meados do século XV, no governo do rei Luís XI, começou a haver progresso real. Por volta de 1610, ano em que Henrique IV morreu, o processo evoluíra a tal ponto que já era possível distinguir entre os dois tipos de funcionários, definidos de maneira bem precisa pelo advogado francês Charles Loyseau. O poder dos primeiros tinha origem na posse da terra e nos direitos que exerciam sobre os próprios vassalos; os segundos eram nomeados pelo rei a quem serviam, com ou sem remuneração. Conseqüentemente, podiam ser transferidos, promovidos e dispensados como aprouvesse ao monarca.

Como indica o título, a princípio os servidores reais atendiam ao rei em pessoa. Estavam encarregados dos diversos departamentos da residência, como guarda-roupa, cozinha e estábulo; outros guardavam o selo real ou cuidavam dos aposentos das mulheres[6]. Quando os monarcas expandiram seu poder à custa da Igreja, dos aristocratas latifundiários e das cidades, esses funcionários, antes nomeados para cuidar dos domínios reais, tornaram-se administradores do governo. Por exemplo, era comum o senhor do castelo (*castelão*) assumir a responsabilidade por diversas obras públicas e também pela moral pública, pelas leis suntuárias etc. O responsável pelo guarda-roupa passou a cuidar dos assuntos financeiros; o secretário, que antes era escrevente, ocupou-se do funcionamento cotidiano do sistema judiciário; e o chefe da segurança – cuja função original era manter a ordem entre os guarda-costas reais – tornou-se comandante-chefe na guerra, agora que os monarcas estavam cada vez menos dispostos a fazê-lo.

Em princípio, a administração doméstica, que consistia simplesmente em criados grandes e pequenos, era independente da hierarquia feudal. Na prática, as duas coisas sempre estiveram entrelaçadas; isso porque, para aumentar a autoridade de seus criados e também para dar certo brilho à própria corte, os reis quase sempre os escolhiam entre os nobres. Para garantir suprimento constante, costumavam levar para a corte os filhos dos senhores feudais, que ali tra-

---

6. Um excelente panorama de uma administração doméstica encontra-se em P. G. Thiler, *Die Verwaltung des Ordenstaates Preussen, vornehmlich im 15. Jahrhundert* (Colônia: Boehlau, 1965), pp. 31-120.

balhavam como pajens e adquiriam a formação considerada apropriada a seu *status*. Inversamente, homens de origem humilde podiam distinguir-se a serviço do rei e, como recompensa, casar-se com alguém da aristocracia feudal e, assim, obter propriedades e arrendatários, bem como direitos sobre eles[7]. Com exceção da Inglaterra, onde a maioria das formas de privilégios aristocráticos foi abolida após 1688, as duas hierarquias conservaram seus elos incestuosos enquanto durou o *ancien régime*. Só se separaram depois da Revolução Francesa, mas mesmo então os governantes de países como Prússia e Áustria permaneceram com seu costume de recompensar os colaboradores promovendo-os à nobreza.

Mais cedo ou mais tarde, a expansão da administração doméstica para outras esferas levou à sua transformação. Seu desenvolvimento para tornar-se uma administração pública foi detido; o tamanho e a extensão de suas responsabilidades eram tais que a situação se inverteu. Um funcionário real cuja função era, digamos, cuidar do sistema financeiro do país não podia, ao mesmo tempo, cuidar das despesas do palácio; nem um comandante-chefe do exército podia assumir responsabilidade pelos guarda-costas reais, em especial quando os reis não iam mais para o campo de batalha. Assim, os dois cargos se tornaram geograficamente separados. Essas tarefas, consideradas inferiores em comparação, foram delegadas a outros.

A administração doméstica foi devorada por seu próprio rebento, por assim dizer; tornando-se apenas um entre muitos departamentos administrativos e cuja responsabilidade era cuidar da pessoa do monarca, suas residências, suas propriedade etc.

Talvez por sempre ter sido muito centralizado, o primeiro país importante a testemunhar a transformação foi a Inglaterra. Durante o século XV, e principalmente depois do fim das Guerras das Rosas, o tamanho da administração domés-

---

7. Sobre a carreira de um cavaleiro que fez exatamente isso, ver G. Duby, *Guillaume le Marèchal* (Paris: Fayard, 1984).

tica cresceu cada vez mais; depois de 1507 esse processo coincidiu com as características pessoais de Henrique VIII, que, ao contrário do pai, preferia atividades como caçar, compor música e seduzir mulheres aos assuntos do governo. Essa combinação de circunstâncias permitiu que o chanceler Thomas Cromwell (que serviu de 1532 a 1540) realizasse uma "revolução no governo"[8]. À guisa de indicação do que estava acontecendo, o grande selo tornou-se o emblema oficial do reino, ao passo que o sinete e o selo privado perderam a importância, continuando em uso simplesmente como símbolos pessoais do rei nas cartas que enviava aos parentes e em outras correspondências particulares. A Espanha seguiu o exemplo da Inglaterra durante o reinado de Felipe II, a partir de 1556; a França, no governo de Richelieu, durante as primeiras décadas do século XVII. A inversão de papéis marcou um passo decisivo rumo à instituição de uma burocracia moderna e, com ela, do Estado impessoal moderno.

Não sendo mais simples empregados do rei, os altos funcionários administrativos mudaram o nome do cargo que ocupavam e, de meros secretários – como ainda eram chamados no reinado do imperador Carlos V –, adotaram o título mais imponente de ministros de Estado. A conferência de paz realizada em Cateau-Cambresis em 1559 foi provavelmente a primeira em que os representantes da França e da Espanha usaram esse título; pouco depois, encontramos Florimond Robertet, conhecido na história como *le père des secrétaires d'état* e o terceiro seguido a usar tal nome, autenticando decretos emitidos pelo soberano[9]. O caráter impessoal do novo cargo fica evidente no fato de que Robertet, assim como seu colega William Page na Inglaterra, desempenhou sua função no governo de vários monarcas seguidos; quando finalmente dispensado por Henrique III, em

---

8. Há um breve resumo da mudança em G. R. Elton, *The Tudor Revolution in Government* (Cambridge: Cambridge University Press, 1953), pp. 415 ss.

9. Sobre sua carreira, ver N. M. Sutherland, *The French Secretaries of State in the Age of Catherine de Medici* (Londres: Athlone Press, 1962).

1588, achou necessário redigir um manual de instruções para seu sucessor. O primeiro manual completo para uso dos ministros de Estado foi redigido em 1631 por outro francês, Jean de Silhon. Era claro que o cargo estava sendo institucionalizado.

A ascensão da organização burocrática também significava que as ordenanças domésticas tradicionais não eram mais adequadas à função. A primeira dessas ordenanças registrada foi produzida por Luís IX da França em 1261; muito imitada por outras cortes, sua função era definir as obrigações dos diversos cozinheiros, criados e outros empregados responsáveis pelo bem-estar do amo. Entre 1600 e 1660 foram substituídas, ou complementadas, pelos diversos sistemas de governo publicados em países como Suécia, Inglaterra e Prússia. As circunstâncias da preparação desses documentos variavam. Na Suécia, o *Regeringsform* de 1634 deveu sua existência ao chanceler Oxenstierna e à necessidade de passar sem um monarca no trono durante a menoridade de Cristina, filha de Gustavo Adolfo. Na Inglaterra, o documento resultou da guerra civil e da instituição de uma nova forma de governo, o protetorado. Na Prússia, no reinado do Grande Eleitor, Frederico Guilherme (1640-88), foi a consolidação territorial que o tornou necessário. Quando outras províncias, algumas distantes, foram unidas a Brandemburgo, o eleitor procurou criar uma estrutura comum que abrangesse todas, procedimento que foi imitado em escala mais ampla por Maria Teresa da Áustria, após a derrota de seu exército nas mãos dos mesmos prussianos em 1740-48.

Ao contrário do pessoal que trabalhara para os governantes anteriores, os primeiros burocratas europeus modernos não eram padres, escravos nem, a rigor, aristocratas. Com o tempo, suas fontes de renda também mudaram; o arrendamento feudal – isto é, a transferência de terras e inquilinos na forma de feudo – perdera a importância na segunda metade do século XV. Começando pela França e pelo Estado papal, na maioria dos países foi substituído por um sistema em que os cargos eram vendidos a quem desse o lance mais alto. Embora muitos cargos fossem remunerados, os salários eram quase sempre míseros em relação ao padrão de vida esperado e aos gastos necessários, ainda mais porque seus detentores tinham de pagar as despesas (inclusive a manutenção de seus subordinados, das "famílias") do próprio bolso. Esse era um fato que muitos governantes compreendiam, mas, em razão de restrições financeiras, não podiam alterar. Conseqüentemente, eram obrigados a aceitar um sistema de compensação na forma de direitos que eram vinculados ao cargo, taxas que lhes eram devidas e monopólios que seu detentor podia exercer.

O sistema de venda de cargos continuou a crescer durante os séculos XVI e XVII. Na França, chegou ao apogeu durante os reinados de Henrique IV, Luís XIII e Luís XIV, que, obrigados pelas guerras a levantar verbas, criaram novos cargos e os venderam às centenas. Em 1604, o *paulette,* uma espécie de imposto assim batizado em homenagem ao secretário de Estado Paulet, deu o toque final na estrutura. Os cargos foram transformados em propriedade privada. Mediante o pagamento de uma quantia anual, que teoricamente correspondia a um sexto *ad valorem* mas geralmente era definida na prática, concedia-se aos donos a segurança da estabilidade. Antes também tinham permissão para comprar, vender e transferir seus cargos para outras pessoas, conforme desejassem. Exceto nos níveis mais altos – como a seleção dos *intendants,* por exemplo, que dependia inteiramente da vontade do rei –, o modo de subir na hierarquia era transformar cada cargo em fonte de lucro e, depois, usar tal lucro na compra de cargos mais altos, até chegar ao mais alto de todos.

Nada impedia também que uma pessoa tivesse mais de um cargo. Richelieu, por exemplo, era mestre nisso; além de seu cargo principal de primeiro secretário (com um salário de 40 mil *livres* por ano), possuía diversos cargos de governador, bem como direitos de tributação sobre a agricultura em diversas províncias (o que elevava sua renda aos milhões)[10].

---

10. R. Knecht, *Richelieu* (Londres: Longman, 1991), pp. 27-9.

Acumular cargos era um meio de se tornar poderoso, ainda mais porque o rei sempre dependia de empréstimos de seus funcionários; por outro lado, isso explica por que os historiadores quase nunca conseguem descobrir quem era responsável por quê. Os cargos podiam ser deixados em testamento para os herdeiros (como aconteceu com Montesquieu, que herdou o que pertencera ao tio) e até ser transformados em dotes. Assim, quase se assemelhavam a bens de família.

Em dois países, Inglaterra e Prússia, a venda de cargos não chegou a esse ponto. Na Inglaterra, onde a classe latifundiária era rica, os juízes de paz surgiram em conseqüência do tratado de paz de 1361. Em teoria, era o rei que os escolhia entre os notáveis locais; na prática, na segunda metade do século XV, isso se tornara incumbência do lorde chanceler ou do lorde guarda-selos, que assim exerciam consideráveis poderes de clientelismo. Os juízes trabalhavam sem remuneração, realizando tarefas administrativas e supervisionando a ordem pública de cada condado; as despesas cotidianas eram custeadas por "fundos" nos quais se depositavam as receitas provenientes de taxas, licenças, confiscos etc. A maior vantagem do sistema, que o tornou recomendável tanto para o soberano como para o Parlamento e explica sua extraordinária longevidade, era o fato de não custar caro. Tanto mais porque os subordinados dos juízes, isto é, os xerifes e os policiais, eram mantidos à custa dos condados e das paróquias, e não do tesouro real. Em conseqüência disso, grande parte da justiça do rei, embora realizada em seu nome, pouco tinha a ver com ele.

Na Prússia, pelo contrário, a nobreza era pobre e corria o risco de empobrecer ainda mais depois da devastação sofrida durante a Guerra dos Trinta Anos e a Grande Guerra do Norte. Esse fato permitiu que os eleitores – mais tarde, os reis – atraíssem os nobres a servir-lhes em troca de salários; por comparação, o papel desempenhado por outras formas de renda foi inferior. Em 1723, Frederico Guilherme I deu um passo decisivo ao proibir a venda de cargos e ordenar que todas as receitas geradas pela administração fossem repassadas diretamente a seu próprio tesouro, em vez de permanecer em fundos administrados localmente[11]. Assim, no período em que era possível vender e comprar cargos e lucrar com isso, os dois países tomaram outro curso. Em fins do século XVIII, estava em funcionamento o sistema prussiano típico, em que a administração consistia em burocratas com formação universitária nos cargos mais altos e ex-suboficiais das forças armadas nos cargos mais baixos. Forjado por Frederico, o Grande, tornou-se o mais adiantado da Europa. No outro extremo, a Inglaterra era administrada por amadores e, segundo os padrões continentais, mal-administrada; não foi possível desenvolver-se ali uma burocracia impessoal e assalariada.

A mudança que levou dos senhores feudais aos funcionários nomeados e assalariados, passando pelos empresários estatais, levou também a uma nova divisão do trabalho, que passou de geográfica a funcional. Os primeiros secretários de Estado que, em vez de ser paus para toda obra, se especializaram em determinada função surgiram na França durante o reinado de Henrique IV. Por volta de meados do século, tanto a França quanto a Prússia criaram as chamadas *generalités*: em outras palavras, divisões administrativas cujas funções não se limitavam a certas províncias, mas abrangiam o reino inteiro e envolviam especialização em determinado campo. Como era de esperar, as primeiras *generalités* se encarregaram da justiça, das finanças e da administração militar – no que cuidavam do recrutamento, dos suprimentos e do pagamento. Um pouco mais tarde, surgiu também o cargo de ministro da marinha.

Talvez a característica mais importante do Estado moderno seja sua territorialidade. Por conseguinte, chega a ser surpreendente descobrir que a diferença entre os assuntos internos e os externos e a instituição de estruturas adminis-

---

11. Ver H. Rosenberg, *Bureaucracy, Aristocracy and Autocracy: The Prussian Experience, 1660-1815* (Cambridge, MA: Harvard University Press, 1953), pp. 27-9.

trativas independentes para cada uma dessas áreas só tenham surgido bem mais tarde. Em razão dos laços que ligavam uns aos outros, bem como da natureza não raro dispersa de seus domínios, até o século XVI os governantes medievais não tinham ministérios centralizados de relações exteriores; pelo contrário, cada governador de província também era responsável pelos assuntos dos vizinhos do outro lado da fronteira. Para resolver assuntos diplomáticos, enviavam-se agentes diplomáticos *ad hoc* e intermediários (em geral, eclesiásticos)[12]. Em vez de funcionários assalariados trabalhando para cada parte das negociações, as pessoas que formavam essas categorias esperavam ser mantidas e recompensadas pelos governantes com quem negociavam.

Como vimos, o costume de nomear representantes diplomáticos permanentes para negociar com príncipes estrangeiros teve origem na Itália após 1450. Interrompida pela Reforma e, sobretudo, pela Contra-Reforma, a utilização desses representantes foi retomada mais ou menos em 1600, quando o termo "embaixador" já substituíra os termos anteriores – agente, legado, comissário, procurador ou orador, que ficaram reservados exclusivamente aos funcionários enviados pelo governante de um Estado para representá-lo na corte de outro. Depois de 1648 o número de diplomatas cresceu. A França, por exemplo, tinha 22 em 1660 e 32 em 1715; Guilherme III da Inglaterra nomeou 80 representantes diplomáticos durante seu reinado; sua sucessora Ana contratou 136. Nessa época, mesmo um principado pequeno como Hanover, na Alemanha, achava necessário manter nada menos que 16 embaixadores oficialmente credenciados.

O aumento em número logo gerou a necessidade de uma diretoria central que cuidasse dos embaixadores, lhes enviasse instruções e lesse seus relatórios, além de administrar o aparato que transmitia mensagens de e para as capitais estrangeiras e que, por questões de sigilo, em geral fi-

---

12. Ver D. E. Queller, *The Office of Ambassador During the Middle Ages* (Princeton: Princeton University Press, 1967).

cava separado dos sistemas públicos de correio que iam se desenvolvendo em cada país. Da década de 1620 em diante, a França teve uma série ininterrupta de ministros de Estado cuja função era cuidar das relações internacionais. No reinado de Luís XIV, o posto foi ocupado por uma sucessão de diplomatas competentes, como Lionne, Pompone, Colbert de Croissy e Torcy.

Embora os soberanos costumassem passar por cima de seus próprios assistentes e se envolver em diplomacia pessoal, por volta de 1720 a Espanha, a Prússia, a Suécia e a Áustria tinham ministérios das relações exteriores mais ou menos organizados, chefiados por um único ministro de Estado. A Grã-Bretanha foi exceção; expressando o modo como o país fora organizado, tinha um ministro para o sul, que, além da Inglaterra e da Irlanda, cuidava dos países católicos, e um ministro do norte, que cuidava dos assuntos da Escócia e das relações com os países protestantes (bem como Polônia e Rússia). É verdade que quase sempre havia a tendência de um ministro dominar o outro; assim, na prática, havia um ministro de relações internacionais. Essa era a situação nos mandatos de Bolingbroke em 1711-14, Stanhope em 1714-21 e do Pitt mais velho em 1756-61. Contudo, foi só em 1782 que Jorge III – o governante inglês mais interessado em eficiência em três séculos – conseguiu instituir ministérios separados para assuntos domésticos e internacionais[13].

Comparados aos impérios que os precederam, esses primeiros Estados modernos eram notáveis pelo número de administradores. Roma, sobre a qual temos informações relativamente abundantes, talvez tenha tido em seu apogeu entre 50 e 80 milhões de habitantes; não obstante, o império era governado por não mais que poucos milhares de burocratas nomeados pela administração central, ao passo que todo o resto eram magistrados locais escolhidos pelas cida-

---

13. D. B. Horn, *The British Diplomatic Service* (Oxford: Oxford University Press, 1961), p. 2.

des (mais tarde passaram a ser nomeados pelos *procuratores*, ou seus cargos se tornaram hereditários) e por governantes-clientes. A França, pelo contrário, com uma população que oscilava entre 18 e 20 milhões de habitantes, tinha 12 mil funcionários em 1505, 25 mil em 1610 e talvez 50 mil durante os primeiros anos do reinado de Luís XIV[14]. O número de *intendants* do primeiro escalão também aumentou, de uma média de duas nomeações por ano entre 1560 e 1630 para não menos que oito a nove nomeações por ano de 1630 a 1648. Quando Richelieu morreu, em 1642, cada uma das províncias com governo real, ou *pays d'élection*, tinha seu próprio *intendant*. Conforme já mencionado, o poder cada vez maior dos *intendants* irritava a nobreza e foi um dos fatores que provocaram a série de levantes de nobres coletivamente conhecidos como Fronda. Isso não impediu que o exemplo francês fosse imitado em outros lugares, em especial na Espanha, na Prússia (onde esses funcionários eram conhecidos como *Generalkommissaren*) e na Suécia[15].

Ainda mais espetacular que o aumento do número de funcionários foi o aumento da quantidade de papéis que a invenção da imprensa permitiu. Desde o ano 1000, aproximadamente, os governantes medievais não eram mais analfabetos; embora preferisse a espada à pena, Ricardo Coração de Leão sabia escrever muito bem. Diz-se que, certa ocasião, quando o imperador Carlos pediu papel e pena, não foi possível encontrá-los dentro do palácio. Verdadeira ou não essa história, o certo é que ele iniciou seu reinado viajando da Holanda para a Espanha trazendo, no dorso de mulas, os papéis mais importantes do governo acondicionados em baús que, de vez em quando, eram abandonados em algum

---

14. Números de R. Mousnier, *Le conseil du roi de Louis XII à la révolution* (Paris: Presses universitaires de France, 1971), cap. 1.

15. Sobre a evolução desses funcionários, ver O. Hintze, "The Commissary and His Significance in General Administrative History: A Comparative Study", em *The Historical Essays of Otto Hintze*, ed. F. Gilbert (Nova York: Oxford University Press, 1975), pp. 267-302.

castelo quando se tornavam pesados demais para o transporte. No final de seu reinado, essa solução não era mais praticável e, no mandato de seu filho Felipe II, a situação se transformara completamente. Na década de 1580, uma única consulta aos assuntos de um governador real demorou treze anos e consumiu 49.545 folhas de papel. A era da burocracia moderna realmente chegara.

Além de produzir pilhas imensas de papéis, a invenção da imprensa teve outras conseqüências. Anteriormente, a papelada administrativa de todos os tipos, produzida em número bem pequeno de vias, se perdia ou era destruída com facilidade. Por conseguinte, a melhor maneira de preservar esses documentos (e também de protegê-los contra falsificações) era inscrever seu teor em algum material durável e exibi-lo em importante local público. Foi assim com as leis da antigüidade clássica – não que fosse um método infalível, como provam as Doze Tábuas romanas. O uso da imprensa resolveu o problema, tornando os decretos e os regulamentos reais disponíveis para qualquer pessoa que quisesse consultá-los, mas não eliminou a possibilidade de falsificação; os Tudor já conheciam o ditado *ars typographia artium omnium conservatrix* (a arte da tipografia conserva todas as outras artes)[16]. Em pouco tempo a escassez foi substituída por seu antônimo, excesso. Eram produzidas montanhas de impressos que enchiam cômodos e aposentos; quando não recebiam os devidos cuidados, logo se tornavam tão desorganizados que era impossível usá-los. Tornou-se necessário descobrir novos sistemas de armazenagem e recuperação de documentos. Não é de admirar que, de cerca de 1550 a 1650, um governante após outro tenha criado arquivos centrais de Estado.

---

16. Sobre o lema e sua importância, ver E. Eisenstein, "The Advent of Printing and the Problem of the Renaissance", *Past and Present,* 44, 1969, pp. 29 ss.; sobre a imprensa a serviço do governo, ver A. J. Slavin, "The Tudor Revolution and the Devil's Art: Bishop Bonner's Printed Forms", em D. J. Gutch e J. W. McKenna (orgs.), *Tudor Rule and Revolution* (Cambridge: Cambridge University Press, 1982), pp. 3-24.

Com o tempo, esse tipo de expansão burocrática fez com que os funcionários tivessem de trabalhar segundo regras fixas. Estas regiam a admissão no cargo, as horas de trabalho, a divisão do trabalho, o plano de carreira e o *modus operandi* em geral. Em parte para romper com o controle da nobreza local sobre as nomeações e em parte sob a influência da *chinoiserie* que estava em voga na época, Frederico II instituiu em 1770 um sistema de concursos públicos. Seu exemplo foi logo seguido pela Baviera, que no início da segunda metade do século XVIII criou uma das administrações mais avançadas do mundo. Em 1771, esse seria o primeiro país moderno a realizar um recenseamento nacional, embora o trabalho, conduzido de maneira pouco metódica, tenha demorado dez anos para chegar ao fim. Assim, os funcionários geravam papelada e a papelada gerava funcionários.

A finalidade das diversas medidas era garantir uniformidade, regularidade e um padrão razoável de competência, e nisso tiveram êxito. Por outro lado, todos os passos rumo ao profissionalismo também continham em si um fortalecido *esprit de corps*. A criação de provas de admissão já significava que os monarcas não tinham mais liberdade de escolher quem contratar a seu serviço; descobriu-se que quanto mais centralizado fosse o governo, mais indispensáveis eram os funcionários que o administravam em nome do monarca. Isso, por sua vez, permitia-lhes insistir em seus direitos e fazê-los valer mesmo contra a vontade do monarca, se necessário.

Os direitos mais importantes incluíam proteção contra dispensa arbitrária, pagamento razoável, plano normal de carreira baseado, em geral, no tempo de serviço, pensões para idosos e uma certa dignidade que compartilhavam com o rei.

O termo "burocracia" foi criado em 1765 por Vincent de Gourmay, *philosophe* francês especializado em assuntos econômicos e administrativos. O contexto em que o fez era pejorativo; na opinião dele, tratava-se de uma nova forma de governo acrescentada às três definidas por Aristóteles, isto é, monarquia, aristocracia e democracia. Ele dizia que, no futuro, seria necessário reduzir o número de burocratas em favor do *laissez faire*, termo também inventado por ele[17].

Nessa época, os funcionários que, durante os séculos anteriores, tinham sido homens do rei, começavam a se considerar servidores de um Estado impessoal. O processo por meio do qual os *Staatsdiener* foram separados dos *königliche bediente* se disseminou de baixo para cima. Os *königliche bediente* foram perdendo *status* até se degenerarem em meros bajuladores, ao passo que os mais importantes *Staatsdiener* em pouco tempo passaram a ser conhecidos como ministros. Esse processo chegou ao auge em 1756, quando ninguém menos que Frederico II se definiu como "primeiro servidor do Estado". Como se enfatizasse a separação cada vez maior entre a corte que cuidava de seus assuntos pessoais e a administração que então cuidava do Estado prussiano, ele também acabou com o sistema por meio do qual os funcionários administrativos eram alimentados pelas cozinhas reais.

O fato de que o tamanho e o poder cada vez maiores da administração apresentavam riscos foi entendido logo de início. Um dos embaixadores de Felipe II, quando repreendido por ele por insistir no cerimonial, sentiu-se à vontade para responder que *Vuessa Majesta misma no es sino una ceremonia* ("Vossa Majestade também não passa de cerimônia")[18]. Por volta da década de 1640, a burocracia espanhola, que, ao contrário da francesa, não fora destruída pela guerra civil, se tornara a mais evoluída da Europa. Não é de admirar que comentadores como Saavedra Fajardo e Quevedo y Villegas se alarmassem. Expressavam o temor de que ela destruísse o governo pessoal e, de fato, terminasse por transformar o rei em algo supérfluo[19].

---

17. *Baron Grimm and Diderot, correspondance littérraire, philosophique et critique, 1753-1769* (Paris: Caillot, 1813), vol. IV, p. 186.

18. É citado em J. H. Elliott, *Spain and Its World 1500-1700* (New Haven, CT: Yale University Press, 1969), pp. 15, 142.

19. Ver J. A. Maravell, *La philosophie politique espagnole au XVIIIe siècle dans les rapports avec l'esprit de la contre-réforme* (Paris: Vrin, 1955), p. 241.

Quando o século seguinte instituiu o governo "legítimo" – o que significava que a identidade do rei, contanto que ele fosse nascido da mulher certa na cama certa, já não importava muito – esse temor começou a se tornar realidade. As próprias reações dos monarcas a isso variaram. Alguns de bom grado deixaram que o processo seguisse seu curso, embora negassem que tal processo existisse. Esse foi o caso de Luís XV da França: embora passasse quase metade do tempo caçando e o resto do tempo com Madame de Pompadour, em 1766 fez a retumbante declaração de que "é na minha pessoa que reside o poder soberano... todo o sistema da ordem pública emana de mim"[20]. Outros, como Frederico II da Prússia, tentaram em vão nadar contra a maré trabalhando incessantemente. Ele desdenhava do colega francês, afirmando que não era Luís XV que governava, mas um grupo de quatro – os ministros da guerra, da marinha, das relações exteriores e o controlador-geral.

Frederico da Prússia foi, de fato, exemplo perfeito do dilema que a burocracia gerou. De um lado, ele insistia com veemência no "sistema" como algo indispensável para a administração do país e para aproveitar melhor seus recursos limitados. De outro lado, vituperava contra aqueles que, mesmo trabalhando no sistema e fornecendo as informações nas quais este se fundamentava, "querem governar despoticamente, esperando que seu patrão se contente com a prerrogativa vazia de assinar as ordens emitidas em seu nome". Consciente da tendência dos subordinados de procrastinar e obstruir quando lhes era conveniente, tentou acabar com o problema publicando várias ressalvas de éditos e censuras. Na década de 1770, recorreu até ao lema "dividir para governar" ao importar funcionários franceses para ocupar altos cargos no sistema postal e no tesouro, o que fez com que seus próprios burocratas nativos reclamassem de "métodos despóticos e arbitrários... ao estilo da Inquisição es-

---

20. Citado em M. Antoine, *Le conseil du roi sous le règne du Louis XV* (Paris: Droz, 1970), p. 9.

panhola"[21]. Já que nenhum país era tão dependente de sua burocracia como a Prússia – criação completamente artificial à qual faltavam tradição e unidade geográfica –, não causa espanto que, com o tempo, os esforços de Frederico pouco tenham valido. Quanto mais velho ele ficava e quanto mais crescia a população da Prússia – que durante seu reinado aumentou de 2,5 para 5 milhões –, mais seu poder se restringia a viagens de inspeção e atos ocasionais de interferência caprichosa.

Em fins do século XVIII, a burocracia da Prússia era, proporcionalmente à população, a maior do mundo[22], garantindo que a tendência iniciada no reinado de Frederico, o Grande, teria continuidade no governo de seus sucessores menos capacitados. Frederico Guilherme II (1786-97) era principalmente um *bon vivant*. Seu principal interesse na vida eram suas amantes; quando as tinha, pouco se interessava pelos assuntos do governo. Frederico Guilherme III (1797-1840), embora consciencioso (um "homem perfeitamente honesto", como Napoleão o descreveu)[23], não encontrou forças para se opor aos ministros ou à sua terrível esposa, a rainha Luísa. Ambos eram reis "absolutos" que logo descobriram que sua verdadeira função se limitava a carimbar com o selo real as recomendações feitas pelos ministros. Nessa época, o judiciário também se tornara independente e o soberano perdera a prerrogativa de interferir nas decisões jurídicas de seus subordinados. Conforme admitiu Frederico II em fins de seu reinado, fazê-lo era reduzir a autoridade deles, danificar o sistema e anular as leis nas quais se baseava.

Sem obstáculo nenhum, a história que começou em fins da Idade Média culminou após a derrota da Prússia por Na-

---

21. Trechos retirados de Rosenberg, *Bureaucracy, Aristocracy and Autocracy*, p. 197.
22. Ver as tabelas em M. Mann, *The Sources of Social Power* (Cambridge: Cambridge University Press, 1993), vol. II, apêndice A.
23. Napoleão I, *Correspondance* (Paris: Plon, 1858-), vol. XIII, p. 368, n.º 11026, Boletim n.º 9 da Grande Armée, 17 de outubro de 1806.

poleão em 1806. Na lacuna criada pelo fracasso do gabinete real, do exército e dos níveis superiores do governo civil, entrou uma minúscula mas determinada facção de funcionários – *gebildete* – que significa formados em universidade – de origem burguesa, como Von Stein e Von Hardenberg, que se haviam tornado nobres recentemente. Centralizado ao redor do conselho de Estado ou *Staatsrat*, o sistema que criaram era, em essência, o do despotismo burocrático esclarecido, temperado pela vontade das classes altas; como o próprio Stein viria a escrever, a Prússia era governada por "escrivães" que "chova ou faça sol... escrevem, escrevem, escrevem... em silêncio, a portas fechadas, desconhecidos, despercebidos, sem elogios e decididos a criar os filhos como máquinas de escrever iguais"[24]. Tecnicamente, deviam obediência a um rei que, com o título de *Allerhöchste* ou "altíssimo", continuava sendo o soberano legítimo e um poder em ação que não estava sujeito a julgamento humano. Na prática, o rei governava por intermédio dos ministros – cujas autenticações em todos os decretos reais eram obrigatórias – e sua intervenção pessoal no funcionamento da máquina administrativa fora quase eliminada.

Quinze anos antes da queda da Prússia, todo o sistema francês de administração venal fora demolido de um só golpe junto com a *société d'ordres* em que se amparava. Assim como na Prússia, a burocracia foi puxada pela raiz e tirada da sociedade civil, por assim dizer; quanto ao divórcio das duas, que estivera em andamento desde a segunda metade do século XVII, foi concluído quando a primeira passou a ter identidade própria e se impôs à outra. Dirigindo-se à convenção nacional, Mirabeau explicou que dali em diante a França reconheceria somente dois tipos de pessoas, isto é, cidadãos e autoridades governamentais. A essas corajosas palavras seguiram-se atos. Napoleão limpou os escombros deixados pela revolução. A antiga mixórdia de *intendants* e

---

24. H. F. C. von Gagern (org.), *Die Briefe des Freiherrn von Stein an den Freiherrn von Gagern, 1813-1831* (Stuttgart: Cotta, 1833), pp. 90-2.

governadores de províncias, *pays d'état* e *pays d'élection* (estes diretamente subordinados ao governo real, os primeiros, não), foi abolida. Seu lugar foi ocupado por um aparato de governo ultramoderno, centralizadíssimo e assalariado, cujos altos escalões consistiam no gabinete e no *conseil d'état* e cujos tentáculos se espalharam de maneira uniforme em todos os *départements* e *arrondissements*. Mais tarde, tornou-se modelo para todos os países ocupados pelos franceses, inclusive Itália[25], Holanda[26], grande parte da Alemanha[27] e Espanha[28].

Já que a revolução eliminara a *société d'états*, bem como os parlamentos provinciais, nivelando e pulverizando a sociedade, o poder da burocracia francesa logo atingiu níveis sem precedentes. Durante o século seguinte, as formas de governo estavam destinadas a passar por muitas mudanças, de império a monarquia absolutista, a monarquia constitucional, a república e (depois de outro império) novamente a república. Toda vez que acontecia uma revolução, a estrutura administrativa sofria abalos. Contudo, depois que alguns indivíduos eram executados ou dispensados, tornava-se mais forte do que antes; assim como as ondas do oceano não atingem as correntes submarinas, também os alicerces construídos entre 1800 e 1803 resistiram, em diversos aspectos, até os dias de hoje. Na teoria, era uma máquina bem-ajustada, sob controle total do governo e obediente a suas ordens. Na prática, nem mesmo um Napoleão – como dizia um provérbio contemporâneo, "il sait tout, il peut tout, il

---

25. M. Broers, "Italy and the Modern State: The Experience of Napoleonic Rule", em F. Furet e M. Ozouf (orgs.), *The French Revolution and the Creation of Modern Culture* (Oxford: Pergamon, 1989), vol. III, pp. 489-503.

26. J. P. A. Coopman, "Van Beleid van Politie naar Uitvoering en Bestuur, 1700-1840", *Bijdrage en Mededelingen betreffende de Geschiedenis der Nederlanden*, 104, 1989, pp. 579-91.

27. I. Mieck, "Napoléon et les réformes en Allemagne", *Francia*, 15, 1987, pp. 473-91.

28. C. Muñoz de Bustilo, "Remarks on the Origins of Provincial Administration in Spain", *Parliaments, Estate and Representation*, 14, 1, 1994, pp. 47-55.

fait tout"– conseguiu governar por decreto um país com 30 milhões de habitantes; ainda mais porque estava quase sempre ausente em campanhas.

Nessa época, a Inglaterra, com seu sistema secular de administração não remunerada, sustentada pela corrupção, ficara para trás. Da década de 1790 em diante, começou a exigência séria de reforma. Uma das vozes que pediam o fim da confusão predominante entre o privado e o público foi Jeremy Bentham. Tendo perdido a esperança de ser ouvido no próprio país, e sob a influência do exemplo francês, chegou a escrever muitas de suas obras em francês[29]. Enquanto Bentham era filósofo e liberal, Burke era um parlamentar conservador que, em muitos aspectos, levou a opinião pública inglesa a se opor a tudo o que a revolução representava. Por conseguinte, é surpreendente vê-lo pedir a criação de uma classe de homens "totalmente separados e dedicados a fins públicos, movidos unicamente por deveres e princípios públicos; homens sem a possibilidade de converter os bens da comunidade em fortuna privada; homens que rejeitem interesses próprios e cuja cobiça seja em benefício de alguma comunidade; homens para quem a pobreza pessoal seja uma honra e a obediência implícita assuma o lugar da liberdade"[30].

O governo inglês tomou então diversas providências para modernizar a administração do país. O Ato de Regulamentação que lorde North, quando primeiro-ministro, conseguiu que fosse aprovado pelo Parlamento em 1773, proibiu os coletores de impostos e as pessoas que trabalhavam na administração da justiça de participar de comércio e aceitar presentes. O número de funcionários graduados que recebiam salário em vez de gratificações aumentou; e o fato de que os ministros passassem mais tempo no Parlamento,

---

29. Ver principalmente sua *Introduction to the Principles of Morals and Legislation* (Nova York: Methuen, 1970 [1789]).

30. E. Burke, *Reflections on the Revolution in France* (Londres: Oxford University Press, 1920 [1791]), p. 174.

deixando a administração cotidiana nas mãos de seus subsecretários permanentes, também representou um passo rumo à burocratização. Essas medidas só entraram em vigor quando eclodiram as guerras revolucionárias e napoleônicas, dando ao governo assuntos mais importantes para cuidar do que o "cálculo da felicidade" de Bentham, a fórmula com a qual ele esperava calcular as medidas mais apropriadas para elevar ao máximo a felicidade de cada pessoa do reino. A maquinaria velha e enferrujada foi mantida. No todo, funcionou de maneira admirável: financiou as forças armadas do país, subsidiou as dos aliados e encerrou a guerra nas condições que tornaram a Inglaterra a maior potência da Terra. O progresso só recomeçou na década de 1830, quando a industrialização já transformara o país, criando uma forte classe média urbana que insistia em acabar com a velha corrupção aristocrática.

Depois que a Lei da Reforma de 1831 abolira os distritos podres e ampliara o eleitorado em 60 por cento, as últimas sinecuras foram eliminadas. Foi promulgada uma nova legislação que proibia os membros do Parlamento de ocupar cargos; depois, na década de 1840, as reformas de Sir Charles Trevelyan levaram à instituição do funcionalismo público moderno, com exames de admissão periódicos, plano de carreira, pensões para os aposentados e um modo fixo, embora às vezes arbitrário, de trabalhar. Vale notar que o novo sistema era inspirado no sistema organizado pela Companhia das Índias Orientais – instituição privada à qual o governo delegara o controle do subcontinente – onde Trevelyan passara catorze anos de sua carreira[31].

Embora os detalhes variassem, em todos os países o século e meio após 1648 caracterizou-se sobretudo pelo aumento do poder da burocracia estatal, tanto a parte cuja fun-

---

31. Sobre essas reformas, ver E. W. Cohen, *The Growth of the British Civil Service, 1780-1939* (Londres: Allen & Unwin, 1941), cap. 5; e E. T. Stokes, "Bureaucracy and Ideology: Britain and India in the Nineteenth Century", *Transactions of the Royal Historical Society*, 30, 1950, pp. 131-56.

ção era a administração interna quanto a divisão responsável pelos assuntos externos. Contudo, quanto mais poderosa e centralizada fosse a burocracia de que os governantes precisavam para controlar seus Estados, mais ela tendia a retirar o controle das mãos dos governantes e transferi-lo para as suas próprias. Entre os primeiros a perceber para que lado sopravam os ventos estavam as grandes famílias aristocráticas da França e da Inglaterra. Mesmo antes de 1789 já tinham começado a desertar suas respectivas cortes – as inglesas em favor de Londres (onde o poder tendia a concentrar-se em Whitehall) e as francesas em favor do governo de seu país[32]. Em 1798, tudo progredira o suficiente para que o Dicionário da Academia Francesa definisse burocracia como "poder, influência dos chefes e dos funcionários dos gabinetes governamentais". Quinze anos depois um dicionário alemão de expressões estrangeiras explicava a palavra como "a autoridade de poder que vários órgãos do governo e suas repartições abrem mão para delegar aos cidadãos"[33]. Quanto à realeza propriamente dita, de 1848 em diante muitos de seus membros voltaram a viajar, dessa vez utilizando as ferrovias. Como a maior parte do poder real fora retirado de suas mãos, o lugar onde se encontravam já não importava muito. Isso se aplicava até mesmo a Guilherme II da Alemanha, que, embora mais próximo do absolutismo do que qualquer outro monarca (exceto o czar russo), passava meses a fio fora de Berlim e ganhou o apelido de *Reisekaiser* (imperador viajante).

Embora tenha se dado em diferentes ritmos, o crescimento da burocracia em número e poder, tal como documentado nesta seção, nada teve a ver com a linhagem do Estado, isto é, com o fato de que fosse absoluto, constitucional

---

32. M. von Boehm, *Frankreich im 18. Jahrhundert* (Berlim: Weidemann, s.d.), p. 67, salienta como os clãs Rohan, Noailles e Montmorency se afastaram da corte de Luís XVI.

33. Academia Francesa, *Dictionnaire de la langue française* (Paris: Bassagne & Maison, suplemento de 1798); J. H. Campe, *Wörterbuch* (Braunschweig: Bouvier, 1813), p. 161.

ou parlamentar; de ter sido instituído por coação armada, como no caso da França, Áustria e Prússia, ou com o auxílio do capital, como na Holanda e, de maneira diferente, na Inglaterra; e, por fim, de que fosse nacional ou multinacional, centralizado ou federal, monárquico ou republicano. Se governantes preguiçosos como Henrique VIII da Inglaterra e Luís XV da França se viram aprisionados e relegados por suas próprias burocracias, isso também aconteceu, embora por motivos opostos, com monarcas diligentes como Felipe II da Espanha e Frederico, o Grande, da Prússia. Se os governantes hereditários, que gozavam de poder vitalício, não conseguiram dominar a maquinaria que eles mesmos haviam criado, os eleitos, com seus mandatos muito mais curtos, tampouco conseguiram, embora mais uma vez por motivos opostos. Conforme Hegel reconhece, no início do século XIX chegara-se a um ponto em que a própria burocracia *se tornara* o Estado, elevando-se bem acima da sociedade civil e se transformando em sua senhora.

A criação da infra-estrutura

A burocracia tanto pressupõe a existência de informações – o suprimento indispensável para a usina do administrador – quanto viabiliza a criação de mais informações. Um dos primeiros e mais importantes passos nessa direção foi chegar a uma definição exata de quais territórios pertenciam a qual governante. Durante a Idade Média isso se fez, em geral, de maneira local e improvisada: o latifúndio se estendia deste morro àquele rio; a província, da cidade A à montanha B. Numa sociedade analfabeta, fatos desse tipo eram lembrados com anciãos de confiança, conforme determinava a fórmula, e registrados com o auxílio de testemunhas locais. Para verificar se as testemunhas tinham boa memória, às vezes eram jogadas dentro do rio, ou recebiam uma sonora bofetada – o que, aliás, também explica o costume de sagrar cavaleiros batendo neles com a lâmina da espada.

Até meados do século XVII, quando o holandês Willebord Snell (Snellius) começou a usar a trigonometria com esse fim, não existiam mapas que representassem países ou mesmo províncias inteiras. Correspondendo ao excepcional grau de desenvolvimento da Itália, as primeiras tentativas de desenhar tais mapas foram feitas ali e remontam à segunda metade do século XV[34]. Na França, produziu-se em 1472 um mapa que mostrava o reino inteiro; contudo, era um mero rascunho que pretendia dar uma idéia geral, não obedecia a nenhuma escala e não servia para fins diplomáticos nem administrativos. Na ausência de mapas, não era possível aplicar o sistema moderno de representar o formato do país, muito menos medir seu território. Ainda na década de 1690, o grande engenheiro militar Vauban, a serviço de Luís XIV, apresentou estimativas da área da França que chegavam a diferir entre si em um terço; em outros lugares, a situação era ainda pior. A ausência de bons mapas também significava que, sempre que uma guerra ou um acordo levava à transferência de terras de um governante para outro, era praticamente impossível descrever por meios cartográficos o território em questão. Este tinha que ser definido em termos de condados, distritos ou comunidades, à falta de subdivisões pequenas cujas fronteiras fossem mais ou menos conhecidas tanto pelos governantes quanto pelos habitantes. E, de fato, costumava-se considerar que os países consistiam em tais subdivisões.

A primeira fronteira que se marcou no solo por meio de pedras foi a definida entre Suécia e Brandemburgo no fim da Guerra dos Trinta Anos[35]. Na conferência de Nijmegen em 1678-79, foram usados rios para delimitar as fronteiras entre dois Estados, nesse caso a França e o sul da Holanda.

---

34. Ver J. Marino, "Administrative Mapping in the Italian States", em D. Buisseret (org.), *Monarchs, Ministers and Maps: The Emergence of Cartography as a Tool of Government in Early Modern Europe* (Chicago: University of Chicago Press, 1992), cap. 1.

35. G. Parker, *The Thirty Years War* (Londres: Cambridge University Press, 1984), p. 217.

Em 1718, um tratado entre o imperador Carlos VI e a Holanda criou mais um precedente: o texto escrito vinha acompanhado de um mapa com linhas que o cortavam e marcavam as novas fronteiras[36]. A autoria da idéia de que os territórios governados por monarcas ou repúblicas deviam ser pintados da mesma cor é do geógrafo hamburguês Johan Hebner (1680-1713). Mais tarde, no mesmo século, o uso de marcações diferentes para distinguir as fronteiras internacionais das que separavam as províncias também se tornou norma; contudo, ainda em 1762, o embaixador inglês em Copenhague, na tentativa de intermediar um litígio diplomático, descobriu que não existia mapa que mostrasse a fronteira entre Holstein (que fazia parte do império) e a Dinamarca (que não fazia). O que ele finalmente conseguiu encontrar continha informações de mais de 160 anos antes[37].

Nessa época, os governos inglês, francês e austríaco já empregavam pesquisadores profissionais para produzir, pela primeira vez, mapas de países inteiros que se baseassem em triangulação, não em palpites. Os equipamentos da época eram primitivos e o projeto só foi concluído décadas depois. No caso da Inglaterra e da França, ficaram prontos pouco antes da Revolução Francesa; na Áustria, só ficaram prontos em 1806[38]. Já as regiões onde os Estados ainda não tinham penetrado caracterizavam-se por mapas imprecisos ou pela inexistência de mapas – o que, entre outras coisas, explica por que Napoleão, durante sua retirada para Moscou, se surpreendeu agindo em terra que era quase totalmente incógnita. Em outras partes do mundo, a situação era ainda pior. Embora a moda de "desenhar elefantes na ausência de cidades" (como dizia Alexander Pope) estivesse desaparecendo aos poucos, ainda eram grandes e numero-

---

36. G. Clark, *The Seventeenth Century* (Londres: Clarendon, 1966), p. 144.
37. J. Black, *The Rise of the European Powers, 1679-1793* (Londres: Edward Arnold, 1990), pp. 194-6.
38. Sobre a história desse mapa, ver J. Vann, "Mapping Under the Austrian Habsburgs", em Buisseret, *Monarchs, Ministers and Maps*, pp. 163 ss.

sos os trechos em branco. Por exemplo, durante grande parte do século XVIII ninguém podia dizer com certeza onde terminava a Virgínia e começava a Louisiana. Grande parte da fronteira entre os Estados Unidos e o Canadá permaneceu sem marcação ainda no século XIX, para não falar da situação em grande parte da África e da Ásia, onde, naturalmente, não havia Estados e, portanto, nenhuma fronteira com definição nítida, mas apenas zonas intermediárias sujeitas a governantes de ambos os lados ou a governo nenhum. Com o tempo, um dos mais importantes símbolos de que uma organização política alcançara a condição de Estado era ser representada no mapa do globo por meio de uma arca colorida. E, de fato, quanto mais compacta a área, mais poderoso era o Estado.

Depois de mais ou menos resolvido o problema de definir as fronteiras dos Estados e as medidas de suas áreas, a próxima questão foi descobrir quais recursos, humanos e materiais, estavam disponíveis para os governantes *dentro* de cada Estado. Depois do *Domesday Book*, realizaram-se censos ocasionais em muitos países europeus; contudo, era da natureza do sistema político descentralizado (bem como dos meios técnicos primitivos que existiam para tal fim) que ele raramente acompanhasse as mudanças demográficas e econômicas. Em 1516 Thomas More propôs que se contornasse o problema dando a todas as comunidades, cidades e províncias exatamente o mesmo tamanho – idéia que teria sido útil, mesmo sendo utópica. Quase tão utópica foi a proposta do comerciante inglês Gerrard Winstanley, em *The Law of Freedom* (1652), que cada distrito elegesse dois "agentes de correio". Estes estariam subordinados a oito "recebedores", dois para cada parte do reino: leste, oeste, sul e norte. Os agentes de correio do distrito "todo mês enviariam notícias, de seu respectivo distrito à cidade principal, acerca de acidentes ou ocorridos que pudessem trazer honra ou desonra, prejuízos ou lucros para o Estado". Depois de analisadas, as informações seriam impressas: "é nisso que está a vantagem; se alguma parte do país for assolada por peste, seca, invasão ou insurreição, ou quaisquer outras fatalidades, as outras partes do país podem tomar conhecimento rapidamente e enviar auxílio"[39].

No continente, onde as entidades políticas costumavam ser maiores ou mais fragmentadas (às vezes, as duas coisas), o problema de receber informações que servissem de base para a administração era ainda mais difícil. Durante a década de 1580, tanto Jean Bodin quanto Justos Lípsios propuseram a realização de um censo nacional em seus respectivos países para tornar mais igualitária a tributação. Preparando-se para a assembléia dos estados gerais de 1583, os contadores de Henrique III tomaram algumas providências nesse sentido; porém, enquanto duraram as guerras civis e a desordem continuou endêmica, não houve como realizar a proposta. Depois chegou a vez de Luís XIV, cujos conselheiros, como Louvois e Colbert, tinham conhecimento do problema e diversas vezes propuseram medidas que os corrigissem[40]. Segundo Voltaire, o Rei Sol tentou obter uma imagem sistemática do reino por intermédio dos *intendants*; contudo, foi derrotado pela dificuldade de criar uma forma padronizada que representasse as situações tão diversas encontradas em todo o reino.

"O mais desejável teria sido cada *intendant* fornecer, em colunas, o número de habitantes de cada distrito – nobres, cidadãos, trabalhadores rurais, artesãos e trabalhadores em geral – juntamente com todos os tipos de gado, terras de diversos graus de fertilidade, o número total correspondente ao clero normal e secular, suas rendas, as receitas das cidades e das comunidades."[41]

Os primeiros países modernos a realizar censos populacionais foram a Islândia (1703) e a Suécia (1739), ambos

---

39. G. Winstanley, *The Law of Freedom* (Cambridge: Cambridge University Press, 1983 [1652]), pp. 354 ss.
40. Ver R. Blomfeld, *Sebastien le Prestre de Vauban, 1633-1707* (Londres: Methuen, 1938), cap. 10.
41. Voltaire, *The Age of Louis XIV* (Nova York: Twayne, 1963 [1751]), p. 143.

motivados pelo medo do despovoamento[42]. Em 1736 os franceses estabeleceram outro precedente: os padres de todas as paróquias receberam ordens para registrar, em duas vias, nascimentos, casamentos e mortes, guardar uma via e enviar a outra para o governo em Paris. As vantagens e as limitações do sistema são ilustradas pelo esforço de Jacques Necker, em seu mandato como ministro das finanças de Luís XVI entre 1767 e 1772, para descobrir o número de habitantes da França. Com base nos dados disponíveis, calculou a média do número de nascimentos em cada um dos anos em questão. Multiplicou o resultado por 25,5, ou 24,75, ou alguma outra estimativa aproximada sobre a proporção de nascimentos na população geral.

Seguindo o exemplo dado pela Suécia em 1748, a Assembléia Nacional francesa criou em 1791 um escritório estatístico, independente dos ministros de governo e encarregado da compilação de relatórios estatísticos periódicos. Seu primeiro chefe foi o grande cientista Antoine Lavoisier, cuja outra realização como funcionário público foi o novo sistema métrico de pesos e medidas. Desse ponto em diante, além de contar tudo e todos, o Estado também definiu as unidades de medida, como se para salientar a extensão de seu poder. Quanto ao próprio Lavoisier, trabalhou também, entre outras coisas, na coleta de impostos. Sua recompensa por isso foi a morte na guilhotina[43].

De volta à Inglaterra, a primeira tentativa sistemática de obter informações estatísticas – conhecida como "aritmética política" – sobre o número, a riqueza e a renda dos habitantes da ilha foi realizada na década de 1690 por Gre-

---

42. Sobre a Islândia, ver T. Thorsteinsson, "The First Census Taken in Iceland in 1703", em *25th Session of the International Statistical Institute* (Washington, DC: International Statistical Institute, 1947), vol. III, pp. 614-23; sobre a Suécia, ver E. Arosneius, "The History and Organization of the Swedish Official Statistics", em J. Koren (org.), *The History of Statistics* (Nova York: Macmillan, 1918), pp. 537 ss.

43. Sobre o trabalho de Lavoisier nesses campos, ver D. McKie, *Antoine Lavoisier: Scientist, Economist, Social Reformer* (Londres: Collier, 1980).

gory King. Ele foi o agrimensor, cartógrafo e arquiteto profissional que projetou muitas das praças de Londres e Westminster. Nas horas vagas, escreveu *Natural and Political Observations and Conclusions upon the State and Conditions of England* (1696), que ofereceu o melhor retrato que até então se conhecia acerca da população e da riqueza de um país. Entretanto, o volume permaneceu manuscrito, pois não era de interesse para o público em geral. Não houve tentativa sistemática de aprimorar as informações que estavam nas mãos do governo. Em 1753, o Parlamento rejeitou uma proposta de realização de um recenseamento nacional, por julgá-la hostil à liberdade; seis anos depois teve o mesmo destino uma tentativa de seguir o exemplo francês de mandar os padres fornecer informações ao Estado sobre fatos essenciais[44]. Uma das conseqüências dessa política foi que, tanto na Inglaterra quanto em outros países, as testemunhas dos primeiros anos da Revolução Industrial (1760-1800), ao observar o êxodo rural, expressaram o temor de que a população estivesse diminuindo, ao passo que, de fato, estava crescendo como nunca[45]. Só em 1801 Inglaterra e França seguiram o exemplo dos Estados Unidos (1790) e realizaram seu primeiro recenseamento nacional; porém, mesmo então, só meio século depois o governo inglês, por exemplo, começou a registrar o nome de cada homem, mulher e criança do país. Quanto a Gregory King, seu trabalho foi reconhecido em 1801, quando foi redescoberto e publicado.

A maior utilidade das estatísticas – o que explica por que, desde os tempos do rei Davi, as tentativas de recolhê-las quase sempre suscitavam uma tempestade de protestos – era a tributação. Durante a Idade Média, não existiam impostos no sentido que damos hoje à palavra; o rei, assim

---

44. Ver K. Johanisson, "Society in Numbers: The Debate over Quantification in 18th Century Political Economy", em T. Frangsmyr *et al.* (orgs.), *The Quantifying Spirit in the Eighteenth Century* (Berkeley: University of California Press, 1990), p. 349.

45. Ver D. V. Glass, *Numbering the People: The Great Demographic Controversy* (Farnborough: Saxon House, 1978), especialmente pp. 11 ss.

como qualquer outro senhor feudal, devia "viver por conta própria", isto é, do aluguel, das tarifas e de outros pagamentos feudais a ele devidos pelos rendeiros e que, pelo menos teoricamente, não podiam ser mudados sem autorização destes. Para complementar sua renda "privada", podia pedir "ajuda" aos estamentos – em especial nos tempos de guerra ou para cobrir algum tipo de despesa extraordinária e, em geral, em retribuição pela resolução de "agravos". Esse sistema de tributação voluntária era tão importante que, quando Carlos V criou o primeiro tesouro francês em 1373, denominou-o *cour des aides*.

Para nos deter em apenas alguns marcos importantes, talvez o primeiro imposto "nacional" criado num país tenha sido as tarifas de exportação sobre a lã e o couro votadas pelo Parlamento de Eduardo I em 1275 e que se tornaram permanentes de 1347 em diante. Outros governantes tentaram seguir esse exemplo; porém, como seus domínios não eram ilhas, a coleta se tornava mais difícil e eles sempre se frustravam com a extensão dos territórios (se eram grandes) ou com a capacidade do comércio de evitar os impostos mudando-se para outro lugar (se eram pequenos). Em 1383, Carlos V instituiu a *gabelle*, ou imposto sobre sal, que obrigava todas as famílias a comprar uma quantidade determinada por preços definidos pelo rei; descrito por Luís XII como "auxílio mais fácil, mais simples e mais direto que se poderia arrecadar", logo encontrou imitadores em Castela, Provença, Florença, Gênova e nos territórios papais. Depois veio a *taille*, ou imposto territorial, que Carlos VII instituiu em 1452 para pagar por seu exército permanente de *compagnies d'ordonance*. Ao proibir a nobreza de impor tributos semelhantes por conta própria, ele criou simultaneamente a primeira diferença entre aluguel, que era devido aos senhores feudais, e tributação, que era prerrogativa exclusiva do rei.

Expressando o modo de organização política da França, tanto a *gabelle* quanto a *taille* eram cobradas segundo índices diferentes em cada província. Algumas, como a Bretanha, escaparam completamente à cobrança e continuaram isentas até a revolução de 1789; em outras, as exigências dos coletores de impostos levaram a população agrícola à beira da penúria. Não obstante, por volta de 1500 esses e outros impostos estavam transformando a situação financeira dos governantes, em especial daqueles cujos países eram os maiores e nos quais era mais vigorosa a diferença entre o setor "público" e a propriedade "privada". Quanto maior o crescimento do governo, menos importante era o papel desempenhado pelos recursos pessoais dos monarcas em seu financiamento; por outro lado, as cotas de impostos não paravam de subir. Isso levou a conseqüências diferentes em cada país. Na França, deu-se um passo decisivo em 1523, quando Francisco I publicou os éditos de St. Blois e de St. Germain-en-Laye. Instituiu-se um único ministério da fazenda, o *trésoir d'épargne*. Aboliu-se a diferença entre receita normal e extraordinária – correspondente à diferença entre o dinheiro recolhido arbitrariamente pelo rei e o que lhe fora concedido pela assembléia dos estados gerais – e plantou-se o alicerce do absolutismo real para os próximos três séculos. Não foi o que aconteceu na Inglaterra, onde Henrique VIII, tendo vendido por preços baixos as terras confiscadas à Igreja para financiar suas guerras, encontrava-se em situação pior que a do seu pai e se tornou o primeiro rei totalmente dependente do Parlamento. A conseqüência de longo prazo foi um sistema igualmente sólido de governo parlamentar, embora sua filha Elisabete e seus dois primeiros sucessores da dinastia Stuart tenham feito o possível para dele escapar.

Fossem os impostos recolhidos pelo rei por conta própria ou a ele concedidos por alguma assembléia, a renda disponível para os governantes aumentou em relação à de todos os outros indivíduos e também em comparação à de toda a sociedade. No reinado de Henrique VIII, triplicou; na França, entre 1523 e 1600, quadruplicou[46]. O aumento foi maior

---

46. Há números mais precisos em M. S. Kimmel, *Absolutism and Its Discontents: State and Society in Seventeenth-Century France and England* (New Brunswick, NJ: Transaction Books, 1988), pp. 58-9.

durante os anos anteriores a 1550; após esse ano, tendeu a ser devorado pela chamada revolução dos preços, causada pelo influxo de metais preciosos das Américas e pelo aumento da demanda resultante do crescimento rápido da população. Não obstante, o que atesta a realidade dessa tendência é sua persistência na primeira metade do século XVII, período de mau tempo (a "pequena era glacial"), calamidades agrícolas, economias estagnadas e inflação baixa ou mesmo deflação[47]. Por exemplo, Carlos I da Inglaterra conseguiu mais que dobrar a receita recebida pelo pai, Jaime I, elevando-a de 400 mil libras anuais no início de seu reinado para 900 mil libras às vésperas da guerra civil. Nessa época até os governantes de países pequenos como a Baviera, a Prússia e a Dinamarca dependiam muito mais da tributação do que de seus recursos particulares[48]. Apesar de descontentes com o curso que as coisas tomavam, os súditos de maneira geral não tinham poder para resistir a ele.

Tanto na Inglaterra quanto na França, a relutância da população em pagar impostos contribuiu para o surgimento de tumultos, guerra civil e revoluções que se espalharam pelos dois países entre 1620 e 1660[49]; contudo, por volta de 1660 ambos já tinham superado a maior parte das dificuldades nesse aspecto. Em 1664 a Inglaterra tornou-se o primeiro país onde todos os cidadãos eram iguais perante a lei. Os privilégios que ainda existiam – especificamente, o direito do clero de votar contra ou a favor de impostos em assembléias – foram abolidos, e todos, independentemente

---

47. Ver E. Hobsbawm, "The General Crisis of the European Economy in the Seventeenth Century", *Past and Present*, 5, 1954, pp. 33-59, e 6, 1955, pp. 45-65.

48. Sobre a Dinamarca, ver G. Rystad (org.), *Europe and Scandinavia: Aspects of Integration in the Seventeenth Century* (Lund: Esselte Studium, 1983), p. 15; sobre a Prússia, ver K. Breysig, "Der brandenburgische Staatshaushalt in der zweiten Halfte des 17. Jahrhunderts", *Jahrbuch für Gesetzgebung, Verwaltung, und Volkswirtschaft in Deutschen Reich*, 16, 1892, pp. 1 ss., 449 ss.

49. Sobre essas rebeliões, suas causas e seus resultados, ver Kimmel, *Absolutism and Its Discontents*.

do *status*, pagavam as quantias que o governo quisesse recolher e o Parlamento aprovasse. Na França, o prestígio em alta dos *trésoriers* do rei recebeu expressão simbólica em 1643 quando, no enterro de Luís XIII, permitiu-se que as viúvas e filhas dos tesoureiros usassem os mesmos trajes que os outros magistrados. É verdade que a diferença entre *pays d'élection* e *pays d'état* permaneceu em vigor; contudo, Mazarino e seus sucessores conseguiram contorná-la até certo ponto, implantando uma série de novos impostos "extracurriculares" que não eram cobertos pelos antigos privilégios e, portanto, se aplicavam a todo o reino. Já em 1670 – isto é, antes que Luís XIV se envolvesse nas longas e dispendiosas guerras que marcaram a segunda metade de seu reinado – Colbert, em seu *Mémoire au Roi sur les finances*, afirmou que o rei estava recolhendo demais. Segundo ele, a receita real estava em 70 milhões de *livres tournois* anuais. A proporção entre essa quantia e a quantidade de prata em circulação, estimada em 120 milhões, era de 7:12, ao passo que se calculava a proporção ideal em 1:3.

 Na segunda metade do século XVII, a tributação talvez fosse mais leve na Inglaterra, que, embora já empenhada na criação de uma marinha permanente, não tinha um exército permanente nem uma burocracia assalariada para cuidar. Era mais pesada na Prússia, onde as quantias recolhidas pelo Grande Eleitor, Frederico Guilherme, quase sempre com considerável brutalidade, foram usadas para criar um exército permanente de 30 mil homens e, assim, transformar seus domínios, de um grupo heterogêneo de províncias, numa potência européia de médio porte. Embora seja difícil encontrar estatísticas abrangentes, os outros países devem ter ficado num nível intermediário. Em muitos deles, enquanto durou o *ancien régime*, o verdadeiro problema que os governos enfrentaram em sua tentativa de aumentar a receita não foi tanto o efeito recessivo que isso teve sobre a economia, como a tendência de que essas quantias se perdessem pelo caminho antes de chegar ao tesouro central. Por exemplo, dos 8.277.166 *livres* arrecadados no Languedoc em 1677, 34,5% permaneceram nas mãos de diversas celebridades provinciais. Dos 65,5% restantes, metade – na verdade, 50,3% – estava vinculada a gastos reais na própria província. Assim, só 33%, ou pouco menos que um terço, chegaram a Paris e puderam ser usados pelo rei para cobrir os gastos do Estado, que naquela época consistia principalmente no exército e na corte[50].

Apesar dessas limitações, entre 1689 e 1714, a França gastou nada menos que 5 bilhões de *livres* – ou 300 milhões de libras. Isso quase se igualava às quantias gastas por seus três principais inimigos, Inglaterra, Sacro Império Romano e Holanda juntos, o que justificava a jactância de Luís XIV de ser *nec pluribus impar*[51]. O parafuso da tributação fora apertado até o limite. Incapaz de apertá-lo ainda mais sem o risco de uma rebelião, o rei e seus conselheiros recorreram aos empréstimos. Nisso, o fato de ser uma administração venal poderia transformar-se em vantagem, já que a lista de pessoas com direito a receber impostos como remuneração pelos cargos que ocupavam parecia a lista de nomes célebres da sociedade francesa. Em retribuição por permitir que seus funcionários recolhessem uma parcela da receita, o Estado exigia que lhe emprestassem dinheiro. Por ter sido muito usado principalmente durante as guerras religiosas, o sistema não era nada novo, mas no governo de Luís XIV atingiu proporções monstruosas. Em 1714, ano em que terminou a Guerra da Sucessão na Espanha e um ano antes da morte do rei, a dívida do governo era trinta vezes maior que a receita anual e os pagamentos resultantes consumiam quase toda a receita do Estado. Em comparação, em 1994 a dívida interna dos Estados Unidos – considerada tão intolerável que levou à vitória dos republicanos nas eleições daquele ano – equivalia a apenas três vezes a receita anual.

---

50. M. Beik, *Absolutism and Society in Seventeenth-Century France* (Londres: Cambridge University Press, 1985), pp. 260 ss.

51. Há mais pormenores em P. G. M. Dickson e J. Sterling, "War Finance, 1689-1714", em J. S. Bromley (org.), *The New Cambridge Modern History*, vol. IV (Londres: Cambridge University Press, 1970), pp. 284-315.

Assim, ainda que permanecesse "absoluto", o poder do Estado francês encontrou seus limites fiscais[52]. Suas dívidas com seus próprios funcionários continuaram a aumentar, e o problema não era tanto a incapacidade do país de pagar, mas a distribuição injusta dos impostos, em especial a *taille*, do qual quase todos estavam isentos (inclusive grandes latifundiários da nobreza e da Igreja), com exceção dos camponeses. A arrecadação continuava a ser feita por intermédio da coleta; os coletores de impostos eram empregados do tesouro central, dos estamentos provinciais e dos municípios, todos os quais deduziam o que lhes era devido antes de enviar o restante ao *receveur-général* de cada um dos dezesseis distritos arrecadadores. Os coletores de impostos se tornaram odiados por todos – durante o Terror, muitos foram assassinados –, mas a conseqüência mais importante foi que o Estado deslizou lentamente para a falência. Em 1750, numa tentativa desesperada de pôr as mãos nos recursos até então isentos das classes altas, instituiu-se um imposto de 5% sobre todas as receitas provenientes da propriedade de terras; contudo, a medida foi insuficiente e tardia. Enquanto isso, a confiança na capacidade do governo de cumprir suas obrigações e, com ela, o progresso rumo a um sistema financeiro moderno sofriam abalos.

Quando a ruptura finalmente veio, foi bem radical. Conforme a Assembléia Nacional afirmou na Declaração de Direitos (1789), para a manutenção das forças públicas e as despesas da administração, era indispensável a contribuição de cada um; porém, dali em diante, essa contribuição deveria ser igualmente dividida entre todos os cidadãos na proporção de seus recursos. O vasto sistema de isenções e privilégios foi eliminado de um só golpe. Com ele, foram abolidas também as antigas tarifas alfandegárias que ainda separavam uma província da outra, o que transformou a França, pela primeira vez, num único mercado (e Estado)

---

52. Ver J. B. Collins, *Fiscal Limits* of *Absolutism: Direct Taxation in Early Seventeenth-Century France* (Berkeley: University of California, Press, 1988).

de 30 milhões de pessoas. Dessa época até o ressurgimento das zonas de livre-comércio, a partir de 1975, as tarifas alfandegárias eram pagas somente quando se passava de um Estado para outro, não quando se permanecia dentro das fronteiras. No reinado de Napoleão, a receita proveniente dos impostos territoriais aumentou de 80 milhões para 200 milhões de *livres*. Mas ele também acrescentou uma série de novos impostos aos já existentes, dentre os quais um imposto sobre consumo – que, com o tempo, passou a ser quase tão odiado quanto o alistamento militar – um imposto sobre o sal, um monopólio estatal do tabaco e um sistema de tarifas externas que continuaria em vigor durante todo o resto do século XIX. Ainda mais importante foi o fato de que a tributação se tornou verdadeiramente nacional. Não só todas as receitas – inclusive as extraídas de outros países na forma de pilhagem ou indenizações – se acumulavam num tesouro único, como chegou ao fim o sistema por meio do qual parte das quantias arrecadadas em cada província só podia ser gasta naquela província. Pela primeira vez, então, o governo obteve controle total sobre toda a arrecadação.

Já tendo passado por sua revolução mais ou menos um século antes, o Estado britânico era governado com o consentimento das classes altas e estava, portanto, em situação bem melhor para extorquir sem correr o risco de muita oposição. Em especial, a série de guerras contra a França, de 1689 a 1714, representou uma realização extraordinária para um país com talvez 5,5 milhões de habitantes que se localizara, durante muito tempo, à margem da civilização e só recentemente ingressara nas fileiras das grandes potências. As guerras foram financiadas por vários novos impostos, como o territorial, sobre a cerveja e um sobre as janelas, importado da Holanda; um imposto semelhante foi cobrado nas colônias americanas e, como se pode ver em Charleston, Carolina do Sul, até os dias de hoje, levou à construção de prédios estreitos e alongados, sem frente para as ruas. Em 1692 a Inglaterra tornou-se o primeiro país a substituir os coletores de impostos não-remunerados por coletores pagos, o que levou a uma grande redução na percentagem da receita que ficava pelo caminho. A Inglaterra, portanto, lidava muito melhor com suas finanças do que a França. Em 1714, embora a dívida do governo tivesse aumentado para três vezes a receita anual, as taxas de juros estavam caindo.

Por volta de meados do século, o Estado britânico drenava cerca de 20% da riqueza do país. Seu principal instrumento para isso consistia em impostos indiretos, que arrecadavam entre dois terços e três quartos de todas as quantias recolhidas; conforme explicou o primeiro-ministro Robert Walpole (1721-42) em certa ocasião, os que teriam berrado como porcos no abate se deixaram tosquiar como ovelhas[53]. Uma série de medidas eficientes, como a instituição em 1787 de um fundo único e consolidado no qual se depositava toda a receita alfandegária e proveniente de impostos sobre o consumo, deu continuidade à transição rumo a um Estado moderno com um tesouro nacional centralizado. Já que não precisava repartir a receita com detentores de cargos, a Inglaterra, com uma população muito menor que a da França, teve recursos para travar várias guerras pelo mundo (1740-48, 1756-63, 1776-83), subsidiar aliados continentais e administrar com facilidade uma dívida cada vez maior (que se tornara a causa de uma inflação moderada). Em 1799, o Pitt mais jovem, diante da necessidade de financiar a guerra contra a França, sentiu-se forte o bastante para instituir um imposto de renda de cinco por cento sobre as rendas superiores a 200 libras por ano. Considerando-se que um trabalhador sem qualificações ganhava cerca de 25 libras por ano e que um trabalhador especializado recebia o dobro dessa quantia[54], não era pedir demais. Contudo, foi o primeiro

---

53. P. Mathias e P. O'Brien, "Taxation in Britain and France, 1715-1810: Comparison of the Social and Economic Incidence of the Taxes Collected for the Central Government", *Journal of European Economic History*, 5, 1976, pp. 601-50.

54. P. Deane, *The First Industrial Revolution* (Cambridge: Cambridge University Press, 1965), p. 262.

imposto desse tipo a ser instituído num país e prenúncio claro de que coisas muito piores estavam por vir.

À guisa de última ilustração do que o Estado moderno bem-administrado poderia fazer para roubar seus cidadãos e concentrar o poder financeiro nas próprias mãos, analisemos o desenvolvimento da Prússia. O país era então incomparavelmente menor e menos fértil do que a Inglaterra ou, *a fortiori*, a França. Por volta do ano 1700, sua população, talvez de um milhão de habitantes, correspondia a seis por cento da francesa e, para piorar, estava dispersa em inúmeras províncias descontínuas, algumas das quais mal começavam a se recuperar da Guerra dos Trinta Anos. Mesmo na entronização de Frederico, o Grande, em 1740, o produto do domínio real, totalizando um terço das terras prussianas e recolhido com eficiência cruel pelo soldado-rei, pai dele, representava metade de sua receita. Nas proximidades do fim de seu reinado, o aumento das extorsões fizera crescer a renda proveniente dessa fonte de 3 para 7 milhões de táleres, mas isso não impediu que sua parte em toda a receita do Estado caísse em um terço. Durante o mesmo período, a receita total cresceu mais de três vezes, façanha realizada principalmente com o aumento dos impostos indiretos[55].

Na década de 1750, a receita de Frederico – incluídos todos os tipos de serviços e corvéias que continuavam a sobrecarregar os camponeses – devorava provavelmente 34% do produto nacional prussiano, cifra muito mais alta do que a obtida em qualquer outro país na época e que logo foi aumentada por vultosos subsídios ingleses[56]. Assim como na França, o imposto mais importante era a *Kontribution*, um imposto sobre a renda proveniente da propriedade de terras, que recaía principalmente sobre os camponeses, pois a nobreza era isenta. Embora o sistema não fosse uniforme e

---

55. A. Zottmann, *Die Wirtschaftspolitik Friedrichs des Grossen* (Leipzig: Deuticke, 1929), pp. 21ss.

56. D. Stutzer, "Das preussische Heer und seine Finanzierung 1740-1790", *Militärgeschichtliche Mitteilungen*, 2, 1979, p. 30.

estivesse repleto de incoerências, comparado à França o Estado prussiano durante o governo de Frederico, o Grande, desfrutava de diversas vantagens. De 1723 em diante, a coleta de impostos se concentrou exclusivamente nas mãos de funcionários pagos. Isso significou melhor controle da corrupção, menos perdas pelo caminho e, o que era mais importante, não havia necessidade de pagar juros sobre os empréstimos feitos ao Estado por seus próprios funcionários. Graças, em parte, à eficiência da burocracia e, em parte, ao próprio esforço do rei, havia informações bem melhores sobre a situação econômica nas diversas províncias e sobre a renda que se poderia esperar delas. Ademais, à medida que avançava o século, mais a Prússia se inclinava a seguir o exemplo francês, impondo monopólios estatais (do café, bem como do tabaco e do sal), e o inglês, adotando impostos indiretos (além da tributação habitual já mencionada com relação a outros países) que incluíam uma taxa sobre todos os tipos de carne, exceto a de porco.

Quando morreu, em 1786, Frederico, o Grande, embora tenha travado duas guerras importantes (1740-48, 1756-63) e uma de menor importância (1778-79), deixou um tesouro de 50 milhões de táleres, igual a cerca de dois anos e um quarto de receita. Também tinha um exército de quase 200 mil homens, que além de ser o quarto maior da Europa (depois dos exércitos da França, da Áustria e da Rússia) era considerado o melhor de todos. Regozijando-se com as realizações dele e temendo talvez as conseqüências, caso persistissem, seus sucessores resolveram afrouxar um pouco a pressão. Cancelaram alguns dos monopólios reais, demitiram os especialistas franceses que os administravam e adotaram uma política mais generosa no tocante aos infelizes inquilinos das terras da coroa. Em quatro anos o superávit desaparecera; mas o Estado prussiano continuou solvente e, façanha notável, manteve sua capacidade de pagar, mesmo durante os dificílimos anos posteriores a sua derrota nas mãos de Napoleão. Contudo, não se deve exagerar sua modernidade. Por exemplo, a criação de um tesouro único responsável por todas as contas a pagar e a receber teve de esperar pelas reformas de Von Stein e Von Hardenberg, ao passo que as alfândegas das fronteiras internas entre as diversas províncias persistiram e só foram abolidas em 1818.

Para resumir, o período em consideração caracterizou-se sobretudo pela criação dos instrumentos que permitiriam ao Estado eliminar diversos intermediários e extorquir seus cidadãos como nunca. Uma parte do processo consistiu na necessidade de marcar fronteiras, desenhar mapas e reunir todos os tipos de dados estatísticos – inclusive, no tocante à população, os que se referiam a propriedades, produção e rendas. Com a expansão do governo, tanto em número de burocratas contratados quanto nas tarefas que realizava, a importância dos recursos privados do governante em relação ao orçamento geral do país declinou naturalmente, até que, mais cedo ou mais tarde, caiu na insignificância. A mudança se expressou no modo de lidar com as obrigações financeiras. Erasmo, presumindo que as despesas da corte eram responsáveis por considerável fração do fardo fiscal dos súditos, instara seu príncipe cristão a viver de maneira humilde. Luís XIV certa feita foi obrigado a vender seus objetos de metal (inclusive um conjunto de estimação de cinco mil soldadinhos de prata) para pagar pelas guerras. Mas, em 1689, Guilherme III da Inglaterra acabara de chegar da Holanda e dele não se esperava o mesmo papel de seu predecessor; tornou-se assim o primeiro monarca da história que não poderia ser pessoalmente responsabilizado pelas dívidas de seu governo. Em 1770, deu-se o último passo e realizou-se a separação total entre rei e país.

No novo sistema, o correio – fundado por Cromwell em 1652 e que operava como monopólio real desde os tempos da Restauração – bem como as terras reais remanescentes foram para as mãos do Estado. Em retribuição, o rei Jorge III começou a receber uma pensão anual de 800 mil libras, a ele concedida pelo Parlamento e usada para custear as despesas da administração da corte. Essa reforma foi imitada por outros países, entre eles a França (depois da Revolução) e a Prússia (onde ocorreu em 1820)[57]. Vale acrescentar que, embora se tivesse cortado o vínculo entre as propriedades privadas do governante e as do Estado, aquelas em geral continuaram substanciais e, na maioria dos casos, gozavam de *status* privilegiado. Por exemplo, foi só em 1993 que a rainha do Reino Unido, a pessoa mais rica do reino, começou a pagar imposto de renda como qualquer outro cidadão.

A própria história da tributação foi marcada por uma mudança gradual que levou dos impostos indiretos para os diretos, mais difíceis de recolher porém muito mais rendosos. A isso se devem acrescentar os lucros cada vez maiores provenientes dos monopólios estatais, inclusive, em muitos países a partir de 1830, as ferrovias. Em um país após o outro o sistema foi ampliado, aboliram-se as isenções e incluíram-se novas províncias na rede. Nesse ínterim, as alfândegas das fronteiras foram abandonadas, implantaram-se fundos de recebimento central e cancelaram-se todos os tipos de privilégios – embora em alguns casos essa façanha tenha exigido uma revolução sangrenta ou uma derrota em guerra. Só entre 1760 e 1820, o valor nominal dos impostos recolhidos pelo tesouro aumentou quatro vezes na Áustria, quatro vezes na França e mais de seis vezes na Inglaterra[58]. Não é preciso dizer que nada disso teria sido possível se a administração não tivesse passado por uma reforma, se os cargos venais não tivessem sido substituídos por funções assalariadas e se a classe, a propriedade e as relações, como meio de subir na carreira, não tivessem sido substituídas pelo profissionalismo – que cada vez mais se fundamentava em formação universitária. Para realizar suas aspirações, o Estado teve de incrementar os instrumentos de violência a seu dispor até não restar mais ninguém capaz de retrucar – assunto ao qual nos voltaremos na próxima seção.

---

57. Ver D. E. Brady, *Frederick William IV and the Prussian Monarch 1840-1861* (Oxford: Clarendon Press, 1995), p. 19.

58. Mann, *Sources of Social Power*, vol. II, apêndice, tabelas A6, A7, A8.

O monopólio da violência

Durante a Idade Média, em vez de ser travada em nome de Estados inexistentes, a guerra estivera encravada na sociedade, por assim dizer. Não existiam exércitos – muito menos marinhas, que são muitíssimo mais caras – como instituições separadas; a guerra era vocação das classes altas, cujos membros, representando quase nada além dos próprios interesses e senso de justiça, vestiam a armadura e lutavam uns contra os outros conforme exigia a ocasião. Como também acontecera no caso das tribos sem governantes, das chefias e das cidades-Estado, a moderna "trindade", que consiste em um governo cuja função é dirigir a política, em forças armadas que lutam e morrem e numa população civil que se supõe desfrutar de imunidade contanto que não interfira nas decisões, não existia dessa forma. Em razão do *éthos* cavalheiresco, os governantes de todos os escalões se sentiam obrigados a lutar na linha de frente e, como vimos, era muito freqüente que morressem ou fossem capturados; assim, praticamente não se podia dizer que governassem. Também não se considerava que o povo, por sua vez, fizesse parte da sociedade. Considerando a guerra como uma espécie de catástrofe natural, peste ou fome – donde os quatro cavaleiros do apocalipse –, o povo via seus superiores lutarem uns contra os outros e, naturalmente, quase sempre pagavam por isso.

A história da transição das hostes feudais para as forças mercenárias e destas para os exércitos e as marinhas regulares, pertencentes ao Estado, que surgiram depois de 1648, já foi contada muitas vezes[59]. Um bom ponto de partida é a chegada da pólvora, que foi inventada na China e deve ter sido levada para a Europa pelos mongóis ou pelos árabes via norte da África ou Espanha; seja como for, há menções esparsas a ela em fontes datadas da segunda metade do

---

59. O melhor relato resumido talvez seja M. Howard, *War in European History* (Oxford: Oxford University Press, 1976), caps. 2-5.

século XIII[60]. O uso do canhão, ou de algum outro aparelho que provocava ruído e usava pólvora, é mencionado pela primeira vez em relação à batalha de Crecy, entre ingleses e franceses em 1348. Pouco depois, vamos encontrá-lo empregado também nos cercos[61]; de fins do século XIV em diante, as menções e as imagens se multiplicam, embora os espécimes mais antigos ainda existentes, como o "Mons Meg" do castelo de Edimburgo, sejam de meados do século XV. Embora as armas brancas e as máquinas mecânicas de disparar projéteis não tenham desaparecido de uma vez, durante todo esse período a importância da pólvora continuou a aumentar. No final da Guerra dos Cem Anos, o rei da França, principalmente, fez uso sistemático da artilharia para reconquistar a Normandia. Conforme demonstrou a queda de Constantinopla em 1453, naquela época não havia paredes no mundo que resistissem a seu impacto.

Com o tempo, porém, a pólvora fez menos pela alteração do equilíbrio entre ataque e defesa do que se costuma imaginar[62]. Pelo contrário, obrigou a defesa a procurar métodos diferentes para construir fortalezas, problema que durante a segunda metade do século XV deu emprego às melhores cabeças, entre as quais Leonardo da Vinci, Michelangelo e Albrecht Dürer. Por volta de 1520, depois de muitas falsas largadas, um engenheiro italiano chamado Michele San Michele encontrou a solução. Consistia, essencialmente, em trocar os longos muros medievais altos e finos por muros bem grossos, baixos e enterrados *no* chão; ao mesmo tempo, no lugar das torres construir as estruturas angulares conhecidas como bastiões, que se projetavam dos muros e ofereciam proteção para os muros e uns aos

---

60. Ver J. R. Partington, *A History of Greek Fire and Gunpowder* (Cambridge: Heffer, 1960), cap. 3; e J. F. C. Fuller, *Armaments and History* (Nova York: Scribner's, 1945), pp. 78-81.

61. Jean Froissart, *Chronicles* (Harmondsworth, Reino Unido: Penguin Books, 1968), pp. 88 (n. 2), 121.

62. G. Quester, *Offense and Defense in the International System* (Nova York: Wiley, 1977), pp. 45-55.

outros[63]. Os fortes resultantes eram muito maiores que seus antecessores medievais e, com o passar do tempo e o maior alcance dos canhões, a tendência era se tornarem ainda maiores. Espalhando-se da Itália para os outros países, por volta do século XVII havia cinturões dessas fortalezas ao redor das fronteiras da França, da Holanda e do Império. Prevendo a possibilidade de uma invasão espanhola, até a Inglaterra construiu algumas, embora se destinassem a permanecer sem uso, pois a Armada foi derrotada.

Além de serem muito maiores que as anteriores, as novas fortalezas também eram muito mais caras. Embora não se pudesse subestimar o custo da construção, o castelo medieval estava ao alcance de um número bem grande de pessoas. Só na França se tem conhecimento das ruínas de pelo menos 10 mil castelos, embora a maioria consistisse apenas em uma simples muralha, ou torre, e um fosso. Lordes de todos os escalões construíam castelos para si mesmos, e a diferença entre o monarca mais poderoso e o mais pobre barão ou conde não consistia tanto na natureza das fortalezas que construíam, mas no número de castelos que possuíam, quase sempre em locais bem dispersos. A invenção e subseqüente disseminação dos *trace italienne* levou ao fim essa situação. Somente os governantes mais ricos e mais poderosos podiam custear as novas estruturas, e, devido a seu tamanho, em vez de localizar-se no cume de morros como antes, costumavam ser construídas em planícies e até, como na Holanda, em terreno completamente plano[64].

Quando os castelos da nobreza se tornaram indefesos perante o canhão, sua situação militar também se enfraqueceu em outros aspectos. Em nítido contraste com os exércitos

---

63. J. R. Hale, "The Development of the Bastion, 1440-1453", em Hale *et al.*, *Europe in the Late Middle Ages*, pp. 446-94. Ver também S. Pepper e N. Adams, *Firearms and Fortifications* (Chicago: University of Chicago Press, 1986).

64. Sobre a evolução das fortificações de 1500 até seu apogeu, por volta de 1700, ver I. V. Hogg, e *Fortress: A History of Military Defence* (Londres: Macdonald, 1975), caps. 3-4.

da antigüidade, os exércitos medievais se baseavam principalmente na cavalaria. Se o terreno fosse adequado, o homem montado e armado gozava de enorme vantagem, a tal ponto que as crônicas quase sempre deixam de mencionar a infantaria, que também estava presente e cuja função no campo de batalha consistia em ser massacrada pelos cavaleiros, que eram mais pesados, mais altos e mais velozes. Durante o século XIV, porém, o papel da cavalaria começou a ser destruído pelo retorno de duas armas antigas: o pique e o arco longo. Ambos tiveram origem em povos relativamente primitivos – os galeses, os escoceses e os suíços –, que habitavam terrenos montanhosos sem muita abrangência para as operações de cavalaria; e ambos exigiam a criação de formações disciplinadas que, fosse qual fosse o efeito exato, se mantinham juntos para enfrentar os ataques. Da batalha de Morgarten (1315) em diante, e com freqüência cada vez maior, começaram a criar-se essas formações, que se mostraram capazes de resistir aos ataques dos cavaleiros. Os cavaleiros, por sua vez, tentaram enfrentar o desafio com reforços cada vez maiores nas armaduras – solução que encareceria muito mais os equipamentos e acabou por se invalidar, mesmo quando tinha êxito. Mais ou menos a partir de 1550, os cavaleiros simplesmente desistiram. As armaduras completas, que cobriam dos pés à cabeça, foram aos poucos descartadas. As que ainda eram produzidas se destinavam a ser usadas principalmente nos torneios, que, nessa época, tinham-se transformado em eventos elaboradíssimos, porém com pouco valor além do entretenimento.

Além da evolução militar-tecnológica que lhe deu início, a mudança na forma de guerrear também teve seus aspectos financeiros. Já no século XIII, o renascimento de uma economia comercial urbana começou a pôr dinheiro nas mãos do povo. Em conseqüência disso, os governantes às vezes liberavam os vassalos da obrigação de lutar por eles, exigindo pagamento de um imposto especial ou *scutagium*. As quantias obtidas dessa maneira eram utilizadas na contratação de mercenários[65]; e, na segunda metade do século XV, os mercenários já substituíam praticamente todos os seus predecessores feudais, exceto nos níveis mais altos de comando. A maneira de formar um exército passou a consistir em comissionar – termo ainda em uso – um empresário para convocar soldados, vesti-los, equipá-los e treiná-los. Depois disso, esperava-se que esse empresário também os comandasse na guerra, tudo em troca de um bom dinheiro que recebia de seus patrões e que dividia com seus comandados, embora pechinchasse o máximo possível[66].

Durante o século XVI, inspirados primeiro pelos suíços e, depois, pelos espanhóis, os exércitos passaram a consistir principalmente em blocos maciços (conhecidos como *Haufen* ou *tercios*) de soldados de infantaria, armados com uma mistura de piques e arcabuzes e organizados para proteção mútua. A artilharia de campo teve evolução mais lenta. As primeiras armas de fogo eram pesadas e tinham raio de alcance curto; contudo, após 1494, essas limitações foram aos poucos superadas. O canhão, que ao contrário dos usos anteriores começou a ser montado em veículos, aparecia cada vez mais nos campos de batalha. A cavalaria também sobreviveu, embora sua eficácia de arma de choque tenha caído, bem como sua proporção numérica em relação ao restante das forças. Quando as três armas assumiram forma semelhante à moderna, cada vez mais o resultado das batalhas dependeu da capacidade de coordená-las, empregando cada uma a fim de representar um dilema para o inimigo: por exemplo, o uso demonstrativo da cavalaria para obrigá-lo a fazer formações em quadrado, para depois destruir essas formações com o canhão. Era assim que grandes estrategos como Gonsalvo de Córdoba, Maurício de Nassau e Gustavo Adolfo operavam. Os três tinham consciência da

---

65. Ver, no caso da Inglaterra, M. Prestwich, *War, Politics and Finance Under Edward I* (Totowa, NJ: Rowman & Littlefield, 1972).

66. Sobre o modo como se fazia isso, ver F. Redlich, *The German Military Entrepreneur and His Work Force* (Wiesbaden: Steiner, 1964).

necessidade de combinar as armas, e os dois últimos faziam constantes experiências com formações menores e armas mais leves.

Já que ainda não existiam Estados no nosso sentido do termo, o objetivo das guerras não havia mudado muito desde os tempos medievais. Governantes como Carlos V, Francisco I e seus contemporâneos lutavam entre si para decidir quem governaria esta ou aquela província. A natureza pessoal das brigas está no fato de que o imperador constantemente convidava o rival para um duelo; além disso, os tratados de paz assinados após cada guerra sempre continham alguma cláusula que estipulava o casamento entre os protagonistas, seus filhos, filhas e outros membros da família para produzir um herdeiro que, por ser filho de ambos os lados, resolveria – assim se esperava – o problema que dera origem à guerra. Em nível mais baixo, o fato de que os exércitos consistiam em empresários independentes ou semi-independentes ajuda a explicar a onda de guerras civis que assolaram países como a Inglaterra, a França e a Alemanha. O exército de mercenários, quase sempre incluindo seu comandante, só permanecia fiel ao governante a quem servia enquanto durasse o pagamento. Quando isso mudava, os soldados se amotinavam, trocavam de lado, atacavam por conta própria, simplesmente se dispersavam e voltavam para casa[67].

Esses acontecimentos chegaram ao apogeu durante a Guerra dos Trinta Anos, que marcou o fim do velho sistema e o início do novo. Começou, como vimos, com a tentativa do imperador Habsburgo de reafirmar sua autoridade sobre a Alemanha e, talvez, o império no sentido mais amplo do termo. Contudo, a luta logo se degenerou em contenda generalizada, na qual o imperador, reis, governantes territoriais de diversos escalões, ligas religiosas, cidades livres e

---

67. As rebeliões militares organizadas por forças mercenárias são bem relatadas em G. Parker, *The Army of Flanders and the Spanish Road* (Londres: Cambridge University Press, 1972), cap. 8.

empresários militares comissionados e não comissionados (muitos deles difíceis de distinguir de ladrões e, a não ser quando dispostos a trocar de lado, quase sempre tratados como ladrões) lutavam uns contra os outros com todos os meios à disposição. Todos, nem é preciso dizer, o faziam à custa dos camponeses, cujos campos, pomares e animais domésticos alimentavam os exércitos, para não falar das outras exigências naturais dos heróis, tais como saquear, incendiar e estuprar. Quando os camponeses não queriam ser vitimados, tentavam se defender e aumentavam a confusão. Portanto, durante três décadas grande parte da Europa central esteve completamente mergulhada em guerra.

Com o tempo, porém, a conseqüência do caos foi a ordem. Depois de assinados os Tratados da Vestefália, muitas das forças mercenárias que tinham lutado na guerra – as que não foram absorvidas pelos exércitos permanentes ou *militia perpetua*, como eram conhecidos – foram dispensadas. Os oficiais não deixaram imediatamente de ser empresários; na França, só em meados do século as unidades deixaram de ser conhecidas pelo nome dos comandantes, e a compra de patentes militares foi abolida, ao passo que na Inglaterra a segunda reforma teve de esperar até as Reformas de Cardwell em 1874. Contudo, ao longo do período seu papel de empresários independentes foi aos poucos diminuindo. Tarefas como recrutar soldados, alistá-los, pagá-los, vesti-los, equipá-los e promovê-los ficaram centralizadas nas mãos dos recém-criados ministérios da guerra. A substituição de empresários por oficiais – que, cada vez mais, tinham de freqüentar uma academia militar para se tornarem oficiais – transformou os oficiais em leais servidores do Estado, e a troca de mercenários temporários por tropas que serviam regularmente tornou possível aprimorar a disciplina dos soldados. Os bandos de espantalhos indisciplinados que tinham infestado a Europa durante grande parte do século antes de 1648 praticamente desapareceram. O nome do general francês Martinet, que se tornou famoso pelas bastonadas que infligia por qualquer falta de botão ou por jarreteiras mal-ajustadas, entrou para o idioma*.

Nessa época, toda a estrutura da guerra, que até então era travada por motivos pessoais, começava a mudar na direção do Estado impessoal. Na Inglaterra, a rainha Elisabete I sempre fazia contratos comerciais com súditos, dentre os quais os mais famosos foram Francis Drake e Walter Raleigh, com o objetivo de espoliar as possessões ultramarinas da Espanha[68]. Cem anos após sua morte, esse sistema se tornara impensável, e já durante a primeira metade do século XVIII crescia a convicção de que os governantes que iam à guerra em busca de lucro pessoal não eram muito melhores que criminosos[69]. O monopólio estatal da guerra, cada vez maior, se fez sentir no exterior. Durante todo o século XVII, houve muitas ocasiões em que dois países brigaram entre si na Europa, mas não nas colônias, ou vice-versa, como, por exemplo, durante a trégua de doze anos entre a Espanha e a Holanda, que durou de 1609 a 1621 e se limitou à Europa. Depois de 1714 essa situação chegou ao fim. Cada vez mais as Companhias das Índias Ocidentais e Orientais passaram a ser consideradas meras extensões do poder de seu governo, e cada vez mais isso era verdade.

Outro campo no qual se fez sentir a mudança da guerra pessoal travada pelo governante para a guerra impessoal travada em nome do Estado foi o tratamento dispensado aos prisioneiros de guerra. Antes eram considerados propriedades privadas de quem os capturasse e tinham de pagar resgate; enquanto não pagassem, podiam ser trocados, vendidos ou aproveitados com fins lucrativos por indivíduos que,

---

* O vocábulo *martinet*, em inglês, refere-se a militar severo e disciplinador, equivalente a *caxias* em português. (N. da T.)

68. K. R. Andrews, *Trade, Plunder and Settlement: Maritime Enterprise and the Genesis of the British Empire, 1480-1630* (Cambridge: Cambridge University Press, 1984), pp. 14-15.

69. L. E. Traide (ed.), *Horace Walpole's Miscellany* (New Haven, CT: Yale University Press, 1978), p. 77; C. de Montesquieu, *Persian Letters* (Harmondsworth, Reino Unido: Penguin Books, 1973), p. 177.

em conseqüência disso, não raro brigavam entre si para disputar as presas. Contudo, a instituição de exércitos permanentes e a centralização do poder militar nas mãos dos governantes puseram fim a esse sistema. Depois da Guerra da Sucessão na Espanha, os prisioneiros eram retirados das mãos dos captores. O pagamento de resgate, em vez de ser providenciado pelos indivíduos em questão, passou a ser questão do Estado beligerante, que negociava com seus oponentes com base numa escala fixa de pagamento – tanto por soldado, por capitão ou, no topo da escala, por um *maréchal de France*[70]. Em seguida, após a Guerra dos Sete Anos, abandonou-se o pedido de resgate. De mercadorias negociadas, os prisioneiros se transformaram em hóspedes dos governos adversários, embora, se não fossem oficiais e pudessem cuidar das próprias acomodações (os comandantes inimigos não raro ganhavam liberdade condicional), raramente achavam seus aposentos muito confortáveis.

A mudança da guerra pessoal para a impessoal também levou à invenção de uma nova categoria jurídica: os feridos. Embora a guerra sempre resultasse em ferimentos, os que os sofriam não gozavam de quaisquer direitos especiais; pelo contrário, simplesmente se afastavam do campo de batalha da melhor maneira que conseguiam. Ainda na época de Hugo Grócio, durante as primeiras décadas do século XVII, a concessão de mercê só dependia da boa vontade do vencedor. Contudo, a mudança para as forças permanentes durante os últimos anos do século XVII deu à luz a idéia de que os soldados de ambos os lados não eram criminosos que lutavam por algum fim nefasto, mas apenas homens cumprindo seu dever para com seus respectivos soberanos, ou Estados. Quando esses homens se tornavam incapacitados, não havia motivo para continuar a castigá-los e, na verdade, os juristas internacionais do século XVIII consideravam

---

70. J. G. von Hoyers, *Geschichte der Kriegskunst* (Göttingen: Rosenbusch, 1797), vol. II, pp. 614-19, oferece uma tabela minuciosa de resgates devidos por prisioneiros de cada patente.

essa idéia absurda. Conseqüentemente tornou-se mais fácil fazer acordos – a princípio, bilaterais, depois multinacionais – que prometiam aos feridos, contanto que não continuassem lutando, imunidade contra futuros atos militares, bem como tratamento médico e até locais especiais de asilo que não eram atacados: em resumo, a melhor proteção que as circunstâncias permitissem[71].

Mais ou menos de 1660 em diante, a tendência de considerar os combatentes como servidores do Estado também começou a influenciar o modo como as guerras eram comemoradas e o tipo de monumentos erigidos em sua homenagem[72]. Desde o tempo dos antigos faraós do Egito até a época da Contra-Reforma, regozijar-se com o mal alheio fora uma das recompensas da vitória – por exemplo, Tiglat Pileser III, que já conhecemos, gabava-se de haver "empalado" os inimigos "vivos" e "cortado suas mãos"[73]. As artes plásticas também mostravam uma profusão de inimigos mortos e prisioneiros maltratados, como nos relevos encomendados pelo mesmo rei, e também por seus ancestrais e seus sucessores, que mostravam a captura de cidades em todo o Oriente Médio e eram usados para decorar seus palácios em Nínive e outros lugares. E essas coisas não ficavam confinadas somente ao Oriente "bárbaro". Ao olhar para o alto da coluna construída por Trajano, que se supõe ser um dos mais civilizados imperadores romanos, no fórum que tem seu nome, os que têm bons olhos verão prisioneiros dácios sendo decapitados.

Contudo, durante a segunda metade do século XVII, essas representações de alegria de um lado e de sofrimento do outro deixaram de ser consideradas de bom-tom. Embora ainda se construíssem monumentos em homenagem a vitórias e a comandantes – como o Portão de Brandemburgo

---

71. Sobre a ascensão de *ius in bellum* durante o século XVIII, ver G. Best, *Humanity in Warfare* (Nova York, Columbia University Press, 1980), pp. 53-60.

72. Ver, sobre esse tema, A. Borg, *War Memorials from Antiquity to the Present* (Londres: Cooper, 1991).

73. Tadmor, *The Inscriptions of Tiglat Pileser III*, pp. 49, 79.

em Berlim ou a Trafalgar Square em Londres, vigiada por uma estátua de Nelson – daquela época em diante era bem raro que mostrassem o inimigo no ato da derrota, muito menos torturado, mutilado ou executado. Não que essas coisas tivessem deixado de acontecer nas guerras européias ou, principalmente, coloniais; durante a Segunda Guerra Mundial, os soldados norte-americanos no Pacífico às vezes arrancavam as orelhas dos japoneses para levar como troféus[74]. Até na Alemanha nazista se tomava o cuidado de ocultar do olhar público as atrocidades; ou, caso não conseguissem ocultá-las, pôr a culpa em necessidades militares ou no inimigo, acusado de ter sido o primeiro a violar as leis.

Já que a maioria dos governantes tinha deixado de comandar em pessoa, surgiu a diferença moderna entre o governo que trava ou "conduz" guerras no nível político-militar mais alto e as forças armadas que lutam e morrem. Em meados do século XVIII, as propriedades pessoais dos governantes eram claramente diferenciadas daquelas do Estado. Conseqüentemente, tornaram-se sacrossantas. Quando, durante a Guerra dos Sete Anos, Frederico II teve uma crise de ira e tentou demolir um castelo que pertencia a um de seus adversários austríacos, deparou-se com a oposição de seus próprios generais[75]. Havia outra indicação de que a guerra estava deixando de ser considerada assunto pessoal: mesmo quando lutavam uns contra os outros, os governantes se tratavam por *monsieur mon frère* e trocavam fartos elogios. Estavam muito longe os dias em que, por exemplo, Francisco I e Henrique VIII se prepararam para o encontro no Camp de Drap D'Or, quando cada um se apresentou com um número combinado de criados por medo de ser seqüestrado ou assassinado.

Enquanto governo e forças armadas se separavam dessa maneira, o terceiro lado da "trindade", a população, tam-

---

74. J. W. Dower, *War Without Mercy: Race and Power in the Pacific War* (Nova York: Pantheon, 1986), p. 64.

75. C. Duffy, *The Army of Frederick the Great* (Londres: Purnell, 1971), p. 9.

bém estava sendo criado – ou melhor, afastado da liderança da guerra – com a entrada em cena dos uniformes. Originários das librés que durante tanto tempo foram usadas pela criadagem dos monarcas e de aristocratas menos importantes, os uniformes não tinham o propósito de distinguir um lado do outro; após o fim das armaduras e a concentração da guerra nas mãos do Estado, sua finalidade era distinguir os que tinham licença para lutar daqueles que não tinham. De 1660 em diante, em contraste nítido com as roupas extravagantes das classes altas, mas também com os trajes mais sóbrios do povo das cidades, os uniformes se tornaram a norma. Sua finalidade jamais foi estritamente utilitarista; com o tempo, entretanto, tornaram-se cada vez mais elaborados, pois os governantes competiam entre si para ver quem vestia seus soldados da maneira mais impressionante. O esplendor da alfaiataria militar chegou ao apogeu entre 1790 e 1830. Depois disso, declinou em razão do surgimento das armas de disparo rápido, mas sem abrir mão da diferença essencial entre militares e civis, que, por ser uma das pedras fundamentais do Estado moderno, tinha de ser mantida a qualquer preço.

A vestimenta, porém, era apenas uma das marcas que destacavam os militares. Anteriormente, as forças armadas – com exceção das responsáveis pela guarda pessoal do governante que, era lógico, tinham de se alojar dentro ou ao redor do castelo ou palácio – só existiam durante a guerra; depois que se tornaram permanentes, foi necessário encontrar alojamento para elas, o que levou à construção dos quartéis. Uma vez confinados em seus quartéis, os soldados e seus comandantes, quase sempre servindo por períodos que podiam chegar a décadas, criaram uma cultura própria. Distantes estavam os dias em que eles próprios constituíam a sociedade, como durante a Idade Média. E distantes também estavam os tempos em que eram considerados párias, como durante grande parte do século XVI e no início do século XVII. Os exércitos profissionais do século XVIII – e, de maneira considerável, seus sucessores até os dias de hoje – formavam agrupamentos autônomos que, em muitos aspectos, estavam fora da sociedade "civil" e, nem é preciso dizer, consideravam-se superiores a ela[76]. Foi nesse período que surgiram o código independente de justiça militar, costumes próprios como a continência e (para oficiais) o duelo, e até maneiras distintas de se comportar; em conseqüência disso, mesmo nos dias de hoje, os oficiais norte-americanos, por serem representantes do Estado, estão proibidos de se comportar de maneira considerada efeminada, como, por exemplo, carregar guarda-chuva ou empurrar carrinho de bebê. Logo a solidariedade, que primeiro surgiu dentro dos países, espalhou-se entre eles, e ser soldado (do alemão *soldat*, alguém que recebia soldo ou pagamento) tornou-se profissão com inúmeros elos internacionais.

Durante todo o século XVIII (e o XIX), a separação cada vez maior entre as forças armadas e a sociedade se manifestou em duas tendências opostas. Os exércitos, de um lado, encarregavam-se de tarefas para as quais antes se contratavam civis, tais como engenharia, suprimentos, administração, medicina e até assistência espiritual. Todos esses serviços passaram gradualmente para as mãos de homens que também usavam uniforme e estavam sujeitos à disciplina militar. De outro lado, o corpo de leis internacionais em desenvolvimento – o direito das nações, como foi denominado – tendia a proibir quem não usasse uniforme de participar das brigas de seus governantes. A idéia original era evitar que os soldados de cada lado roubassem os civis ou, estritamente falando, que o fizessem por conta própria sem que os exércitos dos quais eram membros lucrassem com isso; para tanto, houve tratados bilaterais entre os governantes de países como a França, o Sacro Império Romano e a Prússia. Em meados do século, isso se transformara num sistema (até mesmo numa filosofia), pelo qual os civis, contanto que se comportassem e pagassem, estariam supostamente

---

76. Ver A. Vagts, *A History of Militarism* (Nova York: Free Press, 1959), pp. 52 ss.

imunes aos horrores da guerra. Segundo o maior jurista do século XVIII, Emmeric Vattel, as guerras deviam ser travadas exclusivamente pelos governantes soberanos em nome de seus respectivos Estados. A intervenção de qualquer outra pessoa era uma ofensa e, por isso, merecia ser condenada e punida[77].

Nessa época, já se atingira havia tempos o ponto em que as forças armadas uniformizadas, disciplinadas, pertencentes ao Estado, com suas pesadas cavalarias, canhões e elegantes saraivadas de mosquetes só podiam ser enfrentadas por organizações semelhantes. Depois de 1700, a crescente capacidade do governo de impor a ordem, além de lentamente melhorar a situação econômica, significou que raramente era necessário empregar soldados de primeira classe para fins internos. Isso se tornou tarefa característica da cavalaria ligeira – donde o termo "dragão". Em 1795, bastou uma "rajada de tiros" para dispersar a multidão que ameaçava a Assembléia Nacional em Paris. Havia, porém, um preço a pagar. As unidades destinadas a lutar contra outras de seu próprio tipo costumavam ficar estacionadas nas fronteiras, não nas cidades onde era mais provável haver rebeliões, e não tinham as habilidades especiais necessárias para enfrentar a desordem interna. Por último, quanto mais nos aproximamos do fim do século, melhor a capacidade dos governos de controlar a movimentação dos cidadãos e evitar que saíssem do país, se necessário. Logo, havia a tendência de recrutar cidadãos, em vez de estrangeiros; isso, por sua vez, limitava sua utilidade contra os concidadãos, já que sempre havia o risco de que usassem as baionetas contra as autoridades, e não a favor delas[78].

Esses acontecimentos expressavam e ao mesmo tempo tornavam necessária a separação entre as forças armadas e

---

77. E. Vattel, *The Law of Nations* (Filadélfia. Johnson, 1857 [1758]), pp. 317-18.

78. Sobre esses problemas, ver A. Corvisier, *Armies and Societies in Europe, 1494-1789* (Bloomington: Indiana University Press, 1979), pp. 100-2.

a polícia, a outra arma uniformizada do Estado moderno e em hipótese alguma a menos importante. Parece que o primeiro europeu ocidental a usar o termo foi Melchior von Osse, que, por volta de 1450, foi chanceler do eleitor da Saxônia. Na opinião dele, bem como na opinião de Nicholas de la Mare, que publicou um *Traité de la police* em 1750, significava simplesmente "ordem pública"; ainda na década de 1770, foi nesse sentido, e somente nele, que foi usado por Hector Crevecoeur em suas *Letters of an American Farmer*. Como organização, expressava o crescimento das cidades. Desde a Idade Média, estas dispunham de uma série de funcionários como acendedores de postes, guardas-noturnos, supervisores de mercados e abatedouros, companhias de guardas e carcereiros – em resumo, pessoal cujo trabalho abrangia todos os aspectos do governo municipal nos níveis mais baixos[79]. Compartilhando da preferência geral por cargos venais, a maioria deles não era funcionário municipal e não recebia salário. Assim como as empresas atuais que têm licença para rebocar os carros estacionados em locais proibidos, o costume era serem contratados pela cidade.

Isso significava que se reembolsavam com o produto de seu trabalho ou, no caso dos carcereiros, à custa dos prisioneiros e de suas famílias. Outros, como os pega-ladrões, fundavam cooperativas particulares para ganhar a vida com uma parcela dos bens recuperados, e não era raro que eles mesmos os tivessem roubado. Um caso famoso foi o do escroque londrino Jonathan Wild, por volta de 1725. Além de dirigir uma rede especializada em roubar mercadorias e vendê-las de volta aos donos, também capturava ladrões "não-autorizados" (em outras palavras, os que operavam sem sua autorização e não dividiam a féria com ele) e os entregava às autoridades.

Afora esses funcionários urbanos, existiam diversas forças para cuidar da segurança do interior. Havia muito tem-

---

79. Sobre o modo como se faziam essas coisas, ver L. Martines, *Violence and Civil Disorder in Italian Cities, 1200-1500* (Berkeley: University of California Press, 1972), pp. 203 ss., 315 ss.

po que a Inglaterra tinha os xerifes e os guardas; aqueles eram funcionários não remunerados de comarcas, ao passo que estes eram pessoas eleitas, sustentadas pelos impostos pagos pelos distritos. Em outros países, os governadores de províncias tinham suas guardas, cujo caráter era misto, público e privado. Comandadas por um funcionário conhecido na França como *prévôt*, eram usadas para reprimir a desordem, manter a segurança pública, cuidar de assuntos criminais etc. Todas essas forças eram semiprofissionais e vinculadas aos distritos onde eram criadas. Foi somente na década de 1760 que se criou a primeira polícia nacional, a *maréchaussée*; como o nome indica, era inicialmente uma patrulha de estrada cuja missão era evitar assaltos. Comparada às forças que o rei mantinha para combater inimigos externos, era bem pequena. Num país cuja população era de mais ou menos 26 milhões, essas forças chegavam a 400 mil homens e raramente caíam para menos de 200 mil, mesmo em época de paz; mas a *maréchaussée* contava com apenas 3 mil homens, divididos em trinta companhias de cem. Para compensar a desvantagem numérica, seu uniforme era esplêndido, tática depois adotada por muitos de seus equivalentes estrangeiros, como os *carabinieri* italianos.

Nessa época, Paris já possuía um *lieutenant général de police* com vinte representantes distritais e um total de setecentos homens – um terço deles montados – sob seu comando. Originário da segunda metade do século XVII, o sistema foi logo imitado em outros lugares; a guarda de uma cidade de porte médio como Lyon ou Bordéus provavelmente consistia em algumas dezenas de homens, e é provável que até uma cidadezinha provinciana, de uns 50 mil habitantes, tivesse quatro ou cinco policiais para manter a lei e a ordem em seus distritos e numa área adicional de, digamos, 250 quilômetros quadrados. A nomeação desses *chefs de police* estava nas mãos dos prefeitos, que, como vimos, já não eram mais eleitos, mas nomeados pelo *intendant* em nome do rei. Todas essas forças eram responsáveis por uma grande variedade de obrigações, do saneamento público ao controle de vagabundos, passando pela supervisão dos mercados, além do trabalho policial no sentido estrito do termo.

Um dos primeiros governantes que tentou criar uma diretoria de polícia, ou Polizeidirektion, foi aquele monarca centralizador, o imperador José II da Áustria, depois que sucedeu sua mãe em 1780[80]. A princípio só tinha dois funcionários além do chefe, um certo Franz Von Beer; em pouco tempo se expandiu tanto em pessoal quanto nos campos de atividade que abrangia, até ter agências em todo o Império. Não obstante, a tentativa de Beer de instituir um único órgão nacional que cuidasse de todos os tipos de assuntos policiais sofreu oposição dos estamentos austríacos, que viam nisso uma ameaça a suas liberdades, e ele foi obrigado a abandonar essa idéia. Frustrado em seu propósito, Beer limitou-se com seus homens à segurança do Estado, o que incluía um *cabinet noir* especializado em abrir cartas de políticos suspeitos e de embaixadores estrangeiros. Os assuntos policiais rotineiros que não eram considerados riscos para o regime continuavam a ser tratados por uma grande variedade de autoridades provinciais e municipais, com o auxílio das forças armadas, quando estritamente necessário; situação que só começou a mudar após a fracassada revolução de 1848.

Dessa maneira, o mérito de ter criado a primeira força policial nacional responsável por todas as formas de segurança interna pertence a Napoleão. A partir de 1799 ele fundiu de maneira sistemática as diversas forças já existentes e entregou-as a um único ministro, Joseph Fouché. Gênio sinistro – que decerto não estava acima de conspirar contra o imperador, a quem ele se reportava diariamente –, Fouché transformou seu comando numa vasta organização; o número de *commissaires de police* provincianos passou de trin-

---

80. Sobre as origens da polícia austríaca, ver H. Hoegel, *Freiheitsstrafe und Gefängnisswesen in Österreich von der Theresiana bis zur Gegenwart* (Graz: Moser, 1916), pp. 38-9.

ta no início do império para quatro vezes esse número dez anos depois. Mesmo assim, a polícia uniformizada que então se viu em todos os distritos e cidades só representava a ponta do proverbial *iceberg*. Invisível ao olhar público estava a *Sûreté*, criada em 1810 e cujo primeiro diretor foi um criminoso reabilitado que realizara temerárias fugas da prisão, François Vidocq, para não falar de um número imenso de informantes profissionais, semiprofissionais e amadores conhecidos como *mouchards*. Quase sempre recrutados nas classes mais baixas – porteiros, lacaios, barbeiros, prostitutas etc. –, infiltravam-se em todas as esquinas, cafés e tabernas. Nesses locais, recolhiam quantidades enormes de informações, a maioria delas triviais demais para terem utilidade[81].

Logo após a criação da polícia surgiu outro recurso característico do Estado moderno: as prisões. Ainda que somente porque o encarceramento custa caro e requer compromisso de longo prazo, as comunidades políticas anteriores à criação do Estado raramente recorriam a ele como método de punição. Limitava-se a personagens importantes que, por um motivo ou outro, não se queria executar, como nos tempos de Roma quando Augusto encarcerou a filha e a neta[82]. Alternativamente, servia para deter os que aguardavam julgamento. Assim como os outros serviços, as cadeias também funcionavam por meio de contratos, administradas por pessoas que procuravam lucrar com seus infelizes ocupantes. Na ausência de uma máquina burocrática bem desenvolvida e capaz de impor longas penas, as penalidades aplicadas pela justiça tinham de ser rápidas e baratas. As mais freqüentes eram multas, confisco de bens e humilhação (quer por exposição no pelourinho, quer obrigando o culpado a usar algum tipo de traje constrangedor), exílio, surras, mu-

---

81. J. Ellul, *Histoire des institutions* (Paris: Presses universitaires de France, 1955), vol. II, pp. 708-10, oferece uma boa descrição do sistema montado por Fouché. Sobre o nascimento da polícia em geral, ver G. L. Mosse (org.), *Police Forces in History* (Londres: Fertig, 1975).

82. Suetônio, *Lives, Augustus*, 65.

tilação e, naturalmente, execuções. As autoridades consideravam as execuções, em especial, um espetáculo edificante, que organizavam para o bem dos súditos. Em meados do século XVIII, eram realizadas por meio de uma série de métodos empolgantes. Exemplo disso foi o caso de um francês que teria tentado matar o rei: primeiro lhe arrancaram a carne do corpo; depois, derramaram nas feridas diversos tipos de líquidos ferventes; em seguida, foi arrastado e esquartejado por cavalos (para ajudá-los, antes o retalharam); e, por fim, seus restos foram queimados e suas cinzas espalhadas para que dele não restasse absolutamente nada[83].

Em cinqüenta anos, porém, o Estado se tornara tão poderoso que as mostras de ferocidade, em vez de salientar seu poder, costumavam suscitar solidariedade para com a vítima. Sustentado pela crença iluminista na bondade essencial do homem, e incentivado por reformadores como Jeremy Bentham e seu colega *philosophe* italiano Cesare Beccaria[84], o Estado não queria simplesmente punir os transgressores. Em vez disso, começava a considerá-los uma mácula em sua própria história; por conseguinte, assumiu a tarefa muito mais difícil de reabilitá-los nas mãos de seus próprios funcionários, em instituições especiais criadas para tal fim. Entre os métodos empregados estavam o isolamento, o silêncio forçado (ambos supostamente bons para a alma), a imposição de uma rígida rotina diária e, sobretudo, trabalho[85]. Os historiadores atribuem a origem do sistema penitenciário moderno a certos antecedentes do século XVII, como os or-

---

83. Os procedimentos foram descritos em A. L. Zevaes, *Damien le régicide* (Paris: Riviere, 1937), pp. 201-14.

84. A mais importante obra de Bentham sobre o assunto foi *Théorie des peines et récompenses* (1811; tradução inglesa, *The Rationale of Punishment*, Londres, R. Heward, 1830). Beccaria escreveu *Dei delitti e delle penne* (1764; tradução inglesa, *Essay on Crime and Punishment*, Londres, Bone, 1801).

85. Ver J. Bentham, *Panopticon: or the Inspection House* (Londres: Payne, 1974); e, de maneira bem mais sucinta, J. Mill, "Prisons and Prison Discipline", em Mill, *Political Writings*, ed. T. Ball (Cambridge: Cambridge University Press, 1992), pp. 195-224.

fanatos e reformatórios para os quais os magistrados de cidades protestantes às vezes encaminhavam crianças abandonadas e diversos tipos de pequenos delinqüentes[86]. Outro modelo de encarceramento foi fornecido pelos exércitos e, em especial, pelas marinhas; sempre que irrompia uma guerra, o resultado provável era o recrutamento de criminosos. As frotas de galeras, como a mantida por Luís XIV, tinham suas fileiras formadas quase exclusivamente por condenados[87]. Tanto as forças armadas quanto os reformatórios eram tidos como meios de livrar a sociedade dos transgressores – inclusive, não raro, criminosos condenados à morte mas perdoados – e ao mesmo tempo continuar utilizando sua mão-de-obra.

Quando José II morreu, em 1790, já tinha quase abolido a pena de morte, substituindo-a por prisão e trabalhos forçados como puxar barcaças ao longo das planícies pantanosas da Hungria. Vinte anos depois, entrou em vigor a parte penal do Código de Napoleão, que fazia da perda da liberdade a principal forma de punição, entre multas e morte. De cerca de 1800 em diante, começaram a surgir prisões no interior da Europa, alojadas em prédios especialmente construídos ou (como era freqüente na França e na Áustria) confiscados à Igreja e adaptados para sua nova finalidade. Como se fosse uma paródia da estrutura do governo, criou-se uma elaborada hierarquia. O próprio Fouché deu o exemplo, criando *maisons de police* (o mais baixo grau), *maisons d'arrêt* e *maisons de correction*. O nível mais alto era formado por algumas *maisons centrales* de prestígio especial; eram o lar permanente dos criminosos cruéis e dos que eram considerados perigosos para o Estado. Assim que abriram suas portas, as prisões revelaram um apetite insaciável. Durante os quarenta anos entre a queda do *ancien régime* e a ascen-

---

86. J. A. Sharpe, *Crime in Early Modern England 1550-1750* (Londres: Longmans, 1984), pp. 178-80.
87. P. W. Bamford, *Fighting Ships and Prisons* (Minneapolis: University of Minnesota Press, 1973), é a melhor descrição moderna desse sistema.

são da Monarquia de Julho, diz-se que o número de pessoas aprisionadas aumentou dez vezes[88], o que também aconteceu nos países administrados pela França de 1794 a 1814[89].

Com a criação das forças armadas permanentes, da polícia (tanto uniformizada quanto sem uniforme) e das prisões, a altiva estrutura do Estado moderno estava praticamente pronta. Um século e meio depois da Guerra dos Trinta Anos, seu domínio sobre os conflitos externos crescera a ponto de fazer com que a própria guerra fosse definida como continuação da política pública por outros meios[90], ao passo que as tentativas de grupos menores ou de indivíduos de usar a violência para *seus* próprios fins ficaram estigmatizadas com a designação de guerra civil (quando travadas em escala suficientemente ampla), rebeliões, levantes, guerrilhas, banditismo, crimes e, mais recentemente, terrorismo. Enquanto isso, nos Estados que gostavam de se considerar os mais civilizados, a violência que dirigiam contra seus próprios cidadãos não diminuiu, mas desapareceu do olhar público. Cada vez mais acontecia entre quatro paredes, tanto em prisões quanto em fortalezas ou, muito mais tarde, em campos de concentração, onde – numa distorção irônica que faria Bentham estremecer – "Arbeit macht frei" ("o trabalho liberta"). Como tantas outras coisas, assumiu caráter burocrático com uma minuciosa hierarquia de administradores, escritórios, gabinetes de arquivos e, por fim, computadores; governada por normas pormenorizadas, era conhecida por eufemismos como "correção", "disciplina"ou "reeducação". Pelo menos teoricamente, todas essas atividades louváveis eram executadas não por uma pessoa física, mas em nome

---

88. M. Foucault, *Discipline and Punish: The Birth of the Prison* (Londres: Penguin Books, 1979), p. 116.

89. N. Finash, "Zur 'Oekonomie des Straffens': Gefängniswesen und Gefängnisreform in Rör-Department nach 1794", *Rheinische Vierteljahresberichte*, 4, 1989, pp. 188-210.

90. C. von Clausewitz, *On War* (Princeton: Princeton University Press, 1976), livro 1, caps. 1 e 2 [trad. bras. *Da guerra*, São Paulo, Martins Fontes, 2.ª ed., 1996.]; M. van Creveld, *The Transformation of War* (Nova York: Free Press, 1991), cap. 2.

do Estado impessoal, cujo entendimento de como tratar os criminosos e outros desajustados sociais excedia o de qualquer pessoa. Portanto, é para a evolução desse Estado, conforme expressa na teoria política, que voltaremos nossa atenção em seguida.

A evolução da teoria política

Com exceção das clássicas cidades-Estado e de seus magistrados, nenhuma das comunidades políticas que existiram até 1648 fazia distinção entre a pessoa do governante e seu governo. O chefe de tribo africana, o rei grego, o imperador inca e seus colegas, fossem quais fossem seus títulos e o tamanho dos países que governavam, *eram* o governo, o que também explica por que os que trabalhavam para eles ou sob seu comando (ambos igualmente indistintos) eram, a princípio pelo menos e contanto que a administração não crescesse demais, seus próprios parentes, clientes, camaradas e "amigos"[91]. Na ausência da política como esfera de atividade distinta, o governo tendia a apresentar-se em termos de domínio do pai sobre a família, do senhor sobre os escravos, ou mesmo – de Agostinho em diante – do pastor sobre as ovelhas. A primeira forma é exemplificada pelo confucionismo chinês, que durante mais de dois milênios apresentou o império como uma única grande família, cujos membros deviam devoção filial aos superiores. A segunda é ilustrada pela Bíblia, que com muita freqüência refere-se a oficiais de altas patentes como "escravos" deste ou daquele rei[92]. Não se tratava de simples figura de retórica. Ainda na

---

91. Os mais altos oficiais do rei helenístico eram conhecidos como *haeterioi* (companheiros), ou *philoi* (amigos); sobre eles e as cortes que formavam, ver G. Herman, "The Courts Society of the Hellenistic Age" (trabalho não-publicado, Departamento de História da Universidade Hebraica, Jerusalém).

92. Por exemplo, 1 Samuel, 18, 19 (os "escravos" do rei Davi); 2 Samuel, 7, 6 (os "escravos" do rei arameu Hadadézer); 1 Reis, 5, 15 (os "escravos" do rei Hiram de Tiro); e inúmeras outras passagens.

primeira metade do século XIX, os súditos do governo otomano eram, juridicamente, seus escravos, para o que ele quisesse fazer; simplesmente não existia propriedade privada que não pudesse ser confiscada a qualquer momento e por qualquer (ou nenhum) motivo. A idéia foi sucintamente resumida por uma liga de cidades alsacianas que escreveu em 1388: "[prometemos dar apoio ao] nosso Senhor Imperador Luís, que é o Império" ("unsern Herren Keiser Ludwigen, der das Reich is")[93].

Outra conseqüência da antiga identificação entre governante e governo era que a idéia de conflito de interesses morria nos degraus do trono. Funcionários de todos os escalões podiam receber suborno – e recebiam com freqüência – que provinham de pessoas sujeitas a sua autoridade ou de governantes estrangeiros que esperavam influir na política ou mesmo fomentar uma rebelião. Quando detectados, se atingissem os interesses do governante, esses casos eram punidos. Os anais de todos os governos monárquicos estão repletos desses casos, que sempre recaem sob a rubrica de lesa-majestade ou traição. Contudo, o mesmo não se aplicava ao topo. O rei e o imperador não só estavam além do juízo humano como não existia distinção entre sua pessoa e o governo, e, naturalmente, também não existia corrupção em seus atos. Em toda a história, monarcas grandes e pequenos costumavam receber presentes tanto dos próprios súditos quanto de governantes estrangeiros à procura de alianças ou favorecimentos. Por definição, não podiam aceitar suborno.

Expressando o fato de que a maioria dos governantes atribuía seu cargo aos deuses da religião instituída, a teoria política, quando existia, costumava ser uma subdivisão da teologia. Esse era o caso, por exemplo, no antigo Egito, onde é difícil dizer se certos hinos foram compostos em louvor a

---

93. Historische Kommission bei der Bayerischen Akademie der Wissenschaften (org.), *Deutsche Reichstagsakten* (Munique: Rieger, 1867-), os, vol. IV, n.º 268.

Ra ou ao faraó (que, afinal, era um deus)[94]. Assim também era durante a Idade Média, nas mãos de Tomás de Aquino, Jean Gerson e outros, todos os quais eram discípulos de Agostinho porque consideravam o governo não como uma entidade artificial instituída por si mesmo e em benefício próprio, mas como parte da ordem que fora criada pelo Senhor. Dependendo do grau de centralização, poder e penetração do governo – em outras palavras, se se tratava de império ou sistema feudal –, as doutrinas desse tipo podiam muito bem discorrer sobre a estrutura da comunidade; sobre a natureza dos elos que a mantinha unida; sobre os direitos e deveres de governantes e governados; e mesmo sobre o que cada lado tinha o direito de fazer caso o outro transgredisse as obrigações ditadas por seu deus. Ao contrário da *Política* de Aristóteles, porém, não tinham raízes nos atos humanos e, assim, não equivaliam à teoria política no sentido moderno da expressão.

Outra definição tradicional do que hoje chamaríamos de ciência política consistia em manuais para governantes. Alguns eram meros exercícios literários e foram escritos sem que se tivesse ninguém especial em mente; outros foram produzidos a serviço de indivíduos e não raro eram dedicados a eles, de quem o autor esperava receber em troca algum tipo de favor. Uma das primeiras obras desse tipo é a *Cyropaedia*, composta pelo ateniense Xenofonte por volta de 364 a.C. É um relato idealizado da formação e da carreira de um pretendente ao trono persa, Ciro, o Moço, com quem Xenofonte serviu como comandante mercenário e a quem apresenta como paradigma da virtude. Na Antiguidade e durante toda a Idade Média, o exemplo de Xenofonte foi seguido por um número imenso de autores seculares e eclesiásticos[95]. Todos gostavam de salientar a importância

---

94. A. Gardiner, *Egypt of the Pharaohs: An Introduction* (Londres: Oxford University Press, 1961), pp. 51 ss.

95. Há uma longa lista de tais obras em Erasmo, *The Education of a Christian Prince*, pp. 44-132.

da boa linhagem e da formação sólida no desenvolvimento de qualidades como piedade, sabedoria, temperança e clemência (as quatro que o imperador Augusto afirmava possuir). E, ainda mais importante, o governante é invariavelmente tratado como pessoa física. Embora seu posto seja mais elevado e suas responsabilidades mais onerosas que as dos outros, o código ao qual deve obediência não é diferente do recomendado a qualquer outra pessoa na sociedade em questão. E, de fato, o motivo de se escreverem esses tratados não foi meramente educar os príncipes – cujo número, afinal, era reduzido – mas capacitar pessoas comuns a seguir o exemplo das supostas virtudes de seus superiores e viver de acordo com elas.

Uma das últimas e melhores obras desse gênero é *Institutes Principis Christianis* (*A educação do príncipe cristão*) escrita por Erasmo quando a serviço do futuro Carlos V e publicada em 1517. Humanista e cristão, Erasmo achava que o príncipe era indicado por Deus e responsável perante Ele; não se cansa de advertir o aluno de que, no fim, os governantes terrestres serão levados a prestar contas Àquele que está no céu. Conseqüentemente, a primeira coisa que o governante deve fazer é escolher um tutor apropriado para o filho, que dê a seu sucessor uma educação moral sólida; comparado à capacidade de distinguir entre o certo e o errado, tudo o mais que o príncipe vier a estudar (inclusive, especificamente, a situação do reino) é secundário. Já no trono, o príncipe deve tratar os súditos como seus tutelados, cuidando de seu bem-estar da mesma maneira que um *pater familias* cuidaria de seus dependentes ou um senhor (*dominus*) de seus servos. O pior defeito é a tirania, isto é, desconsiderar as leis divinas ao usar o poder com fins egoístas. Assim, o príncipe de Erasmo não deve encher "seu" tesouro para permitir-se luxos desnecessários; nem tentar aumentar "sua" glória travando guerras à custa dos súditos; nem se casar com uma estrangeira (muito menos se entregar à devassidão); nem passar mais tempo afastado de "seu" reino do que estritamente recomendar a necessidade de cuidar de "seus" assuntos: em resumo, o governante não deve cair na tentação de fazer o que evitaria na condição de cidadão comum. Sua conduta deve ser igual à de qualquer outra pessoa decente a quem o destino encarregou de cuidar do bem-estar das outras. Deve tentar conquistar e conservar o "amor" dos súditos – tudo para deixar o reino em situação melhor do que aquela em que se encontrava quando o recebeu de seu predecessor.

Embora não se possa provar que Carlos V sofreu influência direta de Erasmo – é provável que jamais tenha lido a obra que lhe foi dedicada –, os dois estavam perfeitamente de acordo com a idéia de que o governo era um assunto pessoal. Os dois grandes testamentos que escreveu para o filho Felipe, então com 16 anos de idade, em 1543, nos deixam vislumbrar o mundo do imperador. Paradoxalmente, o que trata da pessoa do príncipe, do modo como deve comportar-se (também em suas relações com as mulheres), e das qualidades que deve adotar tem caráter semipúblico; consiste em conselhos virtuosos acerca da necessidade de ter fé em Deus, exercer moderação sexual, levar a sério as responsabilidades etc. Pelo contrário, o que se dedica ao que hoje chamamos de assuntos políticos é confidencial. Contém inúmeras descrições argutas dos mais íntimos colaboradores do imperador, em alguns dos quais ele confiava mais do que em outros. A incapacidade de Carlos de distinguir entre o privado e o público fica mais acentuada com suas constantes menções ao "meu" (ou, quando fala de toda a família Habsburgo, "nosso") tesouro, "meus" recursos, "meus" criados, "meus" comandantes, "meu" exército, "meus" países e até "meus" povos; jamais passou pela sua cabeça a possibilidade de que as duas esferas não fossem idênticas.

Na opinião de Carlos e seus contemporâneos, províncias, dinheiro, exércitos, ministros e princesas eram simplesmente bens. Pertenciam aos governantes e passavam livremente de um para outro por meio de diplomacia ou guerra. Todos eram peões do vasto jogo de xadrez cuja finalidade suprema era manter "nossa"herança constante, se possível enquanto se mantêm os súditos felizes, mas, se necessário, mesmo que seja a custo de altos impostos e de jogar o ônus sobre seus ombros. Nesse tipo de perspectiva, não existia governo no nosso sentido do termo, só pessoas que serviam ao imperador nessa ou naquela função; não existia sociedade civil, mas apenas súditos, grandes e pequenos, que tinham de ser tratados de maneiras distintas segundo suas respectivas situações na vida; e não havia Estados estrangeiros com os quais lidar, só governantes pertencentes a outras dinastias que se aliavam a Carlos ou se interpunham em seu caminho.

Exemplo ainda mais interessante da incapacidade de distinguir entre governo e assuntos privados do governante é o de Maquiavel. Estudioso e admirador da Roma antiga – talvez jamais tenha conseguido aprender grego –, devia saber que os grandes homens nos quais, em suas próprias palavras, procurava sabedoria política[96] eram magistrados, não reis que dirigiam a cidade como se fosse sua propriedade; contudo, quando produziu sua obra-prima, *O príncipe*, escreveu como se tal diferença não existisse. Assim como os *Institutes* de Erasmo, *O príncipe*, com sua dedicatória a Lorenzo Medici, o Moço, não constitui ciência política consoante com nossa definição dessa expressão, mas pertence ao tipo de manuais conhecidos como "Espelhos para Príncipes". Ao contrário de Erasmo, cujo leitor é supostamente um príncipe eleito ou que está destinado ao trono (sobre os processos políticos que podem levar à eleição, Erasmo nada tem a dizer), Maquiavel escreveu, segundo ele mesmo, para o "novo príncipe" ("il nuovo principe")[97]. Já que o príncipe de Maquiavel deve sua posição a seu próprio esforço, as dificuldades que enfrenta para alcançar e manter seu posto

---

96. Maquiavel a Francesco Vettori, 10 de dezembro de 1513, em *Lettere* (Milão: Feltrinelli, 1962), vol. V, p. 305.

97. Sobre a expressão *il nuovo principe* e seu significado especial, ver S. de Grazia, *Machiavelli in Hell* (Nova York: Harvest Wheatsheaf, 1989), pp. 232 ss.

são muito maiores. Por isso merece ainda mais receber conselhos que se baseiem no mundo como ele é, não em como as pessoas gostariam que ele fosse[98].

Visto sob esse prisma, Maquiavel, longe de ser um revolucionário, era um homem de sua época. Não diferia de seus contemporâneos nem no tipo de livro que escreveu nem na confusão entre as esferas pública e privada. Assim como Erasmo, era incapaz de distinguir entre a vida pessoal do príncipe e seu papel político, chegando a ponto de incluir um parágrafo sobre a necessidade de deixar em paz as filhas dos cidadãos[99]. Numa Itália cujas cidades eram, em grande parte, governadas por tiranos ferozes, que quase sempre se fizeram por si mesmos, o que o destacava era simplesmente o tom secular de sua obra. Analisado como indivíduo, o príncipe de Maquiavel poderia muito bem ir para o inferno após a morte. Analisado como governante, não era indicado por Deus nem, em nenhum sentido prático, responsável perante Ele. Embora fosse aconselhado a manter uma aparência piedosa, não havia como manter seu governo por meio do tipo de bondade defendido por Erasmo e tantos de seus predecessores; pelo contrário, era necessário jogar o jogo da política, que, pela primeira vez desde a Antiguidade, recebera identidade própria por meio de um conjunto de normas que viriam a ser conhecidas, pouco tempo depois de Maquiavel, como *raison d'état*[100]. Já que os homens são mesquinhos, covardes e traidores, essas normas não podem ser iguais às que se aplicam dentro de casa ou da família (embora pouco se saiba de sua vida pessoal, parece que Maquiavel foi um bom marido segundo os padrões da época). As qualidades mais necessárias não são piedade e clemência, mas força e malícia.

---

98. Maquiavel, *The Prince*, p. 90. [Trad. bras. *O príncipe*, São Paulo, Martins Fontes, 3.ª ed., 2004.]

99. *Ibid.*, p. 102.

100. Ver F. Meinecke, *Machiavellism: The Doctrine of Raison d'Etat and Its Place in Modern* History (Londres: Routledge, 1957), principalmente pp. 25-48.

Ao deixar Deus de lado, Maquiavel também demoliu os dois pilares do governo que dependiam intimamente d'Ele, isto é, justiça e retidão. O êxito das atividades políticas expresso na grandeza e na prosperidade do país se tornou a própria recompensa. Os governantes deviam seus postos não a algum tipo de mandato celestial, mas a seu próprio talento ou *virtù*, que dessa maneira se transformava no pilar principal sobre o qual tudo o mais se amparava. Contudo, Maquiavel também sabia que a *virtù* excepcional é raramente alcançada por pessoas cuja única meta na vida é o progresso próprio; como disse Napoleão, que entendia desse assunto, o prazer que o imperador tem com uma duquesa em seus aposentos não é maior que o do camponês com uma pastora no celeiro. A *virtù* pode alcançar suas próprias alturas, contanto que se inspire num ideal que, no caso de Maquiavel, era representado por sua tão amada *patria* (se falava de sua cidade natal, Florença, ou de toda a Itália, é tema de debates): donde o famoso último capítulo de *O príncipe*, em que ele exorta o príncipe Médici no poder a assumir o comando da expulsão dos bárbaros da Itália. Os acadêmicos modernos costumam afirmar que esse texto representa uma reflexão tardia e descuidada ou flagrante bajulação ao governante. Na verdade, constitui a justificativa tanto da própria obra de Maquiavel quanto, o que é ainda mais importante, da existência do príncipe e da natureza dos métodos que emprega.

Considerando que estava decidido a despir da hipocrisia a vida política, não é de admirar que Maquiavel tenha sido friamente recebido, a ponto de sua obra mais famosa só ser publicada após sua morte. Apenas quatro anos após a redação de *O príncipe* (1513), Lutero pregou suas 95 teses à porta da igreja de Wittenberg; esse ato marcou o início de um período que durou mais de um século, em grande parte dominado por atritos religiosos com relação a quem era o *verdadeiro* Deus em que se deveriam basear a sociedade e o sistema de governo que mantém a ordem dentro dela. O curso do embate variou de um país para outro. Em alguns, como a Itália, a Espanha, a Inglaterra e a Suécia, as autoridades instituídas prevaleceram com facilidade. Confirmaram a religião instituída ou mudaram sua direção para onde consideravam desejável – o resultado foi que o número de vítimas, ou seja, hereges que foram condenados e executados, só chegou a centenas ou, no pior dos casos, milhares. Em outros países, menos afortunados, o resultado da Reforma foi nada menos que a desintegração do governo. Isso abriu as portas a décadas de guerra civil, como aconteceu na França, na Alemanha e no que é hoje a República Tcheca.

Foi nesse cenário que o próximo grande autor político, Jean Bodin, realizou sua obra na França. Bodin, cuja vida pessoal é um mistério (até a religião que professava é incerta), tinha provavelmente cerca de 30 anos quando irrompeu a guerra civil em 1561; não é de admirar que grande parte de sua carreira tenha consistido na tentativa de encontrar uma solução. Nem a velha teoria teológica nem os "Espelhos para Príncipes" tinham muito a oferecer, pois aquela se amparava num Deus cuja identidade se tornou questão de litígio e estes não tinham conseguido ajudar os monarcas franceses a realizar sua tarefa de impor a ordem e a justiça. Conseqüentemente, Bodin deu as costas a ambas as tradições. Em vez de se concentrar no modo como Deus construiu o universo ou na educação dos príncipes, desde o início ele dirigiu sua atenção para a natureza da *république* como tal – problema que tanto Maquiavel quanto Erasmo (para não falar de Carlos V, que, embora fosse um governante astuto e consciencioso, não era teórico) tinham ignorado por completo. Naturalmente, o modelo de Bodin era a *Política* de Aristóteles, que seguia bem de perto, mesmo quando criticava algumas de suas propostas. Procurando uma nova base não-religiosa para o governo, Bodin, em *Les six livres de la république*, foi o primeiro autor da história moderna a discutir a diferença entre o governo *dentro* da casa, exercido pelo marido sobre seus dependentes e pelo senhor sobre os escravos, e o poder político que prevalecia entre pessoas que, se ainda não eram iguais, pelo menos tinham nascido livres e possuíam uma *persona* jurídica própria[101].

Formado em direito – em certo ponto da carreira foi *avocat* de Henrique III –, Bodin rejeitava a afirmação de Maquiavel de que a força e a malícia, em vez do direito, regiam os assuntos políticos. Pelo contrário, adotou a definição de Cícero da *res publica* como comunidade de pessoas governada pela lei; disso deduziu a proposição de que o dever mais importante de qualquer governante era precisamente repreender com severidade. Contudo, para que a ordem prevalecesse, só a lei não bastava. Quem é responsável pela legislação também deve decidir acerca de guerra e paz, nomear as autoridades mais importantes, distribuir as principais recompensas e punições, ser o supremo juiz de apelação e decidir a moeda do país (Bodin interessava-se muito por economia política, sobre a qual escreveu um tratado à parte). Em princípio não havia nada que impedisse o exercício dessas funções por uma única pessoa ou por uma assembléia; a questão era que, para evitar conflitos e desordem, deviam estar unidas às mesmas mãos. Conforme assinala Bodin, a soberania – termo que não inventou, mas que a ele deve grande parte de sua popularidade – deve ser una, indivisível e perpétua. Quando há dois soberanos, nenhum o é verdadeiramente; onde a soberania não é perpétua, tudo o que o soberano fez pode ser desfeito pelo sucessor.

Num mundo onde Deus não é mais capaz de oferecer uma base consensual para a vida política, Bodin queria dotar o soberano com Suas qualidades e colocá-lo no Seu lugar, pelo menos na Terra e em território bem definido. Aristóteles investigara a justificativa do governo e a encontrara no livre consentimento dos chefes de família; na opinião de Bodin, a questão não tinha importância e em nenhuma parte de sua extensa obra deu muita atenção a isso. O que importava *mesmo* era a capacidade do soberano de criar or-

---

101. J. Bodin, *Six Books of the Commonwealth*, ed. M. J. Tooley (Oxford: Blackwell, 1967), pp. 40-9.

dem no caos, instituindo boas leis e governando por meio delas. Bodin, contudo, não conseguiu desvincular-se da idéia medieval do direito como algo que existia independentemente da vontade humana. Conseqüentemente, boas leis significavam não apenas as que serviam melhor à comunidade, mas as que se fundamentavam na lei divina e na lei da natureza ou que pelo menos não entravam em conflito com elas. A primeira fora definida na Bíblia e, na opinião de Bodin, também ditava que a forma de sucessão devia ser a primogenitura. A segunda era, na verdade, pouco mais que as leis de igualdade que ditavam, por exemplo, que não se devia privar a pessoa de seus bens sem motivo (Bodin é sempre descrito como um dos primeiros defensores do capitalismo). Quais meios se deviam usar para garantir que o soberano, cujo poder se aproximava mais do absolutismo do que o de seus predecessores, acatasse os princípios do direito natural e do direito divino? Bodin nada disse e, dada a extrema fraqueza da monarquia francesa naquela época, isso tampouco importava.

Outro problema que estava implícito na obra de Bodin, mas para o qual ele não ofereceu solução, era como manter o posto do soberano no decorrer do tempo. Estava certo afirmar que a soberania era perpétua, mas os seres humanos morrem, os reis inclusive; e em nenhuma época o povo estava mais consciente desse fato do que durante o século XVI, quando as pinturas constantemente mostravam como a morte aniquilava tanto imperadores quanto plebeus. Para lidar com o problema, em fins da Idade Média inventaram a doutrina dos "dois corpos do rei"[102]. O corpo físico do rei era obviamente tão mortal e perecível quanto o de qualquer outra pessoa, contudo, ele possuía um "corpo místico" (*corpus mysticum*), idéia cujas origens são discutidas mas que pode ter nascido do cristianismo, no qual se acredita que

---

102. Ver E. H. Kantorowicz, *The King's Two Bodies: A Study of Medieval Political Theory* (Princeton: Princeton University Press, 1957), pp. 128 ss., 336 ss., 401 ss., 446-7, 501 ss.

Deus, afinal, possui nada menos que três corpos. Era ao seu corpo místico, e não ao físico, que se anexavam o domínio, as prerrogativas e os deveres do rei. Em conseqüência disso, em vez de terem de ser renovados toda vez que um monarca morria e era substituído por outro (prática comum em todos os impérios pré-modernos), eram transmitidos a este automaticamente. Para eliminar o hiato entre a morte de um rei e a coroação de outro, criou-se a fórmula *le roi est mort, vive le roi*, que foi proclamada pela primeira vez na cerimônia fúnebre de Luís XII em 1512. Outra maneira de expressar a mesma idéia era preparar uma efígie que daria continuidade ao reinado até a coroação de um novo rei. Essa cerimônia entrou em vigor a partir da morte de Carlos VI em 1422 e foi realizada pela última vez após a morte de Henrique IV em 1610[103].

Nos últimos 25 anos do século XV, a idéia da existência (na Alemanha, na Itália e, às vezes, na França) do "estado" ou (na Inglaterra e também na França) da "coroa" foi aos poucos surgindo do território neutro entre a propriedade privada do governante e suas responsabilidades públicas. Na tentativa de induzir um subordinado a executar uma ordem desagradável, Luís XI da França foi capaz de escrever que "vós sois um servo da Coroa tanto quanto eu"[104]. Não obstante, o uso não estava estabelecido e o significado moderno do termo ainda não existia. Quando Bodin escreveu os *Six livres*, teve grande dificuldade de encontrar uma palavra que denominasse a entidade que tinha em mente, com o estranho resultado de que, embora sua forma predileta de governo fosse monárquica, foi obrigado a usar a antiga expressão latina *res publica*. Ainda em 1589, Giovanni Botero definiu o *stato* como "governo estável sobre o povo" e *ragio-*

---

103. Ver C. Geertz, "Centers, Kings, and Charisma: Reflections on the Symbolics of Power", em S. Wilentz (org.), *Rites of Power: Symbolism, Ritual and Politics Since the Middle Ages* (Filadélfia: University of Pennsylvania Press, 1985), p. 56.

104. Citado em P. Kendall, *Louis XI* (Londres: Allen & Unwin, 1971), p. 320.

ne di stato como "conhecimentos por meio dos quais se pode fundar tal domínio"[105].

A partir desse ponto, a evolução foi rápida. Na terceira década do século XVII, Cardin le Bret, colaborador de Richelieu, conseguiu distinguir entre a traição dirigida contra a pessoa do rei e a traição que, atingindo o Estado, merecia punição mais rigorosa[106]. Imediatamente após o Le Bret, chegaram Thomas Hobbes e o *Leviatã*; a ele pertence o mérito de ter sido o primeiro a definir o Estado como um "homem artificial", separado da pessoa do governante. Assim como Bodin, Hobbes viveu numa época em que seu país era assolado pela guerra civil (seu último livro, *Behemoth*, foi escrito para explicar suas causas). Também como Bodin, a meta de Hobbes era restabelecer a ordem, pondo no poder um soberano poderosíssimo, cujos atributos aproveitou quase sem modificações da grande obra de seu predecessor[107]. Mas Hobbes diferia de Bodin porque seu modelo não era Aristóteles, mas Galileu, a quem conhecera durante suas viagens ao continente e a quem muito admirava. O objetivo de Hobbes, sobre o qual discorre nos nove primeiros capítulos de *Leviatã* e, de maneira mais extensa, em *De corpore*, era dotar a política com o tipo de precisão até então só alcançada pela física – em outras palavras, acabar com todos os fatores, exceto aqueles que, assim como os corpos e o movimento, pudessem ser percebidos e avaliados de maneira objetiva. Essa abordagem "científica" o levou a definir o homem como uma máquina, mera matéria que sofria a ação de diversos corpos que provocavam esta ou aquela reação. Os corpos dividiam-se em dois tipos, a saber, "naturais" (como o próprio homem) e "falsos" ou "artificiais". Os corpos artificiais também se dividiam em duas categorias: pri-

---

105. G. Botero, *The Reason of State* (Londres: Routledge, 1956), p. 3.

106. Ver R. E. Giesey *et al.*, "Cardin le Bret and Lèse Majesté", *Law and History Review*, 41, 1986, pp. 23-54.

107. Sobre a natureza da soberania conforme entendida por Bodin e Hobbes, ver P. King, *The Ideology of Order: A Comparative Analysis of Jean Bodin and Thomas Hobbes* (Londres: Allen & Unwin, 1974), pp. 140-57, 237-43.

vados e públicos. Aqueles eram compostos de indivíduos por sua livre iniciativa, ao passo que estes eram criados pelo Estado. Nesse sistema, o Estado era simplesmente o mais importante de todos os corpos públicos. Autorizava os outros (no sentido de decidir se eram lícitos ou não), mas não era autorizado por nenhum[108].

Dessa maneira, Hobbes merece o crédito pela invenção do "Estado" (ou, para usar seu próprio sinônimo, "República [Commonwealth]") como entidade abstrata, separada tanto do soberano (que se diz "conduzi-lo") como dos governados, os quais, por meio de um contrato entre si, transferem a ele seus direitos. Assim como Bodin, o principal "magistrado" para Hobbes poderia ser uma assembléia ou uma só pessoa; caso se preferisse esta, era apenas questão de conveniência, com o propósito de garantir a unidade do governo e evitar conflitos. Todavia, o desejo de Hobbes de descartar os "corpos imateriais" e as influências "transubstanciais" que não fossem passíveis de percepção direta também fez com que eliminasse os dois pilares da teoria de Bodin: o direito divino e o direito natural. Levando o positivismo a extremos raramente alcançados antes ou depois, Hobbes acreditava que as leis só existiam *dentro* da comunidade política e eram promulgadas por ela; no estado de natureza, onde não existia comunidade organizada, "pactos sem espadas não passam de palavras". Limitado por lei nenhuma, exceto por aquelas que criava (e que, naturalmente, poderia alterar a qualquer momento), o soberano de Hobbes era muito mais poderoso, não só do que o proposto por Bodin, mas, *a fortiori*, do que qualquer governante ocidental desde fins da Antigüidade. Em Roma e em outros lugares, os imperadores eram, até certo ponto, limitados pela religião, mesmo que fossem eles os chefes religiosos e que o povo os considerasse como deuses vivos. O sobera-

---

108. T. Hobbes, *Leviathan or the Matter, Forme and Power of a Commonwealth* (Oxford: Blackwell, 1946), p. 146. [Trad. bras. *Leviatã*, São Paulo, Martins Fontes, 1.ª ed., 2003.]

no de Hobbes não era assim. Seguindo uma linha de raciocínio já elaborada por Maquiavel nos *Discursos*, esse soberano ditava as crenças dos súditos com o objetivo calculado de manter a ordem pública, e assim tornou-se o governante mais absoluto de toda a história.

No cenário da luta entre o rei – mais tarde, lorde protetor – e o Parlamento, no século XVII, o projeto elaborado por Hobbes mostrou-se forte demais para a maioria de seus patrícios engolirem. Assim como Maquiavel, ele considerava o homem fundamentalmente mau; ao contrário de Maquiavel, não o dotava nem com *virtù* nem com amor à pátria. A maior qualidade humana, a razão, permitia aos homens vislumbrar o futuro; motivado pelo medo do futuro, o ser humano passava a vida inteira à procura de conquistar cada vez mais poder em relação ao próximo, esforço que só terminava com a morte. Foi na tentativa de controlar essa criatura que Hobbes propusera o soberano. Contudo, logo ficou claro que o soberano em questão era tão poderoso que representava para seus súditos uma ameaça tão grande ou maior que a que eles representavam uns para os outros.

Esse problema preocupou o filósofo inglês John Locke (1632-1704). Embora raramente mencione o nome de seu ilustre predecessor, grande parte da obra de Locke no campo da política só pode ser entendida como resposta direta a Hobbes. No âmago do sistema de Hobbes estava a hipótese de que até o pior governo era preferível a sua ausência, isto é, o estado de natureza. Conseqüentemente, o primeiro passo de Locke foi reexaminar esse estado para descobrir se era mesmo tão ruim quanto sua reputação.

No *Segundo tratado sobre o governo* (provavelmente escrito imediatamente antes da Revolução Gloriosa, mas só publicado depois) Locke, como um dos primeiros representantes do Iluminismo, descartou a hipótese que orientara o pensamento ocidental desde Agostinho, ou seja, de que o homem era uma criatura fundamentalmente má que precisava do controle do governo. Tanto na opinião de Locke quanto na de Hobbes, a qualidade essencial do homem era sua racionalidade; mas, enquanto Hobbes achava que essa qualidade levava à guerra de todos contra todos, Locke considerava que ela se traduzia num interesse pessoal esclarecido que, na maior parte das vezes, permitia a convivência pacífica, mesmo no estado de natureza, em que não havia nenhum governante comum. A tarefa mais importante do governante não era tanto controlar os seres humanos quanto, pelo contrário, salvaguardar os direitos com os quais foram dotados pela natureza – isto é, a tríade vida, liberdade e propriedade. O que se devia evitar a todo custo era o governo *absoluto* (essa ênfase se repete bastante no original). O governo devia fundamentar-se no consentimento: não aquele tipo de consentimento que, uma vez dado, era definitivo e irrevogável, como no caso de Hobbes, mas do tipo que devia ser reconfirmado por meio de eleições. Locke não explica quem devia ter direito ao voto, mas, bom burguês que era, se pressionado, provavelmente teria proposto algum tipo de qualificação ligada à propriedade, como realmente existia na maioria dos países da Europa até os primeiros anos do século XX. Outro modo de evitar a ascensão do absolutismo era dividir o poder do soberano entre uma autoridade legislativa, uma executiva e uma "federativa", esta encarregada da guerra e da política internacional – idéia que estava no ar naquela época e cuja forma sofreu grande influência do sistema político inglês de então[109].

Tendo dedicado todo o *Primeiro tratado sobre o governo* a demonstrar que os poderes paterno e político *não* eram iguais, Locke perdeu pouco tempo na elaboração da diferença entre o governante e o Estado, que, em harmonia com Hobbes, para ele era incontestável. Também fora de cogitação estava a diferença entre sociedade civil e Estado; Locke não só proclamou que a primeira precedia o segundo, mas que, na verdade, fora ela que criara o Estado numa tentativa deliberada de defender-se internamente, contra pertur-

---

109. Ver H. C. Mansfield, *Taming the Prince: The Ambivalence of Modern Executive Power* (Nova York: Free Press, 1989), pp. 161-4.

bações da paz, e externamente, contra todos os invasores. Como já assinalara Bodin, e Locke voltara a explicar em pormenores, os súditos *não* eram membros da família do governante. Portanto, os princípios que se aplicavam a seu governo *não* eram iguais aos empregados no governo de mulheres casadas, filhos ou ovelhas[110].

Como detestava o absolutismo, Locke tinha metas opostas às de Hobbes; contudo, juntos terminaram chegando ao ponto em que a única restrição restante ao poder do Estado (diferente daquele de cada uma das três autoridades separadamente) eram certos direitos que a natureza benevolente concedera ao homem – uma barreira frágil, como assinalou Hobbes, mas que Montesquieu se empenhou em demolir em *O espírito das leis*. Paradoxalmente, o que formou o pano de fundo da obra de Montesquieu foi a reação ao absolutismo que se ergueu entre a nobreza francesa (à qual ele pertencia) após a morte de Luís XIV[111]. Assim como Locke, a quem muito admirava – ele também passou alguns anos na Inglaterra, estudando o sistema político desse país –, o principal objetivo de Montesquieu era descobrir meios de proteger a sociedade civil contra o poder arbitrário do soberano. Sem tal proteção, a conseqüência seria o despotismo, e qualquer tipo de vida civilizada se tornaria difícil, se não impossível[112].

Enquanto Montesquieu ruminava sua grande obra, durante os vintes anos que precederam sua publicação em 1748, os alicerces filosóficos da crença na lei da natureza estavam sendo demolidos por David Hume (1711-76). Ao contrário de Locke, que exercia a medicina – na qual era praticamente autodidata –, Hume era inapto para qualquer profissão a não ser a de filósofo e, como tal, vivia numa busca

---

110. Ver *Second Treatise on Government*, em Locke, *Two Treatises on Government*, pp. 301-48.
111. Ver N. Hulliung, *Montesquieu and the Old Regime* (Berkeley: University of California Press, 1976), pp. 15-33.
112. C. de Montesquieu, *The Spirit of the Laws* (New York: Harper, 1949), cap. 17. [Trad. bras. *O espírito das leis*, São Paulo, Martins Fontes, 2ª ed., 1996.]

constante e angustiada de princípios fundamentais. Locke jovialmente presumia que existia uma razão objetiva (com o que, é claro, se referia à razão de um inglês esclarecido de sua época); além disso, que era idêntica às leis criadas por uma natureza benevolente. Na opinião de Hume, pelo contrário, a razão era subjetiva e, em última instância, mera serva das paixões que ditavam os fins rumo aos quais ela devia ser orientada. Era mentira manifesta que existisse uma razão "objetiva" que pudesse ser compartilhada por todas as pessoas; no entanto, ainda que existisse, qualquer ligação entre ela e as intenções da natureza seria totalmente indemonstrável[113].

Montesquieu, conseqüentemente, relegou a lei da natureza – que Hume privara de seu sustentáculo, a "razão"– ao segundo plano. Para evitar a tirania, ainda era necessário que o governo se fundamentasse nas leis – não leis perpétuas definidas por alguma força ou autoridade externa, mas as que o homem (Montesquieu gostava de falar do "legislador") criara para si e redigira de acordo com o tipo de comunidade que tinha em mente. Dessa maneira, Montesquieu concluiu o processo que estivera em andamento desde fins da Idade Média, no qual a força das leis que não foram criadas em primeiro lugar pelo governante e depois pelo Estado gradualmente se reduziu e, por fim, foi abolida. Como já acontecera com Hobbes, de então em diante as leis, boas ou ruins, eram simplesmente as que o Estado promulgasse e registrasse nos livros em sua devida forma.

Montesquieu decerto foi cuidadoso na qualificação de suas palavras. O tipo de leis que tinha em mente não devia ser promulgado de maneira arbitrária. Pelo contrário, devia adaptar-se às diversas circunstâncias climáticas e geográficas nas quais cada comunidade se encontrasse, e a necessidade de fazê-lo foi o cavalo de batalha especial de Montesquieu e a parte de sua obra que lhe valeu a maior fama entre seus con-

---

113. D. Hume, *Treatise on Human Nature* (Londres: Longmans, 1874 [1739]), principalmente pp. 484, 520, 526, 567.

temporâneos. Ainda mais importante, o critério segundo o qual as diversas comunidades políticas deviam ser julgadas era a liberdade[114]. Para garanti-la, o poder absoluto do Estado sobre os membros da sociedade civil devia ser reduzido, dividindo-se a soberania em três poderes. Além do legislativo de Locke, havia um poder executivo e um judiciário; essa foi a primeira vez na história em que se definiu tal separação, para que nenhum magistrado que possuísse autoridade sobre uma pessoa ou um grupo também estivesse em situação de agir como seu juiz. Assim, o poder absoluto do Estado de promulgar leis que julgasse apropriadas era compensado pelo modo como seus diversos órgãos se equilibravam entre si. Embora aplaudida, enquanto Montesquieu estava vivo e persistia o *ancien régime,* a idéia continuou sem influência nenhuma na França, onde nascera. Quis o destino que os Estados Unidos fossem o primeiro país a pôr essa idéia em prática.

Entre Hobbes e Locke, a estrutura teórica do Estado moderno estava substancialmente completa. Fundamentando-se na separação entre o governo público e a autoridade privada – diferença que escapara a Erasmo e Maquiavel e cujo verdadeiro criador na Europa moderna fora Bodin –, configuraram o Estado como uma entidade abstrata separada do governante (o soberano) e dos governados (a sociedade civil), mas que continha os dois. Luís XIV podia gabar-se que *l'état* (não, o que é importante, a *res publica,* ou *civitas,* ou *communitas,* ou alguma expressão semelhante) *c'est moi*; contudo, o próprio fato de que ele, ao contrário de quaisquer de seus predecessores reais em qualquer outra época e lugar, pudesse fazer tal afirmação demonstra que os dois não eram mais um só. Por mais surpreendente que possa parecer àqueles que se recordam dele principalmente como liberal, esse Estado se tornara todo-poderoso por obra de Montesquieu, que, ao concluir a demolição já iniciada por Hobbes

---

114. Ver N. Hampson, *Will and Circumstance: Montesquieu, Rousseau and the French Revolution* (Londres: Duckworth, 1983), pp. 19 ss.

e continuada por Hume, arrancou-lhe as raízes de qualquer outra lei que não fosse a sua própria. Divorciado tanto de Deus quanto da natureza, e não mais obrigado a observar os costumes, a não ser que ele próprio os ratificasse, o Estado imaginado por Montesquieu e seus sucessores era capaz de fazer *qualquer coisa*. A única condição restante era que as três autoridades entre as quais se dividia a soberania deviam coordenar suas ações entre si e obedecer às leis que, é claro, elas mesmas promulgavam, interpretavam e executavam.

Após quatro séculos e meio de evolução, que começara por volta de 1300, o Estado talvez seja o mais poderoso construto político de todos os tempos. Contando com forças armadas permanentes – primeiro, as militares, depois a polícia e também o aparato carcerário –, impôs ordem à sociedade, chegando ao ponto em que as únicas organizações capazes de enfrentá-lo eram outras do mesmo tipo. Essas forças armadas amparavam-se num vigor econômico sem precedentes, em dados estatísticos cada vez melhores sobre todos os tipos de recursos disponíveis dentro das fronteiras do Estado – a própria palavra "estatística" provém de "estado" – e numa máquina burocrática capaz de extrair esses recursos, conservando-os e administrando-os sem necessidade de órgãos intermediários. Não mais idêntico à pessoa do governante e liberado das restrições religiosas, jurídicas e semijurídicas que obstruíam a maioria das formas anteriores de governo, o Estado estava pronto para iniciar uma carreira espetacular. Antes de traçar essa carreira, porém, é necessário examinar alguns outros aspectos da vida dentro do Leviatã.

Por dentro do Leviatã

Uma vez criado o Estado, a própria visão que as pessoas tinham do governo mudou. Já durante os últimos 25 anos do século XVI, aquela consagrada forma de literatura chamada "Espelhos de *Príncipes*", começou a cair de moda.

Quanto mais os governantes perdiam o poder para suas burocracias, menos importantes se tornavam suas qualidades pessoais, fraquezas, amores e ódios, e cada vez mais os espelhos foram dando lugar aos manuais escritos por pessoas como Bodin e Lípsio, que eram editados, onde necessário, *ad usum delphinium.*

Quanto à religião, as palavras *fidei defensor* continuavam a aparecer nas moedas inglesas, e *Gott mit uns* nos cinturões dos soldados alemães. Embora os governantes ainda fossem instruídos na religião, como era de praxe, esta cada vez mais ficava relegada à vida privada. Lutero, Calvino e seu companheiro reformista Beza ainda tinham muito a dizer a respeito das instituições do governo e dos direitos dos magistrados; mas John Wesley, que fundou o metodismo durante a década de 1740, estava satisfeito com o regime existente, já que este concedia a ele e seus discípulos a liberdade de culto[115]. Do Iluminismo em diante, dizer que um governante era "dominado pelos monges" se tornou ofensa, e disso foram acusados, por exemplo, Felipe II da Espanha e Luís XIV da França durante seus anos de decadência. Considerada como a base do governo, a teologia perdeu grande parte de sua influência. Isso, naturalmente, não significava que sua substituta, isto é, a ciência política, não podia ser igualmente incompreensível e ainda mais prolixa.

Assim como a da Grécia clássica, mas ao contrário da maioria de suas predecessoras em outras épocas e outros lugares (e também ao contrário de algumas doutrinas dos dias de hoje), a ciência política moderna era quase totalmente expressa em termos seculares. Durante dois séculos após 1650, a idéia de que os governantes mereciam obediência porque tinham recebido o mandato do céu continuava a figurar nos catecismos infantis. Contudo, talvez o último autor importante a argumentar dessa maneira foi o inglês Robert Filmer. Seu livro, *Patriarcha*, foi escrito por volta de mea-

---

115. Ver J. C. English, "John Wesley and the Rights of Conscience", *Journal of Church and State,* 37, 7, 1995, pp. 349-65.

dos do século XVII e no cenário sempre fértil da guerra civil. Nele, Filmer tentou explicar as origens do governo como dádiva especial de Deus a Adão. Este o passara ao filho mais velho e assim por diante até a época do autor – embora grande parte do processo tenha ocorrido por meio da usurpação que, afirmava Filmer, só teve êxito porque Deus a aprovava[116]. Nas mãos de Locke, menos de três décadas após sua morte, Filmer se tornou alvo de zombaria, o que, na opinião de muitos, continua sendo até os dias de hoje.

Durante os cinqüenta anos que precederam a Revolução Francesa, espalhou-se a convicção de que as unidades em que a humanidade vivia tinham de ser Estados – e, cada vez mais, os povos que não viviam em Estados, como era o caso fora da Europa, pertenciam a civilizações "tribais"inferiores e quase não se podia dizer que fossem humanos[117]. Na França, na Inglaterra, na Alemanha e nos Estados Unidos *inter alia* o debate quanto aos arranjos constitucionais que deviam existir *dentro* de cada Estado prosseguiria durante o século XIX e depois dele. Quando não se chegava a um acordo, o resultado era a revolução, conceito do século XVII emprestado pela astronomia e que, como as entidades políticas anteriores só conheceram golpes palacianos, revoltas, rebeliões e motins de todos os tipos, representa, em si, um produto do Estado[118]. Aqueles, e sempre havia alguns, que refutavam a idéia de que o homem devia submeter-se ao Estado passaram a ser conhecidos como anarquistas[119]. Quando entravam em ação para concretizar suas opiniões – e, não raro, mesmo que não o fizessem – eram perseguidos com toda a força policial.

---

116. R. Filmer, *Patriarcha* (Londres: Chiswell, 1685). Essa obra foi escrita originalmente logo após a publicação do *Leviatã*.

117. *Leviathan*, p. 80. Nos nossos dias politicamente corretos, o termo "tribal" às vezes é considerado insulto e é, portanto, proibido.

118. Sobre as origens do uso político da palavra "revolução", ver I. B. Cohen, *Revolution in Science* (Cambridge, MA: Belknap Press, 1985), pp. 51 ss.

119. Sobre a origem do termo, ver R. Williams, *Keywords: A Vocabulary of Culture and Society* (Londres: Fontana, 1976).

Na vida cotidiana, um dos aspectos mais importantes da existência de todo indivíduo, além dos fatos biológicos de raça, idade e sexo, era saber se ele era cidadão deste ou daquele Estado. Ainda em fins do *ancien régime*, Lawrence Sterne, autor de *A Sentimental Journey*, conseguiu viajar da Inglaterra para a França, embora os dois países estivessem em guerra, e, lá chegando, ser recebido com todas as honras nos círculos sociais a que pertencia. Contudo, o século XIX pôs fim a essas civilidades. Nas palavras do juramento de cidadania dos Estados Unidos, quem pertencia a um Estado tinha de abjurar toda lealdade a governantes, príncipes ou potentados estrangeiros. Todos os Estados durante períodos de guerra, e alguns durante períodos de paz também, impunham restrições com relação a quem seus cidadãos podiam ou não desposar; enquanto durassem as hostilidades, os cidadãos do Estado inimigo corriam o risco de serem presos e terem suas propriedades confiscadas. Chegaria a época em que não ser aceito como cidadão de um Estado seria uma das piores fatalidades. Essas pessoas ficavam literalmente destituídas do direito à vida; sempre sujeitas à deportação, às vezes ficavam passando de um país a outro (como aconteceu com os refugiados judeus a bordo do *St. Louis* em 1939), ou concentradas em campos de refugiados, ou abandonadas à míngua em território neutro. Mesmo que por condescendência fossem aceitas e tivessem permissão para morar no estômago deste ou daquele Leviatã, em geral não lhes permitiam ter empregos lícitos e eram obrigadas a levar uma existência furtiva.

Tendo brotado dos instrumentos que ajudaram os monarcas a se transformar em governantes absolutistas, o Estado ganhou vida própria. Como uma espécie de monstro contemporâneo, avultou-se sobre a sociedade e sujeitou-a a um processo de aplanamento sem igual na história até então. Aristóteles, Bodin e Montesquieu[120] tinham observado

---

120. *Politics*, V, ix, 2-5; *Six Books of the Commonwealth*, p. 63; *The Spirit of the Laws*, pp. 58 ss.

a tendência dos tiranos de eliminar as diferenças sociais e todos os tipos de privilégios para reduzir todos os súditos a uma trêmula igualdade perante si mesmos. Contudo, desde o persa Dario, passando por Alexandre – a quem, segundo a lenda, ensinaram a cortar as espigas das hastes mais altas nos milharais –, Nero e a Porta Sublime, até Luís XIV, o poder dos déspotas que eles tinham em mente não era nada comparado ao de seu sucessor impessoal, invisível e indivisível – que, composto de exércitos de burocratas com e sem uniforme, não podia abalar-se com sentimentos humanos, ao mesmo tempo que gozava de uma imortalidade jamais concedida nem ao mais poderoso dos imperadores. Como já observamos, a construção de um aparato especializado de governo implicava a troca de governo indireto por direto e tornou a *société des ordres,* na qual *status* social se igualava a poder político, supérflua. O resultado foi a extinção dessa *société,* ou subitamente e de um só golpe, como aconteceu na França, ou aos poucos durante o século XIX, como na Alemanha e na Áustria.

Olhando para isso de outro ângulo, ao transformar os governantes de proprietários e senhores em magistrados que agiam em *seu* nome, o Estado eliminou a necessidade de conceder-lhes qualidades ou privilégios especiais. O primeiro a afirmar que todos eram iguais no tocante aos atributos físicos e mentais – na verdade, que não possuíam quaisquer outros atributos tais como força, sabedoria especial ou predileção divina que os tornasse aptos para governar – foi o grande iconoclasta Thomas Hobbes. A Hobbes também pertence o crédito de ter sido o primeiro pensador político desde a Antigüidade a fundamentar seu sistema nessa convicção. No Estado que ele construiu, todos seriam iguais; do soberano abaixo, qualquer poder que algumas pessoas exercessem sobre outras, e quaisquer direitos especiais de que gozassem, não provinham de suas próprias qualidades, mas somente de seu cargo de funcionários do governo.

Mais tarde, a idéia de que todos nascem iguais foi aproveitada por Locke e divulgada por *philosophes* como Voltaire, Thomas Paine e outros.

De meados do século XVIII em diante, viu-se aumentar a pressão pela igualdade política e jurídica entre todos os cidadãos. A princípio, e como já acontecera nas antigas cidades-Estado, isso só se aplicava aos homens; por volta de 1918, o sufrágio universal para eles se tornou lei em todos os países mais evoluídos. Contudo, uma indicação ainda melhor da força duradoura dessa pressão é o fato de que, após um intervalo de uns 125 anos (1789-1914), começou a se estender àquela forma de vida supostamente inferior: as mulheres. Em um país após outro, foram derrotados os que resistiam à tendência em nome da propriedade, da educação ou do sexo. A igualdade de todos os cidadãos entrou na estrutura do Estado moderno, por assim dizer. Abri mão de vossos direitos especiais, todos vós que entrais aqui.

Enquanto o processo de aplanamento significava que o poder exercido pelo Estado dentro de suas fronteiras não parava de crescer, a maioria dos laços que uniam umas às outras as comunidades políticas anteriores foram deliberadamente cortados ou deixados ao esquecimento. Bodin já salientara que o conceito de soberania era incompatível com a existência de laços feudais entre governantes em lados opostos da fronteira. Ou se era soberano e, portanto, não se era vassalo de ninguém, ou não se era soberano; e sua obra, que representava uma perspectiva francesa e, portanto, muito mais interessada na relação entre *le roi très chrétien* e o imperador, pode ser lida como um convite à abolição dos laços que ainda existissem. Vinte anos depois da publicação dos *Six livres*, Sully, servidor leal de Henrique IV, planejou seu esquema para acabar com a suserania dos Habsburgo sobre os príncipes alemães e, em meados do século XVII, essa façanha já fora de fato realizada. A dissolução dos laços feudais entre governantes seria rápida e permanente. Já em 1667-68, Luís XIV, tentando revivê-los como pretexto para ampliar as fronteiras, encontrou oposição na maior parte da Europa na chamada Guerra da Devolução. Mais tarde, quando o Estado europeu começou a se expandir para fora de seu berço, a capacidade de impor o governo direto, dispensando os intermediários, se transformou em uma espécie de índice de modernização[121].

É verdade que os governantes que pertenciam às diversas dinastias continuavam a se casar com as filhas e irmãs uns dos outros, e, de fato, seu *status* elevado não lhes dava outra escolha. Não obstante, e ao contrário da situação anterior a 1648 e, mais ainda, a 1550, esses laços de família já não tinham quase nenhuma importância política. As princesas continuavam a ter dotes, mas já se fora o tempo em que esses dotes consistiam em províncias que eram transferidas de uma dinastia para outra. Quando Guilherme III da Holanda se tornou rei da Inglaterra, jamais se cogitou a idéia da unificação dos dois países, e depois de sua morte ambos seguiram seus respectivos caminhos também na política internacional. Quando Luís XIV pôs o neto Felipe no trono da Espanha por meio da Guerra da Sucessão espanhola, declarou que os Pireneus tinham deixado de existir. Isso foi apenas retórica, já que os dois países continuaram a ser totalmente separados e nenhum rei francês chegou a governar a Espanha. Mais tarde, no século XVIII, o fato de Luís XVI da França casar-se com Maria Antonieta, filha de Maria Teresa e irmã do imperador José II, teve muito pouca influência sobre as relações entre seus respectivos países. Quanto a Napoleão, três anos depois de se casar com Maria Luísa, ele e o sogro, o imperador Francisco, entraram em guerra total.

A queda das entidades políticas superiores ao Estado soberano não passou despercebida pelos contemporâneos. Para os defensores da Igreja e do Império, isso foi, naturalmente, uma tragédia irremediável. Pelo contrário, nas mãos de Hobbes e Locke, transformou-se na prova de que "o estado de natureza" não era mera ficção, mas realmente existia. O primeiro considerava as relações internacionais a arena onde o medo, a cobiça e a ânsia de poder dominavam

---

121. Ver, por exemplo, B. Eccleston, "The State and Modernization in Japan", em Anderson, *The Rise of the Modern State,* pp. 192-210.

descontrolados e onde a guerra de *omnes contra omnium* podia, portanto, desenrolar-se sem começo, pausa ou fim. O segundo as via sob luz mais benevolente, como um campo onde os Estados, embora de vez em quando brigassem ou se criticassem entre si, em geral se permitiam ser governados pelo interesse próprio esclarecido e se comportavam suficientemente bem para permitir que a vida civilizada se desenvolvesse[122]. Seja qual for a opinião que adotemos, a morte de toda autoridade superior à do Estado significou que a unidade da Europa, da qual os *philosophes* do século XVIII – de Voltaire e Gibbons em diante – gostavam tanto de falar, limitou-se quase totalmente à república das letras. Mesmo nos dias de hoje, muitos autores afirmam que a "anarquia internacional" existente entre os Estados é a causa principal da guerra. Esquecem-se, porém, de que a guerra teve seu *début* histórico muito antes do Estado; e, ao que tudo indica, está fadada a sobreviver a ele também.

---

122. Sobre as opiniões dos *philosophes* sobre essas questões, ver E. Silbemer, *La guerre dans la pensée économique du XVIe au XVIIe siècle* (Paris: Libraire de recueil Sirey, 1939), principalmente a Parte 2.

4. O Estado como ideal: de 1789 a 1945

O Estado, tal como surgiu entre cerca de 1560 e 1648, não foi concebido como fim, mas apenas como meio. Durante um período de intensos conflitos civis e religiosos, sua finalidade principal era garantir a vida e a propriedade, impondo a lei e a ordem; qualquer outra coisa – como conquistar o consentimento dos cidadãos e assegurar seus direitos – era considerada secundária e tinha de esperar até que se pudesse restabelecer a paz. Isso explica por que, mesmo na Inglaterra, com sua relativamente evoluída tradição parlamentar, e ainda na época de Hobbes, a vontade do soberano era irrevogável e a liberdade, segundo ele, consistia em meras fendas entre as leis que tal soberano promulgava[1]. É verdade que nem Locke nem Montesquieu, nem a maioria de seus sucessores no século XVIII, aceitavam as conclusões de Hobbes nesse aspecto; contudo, ao considerar o Estado mero instrumento para a criação de um povo civilizado, estavam em acordo total com ele. Ainda na década de 1790, Jeremy Bentham, na Inglaterra, considerou o Estado, de maneira puramente utilitária, como uma máquina cuja única missão era garantir "a maior felicidade para o maior número de pessoas". A opinião predominante foi explicada de maneira sucinta por outro inglês, Alexander Pope: "das formas de governo, os tolos que disputem tudo o que é bem administrado é bom".

---
1. Hobbes, *Leviathan*, p. 139.

Tendo em vista essas opiniões, não chegamos a nos surpreender ao descobrir que, comparadas ao que viria depois, eram bem limitadas as exigências que o Estado moderno, em seus primórdios, fazia aos súditos. Das classes altas provinham seus administradores e autoridades; das classes médias, os impostos; e das classes baixas, tanto impostos quanto buchas de canhão. Porém, o alistamento nas forças armadas era voluntário na maioria dos casos; ademais, em percentagens, nem o número de soldados alistados nem o montante de impostos arrecadados pelo Estado "absoluto" se aproximavam dos fardos infligidos por seus sucessores democráticos e liberais do século XX.

Durante os dois séculos e meio após 1700, o primeiro número praticamente dobrou: de cinco para o máximo de dez por cento da população eram recrutados em período de guerra[2], ao passo que a cota da receita nacional sugada pela Prússia de Frederico II, o Estado do século XVIII que mais cobrava impostos, era quase igual à cobrada pelos Estados Unidos, um dos Estados modernos que cobram menos impostos, em 1989, isto é, *antes* dos aumentos decretados pelas administrações Bush e Clinton[3]. É verdade que o Estado absoluto negava à grande maioria dos súditos qualquer forma de participação política, embora exigisse obediência de todos. Contudo, contanto que obedecessem – ou, pelo menos, desde que não houvesse resistência manifesta às exigências –, o Estado geralmente permitia que os súditos fizessem o que quisessem; não fazia tentativas sistemáticas de doutriná-los nem de influir em suas opiniões.

Vista de outro ângulo, a relação entre o Estado moderno nascente e seus cidadãos fundamentava-se não só em

---

2. Sobre os números relativos às forças militares, do século XVIII ao presente, ver J. A. Lynn, "The Pattern of Army Growth, 1445-1945", em Lynn (org.), *Tools of War* (Urbana: University of Illinois Press, 1990), pp. 100-27.

3. Sobre a tributação prussiana, ver capítulo 3, n. 55, neste volume; sobre os impostos estadunidenses modernos, ver R. B. Reich, *The Work of Nations: Preparing Ourselves for 21st-Century Capitalism* (Nova York: Vintage Books, 1991), p. 260.

sentimento, mas também em razão e interesse. A idéia da guerra justa fora abandonada por Hugo Grócio vinte anos antes do Tratado da Vestefália, e os governantes iluministas não guerreavam mais entre si por motivos de ódio pessoal. Era limitado o papel do patriotismo na motivação de soldados e civis[4], conforme Francisco I da Áustria teria dito dos tiroleses: "hoje são patriotas por mim; amanhã, contra mim"[5]. A necessidade de evitar o surgimento de exigências revolucionárias não permitia que os governantes sobrecarregassem demais os súditos e sempre os fazia buscar recrutas estrangeiros para as forças armadas. Escócia, Gales, Irlanda, Suíça, Itália e certos Estados alemães, todos exportavam soldados; Frederico, o Grande, chegou a dizer que travava guerras de tal maneira que a população local não percebesse o que estava acontecendo[6]. Quando Napoleão derrotou os prussianos em Iena em 1806, o governador mandou espalhar cartazes anunciando que, tendo o rei perdido a batalha, a principal obrigação dos súditos era manter a calma.

Mesmo quando o Estado estava chegando à maturidade, por volta de meados do século XVIII, havia forças em ação prestes a transformá-lo de meio em fim e, mais tarde, em deus vivo. A princípio, as idéias nesse sentido, presentes nas obras de intelectuais franceses, suíços e alemães, eram inofensivas. Mas não tardou muito para que atingissem as massas, fazendo com que assumissem um tom agressivo e chauvinista, o que era mau sinal para o bem-estar da humanidade. Estimulado por essas forças e também na tentativa de limitá-las, o Estado passou a patrociná-las. Foi assim que a burocracia estendeu seus tentáculos a setores que antes estavam praticamente livres de interferência governamental – tais como educação, saúde e, por fim, esportes e tam-

---

4. Ver C. Duffy, *The Military Experience in the Age of Reason* (Londres: Routledge, 1987), pp. 7-10.

5. Citado em E. Hobsbawm, *States and Nationalism Since 1780* (Londres: Cambridge University Press, 1990), p. 75.

6. Frederico II, citado em J. Luvaas (org.), *Frederick the Great on the Art of War* (Nova York: Free Press, 1966), pp. 100-11.

bém bem-estar social. Quando o século XX ingressou em suas primeiras décadas, muitos Estados haviam assumido todas essas atividades e esses serviços, a ponto de proibir a existência dos que não fossem estatais; a conseqüência disso foi o surgimento dos regimes "totalitários", tanto de direita quanto de esquerda. Por fim, quando o Estado se tornou tão poderoso que podia decidir o que era e o que não era dinheiro, as restrições financeiras que sempre limitaram os atos dos governantes anteriores também desapareceram. A conseqüência mais importante de todos esses acontecimentos foi uma série violenta e progressiva de explosões, que começaram com os revolucionários franceses e as guerras napoleônicas e culminaram na era da guerra total entre 1914 e 1945.

A Grande Transformação

O homem que fez mais do que ninguém pelo início da Grande Transformação talvez tenha sido Jean-Jacques Rousseau (1712-78)[7]. De origem *petit-bourgeois* – seu pai, embora cheio de si, era relojoeiro –, Rousseau passou a maior parte da vida longe de sua Genebra natal, exilado e na penúria; quanto mais perambulava, mais falava de sua cidade, pintando-a em matizes esplêndidos e enaltecendo suas supostas virtudes. Assim como seus colegas *philosophes* da época de Locke e Leibnitz em diante, Rousseau rejeitava a idéia cristã do pecado original e defendia a concepção de que o homem era naturalmente bom. Para eles, no entanto, *patrie* era mera "comunidade de interesses provenientes dos direitos de propriedade"[8], ao passo que, na opinião de Rous-

---

7. A contribuição de Rousseau para a ascensão do Estado moderno é discutida em J. L. Talmon, *The Origins of Totalitarian Democracy* (Londres: Mercury Books, 1961), cap. 3.
8. F. M. Voltaire, *Dictionnaire philosophique* (Paris: Cluny, 1920 [1776]), p. 259.

seau, era a fonte de todas as faculdades mentais e morais do indivíduo. O que formava o homem era a comunidade onde nascia e na qual passava a juventude; fora dela era impossível existir humanidade verdadeira – não existiria língua, propriedade, moralidade, liberdade, nem felicidade[9]. Em *O contrato social* de 1762, Rousseau foi ainda mais longe, afirmando que essa comunidade tinha uma *persona* coletiva – um *moi commun* – representada pela vontade geral. Voltar-se contra o criador, da mesma forma que voltar-se contra os pais, tornou-se o pior de todos os vícios. Já o patriotismo – submissão voluntária à vontade geral e participação nessa vontade – passou a ser a mais elevada virtude e fonte de todas as outras.

Embora a transformação da *patrie* – de lugar onde se nascera no mais elevado de todos os ideais mundanos – se tivesse realizado quase de um só golpe, Rousseau, contudo, não era nacionalista. Como deixou claro nas *Confissões*, na opinião dele a essência da *patrie* não consistia em ideais sublimes, mas nos aspectos mais corriqueiros de sua existência, tais como a língua que o povo falava, as roupas que usava, os costumes que observava, as festas que celebrava, até as ruas e casas que construía em seu estilo peculiar e nas quais passava a vida. Precisamente em razão do estreitíssimo elo que ele considerava existir entre o indivíduo e a comunidade, era preciso que esta fosse pequena, não maior talvez do que a cidade-Estado ideal de Platão, à qual seu pai sempre comparava Genebra e à qual seu pensamento tanto devia. A meta de Rousseau era a descentralização, não o contrário. O mundo que ele imaginava não era nada moderno. Consistia em uma confederação informal de cidades-Estado autônomas, cada qual vivendo em relativo isolamento das vizinhas e habitada, na medida do possível, por agricultores guerreiros, porém pacíficos, que extraíssem do solo o próprio sustento. Assim, e só assim, cada uma também pode-

---

9. J.-J. Rousseau, "Patrie", em J. d'Alembert e D. Diderot (orgs.), *Encyclopédie* (Paris: Briasson, 1755-65), vol. XII, pp. 178-81.

ria representar o ideal supremo para seus habitantes, que dela ganhavam a vida e pela qual deveriam dar a própria vida, caso fosse necessário para defendê-la.

Foi nessa época, em reação às idéias universalistas do Iluminismo (o homem, criatura racional em essência, era igual no mundo inteiro), que surgiram as primeiras demonstrações de sentimento nacionalista em alguns países[10]. Os autores em questão procuravam resgatar das garras dos *philosophes* o que havia de singular na cultura de cada povo, principalmente porque a maioria destes falava e escrevia em francês. Assim, na Suíça, *Sonhos patrióticos de um suíço* (1758), de Franz Urs Baltheassar, enaltecia a vida simples, virtuosa e livre que os camponeses suíços viviam em suas cabanas na montanha. Utilizando como veículo o primeiro jornal moderno de Zurique, publicado por seu amigo Heinrich Füssli, Baltheassar tentava resgatar qualquer elemento que fosse nativo e autêntico, chegando mesmo a sugerir que as moças suíças escolhessem os maridos pelas virtudes patrióticas, não pela riqueza. Menos utópica foi a fundação da Sociedade Helvética, que representou a primeira manifestação organizada do nacionalismo suíço moderno e cujo membro mais importante foi o famoso educador Pestalozzi. A sociedade procurava resgatar costumes nativos como os trajes, a música folclórica etc., registrando-os e dando-lhes a maior publicidade possível.

Na Alemanha, durante esses mesmos anos, Justos Möser e seu jornal semanal, *Fantasias patrióticas*, desempenharam papel semelhante ao de Baltheassar. Jurista de formação – fora presidente do Supremo Tribunal de sua Osnabrück natal – e discípulo de Montesquieu, antes de se tornar crítico social, Möser fora testemunha ocular da tirania mesquinha. Sua *bête noire* eram as leis arbitrárias que tal tirania impusera aos Estados alemães; sua principal exigência, que fossem alteradas para se harmonizarem com o espírito nacional ou

---

10. Ver J. H. Shennan, "The Rise of Patriotism in Eighteenth-Century Europe", *History of European Ideas*, 13, 6, 1991, pp. 689-710.

Nationalgeist. Contudo, Möser diferia de seu mestre francês porque esse espírito não era um fator neutro e não era mera representação das características de cada nação nela impressas pelos fatos da raça, da geografia, do clima, da história etc. O que para Montesquieu fora apenas um fato observável, que era preciso levar em conta em nome do bom governo, transformou-se em algo de preciosidade singular; assim como Rousseau, Möser enxergava nisso tanto a fonte da vida individual quanto, o que é mais pertinente para nossos fins, o que unia diversas nações e ao mesmo tempo as separava.

O mais importante representante no século XVIII do que certo autor chamou de nacionalismo "humanitário"[11] foi, porém, outro jornalista alemão, Johann Gottfried von Herder (1744-1803). Precursor do Romantismo, Herder só tinha interesse incidental no direito, aquele sistema de leis pedantes das quais se cercavam todos os governantes. Seu interesse, de fato, era o *Wesen*, ou a natureza íntima de cada nação, que, na sua opinião, era nada menos que a manifestação do divino. Ele condenava a ênfase iluminista no racional e no uniforme e defendia o singular e o diferente: "ninguém, país nenhum, nenhuma história de povo nenhum, estado nenhum é igual a outro. Por conseguinte, a verdade, a beleza e a bondade não são iguais para todos. Tudo será sufocado se cada um não procurar o próprio caminho e se outra nação for cegamente escolhida como modelo". Cada nação tinha sua própria cultura e até mesmo caráter próprio. Nutrida pelo solo e pelo clima, passava de uma geração a outra e permanecia intacta durante várias gerações, mesmo que, por algum azar extremo, uma nação tivesse de ser transportada de uma localização geográfica para outra. A cultura se manifestava no vestuário, nos hábitos e, sobretudo, na língua; e, de fato, as ligações entre a língua pátria e a identidade pessoal eram tão fortes que ninguém jamais conseguia aprender uma língua estrangeira com perfeição.

---

11. C. J. Hayes, *The Historical Evolution of Modern Nationalism* (Nova York: Russell & Russell, 1968 [1931]), cap. 2.

Pelo contrário, "a própria civilização consiste principalmente nas potencialidades da nação e em fazer uso delas"[12].

Mais uma vez, não é demais sublinhar que, fosse qual fosse o tipo de comunidade na qual vivessem ou que tivessem em mente, esses e outros intelectuais do século XVIII não eram nacionalistas no sentido político moderno. Alguns, tendo trocado o cristianismo pelo deísmo, simplesmente estudavam as diversas culturas como meio de revelar a beleza da criação e todas as suas múltiplas formas – como um jardim com canteiros separados, cada um deles digno de ser admirado por si só. Outros, de mentalidade ligeiramente mais prática, eram motivados pela necessidade de compreender o espírito de cada nação como fundamento para eliminar leis antiquadas e criar uma ordem social justa. Alguns, como Rousseau, tinham opiniões democráticas e até revolucionárias, ao passo que outros estavam inclinados a aceitar quase todos os regimes políticos, contanto que permitissem o livre desenvolvimento da cultura. O próprio Herder entrou na história por dizer que nada era tão ridículo quanto as pretensões de superioridade de uma nação, para não falar das reivindicações de supremacia política que, em vez de incentivar o progresso da cultura, criariam uma "louca mistura de raças e nações sob uma única autoridade". Sua opinião era típica dos intelectuais alemães de sua época. Ainda em 1796, Schiller, o maior dramaturgo e poeta alemão, escreveu que os alemães deviam esquecer a idéia de se tornar uma nação e, em vez disso, educar-se para se tornarem seres humanos[13].

Só depois de 1789, quando alguns intelectuais subiram ao poder e suas reflexões se casaram com as pretensões do Estado, é que o quadro mudou. Ao sair das escrivaninhas, o nacionalismo assumiu um caráter agressivo, belicoso; em

---

12. J. G. Herder, ed. *Werke,* E. Kühnemann (Stuttgart: Union deutsche Verlagsgesellschaft, 1889), vol. I, p. 402.

13. J. W. Goethe e F. Schiller, "Xenien", em *Schillers Werke,* ed. J. Peterson e F. Beissner (Weimar: Nationalausgabe, 1943), p. 321.

lugar nenhum isso foi mais verdadeiro do que na Alemanha, antes celebrada como país dos "poetas e pensadores", onde o contato íntimo com as baionetas francesas, o governo francês e os saqueadores franceses levou a uma reação violenta a partir de 1806. A vitória de Napoleão sobre a Prússia, por exemplo, transformou o filósofo Johan Gottlieb Fichte – até então um inofensivo discípulo de Kant – num orador e agitador de força notável. Em seus *Reden an die deutsche Nation* (*Discursos à nação alemã*, 1807-1808), Fichte elevou o sentimento antigaulês à categoria de princípio religioso; desse ponto em diante, até ensinar francês (a língua comum do Iluminismo) às jovens era encaminhá-las à prostituição. Sua obra marca o ponto em que o nacionalismo alemão, cosmopolita de longa data e inclinado ao pacifismo, deixou de ser assim e assumiu o caráter militante e chauvinista que conservaria durante grande parte desse período até 1945[14].

Durante os mesmos anos em que Fichte vociferava em sua cátedra na Universidade de Berlim, o casamento da nação com o Estado foi consumado no plano teórico por outro professor, ainda mais ilustre, Georg Wilhelm Friedrich Hegel. Natural de Stuttgart, no sudoeste da Alemanha, Hegel fora educado para seguir a carreira do pai, que era pastor protestante; não obstante, durante seu período de estudos na Universidade de Tübingen conheceu o vinho, as mulheres e a música, e perdeu a fé em um Deus pessoal. Passou algum tempo trabalhando como professor particular em Berna – onde, assim como Möser meio século antes, conheceu e odiou a pequena tirania que caracterizava o que havia de pior nas cidades-Estado – e em Frankfurt até se estabelecer em Iena em 1801. A princípio recebeu bem as idéias universalistas da Revolução Francesa; em sua opinião, elas representavam a separação definitiva entre Estado e sociedade

---

14. Sobre Fichte e as origens do nacionalismo alemão nesse período, ver, principalmente, H. Kohn, *The Mind of Germany* (Nova York: Scribner's, 1966), pp. 68-98.

e, assim, o fim da corrupção que o *ancien régime* acarretava. Contudo, sua opinião mudou depois dos acontecimentos cataclísmicos de 1806-7, durante os quais a Saxônia foi ocupada e sua própria casa foi incendiada.

Embora fosse, em diversos aspectos, filho do Iluminismo e, assim, estivesse inclinado a acreditar na racionalidade como bem supremo, a perda da fé deixou em Hegel uma indagação: de quem era a razão que dirigia os assuntos da sociedade e do homem? Para respondê-la, ele se desviou do Deus pessoal do cristianismo para o impessoal espírito do mundo ou *Weltgeist*, criando assim uma religião secular cujo sumo-sacerdote, nem é preciso dizer, era ele próprio. O que distinguia Hegel dos outros, porém, era o fato de atribuir a razão – e, portanto, o desenrolar da história – não à humanidade nem aos indivíduos que a formavam, mas às comunidades políticas ou Estados em que viviam. Compondo a sociedade civil, os indivíduos meramente se reproduziam, sem mudanças de uma geração para outra. Sua ocupação principal na vida consistia em pechinchar uns com os outros por míseras vantagens econômicas; como eram egocêntricos e caprichosos, seus atos não eram dignos da atenção do filósofo voltado para coisas mais elevadas. Os Estados, pelo contrário, eram organismos poderosos e, portanto, importantes e "mundialmente históricos". Cada Estado era não apenas um sistema de governo, mas uma idéia encarnada que se manifestava em tal sistema. Assim como Hobbes, Hegel considerava a soberania a característica mais importante do Estado e aquela que o distinguia das outras instituições. Ao contrário de Hobbes, não considerava essa soberania como mero instrumento para imposição da lei e da ordem, porém algo dotado de alto teor ético. Não reconhecendo superior nenhum, só o Estado, de todas as instituições do planeta, tinha a liberdade de evoluir segundo sua própria natureza, uma liberdade que outorgava a seus cidadãos (contanto que cooperassem com ele) e que lhe proporcionava sua justificativa. De máquina criada para servir a este ou aquele fim, o Estado foi elevado a nada mais que "o eco dos passos de Deus na Terra"[15]. A própria história se transformou, de massa amorfa de fatos converteu-se no registro de Estados nascendo, crescendo, chocando-se uns contra os outros, atingindo a maturidade e decaindo, na eterna procura de uma ordem política mais perfeita e que fosse, ao mesmo tempo, uma verdade mais perfeita. Ademais, e em nítido contraste com Locke e também com os patronos da revolução nos Estados Unidos, Hegel achava que a verdadeira liberdade do indivíduo *só* era possível dentro do Estado. Se o Estado fosse eliminado, o homem seria reduzido a nada, uma insignificante criatura biológica cuja vida estaria divorciada do espírito do mundo e, nesse sentido, destituída de significado ético.

Assim como Fichte, Hegel passou os últimos anos de sua vida na Universidade de Berlim, onde suas aulas eram muito admiradas mas pouco entendidas (sua maior obra, *A filosofia do direito*, levou vinte anos para vender quinhentos exemplares). Sua morte em 1831 marca o fim da Grande Transformação que fora iniciada por Rousseau; porém, enquanto Rousseau, evocando um passado primitivo, ainda falara da comunidade organizada como seu ideal, Hegel não hesitou em apontar para o Estado como o único e mais elevado representante da comunidade. Encarnando a liberdade e negando qualquer juiz acima de si mesmos, o único modo de os Estados cumprirem seu destino histórico era lançar-se contra outros Estados por meio da guerra, que, assim, se tornou o principal instrumento para a manifestação do espírito histórico mundial; sem ela, tudo se inclinava a afundar no egoísmo e na mediocridade[16]. Por isso, era preciso que cada Estado se tornasse o mais forte possível. Embora considerasse que a tarefa do Estado era proteger a cultura nacional e criar um ambiente adequado a seu desen-

---

15. *Hegel's Philosophy of Right*, trad. T. M. Knox (Oxford: Clarendon, 1952), p. 279.
16. Ver S. B. Smith, "Hegel's Views on War, the State and International Relations", *American Political Science Review*, 7, 1983, pp. 624-32.

volvimento, Hegel não teria sido Hegel se não estivesse presente em seu pensamento uma tendência a adorar a política do poder como tal.

Os nacionalistas posteriores a Hegel muitas vezes questionaram a idéia de que a Prússia de cerca de 1820 era o melhor dos Estados possíveis, preferindo conceder tal distinção a seus respectivos países. Alguns, como o francês François Guizot e o italiano Giuseppe Mazzini, eram liberais radicais; se não foram, a rigor, a favor da democracia popular, pelo menos fizeram o possível para combinar a grandeza nacional com a liberdade individual. Outros, em especial na Alemanha e no leste europeu, mas com forte representação também na França, discordavam disso.

Totalmente dispostos a eliminar a liberdade individual se esta deixasse de servir às metas nacionais, adotavam uma perspectiva autoritária e reacionária, ou populista e revolucionária[17]. Quaisquer que fossem suas opiniões acerca do tipo de regime mais apropriado para suas respectivas culturas nacionais, quase sem exceção concordavam com Hegel no tocante à necessidade de que seus próprios Estados gerassem sua independência e seu poder. Se possível, isso devia ser feito em harmonia com os outros, conforme principalmente Mazzini desejava; porém, se preciso, podia ser à custa dos vizinhos e recorrendo ao uso das forças armadas necessárias para conquistar a libertação nacional (também dos compatriotas que então viviam em outros Estados), fronteiras naturais, um lugar ao sol, ou qualquer outra expressão que se pudesse criar para justificar a expansão territorial. Tudo isso ajudou a incentivar o tipo de rivalidade entre Estados que seria característica tão importante do período entre 1848 e 1945 e que, ao pegar fogo, acabou por levar às duas guerras mundiais, bem como a uma sucessão de guerras menores.

---

17. Sobre as formas que o nacionalismo assumiu em países diversos, ver J. Breuilly, *Nationalism and the State* (Nova York: St. Martin's, 1982), principalmente pp. 43-118.

Nascido em meio às visões oníricas de uns poucos intelectuais e, em seguida, vestindo-se com um respeitável manto acadêmico, o nacionalismo não teria conquistado a força que conquistou se não tivesse se transformado também em movimento de massa. O primeiro Estado a deliberadamente mobilizar as massas para seus próprios fins foi a França revolucionária; pode-se avaliar a magnitude da tarefa pelo fato de que, em 1789, o país ainda estava dividido em oitenta províncias, cada uma das quais com suas próprias leis, seus próprios costumes e suas próprias tradições políticas. Os sentimentos patrióticos que pudessem existir no povo em geral eram quase totalmente locais; segundo a Academia Francesa, "o país do francês [era] simplesmente aquela parte do país onde ele nascera"[18]. Para piorar, estimava-se que só entre um e treze por cento dos quase 27 milhões de franceses que viviam entre as 1.792 fronteiras do país sabiam falar francês "corretamente". Mesmo na região da *langue d'oïl*, era falado somente nas cidades e nem sempre na periferia, ao passo que no sul não se falava francês em lugar nenhum. Isso era um claro obstáculo à unidade do Estado e, em especial, à sua versão mais centralizada e militante, como a que pretendiam os jacobinos. Em seu "Relatório sobre a necessidade de eliminar o patoá e universalizar o uso da língua francesa" (1794), Henri Gregoire, clérigo e também membro radical da Convenção Nacional, disse que só quando todos os cidadãos falassem a mesma língua poderiam desfrutar acesso igualitário à cidadania do Estado[19].

Os governantes da França entre 1789 e 1815 tomaram poucas providências concretas para corrigir as supostas deficiências lingüísticas dos compatriotas (nisso demonstraram mais bom senso do que alguns de seus sucessores que, tentando ir além, simplesmente fizeram papel ridículo). O

---

18. Citado em J. M. Thompson, *The French Revolution* (Oxford: Blackwell, 1944), p. 121.

19. Citado em M. de Certaue *et al.*, *La Revolution française et les patois: l'enquête de Gregoire* (Paris: Galimard, 1975), p. 295.

que fizeram, porém, foi o bastante. Eliminaram as antigas divisões administrativas e criaram uma burocracia centralizada com estrutura uniforme e repartições em todo o país. Também criaram um serviço militar geral para todos os varões dos 19 aos 26 anos de idade; um código legal abrangente, com autoridade sobre todos os franceses, independentemente de classe social, credo ou província de residência; e um novo sistema educacional secundário e superior dirigido pelo Estado e que, em muitos aspectos, não tinha precedentes na história. Não menos importante, a turbulência provocada pela revolução e a série de guerras em que a república se envolveu nos primeiros três anos de sua fundação levaram a que os franceses originários dos quatro cantos do país se reunissem em torno de um propósito comum e se misturassem entre si como nunca antes. Pela primeira vez, porém decerto não a última, a guerra se tornou o crisol da nação e também do Estado onde ela se organizou.

Para reforçar suas pretensões, a república iniciou uma série de enormes festas populares, nas quais procurava celebrar a si mesma e com as quais esperava substituir as antigas festas religiosas. A primeira aconteceu em novembro de 1789, quando cerca de 12 mil pessoas de diversas cidades e aldeias do Languedoc e Dauphine se reuniram mais ou menos espontaneamente em Etoile-sur-Rhône e prestaram o juramento de "oferecer nossos braços e nossa riqueza à pátria comum... correndo em auxílio dos nossos irmãos de Paris ou de qualquer outra cidade da França que esteja em perigo". De janeiro a maio do ano seguinte, houve reuniões semelhantes em Pontivy e Lyon, culminando num ajuntamento em massa em 14 de julho de 1790, Dia da Bastilha, assim instituído como aniversário da revolução. No Champ de Mars, recém-designado local de paradas nas proximidades de Paris, reuniram-se 300 mil "patriotas" de toda a França para a *Fête de la Fédération.* Foi presidida por Talleyrand, aristocrata membro da Assembléia Nacional, que fora bispo de Autun no antigo regime mas virara a casaca (não pela última vez) e se tornara um dos mais veementes revolucionários.

Diante do som incongruente das massas e do disparo de canhões, a assembléia jurou renunciar às diferenças regionais. De então em diante, não haveria mais filhos de Dauphine, Artois, Vendéia etc.; somente franceses que se uniram no juramento à Constituição. Durante os nove anos seguintes, a cerimônia passou a repetir-se anualmente, quase sempre assumindo formas esquisitas, como quando Robespierre coroou a Deusa da Razão, plantou a árvore da liberdade e coisas do gênero. Também serviu de modelo para incontáveis cerimônias menores realizadas nas cidades das províncias.

Não satisfeitos com as cerimônias ocasionais, os patronos da república marcaram o evento com a adoção de uma nova bandeira nacional – a tricolor – bem como de um novo calendário nacional, que começava no ano 1. Criado pelo poeta Fabre d'Eglantine, dividia o ano deliberadamente em semanas de dez dias, em vez de sete; não se poderia inventar melhor maneira de oferecer aos cidadãos indicação mais clara possível do poder do Estado de alterar seus hábitos de trabalho e de administrar sua vida. Arrancando mais uma folha do livro da desacreditada Igreja, em 1795 a França se tornou o primeiro país a ser abençoado com um hino oficial para uso em comemorações públicas. A *Marselhesa,* marcha singularmente emocionante, fora composta em 1792 pelo capitão de artilharia Claude Joseph Rouget de Lisle, que estava estacionado em Estrasburgo na época. Recebeu seu nome de um contingente militar oriundo de Marselha e que a cantou ao marchar rumo a Paris. Foi proibida por Napoleão, que temia que a mensagem principal, isto é a necessidade de lutar contra "a sangrenta bandeira da tirania", viesse a ser interpretada como menção a seu próprio regime; restaurada pelos orleanistas em 1830, foi proibida pela segunda vez por Napoleão III e oficialmente reinstituída em 1871. Cada vez mais cercada por seus equivalentes em outros países, manteve-se popular desde então, sendo cantada em festividades públicas entre gestos que antes estavam reservados a hinos religiosos.

Durante a revolução e o primeiro império, a poesia, a literatura e as artes plásticas foram sistematicamente mobilizadas para glorificar *la patrie* e o imperador que a assumiu e permaneceu no seu comando. Chegou-se a criar um estilo arquitetônico especial, conhecido como *architecture parlante*; do Arco do Triunfo em diante, ainda se pode ver seus resultados em todo o território francês. Pintores como David celebraram as façanhas de Napoleão – ao ponto de retratá-lo barbudo para salientar que ele passava os dias e as noites a serviço da França. Assim como muitas outras coisas que o imperador fazia, a arte que ele promovia costumava ser opressiva. Do início ao fim, não havia lugar para a sutileza na comunicação da mensagem e ainda menos espaço para dúvidas em relação à supremacia do Estado.

Enquanto a França se tornava o primeiro país onde a causa nacionalista se casava com a do Estado, em outros lugares os avanços geralmente seguiram outro modelo. Onde nação e Estado não coincidiam, como acontecia em grande parte da Europa entre 1815 e 1860, os governantes tinham mais motivo para temer o nacionalismo popular do que para incentivá-lo. Conseqüentemente, o nacionalismo surgiu sem eles e, em muitos casos, contra eles, acabando por dar fim ao que restava da antiga idéia de que governantes e Estado eram uma coisa só. O mais notável caso em questão foi a Alemanha, inflamada por um patriotismo frenético durante as guerras de libertação mas, depois disso, novamente dividida em 38 estados – excluindo-se a Áustria, que, embora membro da Federação, ou *Bund,* em grande parte não era alemã. Os primeiros representantes do nacionalismo alemão pós-napoleônico eram pessoas como Friedrich Ludwig Jahn e Ernst Moritz Arndt. Assim como Hegel, ambos tiveram formação pietista; assim como ele, ambos foram levados pelos acontecimentos de 1806-15 a deixar de lado sua apatia política anterior e transformar-se de patriotas sonhadores, de mentalidade religiosa, em ardentes advogados da pátria alemã. Além de fazer discursos nacionalistas, começaram a planejar e organizar festividades cuja finalidade era advogar a unidade nacional e celebrar as façanhas do povo alemão desde os tempos em que seus ancestrais triunfaram sobre as legiões romanas. O movimento firmou-se rapidamente; por volta de 1817, o famoso Festival de Wartburg atraiu multidões, e toda uma liturgia foi criada praticamente do nada. Inspirou-se na liturgia da Igreja protestante, também com hinos como *Deutschland über Alles,* desfiles e pregação; mas diferia dela em pontos importantes como a tendência de realizar os cultos ao ar livre e não em ambientes fechados, a exibição de bandeiras nacionais e a substituição dos sinos pelas cornetas. Ao festival realizado em Hambach em 1832 compareceram 30 mil estudantes, e isso antes da criação dos modernos meios de transporte e de comunicação, que permitiram a realização desses encontros em escala verdadeiramente nacional[20].

A princípio, essas reuniões populares, nas quais se bebia muita cerveja e havia algumas janelas (e cabeças) quebradas, eram vistas pelas autoridades com desconfiança. Elas as consideravam como ninhos do jacobinismo, enviavam espiões à paisana para vigiar os participantes e mandavam prender os líderes. Contudo, a partir de meados do século, a direção dos ventos mudou. Cada vez mais nacionalizado, o Estado apropriou-se das reuniões e transformou-as para que servissem a *seus* fins. Naturalmente, nem todas as tentativas de fazê-lo tiveram êxito. Planejar um festival e fazer com que parecesse espontâneo nunca foi fácil, em especial se a finalidade é demonstrar respeito pelas autoridades, em vez de expressar oposição ou ser uma simples válvula de escape. Por exemplo, o *Sedantag,* instituído por lei para comemorar a batalha de 1870, e programado para acontecer todos os anos no primeiro dia de setembro, foi um ato autoritário demais e não conquistou o entusiasmo popular. O povo, até mesmo o alemão, preferia ocasiões que propiciassem maior participação popular. Para preencher a lacuna, o Estado achou necessário recorrer a paradas e a outras exibições militares.

---

20. Sobre a história e a importância dessas festividades, ver G. Mosse, *The Nationalization of the Masses* (Nova York, Fertig, 1975), pp. 73-160.

Nessa época, a Revolução Industrial, que começara um século antes na Inglaterra, já tinha chegado havia bastante tempo no continente e estava a todo vapor. Dedicada ao perpétuo desenvolvimento econômico, a sociedade industrial significou mudanças e uma constante dança das cadeiras, em que as pessoas conseguiam e perdiam empregos e se faziam ou se perdiam fortunas. Mas também levou a um grande aumento da capacidade individual de ir e vir; com a disseminação das estradas de ferro a partir da década de 1830, os laços que até então ligavam o homem comum à comunidade onde nascera se romperam pela primeira vez. Assim, a sociedade industrial enfraqueceu ou destruiu as instituições mais antigas nas quais as pessoas conviviam, tais como as famílias estendidas, os clãs, as tribos, as aldeias, as guildas, e até as comunidades urbanas relativamente pequenas que, entre seus muros, existiram durante séculos e que, agora, assumiam dimensões monstruosas em razão do influxo de recém-chegados do interior[21]. Sua extinção deixou o povo sem raízes, desnudo, exposto como nunca às vastas "forças do mercado" que pareciam governar sua vida e sobre as quais não podia exercer o menor controle. Nesse cenário, já por volta de meados do século, a "alienação" era reconhecida como problema social da maior importância, para o qual tanto revolucionários quanto conservadores ofereciam todos os tipos de soluções[22].

Para enfrentar o desafio, o Estado, abraçando o nacionalismo, procurou deliberadamente usar a situação em benefício próprio e começou a cantar louvores a si mesmo por todos os meios possíveis. Já iam longe os dias em que coisas como comida nacional, costumes nacionais e hábitos nacionais podiam ficar a cargo de meras sociedades patrió-

---

21. Uma excelente análise pioneira dos efeitos alienadores da moderna sociedade industrial é K. Marx e F. Engels, *The German Ideology* (Nova York: International Publishers, 1932 [1844]), pp. 23 ss.

22. Sobre os vínculos do nacionalismo com a Revolução Industrial, ver E. Gellner, *Nations and Nationalism* (Oxford: Blackwell, 1983), principalmente cap. 3.

ticas; por meio de seu sistema educacional, sobre o qual entraremos em pormenores na próxima seção, o Estado procurou controlar não só esses aspectos, mas também a "cultura" na forma de história, pintura, escultura, literatura, teatro e música. Tudo isso deixou de ser assunto de indivíduos isolados ou de fazer parte da iniciativa humana normal. Pelo contrário, tornaram-se atividades classificadas como inglesas, francesas, alemãs ou russas, conforme o caso; quase sempre sob os auspícios de algum ministério da cultura (que poderia ou não ser também ministério da educação), eram subsidiadas e estudadas principalmente como meio de exaltar o patrimônio nacional.

Por ser uma das maiores expressões da liberdade e da espontaneidade humanas, o esporte também se tornou nacionalizado. Se antes era organizado em escala local – quando as lutas, as corridas e o atletismo serviam para animar as feiras populares, e as escolas vizinhas às vezes faziam competições entre os alunos –, agora passara a ser controlado pelo Estado para atender a *seus* objetivos, incluindo as preparações para a guerra[23]. Ademais, a proliferação das estradas de ferro viabilizou a organização de competições, primeiramente nacionais e, depois, internacionais, com times representantes de diversos Estados. A largada foi em 1896, quando foram realizados os primeiros Jogos Olímpicos em Atenas. A partir de então, quanto maior o prestígio de algum evento esportivo, maior era a probabilidade de que começasse com o hastear de bandeiras nacionais e terminasse com a execução dos respectivos hinos nacionais, para não

---

23. A. Krieger, "Sieg Heil to the Most Glorious Era of German Sport: Continuity and Change in the Modern German Sports Movement", *International Journal of the History of Sport,* 4, 1, 1987, pp. 5-20; J. Tollener, "Formation pour la vie et formation pour l'armée: la Fédération nationale des sociétés catholiques de gymnastique et d'armes de Belgique, 1892-1914", *Stadion,* 17, 1, 1991, pp. 101-20; L. W. Burgener, "Sport et politique dans un état neutre: l'instruction préliminaire en Suisse, 1918-1947", *Information Historique,* 48, 1, 1986, pp. 23-9; M. Spivak, "Un concept mythologique de la Troisième République: le renforcement du capital humain de la France", *Information Historique,* 4, 2, 1987, pp. 155-76.

falar das exibições de brutalidade nacional que não raro aconteciam entre as competições.

Da Argentina à Espanha[24], a segunda metade do século XIX também testemunhou a invenção de uma série de novas festividades: Dia da Independência, Dia Nacional, Dia das Forças Armadas, Dia da Bandeira, Dia dos Heróis, Dia de Homenagem aos Mortos na Guerra, Dia da Vitória, Dia da Grande Jornada (para os bôeres da África do Sul), ou qualquer outro nome que lhes dessem. Algumas dessas festividades fundiram-se com festas religiosas e festas reais já existentes. Outras, em geral menos bem-sucedidas a longo prazo, foram criadas do nada. A festividade principal invariavelmente acontecia na capital, com a presença do chefe do governo, ouvindo e pronunciando discursos. Mas cada cidade, município e aldeia se sentia na obrigação de preparar uma cópia modesta da original; quanto mais importantes os dignitários do Estado que se propusessem a comparecer, mais bem-sucedido era o evento e maior sua glória. Dependendo da ocasião, havia um feriado comemorado com desfiles, de preferência das forças armadas[25]; como, porém, estas não podiam estar presentes em toda parte, se fosse necessário, desfilava alguma instituição menos augusta, como a associação local de atiradores de elite ou um clube de ginástica. Também havia toques de retreta, corais, jograis, bandeiras, faixas, algum tipo de pira sagrada a ser acesa em estilo cerimonial, transportada e apagada e, naturalmente, os inevitáveis fogos de artifício. Para concluir as formalidades, ofereciam-se às massas festas ao ar livre bem como oportunidades de beber, dançar e farrear, enquanto os que conseguiam e queriam pagar podiam desfrutar de apresentações

---

24. L. A. Bertoni, "Construir la nacionalidad: héroes, estatuas y fiestas patrias 1887-1891", *Boletin del Instituto de Historia Argentina y Americana*, 5, 1992, pp. 77-111; M. A. Civera, "Origen y desarrollo de la fiesta de la Hispanidad", *Historia y Vida*, 25, 295, 1992, pp. 92-101.

25. Ver J. P. Bois, "L'armée et la fête nationale, 1789-1919", *Histoire, Economie et Société*, 10, 4, 1991, pp. 505-27, sobre o modo como as forças armadas passaram a dominar principalmente o Dia da Bastilha.

teatrais e orquestrais com comovente teor patriótico. Nas últimas décadas anteriores a 1914, a existência de qualquer Estado sem tais comemorações se tornara quase impensável. Sonhando com uma futura pátria judaica, Theodore Herzl, fundador do sionismo, ficou fascinado com o problema; seu diário estava repleto de descrições de espetáculos imaginários, quanto mais grandiosos, melhor[26]. Embora todos os Estados participassem de alguma maneira, os verdadeiros mestres desse tipo de coisa foram os regimes comunista, fascista e, sobretudo, nazista do pós-guerra. Em suas mãos, as festividades se transformaram em acontecimentos gigantescos, como o Dia da Revolução de Outubro, o Dia do Trabalho, o Dia da Marcha sobre Roma, o Dia de Homenagem aos Heróis Mortos na Guerra, o Dia da Festa de Nuremberg, o Dia dos Trabalhadores Alemães, o Dia do Solstício de Verão etc. Ainda mais que suas equivalentes em outros países, essas festividades logo perderam toda a espontaneidade que possam ter tido no início. Tendo-se tornado ritualísticas, estavam fadadas à repetição com uma monotonia horrível, ano após ano[27]. O número de participantes, não dos que compareciam voluntariamente, mas dos que eram arrebanhados pelas autoridades, cresceu a dezenas ou mesmo centenas de milhares, todos marchando, cantando e fazendo reverências em uníssono, para não falar dos outros milhões que recebiam a mensagem por intermédio dos novos meios técnicos, o rádio e o cinema controlados pelo Estado. Às vezes, como no caso da Praça Vermelha de Moscou e da Piazza Venezia de Roma, as festividades usavam estruturas já existentes ou as adaptavam para os novos fins. Em outros locais, erguiam-se estruturas completamente novas, como o Zeppelinfeld nas proximidades de Nuremberg e os numerosos teatros gigantescos ao ar livre, que os nazistas construíram por todo o país.

---

26. Theodore Herzl, *The Complete Diaries of Theodore Herzl*, ed. R. Patai (Nova York: Herzl Press, 1960), vol. I, pp. 27, 33, 39, 43, 67.

27. Sobre as ponderações do próprio Hitler sobre esse assunto, ver A. Speer, *Errinerungen* (Berlim: Propylaen Verlag, 1969), pp. 67 ss.

Conforme esses eventos foram criados para demonstrar, nessa época o culto ao Estado atingira tal ponto que se estava abandonando a distinção original entre ele e a sociedade civil. Embora apresentasse o Estado como idéia, Hegel nunca o considerou o *único* ideal; pelo contrário, sempre salientara a necessidade da manutenção de instituições privadas fortes que se equilibrassem entre si e com o Estado, para viabilizar a liberdade[28]. Essa parte da mensagem de Hegel estava fadada a ser ignorada, para não dizer desvirtuada, por seus sucessores totalitaristas, tanto da direita quanto da esquerda do espectro político do século XX. Cada um à própria maneira, comunistas e fascistas tentavam abolir a sociedade civil; de suas instituições, só permitiram que sobrevivessem as que o Estado podia controlar e que se engajavam nos seus fins (ou, para usar a expressão nazista, que fossem *gleichgeschaltet*)[29]. Na teoria, e às vezes não só na teoria, cada associação de filatelistas desenvolvia suas atividades tendo em vista alguma finalidade política, e todo *Hausvater* (chefe de família, em alemão) se tornou uma miniatura do *Führer,* berrando ordens para a infeliz família. Os cidadãos tinham de se dirigir uns aos outros da maneira aprovada pelo Estado e assinar suas cartas com palavras aprovadas pelo Estado; quem tentasse expressar alguma opinião que não fosse a oficialmente aprovada poderia acabar num campo de concentração administrado pelo Estado. Conforme Mussolini escreveria em seu artigo sobre o fascismo na edição de 1935 da *Encyclopaedia italiana* (ela própria, naturalmente, projeto estatal) – "tudo dentro do Estado, tudo pelo Estado, nada contra o Estado". Na Alemanha nazista, segundo o ministro da propaganda Joseph Goebbels, o único

---

28. Sobre as opiniões de Hegel acerca da sociedade civil, ver S. Avineri, *Hegel* (Londres: Cambridge University Press, 1972), pp. 141-7, 161-75; e H. Ottman, "Hegel's Philosophy of Right: Changing Paradigms for Its Interpretation", *Clio,* 13, 4, 1984, pp. 315-30.

29. A melhor história dos regimes totalitaristas no setor da relação entre o Estado e a sociedade civil ainda é H. Arendt, *The Origins of Totalitarianism* (Nova York: Meridian Books, 1951), esp. cap. 12, "Totalitarianism in Power".

momento em que o indivíduo estava livre do controle estatal era nos sonhos.

Devemos admitir que os países liberais, como a França e, em especial, a Inglaterra, nunca foram tão longe quanto as nações totalitárias. Seguindo a tradição instituída por Locke e Montesquieu, definiam a liberdade de outra maneira; nem esqueceram totalmente – apesar dos inúmeros excessos praticados durante alguns dos períodos revolucionários da França – a necessidade de proteger indivíduos e instituições *contra* a vontade arbitrária do Estado. Porém, no fim das contas, era apenas uma diferença em grau. Além de ter existido na França um movimento fascista importante no século XX, a Action Française, a versão "forte" do hegelianismo tinha seus adeptos até na Inglaterra, onde se dizia que "o nome do pequeno território que compreendia Weimar e Iena instigava a imaginação de milhares de jovens de ambos os sexos, da mesma maneira que o nome de Jerusalém tocava os corações dos homens séculos atrás"[30]. Se para Voltaire o patriotismo era o último refúgio do canalha, depois de 1789 só os socialistas duvidavam de que ele representasse a mais elevada virtude ou que a lealdade ao Estado, na sua qualidade de expressão organizada da sociedade, fosse o dever primordial do patriota. O significado da própria palavra mudou, de alguém que "toma para si a obrigação de cuidar do bem-estar da humanidade" (definição da *Encyclopédie*) para uma pessoa disposta a lutar (alguns diriam fazer estragos) pelo bem do Estado. Quando a traição ao Estado tomou o lugar do crime de lesa-majestade como crime supremo, as outras formas de traição perderam a importância ou desapareceram. Assim, na Alemanha, a *Landesverrat* superou *Hochverrat*; ao passo que, na Inglaterra, a *petite trahison*, também conhecida como assassinar o marido e considerada um crime mais hediondo do que o simples assassinato da esposa,

---

30. R. B. Haldane, "Hegel", *Contemporary Review*, 67, fevereiro de 1895, p. 232; ver também B. Bosquanet, *Philosophical Theory of the State* (Londres: Macmillan, 1899).

acabou sendo apagada do livro das leis durante a década de 1830[31].

De importância muito maior para a vida da maioria era o fato de que, em nome de todos esses sublimes ideais, o Estado apropriou para si o *direito* de exigir de seus membros os maiores sacrifícios. O perigo que Voltaire temia, a saber, que o excesso de "patriotismo" levasse à guerra, se realizara com abundância durante os períodos revolucionários francês e napoleônico. Durante as décadas anteriores a 1914, anarquistas, socialistas e pacifistas de muitos países se empenharam muito para construir pontes internacionais de todos os tipos e, assim, evitar que os Estados mais importantes brigassem uns com os outros. Contudo, quando houve o apelo ao sacrifício, as barreiras que eles tentaram erguer se revelaram mais frágeis do que os próprios Estados haviam previsto e foram destruídas com facilidade[32]. Com pouquíssimas exceções, os soldados em potencial apinhavam-se nos centros de mobilização, e os parlamentos, mesmo naqueles onde era forte a representação socialista, votaram a favor de verbas para a guerra. O resultado supremo do casamento entre o nacionalismo e o Estado seria a carnificina em escala e intensidade que os membros de organizações políticas anteriores não poderiam ter imaginado. Antes de passar a essa história, porém, é necessário conhecer alguns dos meios mais concretos pelos quais o Estado chegou a dominar a sociedade civil.

Disciplinando o povo

A transformação do Estado, de instrumento em ideal, jamais teria acontecido se ele não tivesse também fortaleci-

---

31. Ver M. E. Dogget, *Marriage, Wife Beating and the Law in Victorian England* (Londres: Weidenfeld & Nicolson, 1992), p. 49.

32. Ver M. Ferro, *The Great War 1914-1918* (Londres: Routledge, 1969), cap. 1; e A. Offner, "The Working Classes, British Naval Plans and the Coming of the Great War", *Past and Present,* 107, maio de 1985, pp. 225-6.

do seu domínio sobre a sociedade muito além do que seu predecessor moderno tentou fazer. Escrever livros sobre folclore, fazer discursos patrióticos e realizar festividades nacionais, mesmo com a presença de reis, presidentes e primeiros-ministros, não é nada demais. Com o tempo, o que importa não são as comemorações periódicas nem as ponderações de um punhado de intelectuais, mas a faina cotidiana da grande maioria dos governados. Garantir que a faina diária estivesse de fato sob seu controle e, na medida do possível, a seu serviço era a meta de todos os Estados pós-1789, tanto na Europa quanto, cada vez mais, em outros continentes, sendo a polícia e o aparato carcerário, o sistema educacional e os serviços da previdência social os meios mais importantes para esse propósito.

Como demonstramos em seção anterior, duas das características mais peculiares do Estado moderno são suas forças policiais especializadas e o sistema carcerário. Aquelas se tornaram necessárias em razão da Revolução Francesa e da *lévee en masse* que ela foi a primeira a apresentar. Este era um instrumento burocrático estatal típico, que pressupunha uma multidão de fichas, regulamentos, carcereiros, médicos, assistentes sociais, psicólogos e, naturalmente, as estruturas fortificadas onde seus infelizes internos eram encarcerados. Embora a ligação entre eles e o Estado seja, portanto, forte e íntima, ambos também expressam o fato de que, terminadas as guerras napoleônicas, a natureza do problema de segurança interna que o Estado enfrentava passou por mudança decisiva.

Desde o tempo dos primeiros impérios – e também como demonstrou a instituição das tiranias nas cidades-Estado antigas e medievais de Corinto, Siracusa, Roma, Milão e Florença *inter alia* –, tradicionalmente, as pessoas que mais precisavam de supervisão eram os grandes. Nas palavras de um especialista do século XVI, "os ricos relutam em submeter-se ao governo porque são afortunados"; ainda que o solitário assassino tivesse êxito no assassinato de um rei ou magistrado, em geral só podiam realizar mudanças políticas os que se "distinguiam por berço nobre e posição influente"[33]. Com a instituição do Estado moderno, essa proposta foi, aos poucos, perdendo a validade. Quando os laços feudais se enfraqueceram e a Igreja perdeu o direito de governar, a mudança para o governo "legítimo" significou que os governantes não tinham nada a temer dos súditos mais poderosos. Por outro lado, a propriedade privada tornou-se o cimento no qual se assentavam todas as relações externas à família nuclear (e, não raro, também dentro dela). Desde os tempos de Bodin e Hobbes, a proteção da propriedade privada transformou-se numa das principais funções do soberano[34]. Reciprocamente, o próprio êxito do precursor do Estado moderno era explicado, em parte, por sua disposição e capacidade de proteger as propriedades de seus correligionários.

Com Locke e Montesquieu, a necessidade de defender a propriedade contra todos os invasores – fossem não-proprietários ou o próprio governante – foi elevada à categoria de princípio primordial da teoria política. Aquele transformou o direito à propriedade em lei inalienável da natureza, chegando ao ponto de definir a própria vida como "posse" da qual não se devia privar ninguém sem causa. Este dedicou algumas das partes mais críticas de sua obra a uma explicação minuciosa dos modos como se devia garantir tal direito na prática. Na época, o primeiro Estado a adotar explicitamente esse princípio como um de seus pilares foi a Inglaterra, após a Revolução Gloriosa de 1688. Os próximos foram os Estados Unidos, assim que adotaram sua Constituição, e a França, na Declaração dos Direitos do Homem (1789). Na Prússia, a inviolabilidade da propriedade privada surgiu de maneira gradual durante o século XVIII e foi coroada pelas reformas de 1807-13. Não é de admirar que, no decorrer do

---

33. Botero, *The Reason of State*, p. 83.
34. Ver C. B. McPherson, *The Political Theory of Possessive Individualism: Hobbes to Locke* (Londres: Oxford University Press, 1962), principalmente pp. 264-5, 197-221, 247-8.

século XIX, os grandes – que, tendo-se dissolvido todos os outros laços sociais, se traduziam em ricos em noventa por cento dos casos – quase sempre se encontravam do lado do Estado. A não ser no caso de alguns príncipes anarquistas russos, como Bakunin e Kropotkin, podia-se contar com eles para resistir a qualquer tentativa de perturbar a ordem existente, chegando-se ao ponto em que Marx, em 1848, pôde definir o próprio Estado como nada mais que uma comissão criada pela "burguesia inteira" para administrar os assuntos em seu nome[35].

Tendo assim conquistado a aquiescência, não raro até o apoio entusiástico, das classes proprietárias, o Estado do século XIX empenhou-se em estender *sua* lei e *sua* ordem àquelas partes da população que, até então, em geral eram tidas como aquém de sua consideração. Anteriormente, na maioria dos países, o crime nas classes sociais mais baixas era entendido como "depravação" dos indivíduos. Por mais lamentável do ponto de vista moral, não representava risco para a sociedade, ainda mais porque em sua maioria assumia a forma de brigas sem importância entre vizinhos pobres. Como o surgimento do Estado moderno desarmou as classes altas e a industrialização levou um grande número de destituídos a se concentrar nas cidades, que cresciam rapidamente, essa situação mudou. Os acontecimentos de 1789-94 tinham demonstrado o que o populacho, contanto que devidamente entusiasmado e conduzido, era capaz de fazer ao mais poderoso e mais bem-organizado Estado da história até então. Durante as décadas seguintes a 1815, a "questão social" emergente passou a ser considerada uma ameaça à estrutura do poder constituído; e, com ela, a disciplina funcional que o capitalismo e a indústria modernos exigiam.

Qualquer que fosse sua motivação, durante as duas décadas seguintes a 1810, um país após o outro passou a imi-

---

35. K. Marx e F. Engels, *The Communist Manifesto*, ed. A. J. P. Taylor (Harmondsworth: Penguin Books, 1967 [1848]), p. 82.

tar Napoleão, criando novas forças policiais e centralizando as existentes. Para mencionar apenas alguns dos acontecimentos mais importantes, entre 1815 e 1825 foram abolidas as antigas "guardas de cidadãos" (*Burgergarden*) municipais da Prússia para lidar com crimes de pouca importância. Quem assumiu seu lugar foi a polícia e (nos distritos rurais) os gendarmes, ambos pagos e mantidos exclusivamente pelo Estado. Em meados do século, as cidades provincianas típicas da Prússia eram protegidas com aproximadamente um policial para cada 3 mil habitantes; na época da Primeira Guerra Mundial, esse número aumentara para mais de um para cada mil habitantes[36]. Em 1811 na Rússia, o czar Alexandre I, que queria exterminar a deslealdade, já prevendo uma provável invasão francesa, criou o Ministério da Polícia, aproveitando uma parte do já existente Ministério do Interior[37]. Rebatizado de "terceiro departamento" por Nicolau I, praticamente recebeu carta branca para recolher "informações relativas a todos os acontecimentos, sem exceção": no início da década de 1840, já estava tão descontrolado que pôs o filho do próprio imperador sob vigilância, sem o conhecimento do pai[38]. Esse ministério assumiu diversas roupagens e permaneceu em atividade enquanto durou o regime czarista. Acabou servindo de modelo para seus sucessores ainda mais notórios: Cheka, OGPU, NKVD e KGB.

Dentre os principais países da Europa, o que tinha tradições liberais mais fortes era a Inglaterra. Embora houvesse parlamentares que protestassem com freqüência contra suas

---

36. Números de A. Luedtke, *Police and State in Prussia, 1815-1850* (Cambridge: Cambridge University Press, 1989), pp. 41-2, 86; e E. Glovka Spencer, *Police and the Social Order in German Cities* (DeKalb: Northern Illinois University Press, 1992), pp. 166-7.

37. Sobre as origens da polícia russa, ver P. S. Squire, *The Third Department: The Establishment and Practices of the Political Police in the Russia of Nicholas I* (Cambridge: Cambridge University Press, 1968), pp. 29 ss.

38. W. Bruce Lincoln, *Nicholas I, Emperor and Autocrat of All the Russians* (DeKalb: Northern Illinois University Press, 1989), p. 89.

conseqüências sobre a liberdade, ali também o crescimento e a centralização das forças policiais regulares administradas pelo Estado foram bem rápidos; em 1829, a cidade de Londres recebeu seus *bobbies* (em homenagem ao ministro do interior Robert Peel). Em 1835, o Parlamento ordenou que todos os municípios constituintes seguissem o exemplo de Londres e, 21 anos depois, o County and Borough Police Act tornou obrigatórias em todo o país as forças policiais. Enquanto isso, as estradas, as ferrovias e o telégrafo começavam a acabar com o isolamento das forças policiais locais, tanto na Inglaterra quanto no exterior. Durante a década de 1870, o pagamento à polícia, a disciplina e os critérios para admissão foram retirados das mãos das autoridades locais e entregues ao Ministério do Interior; outro fato marcante aconteceu em 1890, quando se tornou lícito trocar policiais, ou mesmo unidades inteiras, entre uma força local e outra. Por volta de 1906, não menos que um terço dos assuntos do Ministério do Interior estava sob responsabilidade de seu departamento criminal – que, nessa época, cuidava de tudo, do controle de garçons estrangeiros a pequenas contravenções. Mesmo assim, comparada ao que acontecia em outros países, a Inglaterra estava bem atrasada. Por exemplo, foi somente em 1929 que as diretrizes para captura foram normatizadas em todo o país.

Na época em que esses avanços estavam acontecendo, o Estado, invenção originalmente européia, iniciara a marcha de conquista que o tornaria senhor do mundo. O processo de expansão será estudado adiante, neste volume; agora precisamos apenas salientar que o sistema inglês de forças policiais profissionais foi exportado para as colônias mais importantes, que naturalmente pediram aos colonizadores uma solução para seus problemas. Nos Estados Unidos, o mais importante país fora da Europa, Nova York se tornou a primeira cidade a criar uma força policial municipal em 1845. A princípio tinha 800 homens, mas logo se tornou insuficiente para a população que, nas duas décadas seguintes, cresceu de 400 mil para 650 mil habitantes[39]. No ano de 1865 foi criado o serviço secreto, primeira força policial nacional, cuja missão era proteger o presidente. Em 1905, a Pensilvânia tornou-se o primeiro estado dos EUA a criar uma polícia estadual. Medida que mais tarde foi imitada por Nova York (1917), Michigan, Colorado e West Virginia (1919) e Massachusetts (1920). Em 1920, o Bureau of Investigation, que mais tarde passou a chamar-se Federal Bureau of Investigation ou FBI, já estava com doze anos de idade. Foi criado pelo Executivo, a despeito das objeções do Congresso, pois alguns de seus membros temiam que seus próprios negócios fossem investigados. A princípio sua missão era investigar processos antitruste, diversos tipos de fraudes e certos crimes cometidos em propriedades do governo ou por funcionários do governo. Assim como todas as instituições burocráticas, expandiu sua organização até abranger toda uma série de crimes "federais".

Com suas forças na ativa, aqueles e outros estados dos EUA passaram a impor a ordem no interior e nos bairros urbanos de classe baixa, que antes estavam quase totalmente fora de seu alcance. Fazendo a ronda nas ruas, supervisionando supermercados, cervejarias e bordéis (tomando porém o cuidado de evitar os freqüentados pelas próprias autoridades do Estado), a polícia logo fez sentir sua presença, embora isso acontecesse mais na Europa do que nos Estados Unidos, com seus amplos espaços abertos e sua sociedade de pioneiros. Mais uma vez, a Inglaterra, com suas tradições relativamente liberais, é um bom termômetro. O número de processos aumentou sete vezes entre 1805 e 1842; comparado à população, foi um aumento de 4,5 vezes. Em razão da ênfase na ordem pública – por exemplo, a Lei da

---

39. Ver J. F. Richardson, *The New York Police: Colonial Times to 1901* (Nova York: Oxford University Press, 1970), pp. 82-123. Há algumas comparações numéricas da força das polícias municipais inglesas na época em F. C. Mather, *Public Order in the Age of the Chartists* (Manchester: Manchester University Press, 1959), pp. 111-17.

Vadiagem de 1824 tornou possível processar as pessoas pelo mero fato de estarem na rua –, não é de surpreender que a grande maioria dos indiciados pertencesse às classes baixas. Os resultados merecem a qualificação de impressionantes. Depois de 1848, raramente era necessário chamar soldados para acabar com tumultos etc.; na Inglaterra, entre 1850 e 1914 (quando a curva mudou de direção e se tornou horizontal), o índice de arrombamentos por 100 mil habitantes caiu 35 por cento; o de homicídios, 42 por cento; e o de agressões, 71 por cento[40]. Usando como desculpa a necessidade de disciplinar o povo, o Estado começou a conquistar distritos urbanos inteiros, que antes estavam fora de alcance, e recriá-los à sua imagem.

Embora suas forças policiais estivessem impondo ao povo normas aceitáveis de comportamento, o Estado do século XIX achou que chegara a hora de invadir-lhe o intelecto também. Durante a maior parte da história, a educação estivera quase totalmente a cargo da família e da Igreja. Esparta, naturalmente, foi uma exceção notável: reproduzindo os costumes de sociedades tribais anteriores, os meninos eram afastados dos pais aos seis anos de idade e criados em casernas, das quais só saíam para se casar. Pessoas importantes de outras cidades-Estados às vezes também fundavam escolas, mas faziam-no para demonstrar sua generosidade aos concidadãos; fazia parte das liturgias a que estavam sujeitos, e não de uma tentativa abrangente de controlar o pensamento dos jovens[41]. Os impérios carolíngio, inca, otomano e chinês ostentavam escolas imperiais, mas os alunos que recebiam eram quase exclusivamente parentes dos funcionários da corte e, talvez, alguns dos aspirantes a membros da burocracia. Fosse qual fosse o sistema, e, repito, com a exceção bem parcial das antigas cidades-Estado, a grande

---

40. Números de *Cambridge Social History of Britain* (Londres: Cambridge University Press, 1993), p. 290.

41. Ver A. R. Hands, *Charities and Social Aid in Greece and Rome* (Ithaca, NY: Cornell University Press, 1959), pp. 111-7.

maioria do povo tinha de resolver sozinho seu problema de educação da maneira que lhe fosse possível. Durante toda a história, isso significou que principalmente a população rural não recebeu educação quase nenhuma.

Há propostas de criação de um sistema educacional administrado pelo Estado nas obras de autores utópicos do século XVII como Valentin Andrea e Gerrard Winstanley, que já conhecemos como defensor do aparato nacional de coleta de informações. Talvez influenciado pelo exemplo espartano, e também por Platão, Andrea queria que as crianças de ambos os sexos fossem afastadas dos pais aos seis anos de idade e criadas em colégios internos. Winstanley sugeria que a "comunidade" assumisse a responsabilidade de assegurar que nenhum futuro cidadão deixasse de receber a educação moral e profissional necessária para ganhar a vida, embora não tenha explicado como fazer isso. No decorrer do século XVIII, multiplicaram-se os projetos desse tipo. Todos queriam que a educação saísse das mãos da Igreja; mas, enquanto alguns eram motivados pelo que hoje chamaríamos de ponderações patrióticas e nacionais, outros apenas expressavam o desejo de fornecer à burocracia emergente um fluxo constante de escriturários obedientes. O primeiro tipo foi exemplificado por Rousseau, que, em seu *Considérations concernant le gouvernement de Pologne* (1772), afirmou que a meta da educação devia ser levar os alunos a inverter as palavras *ubi bene ibi patria* (onde te sentes bem, aí é a tua Pátria)[42]. O segundo incluía diversos projetos minuciosos apresentados pelos teólogos prussiano e bávaro Konrad von Zeydlitz e Heinrich Braun a seus respectivos senhores reais durante a década de 1780.

Enquanto durou o velho regime, propostas como essas e outras semelhantes tiveram pouco resultado. Concentrando-se no lado negativo, a maioria dos monarcas contentava-se em assegurar que não se ensinasse nada nas escolas

---

42. J.-J. Rousseau, *The Government of Poland* (Indianapolis: Bobbs Merrill, 1977), p. 14.

das igrejas que pudesse destruir sua própria situação; além disso, era simples questão de fornecer verba e, às vezes, prédios para a instrução em quaisquer disciplinas que, por um motivo ou por outro, aguçavam seu interesse. Assim, Luís XIV, incentivado por Colbert, deu apoio a uma Académie Politique de vida curta, bem como a algumas faculdades técnicas, a mais importante das quais mais tarde se transformou na École des Ponts et Chaussées[43]. Outro campo que chamou a atenção dos poderes constituídos foi a formação de oficiais. Anteriormente, os oficiais eram pessoas que, trabalhando com capital próprio ou com capital fornecido por terceiros, recebiam "comissões" dos governantes para recrutar soldados. Com o surgimento das forças armadas permanentes, por volta de 1648, o sistema mudou: tornaram-se comuns as escolas de cadetes destinadas aos filhos da nobreza empobrecida; cada um dos principais Estados (com exceção da Inglaterra, onde a forma adotada pelos comandantes de regimentos para alistar oficiais não incluía vaga para a educação) fundou pelo menos uma. Em fins do século XVIII, tinham-se espalhado da Europa para os novos Estados do outro lado do Atlântico. Ali, duas delas – a de West Point e a de Annapolis – estavam se preparando para um grande futuro[44].

O primeiro governante a ter interesse prático na educação dos súditos em geral foi Frederico Guilherme I da Prússia. Em 1717 ele declarou ter descoberto que as crianças eram "flagrantemente ignorantes... do que é mais necessário a seu bem-estar e salvação eterna"; naquele momento foi decretado que todos os pais deviam mandar os filhos para a escola, mas como nada se fez para acompanhar o assun-

---

43. G. Thuillier, "L'Académie politique de Torcy, 1712-1719", *Revue d'Histoire Diplomatique,* 97, 1-2, 1983, pp. 54-74; F. B. Artz, *The Development of Technical Education in France* (Cleveland: Society for the History of Technology, 1966), cap. 1.

44. Sobre as origens das escolas de oficiais, ver M. van Creveld, *The Training of Officers: From Professionalism to Irrelevance* (Nova York: Free Press, 1989), cap. 1.

to, os resultados foram, quando muito, mínimos. Frederico, o Grande, em seu *Landschulregiment* (1763) decretou que todas as crianças entre os cinco e os treze anos de idade deviam freqüentar a escola; nove anos depois, reservou 200 mil táleres para pagar aos professores e resgatar seus recém-conquistados súditos pomerânios do que chamava de "sua escravidão polonesa"[45]. Mais uma vez, não aconteceu quase nada, entre outras razões porque os pais eram pobres demais e as autoridades locais não estavam dispostas a arcar com os custos. Por exemplo, ainda em 1792, só uma de cada seis aldeias da Prússia oriental tinha escola. Na Prússia ocidental, a percentagem era ainda menor. Em todo o reino, as escolas que existiam costumavam concentrar-se nos domínios reais, ao passo que os *junkers* prussianos pouco faziam para educar os servos. Frederico, contudo, concluiu o trabalho do pai ao levar a educação secundária e universitária para o controle de um ministério do Estado. Foi instituído um exame de saída da escola conhecido como *Abitur*, que se tornou condição para admissão tanto nas universidades quanto nos escalões da administração prussiana. No decorrer do século XIX, também se tornou pré-requisito para quem aspirava ser oficial das forças armadas.

Enquanto a Prússia marcava passo, a Baviera agia. A Paz de Luneville (1801) deu fim à antiga *sancta Bavaria* que existira desde 1648. O país não só foi arrastado para uma aliança firme com a França napoleônica, mas a anexação dos territórios que antes pertenciam à Áustria trouxe consigo uma infusão em massa de protestantes e judeus que o velho sistema não poderia assimilar. Conseqüentemente, em outubro de 1802, o Conselho de Assuntos Eclesiásticos foi abolido e fundou-se um ministério da educação, o primeiro desse tipo no país. Além de condicionar a entrada no funcionalismo público à conclusão do secundário, como na Prússia, as autoridades da Baviera instituíram o estudo obrigatório para

---

45. M. Baer, *Westpreussen unter Friedrich dem Grossen* (Osnabrück: Zeller, 1965 [1909]), vol. I, p. 550.

todas as crianças; a obediência seria garantida pela emissão de um certificado de conclusão de curso que seria exigido para obter permissão para a compra de imóveis, exercício de profissão ou casamento. A maior parte dos custos seria coberta por taxas pagas pelos país, e o resto seria proveniente das propriedades da Igreja, que estavam sendo secularizadas o mais depressa possível. Uma lei de 1804 foi ainda mais longe e colocou todas as escolas sob a supervisão do Estado, tornando-as não-confessionais. O currículo ganhou nuances seculares, utilitárias. Uma vez instituído, permaneceu em vigor até a próxima onda de reformas, que o eliminou durante a década de 1860[46].

Embora na Baviera o compromisso com a educação tenha se enfraquecido após a Restauração, na Prússia aconteceu o contrário. Graças ao empenho de Frederico Guilherme III, que se envolveu pessoalmente na questão, em 1808 foi criado um departamento da educação; nove anos depois, sua importância foi formalmente reconhecida ao ser elevado à categoria de ministério. Com a educação superior e secundária já sob seu controle, mal terminaram as guerras de libertação, e dispondo de vastos recursos, o gabinete começou a fundar escolas às centenas. As verbas provinham, em parte, dos próprios pais e, em parte, de contribuições feitas pelo governo local. O sistema recebia meninas e meninos, não só alemães, mas também poloneses e até judeus, verdadeira inovação para a época. A tarefa de fornecer professores coube aos 28 colégios internos especialmente organizados e sustentados pelo governo. Em Königsberg, tamanha era a escassez de professores qualificados que os órfãos de instituições estatais eram sumariamente designados futuros educadores e, assim que concluíam sua formação, lançados sobre seus colegas mais jovens.

---

46. Ver, acerca dessas reformas, K. A. Schleunes, *Schooling and Society: The Politics of Education in Prussia and Bavaria, 1750-1900* (Oxford: Berg, 1989), pp. 43-4; e G. Zuber, "L'école primaire de la Prusse à la veille de la fondation du Reich", *Revue d'Allemagne*, 20, 3, 1988, pp. 311-21.

A "transformação do Estado em instituição educacional de larga escala", como declarou um funcionário encarregado do currículo[47], não tardou a dar frutos. Por volta de 1837, oitenta por cento das crianças prussianas estavam na escola e, para que pudessem fazê-lo, foram aprovadas as primeiras leis relativas ao trabalho infantil. Em meados do século, oitenta por cento da população adulta estava alfabetizada, enquanto na Inglaterra e na França apenas 50-65 por cento dos adultos sabiam ler e escrever; dos recrutas do exército prussiano, só um a cada dez não tinha freqüentado a escola[48]. A Constituição de 1849 tomou as últimas providências e transformou todos os professores – inclusive os professores universitários, alguns dos quais tiveram de ser arrastados pelo pescoço – em funcionários públicos. Depois de 1871, e aproveitando-se do fato de que os Estados restantes já exerciam havia muito o controle de suas escolas, o sistema foi ampliado para toda a Alemanha. Quando os liberais viraram a casaca e deram apoio a Bismarck, já não havia mais dúvida de que o objetivo da escolarização era ajudar o Reich a se tornar bom e forte, e o rumo da educação na Alemanha encontrava-se bem definido, em linhas que só seriam alteradas, quando muito, depois de 1945.

Por motivos que não podemos examinar aqui, outros países estavam muito mais atrasados. Em 1796, 1797 e 1807 foram apresentados projetos de lei ao Parlamento inglês que teriam levado à criação de escolas paroquiais; todos foram rejeitados, porém, e só em 1883 reservou-se a mísera quantia de 20 mil libras "para auxílio à educação das classes mais pobres"[49]. Em 1858 as verbas tinham aumentado para 700 mil libras, quantia que não era desprezível (entre outras coisas,

---

47. Johann Suevren, citado em G. Giese, *Quellen zur deutschen Schulgeschichte seit 1800* (Göttingen: Musterschmidt, 1961), p. 92.

48. P. Flora, "Die Bildungsentwicklung im Prozess der Staaten and Nationenbildung", em P. C. Ludz (org.), *Soziologie and Sozialgeschichte* (Opladen: Westdeutscher Verlag, 1972), p. 432.

49. Sobre a ascensão da educação dirigida pelo Estado na Inglaterra, ver E. Midwinter, *Nineteenth-Century Education* (Londres: Longman, 1970), pp. 32 ss.

servia para a formação de 14 mil futuros professores), mas ainda era muito menos que os 24 milhões de libras gastos com defesa no mesmo ano. Enquanto isso, as propostas para a instituição de educação universal e compulsória controlada por um ministério da educação continuavam a ser derrotadas. Diante da oposição dos contribuintes, as providências para oferecer instrução a segmentos maiores da população eram bem lentas. Em sua maior parte, limitavam-se a comissões parlamentares de inquérito que investigavam como eram gastas as verbas aprovadas.

Em geral, e apesar da existência de um sistema político muito mais centralizado, o mesmo acontecia na França. A maior contribuição de Napoleão para o sistema educacional francês consistiu nas duas "grandes escolas" – a École Polytechnique e a École Supérieure d'Administration – que fundou. Ele também criou uma série de *lycées*, destinados às crianças da classe média e administrados à maneira militar; contudo, seu interesse na educação fundamental era limitado e, em vez de mandar expandi-la, contentou-se com as instituições existentes sob supervisão do Estado. Em seu mandato de secretário da educação de Luís Felipe, o historiador François Guizot mandou abrir uma escola fundamental em cada comunidade. Contudo, a implantação foi aleatória, e os poucos institutos postos em funcionamento eram administrados em conjunto pelo Estado e pelo padre da paróquia.

Nessa época, o que reanimou ambos os países – e outros também – a entrar em ação foi a série de vitórias militares prussianas que começaram em 1864. Em 1866, Von Roon, ministro da guerra, informou ao rei Guilherme I que "o vitorioso de Königgrätz foi o professor da *Volkschule* prussiana"[50]. A intenção de Von Roon talvez fosse roubar ao funcionalismo em rápida ascensão de Von Moltke parte de sua glória; contudo, a frase serviu de dica para outros países. A primeira providência, tomada na França, foi fundar uma *école nor-*

---

50. R. Rissman, *Deutsche Pädagogen des 19. Jahrhunderts* (Leipzig: Minkhardt, 1910), p. 219.

male primaire em cada *département*. Em poucos anos já tinham produzido exércitos de professores e iniciado a missão de transformar todos os homens franceses em patriotas ardentes, dispostos a dar a vida (ninguém pensava em obrigar, muito menos pedir, a uma mulher que desse sua vida) pela Alsácia-Lorena[51]. Seguiram-se outras providências, até a coroação do processo com a instituição da educação gratuita universal e compulsória em 1882[52]. O maior responsável pela aprovação do projeto no Parlamento foi o primeiro-ministro Jules Ferry. Não por acaso, ele também teve um papel importante na expansão do império colonial francês para a Tunísia, Madagáscar, Tonkin e o Congo francês.

Diante do "desafio da Alemanha"[53], outros Estados acharam que sua única opção era acompanhar a tendência. A educação universal compulsória – que, mais cedo ou mais tarde, estava fadada a tornar-se também gratuita – chegou ao Japão (onde fez parte do processo conhecido como Restauração Meiji) em 1872. A vez da Itália chegou em 1877, a da Inglaterra em 1890 e a da Espanha em 1908. Porém, embora na Alemanha o currículo fosse criado pelos Estados que compunham o império, o sistema político da maioria dos outros países costumava ser mais centralizado; a conseqüência disso foi que, por volta da virada do século, dizia-se que o ministro francês da educação, por exemplo, sabia dizer o que se ensinava em cada uma das cem mil salas de aula com um simples olhar para o relógio. Quando terminou a Primeira Guerra Mundial, tal medida fora adotada até por muitos

---

51. Sobre a nacionalização das escolas francesas, ver J. F. Scott, *Patriots in the Making* (Nova York: Macmillan, 1916).

52. S. T. Greshman, "Good Workers and Good Soldiers: Attitude Formation in the Primary Schools of the French Third Republic, 1880-1914", *Proceedings and Papers of the Georgia Association of Historians*, 6, 1985, pp. 32-42; M. Garnier *et al.*, "The Strong State, Social Class, and Controlled School Expansion in France, 1881-1975", *American Journal of Sociology*, 95, 2, 1989, pp. 279-306.

53. A. M. Kazmias, *Politics, Society and Secondary Education in England* (Filadélfia: University of Pennsylvania Press, 1966), pp. 107 ss.

países da América Latina[54], embora de então até os dias de hoje tenha ficado, em geral, só no papel.

Isso não aconteceu nos países mais desenvolvidos, onde a reforma atingiu praticamente todos os seus objetivos. Em 1895, 82 por cento de todas as crianças inglesas em idade escolar estavam, de fato, na escola, e o sistema já começava a oferecer algum atendimento médico e também refeições subsidiadas. Às vésperas da Primeira Guerra Mundial, a reformadora social Beatrice Webb emocionou-se com o quadro "utópico" perante seus olhos: "7 milhões de crianças saem de casa todos os dias, limpas e penteadas... atravessam ruas, estradas e florestas solitárias... para se apresentarem no horário determinado em suas 30 mil escolas, onde cada uma delas encontra um lugar só seu, com livros, quadro-negro e professores"[55]. A realidade decerto era menos idílica. Já na década de 1880, escoltar gazeteiros até a escola – e, às vezes, prender os pais por não obrigar os filhos a ir às aulas – se tornara serviço policial rotineiro nos países "mais ordeiros", como a Alemanha.

Talvez por ser mais alto o preço por aluno, a situação no tocante à educação secundária e superior era mais variável. Na década de 1880, o Estado começou a fornecer verbas para pagar os estudos dos filhos (muito mais tarde, de filhas também) dos pobres que queriam cursar o colegial e, mais uma vez, a Inglaterra nos oferece uma boa ilustração. A partir de 1902, quando uma organização centralizada tomou o lugar das antigas juntas escolares, 56 de cada mil vagas das escolas pagas tinham de ser oferecidas gratuitamente. Vinte e sete anos depois, esse número dobrou; em 1932, entrou em vigor uma investigação de recursos para distinguir entre os pais que podiam pagar pela educação dos filhos e aque-

---

54. C. Newland, "La educación elemental en Hispanoamerica: desde la independencia hasta a la centralización de los sistemas educativos nacionales", *Hispanic American Historical Review*, 7, 2, 1991, pp. 335-64, oferece um panorama desses acontecimentos.

55. Citado em A. Trop, *The Schoolteachers* (Londres: Heinemann, 1957), p. 195.

les que não podiam. Embora muitos outros países tenham tomado providências paralelas, a educação secundária continuou limitada, de maneira geral, aos filhos das classes médias e só depois de 1945 se transformou em algo semelhante à educação universal e gratuita. Na maioria dos países, a idade de deixar a escola, que antes era 11 anos de idade, foi elevada para 14 e, depois, para 16, um limite que nem mesmo o Estado moderno ousa atravessar, apesar de toda sua prepotência e de seu aparato de coerção sem precedentes.

Já que a educação superior requer um corpo docente altamente especializado, em geral os governos estavam menos capacitados para controlá-la. Relativamente poucos países seguiram o exemplo da Alemanha de transformar todas as universidades em instituições estatais e todos os professores efetivos em *Beamter* (funcionários públicos). Em outros lugares, o governo geralmente subsidiava as universidades; na Inglaterra, por exemplo, no período entre as guerras mundiais, o governo bancava entre um terço e metade de sua receita. Surpreendentemente, um dos primeiros países a criar universidades "estaduais" foram os Estados Unidos. A primeira a abrir as portas foi a Rutgers, universidade do estado de Nova Jersey, em 1766. Em seguida veio a Universidade da Geórgia em 1785, a Universidade de Vermont em 1791, a Universidade do Tennessee em 1794 e a Universidade de Cincinnati em 1819[56]. Muitas dessas universidades públicas foram construídas em locais distantes demais e de povoamento recente demais para estar à altura das particulares. Talvez, o que não é de surpreender, seu prestígio (e, provavelmente, seus padrões educacionais) tenha ficado a dever às particulares desde o tempo em que foram criadas até os dias de hoje. Embora a maioria das universidades, exceto nos países totalitaristas, tivesse permissão para decidir seu próprio currículo, o mesmo não acontecia com as escolas secundárias e, *a fortiori*, fundamentais. Conseqüentemente, a

---

56. *World Almanac and Book of Facts, 1998* (Mahwah: K-III Reference Corporation, 1998), pp. 234-8.

instrução que ofereciam não raro estava sujeita às exigências políticas do momento; dependendo de quanto os Estados temiam seus cidadãos ou neles confiavam, ora as matérias práticas ganhavam ênfase, ora as teóricas. Embora as escolas de todos os países costumassem substituir a religião pela história (nacional), as escolas alemãs e francesas, em especial, foram presas da briga entre Igreja e Estado. Na Alemanha, Bismarck travou a *Kulturkampf* de 1872 em diante; na França, subiu ao poder um governo radical em 1900 que fechou todas as escolas religiosas até 1914, quando tiveram permissão para reabrir. Numa época em que era cada vez maior o número de pessoas a ter direito ao voto, o desejo do Estado de dominar o currículo tinha como parte de sua motivação a necessidade de "educar nossos mestres" (conforme afirmou um primeiro-ministro inglês em 1867). Contudo, a democratização não explicava por que, em praticamente todos os países, cada vez mais crianças eram obrigadas a estudar a língua "nacional" à custa da própria língua nativa – muito pelo contrário. Também não explica as constantes paradas, saudações à bandeira, cantoria de hinos e culto aos heróis que aconteciam em muitos lugares, para não falar da necessidade de "incentivar a lealdade a um Kaiser, um exército e uma marinha" (Alemanha); auxiliar a "raça" em sua "luta pela vida" (Inglaterra); e evitar que "o poder da defesa nacional fique devendo ao de outros países" (Estados Unidos)[57].

Por fim, porém também importante, depois de estabelecer um domínio firme sobre o intelecto dos jovens, o Estado passou à tentativa de conquistar a lealdade dos que tinham idade suficiente para perceber que seus verdadeiros interesses consistiam não em circo, mas em pão. Em geral,

---

57. Palavras, com datas ao redor de 1900, de autoridades importantes dos três países, citadas em Schleunes, *Schooling and Society*, pp. 172, 226 (Alemanha), 230 (Inglaterra) e 236 (Estados Unidos). Sobre a nacionalização da educação conforme aplicada principalmente na Inglaterra, ver também L. Simpson, "Imperialism, National Efficiency, and History, 1900-1905", *Journal of Educational Administration and History*, 16, 1, 1984, pp. 28-36.

o início do século XIX fora o apogeu do *laissez faire*. Muitas das antigas instituições estavam mortas. Depois de finalmente conseguir traçar um claro limite entre governo e propriedade, o Estado não estava disposto a impor limites sobre o que se poderia fazer em nome da propriedade. Contudo, já na década de 1830, os ventos começaram a mudar. Na Inglaterra, o país mais industrializado do mundo, havia nada menos que 39 comissões nomeadas para investigar a situação dos pobres só entre 1831 e 1842. O que revelaram foram massas de pessoas vivendo na miséria, crianças tratadas com desleixo que, para mantê-las quietas enquanto os pais estavam trabalhando, recebiam ópio em vez de educação; catorze horas de trabalho por dia para jovens e velhos; condições de trabalho que, em muitos casos, só podiam ser qualificadas como aterradoras; salários que, mesmo nas melhores situações, mal eram suficientes para manter o corpo e a alma juntos; e não existia seguro contra desemprego, acidentes, doenças e velhice[58]. Alguns reformadores foram motivados por uma preocupação genuína com o bem-estar do povo; outros, talvez mais numerosos, pelo medo das conseqüências revolucionárias, caso não se fizesse nada. Qualquer que tenha sido a causa, os Estados começaram a pôr as mãos na vida social e econômica, de tal maneira, e em tal medida, que as comunidades políticas anteriores jamais teriam imaginado.

Em 1834 foram aprovadas na Inglaterra as primeiras Leis Fabris, que proibiam o trabalho de crianças com menos de nove anos e limitavam a doze horas por dia o período de trabalho de pessoas com menos de dezoito anos. Conforme se deduz do nome, a princípio só se aplicavam a fábricas; passaram a abranger as minas em 1842, a marinha mercante em 1876 e as rodovias em 1889. Em 1844, uma lei proibiu as

---

58. Um relato clássico da vida das massas é F. Engels, *The Conditions of the Working Class in England* (Londres: Allen Unwin, 1936 [1846]). Há um sucinto tratamento moderno em H. Haerder, *Europe in the Nineteenth Century, 1830-1880* (Londres: Longman, 1966), cap. 6.

mulheres de trabalhar mais de doze horas por dia – essa foi a primeira de uma longa lista de leis que o Estado moderno, declarando que as mulheres eram fracas e precisavam de proteção especial, promulgou a seu favor. Já em 1847, o Parlamento aprovou a lei da jornada de dez horas; contudo, ela só foi aplicada a todas as fábricas a partir de 1874, ao passo que outros trabalhadores, principalmente os empregados em lojas e no serviço doméstico, só começaram a ter horário de trabalho limitado no início do século XX. Para impor essas leis, bem como as regulamentações de segurança que começaram a ser promulgadas a partir da década de 1840, foi criado um sistema de inspeção. No início, quase sempre encontrava resistência, não só da parte dos patrões, que se ofendiam com a intromissão, mas também dos próprios trabalhadores, que não queriam limites à capacidade de ganho dos membros mais jovens da família. Outros países seguiram o exemplo da Inglaterra, embora com relutância e quase sempre após intervalo considerável. Por exemplo, a Alemanha só adotou as doze horas por dia depois da unificação em 1871; a França, onde a situação, em alguns aspectos, era pior do que em qualquer outro lugar, ainda mais tarde.

Com as condições de trabalho passando cada vez mais para seu controle, o Estado começou a expandir seu poder para dentro das outras esferas do bem-estar público. Em 1834, na Inglaterra, foi abolido o velho sistema Speenhamland de auxílio aos pobres, oriundo dos tempos da rainha Elisabete. Além de representar um ônus excessivo para cada paróquia, sua natureza descentralizada era incompatível com as alterações demográficas provocadas pela urbanização. Em seu lugar surgiram asilos de propriedade do Estado que recebiam as pessoas com base numa investigação de recursos. Na tentativa de manter baixos os custos, eram administrados de maneira semelhante às prisões, com o máximo possível de rigidez deliberada. As famílias eram separadas, e a maioria das formas de diversão inocente, como fumar ou jogar, era proibida, ao passo que o trabalho era pesado e desagradável. O objetivo da reforma – a saber, cortar os custos

– foi atingido; até a década de 1860, as verbas dedicadas ao bem-estar social caíram mesmo. Precisamente por esse motivo, é provável que tenha feito pouco pelos pobres. Contudo, foi a primeira vez em que a autoridade foi retirada das mãos dos juízes de paz e entregue às mãos de um órgão de supervisão central. Por isso, marcou um grande passo rumo à construção do moderno funcionalismo público inglês.

Foi aprovada na Inglaterra em 1848 a primeira Lei de Saúde Pública, que levou à criação de comissões de saúde locais com poderes sobre o fornecimento de água, bem como a pavimentação, o escoamento e a limpeza das ruas. A lei não foi bem recebida pelo povo e, em 1854, não foi renovada; e o *Times* londrino declarou que o povo estava cansado da "perpétua limpeza de sábado à noite". Para irritação dos contribuintes, porém, o contratempo foi temporário. Para mencionar apenas alguns marcos, em 1853 a vacinação contra a varíola se tornou obrigatória (em 1898, foi reconhecido o direito dos pais religiosos de não vacinar os filhos). Em 1858, criou-se o Conselho Geral de Medicina para supervisionar a formação e o licenciamento nos campos da medicina, da cirurgia e do serviço de parteiras; em 1860, foi aprovada a Lei da Adulteração de Alimentos, e quinze anos depois concedeu-se às autoridades locais o poder de nomear analistas de alimentos para impor a lei. Uma Lei dos Lunáticos, que subordinou a internação obrigatória dos doentes mentais à aprovação de um médico indicado pelo Estado, foi aprovada em 1890; em 1899 surgiram as primeiras clínicas de tratamento pré-natal e as maternidades, embora o projeto só tenha se tornado nacional em 1919. Por fim, o Estado começou a construir suas próprias instituições para os doentes físicos e mentais, assumindo a função que pertencia à Igreja. Com a sucessão de leis e o número cada vez maior de inspetores, surgiu a necessidade de uma organização centralizada; e a organização centralizada inevitavelmente procurava realizar tarefas adicionais. O resultado final foi a criação do Ministério da Saúde, em 1919.

Já na década de 1840, esses acontecimentos tinham reunido ímpeto suficiente para encontrar expressão no pensamento socialista. Autores anteriores, como Saint-Simon, Fourier e Owen – para não falar de Rousseau –, tinham posto fé em que a salvação da humanidade estava não na burocracia, mas em seu contrário. Na opinião deles, a solução dos problemas sociais contemporâneos consistia em desmantelar a vida moderna e retornar à vida rural; ali, grupos de trabalhadores, depois de fundar comunidades autônomas com suas próprias leis, cuidariam das próprias necessidades econômicas, vivendo com liberdade e igualdade entre si[59]. Contudo, o advento da indústria moderna fez com que tal solução perdesse o encanto. Por mais satânicas que fossem as fábricas, sua contribuição para a produção industrial era tal que lhes dar as costas significava condenar-se ao isolamento, ao atraso e até à fome. Por conseguinte, futuros reformadores como Etienne Cabet, na França, e Edward Bellamy, nos Estados Unidos, voltaram suas esperanças para o Estado. Segundo eles, a forma de existência dos Estados em sua época era mera representação da estrutura política da exploração capitalista; o problema era fazê-los trabalhar em prol de toda a sociedade. Assumindo o lugar da iniciativa privada, os futuros Estados trocariam a concorrência pela cooperação e o capricho individual pelo planejamento, assim aumentando muito a produção e, ao mesmo tempo, oferecendo emprego, bem-estar social e fartura para todos[60]. Essa visão otimista das vantagens do planejamento centralizado foi compartilhada até por visionários que, como Marx e Engels, previram que o Estado "definharia".

Os primeiros a declarar o "direito de trabalhar" do cidadão foram os revolucionários franceses de 1848. Tentando transformar a teoria em prática, Louis Blanc criou suas ofi-

---

59. Os mais importantes autores "utópicos" do século XIX são analisados por M. Berneri em *Voyage Through Utopia* (Nova York: Schocken Books, 1950), pp. 207-92.

60. E. Cabet, *Voyage en Icarie* (Paris: Bureau populaire, 1848); E. Bellamy, *Looking Backward* (Boston: Ticknor, 1888). Há uma caricatura do século XIX do Estado assistencialista completo em E. Richer, *Pictures of the Socialist Future* (Londres: Jarrolds, 1933 [1892]).

cinas sociais, ou *ateliers nationaux*, de 1848-49; por culpa dele ou de seus adversários, foram um fracasso desastroso e logo foram fechadas. Outras cabeças, talvez mais sensatas, não aspiraram a tão alto e pediram a criação de planos de seguros que aliviassem as dificuldades dos trabalhadores em períodos atribulados. Os primeiros desses projetos a se tornar realidade foram promovidos pelo chanceler Otto von Bismarck da Alemanha, cuja meta era afastar os proletários do país do Partido Social-Democrata, que estava crescendo. Em 1881-85, o Reichstag aprovou planos de seguros de velhice, doença e desemprego, que se tornarem leis. O Estado, os patrões e os empregados foram todos obrigados a contribuir; a princípio, o plano aplicava-se somente a empregados de fábricas, porém mais tarde foi ampliado para outros grupos, até que, durante a República de Weimar, praticamente todas as profissões receberam cobertura[61]. Seguindo rapidamente o exemplo alemão, os países escandinavos criaram seus próprios planos e, por volta de 1914, vários estavam em funcionamento. Em 1893 a Suíça também começou a experimentar um plano de seguro-desemprego de adesão voluntária, administrado pelo Estado. Não conseguiu atender aos compromissos e faliu em quatro anos; contudo, esse fracasso não deteve os outros países. Por volta de 1920, Suécia, Dinamarca, Nova Zelândia, França, Holanda, Finlândia e Bélgica já possuíam sistemas de seguro-desemprego de adesão voluntária, administrados e subsidiados pelo Estado.

Tendo sido o primeiro país a se industrializar, a Inglaterra foi excepcionalmente lenta para criar qualquer tipo de sistema de seguridade social; contudo, entre 1908 e 1911, o Partido Liberal, na pessoa de seu fantástico ministro da Fazenda, David Lloyd George, encerrou dez anos de discussões. Assim como na Alemanha, entre as reformas figurava um sistema de seguro obrigatório de saúde e desemprego, com contribuições dos patrões, dos empregados e do Estado,

---

61. Ver L. Preller, *Sozialpolitik in der Weimarer Republik* (Dusseldorf: Atheneum, 1978 [1949]), pp. 233-4, 282-5.

além de um auxílio-maternidade de 30 xelins (7,50 dólares) e um programa universal, sem contribuição, para o pagamento de pensões às pessoas com mais de 65 anos de idade sem outras fontes de renda. Descrita por seus criadores como "o maior esquema de reconstrução social já experimentado", a reforma logo se deparou com problemas, pois o número de pessoas a receber os benefícios era quase duas vezes maior do que o esperado – o dinheiro tinha o poder fantástico de fazer surgirem indivíduos cuja existência antes passara despercebida. Por volta de 1914, o custo do programa dobrara em relação ao planejado, de 6 milhões de libras para 12 milhões anuais, ao passo que o custo de todos os gastos "sociais" combinados subiu de modestos 22,6 bilhões de libras em 1891 para a estonteante quantia de 338,5 bilhões em 1925[62]. Isso, porém, não evitou que outros países, em especial a Alemanha e a Irlanda, ultrapassassem muito o modelo inglês e ampliassem seus próprios serviços sociais durante os anos entre guerras[63].

Nessa época, até os Estados Unidos, a tradicional fortaleza do individualismo escancarado e dos impostos baixos (para fazer com que a Câmara dos Lordes aprovasse verbas para seus planos, Lloyd George ameaçara criar o número necessário de novos pares), sentiam necessidade de fazer algo por sua população de trabalhadores. Houve um modesto primeiro passo em 1912, quando o estado de Massachusetts promulgou uma lei que exigia o pagamento de salários mínimos. Contudo, só durou alguns anos; em 1923, a Suprema Corte julgou inconstitucional uma lei de salário mínimo para mulheres no estado do Oregon. Outras medidas para ampliar o controle do governo e limitar a iniciativa privada foram igualmente malsucedidas. Por exemplo, o número de pessoas que se beneficiavam de um programa de

---

62. E. Barker, *The Development of Public Services in Western Europe* (Londres: Oxford University Press, 1945), p. 77.
63. P. H. Lindert, "The Rise of Social Spending, 1880-1930", *Explorations in Economic History*, 31, 1, 1994, pp. 1-37.

educação vocacional instituído pelo governo em 1917 era tão pequeno que simplesmente pararam de publicar estatísticas sobre ele. Em 1920, uma lei que pedia a abolição do trabalho infantil não foi aprovada no Congresso. Cinco anos depois, uma lei do Kansas para arbitragem obrigatória de litígios industriais também foi descartada em última instância. Em 1929, o último ano de prosperidade, todos os gastos federais com seguridade social, combinados, atingiam um total de apenas 0,25 dólar *per capita*[64], o que talvez representasse um por cento do equivalente britânico.

Nessa ocasião, foi necessário que a Grande Depressão e doze milhões de desempregados sacudissem os Estados Unidos para que saíssem do mundo do *laissez faire* e se encaminhassem para um mundo em que, fossem quais fossem os nomes atribuídos aos diversos projetos, a seguridade social passasse a ser financiada pela tributação. O alicerce foi plantado em 1933, quando o presidente Roosevelt, ignorando os uivos da oposição republicana, criou a Federal Emergency Relief Agency (FERA). Seu primeiro diretor foi um assistente social, Harry Hopkins. Municiado com fundos de 500 milhões de dólares, providenciou trabalho para pelo menos alguns dos que precisavam[65]. Nos seis anos seguintes, esse e vários outros programas levaram ao gasto de mais ou menos 13 bilhões de dólares e à construção de 122 mil prédios públicos, 77 mil pontes e 103 mil quilômetros de estradas, entre outras coisas – tudo, porém, sem provocar o menor resultado sobre a Depressão, que só terminou em setembro de 1939, quando, após a eclosão da guerra na Europa, a bolsa de valores subiu muitíssimo.

Administrativamente falando, o *annus mirabilis* do New Deal foi, na verdade, 1935. Nesse ano foi criada a seguridade social, inclusive assistência e seguro de velhice, auxílio-

---

64. E. D. Berkowitz e J. McQuaid, *Creating the Welfare State* (Lawrence: University of Kansas Press, 1988), p. 76.
65. Ver detalhes em W. R. Brock, *Welfare, Democracy and the New Deal* (Cambridge: Cambridge University Press, 1988), cap. 5.

desemprego, auxílio para crianças dependentes e auxílio aos cegos. Em 1939, foram acrescentados à lista os seguros de sobreviventes e de invalidez, que já eram características normais dos países europeus mais desenvolvidos. Nessa época, todos os cidadãos estadunidenses já tinham recebido seu cartão de seguridade social e fora criado o Department of Health and Human Services para supervisionar o funcionamento do sistema. Até a Suprema Corte estava disposta a cooperar, embora não antes que Roosevelt, após uma batalha com o Congresso, a ocupasse com seus correligionários. Em 1937, uma lei de salário mínimo do estado de Washington foi julgada constitucional. Outro veredicto fez o mesmo pela própria seguridade social; a era do grande governo chegara realmente.

Por fim, assim como os Estados totalitaristas foram mais longe que qualquer outro na doutrinação do povo, também assumiram a liderança em sua disciplina. Isso aconteceu principalmente na URSS, que se transformou no Estado de bem-estar completo – um Estado que, por mais dura que fosse a disciplina que ele exercia e por pior a qualidade dos serviços que fornecia, tentou atender às necessidades dos indivíduos desde o nascimento até o momento de serem encaminhados ao crematório ou ao túmulo. Embora nem a Itália fascista nem a Alemanha nazista tenham ido tão longe, ambas consideravam ter raízes no povo. Nenhuma das duas adotou o capitalismo incondicionalmente, tendo procurado uma "terceira via" que não fosse nem reacionária nem socialista[66]. Cada uma, segundo suas próprias idéias, criou seu sistema de seguridade social com o fim explícito de acabar com a luta de classes, restabelecer a dignidade dos trabalhadores e equipá-los para os fins do Estado[67]. Em

---

66. Ver, sobretudo, E. Nolte, *Three Faces of Fascism* (Nova York: Holt, 1969).
67. Sobre as políticas de bem-estar nazistas, ver D. Schoenbaum, *Hitler's Social Revolution* (Nova York: Norton, 1966), pp. 73-113; e T. W. Mason, *Social Policy in the Third Reich* (Oxford: Berg, 1993), pp. 151-78. Sobre seus equivalentes na Itália fascista, ver E. R. Tannenbaum, *Fascism in Italy* (Londres: Allan Lane, 1972), pp. 214-30.

muitos aspectos – por exemplo, ao conceder férias remuneradas – esses programas diferiam pouco daqueles de outros países[68]. A Itália e a Alemanha, porém, davam ênfase incomum a benefícios como pensões matrimoniais, empréstimos imobiliários e pagamentos para crianças (às vezes com a condição de a mãe não trabalhar fora de casa), tudo com a intenção de incentivar o crescimento da população e preparar o país para a guerra.

Os regimes "totalitaristas" também fizeram um esforço determinado de controlar o pensamento dos jovens por meio da educação formal e informal, quase sempre contra a vontade dos pais, que desconfiavam dessa experiência – com bons motivos, conforme ficou demonstrado. Exceto na Itália fascista, onde a educação católica nunca foi totalmente reprimida e onde a Concordata de 1929 levou a seu renascimento[69], as escolas que não pertenciam ao Estado simplesmente fecharam. Nas restantes, o corpo docente era investigado com relação à confiabilidade política, os currículos eram ditados pelas autoridades segundo ponderações ideológicas, e as aulas submetidas a supervisão tão rígida que praticamente não se podia virar uma esquina sem ser observado pelo Sol das Nações, Il Duce, ou Der Führer.

Por fim, e para reforçar seu controle sobre a seguridade social e a educação, os Estados comunista, nazista e fascista também criaram polícias muito mais terríveis do que qualquer outra que se tenha visto na história até então. Graças ao fato de funcionarem sem necessidade de autorização jurídica, a NKVD, a OVRA (Organizazione Vigilanza Repressione Antifascismo) e a Gestapo (Geheime Staatspolizei) contavam suas vítimas aos milhões; seus nomes ainda provocam calafrios na espinha. Não é nem um pouco justo comparar as forças de segurança administradas por pessoas como

---

68. G. Cross, "Vacations for All: The Leisure Question in the Era of the Popular Front", *Journal of Contemporary History,* 24, 4, 1989, pp. 599-62.

69. Ver D. A. Binchy, *Church and State in Fascist Italy* (Oxford: Oxford University Press, 1970), cap. 1.

Lavrenty Beria, Arturo Boccini e Heinrich Himmler com o aparato policial mantido pelos países democráticos do Ocidente. Contudo, deve-se ter em mente que, por maiores que fossem as diferenças que os separavam, no fundo eram rebentos da mesma árvore, cujas raízes foram plantadas com firmeza por Napoleão. Todos procuravam alcançar o mesmo fim, isto é, garantir que nenhuma pessoa ou instituição pudesse resistir a quaisquer exigências "lícitas" feitas pelo Estado. A câmara de tortura e o campo de concentração eram meros complementos do trabalho iniciado em sala de aula:

> O que aprendeu na escola hoje
> Querido filhinho?
> O que aprendeu na escola hoje,
> Querido filhinho?
> Aprendi que nosso país é bom e forte!
> Sempre certo e nunca errado!
> Aprendi que nossos líderes são os melhores homens!
> É por isso que sempre voltamos a elegê-los.
> O que aprendeu na escola hoje...

A conquista do dinheiro

A ampliação do controle estatal sobre a sociedade, que foi o acontecimento predominante entre 1789 e 1945, jamais teria ocorrido se o Estado não tivesse também adquirido meios financeiros sem precedentes para sustentar suas pretensões. Anteriormente, as pessoas e as instituições que governavam a sociedade, tais como os nobres e a Igreja, sempre possuíram fontes de renda independentes, na forma de terras e servos que trabalhavam nela; embora isso os tornasse menos sujeitos ao controle central, tal organização tinha uma vantagem: se a autoridade central falisse, a local poderia prosseguir durante períodos de tempo quase sempre consideráveis. Isso não acontecia com as forças policiais, os sistemas de educação e os serviços sociais administrados pelo Estado moderno: sem recursos próprios – e já que as taxas que requerem devem ser transferidas diretamente para o tesouro – todos são totalmente dependentes do pagamento regular de suas despesas, caso pretendam funcionar. Para viabilizar tal pagamento, o Estado teve de levantar mais verbas do que nunca e também redefinir o próprio significado de tal mercadoria. Depois de fazê-lo, as restrições financeiras que costumavam refrear as antigas sociedades organizadas desapareceram, e estava aberto o caminho do Estado rumo à guerra e à conquista.

Como bem sabemos, as primeiras moedas foram cunhadas na Lídia, durante o século VII a.C., embora o uso de barras de ouro de peso determinado fosse conhecido no antigo Egito e seja muito anterior a esse período[70]. Da Lídia, a idéia se espalhou para o Egeu e para as cidades gregas de todo o Mediterrâneo; a conquista da Ásia Menor pela Pérsia durante o século VI a.C. fez com que o dinheiro em moeda se espalhasse pela Ásia também. As conquistas de Alexandre abriram uma imensa fonte nova de barras de ouro e, assim, levaram a um grande aumento no uso do dinheiro na era helenística, em comparação com a era clássica. Durante o século III, começou a chegar aos gauleses, nos litorais oeste e norte do mar Negro. Dali, expandiu-se para o oeste: França, Inglaterra, Irlanda e Escandinávia.

Enquanto se difundia o uso do dinheiro, sua natureza permaneceu imutável. Ao contrário de seus sucessores, as comunidades e os governantes pré-modernos não *criavam* valor por decreto; pelo contrário, só podiam confirmar, acrescentando seu selo, que as mercadorias valiosas *existentes* (em sua maioria, peças de ouro e prata, mas, às vezes, de cobre, bronze e ferro, usadas para troco) estavam de fato em conformidade com certo padrão de pureza, peso etc. Na verdade, parece que as primeiras moedas foram cunhadas por indivíduos, como comerciantes ricos, que as usavam para fazer pagamentos entre si. Durante o século VI a.C., o con-

---

70. Ver P. Grierson, *The Origins of Money* (Londres: Athlone Press, 1977), cap. 1.

trole passou às mãos dos templos, que, nessas e em outras sociedades, funcionavam como bancos; só durante o século V as cidades-Estado reivindicaram seu próprio controle. Contudo, é característico das comunidades pré-Estado que (fora as cidades-Estado) a cunhagem raramente se concentrasse em uma só mão. Por exemplo, Augusto, depois de se tornar *princeps,* assumiu para si a produção de moedas de ouro e prata, mas deixou para o Senado (na Itália) e para as autoridades locais (nas províncias) a cunhagem das moedas de bronze. Na Europa medieval, a operação – em geral, bem lucrativa – de produzir moedas com metais preciosos distribuiu-se entre os senhores locais, os municípios e até as abadias.

Com o tempo, o valor da maioria das moedas tendia a cair, pois os governantes trapaceavam no peso e na porcentagem de metal precioso que continham – em especial, mas não exclusivamente, como método para financiar guerras. Por exemplo, entre a época de Augusto e a de Diocleciano, três séculos depois, o *denarius* de prata perdeu 99 por cento de seu valor, tendo-se concentrado a maior parte da perda no período de Nero em diante[71]. Outro fator antiqüíssimo que agia contra a estabilidade era o bimetalismo. Os governantes não tinham controle sobre a disponibilidade da prata e do ouro. Quando se abriam novas fontes, outras secavam: enquanto se usaram ambos os metais como material das moedas, o valor relativo dessas moedas tendeu a flutuar. A proporção entre ouro e prata foi definida em 1:13,3 no império persa, em 1:10 por Alexandre, e variava entre 1:6 e 1:11 na Inglaterra do século XVI. Era comum que a proporção oficial não correspondesse à realidade, ou que os dois metais tivessem valores diversos em cada país. A disparidade poderia levar a que as moedas de ouro ou de prata sumissem de circulação, diminuindo assim a liquidez e obstruindo o comércio.

Ao que tudo indica, os primeiros governantes que tentaram produzir papel-moeda, isto é, um meio de pagamento

---

71. Sobre a inflação romana, ver A. Cailleux, "L'allure hyperbolique des dévaluations monétaires", *Revue de Synthèse,* 101, 99-100, 1980, pp. 251 ss.

que não dependesse dos metais preciosos e, assim, estivesse totalmente sob seu próprio controle, foram alguns imperadores chineses entre cerca de 800 e 1300 d.C. A última dessas tentativas coube ao imperador mongol Kublai Khan (que reinou entre 1260 e 1294) e tornou-se assunto de uma descrição entusiástica de Marco Polo, que viveu na China de 1275 a 1292[72]. Assim como as iniciativas anteriores, porém, essa estava destinada a terminar numa inflação monumental, pois o excesso de oferta fez com que o valor da moeda caísse. Obviamente influenciado pelo exemplo chinês, o xá do Irã tentou imitá-lo em 1294, emitindo o dinheiro em papel conhecido como *chao* e impondo a pena de morte aos infelizes súditos que se recusassem a aceitá-lo. A experiência, que se limitou à cidade de Tabriz, foi um desastre total e teve de terminar depois de apenas dois meses.

Em razão da natureza descentralizada do sistema político e da sua instabilidade, os governantes europeus da Idade Média não estavam, em geral, em situação de imitar seus equivalentes orientais. Já durante o século XIV, porém, os bancos e o comércio renasceram; os bancos italianos, principalmente, acumularam grandes fortunas e logo começaram a abrir agências em todo o continente. Foi criada a letra de câmbio para facilitar as transações financeiras entre essas agências e, por ser ao portador, em vez de nominal, pode ser considerada o primeiro dinheiro não-metálico da Europa. Durante os dois séculos seguintes, o sistema se espalhou, chegando à França, à Espanha, aos Países Baixos e, por fim, à Inglaterra. Vale notar, porém, que o dinheiro em questão não era produzido pelo Estado, que ia surgindo aos poucos, mas por instituições privadas. Antes de 1700, as tentativas de criar sistemas de crédito só tiveram êxito nos locais onde os bancos privados e o comércio eram tão fortes que pratica-

---

72. Marco Polo, *Travels* (Harmondsworth, Reino Unido: Penguin Books, 1972), cap. 22. Há um relato moderno das experiências da China em F. T. Lui, "Cagan's Hypothesis and the First Nationwide Inflation of Paper Money in World History", *Journal of Political Economy*, 91, 1983, pp. 1067-74.

mente excluíam a autoridade real; em outras palavras, onde os comerciantes *eram* o governo, como na Gênova do século XVI e na Amsterdã do início do século XVII[73]. A sabedoria popular afirmava que os comerciantes eram dignos de confiança com o dinheiro, ao passo que os reis não o eram. Ao concentrar o poder econômico e o poder coercivo em suas próprias mãos, era muito comum que os usassem para rebaixar a cunhagem ou confiscar o tesouro dos súditos.

Enquanto as instituições privadas estavam começando a criar dinheiro em papel, os governantes, por sua vez, iam aos poucos impondo um monopólio à cunhagem. Durante o século XIV, as 32 casas da moeda existentes na França foram sucessivamente fechadas: entre elas, Melgueil em 1316, Le Puy em 1318 e Rodez em 1378. A cunhagem senhorial desapareceu de circulação até que, em fins do século XIV, as moedas reais reinaram supremas em todo o reino[74]. Pouco antes de 1500, Fernando e Isabel fecharam as últimas casas da moeda privadas ainda em operação em Castela; como já mencionamos, a última casa da moeda eclesiástica que restava na Inglaterra foi eliminada por Henrique VIII em 1543-44. A França, que em razão das guerras civis tinha perdido a liderança, seguiu o exemplo no reinado de Henrique IV em 1600. Nessa época, a idéia de que o direito de cunhar era uma das prerrogativas da soberania conquistara reconhecimento geral. Embora ainda houvesse particulares na administração de casas da moeda, cada vez mais atuavam como concessionários do rei ou do governo. No *ancien régime*, como era de esperar, a própria cunhagem se transformou em empreitada capitalista. Só em 1696 o Tesouro inglês criou a primeira casa da moeda que funcionava totalmente como serviço público – isto é, nas mãos de funcionários do Estado e sem cobrar honorários.

---

73. Ver V. Barbour, *Capitalism in Amsterdam in the Seventeenth Century* (Ann Arbor: University of Michigan Press, 1961), cap. 2.

74. Ver S. Piron, "Monnaie et majesté royale dans la France du XIVe siècle", *Annales, Histoire, Sciences Sociales*, 51, 2, março-abril de 1996, pp. 325-54.

As primeiras tentativas modernas de criar dinheiro em papel, dissolvendo assim o elo entre dinheiro e barras de metal precioso e teoricamente deixando quantias ilimitadas à disposição do governo, foram realizadas na Espanha e na Suécia. Na Espanha, durante a década de 1630, o duque de Olivares, em necessidade desesperada de dinheiro para pagar os custos do envolvimento do país na Guerra dos Trinta Anos, confiscou carregamentos de prata que chegavam do exterior e compensou os comerciantes por meio de cartas de crédito que rendiam juros. Como se deveria esperar, estas se depreciaram rapidamente, levando ao caos financeiro bem como ao colapso do comércio espanhol com o Novo Mundo; os colonos preferiam comprar de outros fornecedores – os holandeses e os ingleses estavam de prontidão para tomar o lugar da Espanha nesse aspecto – ou suspendiam completamente o comércio. O fracasso de Olivares não impediu que a Suécia imitasse seu exemplo em 1661. Com o Tesouro vazio e o país exausto após décadas de guerra (1631-60), o governo fez uma tentativa séria de criar um papel-moeda que não fosse lastreado por ouro e prata, que a Suécia não tinha, mas por cobre. Contudo, novamente a superprodução resultou em inflação, fazendo com que a tentativa terminasse num rápido e espetacular fracasso.

Enquanto isso, os acontecimentos na Inglaterra seguiram outro rumo. Comparado ao continente, o país possuía havia muito tempo um dinheiro relativamente estável. Só durante o reinado de Henrique VIII houve uma grande desvalorização; depois, os prejuízos provocados foram, em parte, reparados por sua sovina sucessora, Elisabete, cujo principal conselheiro para tal fim era nada menos que Sir Thomas Gresham (homenageado na lei que leva o seu nome)[75]. Essa estabilidade fez com que o povo se dispusesse a aceitar a talha, uma espécie de dinheiro de madeira no qual eram registradas as dívidas do Tesouro e que podia ser transferi-

---

75. Ver C. Read, *Mr. Secretary Cecil and Queen Elizabeth* (Nova York: Knopf, 1955), cap. 9.

do para terceiros[76]. Houve uma crise em 1640, quando o rei Carlos I, tendo brigado com o Parlamento, encontrava-se em apertos financeiros e suspendeu o pagamento das moedas produzidas pela casa da moeda a seus credores, os ourives e comerciantes de Londres. Assim como seus equivalentes em outros países, estes usavam os depósitos de barras de ouro em seus cofres como garantia para as cartas de crédito, que eram negociáveis; por conseguinte, o ato do rei ameaçava arruinar não só a eles, mas a todos os que negociavam com eles. Nesse cenário, Carlos sofreu pressão e, por fim, cedeu e pagou todas as dívidas. Contudo, esse episódio demonstrou como era importante ter um banco público, ou nacional, que fosse imune à interferência arbitrária do trono.

Como o povo já estava acostumado ao dinheiro simbólico, as propostas para a criação de um banco público emissor de moeda, seguindo o modelo do Banco de Amsterdã, teve recepção favorável. A primeira tentativa bem-sucedida de transformar essa idéia em realidade aconteceu em 1694, ano que marcou a fundação do Banco da Inglaterra. Sociedade anônima de propriedade privada, o banco concordou em emprestar dinheiro ao governo, que estava em apuros com as despesas das guerras aparentemente intermináveis que era preciso travar contra a França. Em troca, receberia o direito de recolher a receita de certos impostos alfandegários, bem como a garantia de que todo o dinheiro à disposição do governo seria, de então em diante, depositado exclusivamente nesse banco. Usando essas receitas e depósitos como patrimônio, o banco emitia notas que vendia ao povo e que eram negociáveis. Todas as notas eram impressas na mesma ficha em branco, de modo que a quantia em questão tinha de ser escrita à mão.

O número de notas impressas era grande demais a princípio, o que levou a uma crise financeira em 1696. Contudo, e ao contrário de experiências semelhantes em outros paí-

---

76. G. Davies, *A History of Money* (Cardiff: University of Wales Press, 1994), pp. 150-1.

ses, o banco sobreviveu. Embora de propriedade privada, passou a ser aceito quase como se fosse instituição do governo. Embora não gozasse de um monopólio, após o Bubble Act de 1720 era a única instituição autorizada a imprimir notas resgatáveis em menos de seis meses; por conseguinte, conseguiu derrotar a concorrência e fazer suas notas circularem lado a lado com as moedas. Entre 1685 e 1700, a criação do banco contribuiu para um aumento espetacular de empréstimos do governo, de 800 mil libras para 13,8 milhões. Em 1714, o valor dobrara mais uma vez, mas o banco continuou solvente e não teve problemas para cumprir suas obrigações. Já que o povo estava disposto a aceitar papel novo em pagamento do velho, o empréstimo se tornou permanente ou cíclico, ou seja, o verdadeiro custo para o Tesouro consistia nos juros pagos, que a princípio eram de oito por cento, porém, mais tarde, caíram para cinco e até quatro por cento. Os emprestadores recebiam o que era, na verdade, uma anuidade.

As reformas de 1694-96 foram fundamentais para o poder financeiro da Inglaterra durante os séculos XVIII e XIX[77]. Pela primeira vez na história, o dinheiro em forma de notas foi criado e continuou estável, levando assim a um grande aumento de oferta, sem provocar um aumento perceptível na inflação. As dificuldades resultantes das proporções variáveis entre ouro e prata também desapareceram. Embora as moedas de prata continuassem em circulação, sua importância caiu e, depois de 1750, tendo praticamente cessado a cunhagem de novas moedas, a Inglaterra ingressara realmente num padrão-ouro[78]. Uma vez que existia uma moeda em expansão, porém estável, livre de interferências arbitrárias, estava aberto o caminho para a Revolução Industrial, que a partir da década de 1760 faria da Inglaterra a líder eco-

---

77. Sobre a criação do Banco da Inglaterra e suas conseqüências, ver E. Lipson, *The Economic History of England* (Londres: Black, 1931), vol. III, pp. 240 ss.

78. C. Oman, *The Coinage of England* (Londres: Pordes, 1967 [1931]), p. 352.

nômica mundial. O que viabilizou mesmo o êxito foi a separação entre a pessoa do monarca e o Estado. Depois de 1694, não era mais aquele, mas este que, operando por meio do banco e apoiando-se na aliança entre o governo e a City, garantia as notas.

Enquanto isso, no continente, os acontecimentos financeiros ocorriam em ritmo mais lento. Quando Luís XIV morreu em 1715, o regente, duque d'Orleans, encontrou o Tesouro vazio. Na tentativa de enchê-lo, recorreu a certo John Law, um escocês que fugira para a França depois de matar um homem numa briga por uma mulher. Já famoso por sua habilidade com os números, Law era autor de *Money and Trade Considered, with a Proposal for Supplying the Nation with Money* (1705). Seu Banque de France assumiu parte da dívida do governo e, em troca, recebeu autorização para abrir um banco emissor de notas em Paris; o patrimônio não consistia em espécie, mas na fabulosa riqueza supostamente contida nos territórios franceses da Louisiana, da qual Law e seus sócios na Companhia do Mississippi tinham comprado os direitos. O projeto foi tão bem-sucedido durante os três primeiros anos que as ações da Companhia do Mississippi subiram trinta vezes acima de seu valor nominal. Depois, contudo, os ventos mudaram e o povo tentou sacar seus lucros em papel. Em um só dia foram tantas pessoas a sitiar o banco, exigindo a devolução do dinheiro, que quinze delas morreram esmagadas. Enquanto Law fugia para o exterior, a falência de sua empresa arrastou outras e acabou por atrasar a causa do papel-moeda na França durante grande parte do século. Sem um banco central livre da interferência real, os *billets d'état* franceses não conseguiram conquistar a confiança do povo e geralmente eram vendidos por 30 ou até 40 por cento menos que seu valor nominal[79].

Embora todos os países continentais continuassem a usar a moeda de metal, um por um também abriram bancos pú-

---

79. J. P. du Verney, *Examiné du livre intitulé "Réflexions sur les finances et le commerce"* (Paris: s/ed., 1754), vol. I, p. 225.

blicos de transferência de crédito (isto é, emissão de notas), cujos papéis circulavam lado a lado com as moedas e tomaram o lugar delas nas transações de larga escala. Em 1710, a Holanda e o império austríaco já tinham tais instituições; Frederico, o Grande, fundou um banco prussiano de transferência de crédito em 1765, e, durante a década de 1770, houve experiências semelhantes na Espanha, na Rússia[80] e (mais uma vez após um intervalo de setenta anos) na França, onde Turgot criou a *caisse d'escompte* em 1776. Contudo, nenhum desses bancos se aproximou do sucesso do Banco da Inglaterra, tanto na administração do débito do governo quanto no aumento da quantidade de dinheiro em circulação. A *caisse d'escompte*, em especial, terminou numa falência espetacular: presa da necessidade de pagar a dívida real *e* pagar as despesas militares numa época de receita em queda veloz, a Convenção Nacional imprimiu tantas *assignats* que a hiperinflação e o colapso da moeda foram inevitáveis[81]. Em 1797, quando o Diretório usou os saques que Napoleão trouxera da Itália para pôr fim à experiência, a França retornara a um sistema monetário mais primitivo e voltara à moeda, se não ao escambo. Enquanto isso, em nítido contraste, as notas do Banco da Inglaterra tinham se tornado praticamente a única moeda usada em Londres, maior centro comercial e bancário da época. Só nas províncias continuavam em circulação as notas emitidas por outros bancos, todos muito menores do que o central.

Mesmo assim, a verdadeira demonstração do poder do Banco da Inglaterra – e, com ele, do Estado britânico – de controlar o dinheiro ainda estava por vir. Em 22 de fevereiro de 1797, um contingente francês formado por ex-condenados desembarcou em Carregwastad, nas proximidades de

---

80. Sobre as origens do papel-moeda russo, ver W. M. Pinter, *Russia's Economic Policy Under Nicholas I* (Ithaca, NY: Cornell University Press, 1967), pp. 207-9.

81. Sobre a *caisse d'escompte* e sua falência durante a Revolução, ver J. F. Bosher, *French Finances, 1770-1795* (Cambridge: Cambridge University Press, 1970), principalmente pp. 231-75.

Fishguard, em Gales; foram rapidamente cercados e aprisionados, supostamente porque confundiram com soldados britânicos um grupo distante de mulheres que usavam trajes típicos de Gales. Antes que a "invasão" fosse contida, porém, os boatos a seu respeito provocaram uma corrida ao Banco da Inglaterra. O resultado foi "uma tal violação do crédito, de propriedade e da liberdade como... raramente fora exibida pela aliança da falência com a tirania" (Edmund Burke)[82]. Com a Lei das Restrições Bancárias de 3 de maio de 1797, foi suspensa a conversibilidade do papel em ouro, a princípio como medida de emergência durante sete semanas, depois durante 24 anos, transformando as notas do Banco da Inglaterra (juntamente com as emitidas pelo Banco da Escócia) em "moeda de curso forçado"[83]. Em 1812, uma *cause célèbre* apresentada ao Parlamento levou à criação de uma expressão nova, *legal tender* (moeda corrente em inglês), o que significava que o papel *tinha* de ser aceito no pagamento de todas as dívidas, mesmo das que haviam sido contraídas em ouro. Como era de esperar, isso provocou um declínio no valor da libra, tanto em comparação com os metais preciosos quanto em comparação com as moedas estrangeiras. De 1793 a 1810, o número de notas em circulação aumentou 170 por cento. Contudo, o resultado foi apenas uma inflação moderada, e a economia britânica continuou crescendo rapidamente durante todo o período.

Nessa época, a França e os Estados Unidos tinham bancos que, embora de propriedade privada (na França, Napoleão e sua família estavam entre os maiores acionistas), realizavam algumas das funções dos bancos centrais, recebendo depósitos do governo e usando-os para emitir notas. Contudo, em nenhum desses países o US Bank e o Banque de

---

82. Burke, *Reflections on the Revolution in France*, p. 134.
83. Hoje falaríamos de moeda inconversível. Antigamente, porém, as moedas não eram vinculadas umas às outras, mas ao ouro. A moeda de curso forçado era a que não estava vinculada ao ouro, de modo que as pessoas tinham de ser "forçadas" a aceitá-la.

France eram os únicos órgãos emissores de moeda; mesmo o Banco da Inglaterra teve de esperar até 1844 para obter tal monopólio. Enquanto isso, permanecia em circulação uma variedade desconcertante de notas pertencentes a muitas instituições, mudando de valor constantemente umas em relação às outras e, ocasionalmente, perdendo todo o valor, quando havia um surto de pânico ou um banco falia. O caminho para a criação de um monopólio estatal nos Estados Unidos foi bem tortuoso. Embora a cunhagem tivesse sido centralizada em 1798-99, o presidente Jackson, em 1833, retirou do US Bank os depósitos do governo e os transferiu para bancos estaduais – bancos pequenos, como eram chamados –, transformando aquele em mero *primus inter pares*. A decisão da Suprema Corte em 1837 de manter os direitos de emissão de dinheiro dos bancos estaduais e privados levou a uma rixa generalizada entre bancos que durou até 1861. Em 1859, o *Hodges' Genuine Bank Notes of America* enumerou nada menos que 9.916 notas distintas emitidas por bancos. Mesmo então, não foram incluídas duzentas notas genuínas – e 5.400 falsificadas.

Com o advento da guerra civil, entretanto, o governo dos Estados Unidos deu uma demonstração ainda mais impressionante do que um Estado moderno podia fazer com o poder financeiro que tinha nas mãos. No início do conflito, o exército dos EUA contava apenas com 28 mil homens; quando terminou, só os federais chegavam a 1 milhão (para não falar dos 450 mil confederados, em seu apogeu). Essa também, em muitos aspectos, foi a primeira guerra moderna. Com o apoio das ferrovias e das conexões via telégrafo, os armamentos e a logística atingiram dimensões monumentais, além de qualquer coisa vista na história até então[84]. Evidentemente, não havia como tal empenho ser financiado por meios tradicionais, isto é, pelo pagamento em barras de ouro ou mesmo promessas de pagamento futuro

---

84. Há um resumo do empenho logístico federal em J. C. Huston, *The Sinews of War* (Washington: OCMH, 1966), pp. 159-239.

em barras. Em dezembro de 1861, para conservar o suprimento nacional de metais preciosos para a guerra, o Congresso pôs fim à conversibilidade. Três meses depois, o governo federal recebeu aprovação para a Lei da Moeda Corrente, que o autorizou a emitir papel-moeda não conversível em ouro ou prata.

Livres dos obstáculos jurídicos, as prensas começaram a trabalhar. Em 1865, já tinham produzido nada menos que 640 milhões de dólares em papel – quantia desconcertante, já que as despesas federais em 1856-60 chegaram, em média, a apenas 69 milhões de dólares por ano, mas apequenadas diante da dívida interna, que subiu de mais ou menos 170 milhões de dólares antes da guerra para 2,75 bilhões no final[85]. No mesmo ano, instituiu-se um imposto de dez por cento sobre a conversão das outras notas em moeda federal, o que as levou à extinção. O processo foi coroado por uma lei do Congresso que finalmente eliminou todas as notas, exceto as do Tesouro dos Estados Unidos. A decisão não deixou de enfrentar oposição. Em 1870, no processo *Hepburn v. Griswold*, a Suprema Corte rejeitou o monopólio do governo, por ser contrário à Quinta Emenda constitucional; contudo, o presidente Grant imediatamente nomeou mais dois juízes, fazendo com que o tribunal mudasse de opinião no ano seguinte. O papel federal, devidamente impresso (e quase sempre, ao que parece, falsificado), permaneceu a moeda nacional desde então. Em 1875, a Lei de Restauração permitiu que o governo voltasse a praticar o pagamento em espécie de 1879 em diante. Contudo, naquela época a confiança pública era tal que o povo não pedia ouro ou prata, mas aceitava as notas.

Não é de admirar que a guerra civil também tenha marcado um momento decisivo na tributação. O primeiro imposto de renda da história dos Estados Unidos foi estabele-

---

85. Números de R. F. Bensel, *Yankee Leviathan: The Origins of Central State Authority in America, 1859-1877* (Cambridge: Cambridge University Press, 1990), p. 169; e US Bureau of the Census, *Historical Statistics of the United States: Colonial Times to 1970* (Washington: US Government Printing Office, 1975), parte 2, p. 1106.

cido em 5 de agosto de 1861. Em seguida, a Lei da Receita Federal de 1862 levou a uma série de novos impostos, entre eles os impostos sobre selos, consumo, artigos de luxo, rendimentos brutos, heranças, e um imposto de valor agregado a mercadorias manufaturadas. Para recolher esses impostos, foi criado o Bureau of Internal Revenue, que logo estendeu seus tentáculos numa rede de 185 distritos de recolhimento, transformando-se no órgão civil mais coercivo do governo federal e colocando muitos cidadãos em contato direto com ele pela primeira vez. É verdade que o imposto de renda foi abolido quando a guerra terminou; contudo, muitos outros impostos do período de guerra – o imposto sobre "supérfluos", sobre consumo, sobre heranças etc. – tornaram-se permanentes. Por volta de 1865, a parcela de impostos internos no total da receita federal tinha mais do que triplicado, de 20 para 65 por cento, e nunca mais caiu abaixo de 32 por cento. Como se esse fardo adicional já não fosse bem pesado, no norte do país os impostos pagos a cada estado também subiram de três a seis vezes entre 1860 e 1870[86].

De 1850 em diante, a descoberta de novas minas de ouro na Califórnia e na Austrália provocou um declínio temporário em seu valor em comparação com a prata[87]. Um após outro, os países mais importantes aproveitaram a oportunidade de demonetizar a prata, deixando as moedas vinculadas só ao ouro. Quando os Estados Unidos, retardatários nesse campo, aderiram em 1894, a troca estava substancialmente concluída. Nessa época, Inglaterra (desde 1819), França, Itália (após um período de *corso forzato* em 1881-88), Bélgica, Alemanha, Suíça, Dinamarca, Holanda, Áustro-Hungria e Rússia, todas tinham adotado um padrão-ouro[88]. Teorica-

---

86. E. Foner, *Reconstruction: America's Unfinished Revolution 1863-1877* (Nova York: Harper & Row, 1988), pp. 469-70.
87. Há números sobre a produção e o valor relativo dos dois metais em K. Helfferich, *Money* (Nova York: Kelley, 1969 [1927]), pp. 109-11.
88. Ver detalhes em M. de Cecco, *Money and Empire: The International Gold Standard, 1890-1914* (Totowa: Rowman & Littlefield, 1975).

mente, qualquer pessoa em qualquer desses países podia entrar num banco e trocar suas notas por ouro; porém, exceto em Londres, quem tivesse a audácia de tentar fazê-lo provavelmente sairia de mãos vazias se as quantias em questão não fossem insignificantes[89]. Com o passar do tempo, os bancos de diversos países competiam entre si para ver quem imprimia as notas de menor valor (na Suécia, por exemplo, foram emitidas notas de uma coroa, que valiam pouco mais que um xelim inglês, ou 25 centavos de dólar), fazendo com que ainda mais barras de ouro desaparecessem dentro de seus cofres. Não obstante, o poder dos Estados tinha crescido tanto que isso quase não importava. Embora os *assignats* da Revolução Francesa fossem negociados a 0,5 por cento de seu valor nominal sete anos após sua emissão[90], as notas dos Estados pré-1914 valiam o mesmo que o ouro.

Mesmo adotando todos os métodos mencionados para impor seu próprio controle do dinheiro, os Estados também ampliaram o papel de seus bancos centrais[91]. Fossem privados ou públicos, a princípio cada um desses bancos fora apenas uma dentre muitas instituições emissoras de notas, embora, sendo o único refúgio para os depósitos do próprio Estado, levasse uma vida desembaraçada e quase sempre crescesse à custa dos outros bancos. Por volta de 1870, além de terem monopolizado a emissão de notas na maioria dos países, também estavam começando a regulamentar os demais bancos. Já que as reservas dos bancos centrais superavam as de todos os outros, era inevitável que fossem tratados como último recurso para a concessão de empréstimos. Como tal, além de definir taxas de juros (as chamadas taxas de descontos), também passaram a controlar o tamanho das

---

89. G. Cassell, *The Downfall of the Gold Standard* (Oxford: Oxford University Press, 1936), pp. 15-9.

90. Dados de H. See, "Histoire économique de la France", em F. H. Capie (org.), *Major Inflations in History* (Aldershot: Elgar, 1991), p. 11.

91. Ver C. Goodhart, *The Evolution of Central Banks* (Cambridge: MIT Press, 1988), pp. 1-12; e, bem mais pormenorizado, V. C. Smith, *The Rationale of Central Banking* (Indianapolis: Liberty Press, 1990 [1936]).

reservas a serem mantidas pelos outros bancos, delimitando suas operações[92]. Por fim, o poder supervisor informal assim criado foi oficializado por lei; alguns países foram ainda mais longe, encarregando o banco central de licenciar outros bancos, inspecionar sua contabilidade e até definir as tarifas que tinham autorização de cobrar. Os Estados Unidos, como sempre, foram lentos na adoção dessas modificações; mas, mesmo nisso, a era da liberdade bancária terminou com a criação do Federal Reserve em 1913. Desse ponto em diante, tanto a moeda quanto o suprimento de dinheiro ditado pelos empréstimos privados passaram à supervisão do Estado.

Nessa ocasião, a intervenção do Estado no controle do dinheiro não foi precipitada. A Primeira Guerra Mundial irrompeu em agosto de 1914. Em poucos dias todos os beligerantes mostraram o que *realmente* pensavam de seu próprio papel-moeda ao desvinculá-lo do ouro e deixar seus cidadãos essencialmente sem nada. Foram impostas leis draconianas, exigindo que os possuidores de moedas ou barras de ouro as entregassem. Em seguida, as prensas foram ligadas e começaram a produzir notas em quantidades antes inimagináveis. Exatamente porque seu envolvimento na guerra era apenas marginal – afora os submarinos alemães, o soldado inimigo mais próximo estava a milhares de quilômetros de distância –, os Estados Unidos podem ilustrar esses avanços de maneira útil sem medo de exageros. Assim, em outubro de 1917, a posse de dinheiro em espécie tornou-se crime punível com multa de 10 mil dólares ou, no caso pessoa física, até dez anos de prisão (ainda não foi inventado um governo que possa pôr empresas na cadeia). Por volta de 1919, a quantidade de dinheiro em circulação aumentara de 3,3 bilhões de dólares para 5,1 bilhões, ao passo que o estoque total de dinheiro, que era de 22 bilhões de dólares

---

92. Sobre o modo como o Banco da Inglaterra, por exemplo, passou a regular os outros bancos, ver W. Bagehot, *Lombard Street* (Londres: Murray, 1927 [1873]), pp. 280-2.

em 1916, ultrapassara a marca dos 33 bilhões. Enquanto isso, o índice do custo de vida (que em 1914 tinha base 100) passou de 118 em 1916 para 218 em 1919, um aumento de 83 por cento[93].

Os preços não subiram ainda mais, naturalmente, porque o Estado tinha sugado a renda e as poupanças do povo por meio de impostos e empréstimos. As receitas federais que não eram provenientes de débitos subiram de 782 milhões de dólares em 1916 para 4,6 bilhões três anos depois; desse aumento, a parte do leão – quase 2,5 bilhões de dólares – devia-se ao aumento impressionante do imposto de renda pago por pessoas físicas e jurídicas. A isso foram adicionados cinco empréstimos "Liberdade" e "Vitória" sucessivos, todos, com exceção do último (cujo valor se tornou flutuante em abril de 1919, isto é, quando a guerra já tinha terminado), maiores que o anterior e, por fim, atingindo um total de 24 bilhões de dólares. Em conformidade com o aumento da receita, os gastos federais subiram de 742 milhões de dólares em 1916 para quase 19 bilhões em 1919. Os responsáveis pela maior parte desse acréscimo (cerca de 11 bilhões de dólares) foram o Ministério da Guerra e a marinha; mas outros órgãos federais também cuidavam de seus interesses. Na verdade, foram os chamados *bureaus* independentes – em outras palavras, o enorme conjunto de órgãos e comissões recém-criados para a guerra e que ficavam fora da estrutura departamental existente – que gozaram do maior incremento. A quantia de que dispunham subiu de 7,2 milhões de dólares em 1916 para 1,1 bilhão em 1918 e 2,7 bilhões em 1919; se não era a temporada dos burocratas, o que era?

Por ter entrado na guerra antes e permanecido mais tempo, os governos de outros países tiveram de fazer muito mais

---

93. Esses e outros números foram extraídos de C. Gilbert, *American Financing of World War I* (Westport: Greenwood Press, 1977), tabelas 18 (gastos federais), 20 (receita não proveniente de débitos), 41 (empréstimos do governo), 62 (oferta de dinheiro) e 76 (índice do custo de vida).

proporcionalmente. Na Inglaterra, por exemplo, os gastos totais do governo eram de aproximadamente 15 por cento do PIB durante os últimos anos anteriores à guerra, o que representava um aumento de quase 50 por cento desde que o governo liberal tomara posse em 1906. Em 1916-17, chegara a 85 por cento, porcentual tão alto que era impossível aumentá-lo, mesmo durante o maior conflito da história, isto é, a Segunda Guerra Mundial[94]. Assim como nos Estados Unidos, uma parte do aumento nas despesas foi parcialmente paga por meio da emissão de moeda, outra parte pela tributação ("tribute-os até berrarem" foi a resposta de Lorde Rothschild quando Lloyd George lhe perguntou como levantar verba para pagar a guerra) e outra parte por meio da emissão de títulos com taxas de juros baixíssimas, segundo os padrões inflacionários que prevaleceram durante grande parte do século XX. Novamente a infusão de quantias enormes na economia – entre 1913 e 1920 os gastos anuais do governo subiram de 342 milhões de libras para quase 1,7 bilhão[95] – levou à inflação, embora seu período crítico tenha ocorrido *após* a guerra, porque, enquanto durou, a combinação de controle e escassez significou que, de qualquer modo, havia muito pouco para se comprar. Nem a Inglaterra foi o país mais prejudicado. Pelo contrário, a maioria dos outros beligerantes europeus fizeram esforço muito maior em número de soldados recrutados por cabeça na população, para não falar da ocupação estrangeira, da destruição física e da derrota sofrida.

    A não ser na União Soviética, da qual falarei mais adiante, ao "grande roubo da guerra" de 1914-18 seguiu-se um retorno à "normalidade" durante a década de 1920. Por toda parte os orçamentos e os impostos do governo caíram, embora nunca mais para os níveis anteriores à guerra, que, em

---

    94. Números de U. K. Hicks, *British Public Finances, Their Structure and Development, 1880-1952* (Londres: Oxford University Press, 1954), pp. 12-3.

    95. Números de Hicks, *The Finance of British Government, 1920-1936* (Oxford: Clarendon Press, 1970 [1936]), p. 380, tabela 2.

retrospectiva, pareciam o sonho dos entusiastas do *laissez faire*. Por exemplo, na Inglaterra, os gastos públicos flutuavam entre 25 e 30 por cento do PIB (o dobro do valor anterior à guerra); para financiar essa despesa, as alíquotas normais do imposto sobre a renda haviam subido três vezes e meia. Enquanto isso, do outro lado do Atlântico, pode-se avaliar a repercussão da guerra sobre os norte-americanos comuns no fato de que o número de pessoas físicas e jurídicas sujeitas ao imposto de renda subiu de pouco mais que 500 mil em 1916 para quase 7 milhões em 1920[96]. Localizados no topo da mais alta montanha de ouro da história – adquirida em troca de mercadorias de todos os tipos despachadas para os Aliados durante o conflito – e sem medo de que alguém viesse a tentar comprar tudo, os Estados Unidos retomaram os pagamentos em ouro quase imediatamente após o fim da guerra. A Inglaterra fez o mesmo em 1925 e, por volta de 1929, a maioria dos outros países importantes – até a Itália, a mais pobre, porém, no governo de Mussolini, longe de ser a mais humilde – tinham feito o mesmo.

O retorno do padrão-ouro, porém, era ilusório. Além de não voltarem à circulação as moedas de ouro, iam longe os tempos em que alguém em juízo perfeito sonharia com fazer grandes pagamentos por meio da transferência física de barras de ouro de um local para outro. Assim, o único resultado da mudança foi contribuir para uma grave deflação que, por sua vez, impôs obstáculos ao comércio e, assim, ajudou a precipitar a Grande Depressão de 1929[97]. Para resumir uma longa história, em setembro de 1931 a ameaça de um corte de pagamentos provocou uma greve de marinheiros na frota inglesa. Os jornais exageraram e transformaram o acontecimento num motim; o resultado foi o pânico, e a conseqüente corrida aos bancos fez com que a libra esterli-

---

96. G. K. Fry, *The Growth of Government* (Londres: Cass, 1979), p. 193; US Bureau of the Census, *Statistics*, parte 2, p. 1110.

97. J. K. G. Galbraith, *Money: Whence It Came, Where It Went* (Boston: Houghton Mifflin, 1975), pp. 164-82, descreve o retorno do padrão-ouro com o título "a ferida auto-infligida".

na e outras moedas fossem desvinculadas do ouro, dessa vez para sempre. Nos Estados Unidos, o presidente Roosevelt, afirmando que "o ouro guardado em tesouros particulares não tinha fins úteis nas atuais circunstâncias", impôs penalidades drásticas para obrigar os proprietários a ceder suas fortunas. Em março de 1933, foi proclamado um feriado bancário; quando as veneráveis instituições voltaram a abrir as portas, o dólar sofrera uma desvalorização de 41 por cento[98]. A recusa do Tesouro em permitir que pessoas físicas trocassem seus dólares por ouro monetizado, mesmo com essa taxa, significava que, de então em diante, todos os meios de pagamento que não fossem de papel estariam definitivamente concentrados nas mãos do Estado. Reciprocamente, tudo o que era pago pelo Estado era, por definição, feito de papel.

Com a depreciação rápida de todas as moedas principais com relação ao ouro – o franco francês, o último a resistir, foi desvalorizado em 1936, destruindo-se a confiança que o povo tinha nele –, muitos países voltaram às moedas de curso forçado, como a Alemanha, a Itália e, sobretudo, a União Soviética. Na Alemanha e na Itália, foi a crise econômica mundial que precipitou esse acontecimento; na União Soviética (apesar de ser a maior produtora mundial de ouro), a moeda de curso forçado já existia desde a revolução de 1917, e seu lastro era apenas a palavra de Lênin, Stalin e companhia. Quer se chamassem rublos, marcos ou liras, essas moedas eram inconversíveis, e isso significava que, na maioria dos casos, só podiam ser usadas pelos cidadãos em transações entre si. Os negócios internacionais eram monopolizados pelo Estado, que criava seus próprios órgãos para essa finalidade ou trabalhava por intermédio de um complicado sistema de licenciamento. Com freqüência, era tão grande a escassez de moedas "fortes" que as importações tinham de ser pagas em ouro (na União Soviética) ou

---

98. Ver E. Cassell, *The Downfall of the Gold Standard* (Londres: Cass, 1969 [1936]), pp. 112-35.

por meio de escambo (nos três países, principalmente nas transações uns com os outros e com a subdesenvolvida região dos Bálcãs). Os que se acharam inábeis para o comércio – de fato, sofriam ameaças de morte ou de prisão em campo de concentração caso se aventurassem a fazê-lo – eram os infelizes cidadãos.

O caminho percorrido pelos países totalitaristas (que nem de longe constituíam a exceção) para o controle da moeda durante a década de 1930 foi trilhado, com poucas modificações, pelos países "livres" durante a própria Segunda Guerra Mundial. Repetir a história já contada sobre os acontecimentos de 1914-18 seria maçante. Houve poucas novidades, com exceção de controles financeiros mais rigorosos, gastos ainda maiores, maior aperto fiscal e empréstimos mais elevados. Mesmo nos Estados Unidos, país mais rico e menos prejudicado, os gastos ultrapassaram a receita uma, duas ou três vezes em cada um dos anos entre 1942 e 1945 – apesar do fato de que os aumentos drásticos de impostos fizeram com que essa mesma receita aumentasse seis vezes entre 1939 e 1944[99]. Assim como na Primeira Guerra Mundial, o fato de gastos e impostos não terem mais nenhum tipo de relação razoável entre si levou a grande aumento de preços. Novamente como na Primeira Guerra Mundial, enquanto duraram as hostilidades, houve tentativas de conter a inflação por meio de diversos mecanismos administrativos, como, por exemplo, o racionamento. Quando esses mecanismos foram suspensos, os cidadãos dos países vitoriosos descobriram que o valor de suas poupanças se reduzira muito, ao passo que o dinheiro dos derrotados tinha se transformado em tanto papel e só podia ser usado, se tanto, para fins como conserto de janelas quebradas[100].

---

99. Números de *Economic Report to the President, 1974* (Washington: Government Printing Office, 1974), p. 324. Há números paralelos de outros países em G. Findlay Shirras, *Federal Finance in Peace and War* (Londres: Macmillan, 1944), pp. 77 (Canadá), 149-50 (Austrália), 171-2 (África do Sul) e 217 ss. (Índia).

100. Há dados sobre os preços nos EUA em *Economic Report to the President, 1975* (Washington: Government Printing Office, 1975).

Ainda mais interessantes do que esses acontecimentos foi a mudança sofrida pela própria natureza do dinheiro. Poupanças à parte – acabamos de explicar o que aconteceu com os poupadores –, para as pessoas físicas o dinheiro sempre representara um meio de comprar mercadorias; para os governos, um método para controlar a economia e distribuir recursos. Nesse momento, porém, ambas as funções estavam praticamente perdidas. Do ponto de vista dos cidadãos, isso porque qualquer coisa que valesse a pena comprar só podia ser obtida por meio da troca por cupons. Estes eram distribuídos segundo critérios não-econômicos, tais como idade, sexo e quantidade de calorias necessárias ao tipo de trabalho da pessoa (não é preciso dizer que os que tinham as mãos no leme do poder cuidavam de si mesmos; conforme disse Ludendorff, se ele tivesse sido obrigado a comer rações comuns, "não poderia ter existido"). Da perspectiva do Estado, o motivo por que o dinheiro perdeu sua função de ferramenta do governo foi exatamente o fato de sua oferta, que dependia apenas das máquinas de impressão, ter-se tornado ilimitada. Conseqüentemente, não podia mais ser usado para determinar quais produtos e serviços seriam comprados e quais não seriam. Assim, a guerra total marcou o ponto culminante de um processo de duzentos anos pelo qual o Estado impôs seu controle ao dinheiro. O resultado disso foi deixar tal mercadoria sem valor real nenhum – o que levou, em alguns casos, à volta ao escambo, quando os urbanitas trocavam seus utensílios de cozinha por batata. Entre outras indicações não tão sutis do que estava acontecendo, o Banco da Inglaterra foi absorvido pela maquinaria do Estado[101] e o ministro da Fazenda inglês perdeu sua tradicional posição de primeiro (depois do primeiro-ministro) entre iguais; depois de 1940, ele nem fazia mais parte do gabinete de guerra[102].

---

101. Ver R. S. Sayers, *Financial Policy, 1939-1945* (Londres: Longmans, 1956).

102. Ver A. Milward, *War, Economy and Society, 1939-1945* (Berkeley: University of California Press, 1977), pp. 99 ss.

Depois de dominado o dinheiro – ou seja, quando este já não mais impunha limites ao que o governo podia comprar –, a extensão do esforço de guerra de cada país passou a ser determinada pelos meios físicos de produção. Os mais importantes eram fretamento, transporte, matérias-primas, espaço fabril, energia e, naturalmente, o trabalho, do qual dependia todo o resto e pelo qual os países freqüentemente competiam entre si. Já na Primeira Guerra Mundial, todos os mais importantes beligerantes haviam imposto leis que anulavam os direitos de propriedade de seus cidadãos e permitiam que os governos pusessem as mãos nesses recursos quando necessário. Usavam esses controles para decidir quem devia produzir o quê, como, onde, a que preços e com o auxílio de quais trabalhadores, com quais qualificações profissionais e trabalhando por quais salários, durante quantas horas por dia ou semana. Para nos concentrarmos só nos países mais importantes, na Alemanha a tarefa foi confiada ao industrialista Walter Rathenau e a seu Departamento de Matérias-primas, instituído contra considerável oposição da parte dos militares, que não queriam a interferência de civis na direção da guerra. Na Inglaterra, foi bem mais fácil para o arrogante político Lloyd George (mais tarde sucedido por Churchill), na chefia do recém-criado Ministério das Munições; por fim, nos Estados Unidos foi realizada pelo WIB (War Industries Board), cujo presidente era o financista Bernard Baruch[103].

Porém, enquanto na maioria dos países do Ocidente a maior parte desses controles foi desmantelada em 1918-19, em um país – União Soviética – tornaram-se permanentes. Grande, em ruínas e com poucas rodovias por quilômetro

---

103. M. Feldman trata da mobilização alemã para a Primeira Guerra Mundial em *Army, Industry and Labor in Germany, 1914-1918* (Providence: Berg, 1993). Sobre a Inglaterra, ver S. J. Hurwitz, *State Intervention in Great Britain: A Study of Economic and Social Response 1914-1919* (Londres: Columbia University Press, 1949); e, sobre os Estados Unidos, R. D. Cuff, *The War Industries Board: Business-Government Relations During World War I* (Baltimore: Johns Hopkins University Press, 1973).

quadrado de território, o império czarista tivera menos êxito do que a maioria na mobilização de recursos para a guerra[104]. Inicialmente foram as forças armadas que ficaram sem armas e munições; em 1916-17, uma feroz inflação bem como a escassez de praticamente tudo deixaram o país preparado para a revolução. Quando assumiram o poder em 1917, os bolcheviques resolveram mudar tudo com extrema violência. Não satisfeitos com meros controles, realizaram seu programa de expropriar todos os meios de produção e também serviços como bancos, seguros, comunicações e transportes, chegando ao comércio varejista e aos salões de beleza. Com o controle total também sobre a mão-de-obra – no Estado comunista, qualquer indisciplina no trabalho era automaticamente convertida em crime –, o monstro moderno devorou totalmente a economia.

O resultado da revolução foi a realização do sonho dos burocratas. Declarando servir ao bem-estar geral, porém, na verdade, trabalhando quase exclusivamente em benefício próprio, o Estado era dono de tudo, administrava tudo, produzia tudo e comprava e vendia tudo – por preços, nem é preciso dizer, determinados por ele mesmo e que quase sempre não tinham relação nenhuma com o custo real para os produtores ou com a escolha que os consumidores fariam se os deixassem escolher por conta própria[105]. Para realizar todas essas funções e impedir que houvesse incompatibilidade entre elas, também mantinha arquivos e supervisionava tudo por meio de um aparato administrativo sem igual na história. Em 1980 estimava-se que o Estado comunista maduro produzia 100 bilhões de documentos por ano. Essa avalanche de papelada tinha respaldo do sistema educacional, da máquina de propaganda do governo, da polícia

---

104. Ver N. Stone, *The Eastern Front 1914-1917* (Londres: Hodder & Stoughton, 1975), pp. 144-64, 194-211.

105. Há uma análise do Estado comunista bem parecida com a citada aqui em M. Djilas, *The New Ruling Class: Analysis of the Communist System* (Nova York: Praeger, 1957).

secreta, do campo de concentração e, com muita freqüência, da parede de execução.

Embora os outros Estados não acompanhassem a União Soviética de imediato, a trégua dada a suas economias mostrou-se temporária. Durante todo o período entre guerras, os partidos socialistas do mundo inteiro continuaram a exigir que os meios de produção fossem estatizados para que seus lucros, em vez de ir para as mãos de indivíduos, pudessem ser utilizados em benefício da comunidade em geral. Em um país após o outro, algumas das exigências foram atendidas; isso aconteceu especialmente com os novos setores como a radiodifusão, as telecomunicações, os transportes aéreos e a geração de eletricidade. Às vezes a direita nacionalista também exercia pressão na mesma direção. Por exemplo, Rathenau, um dos proprietários e principal executivo da Allgemeine Elektrizität-Gesellschaft, um dos maiores complexos industriais da Alemanha, decerto não era socialista; contudo, antes do fim da guerra ele relatou sua experiência em *The New Economy* (*Die Neue Wirtschaft*, 1918). O livro era, em parte, um projeto para aumentar o poder nacional e, em parte, uma resposta antecipada à exigência socialista de uma nacionalização definitiva, e afirmava que os dias do capitalismo irrestrito tinham chegado ao fim. Rathenau defendia uma nova parceria entre Estado e indústria – que, nem é preciso dizer, se traduzisse em maior controle daquele sobre esta.

Nem os ditadores que vieram a governar a Alemanha e a Itália precisaram de Rathenau para lhes ensinar essa lição. Tanto Mussolini quanto Hitler descartaram precocemente suas inclinações socialistas originais. Tendo descoberto de que lado estavam as vantagens – quando Mussolini se tornou intervencionista em 1915, seus colegas socialistas o saudaram com o grito *chi paga* (quem paga)[106] –, estavam mais que dispostos a cantar louvores à iniciativa privada; e, em

---

106. G. Seldes, *Sawdust Caesar: The Untold Story of Mussolini and Fascism* (Londres: Barker, 1936), p. 46.

troca, aceitaram com alegria suas contribuições financeiras enquanto lutavam pelo poder. Apropriando-se delas, apressaram-se em cumprir suas obrigações com quem os apoiava, proibindo greves e negociações coletivas, desmantelando os sindicatos e aprisionando seus líderes. Isso, porém, não significava um retorno ao *laissez faire* do início do século XIX; pelo contrário, passaram ao recrutamento de mão-de-obra por intermédio das novas empresas administradas pelo Estado e pela Deutsche Arbeitsfront. O próximo passo tanto dos nazistas quanto dos fascistas foi instituir controles diretos sobre a indústria, cujo exemplo mais conhecido foi o Plano de Quatro Anos de 1936, que transformou Herman Goering no czar econômico da Alemanha. Ambos também começaram a criar uma série de indústrias estatais em setores considerados essenciais para a guerra, mas que, por algum motivo, não conseguiam atrair investimentos privados[107]. Entre eles estavam o aço, o óleo sintético, a borracha (esta fabricada com a ajuda da mão-de-obra dos campos de concentração) e, naturalmente, o famoso carro Volkswagen.

Depois que irrompeu a Segunda Guerra Mundial, os planos de mobilização de 1914-18 foram retirados das gavetas e espanados (em alguns casos literalmente), e os responsáveis procuraram seus predecessores, vários dos quais ainda estavam vivos, a fim de pedir orientação. Quer seus regimes fossem comunistas, fascistas ou liberais, todos os Estados apressaram-se em assumir o controle dos meios de produção ou, se já os controlavam, a tornar a supervisão ainda mais rigorosa, levando a polícia para dentro das fábricas e ditando penalidades draconianas para quaisquer "desertores". Pode-se dizer inclusive, que os países "democráticos",

---

107. Sobre o Plano de Quatro Anos alemão, ver Militärgeschichtliches Forschungsamt (org.), *Germany and the Second World War* (Oxford: Clarendon Press, 1990), pp. 273-315; sobre a Itália, ver V. Castronovo, "La stratégie du conglomerat: l'état banquier et entrepreneur en Italie", *Entréprises et Histoire*, 1, 1992, pp. 13-25; e L. Ceva e A. Curio, "Industrie de guerre et l'état dans l'impérialisme fasciste des années 30", *Guerres Mondiales et Conflicts Contemporaines*, 41, 61, 1991, pp. 31-50.

como a Inglaterra, conseguiram avançar mais e mais depressa do que os "totalitaristas" como a Alemanha, a Itália e o Japão. Nenhum dos três últimos tinha governo eleito; por conseguinte, e apesar de todo o aparato policial à sua disposição, pelo menos a princípio, demonstraram estar mais receosos de impor sacrifícios à população[108]. Seja como for, mais uma vez as máquinas burocráticas cresceram. Nos Estados Unidos, o número de funcionários públicos federais subiu de 936 mil em 1933 para 3,8 milhões em 1945, embora metade deles tenha sido demitida após a guerra; na Inglaterra, só o recém-criado Ministério da Alimentação expandiu-se de 3,5 mil burocratas em 1940 para 39 mil em 1943, dissolvendo-se, porém, quando terminaram as hostilidades. No final daquele ano já se atingira o ponto em que, na teoria e, em grau considerável, na prática, não se podia trabalhar sequer um grama de matéria-prima, nem fabricar um parafuso, a não ser que a produção tivesse recebido a bênção do governo e fosse declarada essencial para o esforço de guerra.

Finalmente bem-sucedidos os Estados em seu empenho para conquistar o dinheiro, a conseqüência do predomínio absoluto da economia sobre eles próprios foi permitir-lhes que brigassem uns com os outros em escala e ferocidade jamais igualados antes ou depois. Praticados em maior ou menor grau, o planejamento e o controle centrais permitiram que centenas de milhares de tanques e aeronaves saíssem das linhas de montagem diretamente para a batalha. Embora os negócios, alimentados por contratos estatais gigantescos, sempre produzissem lucros também gigantescos, as conseqüências sobre a situação das pessoas comuns na maioria dos países foram descritas na lúgubre caricatura de George Orwell sobre a vida durante a Segunda Guerra Mundial, *1984*:

---

108. S. Salter discorre sobre as providências para manter o moral dos trabalhadores alemães em "Structures of Consensus and Coercion: Workers' Morale and the Maintenance of Work Discipline, 1939-1945", em D. Welch (org.), *Nazi Propaganda* (Londres: Croom Helm, 1983), pp. 88-116.

> Havia sempre, no estômago e na pele, uma espécie de protesto, a sensação de que se perdera, para um gatuno, algo a que se tinha direito [...] nunca houvera suficiente para comer, nunca tivera meias ou roupa branca que não fossem esburacadas, mobília que não fosse capenga e gasta; e cômodos mal aquecidos, trens subterrâneos atulhados, casas caindo aos pedaços, pão escuro, chá raro, café nojento, cigarros insuficientes – nada barato e abundante, exceto gim sintético.[109]

O caminho para a guerra total

A concentração de todo o poder econômico nas mãos do Estado não seria necessária, nem poderia ser justificada, se sua finalidade primordial não fosse impor a ordem e brigar com os vizinhos. Hobbes, o homem que realmente inventou o Estado, já estava disposto a eliminar todos os tipos de liberdade (inclusive, especificamente, a liberdade de pensamento) para alcançar a paz; em sua opinião, qualquer governo era melhor do que governo nenhum. Depois de passar por duas guerras totais em uma só geração e ver o que os Estados e os governos são capazes de fazer no caminho da guerra e da destruição, quando se decidem a isso, talvez tenhamos de pensar melhor a respeito.

Conforme salientado na seção anterior, à instituição do Estado logo se seguiu o acontecimento conhecido, em geral, como revolução militar[110]. Até então, nenhum governante europeu tivera mais do que algumas dezenas de milhares de homens sob seu comando: na batalha de Rocroi, por exemplo, que em 1643 alçou a França ao lugar da Espanha como a maior potência da época, lutaram 48 mil homens. Três décadas depois, as forças reunidas por Luís XIV e seus

---

109. George Orwell, *1984* (Harmondsworth, Reino Unido: Penguin, 1977 [1949]), p. 251.

110. M. Roberts, *The Military Revolution* (Belfast: Belfast University Press, 1956); J. S. Levy, *War in the Modern Great Power System* (Lexington: Lexington Books, 1983).

adversários já chegavam a algumas centenas de milhares. Esse tipo de crescimento não podia continuar indefinidamente e, durante o século XVIII, o tamanho da guerra em terra dava sinais de estar chegando a um limite. Com um total aproximado de 200 mil combatentes franceses, imperiais, britânicos e holandeses envolvidos em ambos os lados, a batalha de Malplaquet (1709) foi a maior da história européia até Napoleão, ao passo que os exércitos com os quais Luís XV travou a Guerra dos Sete Anos praticamente não eram maiores do que os de seu bisavô Luís XIV[111].

Se a escala da guerra terrestre não aumentou muito, o século XVIII testemunhou uma explosão em operações militares no mar. As principais potências navais do século XVII tinham sido a Espanha (que, até 1660, estivera unida a Portugal) e a Holanda; no século XVIII, porém, suas frotas foram totalmente ofuscadas pelas marinhas da Inglaterra e da França. Organizadas de maneira eficiente por homens como Samuel Pepys e Colbert, dependendo do período em questão, as marinhas inglesa e francesa possuíam, cada uma, entre 50 e 150 belonaves de porte. Cada um desses navios pesava aproximadamente mil toneladas e transportava entre 80 e 120 canhões de bronze, que chegavam a pesar 3 toneladas cada um, para não falar das inumeráveis naves menores conhecidas por vários nomes e apropriadas para uma série de fins, desde levar mensagens até atacar navios mercantes[112]. Equipadas com instrumentos de auxílio à navegação – como o sextante – bem superiores aos que se conheciam até então, essas armadas movidas a vela pela primeira vez proporcionavam a seus proprietários uma autonomia quase ilimitada. Logo não havia continentes nem mares onde não houvessem lutado uns contra os outros, sempre

---

111. Há alguns dados sobre o tamanho dos exércitos europeus durante os últimos anos do *ancien régime* em Duffy, *The Military Experience in the Age of Reason*, p. 17.

112. A melhor obra sobre as guerras navais do século XVIII continua sendo a de A. T. Mahan, *The Influence of Seapower upon History, 1660-1763* (Boston: Little, Brown, 1890).

em escala considerável, quando então dezenas de navios franceses, ingleses e espanhóis se enfrentavam em águas do Extremo Oriente ou das Índias ocidentais. Assim, a Guerra da Sucessão espanhola inaugurou a era da guerra global, que talvez só agora, graças ao colapso de uma das superpotências e à relutância cada vez maior da outra em sacrificar seus jovens, esteja chegando ao fim.

Enquanto isso, tanto a escala quanto a intensidade da guerra terrestre permaneciam comparativamente limitadas. Em parte, isso talvez se devesse aos sentimentos humanitários que surgiram em reação aos excessos da Guerra dos Trinta Anos: em *O espírito das leis*, Montesquieu, que representava tudo o que havia de melhor no pensamento iluminista, escreveu que nações em paz deviam fazer umas às outras todo o bem que pudessem e, em guerra, provocar o mínimo possível de danos. Em geral, porém, as limitações que regeram as guerras do século XVIII foram resultantes da estrutura política de cada um dos principais Estados beligerantes. Tendo sido impostos ao povo, quase sempre por meio da força, os governos (menos o inglês e, mesmo assim, dentro de certos limites) sabiam que não eram representativos do povo. Assim sendo, não faziam questão de impor fardos econômicos intoleráveis, instituir o serviço militar obrigatório nem distribuir armas: sempre havia o risco de que os soldados assim recrutados e armados lutassem contra seus governantes, e não a favor deles.

Formados por homens que não tinham compromisso com o Estado a que serviam – "a escória da nação", como o ministro da Guerra francês, Comte Saint-Germain, afirmou uma vez[113] –, os exércitos do século XVIII só se mantinham graças a uma disciplina feroz e à vigilância de seus oficiais aristocráticos. A exigência de disciplina, mais algumas das

---

113. C. L. Saint-Germain, *Mémoires de M. le Comte de Saint-Germain* (Amsterdam: Libraires associés, 1799), p. 200; ver também general James Wolfe, citado em J. A. Houlding, *Fit for Service: The Training of the British Army, 1715-1798* (Oxford: Clarendon, 1981), p. 268.

características técnicas das armas em uso, tornavam imperativo que as tropas se movimentassem e lutassem em formações fechadas, avançando ombro a ombro em fileiras cerradas e organizadas. A necessidade de tais formações, por sua vez, ditava que não podiam ser facilmente usadas em escaramuças, em perseguições, em terreno acidentado ou florestal, ou à noite. Além disso, havia certas restrições logísticas. Os exércitos do século XVIII dependiam exageradamente de seus "cordões umbilicais de suprimentos"; contudo, é verdade que não se podia confiar na maioria dos soldados para sair à procura de alimentos, por isso viviam cercados por um cordão de suboficiais que os mantinham sob atenta supervisão. Mesmo que fossem confiáveis, muitas regiões não tinham densidade demográfica suficiente para permitir a guerra em larga escala em seu território[114].

As batalhas do século XVIII foram tão ferozes quanto quaisquer outras. Via de regra, as tropas não cuidavam de se proteger ou usar camuflagem; alinhados em fileiras longas e retas, que se aproximavam umas das outras ao som dos tambores, a exatamente 75 passos por minuto, os soldados paravam a uma distância que lhes permitisse enxergar a parte branca dos olhos uns dos outros e começavam a atirar. Em conseqüência disso, era comum que pelo menos um terço deles se tornasse baixa num período de, digamos, seis a oito horas[115]. Por outro lado, os soldados eram caros e as batalhas eram arriscadas. Por conseguinte, comandantes como Turenne e o marechal de Saxe passavam campanhas inteiras manobrando contra os adversários, com confrontos pequenos e ocasionais para aliviar o tédio de marcha e con-

---

114. Sobre a logística dos exércitos do século XVIII, ver M. van Creveld, *Supplying War: Logistics from Wallenstein to Patton* (Londres: Cambridge University Press, 1978), cap. 1; e G. Perjes, "Army Provisioning, Logistics and Strategy During the Second Half of the Seventeenth Century", *Acta Historica Academiae Scientiarum Hungaricae*, 16 (Budapeste: Academia de Ciências, 1965).

115. Há alguns números em D. Chandler, *The Art of Warfare in the Age of Marlborough* (Londres: Batsford, 1976), pp. 302-7; Duffy, *The Military Experience in the Age of Reason*, pp. 245 ss.

tramarcha; de Saxe até escreveu que o bom general devia passar toda a carreira sem ser levado à batalha. Além disso, havia a idéia de que a segurança de cada Estado dependia de um minucioso equilíbrio de poderes com todos os outros. Conseqüentemente, pensava-se que não se podia levar guerra nenhuma muito longe[116] nem permitir que terminasse na destruição completa de um dos beligerantes; e, de fato, a possibilidade de que isso viesse a acontecer quase sempre levava à inversão de alianças e à criação de novas alianças. A guerra era questão de ocupar um distrito aqui e uma província ali, quer na Europa, quer, com freqüência ainda maior, do outro lado do oceano, onde aconteciam alguns dos intercâmbios mais importantes.

Com a deflagração da Revolução Francesa, essas e outras limitações das guerras do século XVIII desapareceram. A divisão trinitária do trabalho entre o governo, que dirigia a guerra, as forças armadas, que lutavam e morriam, e o povo, que pagava e sofria, permaneceu como era desde 1648; em alguns aspectos, tornou-se ainda mais rígida que antes, já que os oficiais deixaram de ser empresários independentes e passaram a depender exclusivamente do Estado para as promoções e a remuneração. O que mudou foi a criação de elos bem fortes entre o primeiro e o último elementos da tríade, que, por sua vez, viabilizou uma vasta expansão do segundo. Conforme Clausewitz mais tarde explicou, a verdadeira conquista da revolução foi capacitar o Estado a guerrear com a força total da nação – algo que, pelo menos na Europa, só muito poucos regimes políticos tinham sido capazes de fazer desde os tempos do apogeu da República romana. Os adversários da revolução foram menos corteses na descrição e definiram os soldados franceses como "monstros… feras selvagens… espumando de fúria e gritando como ca-

---

116. Ver o escritor militar contemporâneo Friedrich Wilhelm von Zanthier, citado em M. Jahns, *Geschichte der Kriegswissenschaften vornehmlich in Deutschland* (Munique: Vorein, 1889-), vol. III, pp. 296-7; e M. S. Anderson, *The Rise of Modern Diplomacy 1450-1919* (Londres: Longmans, 1993), pp. 163-80.

nibais – arremessando-se a toda velocidade contra soldados cuja coragem não foi despertada por paixão nenhuma"[117].

A primeira a instituir a *levée en masse* foi a Convenção Nacional francesa em seu famoso decreto de 25 de agosto de 1792[118]. Redigido por Bertrand Barere, pedia a "convocação permanente" de homens, mulheres (que deviam "trabalhar nas roupas dos soldados, confeccionar tendas e se tornar enfermeiras"), velhos (que deviam "ir às praças públicas para pregar o ódio aos tiranos") e mesmo crianças, que fariam gaze com roupas de cama e mesa velhas. Os delegados gostaram tanto da retórica que pediram que o decreto fosse lido duas vezes; desde então, todo cidadão seria soldado e todo soldado, cidadão. Na prática, a infra-estrutura necessária para pôr o decreto em prática era deficiente e os resultados não foram perfeitos – as únicas pessoas realmente convocadas foram homens entre os 18 e os 25 anos de idade, e só se não fossem casados. Mesmo assim, o entusiasmo marcial não durou muito. Aprisionado na França em 1807, Clausewitz surpreendeu-se e não se decepcionou ao ver recrutas acorrentados serem conduzidos à *prefecture*[119]. O tamanho do exército francês dobrou de mais ou menos 400 mil durante a Guerra dos Sete Anos para cerca de 800 mil em 1795-96, embora nem todos pudessem ser treinados, armados (a escassez de mosquetes certa ocasião levou à produção de lanças), ou mesmo vestidos de maneira apropriada.

Tendo sucedido Carnot no posto de "organizador da vitória", Napoleão recorreu ao poder total da polícia para acabar com a oposição ainda existente ao alistamento obrigatório[120]. Além de ser logo corrigido o desequilíbrio entre

---

117. Mallet du Pan, citado em H. Nickerson, *The Armed Horde* (Nova York: Putnam, 1942), p. 91.

118. Há uma tradução inglesa do texto em J. F. C. Fuller, *The Conduct of War 1789-1961* (Londres: Eyre & Spottiswode, 1962), p. 32.

119. P. Paret, *Clausewitz and the State* (Princeton: Princeton University Press, 1976), p. 130.

120. I. Wolloch, "Napoleonic Conscription: State Power and Civil Society", *Past and Present*, 1986, pp. 101-29.

homens e armas, o resultado disso foi prover o Estado francês com as maiores forças já vistas desde que Heródoto descreveu Xerxes comandando 1,5 milhão de homens na invasão à Grécia em 480 a.C.; contudo, não havia nada de mítico na Grande armée. Em vez de marchar em um só bloco, conforme era normal desde os dias da falange grega até os de Frederico, o Grande, os indecisos soldados franceses tinham de espalhar-se por uma frente bem mais ampla para viver e movimentar-se. A criação de tais frentes exigia e tornou-se possível graças à organização das forças em *corps d'armée*. Pela primeira vez proposta da Convenção Nacional em 1796, cada corpo possuía um comandante permanente na pessoa de um *maréchal de France*, título que não foi inventado por Napoleão, mas ao qual ele deu um significado novo e mais preciso. Cada um tinha seu próprio pessoal e sua própria combinação de três armas (infantaria, cavalaria e artilharia), bem como sua própria central de informações, serviços técnicos e logísticos. Cada um constituía um exército em miniatura que, como todos sabiam, era capaz de realizar sua missão independentemente dos outros e de resistir dois ou três dias mesmo quando atacado por forças superiores.

Com a reorganização das forças, toda a natureza da estratégia mudou[121]. Antes os exércitos manobravam uns contra os outros em frentes que não tinham mais do que 5 ou 7 quilômetros de extensão; mas os corpos de Napoleão eram capazes de afastar-se de 40 a 75 quilômetros uns dos outros, ao mesmo tempo, que operavam segundo um plano coerente e centralizado. Enquanto no século XVIII os exércitos limitaram-se a tentar conquistar províncias, agora procuravam subjugar países inteiros em rápida sucessão. Se no passado haviam sido obrigados a sitiar todas as fortalezas pelo caminho, agora a grande maioria das fortalezas podia ser simplesmente ignorada (enquanto Vauban, no início do

---

121. Sobre essas mudanças e a revolução que geraram em termos de estratégia, ver Van Creveld, *Command in War*, cap. 2; e R. Epstein, *Napoleon's Last Victory and the Emergence of Modern War* (Lawrence: University of Kansas Press, 1994), cap. 2.

século XVIII, calculara que para cada batalha havia três cercos, pode-se contar nos dedos de uma só mão o número de cercos que Napoleão comandou). Vivendo dos frutos da terra e com a mira voltada para a jugular do adversário, os exércitos franceses marchavam para a capital do inimigo. Se encontravam o caminho obstruído, usavam seu sistema superior de comando e controle para concentrar números esmagadores de soldados no ponto decisivo e derrotar o inimigo em uma daquelas terríveis *batailles rangées*, das quais Napoleão se gabava de ter comandado nada menos que sessenta. Os resultados desse sistema foram tão rápidos quanto espetaculares. A partir de 1799, época da segunda campanha de Napoleão na Itália e a primeira em que ele assumiu o comando de todos os recursos militares do país, os franceses levaram menos de dez anos para dominar toda a Europa, dos Pireneus ao Vístula.

Em 1813, quando o próprio Napoleão admitiu que "ces animaux ont appris quel'que chose" (esses animais aprenderam alguma coisa), os exércitos de outros Estados imitavam os métodos franceses. Talvez o processo tenha sido mais bem estudado nas mãos da Prússia, que, após sua derrota em 1806, empenhou-se em reformular o exército nos anos seguintes[122]. O alistamento, que até então adotava o velho sistema de *Kantonen* e só convocava os habitantes apalermados do interior, foi ampliado e aplicado aos filhos cultos das classes médias. Podiam escolher entre servir durante dois anos, como qualquer outra pessoa, ou durante um ano à própria custa, privilégio que a maioria deles aceitou, pois lhes permitia conquistar a tão desejada patente de *Reserveleutenant*. O corpo de oficiais, que até então se pautara pelo *status* social e pelo tempo de serviço, foi remodelado para dar maior ênfase à escolaridade (incluindo-se nessa refor-

---

122. É vasta a literatura sobre a reconstrução do exército prussiano. Ver W. Goerlitz, *The History of the German General Staff, 1657-1945* (Nova York: Praeger, ed. 1971), especialmente pp. 15-49; e D. Showalter, "Retaming Bellona: Prussia and the Institutionalization of the Napoleonic Legacy", *Military Affairs*, abril de 1980, pp. 57-62.

ma a notável escola de oficiais Kriegsakademie) e à competência. Entrou em vigor uma organização inspirada na francesa. Para controlá-la, foi criado um contingente com quartel-general em Berlim e ramificações em todo o exército; durante os anos do Segundo Reich, tornou-se a instituição de maior prestígio no país[123]. Nas pessoas de Gerhard von Scharnhorst, August von Gneisenau, Carl von Clausewitz e seus colegas, os prussianos também tiveram a sorte de contar com oficiais que, além de sua capacidade prática de comando na guerra, possuíam conhecimentos profundíssimos de sua história e teoria. Essa qualidade permitiu-lhes institucionalizar as reformas, que passaram de uma geração para a próxima.

Com todos os Estados ocupados com a reforma e a expansão de seus exércitos para resistir aos batalhões franceses, a escala da guerra mudou completamente. Em 1812, Napoleão invadiu a Rússia com nada menos que 600 mil homens – talvez três vezes mais do que já se concentrara num único teatro de guerra desde os primórdios da história. A maior batalha contemporânea foi travada nas proximidades de Leipzig em outubro de 1813; se não tivesse recebido o nome de batalha das Nações, teria merecido o título de Mãe de Todas as Batalhas. O número total de combatentes presentes foi 460 mil, dos quais 180 mil eram franceses; os restantes eram prussianos, russos e austríacos (auxiliados por alguns suecos). De fato, era tão larga a escala das operações militares de então, que era impossível reunir todos os soldados no mesmo local e horário. Em vez de durar um dia, como acontecera com praticamente todas as batalhas desde a pré-história, a de Leipzig durou três dias. Na verdade, foram três combates independentes, travados simultaneamente, com o próprio Napoleão correndo de um para outro e controlando, quando muito, apenas um[124].

---

123. Goerlitz, *History of the German General Staff*, pp. 60 ss.
124. Sobre a batalha de Leipzig e a perda de controle de Napoleão, ver Vitzthum von Eckstädt, *Die Hauptquartiere im Herbstfeldzug 1813 auf dem deutschen Kriegsschauplätze* (Berlim: Mittler, 1910).

Entre 1815 e 1866, não houve nenhuma outra batalha tão grande quanto essa entre exércitos modernos, embora as que aconteceram tenham sido, em proporção ao tamanho, igualmente sangrentas[125]. Esse foi o período da Restauração e da Reação. Sua característica excepcional foi o fato de que, de Moscou a Paris, passando por Berlim e Viena, as cabeças coroadas que ocupavam os diversos tronos europeus temiam mais a própria população do que umas às outras. Conseqüentemente, havia a tendência de formar exércitos menos representativos da nação. A França e a maioria dos outros países acabaram com o alistamento obrigatório, embora não completamente e de maneiras que em geral deixavam consideráveis reservas disponíveis para as forças permanentes de tempo de paz[126]. O uso mais importante que se fazia dos exércitos não era combater em guerras interestatais, mas proteger contra revoluções – *gegen demokraten hilfen nur Soldaten* (os soldados são o único remédio contra a democracia), como dizia o provérbio. Assim, as tropas francesas ajudaram o governo espanhol em uma série de conflitos civis conhecidos como Guerras Carlistas. Em 1830-31, um Exército Prussiano de Observação colaborou com os russos na repressão à insurreição polonesa em Varsóvia. Em 1848-49, os soldados franceses salvaram o papa ao dar cabo da república romana de Mazzini, soldados austríacos recorreram a bombardeio de artilharia para reconquistar a própria capital, e os prussianos foram enviados para expulsar os revolucionários do estado de Baden no sudoeste da Alemanha. O auge aconteceu em maio de 1849, quando as forças russas, a convite do governo de Viena, invadiram a Hungria para acabar com a revolução ali, operação que tiveram de repetir em Varsóvia quinze anos depois.

---

125. Comparem-se os números das batalhas de Leipzig (460 mil combatentes, 90 mil baixas), Solferino (240 mil combatentes, 40 mil baixas) e Gettysburg (160 mil combatentes, 50 mil baixas), extraídos de *Harbottle's Dictionary of Battles* (Nova York: van Nostrand, 1981, 3ª ed.).

126. Sobre esses acontecimentos, ver G. Best, *War and Society in Revolutionary Europe, 1789-1870* (Londres: Fontana, 1982), pp. 191-309; e J. Gooch, *Armies in Europe* (Londres: Routledge, 1980), pp. 50-80.

Enquanto a escala da guerra estava limitada por estar colocada numa panela de pressão, por assim dizer, a tecnologia militar progredia como nunca. Este não é o local para nos aprofundarmos na natureza da revolução científica ou da revolução industrial que se seguiu pouco tempo depois. Basta dizer que, antes da ascensão do Estado, em meados do século XVII, não existia arma capaz de atirar a uma distância de, talvez, mais de um quilômetro e meio, ou de se movimentar em velocidade superior à de um cavalo a galope, enquanto no mar os maiores navios ainda eram feitos de madeira e não ultrapassavam 500 ou 600 toneladas de peso morto. Já que o progresso tecnológico militar – contando principalmente com a invenção da pólvora – começou a se acelerar séculos antes da entrada em cena do Estado, culpá-lo disso seria injusto, ainda mais porque não está claro se era a tecnologia militar que "puxava" a tecnologia (como Trótski e outros afirmavam) ou se, pelo contrário, as armas e os sistemas de armamentos eram meros subprodutos do progresso tecnológico em geral[127].

Mesmo quando se leva tudo isso em conta, porém, resta o fato de que os meios modernos de morte e destruição jamais teriam sido possíveis sem o Estado, seu Ministério da Defesa (que, até 1945, chamava-se simplesmente Ministério da Guerra) e suas forças armadas normais, uniformizadas, burocraticamente administradas[128]. As forças da maioria das entidades políticas anteriores eram desorganizadas demais e temporárias demais para viabilizar o progresso tecnológico-militar contínuo. Essa era a situação principalmente das tropas e mercenários feudais, tanto na Europa quanto em outras partes do mundo. Aquelas eram compostas de guerreiros temporários que, quando não se ocupavam

---

127. Sobre essa questão, ver J. M. Winter, *War and Economic Progress* (Londres: Cambridge University Press, 1976).

128. A relação entre o Estado, seu exército regular e o progresso acelerado da tecnologia militar nunca foi analisada. Há alguns comentários em M. van Creveld, "The Rise and Fall of Military Technology", *Science in Context*, 7, 2, 1994, pp. 329 ss.

da caça e de atividades aristocráticas semelhantes, passavam a maior parte do tempo cuidando de suas propriedades. Estes levavam uma vida nômade, passando de um patrão para outro, ou simplesmente iam para casa ao fim de cada guerra. Mas era quase essa também a situação dos exércitos permanentes criados por alguns dos impérios de que falamos no capítulo 1 deste volume. Poucos deles chegaram a ser forças profissionais no sentido moderno da expressão, já que seus oficiais quase sempre eram escolhidos menos pela capacidade militar do que pela lealdade.

Quando o Estado moderno começou a criar exércitos e marinhas permanentes, a situação mudou. Mais do que quaisquer de seus predecessores, essas forças constituíam um mercado permanente de armas e sistemas de armamentos. Já em fins do século XVII, a marinha era o maior empregador (e também o maior comprador de bens e serviços) de toda a economia britânica[129]; tal era a demanda de uniformes gerada pelas forças de Luís XIV, que levou à invenção das primeiras máquinas primitivas de pregar botões em tecido[130]. Praticamente pela primeira vez na história existiam forças cuja renda total provinha do Estado e, por mais que detestassem o governante do momento, era raro que conspirassem contra a própria instituição. Cada vez mais excluídos da participação na vida política, sendo aos poucos afastados de outras funções, como a de policiamento, e deliberadamente isolados da sociedade civil, tinham liberdade sem precedentes de dedicar toda a atenção à descoberta de meios novos e melhores de matar e destruir outros da mesma espécie.

Quando à crescente profissionalização se uniu a revolução industrial, que se disseminava da Inglaterra, as conseqüências foram inevitavelmente explosivas. Armadas com

---

[129]. J. H. Plumb, *The Origins of Political Stability: England 1675-1725* (Boston: Houghton Mifflin, 1967), p. 119.

[130]. L. Mumford, *The Myth of the Machine* (Nova York: Harcourt, 1970), pp. 150-1.

canhões fabricados segundo o novo sistema Gribeauval, as forças napoleônicas teriam feito pouco caso do exército de Frederico apenas trinta ou quarenta anos antes; mas qualquer progresso que tenha ocorrido entre 1760 e 1815 teve sua importância reduzida pelas mudanças que começaram a acontecer a partir de 1830. Primeiro surgiram as cápsulas de percussão, que acabaram com a necessidade da pederneira para gerar faíscas e explodir a pólvora. Depois, o mosquete de carregar pela boca que, com exceção da troca da vareta de madeira pela de ferro, quase não sofrera modificações de Blenheim a Waterloo, foi substituído por fuzis com capacidade de atirar com freqüência de três a seis vezes maior e a uma distância mais longa, e, depois de algumas experiências, com maior precisão – para não falar do fato de que, sendo carregados pela culatra, e não pela boca, pela primeira vez na história permitiam que os homens lutassem e ao mesmo tempo se protegessem, sem serem obrigados a ficar de pé. A evolução da artilharia ocorreu paralelamente. A partir da década de 1850, as armas de carregar pela boca, feitas de ferro e bronze e sem estrias internas no cano, foram aos poucos substituídas por armas de retrocarga raiadas, feitas de aço. Por volta de 1870, os melhores canhões eram os prussianos. Fabricados pela empresa de Krupp, seus tiros atingiam distâncias três vezes maiores que seus predecessores napoleônicos e sua velocidade era quatro ou cinco vezes superior. Pela primeira vez, desde o século XVI, a munição também começou a progredir, e as balas de ferro maciço foram substituídas por metralhas e cartuchos explosivos, que continham estopins mecânicos[131].

Ainda mais importante para a evolução da guerra e da conquista nas mãos do Estado foi o progresso ocorrido na infra-estrutura da guerra. Tradicionalmente, o transporte militar limitava-se a carroças puxadas por cavalos, e as comu-

---

131. Um breve relato da revolução tecnológico-militar do século XIX é B. Brodie e F. Brodie, *From Cross Bow to H Bomb* (Bloomington: Indiana University Press, 1959), pp. 124-71.

nicações militares a mensageiros montados; mas os telégrafos e as ferrovias começaram a percorrer países inteiros (mais tarde, continentes) com redes que revolucionaram o controle do Estado sobre o território, a população e as forças armadas. Os primeiros telégrafos – ópticos, não elétricos – foram construídos na França durante os primeiros anos da revolução e, como era de esperar, mal ficaram prontos e começaram a ser usados na guerra[132]. Durante as três décadas seguintes, a Espanha (que afirmava ter criado um sistema mais importante do que a própria França)[133], a Inglaterra, a Prússia e a Rússia fizeram o mesmo, construindo sistemas que iam de Londres a Dover e Portsmouth, de Berlim a Trier e de Moscou a Varsóvia. Embora esses sistemas tivessem pequenas diferenças do ponto de vista técnico, desde o início a finalidade primordial de todos era servir às necessidades militares do Estado. Mais ou menos depois de 1830, os telégrafos ópticos deram lugar aos elétricos, que eram mais eficientes. Sua construção foi paralela à das ferrovias. Já que a operação eficiente destas dependia do uso correto daqueles, os dois costumavam andar juntos, como irmãos siameses[134].

Já durante a década de 1850, os franceses se empenharam na construção de uma malha ferroviária projetada especificamente para fins militares, que lhes foi muito útil na guerra de 1859 contra a Áustria. Não fossem os trilhos e os fios, a guerra civil dos Estados Unidos teria sido inconcebível. O conflito de 1861-65 merece, de fato, a denominação de primeira guerra ferroviária, já que a movimentação de ambos os lados quase sempre dependia da disponibilidade de trilhos – como foi a invasão do Sul realizada por Sher-

---

132. A. S. Field, "French Optical Telegraphy, 1793-1855: Hardware, Software, Administration", *Technology and Culture*, 35, 2, 1994, pp. 315-47.

133. A. Rumeu de Armas, "La línea telegráfica Madrid-Cadiz (1800), primera de España y segunda de Europa", *Hispania*, 42, 152, 1982, pp. 522-63.

134. Ver essa história completa em D. Showalter, *Railroads and Rifles: The Influence of Technological Developments on German Military Thought and Practice, 1815-1865* (Hamden: Archon Books, 1975).

man – ou tinha como fim destruir os trilhos do inimigo (também Sherman, dessa vez em suas operações contra Atlanta em 1864). Só as ferrovias viabilizaram para os federais a convocação de nada menos que 2 milhões de homens durante o conflito, façanha que, com uma população de apenas 27 milhões de habitantes dispersos por um país vastíssimo, não tivera paralelos até então. Quase igualmente sem paralelo foi o número de mortos, que apenas em quatro anos chegou a nada menos que 600 mil em ambos os lados.

A verdadeira demonstração do que o casamento do Estado com a tecnologia poderia fazer, porém, ainda estava por vir. Ao contrário da maioria dos Estados europeus, a Prússia não acabara com o alistamento obrigatório depois de 1815. Mais do que a maioria dos Estados europeus, sua posição central e seu relevo plano, sem acidentes, facilitaram a implantação das ferrovias quando se tornaram disponíveis o capital e os conhecimentos necessários – o que não foi um passo grandioso para uma nação que, como vimos, já possuía o melhor sistema educacional do mundo. A partir da década de 1850, esses fatores levaram à construção de uma malha ferroviária de eficiência incomparável. Embora seu objetivo não fosse exclusivamente militar, Moltke, chefe do estado-maior, era membro *ex officio* da comissão que a administrava; também é interessante o fato de ter sido acionista das ferrovias, mas, para nossos fins, é irrelevante. Eram elaborados e ensaiados freqüentes planos de mobilização, com precisão minuciosa. Em 1866, quando surgiu o primeiro grande problema, o mundo ficou apreensivo ao ver a menor das grandes potências convocar mais de 300 mil soldados e os concentrar na fronteira com a Áustria, com organização e velocidade sem precedentes. De fato, a superioridade do uso que os prussianos faziam das ferrovias era tal, em 1866 e 1870, que ambas as guerras em questão foram decididas praticamente antes do disparo do primeiro tiro. Tomados de surpresa, tanto os austríacos quanto os franceses se colocaram na defensiva e jamais se recuperaram.

Enquanto a guerra civil nos Estados Unidos foi praticamente ignorada na Europa – como o próprio Moltke afirmou, não havia nada lá além de duas grandes turbas perseguindo uma à outra num imenso interior quase deserto –, as vitórias prussianas foram minuciosamente estudadas. A partir de 1873, um país após outro foi dando cabo de seu sistema militar antiquado e implantando o alistamento obrigatório da população masculina. Por volta de 1914, até o Japão aderiu a isso, pouquíssimo tempo depois de haver adotado o chamado "padrão da civilização"; as únicas exceções restantes foram a Inglaterra e os Estados Unidos, que, porém, seguiram o exemplo dos outros durante a Primeira Guerra Mundial. O alistamento obrigatório e um sistema de reservistas – viabilizado graças às ferrovias – permitiram a criação de forças armadas gigantescas. Quando chegou agosto de 1914, as potências mais importantes contavam não com centenas de milhares de membros, mas com milhões[135]. Mas esse não foi o fim da história. O exército alemão, que, incluindo suas diversas reservas, contava com quase 4,5 milhões de homens no início da guerra, cresceu para aproximadamente 6,5 milhões em 1917 – a maioria desse aumento concentrado nas armas técnicas, como a artilharia, a força aérea e, sobretudo, o corpo de sinaleiros. Entre 1914 e 1918, o número dos que usavam o uniforme alemão passou de 13 milhões. Desses, aproximadamente 2 milhões perderam a vida. Estima-se o número total de mortos em cerca de 10 milhões, talvez sem contar os muitos que morreram de doenças relacionadas com a guerra.

Nessa época, à ferrovia e ao telégrafo uniram-se o automóvel, o telefone e o teletipo. Utilizando esses instrumentos, a guerra representou também um momento crítico na capacidade do Estado de mobilizar a economia para fins militares. O resultado foi um conflito travado em escala inconcebivelmente maior do que qualquer outro antes dele. Assim, só entre 1914 e 1916, o consumo médio diário de su-

---

135. Sobre a força dos exércitos de 1914, ver H. Kuhl, *Der deutsche Generalstab in Vorbereitung und Durchfuhrung der Welthrieg* (Berlim: Mittler, 1920), pp. 16, 63, 87, 103.

primentos por divisão do exército aumentou três vezes, de 50 para 150 toneladas[136]. Se, no início do conflito, um exército era considerado muito bem preparado se tivesse em estoque mil cartuchos por peça de artilharia, quatro anos depois havia baterias que atiravam essa quantidade de munição *por dia*; enquanto isso, o consumo de munição para armas pequenas do exército alemão atingira 300 milhões de cartuchos por mês. Outros itens, alguns deles tradicionais – durante toda a guerra a ração para cavalos foi a mercadoria mais despachada da Inglaterra para a França – e outros recém-inventados, eram consumidos ou gastos em igual proporção. Entre as inovações estavam as minas terrestres e marítimas, produzidas e espalhadas aos milhões por todos os Estados beligerantes. Depois, houve as centenas de milhares de quilômetros de arame farpado – para não falar da especialidade da Primeira Guerra Mundial, jamais usada antes ou depois em escala semelhante, isto é, o gás tóxico.

Durante os anos de 1919 a 1939, investiu-se muito raciocínio e boa vontade em tentativas de descobrir meios de impedir que os Estados envolvessem a humanidade em outra catástrofe do mesmo tipo[137]. Como demonstraria o fracasso dessas tentativas, houve um empenho bem maior em descobrir meios ainda mais eficientes para que os Estados lutassem entre si. Algumas dessas tentativas foram planejadas especificamente para evitar a repetição da carnificina, como, por exemplo, as do especialista militar inglês Basil Liddell Hart. Nascido em 1895, Liddell Hart estava com a idade certa para ser envenenado por gás no Somme em 1916 e, portanto, conhecia em primeira mão os horrores da guerra. Ao ver os nomes da maioria dos seus colegas na Universidade de Cambridge, dos tempos anteriores à guerra, aparecerem em monumentos em homenagem aos mortos após

---

136. Os números anteriores à guerra provêm de Oberste Heeresleitung, *Taschenbuch für Offiziere der Verkerhrstruppen* (Berlim: Oberste Heeresleitung, 1913), p. 84; os de 1916 provêm de A. Henniker, *Transportation on the Western Front, 1914-1918* (Londres: HMSO, 1937), p. 103.

137. Ver cap. 6, "A decadência das grandes guerras", pp. 483-507.

1919, perdeu a fé na sensatez do comando-geral inglês[138]. Dedicou o resto da vida à tentativa de descobrir maneiras melhores (leiam-se, mais rápidas e mais econômicas) de brigar. Sua primeira sugestão foi a chamada abordagem indireta, que consistia em operações complexas lançadas não contra as frentes inimigas, como em 1914-18, mas no local onde fossem menos esperadas e no qual provocassem os maiores danos. Mais tarde, influenciado pelo colega reformador militar inglês, o coronel (mais tarde, general-de-divisão) John Frederick Fuller, procurou realizar as operações em questão por meio das novas forças blindadas que estavam sendo implantadas. Em meados da década de 1930, Liddell Hart conquistara renome internacional e podia com justiça declarar que inventou o tipo de operação que mais tarde se tornou conhecida como *Blitzkrieg*, embora, na verdade, isso seja pouco para demonstrar que suas opiniões tiveram grande influência sobre os soldados práticos da época[139].

Enquanto a tentativa de Liddell Hart de descobrir maneiras mais baratas – leiam-se, mais eficientes – de guerrear teve pelo menos o mérito de poupar a parte civil da tríade, não se pode dizer o mesmo de seu colega teórico italiano, o general Giulio Douhet. Ex-oficial do exército, Douhet tivera muitas oportunidades de observar a futilidade dos ataques de infantaria contra defesas fortificadas – entre 1915 e 1917 houve nada menos que onze ofensivas no Isonzo, todas as quais fracassaram com baixas horrendas. *Tinha* de existir uma maneira melhor, e, quando a guerra terminou, ele acreditava tê-la encontrado no avião. Usado pela primeira vez com fins militares durante a guerra ítalo-turca de 1911 e, depois, em escala muitíssimo maior, em 1914-18[140], as qua-

---

138. O trabalho mais recente sobre a evolução intelectual de Liddel Hart é de A. Gat, "The Hidden Sources of Liddell Hart's Ideas", *War in History*, 3, 3 de julho de 1996, pp. 293-308.

139. Ver B. Bond, *Liddell Hart: A Study of His Military Thought* (Londres: Cassell, 1976), principalmente pp. 215 ss.

140. Ver L. Kennett, *The First Air War 1914-1918* (Nova York: Free Press, 1991).

lidades excepcionais do avião eram sua velocidade e sua flexibilidade, que lhe permitiam mudar de um alvo para outro a despeito do terreno interveniente e (quase) também da distância entre eles. Já que não era possível proteger todos os pontos ao mesmo tempo, isso fazia do avião uma arma de ataque *par excellence*. Em vez de desperdiçar poderio aéreo em ataques ao setor mais forte do inimigo, isto é, suas forças armadas, Douhet queria que fosse usado primeiro contra as bases aéreas do inimigo para conquistar o comando do ar (termo que ele tomou da guerra naval e definiu como a capacidade de voar ao mesmo tempo em que se nega tal capacidade ao inimigo) e, depois, seus centros de população civil[141]. Baseando-se nos ataques alemães a Londres durante a Primeira Guerra Mundial, que levaram a um punhado de baixas e também a considerável pânico, Douhet esperava confiante que tal bombardeio "estratégico" deixasse qualquer país de joelhos em poucos dias, a ponto de tornar desnecessário e inútil o combate em terra.

Essas e outras visões de futuras guerras estavam fadadas a ser superadas, ou talvez se deva dizer incorporadas, pela obra de outro pensador, se não maior, pelo menos mais experiente, o alemão Erich Ludendorff. General-intendente em tempo de guerra do exército alemão e governante *de facto* da Alemanha, Ludendorff teve uma oportunidade sem igual de ver a guerra de cima. Depois de passar dois anos no comando do mais potente efetivo militar já visto, não concordava com a convicção de que uma grande potência moderna pudesse ser derrotada com poucas operações, por mais que indiretas, ou mesmo por esquadrilhas de aviões bombardeando tudo o que houvesse para bombardear. Ambas as táticas, na verdade, deviam ser empregadas com o máximo empenho; além de especialista operacional inigualá-

---

141. G. Douhet, *Command of the Air* (Londres: Faber & Faber, 1943), principalmente capítulo 1. Um bom relato dos debates sobre o poderio aéreo no período entre guerras é E. Warner, "Douhet, Mitchell, Seversky: Theories of Air Warfare", em E. M. Earle (org.), *Makers of Modern Strategy* (Princeton: Princeton University Press, 1943), pp. 485-503.

vel – qualidade que demonstrou com uma série de vitórias brilhantes sobre os russos em 1914-16 –, Ludendorff também não se intimidava em sua resolução de usar quaisquer métodos necessários para vencer. Só se poderia vencer na guerra moderna, porém, com a mobilização total de todos os recursos demográficos, econômicos e industriais do Estado sob o governo de um ditador militar. Já que essa mobilização "profunda" era demorada, era preciso que começasse em tempos de paz, o que, por sua vez, significava que a ditadura, provavelmente sob a chefia de ninguém mais senão o próprio *Feldherr* Ludendorff, devia tornar-se permanente[142].

Quando eclodiu a Segunda Guerra Mundial em 1939, a princípio pareciam confirmar-se as idéias de Liddell Hart e Fuller. É questão de debate se foram indiretas as operações que primeiro acabaram com a Polônia e, depois, com a Noruega, os Países Baixos, a França, a Iugoslávia, a Grécia, as possessões do império britânico no Oriente Médio e (quase) a Rússia; o indiscutível é que foram encabeçadas por forças blindadas compostas de dezenas e, mais tarde, centenas de milhares de máquinas, desde veículos leves de reconhecimento (jipes) até viaturas para transporte de pessoal, artilharia motorizada ou autopropulsada, e tanques. Fosse qual fosse a manobra, essas forças tinham o apoio de esquadrões de aviões, embora pouco devessem a Douhet e, pelo menos inicialmente, se concentrassem em alvos militares, não civis[143].

Não obstante, as primeiras vitórias foram enganosas. Se um punhado de divisões Panzer e as formações aéreas que as acompanhavam e lhes davam cobertura podiam varrer do mapa as potências pequenas e médias, não conseguiam fazê-lo com as continentais como a União Soviética e a própria Alemanha. Primeiro a Wehrmacht, depois o Exército Ver-

---

142. E. Ludendorff, *The Nation at War* (Londres: Hutchinson, 1938), pp. 11-85.

143. Ver M. van Creveld, *Airpower and Maneuver Warfare* (Maxwell AFB: Air University Press, 1994), cap. 2.

melho e, por fim, os exércitos dos Aliados ocidentais descobriram que seu alcance era limitado. As exigências das ofensivas mecanizadas modernas eram tais que, quando ultrapassavam a marca dos 300 quilômetros, costumavam curvar-se ao próprio peso, mesmo quando, como na Rússia, no verão de 1941, ou na França, no outono de 1944, a resistência inimiga era fraca ou inexistente[144]. Em conseqüência disso, embora as movimentações operacionais fossem muito mais ousadas e avançassem muito mais do que na Primeira Guerra Mundial, a Segunda Guerra Mundial, assim como sua predecessora, tornou-se uma vasta luta de atrito.

Quando os beligerantes resolveram mobilizar completamente suas economias para essa luta, também recorreram aos bombardeios como meio de destruir a mobilização do outro lado – demolindo, assim, a diferença entre governo, exército e povo que fora elaborada de maneira tão árdua a partir de 1648. Os primeiros a tentar fazer com que países inteiros caíssem de joelhos por meio de bombardeios aéreos foram os alemães em Varsóvia e Roterdã (embora o ataque a Roterdã possa ter sido conseqüência de uma falha de comunicação). Em seguida, lançaram o que chamavam de *Blitz* contra a Inglaterra; mas a força aérea alemã, montada com outro estilo de guerra em mente, não tinha o avião nem a resistência necessários para tal fim. Assim, a honra de serem os primeiros – e, até hoje, praticamente os únicos – a aplicar o bombardeio "estratégico" em escala realmente larga pertence à Inglaterra e aos Estados Unidos. Não se sabe se esses comandantes da aeronáutica tinham ou não lido Douhet – e é provável que não –, mas a verdade é que não relutaram em propor que poderosas frotas de aviões, cada um com a propulsão de quatro motores e transportando de 3 a 5 toneladas de explosivos, poderiam vencer a guerra contra o Eixo quase sem auxílio. Nessa ocasião, suas pretensões mostraram-se exageradas; depois que adotaram o radar, os

---

144. K. L. Privatsky, "Mobility Versus Sustainability", *Military Review*, 67, 1, 1987, pp. 48-61.

aviões provaram que podiam voar com tanta eficiência na defesa quanto no ataque. Ainda hoje se discute se, considerando as realidades tecnológicas da Segunda Guerra Mundial, teria sido possível encontrar uma maneira melhor de derrotar a Alemanha e o Japão do que bombardear suas cidades[145]. O fato indiscutível é que a US Air Force e a Royal Air Force juntas lançaram cerca de 2,5 milhões de toneladas de bombas. Quando os soldados aliados entraram nas cidades alemãs em 1945, encontraram-nas abandonadas até pelos pássaros.

Enquanto isso, na tentativa de descobrir meios ainda mais eficientes de demolir uns aos outros, os Estados começaram a mobilizar a ciência para tal fim; em vez de continuar nas mãos da iniciativa privada, como em geral acontecia antes de 1914, o próprio processo de invenções científico-tecnológicas foi recrutado e posto à disposição do Estado[146]. Durante a Segunda Guerra Mundial, ampliou-se o âmbito desse trabalho, a ponto de dezenas de milhares de cientistas serem obrigados a trabalhar em tempo integral para criar melhores armas e, incidentalmente, descobrir o que o inimigo poderia ter na manga. O progresso tecnológico militar, que se podia medir em décadas até meados do século XIX, acelerou-se até levar apenas alguns anos ou mesmo meses para criar um novo sistema de armas e torná-lo operante. Por exemplo, o caça Messerschmidt 109 alemão e o Spitfire inglês foram ambos lançados em 1938-39. Por volta de 1944-45, o primeiro já passara por nove modificações no modelo e o segundo, quatorze; nesse ponto ambos foram substituídos por tipos novos e ainda mais potentes[147]. Foi uma experiência bem típica. Os tanques da safra de 1940 não teriam

---

145. A mais recente contribuição para o debate é de R. Overy, "World War II: The Bombing of Germany", em A. Stephens (org.), *The War in the Air 1941-1945* (Fairbairn: Air Power Studies Centre, 1995), pp. 113-40.

146. Ver W. H. McNeill, *The Pursuit of Power: Technology, Armed Force and Society Since AD 1000* (Londres: Weidenfeld & Nicolson, 1982), pp. 170-4.

147. Detalhes em E. Angelucci, *The Rand McNally Encyclopaedia of Military Aircraft, 1914 to the Present* (Nova York: Gallery Books, 1990), pp. 185-6.

a menor chance contra os produzidos apenas dois ou três anos depois, ao passo que os porta-aviões com os quais a marinha dos Estados Unidos, por exemplo, terminou a guerra eram aproximadamente duas vezes maiores que aqueles com os quais entrara na guerra.

O maior triunfo do Estado, porém, ainda estava por vir. Entre 1939 e 1945, foram mortas entre 40 e 60 milhões de pessoas com o auxílio de armas convencionais; ainda não satisfeitos, os Estados continuaram a procurar armas mais potentes. Em locais secretos nos desertos, protegidos por quilômetros e mais quilômetros de arame farpado, as melhores cabeças se reuniram, com verbas ilimitadas, para trabalhar. Em 1938, Otto Hahn, em Berlim, foi o primeiro a dividir o átomo. A importância da descoberta lhe fora explicada por sua ex-assistente, Lise Meitner: em dois anos os artigos sobre física nuclear tinham desaparecido da literatura científica internacional – sinal claro de que as instituições de defesa dos Estados mais poderosos haviam assumido o controle e que nem mesmo os segredos mais elementares do universo estavam a salvo de suas garras[148]. Tamanha era a magnitude da tarefa, que só poderia ser realizada pelo Estado, e pelo maior e mais potente de todos. Por outro lado, a velocidade em que foi realizada é espantosa, o que fornece mais uma prova do que o Estado era capaz de fazer quando estava decidido. Desde a nomeação do general Leslie Groves – excelente organizador até então conhecido principalmente por sua mania de sigilo – para dirigir o Projeto Manhattan até que se detonasse a primeira bomba em Los Alamos, passaram-se apenas três anos[149]. Em 6 de agosto de 1945, belo dia de verão, um só bombardeiro pesado sobrevoou Hiroshima e lançou uma única bomba. Minutos depois, o céu se rasgou. Brilharam mil sóis, 75 mil pessoas caí-

---

148. F. Rhodes, *The Making of the Atomic Bomb* (Nova York: Simon & Schuster, 1988) é o melhor relato acerca do Projeto Manhattan.

149. Ver seu relato de primeira mão em *Now It Can Be Told* (Nova York: Harper & Row, 1962).

ram mortas ou agonizantes, e a guerra total, que os Estados do mundo tinham passado três séculos aperfeiçoando, aboliu a si mesma.

A apoteose do Estado

Nascido em pecado, rebento bastardo da autocracia em declínio e da burocracia em frenesi, o Estado é um gigante manejado por pigmeus[150]. Enquanto indivíduos, os burocratas, mesmo os dos cargos mais elevados, podem ser pessoas bondosas, inofensivas, e um tanto modestas; mas, coletivamente, criaram um monstro cujo poder supera em muito o dos mais poderosos impérios de outrora. Um dos motivos disso é que, ao contrário de todos os grupos governantes anteriores, não têm de pagar as despesas do governo de seu próprio bolso. Pelo contrário, tiram dele seu sustento; as salas onde se reúnem, as mesas às quais se sentam e os computadores com os quais (hoje em dia) trabalham, tudo é fornecido pelo governo. Outro motivo é que, também ao contrário da maioria dos grupos governantes anteriores, obedecem a regulamentos e diretrizes fixas, sem ira nem paixão – embora, é claro, favoreçam seus próprios interesses acima de tudo. Porém, o motivo mais importante é que eles, ao contrário de Calígula ou Gêngis Khan, por exemplo, têm uma personalidade coletiva que os torna imortais. Simplesmente esperando, o Estado sobrevive a quaisquer "pessoas físicas" que se atrevam a cruzar seu caminho. Por conseguinte, o ideal é que seja capaz de governar os súditos de braços cruzados, em vez de apelar para a força – não que tenha relutado muito em recorrer também à força.

Quando viu a luz do dia pela primeira vez, o Estado era relativamente pequeno e fraco, a ponto de alguns governantes megalomaníacos o olharem de cima e afirmar que era

---

150. A frase é de H. de Balzac, *Bureaucracy* (Boston: Roberts, 1898; tradução inglesa de *Les employées*, 1836), p. 84.

idêntico à sua própria pessoa. De então em diante, foi crescendo incessantemente. A cada estágio, destacava-se da sociedade civil e se elevava acima dela. Ao fazê-lo, encomendava mapas e usava-os para fazer declarações políticas sobre si mesmo; construiu uma infra-estrutura de dados "estatísticos"; aumentou os impostos e, o que talvez seja o mais importante, concentrou-os em suas próprias mãos. Para completar seu predomínio, criou forças policiais e de segurança, prisões, forças armadas e órgãos especializados, responsáveis pela supervisão da educação e do bem-estar social – tudo isso, conforme salientou Max Weber, eram instituições burocráticas *par excellence* e, de certa maneira, simples reflexo do mecanismo ao qual serviam.

A começar pela Inglaterra durante os últimos anos do século XVIII, um Estado após outro também se sentiu forte o bastante para abrir as asas sobre a mais importante mercadoria de todas, isto é, o dinheiro. De fato, as primeiras tentativas foram hesitantes e levaram a pelo menos uma falência espetacular; porém, depois de 1800, a troca das barras de ouro pelo dinheiro em papel emitido pelo Estado e com a efígie do soberano foi definitiva. Durante o século XIX, a maioria dos Estados ainda mantinha o elo entre o dinheiro e os metais preciosos. Quando, porém, as duas guerras mundiais romperam tal elo e o dinheiro se tornou simples papel, os Estados usaram a necessidade de brigar com outros Estados como desculpa para exercer o controle direto sobre a economia por meio de leis, regulamentos e decretos. Via de regra, o processo por meio do qual o significado do dinheiro se transformou não aconteceu apenas neste ou naquele Estado, mas foi parte integrante da evolução do próprio Estado. De Washington, passando por Londres e Paris, Roma e Berlim, até chegar a Moscou e Tóquio, os princípios eram os mesmos. A principal diferença entre os Estados "livres" e os totalitaristas consistia no fato de que aqueles escolhiam seus governantes por meio de eleições democráticas (embora, conforme assinalou Hitler, a julgar por sua própria popularidade, o regime nazista talvez tenha sido o mais democrático da história)¹⁵¹. Por conseguinte, não precisavam empregar os instrumentos de repressão de que dispunham de maneira tão cruel, ou tão ampla, quanto os totalitaristas.

Inicialmente o Estado foi idealizado como mero instrumento para impor a lei e a ordem: um órgão composto de instituições, leis e pessoas que serviam a essas instituições e impunham o cumprimento dessas leis, funcionando como uma máquina ao realizar suas tarefas. Todavia, quase exatamente no meio de sua evolução, entre 1648 e 1945, deparou-se com as forças do nacionalismo que, até então, tinham se desenvolvido quase independentemente dele e, às vezes, contra ele. O Estado dos séculos XVII e XVIII não exigira afeto especial da parte dos súditos, contanto apenas que obedecessem a seus decretos e suas exigências de dinheiro e mão-de-obra; mas agora poderia recorrer ao nacionalismo para preencher seu vazio com um teor ético. Conforme concebido por Rousseau, Herder e outros, o nacionalismo – caso seja essa a palavra apropriada – era uma preferência inofensiva pelo país natal, por sua língua, seus costumes, seus trajes e suas festividades; depois de adotado pelo Estado, tornou-se agressivo e belicoso. Digerindo as mercadorias espirituais roubadas, o Estado transformou-se de meio em fim e de fim em deus. Na paz ou na guerra, esse deus geralmente estava disposto a respeitar os direitos de outros deuses semelhantes de terem uma existência soberana – basta observar todas a mesuras que governantes e diplomatas, e, não raro, até soldados, faziam uns aos outros, mesmo em época de guerra (quando Napoleão III foi capturado em Sedan em 1870, além de não sofrer nenhuma injúria, teve permissão para partir em liberdade). Dos súditos, porém, exigia lealdade absoluta, mesmo até a morte, infligindo-lhes castigos ferozes se ousassem desobedecer ou fugir do serviço à pátria, um padrão dúbio que demonstrava o que o Estado *realmente* achava deles.

Protegidas e, não raro, incentivadas pelo Estado, a ciência e a tecnologia modernas conseguiram prosperar como

---

151. Speer, *Errinerungen*, p. 79.

nunca. Conforme observamos acima, não fosse a burocracia, de um lado, e a pólvora, de outro, o Estado talvez jamais tivesse visto a luz do dia. Mais tarde, tanto Hobbes, a pessoa que de fato inventou o Estado, como seu colega, o cientista político inglês James Hartington, interessaram-se profundamente pela ciência e recorreram a modelos científicos para fundamentar os construtos políticos que tinham em mente[152]. Francis Bacon, em *Nova Atlântida* (1637), abordou o problema da direção oposta e descreveu um Estado imaginário que incentivava as ciências sistematicamente para aumentar seu próprio poder. Embora guardasse com zelo seus próprios segredos, o Estado despachava investigadores para esmiuçar novas descobertas no mundo inteiro; um dos resultados disso foram os canhões, capazes de atirar as balas mais longe, e com mais força, do que qualquer outra arma que os precedera. As idéias de Bacon disseminaram-se rapidamente, conforme demonstra o fato de que menos de quarenta anos após sua morte os mais importantes monarcas europeus já tinham fundado academias de ciências que tinham como uma de suas principais funções investigar problemas e apresentar invenções úteis para o Estado[153]. No início do século XVIII, a idéia de que se poderia usar a ciência para aumentar o poder do Estado chegara até à atrasada Rússia, na pessoa de Pedro, o Grande[154].

Isso, porém, foi só o começo. Além de usar as ciências e a tecnologia para aprimorar sua capacidade militar no combate a outros Estados, esses mesmos recursos também fortalecerem o domínio do Estado sobre cada centímetro do ter-

---

152. Sobre Harrington, ver B. I. Cohen, "Harrington and Harvey: A Theory of the State Based on the New Physiology", *Journal of the History of Ideas*, 55, 2, 1994, pp. 187-210.
153. Ver R. Briggs, "The Académie royale des sciences and the Pursuit of Utility", *Past and Present*, 131, 1991, pp. 38-88; e, em geral, P. Carroll, "Science Power, Bodies: The Mobilization of Nature as State Formation", *Journal of Historical Sociology*, 9, 2, 1996, pp. 139-67.
154. A. J. Rieber, "Politics and Technology in Eighteenth-Century Russia", *Science in Context*, 8, 2, 1995, pp. 341-68.

ritório e sobre a vida de cada cidadão. Assim, mais ou menos de 1850 em diante, os governos da França, Prússia (mais tarde, Alemanha), Piemonte (mais tarde, Itália) e Canadá promoveram sistematicamente a construção de ferrovias com o objetivo de ligar suas diversas províncias entre si e mantê-las sob controle centralizado[155]. Nos Estados Unidos, foram principalmente ponderações de cunho político que levaram à construção das linhas norte–sul que ligavam o meio-oeste com o Golfo do México, bem como a malha leste–oeste; em conseqüência disso, foi preciso esperar mais de uma geração para que a ferrovia transcontinental pusesse em circulação mais de um trem por semana e começasse a dar lucro. Na Rússia, relativamente recém-chegada ao mundo dos Estados[156], o vínculo entre as ferrovias e o governo que as financiava era tão íntimo que, para citar Lênin, "quando os trens pararem, será o fim"[157]. Limitando-nos aos países que foram alvo de pesquisas minuciosas, a França, a Rússia, o Japão, a Argentina e a Austrália, todos esses países exploraram o telégrafo com o mesmo fim – mesmo que, conforme aconteceu no primeiro país mencionado, o preço a ser pago pela imposição de um monopólio estatal no campo das telecomunicações fosse o atraso tecnológico[158].

Por fim, a transformação do Estado em deus na terra tanto pressupunha a existência da imprensa popular quanto a ajudava a concentrar seus interesses. Não é nosso fim

---

155. M. Merger, "Les chemins de fer italiens: leur construction et leurs effets", *Histoire, Economie et Société*, 11, 1, 1992, pp. 109-20; B. Mazlish (org.), *The Railroad and the Space Program: An Exploration in Historical Analogy* (Cambridge: MIT Press, 1965), pp. 29-30.

156. Ver, cap. 5, "Rumo ao leste europeu", pp. 378-403.

157. Sobre a história das ferrovias russas, ver V. Y. Larechev, "The Trend Towards State Monopoly in Pre-Revolutionary Russia's Railways", *Journal of Transport History*, 6, 2, 1985, pp. 37-47; as palavras de Lênin foram extraídas de J. N. Westwood, *A History of Russian Railways* (Londres: Allen & Unwin, 1964), p. 7.

158. P. Grisset, "L'état et les télécommunications internationales au début du XXe siècle en France: un monopole stérile", *Histoire, Economie et Société*, 6, 2, 1987, pp. 181-207.

investigar o aumento do número de leitores que foi propiciado pela combinação de tecnologia aprimorada com maior número de alfabetizados. Basta dizer que, só na Inglaterra, o número anual de jornais vendidos aumentou de 7, 5 milhões em 1753 para 25 milhões em 1826[159]; e isso aconteceu antes que o progresso de fins do século XIX elevasse a circulação a milhões *por dia.* Na Inglaterra, assim como na maioria dos outros países, os jornais nacionais existentes tinham sede, invariavelmente, na capital. Mesmo nos países onde o governo não procurava mantê-los em suas próprias mãos, como fazia a Rússia[160], a conseqüência foi a criação de uma categoria de assuntos "públicos" – ou seja, relativos ao Estado e que antes só interessavam a uma minoria – e a imposição deles à consciência das massas. O papel da imprensa na divulgação, por exemplo, da Guerra da Criméia, da renhida disputa pela África e da corrida naval anglo-alemã foi amplamente documentado. Além disso, a imprensa era capaz de fabricar fatos onde não existiam, como quando o assassinato do presidente Garfield fez com que "toda a raça inglesa" chorasse a morte de uma pessoa de cuja existência talvez nem tivessem ciência[161]. À época da Primeira Guerra Mundial, outro presidente dos Estados Unidos, Woodrow Wilson, reunia-se com a imprensa duas vezes por semana – uma boa indicação da capacidade da imprensa de fazer com que a vida pública girasse em torno do Estado.

Em troca do patrocínio do desenvolvimento tecnológico que viabilizou grande melhoria no padrão de vida, o Estado extorquia dinheiro a título de proteção. Em essência, isso consistia em sacrifício e dinheiro ilimitados, e chegou ao apogeu na primeira metade do século XX. Deleitando-se

---

159. Os números são de G. A. Cranfield, *The Press and Society: From Caxton to Northcliffe* (Londres: Longman, 1978), p. 139.

160. L. Reynolds, "Autocratic Journalism: The Case of the St. Petersburg Telegraphic Agency", *Slavic Review,* 49, 1, 1990, pp. 48-57.

161. M. Sewell, "'All the English Race is in Mourning': The Assassination of President Garfield and Anglo-American Relations", *Historical Journal,* 34, 3, 1991, pp. 665-86.

na guerra total, o Estado exigia e obtinha sacrifícios em escala que faria empalidecer até os velhos deuses astecas, tivessem eles imaginado tal coisa. Nem eram tão grandes as diferenças entre os países "totalitaristas" e "democráticos", como se costumava crer na época. No fim das contas, os Estados cujos regimes eram mais eficientes na extorsão da última gota de sangue dos cidadãos conquistavam a vitória, ao passo que os Estados menores, ou que tinham menos êxito na realização dessa empreitada digna de louvor, acabavam derrotados. Como sempre, o preço era pago pelos cidadãos, e não pelo Estado *per se*. Nos países derrotados alguns líderes foram decapitados, com ou sem julgamento; eram, enfim, dispensáveis, como prova o fato de que, sem exceção, os Estados em questão haviam renascido das cinzas e estavam novamente de pé menos de cinco anos após a maior guerra da história. Estava pronto o cenário para o verão indiano do Estado – uma última ascensão brilhante de seu poder antes do declínio inevitável. Antes de passar a essa história, porém, é necessário explicar como o Estado se propagou da Europa, onde se originou, para as outras áreas do globo.

5. A propagação do Estado: de 1696 a 1975

As primeiras unidades políticas a merecer a denominação de Estados foram França, Espanha, Portugal, Inglaterra, os países que compunham o Sacro Império Romano e a Escandinávia, e a Holanda. Mais ou menos durante seus primeiros cem anos de existência, todos esses Estados combinados ocupavam entre 2% e 3% da superfície terrestre; para ser mais exato, 3,75 milhões de quilômetros quadrados de uma massa terrestre total de 148 milhões. Todas as outras partes do mundo continuaram a ser habitadas, como o foram desde tempos imemoriais, por tribos sem governantes, chefias mais ou menos centralizadas e impérios de diversos tamanhos e descrições. Em alguns pontos do globo, como ao longo do litoral oriental da África e também em partes do que hoje são a Malásia e a Indonésia, a história indica a existência de cidades-Estado, evoluídas demais para se chamarem chefias, e não sujeitas a impérios maiores. Contudo, nenhuma delas era governada em moldes democráticos e não baseados na propriedade, como era na Grécia e na Roma antigas.

Admitindo-se o que foi dito até aqui, há três maneiras de estudar a propagação do Estado para outros continentes e sua vitória sobre outros tipos de sociedades organizadas. A primeira seria cronológica, sem levar em conta a localização: em outras palavras, seguir primeiro a marcha do imperialismo e, depois, da descolonização, conforme aconteceram. A segunda seria geográfica: isto é, dividir o mundo em várias regiões e analisar separadamente o modo como cada uma veio a dividir-se em Estados e ser governada por eles. A terceira seria examinar os *métodos* por meio dos quais os Estados se desenvolveram em regiões fora da Europa ocidental – se por imitação, como no Japão de meados do século XIX em diante, ou por conquista e subseqüente libertação, como na maioria dos outros lugares, ou alguma combinação dos dois métodos. Na medida em que esses métodos foram ditados, em sua maioria, pelo grau de civilização – nisso inclusa a civilização política – a que chegara cada região antes de ser atingida pelo Estado, é óbvio que esses caminhos estão inter-relacionados. O que se segue aqui representa uma síntese dessas três maneiras.

Rumo ao leste europeu

O primeiro país, além dos que acabamos de enumerar, a tornar-se Estado, ou algo semelhante, foi a Rússia. Sua construção teve início quando Pedro I, o Grande, assumiu o poder; por outro lado, as regiões que não foram capazes de desenvolver-se em Estados logo foram superadas ou tomadas pelos vizinhos. A história a ser contada nesta parte do livro é, conseqüentemente, a da Rússia, de um lado, e a da Polônia, de outro. Poderemos ilustrar a importância da modernização política com o auxílio de suas convicções opostas.

Caracteriza-se melhor a Rússia dos séculos XVI e XVII como um império patrimonial em desenvolvimento governado por um czar cujo posto, graças à conquista de novas terras, ia-se tornando cada vez mais absoluto[1]. Estava cercado por uma nobreza hereditária que tinha como fonte de seu poder político e econômico as terras que ocupava, quer fos-

---

1. A melhor análise do patrimonialismo russo está em R. Pipes, *Russia Under the Old Regime* (Harmondsworth: Penguin Books, 1974), principalmente pp. 52-4, 69-70, 77-9.

sem propriedades alodiais hereditárias, conhecidas como *votchiny,* quer fossem feudos ou *pomest'i,* que começaram a ser criados no governo de Ivan III, a partir da década de 1470. Assim como em outros países, a população de súditos era predominantemente rural. Porém, embora na maior parte da Europa a oeste do Elba essa população estivesse cada vez mais passando a ser proprietária das terras e adquirindo maior liberdade pessoal, na Rússia o desenvolvimento deu-se na direção contrária. Durante a primeira metade do século XVII, qualquer liberdade de movimento que os servos ainda possuíam foi sendo pouco a pouco cassada; quem desse abrigo a fugitivos podia ser obrigado a pagar indenização ao proprietário. Logo surgiu uma situação em que se podia comprar, vender e alugar os servos, individualmente ou em grupos, com ou sem as terras onde viviam e trabalhavam.

O início de uma série de grandes guerras contra os países mais desenvolvidos do Ocidente – primeiro a Polônia e depois a Suécia –, a partir de 1632, fez com que o czar passasse a depender mais da nobreza e levou ao *Sobornoe ulozhenie* de 1649[2]. Em razão da imensidade dos desertos russos e da freqüente ausência de rios navegáveis, o desenvolvimento de cidades sempre fora lento. Nessa ocasião, na tentativa de impedir os servos de fugir, completou-se sua segregação do campo e as cidades foram submetidas a controles mais rígidos do que nunca. Sem potencial humano novo, as cidades decaíram e, em conseqüência, ainda em 1815 só representavam cerca de 4% de toda a população[3]. Os próprios servos, governados por seus proprietários com pouca ou nenhuma supervisão superior, dividiam-se em quatro grupos. Talvez 10% pertencessem à Igreja. Coletivamente, a nobreza possuía cerca de 40%, ao passo que a família imperial contava

---

2. Sobre as principais condições do *ulozhenie,* ver R. E. F. Smith, *The Enserfment of the Russian Peasantry* (Cambridge: Cambridge University Press, 1968), pp. 141-52.

3. Sobre este e outros números acerca da população russa, ver J. P. LeDonne, *Absolutism and Ruling Class: The Formation of the Russian Political Order 1700-1825* (Nova York: Oxford University Press, 1991), cap. 2.

com 5% a 10%, dependendo do período em questão. A única exceção à propriedade privada, e cuja importância veio a crescer com o tempo, eram os *kazennye* – literalmente, "camponeses do tesouro"– que compreendiam, talvez, um terço do total. Concentrados principalmente no norte e no sul, viviam, em sua maioria, de terras recém-conquistadas, com a conseqüência que, em vez de serem incorporados aos domínios do czar, tornaram-se sujeitos à propriedade "pública".

Assim, a grande maioria da população do país (talvez 90%) foi reduzida a uma condição pouco melhor que a de escravos. A não ser quando eram vendidos ou desterrados (teoricamente, os proprietários de terras estavam proibidos de matar seus servos; o desterro era o equivalente à pena de morte), podiam esperar viver e morrer nas propriedades do amo. Qualquer evolução do Estado que pudesse acontecer na Rússia foi, por isso, adiada durante mais de dois séculos. O governo não conquistou pessoa própria, que é a essência do que aconteceu nos outros lugares; pelo contrário, o país era governado por uma parceria entre o czar, que até meados do século XIX podia falar de sua "solicitude paterna", e a nobreza. Esta compunha, talvez, 0,5% do total da população, e só os nobres tinham direito a qualquer tipo de posto no governo, tanto civil quanto militar ou eclesiástico. Com exceção dos padres e dos cidadãos, os membros restantes da população não tinham personalidade legal nenhuma.

Tendo logrado transformar metade da população da Rússia em propriedade particular, a nobreza em geral se deixava controlar pelo czar – embora não sem as revoltas ocasionais dos boiardos, que se recusavam a perceber que o mundo ao seu redor estava mudando. Houve um acontecimento pioneiro importante em 1682, quando o czar Teodoro II queimou em estilo cerimonial os Livros da Hierarquia, nos quais estavam registrados os títulos tradicionais da nobreza, instituindo assim sua própria liberdade de empregá-los como lhe aprouvesse. Entre 1712 e 1714 a servidão foi concluída por Pedro, o Grande. A antiga diferença entre *votchiny* e *pomest'i* foi abolida. De então em diante, todas as terras seriam de posse condicional e em troca de serviços, e a própria palavra que designava "nobre" foi substituída por *dvorianin* ou servidor imperial[4]. Foi importada do Ocidente uma série de títulos novos, como conde e barão. Dependendo do número de servos que possuíam, os nobres se dividiam em escalas de um (a mais alta) a catorze. As seis mais altas eram hereditárias e as restantes eram meramente pessoais. O nobre podia servir ao czar ingressando em uma das quatro hierarquias, isto é, o exército, a marinha (recém-criada por Pedro), a administração civil e a corte. A promoção de uma classe para outra era delegada nos níveis inferiores, mas nos superiores era controlada estritamente de cima. Na prática, não é preciso dizer que nem mesmo um gênio do calibre de Pedro I poderia supervisionar todos os membros de uma máquina que, em fins de seu reinado, consistia em 5 mil oficiais, além de um sem-número de burocratas civis. Por conseguinte, o sistema tornou-se uma imensa rede de clientelismo impregnada, de alto a baixo, de corrupção.

A criação de um sistema por meio do qual todos os títulos nobres provinham social e etimologicamente da corte também permitiu que Pedro extinguisse o velho conselho dos boiardos, ou duma, que era a mais elevada instituição do reino. Seu lugar foi ocupado por um senado nomeado, que concentrava as funções judicial, administrativa e de consultoria jurídica em suas próprias mãos. Nove colegiados, ou juntas, cada uma sob o comando de um presidente e com responsabilidade coletiva perante o Senado, carregavam o fardo do trabalho governamental de nível mais alto. Abaixo deles, o país estava dividido em oito *gubernias* ou regiões administrativas, cada uma das quais foi, mais tarde, dividida em províncias e distritos. Uma peculiaridade do sistema era que o emaranhado de *prikazy*, ou agências, administradas a partir de Moscou e responsáveis por uma série de funções

---

4. Ver um breve relato dessas reformas em E. V. Anisimov, *The Reforms of Peter the Great: Progress Through Coercion in Russia* (Armonk: Sharpe, 1993), pp. 186-93.

quase sempre conflitantes, não foi abolido; contudo, aos poucos os novos governadores foram assumindo essas agências e seu pessoal. Esses governadores transmitiam o poder do czar por todo o império, que, pelos padrões da Europa ocidental, já era inconcebivelmente vasto (16.834.350 de quilômetros quadrados em 1700), embora sua população fosse escassa, com regiões inteiras que não passavam de desertos.

Com o auxílio desse sistema administrativo, Pedro conseguiu instituir novos impostos. O antigo imposto sobre terras foi substituído pela capitação (primeiro sobre as residências, depois sobre indivíduos) e pelo censo. Ao contrário do Ocidente, a economia comercialmente subdesenvolvida oferecia poucas oportunidades de tributação indireta; ela era imposta, porém, ao sal e àquele outro pré-requisito indispensável da vida russa, a vodca. Havia também a corvéia e, para completar o fardo, os pagamentos em espécie. As autoridades do governo, bem como os soldados em trânsito, tinham de ser alojados e alimentados, e também era preciso fornecer-lhes transportes, como cavalos e carroças. Assim como nos países do antigo regime, a nobreza e os graus mais elevados da Igreja estavam isentos de todos os tipos de impostos, menos dos indiretos. O resto da população, inclusive os cidadãos, pagava e pagava: segundo um decreto imperial, nem mesmo o bobo da aldeia, os cegos, os aleijados e os senis eram considerados isentos. Diz-se que a média de ônus por servo aumentou cinco vezes entre 1700 e 1708, mesmo tendo caído o tamanho médio das propriedades. E isso antes de acrescentarmos as taxas que os diversos *prikazy* continuaram a exigir em troca dos serviços prestados e das reclamações investigadas.

Por volta de 1725, os gastos do governo, que em 1700 foram de 3,5 milhões de rublos, tinham chegado a quase 10 milhões. Grande parte disso foi gasta por Pedro na construção de uma nova capital, que não fora barata; o local escolhido era pantanoso e, antes de iniciar a construção, teve que ser drenado por engenheiros trazidos da Holanda especialmente para tal fim. Contudo, a maior parte do dinheiro foi usada para financiar uma máquina militar que, durante seu reinado, aumentou de poucas dezenas de milhares para cerca de 200 mil homens e ficou, então, no mesmo nível que os outros países importantes. Eram, sobretudo, forças de estilo ocidental. Já por volta de 1640, a antiga cavalaria *pomest'e*, criada para lutar contra os tártaros e outros povos seminômades, começara a ceder o lugar para outros tipos de soldado. Os primeiros a entrar em cena foram os *strel'tsy*, ou guardas palacianos. Tendo se rebelado em 1698, foram reprimidos à força e seus líderes foram executados, alguns pelas mãos do próprio Pedro, e substituídos por um exército comum que consistia em regimentos disciplinados de infantaria, cavalaria e artilharia[5]. Eram comandados por membros da nobreza – embora também houvesse nobres servindo nas fileiras – e seus soldados eram servos convocados na base de tantos em cada cem habitantes de cada aldeia e, em geral, serviam até morrer em combate ou de doença. As armas e os equipamentos necessários eram produzidos em fábricas de propriedade do governo que começaram a ser fundadas por volta de meados do século XVII e se expandiram muito durante o reinado de Pedro. Administradas por especialistas estrangeiros e com mão-de-obra que consistia em servos recrutados, durante todo o século XVIII forneceram ao exército equipamentos quase tão bons quanto seus equivalentes ocidentais.

Alguns anos antes de morrer, Pedro deu o último passo rumo ao governo absoluto, passando a ter sob seu controle também a Igreja. Sempre atento para rendas adicionais, o czar não nomeara sucessor quando o patriarca Adriano morreu em outubro de 1700. Foi selecionado um "supervisor" chamado Yavorsky, mas o poder ficou mesmo nas mãos do recém-criado Departamento Monasterial, cujo chefe, Ivan Mushin-Pushkin, não era do clero, mas um nobre secular. Embora esses atos tenham permitido a Pedro sugar uma par-

---

5. Sobre a ascensão do exército russo, ver R. Hellie, *Enserfment and Military Change in Muscovy* (Chicago: University of Chicago Press, 1971), pp. 151 ss.

te considerável da riqueza da Igreja durante um período provisório que acabou durando vinte anos, era ainda necessário regularizar a reforma. Esta se tornou a tarefa de Feofan Prokopovich, ex-arcebispo de Pskov e pessoa cultíssima que, em 1718, substituiu Mushin-Pushkin no cargo de supervisor e, de então em diante, trabalhou junto com o próprio Pedro.

Em 1721 Feofan publicou sua *Regulamentação espiritual*, documento que nos dois séculos seguintes seria o alicerce da Igreja Ortodoxa russa[6]. Aquela situação em que os "corações humildes" consideravam o patriarca igual ao czar se tornara intolerável e precisava ser remediada. Para corrigi-la, o próprio patriarcado foi abolido – há quem acredite que sob a ponta de uma adaga de aço empunhada por Pedro, que, com seu 1,98 m de altura, era uma ameaça terrível. Seu lugar foi ocupado por uma chefia coletiva na forma de um Santo Sínodo com autoridade igual à do Senado. Embora o próprio sínodo consistisse em eclesiastas, o poder estava nas mãos de um leigo que tinha o título de *ober-prokuror* – nesse caso, como em outros, a importação de termos estrangeiros pela burocracia russa em desenvolvimento teve conseqüências interessantes. Para salientar sua situação de autoridades do governo, os membros do sínodo recebiam salários, embora fossem apenas uma fração de sua renda, como era o caso de outras autoridades do governo em postos equivalentes. Os membros do menor escalão da Igreja perderam a isenção de impostos. Foram criadas inúmeras novas preces para comemorar as vitórias russas e os supostos feriados inventados para comemorar acontecimentos importantes da vida do czar; de fato, a relação entre o império e a religião oficial era tão íntima que, até a segunda metade do século XIX, abandonar a religião do Estado era crime.

Quando Pedro morreu em 1725, estava instituída uma entidade política que, por falta de nome melhor, só pode ser

---

6. Ver A. V. Muller (org.), *The Spiritual Regulation of Peter the Great* (Seattle: University of Washington Press, 1972). J. Cracraft trata de todas as reformas em *The Church Reform of Peter the Great* (Londres: Macmillan, 1971).

denominada império autocrático. Ao contrário dos Estados contemporâneos, não possuía uma sociedade civil. Conforme salientou o governador de São Petersburgo em 1718, a Rússia naquela época não tinha nem um termo correspondente à assembléia francesa. Explicar o significado de "reunião não supervisionada" aos habitantes da capital era bem difícil; e, de fato, esperava-se que tais reuniões só acontecessem ocasionalmente. Era tão pequeno o número de livros em circulação que Pedro censurou pessoalmente todos os que foram publicados; tampouco existia gráfica, a não ser as três que pertenciam ao governo[7]. Não que isso importasse, pois bem mais de 90% da população consistia em servos oprimidos e analfabetos. Estavam tão distantes de formar uma "sociedade" que, quando um ou outro era assassinado, sua morte era quase sempre tratada como causa cível, que não se resolvia levando o assassino a julgamento, mas indenizando o proprietário pela perda sofrida. Com a exceção parcial de uma minúscula classe de comerciantes, organizados em associações que se encarregavam dos fardos administrativos e fiscais[8], quem não fosse servo era *ipso facto* funcionário público secular ou eclesiástico. Pedro III, em data posterior, chegou a tentar obrigar os funcionários a usar uniforme, mas houve resistência e ele teve de abandonar a idéia.

Como vimos, o surgimento do Estado em outros países muito deveu à coesão interna e à disciplina de seus serviços públicos em ascensão. As primeiras fichas do governo, redigidas pelo próprio Pedro e que tinham como modelo as suecas, foram criadas em 1718-19. Em fins do século XVIII, a administração russa, como a de outros Estados, começava a elaborar as diretrizes que regeriam a admissão, a remuneração, a promoção e assuntos semelhantes no funcionalis-

---

7. Ver G. Marker, *Publishing, Printing and the Origin of Intellectual Life in Russia 1700-1800* (Princeton: Princeton University Press, 1985), p. 77.

8. Ver pormenores sobre as propriedades dos comerciantes, ou *posad*, em J. Michael Hittle, *The Service City: State and Townsmen in Russia, 1600-1800* (Cambridge: Harvard University Press, 1979), pp. 97-167.

mo público⁹. Contudo, a administração russa funcionava a portas fechadas. Assuntos que em outros países se discutiam livremente eram tratados como segredo de Estado – tradição que se manteve durante todo o período czarista e foi herdada pela União Soviética, que o sucedeu, e só agora está sendo desmantelada. Tanto isso quanto a tradição arbitrária que emanava do imperador para baixo – ainda em 1850, foi reafirmada uma antiga lei que autorizava os funcionários a dispensar, sem causa, os subordinados – impediram o surgimento de um dos elementos mais importantes do Estado moderno, isto é, seu *esprit de corps* burocrático. Onde surgiu, visava não tanto servir ao Estado, que aliás nem existia, mas funcionar como uma sociedade de ladrões e depenar o povo, se possível com a autorização do czar, mas, se necessário, pelas costas dele. Já a partir de Pedro, o Grande, os czares russos às vezes gostavam de apresentar-se como procuradores (decerto escolhidos por Deus) do povo, responsáveis pelo seu bem-estar tanto físico quanto espiritual. Contudo, a subida ao trono de cada novo czar costumava servir de oportunidade para reconfirmar a natureza "autocrática" do regime – para acabar com qualquer dúvida, Alexandre I, em 1799, chegou a promulgar uma lei especial que colocava toda a família imperial fora e acima da estrutura normal do direito cível e público. Para esses imperadores, seguir os passos de Frederico II e assumir o papel de servidor de um Estado impessoal teria sido logicamente um absurdo, ainda que tal idéia tivesse ocorrido a alguém.

O relativo atraso da Rússia durante esse período não impediu que se tornasse personagem cada vez mais importante no sistema internacional, embora considerado bárbaro pela maioria dos outros países. Com uma burocracia moderna, um exército moderno e armas modernas, o czar provou ser mais do que páreo duro para os inimigos ao sul e a leste, isto é, os impérios turco e persa, e os diversos canados tártaros. Os dois primeiros perderam grandes trechos do seu

---

9. Ver Pipes, *Russia Under the Old Regime,* pp. 285-6.

território e continuaram a perdê-los até os últimos anos do século XIX. Os últimos foram reduzidos a oponentes de terceira classe e protegidos, quando muito, do poder russo principalmente pela distância, pelo terreno e pelo simples fato de não possuírem nada que o czar e seus nobres, então aos poucos adotando os costumes ocidentais, considerassem de valor. A Rússia também marcou presença no Ocidente. Não é preciso relatar novamente a vitória do próprio Pedro sobre Carlos XII da Suécia. Na década seguinte, as forças da Rússia enfrentaram com êxito os poloneses na disputa pela Belarus; quando irrompeu a Guerra dos Sete Anos em 1756, suas forças lutaram pela primeira vez contra um Estado da Europa central, isto é, a Prússia. Durante as décadas de 1770 e 1780, a força da Rússia continuou a crescer na Europa, principalmente à custa da Polônia.

Esses acontecimentos chegaram ao auge nos dez anos seguintes a 1792. Tendo conquistado a parte do leão na terceira e última divisão da Polônia, a Rússia enviou suas forças para unir-se a diversas coalizões que se organizaram contra a França revolucionária; em breve já estavam operando em locais distantes de casa como a Suíça e o Adriático. O papel dos russos cresceu ainda mais a partir de 1806, quando as vitórias de Napoleão sobre a Áustria e a Prússia deixaram o czar Alexandre I na situação de seu único adversário além da Inglaterra. Refletindo o triunfo francês, especialmente na batalha de Friedland, o Tratado de Tilsit (1807) quase expulsou a Rússia da Polônia. Contudo, isso não durou: cinco anos após a assinatura do tratado, a Rússia sofreu invasão francesa maciça. Embora os pormenores da campanha não nos interessem aqui, sua importância na quebra do poder da Grande Armée é digna de registro – de uma força de 600 mil homens, voltaram menos de um terço. Passaram-se mais dois anos e o exército russo, que teve papel fundamental na vitória da batalha de Leipzig, entrou em Paris. No Congresso de Viena, Alexandre desempenhou o papel de *primus inter pares*. Entre um baile e outro, ele e seus colegas governantes ditaram o destino da Europa.

Nessa época, o sistema político petrino – se é que se pode chamá-lo assim – continuava essencialmente intacto. É claro que o século XVIII provocara algumas mudanças. As imperatrizes Ana (1730-40) e Isabel (1741-61) tinham elevado a idade de ingresso dos nobres no serviço imperial, de 14 para 25 anos; em 1762 o serviço obrigatório foi abolido por Pedro III. Em 1782-85, Catarina II acabou com a propriedade condicional de imóveis, transformando-os em propriedade privada, acrescentando também o direito de deixá-los em testamento para quem o proprietário escolhesse, em vez de deixar para o varão mais velho como antes. Com muitos proprietários de terras optando por viver em Moscou e São Petersburgo, começou a surgir uma classe de pessoas que, por poucos que fossem com relação à população total, não eram servos, nem oficiais, nem funcionários públicos, nem eclesiásticos: em resumo, o núcleo de uma sociedade civil. Entre os membros dessa elite começaram a infiltrar-se idéias liberais do Ocidente, cuja absorção fora muito facilitada pelo fato de que Pedro e seus sucessores tinham obrigado alguns dos súditos a estudarem no exterior. Depois de 1771, o governo autorizou a publicação e a leitura de livros que não fossem os produzidos pelo governo, embora nenhum deles deixasse de passar pela censura prévia. Tanto Catarina II quanto Alexandre II, no início de seus respectivos reinados, brincaram com o liberalismo[10], mas logo descobriram que fazê-lo era pôr o regime em risco. A conseqüência do jogo do governo de "um passo à frente, dois passos atrás" foi o Levante Decembrista de 1825, organizado por oficiais aristocráticos que tinham tomado conhecimento das idéias francesas. A rebelião fracassou e foi reprimida com brutalidade pelos soldados leais ao irmão do czar, príncipe Nicolau Pavlovich[11], que pouco depois subiu ao tro-

---

10. Sobre as tentativas de Catarina nesse sentido, ver M. Raeff, *The Well-Ordered Police State: Social and Institutional Change Through Law in the Germanies and Russia, 1600-1800* (New Haven: Yale University Press, 1983), pp. 235 ss.

11. Ver A. B. Ulam, *Russia's Failed Revolutions: From the Decembrists to the Dissidents* (Londres: Weidenfeld & Nicolson, 1981), pp. 3-65.

no como Nicolau I, assim confirmando a lei do cnute por mais uma geração.

De então até o fim do reinado, a Rússia entrou em compasso de espera, por assim dizer. Enquanto o Ocidente passava por uma sublevação tremenda conhecida, eufemisticamente, como industrialização, que, por sua vez, levou a repetidos levantes de violência revolucionária em 1830 e 1848-49, as mudanças sociais e econômicas no gigantesco império oriental prosseguiam em ritmo lentíssimo. Seu governante, Nicolau I, era quase tão alto quando seu ilustre ancestral, mas a semelhança terminava nisso. Embora ainda subgovernada para padrões ocidentais, a burocracia russa estava se expandindo[12]. Também se expandiam os regulamentos que regiam sua conduta: no Código das Leis de 1832, ocupavam não menos que 869 parágrafos, muitos deles tratando das formas de deferência que os *dvoriane* de escalão inferior deviam aos superiores. Pela primeira vez se traçou um limite entre as ofensas contra a pessoa do czar e as dirigidas aos funcionários do Estado – bênção ambígua, como salientou o próprio Nicolau quando distinguiu entre a nobreza alemã, que servia ao "Estado", e a russa, que servia a "nós"[13]. Em 1837, foi criado um Ministério de Domínios do Estado para que os funcionários da corte não fossem mais ministros *ex officio* e a receita do Estado não fosse mais igual à renda pessoal do imperador. Assim, a Rússia foi levada ao ponto que, na Inglaterra, por exemplo, fora atingido entre 150 e 300 anos antes.

Com o tempo, essas reformas poderiam ter levado à autonomia e ao surgimento de um Estado – conhecido em russo como *obshchestvo*, neologismo do século XVIII – separado da pessoa do governante. Nicolau, porém, reconheceu

---

12. Na década de 1830, a Rússia tinha 1,3 funcionário público para cada mil habitantes, a Inglaterra tinha 4,1 e a França, 4,8: S. Frederick Starr, *Decentralization and Self-Government in Russia, 1830-1870* (Princeton: Princeton University Press, 1972), p. 48.

13. Citado em Lincoln, *Nicholas I*, p. 52.

a ameaça. Individualmente, os membros da aristocracia eram impotentes; como oficiais do exército e autoridades administrativas, representavam um risco. Ao criar um novo órgão de governo pessoal conhecido, apropriadamente, como Secretaria de Sua Majestade, não sujeita a controle nenhum, exceto ao seu próprio controle, cortou a ameaça pela raiz. Os controles internos se enrijeceram, também em razão da criação de um aparato de polícia política sob a chefia de um de seus próprios *aides-de-camp*, conforme relatado anteriormente. Essas providências permitiram que Nicolau agisse como gendarme da Europa, enviando tropas para reprimir a democracia e o nacionalismo – que nesse período, em geral, caminhavam de mãos dadas – onde quer que surgissem. O império também continuou a conquistar novos territórios, principalmente à custa dos turcos, que vinham sofrendo, em média, uma derrota a cada geração. A campanha de 1829 levou os soldados russos até os portões de Constantinopla, onde só uma combinação de epidemia com protestos da parte das potências os obrigou a se retirarem. Conforme demonstraria a batalha de Sinope (1853), em meados do século a marinha do czar era capaz de expulsar das águas a armada otomana sempre que desejasse.

Por trás da fachada imponente do chamado sistema de Nicolau, a estrutura cujos alicerces tinham sido tão bem-plantados por Pedro, o Grande, estava começando a rachar. Na Inglaterra, as primeiras rocas mecanizadas entraram em operação por volta de 1760; a partir da década de 1830, o desenvolvimento econômico e técnico do Ocidente – viabilizado pela estrutura oferecida pelo Estado – superou em muito aquele que até a mais potente estrutura de comando da história poderia alcançar. A produção de eletricidade, ferro e carvão subiu de maneira fantástica. Com esses produtos veio a melhoria das comunicações, dos transportes e, talvez o mais importante, o tipo de progresso tecnológico constante que fazia do avanço mais rápido possível a condição para manter o ritmo: na Inglaterra, por exemplo, o número de patentes novas registradas anualmente aumentou vinte vezes entre 1650 e 1850[14]. Em grande privação dessas vantagens, a Rússia chafurdou-se mais do que nunca em seu próprio atraso – entre 1830 e 1860 seu PIB, que em data anterior representava 24% do PIB das cinco principais potências européias combinadas, caiu para menos de 20%[15]. Por volta de 1850, a Inglaterra produzia 2 milhões de toneladas de ferro fundido por ano, a França, 400 mil toneladas, e a Rússia, com uma população quase tão grande quanto a dos dois países juntos, apenas 227 mil toneladas[16]. A conseqüência disso tornou-se penosamente evidente durante a Guerra da Criméia (1854-56). "A guerra que se recusou a ferver", como fora apelidada, testemunhou os soldados ingleses e franceses operando na ponta de uma longa linha marítima de comunicações; na pessoa de Lord Raglan, foi comandada por alguns dos maiores palermas de toda a história militar. Não obstante, os aliados conseguiram resistir e, por fim, derrotar as forças da Santa Rússia em seu próprio solo, façanha que coroaram com a invasão de Sebastopol. Para o império do czar, os indícios eram bem claros – além de estarem os soldados ocidentais mais bem armados do que os soldados da Santa Rússia, os sistemas russos de organização, transportes e suprimentos fracassaram todos[17]. A Rússia precisava de reforma, ou se transformaria na próxima Turquia e seria dividida entre as outras potências.

Com a entronização de Alexandre II – aliás, o primeiro governante russo em 130 anos a ocupar o trono sem ter de aplicar algum tipo de golpe – chegava a hora da mudança. A

---

14. H. van der Wee, *De economische ontwikkeling van Europa 950-1950* (Louvain: Acco, 1950), p. 133.

15. Cálculos baseados em P. Kennedy, *The Rise and Fall of the Great Powers* (Nova York: Vintage Books, 1987), p. 171, tabela 9. Ver mais números sobre a situação econômica da Rússia em relação às outras potências durante esse período em *ibid.*, p. 149, tabelas 6 e 7.

16. Ver mais números em J. Blackwell, *The Beginnings of Russian Industrialization* (Princeton: Princeton University Press, 1968).

17. Ver pormenores em J. S. Curtis, *Russia's Crimean War* (Durham: Duke University Press, 1979).

partir de Catarina, a Grande, vários governantes russos tinham questionado se o sistema pelo qual a grande maioria da população era propriedade privada de uma pequena minoria era, de fato, compatível com a existência de um Estado moderno e pensaram em abolir a servidão[18]. A própria Catarina retirara nada menos que 20 mil aldeias das mãos da Igreja e as transferira para o Tesouro; seus sucessores fizeram tímidas tentativas de reduzir o número de propriedades privadas, recusando-se a entregar novas terras a indivíduos ou promulgando leis que facilitavam a emancipação[19]. Contudo, no fim das contas, ela, o filho e os dois netos retrocederam diante da esperada oposição dos *dvoriane*, e só quando acabou a Guerra da Criméia é que os dados foram finalmente lançados. Com a separação entre judiciário e executivo em 1861-64, o governo arbitrário chegou ao fim pelo menos em um aspecto fundamental. Foram criados um código uniforme de leis e um sistema de tribunais independentes, provido de juízes vitalícios cujas decisões nem mesmo o czar poderia anular – reformas que levaram a Rússia ao ponto que a Prússia, por exemplo, atingira entre 1760 e a publicação do *Allgemeines Landesrecht* em 1795. O mais importante de tudo isso foi a emancipação de mais de 40 milhões de servos, tanto de propriedade privada quanto da coroa. Pela primeira vez tinham direito a uma pessoa juridicamente independente, incluindo o direito à propriedade.

Decerto havia limites quanto a até que ponto Alexandre II estava disposto a ir. Embora sujeito à supervisão do judiciário em assuntos comuns, o Terceiro Departamento – que mudou de nome para Departamento de Assuntos Políticos – conservou o direito de isolar e desterrar pessoas consideradas perigosas para o regime sem declarar seus motivos pu-

---

18. Ver J. G. Eisen e G. H. Markel, "The Question of Serfdom: Catherine II, the Russian Debate and the View from the Baltic Periphery", em R. Bartlett (org.), *Russia and the Enlightenment* (Londres: Macmillan, 1990), pp. 125-42.

19. Sobre as origens das reformas que levaram à libertação dos servos, ver R. A. Zaionchovsky, *The Abolition of Serfdom in Russia* (Gulf Breeze: International Academic Press, 1978), pp. 4-81.

blicamente e sem apelação[20]. No nível mais baixo, os camponeses continuaram a ser governados pelo direito comum. Teoricamente, tinham liberdade para morar onde quisessem; na prática, continuavam presos a suas comunidades pela necessidade de pagar ao Tesouro o valor da terra que tinham adquirido, quase sempre a preços exorbitantes. Contudo, a partir de 1870, foi criada mobilidade social suficiente para viabilizar algumas mudanças do interior para as cidades. Isso e o alicerce firme fornecido à propriedade privada, por sua vez, ajudaram a indústria a decolar – entre 1848 e 1896, o número de trabalhadores industriais aumentou de 220.000 para 1.742.000[21]. Financiado pelo Tesouro, foi lançado um gigantesco programa de construção de ferrovias, unindo assim um vasto continente e permitindo a exploração de seus recursos. A partir da década de 1890, seguiu-se uma expansão espetacular principalmente da indústria pesada, grande parte dela também financiada pelo Estado e para servir a suas necessidades. Embora a grande maioria da população continuasse a viver da terra, onde sua renda *per capita* era baixíssima, por volta de 1913 essas reformas tinham transformado a Rússia na quinta maior economia do mundo, depois dos Estados Unidos, Alemanha, Inglaterra e França. Também tinha recuperado seu posto de maior potência militar, embora certamente não a mais eficiente, da Europa.

Nessas circunstâncias, por fim surgiu uma sociedade civil, embora numericamente pequena (já em 1900, menos de 1% da população tinha atingido a educação secundária); indica sua vivacidade o fato de que o número de publicações periódicas políticas e literárias subiu de mais ou menos vinte na época da morte de Nicolau I para sete vezes mais trinta anos depois. Contudo, na Rússia o setor da construção civil

---

20. Ver em R. Hinsely, *The Russian Secret Police* (Nova York: Hutchinson, 1970), esses e outros aspectos do governo arbitrário da Rússia durante esse período.
21. Números de E. H. Carr, *The Russian Revolution* (Nova York: Grosset & Dunlap, 1965), vol. I, p. 15.

e a aquisição de grandes propriedades ainda eram em grande parte questão de persuadir o governo a dar assistência em forma de tarifas, subsídios e empréstimos[22]. Por conseguinte, a maioria da *intelligentsia* – termo consagrado durante a década de 1860 – consistia em pessoas cultas que não eram proprietárias, tais como médicos, advogados, professores, oficiais de baixa graduação e estudantes: em resumo, gente com tudo a ganhar e nada a perder[23]. Alguns dos membros da *intelligentsia* – inclusive, notavelmente, um punhado de aristocratas – inclinavam-se para o anarquismo. Muitos outros eram liberais que admiravam o Ocidente e queriam imitá-lo, ao passo que outros ainda eram eslavófilos que rejeitavam o modernismo e costumavam sentir saudade de uma Velha Rússia imaculada, pré-petrina, onde o povo era devoto e o governo era uma combinação de ortodoxia com paternalismo[24]. Fossem quais fossem suas idéias, logo começaram a se chocar com as autoridades, exigindo reformas e, ao mesmo tempo, declarando que sua cultura e sua preocupação com as questões sociais lhes davam o direito de participar do governo. De fato, a questão da democratização, para a qual a criação de um parlamento e de partidos políticos teria servido de válvula de escape para essas pessoas, sempre voltava à pauta dos três últimos czares. Contudo, no fim, nenhum deles conseguiu outorgar uma constituição – dizem que o próprio Alexandre II declarou que o teria feito "naquele mesmo dia" se não estivesse convicto de que resultaria "no desmoronamento da Rússia"[25].

Com as aspirações políticas frustradas, a *intelligentsia* criou vários círculos de oposição. Eram numericamente fra-

---

22. Sobre a relação entre o Estado e a indústria russa nesse período, ver L. Kochan, *The Making of Modern Russia* (Harmondsworth: Penguin Books, 1965), pp. 155-7.

23. Sobre o surgimento da *intelligentsia*, ver D. Mueller, *Intelligentcija: Untersuchungen zur Geschichte eines politisches Schlagwortes* (Frankfurt: Roediger, 1971).

24. Ver A. Gleason, *European and Muscovite: Ivan Kireevskii and the Origins of Slavophilism* (Cambridge: Harvard University Press, 1972), esp. cap. 9.

25. Citado em Ulam, *Russia's Failed Revolutions*, p. 123.

cos para conseguir alguma coisa; por conseguinte, recorreram a uma aliança com "o povo", como fizeram os diversos movimentos "Vontade do Povo", "Caminho do Povo", "Retorno ao Povo" e "Vingança do Povo", que consistiam em um punhado de intelectuais. Sempre interrompidos pela polícia, que confundia com atividade subversiva o seu discurso radical, sempre ressurgiam. Cada grupo costumava tornar-se mais organizado e mais resoluto que o que o precedera. Do discurso revolucionário, passaram aos atentados com bombas e assassinatos, sendo as duas mais importantes vítimas o czar Alexandre II (1881) e o primeiro-ministro Stolypin (1911). Por volta da década de 1890 já tinham surgido facções de orientação marxista, e a mais radical delas se tornaria o grupo bolchevique de Lênin. Mesmo antes de 1914, a panfletagem desses grupos já havia começado a radicalizar as massas, em especial nas cidades. Embora os sindicatos fossem proibidos, ainda assim foram fundados alguns.

Em 1904-5, a fraqueza do governo do czar tornou-se evidente com a derrota da Rússia na guerra contra o Japão, bem como na revolução frustrada que a seguiu[26]. As tentativas de última hora de ampliar o apoio ao regime por meio da democratização também fracassaram; por fim, foi a Primeira Guerra Mundial que, ao reduzir drasticamente o seu já baixo padrão de vida e transformá-las em bucha de canhão, amadureceu as massas russas para a revolução. A sociedade comunista instituída depois de 1917 acabou com os últimos vestígios de patrimonialismo – de então em diante, os indivíduos não eram mais proprietários de suas casas, muito menos de países. Mas, ao mesmo tempo, transformou *todos* em servidores do Estado, não por necessidade e em tempos de guerra, como nos países de mentalidade liberal do Ocidente, mas permanentemente e como parte essencial da ideologia oficial. Em vez de se delinear um limite claro en-

---

26. Ver uma breve história desses anos em W. Bruce Lincoln, *In War's Dark Shadow: The Russians Before the Great War* (Nova York: Simon & Schuster, 1983).

tre o privado e o público, que nos outros países era a própria essência da modernização política, o primeiro foi devorado pelo segundo. Teoricamente e em grau considerável também na prática, não se podia dar nem um passo nem alimentar qualquer pensamento que não fosse ditado pelo Estado.

Na Rússia, o fator decisivo que tanto viabilizou a criação bem-sucedida de uma organização política centralizada, quanto impediu que se tornasse um Estado maduro, foi o alistamento obrigatório da nobreza combinado com a "privatização" do restante da sociedade, cuja maioria consistia em servos. Não foi o que aconteceu na Polônia que, em fins da Idade Média, chegou ao ponto em que era a nobreza, *szlachta*, que dominava a coroa, e não o contrário[27]. Em parte, esse êxito foi possível em razão dos números: a *szlachta* representava 7% da população, o que a tornava mais numerosa e influente do que em qualquer outro lugar. O primeiro passo decisivo foi dado em 1374, nos termos do Pacto de Kosice, também conhecido como Magna Carta polonesa, porém fadada a lançar o país num rumo bem diferente daquele da Inglaterra. Quando o trono estava sendo disputado pela filha do rei Luís e sua esposa, a nobreza apoiou a primeira com sua influência. Em troca, exigiram que seus membros não fossem tributados em mais de dois *groschen* por ano – quantia tão pequena que logo já nem valia mais a pena recolher – e que não se aprovasse nenhum outro imposto sem seu consentimento. Para completar, a justiça e a cunhagem de moedas deviam permanecer sob seu controle; e, o mais importante, a monarquia hereditária seria, de então em diante, eletiva, para que os futuros candidatos só pudessem assumir os cargos com a anuência da nobreza e depois de se sujeitarem às condições que lhes fossem impostas.

---

27. Sobre o modo como se conseguiu isso, ver A. Wyczanski, "The System of Power in Poland, 1370-1648", em A. Maczak *et al.* (orgs.), *East-Central Europe in Transition: From the Fourteenth to the Seventeenth Century* (Cambridge: Cambridge University Press, 1985), pp. 140-52.

Esses acontecimentos fizeram com que a autoridade política da Polônia passasse às mãos da alta nobreza. Seu órgão principal era o Conselho Privado; em 1493, este foi transformado em um senado com cem membros. O senado, por sua vez, tornou-se câmara alta do Parlamento, ou Sejm, ao passo que a câmara baixa, com 150 membros e também conhecida pelo nome de Sejm, foi ocupada pela baixa nobreza. Em 1505, a promulgação de leis tornou-se privilégio exclusivo do Sejm; já tendo obtido o direito ao *habeas corpus* em 1434, a nobreza polonesa era, então, a mais emancipada da Europa – possuía o que gostava de chamar *aurea libertas*, o que, de fato, rendeu frutos áureos para os maiores entre seus membros. De então até a extinção do país em fins do século XVIII, houve cerca de duzentas sessões no Sejm, todas dominadas pela Lei Nihil Novi (Nenhuma Inovação) que foi adotada em 1505. Assim como na Rússia, o primeiro uso que a nobreza fez de seu poder foi escravizar os camponeses. Em 1518, estes foram proibidos de apelar das cortes senhoriais às reais; de então em diante, os latifundiários poloneses não podiam ser repreendidos nem pelo assassinato dos servos.

Em 1572, a morte do último representante da grande dinastia Jageloniana levou a Polônia a um interregno que durou três anos. A oportunidade serviu para transferir o direito de eleger reis do senado para todo o Sejm. Na teoria, este era eleito por toda a nobreza. Na prática, tornou-se território de menos de trezentas famílias abastadas, que tratavam a nobreza inferior como criados e cuja influência se estendia por distritos inteiros – os noventa maiores latifundiários, por exemplo, possuíam em média mil círculos familiares cada um. Ao cruzar as portas do Sejm, todos os membros eram considerados iguais. Formalmente em 1652, mas na prática muito antes, adotaram o *liberum veto*, acordo que dava a cada um o direito de não só vetar a lei em trâmite, mas também todas as outras aprovadas durante a seção[28]. Para

---

28. Ver pormenores da criação do *liberum veto* em *The Cambridge Medieval History* (Nova York: Macmillan, 1971-), vol. VIII, pp. 566-7; e *The Cambridge History of Poland* (Nova York: Octagon, 1971-), vol. I, p. 193.

"salvaguardar as liberdades que nossos ancestrais conquistaram com combates sangrentos", segundo um nobre[29], os membros reivindicaram o direito de freqüentar as reuniões armados, a cavalo e acompanhados por seus criados – que às vezes eram tão numerosos que precisavam ser agrupados em "regimentos". Esse comportamento pouco contribuía para a ordem durante as sessões. Era freqüente degenerarem em brigas, com os representantes jogando livros e copos uns nos outros e se escondendo sob os bancos para se desviarem. Em todo caso, servia pelo menos para transformar as sessões em espetáculos a que valia a pena assistir.

A segunda metade do século XVI foi também o período em que, para usar a frase cunhada por um famoso historiador, a Europa estava dividida[30].

Enquanto no Ocidente as populações cresciam, as cidades prosperavam e surgiam as primeiras empresas capitalistas de grande porte, os vastos espaços abertos do leste europeu – sobretudo Prússia e Polônia – se transformavam nos celeiros desse Ocidente desenvolvido. Como também acontecera na Prússia, porém em muito maior grau, esse desenvolvimento favoreceu a nobreza polonesa – em especial, como sempre, a alta nobreza – e prejudicou as cidades. Durante a Idade Média, estas haviam se tornado tão avançadas quanto as do Ocidente e o artesanato e a vida intelectual floresceram como em nenhum outro lugar. Agora se viam transformadas em entrepostos do comércio de cereais, onde os navios estrangeiros – primeiro os alemães e os holandeses, mais tarde os ingleses – vinham se carregar, o que plantou o alicerce de seu subseqüente declínio[31].

---

29. Extraído de C. S. Leach (org.), *Memoirs of the Polish Baroque: The Writings of Jan Cryszostom Pasek, a Squire of the Commonwealth of Poland and Lithuania* (Berkeley: University of California Press, 1976), p. 213, que descreve a convocação do Sejm para as eleições reais de 1609.

30. J. H. Elliott, *Europe Divided, 1559-1598* (Londres: Fontana, 1968), especialmente pp. 43-50.

31. Ver M. Bogucka, "The Towns of East-Central Europe from the Fourteenth to the Seventeenth Century", em Maczak *et al.*, *East Central Europe in Transition*, pp. 97-108.

Desde os acontecimentos de 1572, que transformaram a Polônia numa república aristocrática (Rzeczpospolita), seu trono passou a ser ocupado por uma sucessão de nobres, alguns nativos e outros estrangeiros. Entre estes houve um herdeiro do trono francês, um eleitor de Brandemburgo, vários príncipes suecos (Vasa) e dois eleitores da Saxônia, para não falar de uma série de candidatos malsucedidos, entre eles, certa ocasião, Ivan, o Terrível. Depois de eleitos, todos permaneciam enredados na política de seus países natais. Bastante limitados pelos juramentos de coroação que lhes impunham os súditos poloneses, nenhum deles conseguiu instituir dinastias que durassem mais que duas gerações. Enquanto os outros países estavam empenhados em transformar as instituições reais em estatais, na Polônia não existia chancelaria real, nem burocracia real, nem tentativas de centralizar a tributação (havia duas famílias nobres, os Radziwil e os Potocki, que, juntas, conseguiam igualar os recursos da própria coroa), e raramente se podia contar com algum judiciário real, a não ser um fraco sistema de tribunais de apelação que, naturalmente, só atendiam à nobreza e a ninguém mais. A situação do exército também não era melhor. Assim como seus equivalentes aristocráticos em outros lugares, porém com maior êxito, os nobres poloneses resistiram à modernização militar. Na ausência de um Ministério da Guerra com administração burocrática ou de um grande número de cidades fortificadas, não conseguiram acompanhar a tendência universal rumo a mais infantaria, artilharia e técnicos trabalhando em formações disciplinadas. Pelo contrário, ativeram-se à cavalaria – o renome dos lanceiros poloneses os precedia –, cada membro da pequena nobreza sendo, de fato, seu próprio comandante e levando consigo seus criados maltreinados, mal-equipados, desorganizados e quase sempre bêbados[32].

---

32. Ver a descrição dos "polacos", em H. F. Fleming, *Der vollkommene Deutsche Soldat* (Leipzig: o autor, 1726), vol. I, p. 41; and E. Wimmer, "L'infanterie polonaise aux XV-XVIIIe siècles", em W. Biegansky *et al.* (orgs.), *Histoire militaire de Pologne: problèmes choisis* (Varsóvia: Edition du Ministre de la defense nationale, 1970).

Durante a segunda metade do século XVII, os poloneses, embora tivessem perdido o controle do litoral báltico para o grande eleitor da Prússia, Frederico Guilherme, ainda conseguiram obter vitórias impressionantes sobre a Rússia (que estava ainda mais atrasada) e a Turquia (embora mais soldados austríacos do que poloneses tenham participado do resgate de Viena em 1683). Contudo, as guerras do período fizeram com que a população caísse de 10 milhões para, talvez, 7 milhões[33]. Depois da morte do lendário soldado Jan Sobieski em 1696, tudo começou a se desmoronar. A Grande Guerra do Norte de 1700-21 terminou com a transformação do país praticamente em protetorado russo. Depois de derrotar os suecos, Pedro, o Grande, tomou a Livônia para si. Foram impostos limites formais ao tamanho do exército polonês, enquanto o emprego de oficiais prussianos que poderiam ter invertido a situação estava explicitamente proibido. Por volta da década de 1760, embora a Polônia ainda controlasse um território maior que o da França e uma população comparável à da Inglaterra, o exército nacional só conseguiu recrutar 16 mil homens. Além disso, cada nobre tinha seu próprio exército privado; por exemplo, a família Czartoryski tinha de 3 mil a 4 mil homens, os Potocki tinham 2 mil, e os Radziwil (pai e filho) talvez 15 mil. Enquanto a Prússia, menor das potências, possuía 150 mil soldados disciplinados permanentes, os polacos mal conseguiram recrutar um terço desse número, ao todo. Conforme Frederico II a definiu de maneira caracteristicamente mordaz, a Polônia se tornara "uma alcachofra, pronta para ser comida folha por folha"[34]. A primeira divisão aconteceu em 1772 e custou ao país quase 259 mil quilômetros quadrados (quase 30% do território), bem como 4,5 milhões de pessoas (35% da população).

---

33. Ver alguns números em E. Fuegedi, "The Demographic Landscape of East-Central Europe", in Maczak *et al.*, *East-Central Europe in Transition*, p. 57.

34. Os números e o trecho foram extraídos de J. Lukowski, *Liberty's Folly: The Polish-Lithuanian Commonwealth in the Eighteenth Century 1697-1795* (Londres: Routledge, 1991), p. 34.

Impelidos pela ameaça iminente à sua existência, os poloneses, sob o comando do rei Estanislau II Poniatowski (1764-95), finalmente começaram a aprovar reformas inspiradas pela idéias de Montesquieu, Rousseau e Washington, entre outros. Depois dos Estados Unidos, a Polônia, em 1791, tornou-se o segundo país da história a adotar uma constituição escrita. O *liberum veto* foi abolido, ainda que apenas durante um período experimental de 25 anos. Isso permitiu que Poniatowski instituísse o primeiro gabinete moderno que, por sua vez, logo levou a uma reforma no sistema de tributação e à criação do núcleo de um exército moderno, inclusive, em 1765 e 1774, respectivamente, a primeira escola de oficiais e a primeira escola de artilharia[35]. Por volta de 1790, o número de soldados regulares aumentara para 65 mil; também surgiram os primórdios de um corpo diplomático e um Ministério da Educação Pública (Komisja Edukacji Narodowei, o primeiro de qualquer país responsável por duas universidades e oitenta escolas secundárias ou ginásios). É verdade que as leis que visavam emancipar os servos jamais chegaram a lugar nenhum; um escritor, Tomasz Dluski, chegou a declarar que qualquer pessoa que sugerisse tal providência deveria passar por exame de sanidade mental. Contudo, mesmo nesse caso houve progresso suficiente, graças à iniciativa de nobres privados para tornar a Polônia atraente para meio milhão de imigrantes dos países vizinhos.

Embora enfrentassem obstáculos imensos – na década de 1780, a classe ilustrada da Polônia consistia em 2 mil pessoas no máximo –, essas reformas, se tivessem tido a oportunidade de se desenvolver, talvez tivessem transformado a Polônia num Estado moderno. Na verdade, incitaram a ira dos governantes vizinhos, que temiam a contaminação de seus próprios súditos – como expressou o embaixador da Prússia, Ewald von Hertzberg, seu país não poderia esperar

---

35. Sobre a escola de oficiais, ver E. Malicz, "Die Rolle des gebildeten Offiziers im Europa des 18. Jahrhunderts: die Polnische Ritterakademie in den Jahren 1765-1794", *Zeitschrift für Ostforschung*, 38, 1, 1989, pp. 82-94.

defender-ser contra "uma nação populosa e bem-governada". Na opinião de Catarina, a Grande, os acontecimentos em Varsóvia "tinham superado todas as loucuras da Assembléia Nacional parisiense"[36]. Assim, as reformas, em vez de alcançar seu objetivo e salvar a Polônia, ajudaram a realizar a segunda e a terceira partilhas, que aconteceram em 1793 e 1795, respectivamente. É significativo que a resistência com que depararam os invasores não fosse coordenada pelo governo, cujos chefes, liderados pela própria família real, foram os primeiros a fugir para o exílio; pelo contrário, assumiu a forma de rebeliões populares lideradas por pessoas como Tadeusz Kosciuszko e Henryk Dabrowski, ambos membros da nobreza e diplomados pela escola de oficiais de Varsóvia. Varrida do mapa, a Polônia passaria por várias transformações. Primeiro, Napoleão criou o Grão-Ducado de Varsóvia. Depois, os russos, que retornaram após 1812, criaram o "Reino da Polônia"como uma espécie de protetorado. Contudo, depois de uma rebelião fracassada em 1863-64, o próprio nome Polônia foi apagado; em seu lugar apareceram as "Terras do Vístula". O Estado polonês independente só ressuscitou em 1918, quando duas das potências da ocupação (Alemanha e Áustria) foram derrotadas e a terceira (Rússia) passou por uma revolução à qual se seguiria a destrutiva guerra civil de 1918-19. Conforme já se disse, a Polônia parecia um canário que engolira três gatos.

Os destinos opostos da Rússia e da Polônia ilustram, cada um à sua maneira, tanto a expansão do Estado quanto as conseqüências de se deixar de adotar suas instituições. Na Rússia, a construção do aparato estatal deu-se principalmente por imitação e, muitas vezes, sob a orientação de especialistas ocidentais, tanto civis quanto militares, importados especificamente para tal fim. Esse Estado sem Estado – é difícil encontrar termo melhor – permitiu que o país não ficasse para trás internacionalmente e se desenvolvesse internamente, embora à custa do alistamento da nobreza e

---

36. Ambos os trechos são de Lukowsky, *Liberty's Folly*, p. 253.

de submeter a maior parte da população à servidão – e mesmo assim só até certo ponto. Quando a história, impulsionada pelo motor a vapor, passou desse ponto, o país foi ultrapassado pelos concorrentes. Embora tenha havido algumas mudanças, foram poucas e realizadas tarde demais. Por fim, irrompeu a revolução que exterminou todo o aparato antiquado e matou centenas de milhares de seus membros.

Na Polônia, pelo contrário, a nobreza recusou-se a seguir o exemplo do Ocidente ou do Oriente e entrar em parceria com a monarquia – a ponto de, até os dias de hoje, o termo em polonês que designa Estado ser *panstwo*, "coisa de nobres". Legalmente emancipada, e de posse de recursos militares e econômicos relativamente enormes, aspirava a governar por meio de assembléia em seu próprio nome e em benefício próprio. Como resultado, a monarquia enfraqueceu, os órgãos burocráticos do governo permaneceram embrionários, a sociedade civil continuou confinada a um número bem pequeno de urbanitas, e deixou de surgir um Estado de verdade. Esse fracasso em alcançar a modernização política teve de ser pago com o desaparecimento do país durante mais de um século – destino que em outros locais só atingiu sociedades não-européias, e nem mesmo todas. Nas palavras do hino nacional polonês:

E porém a Polônia não pereceu.

A experiência anglo-saxônica

A expansão do Estado para o leste europeu aconteceu no cenário de populações que, embora não exatamente adiantadas para a época, pelo menos eram comparáveis às do Ocidente em civilização, raça e religião. Não foi assim a expansão dos colonizadores britânicos para a América do Norte, a Austrália, a Nova Zelândia e (após os holandeses, que os precederam em mais de dois séculos) a África do Sul. Ali, as populações locais eram muito esparsas. Só na África do Sul haviam ingressado na Idade do Ferro; na maioria dos outros locais – especialmente na Austrália e em grande parte da

América do Norte – ainda estavam limitadas a ferramentas feitas de pedra e não tinham atravessado a fronteira que separava as chefias das tribos sem governantes. Também com exceção da África do Sul, da qual falaremos mais adiante, a oposição que os brancos encontraram na conquista desses países foi desprezível. Na América do Norte, por volta do ano 1000, os nativos eram atrasados demais até para resistir ao desembarque de um pequeno grupo de *vikings*, que, conseqüentemente, os apelidaram de *Skraelinge* ou fracos[37]. Desde o início havia uma tendência a tratá-los como nações estrangeiras, quer fossem amistosos, quer fossem hostis. Por todos esses motivos, era impossível que suas instituições políticas, tal como eram, exercessem influência sobre os Estados que acabaram por surgir.

A primeira região a ser colonizada pelos anglo-saxões foi o litoral atlântico da América do Norte. As colônias foram criadas numa época em que o governo "absoluto" da metrópole estava em seu apogeu e o próprio governo era, em muitos aspectos, uma forma de empreitada capitalista dos governantes; por conseguinte, as colônias costumavam assumir caráter patrimonial. Em troca por dar ou emprestar à coroa – que, numa era de conflitos com o Parlamento, vivia em déficit crônico – quantias em dinheiro, vários indivíduos, grupos e empresas recebiam extensas faixas de terra, quase sempre inexploradas, raramente cartografadas e sem fronteiras claras. Acompanhava o território a autorização de importar pessoas para nele morar e lucrar com supostamente ricas terras agrícolas: foi o que aconteceu em Maryland, Virgínia, Massachusetts, Pensilvânia e Nova Jersey. Esta última foi originalmente concedida ao irmão de Carlos II, Jaime, duque de York, que mais tarde transferiu seus direitos a outras duas pessoas, e também as Carolinas e a Geórgia.

As motivações dos próprios colonos eram diversas[38]. Alguns, como os puritanos, que se instalaram na Nova Ingla-

---

37. *Vinland Saga* (Harmondsworth: Penguin Books, 1965), p. 61 e n. 1.
38. Ver breve relato em M. A. Jones, *American Migration* (Chicago: University of Chicago Press, 1960), cap. 1.

terra, foram levados por dissidência religiosa e pelo desejo de fundar uma nova Jerusalém, sem pecados; conseqüentemente, durante anos a fio desestimularam outras pessoas de os seguirem. Outros compartilhavam a eterna necessidade humana de mais terras cultiváveis, ao passo que outros ainda talvez fossem aventureiros esperando enriquecer de diversas maneiras honestas e não tão honestas. Fossem quais fossem suas motivações, mais cedo ou mais tarde estavam fadados a entrar em conflito, ou entre si, por questões religiosas – como no caso de Massachusetts e outros locais –, ou com os concessionários, que, tendo recebido as terras, tentavam vincular a população a si mesmos e explorá-la o máximo possível pelo máximo de tempo possível. Alguns dos insatisfeitos mudaram-se de Massachusetts, como fizeram os fundadores de Rhode Island, New Hampshire e Connecticut. Outros procuraram compensação apelando à coroa. Em ambos os casos, o provável resultado final seria uma transição para o governo direto – em outras palavras, a nomeação de um governador real que assumisse as terras dos concessionários ou criasse um governo *ex novo*.

Comparado aos impérios mais antigos, o império britânico na América ergueu-se numa época em que a diferença entre propriedade privada e governo político estava se firmando. Em hipótese alguma poderiam as colônias pertencer aos governadores reais; pelo contrário, a própria criação desses governos pretendia tirar as colônias da propriedade privada e deixá-las sob um regime político talvez mais capaz de resolver conflitos e garantir a lealdade dos habitantes à coroa. Em outros locais, a distinção entre esfera pública e esfera privada levou séculos, ou mesmo milênios, para se desenvolver – se é que, de fato, chegou a se desenvolver. Na América do Norte, tornou-se clara quase desde o início. Ali, os governantes não eram pais, lordes nem senhores; e, reciprocamente, os governados não eram escravos, nem servos, nem membros da família, mas, na pior das hipóteses, criados contratados que alugavam sua mão-de-obra por determinado número de anos mas que, findo esse período, voltavam a gozar de liberdade total.

Igualmente decisivo para o futuro desenvolvimento político dos Estados Unidos foi o fato de que os governadores não tinham grandes burocracias à sua disposição. Isso era uma continuidade, em parte, da tradição da Inglaterra de ser subgovernada, para padrões continentais; acima de tudo, porém, expressava o desejo de economizar para fazer com que as colônias rendessem lucro para a metrópole, além de refletir o tamanho da própria América do Norte. Sem uma máquina administrativa apropriada, por bem ou por mal os governadores procuravam aproveitar-se da ajuda dos súditos por meio de conselhos recrutados entre notáveis, principalmente proprietários de terras e comerciantes importantes. Os primeiros conselhos foram nomeados; mais tarde passaram a ser eleitos. Concentravam, cada vez mais, as funções do governo, inclusive a legislação, a tributação e o pagamento dos funcionários, em suas próprias mãos. Também ofereciam à população um espaço para atividades políticas incomuns para a época. Por exemplo, nas colônias da área de Chesapeake, de 80% a 90% da população masculina adulta e livre tinha direito ao voto.

Por volta de 1752, ano em que a Geórgia se livrou de seus proprietários (a família Oglethorpe) e recebeu seu primeiro governador real, todas as colônias então existentes já tinham se emancipado de propriedade privada. Em Westminster, a responsabilidade de supervisioná-las cabia à Diretoria do Comércio, cujo principal interesse era usá-las como meio de aumentar a riqueza da própria Inglaterra. Para tal fim, impôs várias restrições, inclusive, em uma ou outra ocasião, a proibição às colônias de fazer comércio marítimo entre si, a obrigação de venderem seus produtos somente no mercado de Londres e a exigência de que todos os navios com destino às colônias parassem em Londres para pagar tarifas. Impostos pelo Almirantado – isso numa época em que a própria Inglaterra já era regida pelo direito consuetudinário –, os Atos de Navegação despertaram a ira dos colonos, cujo número e riqueza estavam crescendo. De pouco mais de 50 mil em 1650, a população aumentara para quase 2 milhões durante a década de 1760. Era cada vez maior o número de habitantes que não eram ingleses, mas de origem escocesa, francesa, holandesa e sueca. Cada um desses grupos chegava com suas próprias idéias religiosas e, no caso dos irlandeses, com forte ressentimento contra tudo o que fosse inglês.

Enquanto os franceses e os espanhóis marcaram presença ameaçadora no Canadá e na Flórida, respectivamente, a aliança entre a Inglaterra e suas colônias norte-americanas se manteve, apesar das tensões ocasionais. Mal a guerra entre os franceses e os índios eliminou a ameaça, porém, surgiram tensões: ainda mais porque as milícias coloniais tinham tido papel importante na conquista de Quebec e, por isso, estavam confiantes em sua proeza militar[39]. Não é preciso voltar a relatar aqui as diversas disputas em torno da tributação, da representação, do direito da Inglaterra de manter exércitos permanentes etc., que acabaram levando à revolução. Basta dizer que, talvez pela primeira vez na história (ou, pelo menos, desde os tiranicidas da Antigüidade Clássica), essa foi uma rebelião liderada não pelos candidatos a líderes e seus seguidores, mas por representantes eleitos em nome de um Estado abstrato que estava nascendo; ou, para ser preciso, Estados, já que as relações entre as diversas colônias e a forma que suas instituições comuns assumiria não tinham sido definidas, nem na época em que terminou a luta pela qual o país se tornou independente da Inglaterra.

Refletindo sua origem em diversas colônias espalhadas por um vasto território – excluindo-se a Flórida, que voltou a pertencer à Espanha, de norte a sul sua extensão era igual à distância entre Estocolmo e Palermo –, os Estados Unidos, em sua primeira constituição, eram uma entidade extremamente frouxa. Não só o Artigo II dos Artigos da Confederação (1781) reservava expressamente a soberania aos estados, mas

---

39. Sobre as pretensões dos militares americanos, ver D. Higginbotham, "The Military Institutions of Colonial America: the Rhetoric and the Reality", em Lynn, *Tools of War*, pp. 131-54.

o documento até contemplava a possibilidade de que um estado travasse guerra contra terceiros sem necessidade de convocar os outros. Entendido menos como forma de governo do que como aliança entre entidades soberanas, os Artigos só podiam ser revistos com a anuência de nove dos treze estados, embora quaisquer diferenças de monta exigissem o consentimento de todos. A autoridade central era tão fraca que os governos de cada estado logo começaram a emitir suas próprias moedas (a moeda emitida pelo Congresso Continental perdera mais de 99% de seu valor durante a própria luta revolucionária) e a usar seus próprios recursos para reembolsar aos cidadãos as dívidas assumidas pelo Congresso. Em meados da década de 1780, começaram até a criar barreiras alfandegárias uns contra os outros. Chegaram a falar em dividir a confederação em três ou quatro grupos regionais, que um dia possivelmente entrariam em guerra uns contra os outros para disputar as novas terras desbravadas no oeste.

Nessa ocasião, o fator decisivo que acabou por fazer que as elites governantes dos diversos estados deixassem de lado suas diferenças deve ter sido o medo de uma revolução das classes menos favorecidas – medo que a rebelião de Shay em 1787 nada fez para aplacar. Originalmente, o propósito do Congresso da Filadélfia, que se reuniu em maio de 1788, era apenas emendar os Artigos da Confederação, mas foi surpreendido pelo que ficou conhecido como Plano da Virgínia, que visava a criação de um governo muito mais centralizado do qual, para citar John Marshall, dependiam "a prosperidade e a felicidade" do povo. A Constituição adotada em 1788 se baseava principalmente nas idéias de Locke e Montesquieu. O primeiro contribuiu com a idéia de um governo baseado no consentimento e cuja função principal fosse proteger o indivíduo, inclusive e especificamente sua liberdade e seu direito à propriedade e a usufruí-la sem ser incomodado. O segundo triunfou quando os Estados Unidos se tornaram o segundo país na história (depois da Inglaterra) a adotar a separação dos poderes, e isto de uma forma parecidíssima com a que o *philosophe* francês sugerira em seu livro. Porém, embora nem Montesquieu nem Locke tivessem sonhado exatamente com uma democracia – Locke, principalmente, pensava em restringir o direito de voto aos proprietários –, os Estados Unidos resolveram adotar o princípio "uma pessoa, um voto" (desde que homem, branco e contribuinte).

Com todo o poder político resultando das eleições populares, o novo governo, embora decerto temente a Deus, devia menos a Ele do que qualquer um de seus predecessores. No início, cada estado tinha suas opiniões e políticas divergentes no tocante à religião: por exemplo, Massachusetts e Connecticut chegaram perto de perseguir quacres e batistas. Depois que concordaram em se unir, houve uma forte tendência entre as colônias para superar essas diferenças separando religião e governo. O mais importante de tudo, talvez, é o fato de que o sistema de governo dos Estados Unidos, em vez de construído sobre alicerces existentes, foi deliberadamente criado quase *ex nihilo*. Isso lhe deu uma qualidade artificial da qual as pessoas que visitavam o país na época eram bem conscientes[40] e que, desde então até o presente, não é, em hipótese alguma, sua característica menos importante. Quando há algo errado nos Estados Unidos, os cidadãos se organizam por meio de um movimento "de base" e tratam de consertá-lo. Se não atingissem a perfeição de construir o céu na Terra, então, em maior grau talvez do que os cidadãos de qualquer outro país, não teriam ninguém a quem culpar a não ser a si mesmos.

A adoção da Constituição e as dez primeiras emendas apresentadas em 1791 não encerraram o debate entre os defensores dos direitos dos estados, de um lado, e os dos direitos do governo federal, de outro. Como sempre, no âmago do conflito havia dinheiro: em outras palavras, a questão era se

---

40. Ver, por exemplo, A. de Tocqueville, *Democracy in America* (Nova York: Vintage, 1945 [1835-40]), vol. II, cap. 8. [Trad. bras. *A democracia na América*, Livro II, São Paulo, Martins Fontes, 2000.]

deveria haver uma única dívida interna (e, conseqüentemente, um banco central para administrá-la) ou se cada estado deveria ser responsável por si. O apoio à primeira opção provinha dos federalistas, que se concentravam no norte, ao passo que a opinião contrária era dos republicanos e dos estados do sul. Na liderança dos federalistas estava Alexander Hamilton, político de Nova York que exercia a função de secretário do Tesouro de George Washington e cuja principal preocupação era "fazer empréstimos baratos" em caso de outra guerra no exterior. Em troca de haver concordado com a mudança da capital da república – de Filadélfia para a fronteira norte da Virgínia, como exigia o sul –, Hamilton conseguiu a aprovação da Lei dos Bancos pelo Congresso e a criação do US Bank. Assim, foi pelo empenho dele que passou a existir uma dívida interna única – embora hoje em dia poucas pessoas, olhando o relógio de Nova York correr seus números, concordem com a opinião dele de que isso representava "uma bênção nacional"[41].

A eleição de Jefferson para a Presidência em 1800 acabou definitivamente com o Partido Federalista e inaugurou uma era de governo republicano. Não obstante, continuava o impulso rumo à maior centralização. Isso se devia, em parte, à contínua expansão para o oeste; conforme assinalaram críticos como Aaron Burr, quanto maior o território sob o governo federal (mesmo que temporariamente, até a fundação de novos estados), maior o poder do governo em Washington. Inspiradas por John Marshall, o advogado da Virgínia que fora nomeado ministro da Justiça em 1800 e permaneceu no cargo até 1835, várias decisões da Suprema Corte também costumavam fortalecer a União à custa dos direitos dos estados. Assim, *McCullogh v. Maryland* (1819) instituiu a doutrina dos "poderes implícitos", capacitando o Congresso a agir em questões que, embora não especificadas

---

41. Ver o relatório sobre crédito público, de Hamilton, 9 de janeiro de 1790, reimpresso em G. R. Taylor (org.), *Hamilton and the National Debt* (Boston: Heath, 1950), pp. 8-18.

na Constituição, eram parte "apropriada e necessária" do governo – nesse caso, criando o segundo banco central após o fechamento do primeiro. Em 1824, *Gibbons v. Ogden* deu ao Congresso o poder de legislar sobre o comércio interestadual, mesmo que, ao fazê-lo, anulasse leis estaduais; por fim, *Weston v. Charleston* (1829) proibiu os estados de tributar títulos federais[42].

Esses acontecimentos foram posteriores à guerra de 1812, que, tendo terminado em vitória avassaladora (embora desnecessária) sobre os ingleses em Nova Orleans, fez surgir uma nova noção de poder e, pelo menos durante algum tempo, de unidade. Seguiu-se, então, a revolução dos transportes, que, a partir da década de 1820, começou a unir um continente imenso e bem desigual numa única sociedade organizada e integrada. Gastou-se mais dinheiro federal no governo de Andrew Jackson (1829-37) do que em todas as administrações anteriores somadas, mas mesmo assim o governo só usou uma fração das quantias investidas por pessoas físicas, empresas e estados. Como acontecera na Europa durante os séculos XVII e XVIII, os primeiros grandes projetos consistiam em vias navegáveis. Dentre muitas obras menores, o canal Erie e o canal Chesapeake–Ohio conquistaram merecida fama como triunfos da organização e da habilidade técnica. A partir da década de 1830, o advento dos barcos com roda propulsora e movidos a vapor revolucionou a navegação nos Grandes Lagos. Ao transformar o sistema do rio Mississippi na espinha dorsal dos Estados Unidos, também viabilizou o transporte de pessoas e mercadorias de norte a sul e vice-versa, com uma comodidade e confiabilidade jamais sonhadas antes. Porém, embora os barcos a vapor fossem lucrativos, os canais, que chegaram talvez com um atraso de meio século, em geral não o eram. Isso se devia àquela outra invenção importantíssima do século XIX, a ferrovia.

---

42. As decisões estão impressas em S. I. Kutler (org.), *John Marshall* (Englewood Cliffs: Prentice-Hall, 1972), pp. 54-61, 61-3 e 84-8.

Conforme salientou Adam Smith em *A riqueza das nações*, em toda a história o preço do transporte aquático fora uma fração do preço do transporte terrestre, o que explica por que as primeiras civilizações comerciais e industriais sempre surgiram perto do mar ou onde houvesse rios navegáveis. As ferrovias foram o primeiro recurso técnico a inverter essa relação; assim, capacitaram regiões que não contavam com vias hídricas a crescer tanto, e serem tão coesas, quanto as que contavam. Com a administração adequada, as ferrovias permitiam que grandes Estados mobilizassem seus recursos de maneira quase tão eficiente quanto os pequenos – às vezes ainda melhor, já que existe um limite abaixo do qual o transporte ferroviário e a construção das próprias ferrovias se tornam antieconômicos. Assim, seu desenvolvimento favoreceu aqueles que possuíam vastas extensões de terra – os Estados Unidos e, após um intervalo de algumas décadas, a Rússia – à custa dos outros[43]. Durante seu exílio em Santa Helena, Napoleão já profetizara que esses dois Estados cresceriam até se transformarem no que, mais tarde, durante a Guerra Fria, o povo gostava de chamar de "superpotências". Para alguns historiadores modernos[44], essa evolução jamais teria acontecido sem o surgimento e a disseminação oportunos das ferrovias.

No cenário da crescente mas lenta centralização e do crescimento rápido, espetacular mesmo, do poderio econômico e industrial, a questão da escravidão continuava sendo o pomo da discórdia entre Norte e Sul. Já que tendia a tornar-se mais lucrativa, em vez de menos[45], seu papel na questão de direitos federais *versus* direitos estaduais não parava de crescer, ainda mais porque se emaranhou com outras questões, como a das altas tarifas defendidas pelos estados do

---

43. H. Mackinder, *The Scope and Method of Geography and the Geographical Pivot of History* (Londres: Royal Geographical Society, 1951 [1904]), pp. 30 ss.

44. R. W. Fogel, *Railroads and America's Economic Growth: An Econometric Inquiry* (Baltimore: Johns Hopkins University Press, 1964).

45. R. W. Fogel e S. L. Engerman, *Time on the Cross: The Economics of American Negro Slavery* (Nova York: Norton, 1974).

norte contra as baixas, exigidas pelos estados do sul. Com o tempo, a contradição entre Estado moderno, não-proprietário e governado politicamente e a situação em que parte significativa da população era considerada propriedade privada de outros se tornou intolerável. Este livro não é lugar apropriado para explicar a complicadíssima cadeia de acontecimentos que levou à guerra civil, muito menos descrever todo o conflito. Basta dizer que a guerra foi o acontecimento mais decisivo da história dos Estados Unidos; não é à toa que Gettysburg, onde uma estrutura especial ainda marca "o ponto culminante da rebelião", é o mais visitado de todos os campos de batalha norte-americanos. Ali, e em Vicksburg no Mississippi, mas talvez principalmente durante a marcha de Sherman pela Geórgia, que deixou bem claro para todos o preço da rebelião, ficou decidido que os Estados Unidos não seriam um conjunto vago de estados, cada qual com o direito à secessão quando lhe aprouvesse. Pelo contrário, devia haver uma União, indivisível e conjuntamente governada pelos três poderes, fosse qual fosse sua constituição. Todos tinham sua sede a dois ou três quilômetros um do outro em Washington – área muitíssimo pequena para se governar um país que em breve se estenderia "da Califórnia à ilha de Nova York" e ocuparia nada menos que 9.363.520 quilômetros quadrados.

Simbolizada pela conclusão da primeira estrada de ferro transcontinental em 1869 – quando os Estados Unidos já possuíam quase 60 mil quilômetros de trilhos, mais do que todo o resto do mundo somado –, a expansão industrial prosseguiu com velocidade ainda maior após a guerra civil. Só entre 1880 e 1900, a quantidade de aço que saía das fábricas anualmente aumentou de 1,4 milhão para mais de 11 milhões de toneladas, e o valor de todos os bens manufaturados aumentou de 5,4 bilhões de dólares para 13 bilhões de dólares[46]. Por volta de 1929, a produção fabril era quase tão gran-

---

46. Números da *Encyclopaedia Britannica* (Chicago: University of Chicago Press, 1993), vol. XXIX, p. 242, "United States".

de quanto a das outras potências juntas; embora não tenha conseguido manter essa posição durante a Depressão, continuou sendo a maior economia do mundo[47]. Muito antes disso, tendo se tornado um gigante, os Estados Unidos sentiram a necessidade de se comparar aos outros, como é da natureza dos gigantes. A guerra de 1812 já tinha acabado com a capacidade de qualquer outro Estado ameaçar a segurança dos Estados Unidos, pois transformara o Canadá em refém para que a Inglaterra se comportasse bem no Novo Mundo. Primeiro, a separação da Flórida da Espanha (1819), depois a Declaração Monroe (1823) e, então, a conquista do Texas e do sudoeste do México (1845-48) transformaram o hemisfério ocidental em domínio norte-americano; quando terminou a guerra civil, a execução do imperador Maximiliano em 1867 marcou a última vez em que qualquer outra potência conseguiu realizar interferência grave no continente. Em 1851, as ilhas do Havaí, até então governadas por chefes tribais cuja principal arma eram lanças de atirar com as mãos, passaram a protetorado dos Estados Unidos. Isso levou à criação de uma base avançada a alguns milhares de quilômetros do litoral da Califórnia e, como principalmente o Japão logo descobriria, transformou os Estados Unidos numa força do Pacífico a levar em conta.

Conscientes de seu crescente poder, durante o fim da década de 1880 e na década de 1890, os Estados Unidos também começaram a desenvolver um robusto nacionalismo. Seus órgãos mais importantes eram os jornais *American* de William Randolph Hearst e *World* de Joseph Pulitzer; seus principais representantes, capitão Alfred T. Mahan, Theodore Roosevelt, Elihu Root, Herbert Crolie e seu séquito. Roosevelt, em especial, representava a geração mais jovem, que não participara da guerra civil mas fora eternamente marcada pelas histórias de heroísmo contadas por seus pais e avós – a guerra, afinal, tirara mais vidas do que todos os outros

---

47. Ver dados em H. C. Hillman, "Comparative Strength of the Great Powers", em A. Toynbee (org.), *The World in March 1939* (Londres: Royal Institute of International Affairs, 1952), p. 439.

conflitos travados pelos Estados Unidos juntos. Outro fator que pode ter sido fundamental para a criação desse novo espírito foi o encerramento da marcha para o oeste, anunciado pelo historiador Frederick Turner Jackson em 1893[48] e que talvez tenha servido para virar para o exterior as energias da nação. Ao contrário de seus equivalentes em outros países, os expoentes do imperialismo norte-americano não eram reacionários, mas pretensos "progressistas". Em geral, enalteciam, pelo menos da boca para fora, os princípios democráticos dos quais, afinal, dependia sua capacidade de alcançar o poder e manter-se nele. No tocante aos assuntos internacionais, porém, suas doutrinas diferiam pouco das defendidas por nacionalistas europeus contemporâneos como Heinrich von Treitschke e Theodor von Benhardi na Alemanha[49]. Era em sintonia com o espírito da época que essas pessoas pensavam em raças "fortes" e "fracas"; os Estados que essas raças constituíram para si eram vistos como espécies animais atacando umas às outras numa luta darwinista pela sobrevivência. Tanto os Estados quanto os ideólogos que afirmavam falar em seu nome estavam, em geral, dispostos a entrar em guerra, mesmo que não manifestassem esse desejo – como fazia claramente Theodore Roosevelt, com suas idéias constantes de "virtudes mais rudes e viris"[50].

Acusar os Estados Unidos de ser o agressor na guerra hispano-americana – e também na Primeira Guerra Mundial, na Segunda Guerra Mundial e em conflitos subseqüentes como os da Coréia, do Vietnã e do Golfo Pérsico – seria ir longe demais. Das atrocidades cometidas pelos espanhóis na tentativa de derrotar os rebeldes cubanos, passando pelo

---

48. Para uma boa discussão das idéias de Turner, ver principalmente R. A. Billington, *The Frontier Thesis* (Huntington: Krieger, 1966).

49. Sobre as idéias nacionalistas com relação à guerra antes de 1914, ver M. Howard, *The Causes of War* (Cambridge: Harvard University Press, 1984), pp. 23 ss.

50. Um bom relato da ascensão do imperialismo norte-americano é R. Hofstaedter, *The American Political Tradition* (Nova York: Vintage Books, 1948), cap. 9.

naufrágio do *Lusitânia*, provocado pelos alemães, pela agressão do Japão à China, à ocupação do Kuwait pelo Iraque, as guerras dos Estados Unidos foram provocadas por atos de outrem. Todavia, tudo também envolveu uma reação de força excepcional, alguns diriam desproporcional, da parte da nação "temperamental" – termo usado pela maior antropóloga norte-americana Margaret Mead. Fora os conflitos coloniais, a maioria dos outros Estados do século XX travaram guerras contra inimigos de quem estavam separados apenas por uma linha no mapa e que, conseqüentemente, representavam ameaça imediata, às vezes avassaladora, a seus interesses, a seu território e até mesmo à sua existência. Não foi assim com os Estados Unidos, que, felizmente para si mesmos, ocupam a posição de uma ilha global. Qualquer tentativa de invadir o país via oceano Pacífico ou Atlântico era, e continua sendo, loucura; mesmo em 1939-45, a maior guerra da história, o mais próximo que algum inimigo chegou de ameaçar o continente foi a iniciativa dos japoneses de lançar um punhado de balões com bombas na direção do litoral da Califórnia. Com exceção do que aconteceu no México em 1916, mais uma expedição punitiva que uma guerra, a partir da ocupação das Filipinas, os Estados Unidos têm, invariavelmente, enviado seus soldados para lutar a milhares de quilômetros de distância. Não é de admirar que os pais norte-americanos tenham demorado muito a se convencer da necessidade de empenhar seus filhos – mais recentemente, as filhas também –, em outros continentes, até mesmo outros hemisférios, a causas com as quais não se importavam, entre pessoas sobre as quais não sabiam nada.

A ausência de uma ameaça externa grave também ajuda a explicar por que as forças armadas dos Estados Unidos e o aparato central do governo levaram tanto tempo para amadurecer, mesmo numa época em que, como ficou claro após 1865, o país já contava com vitalidade econômica para a evolução de ambos. É verdade que a marinha começou a se expandir durante a década de 1890; incentivada pelas teorias de Mahan sobre a necessidade de ter o domínio do mar, e também dos interesses das grandes empresas[51], após 1919 alcançou paridade com a marinha da Inglaterra. Contudo, a não ser nos anos de 1917-18, o exército permanecia quase ridiculamente pequeno[52]. Em fins do século XIX, seu número chegava a algumas dezenas de milhares; ainda em 1940, continuava com menos de 300 mil homens (incluindo a força aérea do exército) e raros reservistas preparados para batalhas. Seguindo a tradição de que sua principal função fora lutar contra os ameríndios, suas formações estavam espalhadas em pequenos grupos por todo o enorme continente. Em conseqüência disso, eram raros os exercícios em larga escala, e a aptidão para participar da guerra moderna era ainda menor do que esses números indicam.

Os Estados Unidos também não chegaram nem perto dos outros países na implantação do quarto órgão do governo, isto é, a burocracia centralizada. No início, o governo só tinha três ministérios, Negócios Estrangeiros, Finanças e Guerra; mas mesmo em 1800, depois da criação da alfândega, dos faróis, dos secretários de justiça, dos agentes federais, dos correios, da guarda aduaneira, das superintendências indígenas, dos comissários de empréstimos, da receita federal, do inspetor geral, do imposto territorial e dos órgãos de administração territorial, o número de funcionários públicos era apenas 3 mil. Durante todo o século XIX, os Correios continuaram sendo o maior órgão federal; ainda em 1913, o governo só tinha 230 mil funcionários, comparados a 700 mil na Áustria-Hungria, 700 mil na Itália e 1,5 milhão na Alemanha – todos com populações muito menores, para não falar em extensão territorial[53].

---

51. Ver K. J. Hagan, *This People's Navy: A History of American Sea Power* (Nova York: Free Press, 1991), cap. 9.

52. Sobre o empenho para expandir o exército dos Estados Unidos durante esses anos e seu fracasso, ver S. Skowronek, *Building a New American State: The Expansion of National Administrative Capacities, 1877-1920* (Cambridge: Cambridge University Press, 1982), pp. 85-120.

53. O número relativo aos Estados Unidos é de B. Porter, *War and the Rise of the State: The Military Foundation of Modern Politics* (Nova York: Free Press, 1993), p. 271; os europeus, de P. Flora, *State, Economy and Society in Western Europe 1915-1975* (Frankfurt: Campus, 1983), vol. I, cap. 5.

Embora o New Deal tenha mudado um pouco esse quadro, suas realizações foram limitadas; na ocasião, foram a Segunda Guerra Mundial e a subseqüente Guerra Fria que realmente anunciaram a era do Grande Governo. No capítulo 6 deste livro, estudaremos de maneira mais pormenorizada a ascensão e o declínio desse governo. Por ora, basta dizer que os Estados Unidos, vivendo num mundo de Estados e com freqüência se envolvendo em competição com eles, comportava-se de maneira quase idêntica aos outros. O poder interno e o externo cresceram no mesmo ritmo. Durante as administrações Truman e Eisenhower, uma prosperidade sem precedentes proporcionou a força para um acúmulo militar também sem precedentes, tanto interno (onde era conhecido como complexo industrial-militar) quanto externo (que testemunhou o estacionamento de centenas de milhares de tropas norte-americanas). Chegou-se ao ponto culminante com a "presidência imperial" dos anos Johnson e Nixon, quando os Estados Unidos, depois de humilhar a União Soviética com relação a Cuba, pareciam cavalgar o globo como um colosso – até que, num repente assombroso, a maré mudou e começou a retração da máquina militar e do complexo industrial que a sustentava.

A conquista da independência dos Estados Unidos, em 1783, serviu para o governo britânico tanto de exemplo quanto de advertência: exemplo porque demonstrou do que era capaz um Estado democrático bem governado, criado em terra praticamente virgem (estima-se que a população da América do Norte na época da descoberta européia fosse de 1,5 milhão de habitantes); advertência porque provou que a posse contínua dependia de se oferecerem aos colonos "os direitos dos ingleses" e permitir-lhes que administrassem seus próprios assuntos quando estivessem dispostos e fossem capazes de fazê-lo[54]. O fato é que a advertência foi

---

54. Sobre as lições que os ingleses aprenderam com os acontecimentos de 1776-83, ver A. L. Burt, *The British Empire and Commonwealth from the American Revolution* (Boston: Heath, 1956), pp. 56 ss.

ouvida e a construção dos Domínios teve espetacular êxito. Mais cedo ou mais tarde permitiu que cada um alcançasse o *status* de Estado totalmente independente e completo, com governo e leis próprios e tribunais cujos julgamentos não estavam sujeitos a revisão na metrópole; a seguir surgiram as forças armadas, bem como os serviços diplomáticos. Simbolicamente, a maturidade chegou em 1919-20, quando os domínios, cujos assuntos estrangeiros eram, até então, administrados por Whitehall, fizeram questão de apor suas próprias assinaturas aos tratados de paz e conquistaram assentos na Liga das Nações; no mesmo ano, o Canadá indicou seus primeiros representantes diplomáticos independentes (em Washington, DC), em vez de trabalhar por intermédio da embaixada da Inglaterra como antes. Só na África do Sul o choque entre o imperialismo britânico e os colonizadores holandeses levou ao uso de força, mas, mesmo ali, logo houve um generosíssimo acordo de paz e, pouco depois, autonomia completa. Em resumo, os diversos arranjos constitucionais – que culminaram com o Estatuto Imperial de 1931 – preservaram a fidelidade das colônias à metrópole durante os anos entre 1914 e 1945, quando esta mais precisou delas. Foi um triunfo da diplomacia que talvez não tenha sido igualado desde então.

    É verdade que, de um continente para outro, o desenvolvimento dos domínios teve variações marcantes. O maior e mais importante era o Canadá. Conquistado pela França numa época em que sua população branca não passava de 7 mil pessoas, foi o primeiro a criar suas próprias instituições; inspiradas nas inglesas, eram muito diferentes, em diversos aspectos, das instituições do país vizinho, os Estados Unidos, com os quais, depois de 1816, estabeleceu uma relação em geral amistosa. A primeira tentativa de governo responsável perante cidadãos, que se configurou no Ato de Quebec de 1774 e excluiu a maioria francesa, mostrou-se inexequível. Isso levou ao Ato Constitucional de 1791, que deu a Quebec um governo com um governador, um conselho executivo, um conselho legislativo e uma assembléia eleita por um grupo de cidadãos maior que o da própria Inglaterra, com a conseqüência de que, quando foram realizadas as primeiras eleições no ano seguinte, a nova assembléia já tinha maioria de membros franceses. Como fizeram desde então, os franceses, insatisfeitos com o governo inglês, porém indispostos ao uso da violência para resistir a ele, logo começaram a criar dificuldades para a população de língua inglesa. E, como fizeram desde então, muitos novos imigrantes que foram desterrados em razão dessas dificuldades resolveram rumar para o oeste, onde criaram suas próprias instituições sob orientação inglesa.

Em 1841, o Canadá ocidental (Alto Canadá) unificou-se com o Canadá oriental (Baixo Canadá) sob um governo único. Entre esse ano e 1873, a Colúmbia Britânica e as colônias marítimas menores e de língua inglesa também se uniram a esse governo; a única exceção foi Terra Nova, que permaneceu colônia britânica até 1914. Nessa época, a Inglaterra, que se transformara na oficina do mundo e adotara o livre comércio, não se sentia mais inclinada a recorrer à força para manter "míseras colônias" – foi o que disse Disraeli, com grande parte da opinião pública a seu favor, em 1852. Não obstante, paradoxalmente, a indiferença britânica fez com que os próprios canadenses procurassem uma união mais íntima com a Inglaterra. Temia-se que, se não formassem uma frente unida, os territórios ocidentais, e talvez até algumas das províncias, fossem devorados pelo potente e dinâmico vizinho ao sul; e os Estados Unidos, durante os anos subseqüentes à guerra civil, também não faziam segredo de seu desejo de expandir-se, caso se apresentasse a oportunidade. Ambos os fatores, juntos, prepararam o caminho para a criação do Domínio do Canadá. Isso aconteceu de fato em outubro de 1864: já que as questões relevantes tinham sido discutidas de maneira informal durante anos, o Congresso composto de representantes de todas as províncias só precisou de duas semanas para aprovar nada menos que 72 leis. O trabalho foi concluído em 1867, quando entrou em vigor o Ato da América do Norte Britânica.

Ao contrário dos Estados Unidos, o novo Estado recebeu um sistema parlamentar de governo; em vez de ser diretamente eleito, o primeiro-ministro dependia de maioria no Parlamento. Assim como os Estados Unidos, tinha uma constituição escrita e uma Suprema Corte responsável pela sua interpretação. Também à semelhança dos Estados Unidos, o Canadá era uma federação – embora os canadenses, que observaram ansiosamente a guerra civil e estavam decididos a evitar qualquer coisa parecida no país, tenham dado ao governo de Ottawa poderes muito maiores sobre a justiça e o sistema bancário, em particular. Por outro lado, devido aos imensos espaços vazios, a relação entre o governo canadense e seu povo se parecia mais com a que prevalecia nos Estados Unidos do que com a existente na populosa e há tanto tempo unida Inglaterra. Nem mesmo o início de uma terrível depressão econômica durante a década de 1930 convenceu Quebec e Ontário a dar apoio às províncias do interior cuja situação era a pior; assim, foi só em 1940 que surgiu o primeiro projeto nacional de seguro social. Contudo, o atraso acabou sendo um bom começo. Usando como ponto de partida a tremenda mobilização durante a Segunda Guerra Mundial, o governo canadense progrediu subitamente após 1945, criando um Estado de bem-estar semelhante à maioria dos europeus e superando bastante o dos Estados Unidos.

Assim, a evolução do Estado canadense foi modelada – como continua a ser, em alguns aspectos – por diversas influências exercidas pelos modelos inglês e norte-americano, de um lado, e pelo atrito entre os falantes de inglês e de francês, do outro. O primeiro fator também se aplicou à Austrália, mas não o segundo. Após um século e meio de explorações ao longo do litoral, os primeiros colonizadores brancos chegaram em 1788 – 980 pessoas, 730 das quais eram condenados e o restante fuzileiros navais reais encarregados de vigiá-los. Quando chegaram mais imigrantes, alguns condenados e outros livres, eles se assentaram em locais bem dispersos; tendo pouco em comum, cada um acabou se tornando o núcleo de uma colônia distinta. Embora o sistema de governo de cada colônia nunca tenha se baseado na propriedade – os governadores eram autoridades e carcereiros, e não proprietários –, inicialmente era muito autoritário, e a administração assemelhava-se à de penitenciárias. O ponto decisivo aconteceu entre 1810 e 1820, quando os colonos, ao descobrir como criar ovelhas, ergueram-se economicamente. Os primeiros conselhos executivo e legislativo, ambos nomeados, foram criados em 1824 e 1829, respectivamente. Assim como no Canadá, a necessidade de renda logo levou à democratização. Em 1842, a colônia de Nova Gales do Sul se tornou a primeira no continente a realizar eleições; cinqüenta anos depois, a Austrália do Sul conquistou a distinção de ser um dos primeiros lugares a conceder cidadania às mulheres. Por outro lado, o progresso rumo à instituição de um Estado unitário foi mais lento do que no Canadá, já que os assentamentos eram esparsos demais e limitados ao litoral; o interior era, e permanece, essencialmente deserto.

Quando surgiu, o ímpeto rumo à unidade e à condição de Estado foi provocado pelo medo do imperialismo alemão, de um lado, e da imigração asiática, em especial a chinesa, de outro. Aquele levou o governo de Queensland a obrigar um Gladstone relutante a tomar posse da Nova Guiné. Isso logo resultou numa verdadeira asiafobia que, em alguns aspectos, persiste até os dias de hoje. O primeiro congresso continental, cuja finalidade era discutir providências contra ambas as ameaças, reuniu-se em outubro de 1883, abrindo o caminho para as primeiras convenções constitucionais, realizadas entre 1891 e 1898. Por volta de 1900, já tinham elaborado uma constituição para o que, desenvolvendo-se ao estilo do Canadá, logo se tornaria um domínio cujo relacionamento contínuo com a Inglaterra se baseava totalmente em associação voluntária. Assim como na Inglaterra, havia um primeiro-ministro eleito pelo Parlamento e dependente de manter a maioria entre seus membros. Assim como nos Estados Unidos, a câmara baixa daquele Parlamento era eleita pelo povo, ao passo que a câmara alta tinha número igual de representantes de cada estado. Assim como nos Estados Unidos e no Canadá, também havia uma constituição escrita e uma Suprema Corte responsável por sua interpretação. Com esses sistemas em vigor, o verdadeiro ponto decisivo para a instituição de um Estado australiano unificado foi a Primeira Guerra Mundial. Houve ocasiões em que quase 10% da população servia às forças armadas; quando as unidades australianas se destacaram em Gallipoli – o aniversário do desembarque, que ocorreu em 25 de abril de 1915, tornou-se feriado nacional equivalente ao 4 de julho dos Estados Unidos – e em outras batalhas, surgiu um novo sentimento de unidade. Na crista de uma onda nacionalista, o movimento de centralização continuou, até que, em 1927, Canberra foi oficialmente designada capital nacional. Em seguida, o deslocamento do poder global resultante da Segunda Guerra Mundial provocou uma mudança da orientação britânica para a norte-americana; na década de 1960, a Austrália era um dos poucos países, e o único branco (com exceção da Nova Zelândia), a enviar soldados ao Vietnã. Ao contrário do Canadá, que em 1982 se tornou independente e configurou-se como um novo Estado, centralizado ao redor da folha de bordo, a Austrália, embora totalmente soberana, não cortou o elo constitucional com a Inglaterra, ainda que possa vir a fazê-lo no futuro. Mais próspero que a maioria, o país demorou para expandir a autoridade do governo aos assuntos sociais. Em 1908 foram criados seguros administrados pelo Estado para idosos e inválidos, mas não houve progresso nesse setor. O Estado de bem-estar só chegou em fins da década de 1950 e no início da década de 1960, e, mesmo assim, o mandato do Partido Trabalhista, que apresentou as reformas, só durou alguns anos.

 O modelo do domínio foi igualado com êxito na Nova Zelândia, cujo caráter permanece mais inglês do que qualquer outro até o presente. Sob o domínio da coroa inglesa desde 1839, esta lhe concedeu governo responsável em 1852. Quando terminaram as guerras dos maoris, o país desenvolveu-se em paz a partir de 1870, indo mais longe que a Austrália na construção do Estado de bem-estar, que agora (a partir do início da década de 1990) está sendo desmantelado. A paz, porém, não prevaleceu na África do Sul, onde a situação era muito mais complicada. A colonização européia na Cidade do Cabo teve origem na forma de um posto comercial, onde os navios a caminho da Ásia paravam para se abastecer e renovar a tripulação. Durante muito tempo manteve-se como propriedade da Companhia Holandesa das Índias Orientais, porém já durante o século XVIII alguns bôeres, ou agricultores, deslocaram-se para o interior, usando seus carros de boi como casas móveis. Ali, desenvolveram sua própria língua – uma combinação de holandês coloquial misturado com palavras francesas que foram acrescentadas com a chegada de huguenotes – e adotaram uma vida nômade, em muitos aspectos semelhante à dos nativos que conquistaram e exploravam[55]. Outros africânderes, como se denominavam, conseguiram poupar dinheiro e se emancipar do domínio da Companhia, tornando-se proprietários na própria Cidade do Cabo. Em 1814, toda a área, que na época tinha cerca de 22 mil brancos, além de um número desconhecido de outros habitantes, passou do domínio holandês para o inglês. A constante afluência de imigrantes brancos, mais ingleses que holandeses, continuou, enquanto a população também crescia com a importação de mão-de-obra asiática. Conforme aconteceu nas outras colônias inglesas, a necessidade de receita provocou o nascimento de instituições representativas a partir de 1853; dezenove anos depois, a Cidade do Cabo passou a abrigar um governo completamente responsável perante cidadãos. A princípio, fundamentava-se na cidadania indiferente à cor, embora com base em propriedade – a intenção era que os negros mais prósperos apoiassem a minoria branca contra o resto da população.

---

55. Sobre o estilo de vida dos bôeres durante esses anos, ver C. W. de Kiewit, *A History of South Africa, Social and Economic* (Oxford: Oxford University Press, 1941), pp. 19 ss.

Nesse ínterim, porém, a chegada das leis britânicas, sobretudo a abolição da escravatura, causara conflitos com os holandeses residentes. Durante a década de 1820, estes começaram a emigrar para o norte e para o leste, num movimento que se tornou institucionalizado durante a década de 1830; ficou conhecido como Great Trek e é possível que tenha envolvido cerca de 15 mil pessoas. Em choque com as populações nativas – principalmente as tribos *zulu*, *ndbele* e *xhosa*, que naquela época se expandiam na direção contrária e instituíam fortes chefias –, os bôeres as derrotaram numa série de guerras entre 1850 e 1870. O desfecho foi a criação de duas pequenas repúblicas, o Estado Livre de Orange e Transvaal, com constituições, ironicamente, inspiradas na dos Estados Unidos. Em ambas o direito de participar da política estava reservado somente para os brancos. Os restantes, mais ou menos 80% da população, estavam excluídos do governo e, confiscadas as terras que usavam para o pasto do gado, sobreviviam invadindo terras (onde conseguiam) e trabalhando para os bôeres. A primeira tentativa inglesa de assumir o poder foi derrotada em Majuba Hill em 1881. Porém, logo após a derrota inglesa, foram descobertas vastas jazidas de ouro nas cercanias de Johannesburgo. Isso levou ao afluxo de imigrantes do mundo inteiro, à operação Jameson e, assim, à Guerra dos Bôeres de 1899-1902.

Embora os 200 mil soldados ingleses tenham finalmente derrotado os bôeres, já em 1907 a autonomia lhes foi devolvida. Em 1910 nasceu a União da África do Sul, composta de quatro províncias (Orange, Transvaal, Cabo e Natal) e com cerca de 1,25 milhão de habitantes brancos, bem como talvez quatro vezes mais habitantes de outras raças. Seu primeiro-ministro era Louis Botha, que menos de uma década antes fora comandante-chefe do exército bôer. De então em diante, porém principalmente depois que o país se emancipou da condição de domínio em 1948, a política sul-africana vem sendo dominada pela relação entre a minoria branca (dividida entre os grupos falantes de inglês e bôer) e a imensa maioria negra[56]. Esta era constantemente ampliada pelos recém-chegados que vinham à procura de emprego na maior economia do continente. Quanto mais crescia, mais duras eram as medidas consideradas necessárias para mantê-la em seu lugar, isto é, o de mão-de-obra barata sem direitos políticos e com raros direitos individuais. Embora se orgulhe de fazer parte do Ocidente, a África do Sul, durante as décadas de 1950 e 1960, tornou-se um Estado policial da pior espécie, com leis que proibiam tudo, desde residência livre e times esportivos mistos a casamentos inter-raciais[57] – interdição que, embora seu objetivo principal fosse discriminar a população negra, reprimia com quase o mesmo rigor os brancos.

Em resumo, a revolução dos Estados Unidos que emancipou as treze colônias originais proporcionou o surgimento de um Estado moderno que, durante os dois séculos seguintes, foi-se tornando cada vez mais poderoso e mais centralizado, pois sucessivas modificações concederam funções adicionais ao governo federal e aumentaram sua autoridade à custa dos estados e, diriam alguns, do povo. Em outros lugares, os acontecimentos tomaram outro rumo. A experiência ensinara aos ingleses a futilidade de negar aos habitantes de suas colônias brancas os direitos que eles mesmos possuíam e dos quais, de fato, se orgulhavam; em geral estavam dispostos a conceder governo representativo a esses habitantes quase imediatamente após o exigirem. Em troca, o *status* de domínio adquirido pelas colônias garantiu que suas políticas internacionais continuassem em mãos inglesas e que seus recursos e forças armadas – mesmo as da África do Sul, apesar da recente derrota dos bôeres – permanecessem disponíveis para a metrópole durante a era decisiva da guerra total. Embora não sem seus problemas – o Canadá,

---

56. Ver N. M. Stultz, *Afrikaner Politics in South Africa, 1934-1948* (Berkeley: University of California Press, 1974).
57. Ver B. R. Bunting, *The Rise of the South African Reich* (Harmondsworth: Penguin Books, 1969).

principalmente, jamais superou a hostilidade entre ingleses e franceses e talvez ainda venha a se desintegrar, transformando-se em dois ou mais Estados –, todos esses países tiveram imenso êxito na implantação de governos estáveis, economias prósperas e fortes sociedades civis com instituições bem-desenvolvidas. A única exceção foi a África do Sul, onde a prosperidade e, na verdade, o próprio Estado pertenciam somente à minoria branca. A presença de uma população nativa numerosa e economicamente subdesenvolvida, dividida entre inúmeras tribos adversárias, deixa dúvidas se o Estado conseguirá sobreviver; mas essa questão pertence ao último capítulo deste livro.

O experimento latino-americano

Enquanto grande parte da expansão anglo-saxônica durante o período entre 1600 e 1850 aconteceu em continentes quase vazios, os espanhóis não tiveram a mesma sorte na colonização das Américas Central e do Sul. Variam muito as estimativas acerca da população nativa às vésperas da chegada dos espanhóis, porém não há dúvida de que, mesmo depois que a guerra, as doenças, a desnutrição e o excesso de trabalho provocaram um declínio calamitoso durante o século seguinte, o número de ameríndios ainda era de cinco a trinta vezes maior que o de espanhóis[58]. Estes também não pretendiam expulsar aqueles, como era freqüente na América do Norte e na Austrália, onde os nativos, acostumados à vida nômade, eram considerados inúteis pelos conquistadores. Pelo contrário, quando terminaram os massa-

---

58. Ver números relativos à população em geral em A. Rosenblat, *La población indígena de América desde 1492 hasta la actualidad* (Buenos Aires: Editorial Nova, 1954), e também W. Borah, *The Aboriginal Population of Central Mexico on the Eve of the Spanish Conquest* (Berkeley. University of California Press, 1963). Há dados sobre a proporção entre brancos e ameríndios no México em W. Borah, *New Spain's Century of Depression* (Berkeley: University of California Press, 1951), p. 18.

cres iniciais, logo se percebeu a importância dos nativos para a economia. Em conseqüência, foram encurralados – em alguns casos, literalmente – e distribuídos em lotes a proprietários privados ou à Igreja. Só o conquistador do México Hernando Cortés recebeu uma propriedade, ou *encomienda,* com 23 mil servos ameríndios que deviam pagar-lhe impostos e perante os quais era o senhorio, o governador, o juiz supremo e o chefe de polícia, tudo junto. Outros *encomenderos* receberam benefícios proporcionais, e propriedades com 2 mil pagadores de impostos ou mais não eram nada incomuns. Imitando seus equivalentes em Castela e Aragão, criaram exércitos particulares para impor seu poder[59].

Entre 1542 e 1549, o medo da feudalização, bem como os relatos horríveis acerca das atrocidades infligidas aos ameríndios, fez o imperador Carlos V mudar de idéia. Por intermédio do Consejo de las Indias (Conselho das Índias) como mais alto órgão responsável pelas colônias, tentou abolir as *encomiendas.* A conseqüência foi uma revolta maciça e Carlos teve de recuar; nessa ocasião, a única mudança efetivada foi um limite às heranças para que as *encomiendas* que ficassem vagas voltassem à Coroa, e todas voltavam após a quinta geração. Para compensar até essa mudança limitada, foi criado o sistema de *repartimiento* ou trabalhos forçados. Construído sobre os alicerces já plantados pelos impérios asteca e inca, obrigava os ameríndios a trabalhar para indivíduos ou para o governo na construção de estradas, no transporte de mercadorias etc.; por exemplo, no Peru todo nativo sem deficiências físicas tinha de passar seis meses a cada sete anos nas infames minas de prata[60]. Outros nativos permaneciam presos às *haciendas* em razão de escravidão por

---

59. Sobre a história das origens da *encomienda,* ver B. Simpson, *The Encomienda in New Spain: The Beginning of Spanish Mexico* (Berkeley: University of California Press, 1966).

60. Ver relato em primeira mão acerca do sistema em J. Juan e A. de Ulloa, *Discourse and Political Reflections on the Kingdoms of Peru* (Tulsa: University of Oklahoma Press, 1978), pp. 77 ss.

débito, vivendo e morrendo nas fazendas onde recebiam seus salários em espécie. Em especial nas regiões mais remotas, onde o poder do governo não conseguia penetrar, isso significava que estavam à mercê dos proprietários, que não só os exploravam economicamente como exerciam poder "político" sobre eles. De um modo ou de outro, a mão-de-obra ameríndia foi o alicerce do progresso econômico das colônias e da riqueza que logo começou a fluir dali para a Espanha. Sem ela, nem o Peru nem, mais tarde, o México se teriam transformado em tamanhos tesouros.

Politicamente, o governo da América Latina era uma extensão do governo da metrópole[61]. Descobertas pelos europeus numa época em que a separação entre governante e Estado estava apenas começando a se cristalizar, as terras em questão eram vistas como propriedade do rei que as administrava com o auxílio do já citado *conseio*. A presença mais superior no local era a dos governadores reais. De início eram dois, situados no México e em Lima; muito mais tarde, foram acrescentados mais dois, em Nova Granada (1717) e em Buenos Aires (1778). Depois vieram os capitães-gerais. A princípio eram funcionários que serviam aos governadores na função de comandantes das – parcas – forças militares à disposição; mais tarde, porém, eram nomeados e recebiam seus próprios distritos para administrar, quer fossem subdivisões das vice-realezas, quer distritos menores diretamente subalternos da metrópole. O terceiro escalão do governo consistia nos *corregidores*, que se dividiam em dois tipos, os que se responsabilizavam pela supervisão das cidades espanholas e os *corregidores de indios*, encarregados dos *pueblos* de ameríndios. Cada um dos doze governadores e capitães-gerais era assistido por uma *audiencia* do conselho jurídico-executivo, embora as queixas menores fossem julgadas por juízes itinerantes ou *oidores*.

---

61. Ver em E. G. Bourne, *Spain in America, 1450-1580* (Nova York: Barnes & Noble, 1962), pp. 227 ss, uma breve descrição das principais instituições.

Assim como na Europa, a pirâmide burocrática que acabou surgindo era venal e permeada de corrupção, pois os funcionários, tendo comprado seus cargos, tentavam obter compensação e lucrar, se possível. Também como na Europa, a tendência era que ela se consolidasse com o tempo. Sua venalidade chegou a constituir ameaça à autoridade da Coroa, à qual deveria servir – ainda mais porque, em razão da distância e da dificuldade de comunicação, muitos funcionários podiam fazer o que lhes aprouvesse. Numa época em que as cidades da metrópole estavam sendo controladas, concedeu-se um elemento de autogoverno às cidades do Novo Mundo na forma dos cabildos ou assembléias municipais. Cada cidade tinha uma, composta de doze *regidores,* eleitos pelos cidadãos abastados ou *vecinos* e aprovados pelo governador ou capitão-geral; algumas chegavam a ter o direito de indicar seus próprios sucessores. Nessas circunstâncias, os cabildos logo se tornaram oligarquias fechadas, que se perpetuavam e, como quase sempre acontecia nos primórdios da Europa moderna, administravam as cidades principalmente em interesse próprio. Durante os séculos seguintes, os cabildos costumavam demitir-se quando os funcionários reais acirravam o jugo. Porém, jamais desapareceram e, de fato, sempre que a Coroa queria fazer reformas, sua primeira providência era recorrer aos cabildos, pois não era possível fazer nada sem sua colaboração.

Essas instituições, bem como os funcionários de baixo escalão – escrivães, policiais, fiscais de mercados etc. –, não tinham nada de original quando comparados aos da metrópole. O fator que os modificou, e até transformou, foi a existência de profundas divisões raciais na América Latina. As mulheres brancas, tanto livres quanto escravas, entraram nas colônias praticamente desde o início. Ali formaram uma pequena minoria, a princípio talvez não mais que 10%; assim, a conquista da América espanhola foi, ao mesmo tempo, a conquista das mulheres nativas que, nas palavras de um mercenário alemão que servia aos espanhóis na região do rio da Prata, eram consideradas "muito bonitas e ótimas amantes, carinhosas e de corpos ardentes"[62]. Ao subordinar a posse das *encomiendas* à produção de um herdeiro, pelo menos inicialmente a Coroa incentivou os *encomenderos* que não conseguiam arranjar esposa na Espanha a se casarem com as mulheres locais; outros casos (principalmente no clero) envolviam concubinato, completa escravidão sexual ou uniões informais. Qualquer que fosse a duração e a situação jurídica, era inevitável que essas uniões resultassem em filhos mestiços. A situação se complicou ainda mais com a presença dos escravos negros. Os primeiros chegaram em 1502, da própria Espanha. Mais tarde, milhões deles foram importados da África para substituir a força de trabalho ameríndia, que estava definhando. Já que, também entre eles, os homens eram a grande maioria, tiveram de recorrer às ameríndias ou *mestizas* que apareciam. O resultado foi o surgimento de um número fantástico de combinações, que os espanhóis, sempre com inclinações acadêmicas, fizeram o possível para classificar e catalogar[63].

Embora as gradações fossem quase sempre absurdas, os preconceitos que havia por trás delas eram reais. A Idade Média européia, em geral, não tivera preocupações raciais, preferindo classificar as pessoas segundo a fé religiosa. Mais tarde, o comportamento mudou. A sucessão de Carlos V por Felipe II marcou a época em que chegou ao fim a orientação anterior, de tolerar e até incentivar as misturas raciais. De então até a reforma instituída durante os últimos anos da era colonial, o governo da metrópole procurou deliberadamente manter a *república de españoles* separada da *república de indios*. Embora não fossem proibidos os casamentos inter-raciais, os dois grupos eram governados por leis diferentes. A mais importante no tocante aos ameríndios era que eles, e somente eles, deviam impostos. Além disso, eram

---

62. U. Schmidel, *Derrotero y viaje España y las Indias,* org. por E. Warnicke (Assunção: Ediciones NAPA, 1983), p. 113.

63. Ver dois desses catálogos em M. Moerner, *Race Mixture in the History of Latin America* (Boston: Little, Brown, 1967), pp. 57-8.

proibidos de portar armas ou comprar bebidas alcoólicas; por outro lado, por serem considerados "destituídos de razão", não precisavam responder à Inquisição. Entre 1563 e 1680, quando foram incluídas na grande compilação publicada naquele ano[64], muitas leis foram promulgadas com a finalidade de obrigar os membros dos diversos grupos raciais a morar em bairros separados. Também tinham de freqüentar outras igrejas, escolas, guildas etc. – sistema conhecido então como *regimen de castas* e que não diferia muito do falecido e nada saudoso *apartheid*.

Era quase impossível definir quais indivíduos pertenciam a qual grupo. Ninguém mantinha registros, e as pessoas que pareciam brancas em geral passavam por brancas; contudo, a sociedade inteira não tinha dúvidas de que a cor morena era sinônimo de ascendência inferior, mestiça e ilegítima. Em toda a América Latina, o topo da pirâmide sociopolítica consistia em recém-chegados da Espanha e de Portugal, conhecidos como *gapuchines* (os que usavam esporas) e *chapetones*; olhavam com arrogância para todas as outras pessoas e monopolizavam os cargos mais importantes, tanto seculares quanto eclesiásticos. Depois deles, o grupo dos brancos nativos, ou *creoles*, cujos membros abastados ocupavam cargos nos cabildos e também funções de autoridade de nível mais baixo. Em degrau ainda inferior estavam os brancos pobres que não possuíam terras; mas também olhavam com descaso para os diversos *mestizos* e *pardos* e, ainda mais, para os negros e os ameríndios. Entre estes, o posto mais importante era ocupado pelos *caciques*, que costumavam colaborar com os europeus e às vezes eram promovidos a *hidalgos*. Com essa exceção, a maior parte da população – branca, mestiça, ameríndia e negra – era quase totalmente excluída dos cargos, mesmo dos cargos eclesiásticos e também das universidades e dos seminários que levavam até eles. Contudo, o desprezo que sentiam uns pelos

---

64. *Recopilación de Leyes de los Reinos de las Índias* (Madri: Paredes, 1668), livro vi, título iii, artigos 21-3.

outros impedia que se unissem contra os superiores. Apegando-se aos resquícios da língua e da religião nativas, grande parte da população ameríndia levava uma existência protegida em suas próprias ex-terras. De vez em quando faziam sentir sua presença por meio de uma rebelião, a maior das quais em 1780-81, liderada pelo inca Tupac Amaru – pseudônimo do *mestizo* Jose Gabriel Condor-Canqui.

Só durante a última terça parte do século XVIII, no reinado do rei Carlos III, de Bourbon, é que houve tentativas de reformar o sistema para fortalecer o controle real, reduzir a corrupção e dar à massa da população uma participação um pouco maior no governo. Os dois escalões superiores da administração, isto é, as vice-realezas e as capitanias-gerais, foram descentralizados e a seus ocupantes foi concedido um poder maior, especialmente sobre a defesa – inclusive com a criação do primeiro exército permanente que, por volta de 1800, tinha mais ou menos 20 mil homens ao todo. Sob seu comando foi criada uma nova camada de governo, na forma dos *intendants,* funcionários assalariados inspirados nos franceses, com responsabilidade sobre assuntos financeiros e obras públicas. Na tentativa de dar vida nova aos cabildos, foi abolido o antigo posto de *corregidor;* de então em diante, as cidades espanholas passaram às mãos de *subdelegados* não-venais com poderes menos abrangentes. Outro conjunto de *subdelegados* ficou encarregado dos assuntos dos ameríndios, com o fim de protegê-los contra os terríveis abusos cometidos pelos proprietários de terras. Nessa época, com exceção do êxito na abolição do *repartimiento,* em geral a tentativa de ajudar a população não-branca foi um fracasso, pois persistiam outras formas de exploração, como os tributos e o sistema pelo qual os *subdelegados* e outras autoridades obrigavam a população a comprar deles quantidades específicas de determinados produtos a preços que eles próprios definiam.

Ao visitar o México em 1803, o explorador alemão Alexander von Humboldt calculou que só um terço dos habitantes vivia pelo menos tão bem quanto os mais pobres na

Espanha, já na época o país mais atrasado da Europa ocidental[65]; no Peru, mais distante de Madri e mais difícil de reformar, a situação era ainda pior. Contudo, para as classes altas o período posterior ao fim da Guerra dos Sete Anos foi de considerável expansão econômica[66]. Na Europa, crescia a demanda de produtos tropicais como couro, cacau, café, tabaco e açúcar. Diz-se que só a produção de açúcar aumentou dez vezes entre 1756 e 1800, ao passo que nas décadas após 1788 o comércio entre a Espanha e suas colônias aumentou quatro vezes ao todo. Os lucros geravam o capital necessário para renovar o interesse pela mineração. Após longo período de estagnação, começaram a utilizar-se aprimoramentos técnicos, introduzidos sempre por especialistas alemães ou treinados na Alemanha, que eram recrutados, pagos e enviados às colônias pela Coroa. As recentes tecnologias, aliadas ao aumento demográfico que tornou disponível a mão-de-obra necessária, logo levaram a uma nova afluência de prata, principalmente do México.

Na teoria, esses e outros progressos econômicos fariam os *creoles* ficar gratos ao governo, pois este, ao reformar a administração, promovera ou, pelo menos, facilitara esses avanços. Na prática, aconteceu o contrário. Na classe alta, o estabelecimento do funcionalismo público moderno apenas enfatizava até que ponto os *americanos*, conforme começaram a denominar-se, estavam excluídos dele, apesar de suas propriedades e outras qualificações. Na classe baixa, a substituição do esquema de propinas pelos salários fez com que muitos dos funcionários públicos do baixo escalão perdessem suas gratificações. A economia em expansão foi sufocada pelo velho sistema imperial, que proibia o comércio entre as diversas colônias, e o comércio transoceânico só podia ser feito com a Espanha, por intermédio da famosa *casa de la*

---

65. A. von Humboldt, *Political Essay on the Kingdom of New Spain* (Norman: University of Oklahoma, 1988), vol. I, p. 198.

66. Ver V. Vives (ed.), *Historia social y económica de España y América* (Barcelona: Teide, 1957-), vol. V.

contratación de Sevilha. Embora algumas das restrições mais onerosas tenham começado a ser eliminadas durante a década de 1770, a situação era semelhante à da América do Norte às vésperas da revolução, com a diferença de que a pobre e retrógrada Espanha tinha bem menos condições que a Inglaterra, o indiscutível gigante industrial da época, de atender à demanda de mercadorias manufaturadas de suas colônias.

A partir da década de 1780 as idéias liberais, importadas primeiro da França e depois da América do Norte, conseguiram contornar a censura e começaram a circular. Contudo, na melhor das hipóteses, só chegavam à parte mais rica da população branca – a *gente distinguida,* que consistia em autoridades do governo, oficiais do exército, comerciantes, profissionais liberais e latifundiários, que, embora recusassem qualquer tipo de autogestão para suas populações dependentes, queriam-na para si. Quando, durante a segunda década do século XIX, irromperam as lutas pela independência, incentivadas pela conquista da península Ibérica por Napoleão, eram quase exclusivamente brancos lutando contra outros brancos na disputa de quem participaria do governo. Exemplo disso é o caso de uma das primeiras "sociedades patrióticas" que se formou em Buenos Aires em 1801. A afiliação estava restrita a "homens de berço honroso e boas maneiras": numa sociedade de castas raciais, isso se traduzia na exclusão de estrangeiros, negros, mulatos, zambos ou cafuzos (filhos de negros com ameríndios) e inúmeras outras pessoas de origem mestiça. Embora essa proibição de mestiços tenha caído em seguida, as outras permaneceram em vigor, demonstrando que havia limites ao quanto a sociedade estava disposta a se curvar, mesmo numa empreitada tão nobre quanto lutar contra o poder da Espanha[67]. Só no México as massas de ameríndios e mestiços integraram a revolta inicial, o que aterrorizou a classe alta e levou

---

67. Sobre esse acontecimento, ver Rosenblat, *La población indígena,* vol. II, p. 155.

a uma aliança temporária com a Espanha. Ali e em outras partes, o resultado foi a substituição de um grupo de senhores distantes por outro que estava mais próximo e que se revelou ainda mais cruel do que os enviados por Madri ou Lisboa.

Como o próprio Bolívar vira com clareza[68], num ambiente de propriedade de escravos, de um lado, e pobreza generalizada, apatia e vassalagem *de facto*, de outro, a criação de Estados abstratos teria sido muito difícil – na verdade, ele antevira um futuro de "pequenos tiranos". Foi assim, ainda mais, porque as populações politicamente conscientes eram pequenas e, em grande contraste com a situação nos Estados Unidos – onde as primeiras colônias se estenderam ao longo do litoral e podiam comunicar-se facilmente entre si –, espalhavam-se por toda a orla de um vasto continente. Por exemplo, em 1823 o Brasil tinha menos de 4 milhões de habitantes. À primeira vista, comparava-se favoravelmente com os Estados Unidos em 1776; porém, enquanto os Estados Unidos eram uma nação de agricultores prósperos e residentes urbanos, no Brasil a grande maioria eram escravos negros ou uma massa amorfa, quase indigente, de diversas raças, que incluía uma percentagem altíssima de errantes. Outro exemplo é o Uruguai, que, quando começou sua luta pela independência contra a Argentina, só contava com 60 mil habitantes, bem como a própria Argentina, que, ainda em 1852, só contava com 1,2 milhão de habitantes – entre eles, mais uma classe de homens sem endereço fixo, os *gauchos*. É verdade que, entre 1811 e 1821, todos os países recém-independentes adotaram constituições. Emanciparam suas populações negras, aboliram os impostos e igualaram os civis não-eclesiásticos perante a lei (os militares e a Igreja eram de outra categoria, que gozava de *fueros* ou privilégios que os deixavam fora do alcance dos tribunais comuns). Todavia, não se exterminam por decreto séculos de discri-

---

68. S. Bolivar, discurso ao Congresso de Angostura, impresso em *Selected Writings of Bolivar*, org. por H. A. Bierck (Nova York: Colonial Press, 1951), vol. I, pp. 175-6.

minação, pobreza e isolamento. No Brasil, a escravidão persistiu até 1888.

Fossem quais fossem as circunstâncias em que viviam, mais de 95% da população continuavam numa situação em que não podiam exercer influência sobre o governo nem, o que é ainda mais importante, ser controlados por ele[69]. Entre a minúscula minoria a quem isso não se aplicava, era quase impossível separar os interesses particulares dos assuntos públicos. A política tornou-se, como tem se mantido, de maneira geral, um jogo das cadeiras entre camarilhas bem reduzidas; por exemplo, no Chile, a mulher de um presidente (Manuel Bulnes, 1841-51) era filha de um presidente, irmã de um presidente e mãe de um presidente. Levando-se em conta as variações locais, em geral uma facção consistia em latifundiários que apoiavam o governo centralizado e autoritário com a finalidade de negar liberdade pessoal ao resto da população (para não falar do direito de participar da política) e explorá-la com maior eficácia. Seus adversários liberais eram típicos urbanitas, comerciantes e profissionais liberais, mas incluíam um pequeno grupo de não-brancos que se dera bem na vida – sempre por meio das profissões ou do exército, no seio dos quais, graças a capacidades excepcionais, subiam na carreira. Suas principais exigências eram reduções drásticas na influência da Igreja, com o confisco de suas imensas propriedades e a extinção dos tribunais eclesiásticos; uma forma de governo federal, mais democrática; e a efetivação da liberdade individual de seus inferiores sociais, de quem esperavam receber apoio[70]. Porém, mesmo nos lugares onde conseguiram implementar suas plataformas, a democracia, tolhida pela exigência de alfabetização e pelo requisito da propriedade, jamais concedeu

---

69. Número extraído de S. J. Stanley e B. H. Stein, *The Colonial Heritage of Latin America* (Nova York: Oxford University Press, 1988), pp. 32 ss.

70. Ver discussão dos dois partidos e suas diferenças em D. Bushnell e N. Macaulay, *The Emergence of Latin America in the Nineteenth Century* (Nova York: Oxford University Press, 1988), pp. 32 ss.

cidadania a mais que 2% a 4% da população, e o número dos que tinham direito a ocupar cargos públicos se limitava a poucos milhares.

Contra essas deficiências, o único país que conseguiu manter uma tradição política não interrompida pela violência foi o Chile[71]. Ali, como em outros países, a massa da população era rural, analfabeta e paupérrima. Entre 1830, ano em que as facções adversárias travaram sua última batalha, e 1870, o governo esteve principalmente nas mãos dos latifundiários conservadores. Contudo, como havia poucos ameríndios e aqueles que existiam se concentravam, em sua maioria, no extremo sul, não se criara, pelo menos, a tradição de escravidão, vassalagem e governo proprietário. Quando aconteceu a transição para o governo liberal, foi realizada por meios constitucionais; a não ser pela situação privilegiada das forças armadas e pelo fato de que a cidadania sempre permaneceu bem restrita (quando deixou de ser restrita, rapidamente levou à eleição de Salvador Allende para a presidência em 1970), o sistema resultante de governo igualava-se, em muitos aspectos, ao dos Estados Unidos. Isso não aconteceu nos outros países do continente, onde as guerras de libertação apenas marcaram o início das lutas entre os dois grupos. Eram quase sempre violentíssimas, com seqüestros, assassinatos e, às vezes, extermínio de famílias inteiras usadas como armas comuns. Com muita freqüência, abriam espaço para o surgimento de caudilhos, fenômeno outrora considerado exclusivo da América Latina, mas que, após a criação de muitos Estados novos a partir de 1945, espalhou-se para outras partes do mundo também.

Entre os caudilhos, alguns lideravam uma facção ou outra e mobilizavam seus correligionários no grupo dos amigos

---

71. Sobre as origens da política chilena, ver F. J. Moreno, *Legitimacy and Stability in Latin America: A Study of Chilean Political Culture* (Nova York: State University of New York Press, 1969), cap. 4; e S. Collier, "From Independence to the War of the Pacific", em L. Tethell (org.), *Chile Since Independence* (Londres: Cambridge University Press, 1993), pp. 1-32.

particulares[72]. Muitos eram oficiais do exército que queriam impor a ordem, mesmo enquanto se alçavam ao poder como chefes de *juntas* compostas de colegas oficiais. Todos tinham de ser *muy hombres,* másculos de verdade, mas os poucos de origem rural obscura eram-no ainda mais; começavam na situação de líderes bandoleiros das populações locais oprimidas e, às vezes, tornavam-se localmente importantes se, na dura batalha que travavam, não fossem assassinados. A despeito das origens dos personagens principais, durante o século seguinte à independência todos os Estados recém-criados passaram por uma série interminável de guerras civis: Argentina (até 1862), Bolívia (que, com nada menos que sessenta revoluções, bateu todos os recordes), Brasil, Colômbia (umas trinta guerras civis), Equador, México, Paraguai, Peru, Uruguai e Venezuela (que teve umas cinqüenta revoluções). De então até os dias de hoje, talvez o melhor a dizer acerca desses e outros Estados latino-americanos é que não travaram muitas guerras uns contra os outros – embora nas poucas que travaram, como a briga quadrilátera entre Paraguai, Argentina, Brasil e Uruguai em 1865-70, as vítimas tenham chegado às centenas de milhares e deixado o Paraguai quase desprovido de habitantes do sexo masculino. Contudo, o que lhes faltava em conflitos externos, compensaram com facilidade em anarquia interna, golpes e contragolpes.

Até o ponto em que as intermináveis guerras civis permitiram algum desenvolvimento econômico, a primeira metade do século XIX viu nascer uma nova situação. Quando a Europa ocidental e a América do Norte ingressaram na era da Revolução Industrial, as antigas colônias espanholas e portuguesas não conseguiram acompanhar. Eivado de contrabando e corrupção, o antigo sistema imperial começou a desmoronar ainda antes da conquista da independência[73];

---

72. Ver breve tipologia dos caudilhos em G. I. Blankenstein, *Constitutions and Caudillos* (Berkeley: University of California Press, 1951), pp. 34-7; e, bem mais extensa, em J. Lynch, *Caudillos in Spanish America, 1800-1850* (Oxford: Clarendon, 1992).

73. J. H. Parry, *The Spanish Seaborne Empire* (Nova York: Knopf, 1966), pp. 307 ss.

mas foi então abolido pelas mãos de ambos os partidos que, pelo menos uma vez, descobriram algo em que mais ou menos concordavam. Sob a influência de idéias européias, os liberais eram favoráveis ao livre comércio dentro do continente. Influenciados por interesses próprios, os conservadores eram veementes na exigência do direito de trocar as safras e os minérios que produziam por bens importados do exterior. Como a instabilidade política impedia a acumulação de capital, a indústria não conseguia evoluir. O fluxo de produtos europeus industrializados sufocou com facilidade as oficinas locais, muitas ainda domésticas, e esse fluxo não foi desestimulado pelo governo, que quase sempre recebia a parte do leão de sua receita com as tarifas. Principalmente a construção naval (praticada no México desde o início) e a siderurgia, e também as fábricas têxteis mais elementares, quase deixaram de existir. As mercadorias de luxo vinham da França, as destinadas ao consumo em massa vinham da Inglaterra e, cada vez mais, dos Estados Unidos. Como acontecera em grande parte do leste europeu durante o século XVI, e na Rússia e na Índia durante o século XIX, o resultado foi a desindustrialização[74].

Quando a agricultura não se limitava à mera subsistência – ainda praticada por uma parte considerável da população –, a contribuição dos novos Estados para a economia mundial era quase exclusivamente na forma de alimentos e matérias-primas. Embora as cidades não tenham desaparecido, seu papel econômico declinou, comparado às últimas décadas do governo colonial. Continuaram existindo principalmente como centros administrativos ou, se sua posição geográfica permitisse, entrepostos por meio dos quais os produtos estrangeiros entravam no país e se espalhavam para o interior. A situação difícil das cidades permitiu que as diversas facções conservadoras – partidos é palavra grandiosa demais – mantivessem o poder em oposição aos libe-

---

74. Sobre o surgimento da economia neocolonial, ver C. Furtado, *The Economic Development of Latin America* (Nova York: Cambridge University Press, 1970); e Stanley & Stein, *Colonial Heritage of Latin America,* cap. 5.

rais e à custa do restante da população. Em especial no México e no Brasil, a transferência da riqueza agrária das mãos das comunidades indígenas para as de sociedades privadas continuou durante todo o século XIX, ao passo que na Argentina, assim como nos Estados Unidos, a propriedade dos espaços "vazios" (isto é, espaços habitados pela população nativa) foi decidida com o poder das armas. Nos três países, e em outros também, as propriedades resultantes quase sempre podiam ser medidas em quilômetros quadrados, em vez de acres. A não ser pelos artigos de luxo para uso do senhor e da família, os latifúndios eram quase totalmente auto-suficientes; sem levar em conta o que dizia a lei, muitos latifundiários tinham suas próprias forças policiais, prisões e até instrumentos de tortura como meio de manter controle sobre os ameríndios e mestiços sob seu jugo A situação também não mudou muito durante a segunda metade do século XIX, quando do início do fluxo de capital estrangeiro, primeiro inglês e, depois, norte-americano. Pelo contrário, os estrangeiros sempre conspiravam com os conservadores para preservar a tranqüilidade política e garantir uma força de trabalho baratíssima, semi-escrava, nas chamadas repúblicas de bananas.

Nos últimos 25 anos do século XIX, muitos dos Estados latino-americanos só eram Estados no nome. Ainda que apenas porque os diversos caudilhos procuravam fortalecer sua posição por meio de eleições, quase todos passaram por períodos, quase sempre muito curtos, de governo constitucional; o Equador, por exemplo, até 1895 já fora abençoado com nada menos que onze constituições. Todos tinham alguma forma de burocracia governamental, ainda que bastante subdesenvolvida e, em razão dos salários baixíssimos pagos aos funcionários, completamente aberta à corrupção. Cada um também tinha sua moeda nacional, embora todas fossem geralmente muito inflacionárias e nenhuma jamais tenha conseguido evoluir o suficiente para tornar-se um meio de troca internacional reconhecido. Municiados de bandeiras nacionais, hinos, selos postais e afins, afirmavam ser soberanos nas relações internacionais; porém, até essa afirmação se fazia um tanto duvidosa em razão dos acontecimentos que levaram à criação do Panamá a partir de uma costela da Colômbia em 1903. Mantinham um aparato diplomático, quase sempre com um esplendor externo em proporção inversa à situação econômica interna. Muitos também enviavam representantes aos diversos congressos internacionais que aconteceram a partir de 1864.

Outra característica da última parte do século XIX foi o início da imigração em massa para o que até então fora um continente de densidade demográfica baixíssima. Antes, diversos governos latino-americanos haviam tentado atrair imigrantes, mas com a persistência das guerras civis e a atratividade maior de outras regiões, principalmente dos Estados Unidos, fora impossível. Nessa época o maior número de imigrantes provinha da Itália, da Espanha e de Portugal (a maioria destes foram para o Brasil); mas também houve inúmeros outros grupos, entre eles irlandeses, alemães, chineses e japoneses. Dependendo da configuração de suas populações originais e do número de imigrantes absorvidos, alguns países se tornaram praticamente brancos, como a Argentina e o Uruguai. Outros, como o México e o Brasil, transformaram-se em sociedades multirraciais, ao passo que outros ainda (em especial no nordeste do continente) descobriram que a chegada de grupos adicionais confundiu a distinção entre brancos e ameríndios e levou à extinção do regime de castas. Ademais, embora a imigração tenha beneficiado a agricultura – só na Argentina o número de quilômetros quadrados arados aumentou de 9.660 em 1865 para 246 mil em 1915 –, a maioria dos recém-chegados se instalara nas cidades. Ali, assumiram ocupações urbanas no comércio, na indústria e na prestação de serviços, formando um núcleo de verdadeiro proletariado. Nos países maiores, pelo menos, a ascensão das sociedades de massa finalmente conseguiu acabar com o governo das camarilhas instáveis e nepotistas e fez surgir algo semelhante aos modernos partidos políticos, com feições conservadoras ou liberais, centralistas ou federalistas, socialistas ou mesmo comunistas.

Nos países mais importantes esses fatores, juntamente com um grau de industrialização que começou na década de 1920, deram fim à antiga tradição do caudilhismo. Por mais românticos que tenham sido, Emilio Zapata e Pancho Villa – ambos de origem rural bem humilde – não tiveram sucessores. Sua função de engendrar golpes logo foi ocupada pelos diversos exércitos nacionais. Não que esses estivessem politicamente inativos durante o século anterior, mas nessa época quase sempre eram corjas indisciplinadas, muito pouco diferentes dos homens recrutados particularmente pelos diversos caudilhos. Embora essa situação tenha persistido em alguns dos países menores – em especial na América Central e nas Antilhas –, os exércitos que, a partir do golpe de 1930 na Argentina, começaram a ter papel predominante na vida de alguns países maiores eram outra coisa. Entre 1890 e 1910, vários deles foram organizados por especialistas estrangeiros, alemães (que deixaram sua marca na forma da marcha em passo de ganso e na predileção pela música wagneriana), franceses ou norte-americanos. Nos últimos anos que antecederam a Primeira Guerra Mundial, todos adotaram o alistamento obrigatório, embora, na prática, este se aplicasse somente às classes mais baixas, ao passo que os ricos compravam substitutos ou, mais tarde, fugiam para as universidades. Comandados por profissionais vitalícios, com administração burocrática e disciplinada, por volta de 1930 tinham se tornado simpatizantes do fascismo e do nazismo. Ao seu redor, viam instituições civis fracas e corruptas, e se consideravam como a verdadeira expressão do Estado, a única instituição capaz de elevar-se acima dos interesses mesquinhos das facções e das classes[75].

Disciplinados ou não, a longa tradição de guerras civis e golpes resultou na ausência de uma das principais características do Estado moderno – a separação clara entre as

---

75. Sobre o desenvolvimento das forças armadas da América Latina durante esse período, ver J. J. Johnson, *The Military and Society in Latin America* (Nova York: Praeger, 1976), caps. 3 e 4.

forças responsáveis pela guerra externa e as encarregadas de manter a ordem interna. Ocupados com esta, os exércitos em questão jamais se tornaram muito bons naquela. Houve uma época, em fins do século XIX, em que as forças armadas do Chile pareceram prestes a se transformar numa instituição militar moderna; mas, diante de adversários como o Peru e a Bolívia, havia pouco incentivo para mantê-las assim, mesmo que o permitisse a situação econômica (regida pela queda do preço do guano depois do início da Primeira Guerra Mundial, quando se descobriu um método para extrair nitrogênio do ar). Comparados aos outros continentes, os gastos militares na América Latina nunca foram altos, em geral não passando de 3% ou 4% do PIB. O valor *per capita* era notavelmente baixo, por exemplo, 58 dólares na Argentina, 40 dólares no Brasil, 61 dólares no Chile e 11 dólares no México (números de 1990-92)[76]. Contudo, com o dinheiro que recebem costumam gastar menos em armas modernas do que em instrumentos de controle interno, inclusive com gratificações generosas para o seu pessoal. Os estrangeiros sempre ficam perplexos com os generais latino-americanos, com seus esplêndidos uniformes e peito cheio de medalhas – num continente em que, depois da Guerra do Chaco na década de 1930, praticamente não há conflitos armados entre os Estados, é de se perguntar onde podem ter conquistado tantas medalhas. Para seu próprio povo esses exércitos assumiam um aspecto muito mais sério, para não dizer ameaçador: verdadeiros rolos compressores cujo poder em relação à sociedade civil é mitigado principalmente pela tendência de muitos deles para a corrupção.

Os anos seguintes a 1940, de fato, testemunharam inúmeros golpes militares aos quais se seguiram, naturalmente, regimes militares. Só para citar alguns exemplos, a Argentina teve governo militar de 1943 a 1946 (quando um coronel, Juan Perón, se tornou presidente) e novamente em 1955-58, 1970-

---

76. Dados de *Britannica Book of the Year, 1993* (Chicago: Encyclopaedia Britannica, 1993), pp. 552, 571, 583, 670.

73 e 1976-83. A Bolívia teve governo militar em 1936-39 e 1943-46, ao passo que, no período de 1964 a 1982, passou por uma série de regimes militares. O Brasil sofreu um golpe militar em 1945 e outro em 1954; depois veio o período de governo militar que durou de 1964 até 1985. O Chile teve governo militar de 1973 a 1990, a Colômbia, de 1953 a 1957, a Costa Rica em 1947 (depois disso o exército foi formalmente extinto) – e essa lista não esgota nem as três primeiras letras do alfabeto. Nesses países e em outros, tanto os períodos de governo militar quanto os intervalos entre eles quase sempre foram marcados por explosões de violência, algumas das quais custaram dezenas de milhares de vida. Na maior parte das vezes, as forças armadas se consideravam a única instituição capaz de criar ordem no caos deixado por políticos corruptos que só lutavam por interesses próprios. Em geral, sua intervenção tinha a finalidade de se opor à tendência ao socialismo ou mesmo comunismo – notoriamente na Argentina, na Bolívia, no Brasil e no Chile, onde, no cenário da Guerra Fria, receberam apoio dos Estados Unidos na forma de conselheiros, verba, armas, treinamento e, às vezes, muito mais. Todavia, também houve casos em que o exército assumiu o poder em nome de um programa social e econômico de esquerda, como no Peru entre 1968 e 1975[77].

Em repúblicas menores como Guatemala, Honduras, Panamá e Colômbia, os golpes militares quase sempre foram mero instrumento para favorecer os interesses de algum oficial graduado – às vezes não tão graduado – e sua família. Nos países maiores, o lema dos novos governantes costumava ser a modernização. Tomando o Brasil como nosso exemplo, procuraram alcançar estabilidade econômica, criar condições para o desenvolvimento (como alternativa à revolução das massas) e melhorar a infra-estrutura – incluindo também instalações médicas e educacionais para cujos fins quase sempre usavam seu próprio pessoal uniformiza-

---

77. Sobre a tipologia dos golpes militares latino-americanos, ver E. Liuwen, *Arms and Politics in Latin America* (Nova York: Praeger, 1967), pp. 132 ss.

do. Acima de tudo, tentaram acabar com a tradicional "economia do café" com incentivos à industrialização. Com um forte intervencionismo, derramaram dinheiro em energia, transporte e fábricas estatais para substituir as importações, protegendo seus produtos com tarifas. Também tentaram atrair o capital estrangeiro oferecendo vantagens como cortes de impostos e livre retirada de moeda forte; e empenharam-se em disciplinar a força de trabalho castrando os sindicatos, proibindo greves, impondo controles salariais etc.[78]

Essas medidas geralmente funcionavam por algum tempo, baixando a inflação e gerando a ilusão de prosperidade e progresso – no Brasil, por exemplo, o crescimento econômico entre 1964 e 1968 ficou entre os mais altos do mundo. Contudo, cedo ou tarde a recessão acontecia em razão de uma queda no valor das exportações, da tendência das novas indústrias patrocinadas pelo Estado de se emaranhar na própria burocracia, ou ambas as coisas. Num cenário de salários reais em declínio, a camarilha governante se viu desafiada pelas entidades trabalhistas de esquerda. Reprimir suas atividades só serviu para jogá-las na clandestinidade, levando a atos de terrorismo e sabotagem. Quando se uniram à oposição os filhos das classes médias, quase sempre universitários incomodados com a perseguição e a tortura, bem como com a falta de liberdade política, o jogo acabou. Quando seus próprios correligionários militares se dividiram entre os da linha dura e os que defendiam maior liberdade, os generais acabaram cedendo: realizaram eleições e voltaram para os quartéis. Era comum, porém, que só entregassem o poder ditando condições para os sucessores. Entre essas condições figuravam a anistia para os torturadores (praticamente nenhum deles foi julgado), bem como a manutenção de seu direito de agir como guardiões autonomeados da Constituição, prontos para assumir de novo o poder se julgassem apropriado. Às vezes os militares formavam um Es-

---

78. Ver em T. E. Skidmore, *The Politics of Military Rule in Brazil* (Nova York: Oxford University Press, 1988), uma análise do período em questão.

tado dentro do Estado: por exemplo, no Chile, onde têm representantes próprios no Parlamento e fontes exclusivas de receita (proveniente da exportação do cobre) que estão fora do controle do governo.

À entrada da década de 1990, a ameaça do comunismo retrocedeu – de fato, os militares do Chile declararam orgulhosamente que foi em seu país, e graças a eles, que a maré vermelha começou a virar. Quase todos os países voltaram ao governo civil, e a extensão do direito de voto aos pobres e analfabetos, bem como às mulheres, gerou eleitorados muito maiores. Alguns observadores acharam que os exércitos estavam seguindo o caminho dos caudilhos e que o período dos golpes, das revoluções e do governo militar no continente estava chegando ao fim[79]. Mesmo que isso fosse verdade, muitos Estados latino-americanos depararam com um novo problema. Mais ou menos durante o primeiro século após a independência, eram as áreas rurais, distantes e quase sempre isoladas em razão da falta de meios de comunicação, que escapavam ao controle do Estado – o que, a propósito, explica por que, a partir de Zapata, serviram de ponto de partida para tantos caudilhos. Ainda nos últimos 25 anos do século XX, alguns governos tinham dificuldade de controlar o interior — basta lembrar as guerras civis em El Salvador e Nicarágua, o Sendero Luminoso no Peru e o levante zapatista no sul do México. Contudo, outro problema mais grave e mais freqüente era sua incapacidade de administrar as cidades, quase sempre também as próprias capitais.

A raiz do problema encontra-se no aumento da população. Desde o fim da Segunda Guerra Mundial, esse aumento tem sido quase sempre de 2,5% a 3% ao ano, levando milhões de pessoas a abandonar o campo rumo às cidades. Entre a década de 1960, quando ainda era possível falar do

---

79. Ver algumas perspectivas otimistas do futuro da América Latina em L. Diamond *et al.* (orgs.), *Democracy in Developing Countries: Latin America,* vol. IV (Boulder: Rienner, 1989); e O. Gonzalez Casanova, *Latin America Today* (Tóquio: United Nations University, 1993).

"desequilíbrio urbano–rural" como raiz de todos os problemas[80], e a de 1990, a percentagem da população rural de muitos países caiu cerca de 60%. As campeãs, se essa for a palavra correta, foram as cidades maiores, cujo crescimento foi fenomenal. O Distrito Federal de Buenos Aires tinha 3,4 milhões de habitantes em 1950 e mais de 9 milhões em 1992 (numa população total de 33 milhões). Em Caracas, os números são 700 mil e 2 milhões; em Lima, 950 mil e 6 milhões; no Rio de Janeiro, 3 milhões e 5 milhões; em Santiago, 1,28 milhão e 5,3 milhões; e, na Cidade do México, 2,8 milhões e o colossal número de 16 milhões[81]. Os centros dessas e de outras cidades – a América Latina tem hoje 21 concentrações urbanas com mais de 1 milhão de habitantes, e eram seis em 1950 – sempre oferecem ao visitante mostras estonteantes de arquitetura ultramoderna e tudo o que há de mais avançado na civilização ocidental contemporânea, inclusive algumas das mais densas concentrações de poluição do ar. Contudo, estão cercadas por áreas que, nos países desenvolvidos, não seriam reconhecidas como cidades: sem ruas pavimentadas, água encanada, esgotos, iluminação, nem prédios públicos, apenas um número sem fim de barracos agrupados em favelas, também conhecidas pelos nomes de *callamoas, barrios, chiampas* ou – na Argentina – *villas miseria*.

As populações dessas favelas são, naturalmente, paupérrimas. Devido a sua carência extrema, são geralmente excluídas do sistema educacional administrado pelo Estado; apesar dos investimentos maciços em educação durante as últimas décadas, o número absoluto de analfabetos é constante ou está crescendo[82]. A distância física entre os *barrios* e as partes modernas dessas cidades costuma ser medida em

---

80. J. M. Schmitt e D. D. Burks, *Evolution or Chaos: Dynamics of Latin American Government e Politics* (Nova York: Praeger, 1963), pp. 95 ss.

81. Números da *Encyclopaedia Britannica* (Londres: Encyclopaedia Britannica, 1956); e de *Britannica Book of the Year, 1993*.

82. Calculado com base em B. Klein e M. Wasserman, *A History of Latin America* (Boston: Houghton Mifflin, 1988), apêndice, tabelas 1 e 3.

centenas de metros. A distância política é medida em séculos porque, no tocante aos habitantes dos *barrios*, o presidente, o gabinete, o parlamento e até mesmo a burocracia podem muito bem estar em Marte. Em alguns lugares pode haver clínicas ou clubes para os idosos, com pessoal dedicado fazendo o que pode para aliviar os piores sofrimentos. Fora isso, os únicos representantes do Estado que os residentes das favelas talvez encontrem são os policiais. Não raro a polícia costuma receber reforço militar ou de organizações paramilitares, quando a situação se deteriora muito e os habitantes das áreas ricas vizinhas exigem providências.

Em resumo, justamente quando os Estados latino-americanos parecem estar se aproximando de algum tipo de estabilidade política no topo, parece que a maioria deles também fracassou na tentativa de integrar as partes mais pobres de suas cidades como fizeram os europeus durante o século XIX[83]. Pelo contrário, tendo em conta a pressão ainda contínua da população, a situação em muitos lugares talvez esteja pior do que há vinte ou trinta anos, com a "pobreza total e o problema da distribuição de renda (...) assinalando o fracasso do processo de desenvolvimento do pós-guerra"[84]. Assim como as subclasses da Europa do século XVIII, os residentes dos *barrios* são pobres demais e têm dificuldades para expressar-se, por isso não representam ameaça política no sentido habitual do termo. Se vivem fora da lei, essa ilegalidade se dirige principalmente de uns contra os outros; por conseguinte, é raro ser registrada até pela polícia, que, afinal, é percebida como inimiga. Na maioria dos casos, a ausência de liderança e de organização significa que os ocasionais tumultos que acontecem não se traduzem em levantes, muito menos em revolução; em geral, perdem a força com

---

83. Ver M. Edel e R. E. Hullman (orgs.), *Cities in Crisis: The Urban Challenge in the Americas* (Nova York: University of New York Press, 1989).

84. Trecho da conclusão de E. Cardoso e A. Fishlow, "Latin American Economic Development, 1950-1980", *Journal of Latin American Studies*, 24, 1992, suplemento, pp. 197-219.

algumas vítimas, mas sem necessidade de repressão em larga escala. Por outro lado, as favelas representam um local onde se refugiar do Estado, bem como uma fonte inesgotável onde as organizações que funcionam à margem da lei podem recrutar adeptos.

Contando com armas – na maioria dos países da América Latina, é bem fácil adquirir armas –, essas organizações e esses indivíduos quase sempre criam enclaves dentro dos quais seu poder é absoluto, ou quase absoluto. A questão não se resume ao fato de permanecerem as favelas fora do controle do Estado; lançando mão de ameaças e das vantagens econômicas que principalmente as drogas produzem, emergem do submundo líderes capazes de influir na política local e até nacional. É comum conseguirem corromper a polícia, as forças armadas, a burocracia e as legislaturas; nem os chefes de Estado estão além de seu alcance. Talvez nisso se encontre o maior fracasso do Estado. Do México às repúblicas menores, em muitos casos é difícil dizer para quem os membros dos órgãos públicos realmente trabalham, o que, reciprocamente, é um motivo fundamental por que não se consegue controlar o problema das drogas. Tudo isso coroa as imensas desigualdades socioeconômicas e é sustentado por elas, que, embora talvez não mais tão arraigadas na raça como antes, ainda mantêm grande parte da população no que os governos gostam de chamar de "pobreza absoluta"[85]. Com ou sem direitos civis, sentem-se excluídos de qualquer forma significativa de participação política; e, na verdade, a presença mais importante do Estado na vida dessas pessoas geralmente se faz sentir na forma de brutalidades infligidas pela polícia ou pelos militares ao invadirem os barracos miseráveis dos favelados à procura de drogas,

---

85. Ver números em Comissão Econômica para América Latina e Caribe, Anuário da América Latina (Nova York: Nações Unidas, 1984). No início da década de 1990, a população latino-americana que vivia na pobreza aumentara em 3% em relação a dez anos antes: A. F. Lowenthal, "Latin America: Ready for Partnership?", *Foreign Affairs*, 72, inverno de 1992-93, p. 85.

rebeldes ou – já que estes costumam financiar suas operações por meio do tráfico daquelas – ambos.

Em contraste marcante com a situação nos Estados Unidos e nos domínios britânicos, a construção dos Estados da América Latina só teve êxito até certo ponto. Com poucas exceções, a maioria não conseguiu incluir todo o povo sob o regime do Estado de direito nem implantar um firme controle civil sobre os militares e a polícia[86], nem encontrar um equilíbrio duradouro entre a ordem e a liberdade. Do ponto de vista externo, é evidente que as invasões sofridas por Granada em 1983, Panamá em 1989 e Haiti em 1993 (para não falar do papel da CIA no Chile ainda em 1973) são apenas os mais recentes de uma longa série de lembretes de que a soberania dos menores é, em todo caso, condicional à boa vontade do Grande Irmão e depende dela. A história de muitos confirmou amplamente o veredicto de seu fundador, Simon Bolívar:

> Concordo com o senhor [ministro do Exterior da Grã-Colômbia, Estanislao Vergara] que o continente americano está chamando a atenção por seu comportamento escandaloso [...] ordem, segurança, vida e tudo o mais estão se afastando cada vez mais do nosso continente, que está fadado a se destruir.[87]

Frustração na Ásia e na África

Historicamente, as últimas sociedades a adotar o Estado como entidade política predominante foram as da Ásia e da África. Isso não quer dizer que, antes do colonialismo europeu e do movimento rumo à independência, todas essas sociedades consistissem em meras massas desordenadas e

---

86. Ver mais recentemente G. B. Demarest, "The Overlap of Military and Police Representatives in Latin America", *Low Intensity Conflict and Law Enforcement*, 4, 2, outono de 1995, pp. 237-53.
87. *Selected Writings of Bolivar*, vol. II, p. 724.

sem governo. Pelo contrário, a Ásia abrigava alguns dos impérios mais antigos, mais hierárquicos e mais poderosos de todos os tempos, e ambas, Ásia e África, exibiam uma diversidade desconcertante de sistemas políticos, desde tribos absolutamente desorganizadas e sem governantes a chefias, emirados e sultanatos (conforme o caso) com governos fortes e relativamente estáveis. No entanto, não é demais enfatizar que o governo, mesmo um governo forte, não configura em si um Estado. Dos bosquímanos de Kalahari à cidade proibida de Pequim, parece que nenhuma sociedade africana ou asiática concebeu o Estado como entidade abstrata que contém tanto governantes como governados, mas não é idêntica a nenhum dos dois. A história de como chegaram a adotar tal Estado, e com quais conseqüências, é o cerne desta seção.

É bem conhecido o modo como o poder europeu se espalhou de centros como Lisboa, Amsterdã, Londres e Paris. Os primeiros a disseminar sua influência foram os portugueses. Mais ou menos de 1450 em diante, exploraram o caminho para o sul ao longo do litoral africano; após a viagem de Vasco da Gama em 1494, durante o século XVI, construíram uma rede de postos comerciais fortificados que iam de Angola a Moçambique e, dali, para Ormuz, Goa, Ceilão, Malaca e Macau[88]. O poder dos portugueses não foi duradouro, porém, e durante a primeira metade do século XVII grande parte do sistema que estruturaram foi tomado pelos holandeses[89].

Excluídos das ricas regiões do arquipélago da Indonésia, bem como do Ceilão, os empresários franceses e ingleses atuavam principalmente na África ocidental e na Índia. Naquela, comerciavam ouro, marfim e escravos – estes quase sempre em troca de armas, que eram usadas pelos gover-

---

88. C. R. Boxer, *Four Centuries of Portuguese Expansion* (Johannesburgo: Witwatersrand University Press, 1961), cap. 1.
89. C. R. Boxer, *The Dutch Seaborne Empire* (Londres: Hutchinson, 1965), pp. 22 ss.

nantes locais para obter mais escravos. Na Índia, trocavam produtos europeus, bem como prata, por produtos orientais, como café, chá, seda e porcelana.

O fator que todos esses empreendimentos tinham em comum era sua natureza predominantemente comercial. Como demonstram a instituição das primeiras *encomiendas* e a chegada dos primeiros colonos a Yorktown, Virgínia, nas Américas o objetivo sempre fora dominar e colonizar, mas não era assim em terras asiáticas e africanas. Fosse porque as considerassem insalubres, porque já tinham densa população, ou porque pertenciam a governantes relativamente poderosos, o número de europeus que atraíram foi bem pequeno. Não havia cidades nem Estados vastos; pelo contrário, havia postos fortificados que continham povoados ou, com o passar do tempo e a expansão dos povoados, os dominavam. As colônias espanholas e portuguesas nas Américas Central e do Sul sempre foram governadas por representantes da Coroa, ao passo que as colônias inglesas na América do Norte logo se emanciparam de seus concessionários. Isso não aconteceu com as "fábricas" plantadas nos litorais africanos e asiáticos, que, durante séculos, foram administradas pelas diversas companhias coloniais que nomeavam seus próprios funcionários como governadores. É verdade que essas companhias costumavam receber apoio dos governantes – a expansão portuguesa, em especial, começou como empresa comercial do rei e por muito tempo não passou disso. Contudo, estritamente falando, não eram idênticas ao governo da metrópole nem subservientes a ele – conforme demonstra o fato de que o estatuto da Companhia Holandesa das Índias Orientais definia a companhia como "soberana".

Conforme foi dito acima, entre 1600 e 1715 as Companhias das Índias Ocidentais e Orientais da Holanda, da Inglaterra e da França envolveram-se várias vezes em conflitos entre si enquanto seus governos permaneciam em paz, e vice-versa. Mesmo quando deixou de ser assim, as companhias continuaram a manter burocracias e exércitos próprios.

Ambos eram pagos com o dinheiro dos cofres das próprias companhias, embora seu pessoal fosse quase sempre intercambiável com o do Estado, quando oficiais, comandantes e até unidades inteiras eram transferidas de uma para outra em razão de empréstimo ou venda. Muito tempo depois que os Estados europeus começaram a criar burocracias impessoais, ainda bem antes que a Revolução Francesa abolisse os resquícios do feudalismo e instituísse o *levée en masse,* persistiu a tradição de empresas particulares governarem as possessões ultramarinas da Europa. O que demonstra melhor o processo de transição é o exemplo da Índia britânica, a mais importante de todas. Quando foi fundada em 1599, a Companhia das Índias Orientais era um empreendimento totalmente particular. Em 1770, passou a sujeitar-se à supervisão do Parlamento, e seu funcionário mais elevado, Robert Clive, foi exonerado por corrupção. Em 1773, o Ato Regulatório instituiu a supremacia do Parlamento sobre a companhia, e foi nomeado o primeiro governador real, Warren Hastings. Em 1813, a companhia perdeu o monopólio do comércio. Em 1834, foi transformada em órgão de administração do governo inglês; após o Grande Motim de 1857, a Índia tornou-se colônia da Coroa. Em 1873, a companhia, tendo perdido sua função, foi dissolvida e, em 1876, a rainha Vitória foi proclamada imperatriz da Índia.

Embora a mudança do comércio de privado para estatal tenha sido demorada, a expansão territorial foi ainda mais morosa. Desde quando Vasco da Gama destruiu os juncos indianos que tentavam segui-lo, fez-se sentir, principalmente no mar, a superioridade técnica européia[90] – o que explica por que os holandeses conseguiram dominar a Indonésia (embora tenha sido somente durante meados do século XVIII que impuseram jugo direto no interior) da mesma maneira que os franceses e os ingleses dominaram as Caraíbas. Onde não havia ilhas, porém, a expansão para o in-

---

90. Ver C. M. Cipolla, *Guns, Sails, and Empires: Technological Innovation in the Early Phases of European Expansion, 1400-1700* (Nova York: Pantheon, 1965).

terior costumava ser muito lenta. Por exemplo, o primeiro posto avançado inglês no subcontinente indiano foi construído em 1611, quando da fundação da fábrica de Masulipatam. Por volta de 1700, havia quatro – Fort St. George, Bombaim, Calcutá e Madras –, porém com território que não ultrapassava "o alcance de um tiro"[91]. Mais seis décadas se passariam para que se superasse a concorrência francesa e holandesa, e houve uma série de guerras que acabaram com o poder do império mogol e deixaram o país inteiro sob controle. Semelhantemente, as tentativas espanhola e portuguesa de conquistar posição segura no litoral norte da África começaram em fins do século XIV, e um posto permanente, Ceuta, foi criado já em 1415. Em 1471, outro enclave, Tânger, caiu sob domínio europeu; contudo, fracassou a tentativa de Carlos V de manter Bizerta. Foi só na década de 1830 que a França iniciou suas tentativas de tomar posse da África do Norte, parte nominal do império otomano, mas, na prática, dividido entre um grande número de emirados adversários. Fora a Índia, a expansão territorial abrangente na Ásia continental começou ainda mais tarde.

Por volta de 1914, a superioridade técnica da Europa, que já não consistia apenas em navios a vela e canhões, mas também em navios a vapor (que viabilizaram a penetração no interior via rios navegáveis), estradas de ferro, telégrafos e quinino[92], tinha levado à divisão do mundo entre um número bem pequeno de Estados adversários. Quem abriu o caminho foi a Inglaterra, que, em seu apogeu, conseguiu pintar de cor-de-rosa um quarto do globo. Em seguida, a França e, depois, a Rússia, que a partir do início do século XIX ocupou vastos trechos do território asiático à custa da Turquia e da Pérsia, submetendo assim um grande número de muçulma-

---

91. Acordo entre a Companhia das Índias Orientais e os maratas, citado em M. Edwards, *Asia in the European Age, 1498-1955* (Nova York: Praeger, 1961), p. 34

92. Sobre o papel dessas tecnologias, ver D. R. Headrick, *The Tools of Empire: Technology and European Imperialism in the Nineteenth Century* (Nova York: Oxford University Press, 1981).

nos ao jugo do czar. Entre as potências coloniais restantes, os portugueses e os espanhóis ficaram mais ou menos onde estavam, sem acrescentar nem perder muito depois de 1820. Já tendo perdido seu império latino-americano, a Espanha perdeu para os Estados Unidos a maioria de suas possessões restantes na Guerra Hispano-Americana de 1898, e ficou com pouco mais que o Saara espanhol. A Alemanha e a Itália, retardatárias no jogo, conseguiram alguns trechos praticamente sem valor da África e do Pacífico, ao passo que a Bélgica, por falta de acordo entre os outros países, conseguiu pôr as mãos em uma parte bem extensa e de alto valor econômico da África central. Pode-se avaliar a força motriz do imperialismo daquela época por meio do fato de que até as mais fortes entidades não-européias, isto é, os impérios otomano e chinês, bem como o Irã, perderam vastos territórios e, de fato, chegaram bem perto do desmantelamento. Fora esses, só três países escaparam – Japão e Etiópia (esta até 1935-36), em geral por mérito próprio, e a Tailândia, porque os ingleses e os franceses, que ocupavam a Birmânia e a Indochina, respectivamente, preferiram mantê-la independente como zona-tampão.

Embora o sistema criado pelas potências coloniais para administrar suas possessões recém-conquistadas variasse, é possível classificá-lo em dois tipos, com a maioria, como sempre, entre um e outro. Num dos extremos estava o método adotado pelos belgas no Congo, conhecido como governo direto[93]. A princípio, o Congo era apenas uma propriedade real, pois o rei pagara do próprio bolso a sua exploração e lutara pelo reconhecimento das outras potências[94]. Em 1908, depois que os relatos provenientes da África descreveram os domínios como "um verdadeiro inferno na

---

93. Sobre o modelo belga, ver C. Young, *Politics in the Congo* (Princeton: Princeton University Press, 1965).

94. Sobre a implantação do domínio belga no Congo, ver T. Pakenham, *The Scramble for Africa, 1876-1912* (Nova York: Random House, 1991), caps. 1, 14, 32, 37.

Terra"[95], houve escândalo internacional e os domínios passaram ao controle do Estado. No apogeu do império, a Bélgica tinha cerca de 10 mil funcionários públicos na África, bem como um número um tanto maior de empresários e eclesiásticos; empresários e funcionários públicos eram intercambiáveis, até certo ponto, pois alguns burocratas que se aposentavam ainda jovens ingressavam na iniciativa privada. Quaisquer que fossem as diferenças entre eles, os três pilares trabalhavam em conjunto no combate a qualquer oposição, que enfrentavam com os métodos mais brutais que se possa imaginar, inclusive, nos primeiros tempos, o decepamento de braços. Com isso, exploravam a população nativa sem lhes dar nenhum direito político. Os empresários belgas recrutavam os congoleses para trabalhar na agricultura e no garimpo. Os funcionários públicos belgas recorriam à força para impedir sua fuga (bem como garantir todos os tipos de corvéias, como as de construção de estradas), e o clero belga tranqüilizava a consciência de todos os envolvidos, ao mesmo tempo prometendo aos nativos uma existência melhor no outro mundo se obedecessem aos senhores no mundo atual. No outro extremo do sistema belga estava o sistema inglês na África, também conhecido como governo indireto. Iniciado por lorde Lugard durante seu governo da Nigéria, de 1912 a 1918, recebeu a definição clássica em sua obra *The Dual Mandate in British Tropical Africa* (1922). Esse sistema depositava maior confiança nos chefes nativos – se necessário, criando-os onde nunca tinham existido, como, por exemplo, em tribos sem governantes do leste ou do sul da África. Fossem os chefes antigos ou recém-criados, eram privados das funções mais importantes do governo, tais como o direito de guerrear, de declarar paz e de pronunciar penas capitais[96]. Os ingleses também tentaram suprimir os

---

95. Ver "The Congo Report", em P. Singleton-Gates e M. Girodisas (orgs.), *The Black Diaries of Roger Casement* (Nova York: Grove Press, 1959), p. 118.

96. Ver exemplo típico de como se fazia isso no tratado em branco da Niger Company, impresso em L. L. Snyder (org.), *The Imperialism Reader* (Princeton: van Nostrand, 1962), pp 61-2.

costumes nativos que achavam "repugnantes", como o ordálio. De resto, contentavam-se em deixar os chefes administrarem seu próprio povo, segundo suas tradições, chegando a nomeá-los formalmente servidores da Coroa, pagando-lhes salários e inventando vários símbolos para salientar o respeito a eles devido. Era um sistema de administração barata; o número de administradores brancos era, em geral, um para cada 70 mil a 100 mil nativos; conforme teria dito Winston Churchill, que por algum tempo exerceu o cargo de ministro das colônias, nunca tão poucos reprimiram tantos com tão poucos ajudantes. Outra vantagem marcante era que, para descobrir quais eram os costumes nativos, durante as décadas de 1920 e 1930 os ingleses fizeram inúmeras pesquisas que, por sua vez, resultaram em alguns dos melhores estudos antropológicos de todos os tempos.

Qualquer que fosse o modo escolhido para administrar as possessões, todos os governos coloniais enfraqueciam as instituições nativas. Em alguns casos, isso era feito de maneira deliberada, decapitando-se os chefes – às vezes, literalmente – e submetendo as tribos à supervisão européia em todos os assuntos importantes; porém, em grande parte, foi conseqüência de pressões econômicas. Procurando lucrar com as colônias, ou pelo menos custear a despesa de governá-las, todas as novas administrações impuseram tributação. Em sociedades onde antes praticamente não se conhecia o dinheiro, esses impostos só podiam ser pagos em dinheiro, obrigando as populações acostumadas à agricultura de subsistência e ao escambo a adaptar-se às exigências de um sistema monetário por meio do comércio ou trabalho em troca de salário. Quando os europeus, ao expropriar as terras dos nativos, implantaram o garimpo e criaram plantações de chá, café, seringueiras e cânhamo, geraram demanda de mão-de-obra. Parte dessa mão-de-obra permaneceu rural, mas grande parte dela desviou-se para os centros urbanos comerciais e administrativos recém-criados pelos brancos. Arrancados de suas aldeias, incontáveis asiáticos e africanos passaram a viver à beira da indigência, como massas quase amorfas. A não ser na aplicação da disciplina exercida no local de trabalho – para os que tinham emprego –, os membros dessas massas, assim como os habitantes das favelas latino-americanas, só conheciam o governo durante as batidas ocasionais da polícia em suas habitações miseráveis. Caso contrário, os dois lados se contentavam com deixar um ao outro em paz, vivendo em bairros separados, alistando-se em instituições separadas (quando muito) e, afora os convertidos ao cristianismo, também cultuando deuses diferentes.

Além de desarraigar a sociedade, a maioria das administrações coloniais – sendo notória a exceção da Bélgica, que tornou impossível para os nativos alcançar um nível educacional acima do primário – também criou novas elites. Quase sempre o primeiro passo na estrada da ocidentalização era proporcionado pelos missionários, que alfabetizavam e ensinavam os conceitos sociais e culturais elementares do Ocidente. Havia também os jovens, em geral parentes dos chefes, que recebiam alguma instrução jurídica e administrativa para ajudar os mais velhos a dispensar o tipo de justiça que os governantes coloniais consideravam aceitável. Principalmente nas colônias inglesas, os nativos que tinham recebido educação européia costumavam voltar para casa na função de professores. Outros eram absorvidos nos escalões mais baixos do funcionalismo público. No caso da Índia, os primeiros casos isolados desse tipo ocorreram logo em meados do século XIX, e por volta de 1909 o Conselho do Vice-Rei chegou a ser obrigado a receber seu primeiro membro indiano. No norte da África e nas antigas possessões otomanas, isso começou no período entre guerras, ao passo que em outros locais teve de esperar pelo período posterior a 1945. Por fim, os nativos podiam aspirar a viajar para o exterior a fim de estudar na Europa – no mundo inteiro não havia *status* mais glorioso que o daquele que "voltou da Inglaterra". Em geral, esse privilégio estava reservado aos filhos dos muito ricos, tanto chefes que tinham conseguido manter parte do poder quanto comerciantes que aproveitavam as oportunidades recém-oferecidas. Contudo, sempre havia alguns outros que conseguiam chegar às metrópoles européias e trabalhavam ou mendigavam para subir na vida. Um bom exemplo foi Ho Chi Minh, que, quando morou em Paris entre 1917 e 1923, teve empregos de jardineiro, gari, garçom, retocador de fotografias e foguista. Outro foi Jomo Kenyatta, que foi para Londres a fim de protestar contra a ocupação inglesa de seu país e ficou para estudar antropologia.

Quando os Estados ampliaram o governo direto e passaram a administrar também as possessões ultramarinas de suas companhias, o imperialismo assumiu nova ideologia. De 1500 a 1800, seu principal objetivo fora levar a palavra de Deus e gerar lucro; mas nenhum desses era motivo que o Estado moderno, secular, de propriedade pública, pudesse admitir. Conseqüentemente, no período mais ou menos entre 1840 e 1890 surgiram as ditas missões civilizadoras[97]. As idéias iluministas sobre a igualdade entre os homens, assim como o exemplo que o "selvagem nobre" poderia dar a uma civilização corrupta, foram descartadas. Seu lugar foi ocupado pelas idéias do darwinismo social de raças "caras" *versus* "baratas"; conforme declarou o senador dos Estados Unidos Albert Beveridge (1862-1927): "Deus nos criou capacitados para o governo para que possamos administrar os povos selvagens e servis"[98] (referindo-se aos habitantes das recém-capturadas Filipinas). Essa ideologia atravessou a virada do século, salientada pela invenção de Rudyard Kipling do "fardo do homem branco", e persistiu até o fim da Primeira Guerra Mundial. Por fim, levou ao sistema de mandatos, proposto por Ian Smuts em 1918[99], e adotado formal-

---

97. Ver, sobretudo, L. Pyenson, *Civilizing Mission, Exact Science and French Expansion, 1870-1940* (Baltimore: Johns Hopkins University Press, 1993).

98. Trechos de C. W. Dilke, *Greater Britain: A Record of Travel in English-Speaking Countries* (Londres: Macmillan, 1868), vol. II, p. 405; e M. J. Bonn, "Imperialism", em *Encyclopedia of the Social Sciences* (Nova York: Macmillan, 1932), vol. IV, p. 610.

99. J. Smuts, *The League of Nations: A Practical Proposal* (Nova York: The Nation, 1918).

mente pela Liga das Nações. As antigas possessões otomanas e alemãs no Oriente Médio, na África, na China e no Pacífico, cujos habitantes eram considerados despreparados para a independência, foram entregues à tutela supostamente benevolente de Inglaterra, França, Bélgica, África do Sul, Japão, Austrália e Nova Zelândia. Sua função era sustentá-las até que estivessem prontas a caminhar com as próprias pernas; era obrigatória a apresentação de um relatório sobre os progressos à comissão permanente de mandatos. Não é preciso dizer que, em muitos casos, o modo como essas e outras colônias eram governadas não mudou muito durante o período entre guerras. Não obstante, pelo menos em teoria, as justificativas desse tipo de governo mudaram – o que, por sua vez, expressou as dúvidas que muitas pessoas nos países "mães" começaram a alimentar no tocante à justiça de todo o sistema colonial.

Com o tempo, a substituição da propriedade privada pelo domínio estatal, de um lado, e o surgimento de uma elite nativa eloqüente e educada no Ocidente, de outro, deixaram as administrações coloniais em situação intolerável. Fosse qual fosse a forma de governo – monárquico ou republicano, autoritário ou democrático –, em casa os diversos Estados eram tidos como uma entidade que englobava governantes e governados; nas colônias, porém, governavam pessoas que não lhes eram afiliadas, o que contradizia o próprio princípio em que se baseavam. De todos os governos imperiais, só a Rússia tentou encarar o problema de frente. Lênin e seus associados eram comunistas ateus. Quando assumiram o poder, reiteraram que as diferenças de religião e até mesmo de raça que separavam as diversas regiões do antigo império czarista eram menos importantes do que sua unidade, que, supostamente, se baseava na solidariedade internacional do proletariado[100]. Teoricamente, a cada um dos

---

100. Sobre os debates acerca dessa questão, ver V. I. Lenin, *The Right of Nations to Self-Determination* (Nova York: International Publishers, 1951), pp. 122 ss.; e W. Connor, *The National Question in Marxist-Leninist Theory and Strategy* (Princeton: Princeton University Press, 1984), pp. 40 ss.

países não-russos que compunham o império – inclusive alguns que dele faziam parte havia séculos, como Belarus e Ucrânia – foram concedidos a autodeterminação e o direito de secessão; na prática, foram fundidos em um só Estado. O resultado foi a URSS, federal no nome, mas, de fato, centralizadíssima. Por pior que fosse a vida que oferecia à grande maioria de seus habitantes, pelo menos não fazia distinção entre os cidadãos e aqueles que meramente caíram sob seu poder. Pelo contrário, a vida das populações provinciais, contanto que não fossem acusadas de traição – como aconteceu, por exemplo, aos tártaros, durante a Segunda Guerra Mundial –, quase sempre era melhor. Muito distantes dos centros do poder, estavam menos sujeitas ao terror do que os que se colocavam sob a mira direta de Stalin[101].

Em outros lugares, a situação era completamente diferente. Quase sempre separados de suas colônias por milhares de quilômetros de oceano, e acostumados a assumir uma postura racista quando contemplavam seus habitantes, os governos das metrópoles nunca tentaram fundir as colônias em Estados únicos – idéia que, em todo caso, teria sido absurda em razão da imensa distância cultural que separava, digamos, o holandês do javanês, ou o inglês do membro de qualquer tribo nigeriana. Desde quando foram fundadas até o momento em que se libertaram, a maioria das colônias não tinha instituições em comum nem cidadania em comum com a metrópole – na melhor das hipóteses, essa cidadania permanecia sendo um privilégio concedido a alguns residentes das colônias como recompensa por realização excepcional nos campos da economia ou da cultura. Além disso, aonde quer que chegassem, os colonizadores brancos costumavam levar uma vida separada da dos nativos. Quando não era proibido, o casamento inter-racial era desaconselhado, e os filhos dos casais mistos eram, em geral, rejeitados

---

101. Ver, sobre toda essa questão, R. Pipes, *The Formation of the Soviet Union: Communism and Nationalism, 1917-1923* (Cambridge: Harvard University Press, 1964), pp. 41-9, 242-93.

por ambas as comunidades e tratados como escória. Para os nativos, o governo e suas instituições pareciam sustentar uma minoria privilegiada, cuja intenção era explorá-los, seus recursos e suas terras. Nunca se saberá se uma política de integração, como a tardiamente defendida (embora jamais implantada de fato) pelos franceses após 1945, teria evoluído e se transformado numa genuína parceria entre a metrópole e suas colônias e alterado o curso da história, preservando os diversos impérios. Contudo, a desintegração da União Soviética a partir de 1989 insinua que a resposta a essa pergunta é negativa.

Principalmente na Ásia, as primeiras agitações nacionalistas se fizeram sentir ainda antes da Primeira Guerra Mundial. Assim, nas Filipinas o Partido Nacionalista obteve vitória esmagadora nas eleições de 1907, levando o país ao rumo direto da independência; na Índia, o primeiro Congresso Nacional se realizou em 1885, e alguns indianos começaram a receber direito ao voto (para as assembléias provinciais) a partir de 1910. Ao contrário das tentativas anteriores dos chefes de resistir à subjugação, e das tribos de impedir a expropriação e a exploração, os primeiros movimentos nacionalistas foram, em sua maioria, urbanos e liderados por líderes cultos e articuladíssimos: assim foi no Egito, ocupado pelos ingleses em 1882, e também nas colônias francesas do norte da África. Foram, portanto, frutos de tentativas de modernização, e não das maneiras tradicionais de autoafirmação, embora em muitos casos se tenha feito apelo deliberado aos valores culturais nativos como meio de descobrir símbolos ao redor dos quais as massas menos cultas pudessem unir-se. Enquanto a elite urbana começava a flexionar os músculos, ficava estagnado o interior, que em geral era deixado em paz, contanto que prevalecesse a ordem e os impostos fossem pagos. Ali, a oposição política organizada – ao contrário da oposição de motivação religiosa –, bem como os atos de vingança individual dirigidos contra os colonizadores brancos e seus colaboradores brancos, só começou muito mais tarde.

Os primeiros movimentos nacionalistas assumiram a forma de debates na sociedade, jornais e agitação, tudo rigidamente supervisionado pela polícia e não raro obstruído pela prisão e pelo exílio – às vezes por coisas piores – dos líderes. Em 1904-5, ganharam grande incentivo com a vitória do Japão sobre a Rússia, que reverberou em todo o mundo colonial como um tiro de pistola no escuro. Por estar "aberto ao Ocidente" desde 1853, o Japão logo se transformou num Estado moderno. Em meados da década de 1870, já possuía governo do tipo parlamentar, tribunais independentes, uma burocracia funcional e forças armadas com alistamento universal obrigatório, bem como um sistema educacional que logo descobriu sua missão ao propagar uma forma virulenta de nacionalismo e culto ao imperador. Seu triunfo foi prova clara de que o branco não era invencível e que podia ser derrotado onde era mais importante, isto é, no campo de batalha. A esses acontecimentos logo se seguiram os da Primeira Guerra Mundial. Além dos muitos milhares de soldados indianos, árabes do norte da África e negros africanos que serviam nos exércitos da França e da Inglaterra, dezenas de milhares de trabalhadores chineses e vietnamitas foram levados para a Europa para trabalhar por trás do fronte. Quando voltaram aos próprios países depois da guerra, muitas dessas pessoas não se contentaram com retomar seus postos de servidores dos amos coloniais. Com o tempo, geraram uma fonte na qual os movimentos nacionalistas vieram beber.

Quando os representantes autonomeados dos diversos povos coloniais tentaram levar suas reivindicações ao Congresso de Versalhes – que, afinal, afirmava basear-se no direito à autodeterminação – aguardava-os a decepção. Ao dominar o congresso, a França e a Inglaterra recusaram-se terminantemente a deixá-lo discutir o destino de seus próprios impérios. Embora um pouco mais solidários, os Estados Unidos relutaram em voltar-se contra os aliados em favor dos povos do Terceiro Mundo, como mais tarde ficaram conhecidos; restava a URSS, que, porém, estava em meio a uma guerra civil e também não teve representação em Versalhes. Incapazes de se fazer ouvir, esses representantes – um deles era Mahatma Gandhi – voltaram para casa, onde logo passaram a liderar diversos movimentos nacionalistas. Alguns tinham orientação de direita, outros de esquerda; com o passar do tempo e a consolidação do comunismo na URSS, muitos receberam auxílio soviético na forma de consultores, treinamento e armas. Em muitos países coloniais os anos entre guerras foram marcados por agitações, comícios, boicotes e rebeliões, como na Índia, na Birmânia e na Indonésia. Em alguns lugares houve levantes armados: na Irlanda em 1920-22, na Palestina (ocupada pelos ingleses em 1917-18 e mais tarde transformada em mandato) em 1919-22 e 1936-39, no Egito em 1919, no Marrocos em 1921-26 e na Síria em 1926.

Antes de 1939, o único caso claro em que um país colonial conseguiu livrar-se dos senhores foi a Irlanda – embora aos olhos de alguns a conquista tenha sido incompleta, pois Ulster optou por continuar sob o controle inglês. Além disso, vários países conquistaram pelo menos a independência nominal, embora permanecendo sob a "proteção" de tropas estrangeiras; esse foi o caso do Egito (os tratados de 1922 e 1936), da Jordânia (1927), do Iraque (1932, mas reocupado pelos ingleses em 1941 após a rebelião de Rashid Ali) e das Filipinas (que se tornaram Estado democrático em 1935, mas foram ocupadas pelo Japão antes que pudessem se desenvolver mais). A Índia também se lançou no caminho da independência; o Ato do Governo da Índia (1936) deu direito ao voto a 35 milhões de pessoas e, assim, o Partido do Congresso, que era nacionalista, conquistou vitórias eleitorais em oito das onze províncias. Em outros locais os levantes armados foram reprimidos, embora em certas ocasiões só pelas mãos de forças maciças – o exército franco-espanhol que finalmente derrotou Abd El Krim contava com nada menos que 250 mil soldados[102] – e ao preço de

---

102. Ver J. Gottmann, "Bugeaud, Gallieni, Lyautey: The Development of French Colonial Warfare", em Earle, *Makers of Modern Strategy*, pp. 249 ss.

enorme derramamento de sangue. O triunfo das legiões de Mussolini, porém, que usaram tanques e gás venenoso lançado por aviões para asfixiar os guerreiros etíopes, descalços e empunhando lanças, foi o último desse tipo. Desse ponto em diante, a maré virou. A partir de 1941, as forças armadas dos países desenvolvidos, por mais poderosas e cruéis que fossem, começaram a sofrer uma derrota após outra nas mãos dos levantes populares nos países que ocupavam, mas isso é assunto ao qual retornarei no capítulo 6.

Todavia, o fator que definiu mesmo o rumo da história contra o imperialismo e a favor da instituição de muitos Estados novos em toda a África e em toda a Ásia foi a Segunda Guerra Mundial[103]. Na África, a guerra levou à perda permanente do império italiano (tanto a parte localizada no litoral do Mediterrâneo quanto a do leste da África) e à ocupação temporária de todo o norte da África francês pelos aliados. Na Ásia, Filipinas, Hong Kong, Indochina, Malásia, Cingapura, Birmânia, Bornéu, Indonésia e Nova Guiné, todos tinham sido derrotados antes de meados de 1942. Os conquistadores japoneses também eram asiáticos e declaravam agir em nome de uma "esfera de prosperidade maior no leste asiático". Que sua declaração tinha ao menos alguma credibilidade está provado pelo fato de que, onde quer que seus soldados aparecessem, ou mesmo ameaçassem aparecer, encontravam alguns líderes, bem como parte da população, dispostos a colaborar com eles. Isso se aplicou até à China, onde, apesar de todas as atrocidades que cometeram, também constituíram um governo alternativo ao chefiado por Chiang Kai-shek. Se essa cooperação teria durado se o Eixo tivesse vencido a guerra e se estabelecesse o governo japonês já é, naturalmente, outra questão. Seja como for, a derrota das antigas potências imperiais, que às vezes culminava em rendição abjeta e bem-divulgada, foi um tremendo golpe em seu prestígio, do qual jamais se recuperaram.

---

103. Ver R. F. Holland, *European Decolonization 1918-1981: An Introductory Survey* (Nova York: St. Martin's, 1985), cap. 2.

Como se não bastasse, todas as potências imperiais européias, tanto as "derrotadas" quanto as "vitoriosas", chegaram ao fim do conflito em situação de falência total. Algumas, em especial a Inglaterra, tinham dívidas imensas com as próprias colônias; para outras, a sobrevivência dependia de doações da maior de todas as potências, os Estados Unidos. Estes, por sua vez, não tinham certeza se, tanto no campo moral quanto político, poderiam sustentar a existência dos impérios que foram seus aliados[104].

Precisando de aliados em sua guerra fria contra a União Soviética, os Estados Unidos mais tarde voltaram atrás e ajudaram a patrocinar, quando não as realizavam eles mesmos, inúmeras campanhas neocoloniais. Não obstante, continua sendo verdade que, em retrospectiva, a tentativa de amparar o imperialismo parece quase absurda, uma manifestação de inclinações políticas e raciais mais semelhantes às do século XIX do que às da segunda metade do século XX. Em 1950, Portugal ainda se empenhava em tentar justificar seu jugo em Angola, descrevendo os "nativos em estado bruto" como "adultos com mentalidade infantil", ao passo que os belgas do Congo afirmavam (sem dúvida, com razão) que "a maioria da população não faz idéia do que seja governo eficiente"[105]. Essas pretensões, e outras semelhantes, faziam nítido contraste com a situação na Indonésia, por exemplo, onde a Holanda, potência "imperial" tradicional, não teve a capacidade de retomar suas possessões por esforço próprio, mas precisou das tropas postas à sua disposição pela Inglaterra e pela Austrália. De maneira semelhante, na Indochina a tentativa francesa de restabelecer seu domínio (1946-53) não teria durado tanto se não tivesse contado com maciço apoio financeiro e militar dos Estados Unidos; à fal-

---

104. Ver W. R. Louis, *Imperialism at Bay, 1941-1945: The United States and the Decolonization of the British Empire* (Oxford: Clarendon Press, 1977), pp. 356 ss.

105. A. J. Alfrao Cardoso, *Angola Your Neighbor* (Johannesburgo: Embaixada de Portugal, 1955), p. 72; Ministério das Relações Exteriores da Bélgica, *Belgian Congo* (Nova York: Embaixada da Bélgica, 1954), p. 42.

ta desse apoio, como aconteceu, por exemplo, em Suez em 1956, a tentativa fracassava quase imediatamente.

Embora quase sempre acompanhada por derramamento de sangue em enorme escala – como na Argélia e, sobretudo, na Indochina –, a partir de 1945 a marcha dos povos asiáticos e africanos rumo à formação de seus próprios Estados foi inexorável. Foram dados os primeiros grandes passos em 1945-48, quando as Filipinas, a Índia, o Paquistão, a Birmânia, o Ceilão, o Líbano, a Síria e Israel – o último cavado na Palestina por meio de uma resolução da ONU – se livraram de seus senhores norte-americanos e europeus. A Indonésia, onde o incentivo dos japoneses a Sukarno e seus nacionalistas impediu o retorno dos holandeses[106], seguiu o mesmo caminho em 1949-50. A partir de então, os novos Estados se tornaram numerosos demais para se listar. No Congresso de Bandung em 1955, compareceram os chefes de 29 países (todos, com exceção parcial da China, recém-emancipada do jugo colonial), representando mais da metade da população mundial; nos vinte anos seguintes, só a África contribuiu com quase cinqüenta novos nomes para a lista cada vez maior de Estados soberanos.

Quando os territórios portugueses de Angola e Moçambique se tornaram independentes em 1975, o processo de descolonização estava substancialmente completo, embora ainda restassem as questões da Rodésia do Sul, de Djibuti, da Namíbia e da Eritréia (esta última colonizada não por um país europeu, mas, após 1945, pela Etiópia). Nos últimos anos da década de 1970 e durante a década de 1980 essas questões foram resolvidas, invariavelmente com a constituição de novos Estados que, para garantir sua igualdade com seus equivalentes mais antigos, inscreveram-se de imediato para afiliação à ONU. A mudança rumo à autodeterminação continuou quando inúmeras ilhotas e arquipélagos dos oceanos Índico e Pacífico conquistaram a independên-

---

106. Ver H. J. Benda, *The Crescent and the Rising Sun: Indonesian Islam and the Japanese Occupation, 1942-1945* (Haia: van Hoeve, 1958).

cia. Foram criados Estados adicionais quando a antiga União Soviética se desmembrou. Outros, como a Palestina e a Chechênia, parecem estar em fase de formação; se tiverem êxito, seu exemplo decerto servirá de inspiração para outros mais.

Quase sem exceção, os Estados asiáticos e africanos – nascidos praticamente do nada ou surgidos de versões rejuvenescidas de governos mais antigos – se formaram sob o lema da modernização, que significava melhorias radicais em saúde, educação e padrão de vida, que, em muitos casos, mal passavam do nível de subsistência. Embora dependente de muitos fatores, essa modernização não pressupunha nada além de estabilidade política e de uma burocracia funcional; mas essa estabilidade e essa burocracia só foram possíveis numa minoria de Estados novos. Os mais bem-sucedidos de todos estão localizados no leste e no sudeste asiáticos. Alguns têm longa tradição de unidade política ou homogeneidade étnica, outros têm altos índices de elites cultas, o que, por sua vez, facilitou a transição e, em alguns casos, levou a um fantástico desenvolvimento econômico[107]. Pode-se, de fato, argumentar que, em fins do século XX, os Estados mais bem-sucedidos não estão localizados na Europa – onde teve origem esse tipo de organização política – mas no Japão, na Coréia do Sul, em Taiwan e, naturalmente, em Cingapura. Os quatro países criaram burocracias e forças policiais impessoais e bem disciplinadas (embora, do ponto de vista do indivíduo, relativamente autoritárias). Em nenhum deles o regime é do tipo tradicional e, em 1995, o ex-primeiro-ministro da Coréia percebeu as conseqüências de confundir as propriedades do Estado com as dele. Com um pouco de sorte, a China, a Tailândia, a Malásia, a Indonésia, o Vietnã e até mesmo a Birmânia (se conseguir livrar-se de seu governo militar) podem um dia seguir seus passos, embora a maioria desses países tenha uma diversidade

---

107. Sobre as tradições culturais que havia por trás desse fenômeno, ver L. W. Pye, *Asian Power and Politics: The Cultural Dimensions of Authority* (Cambridge, Belknap, 1985), principalmente pp. 21-9.

étnica bem maior e, no caso da China, talvez se revelem grandes e complexos demais para terem um governo eficiente com um centro único durante muito tempo[108]. Em outras partes da Ásia e da África, a situação é, em geral, muito menos favorável. Um dos motivos é a extrema diversidade étnica. Os antigos Estados europeus tinham séculos sobre os quais erigir uma identidade nacional, uma língua nacional (embora, em fins do século XVI, um londrino que viajasse para Kent fosse visto pelos habitantes locais como falante de francês), uma cultura nacional e um sistema nacional de comunicações. Essa unidade não existia em nenhum outro lugar; das Filipinas à Etiópia e do Iraque ao Sudão, as tentativas de criá-la de cima para baixo quase sempre eram percebidas como empenho de um grupo de se estabelecer à custa dos outros. Por exemplo, na Índia a língua predominante – também dividida em diversos dialetos mutuamente ininteligíveis – só é falada por 40% da população. Além dela, há mais 33 línguas, cada uma delas falada por pelo menos 1 milhão de pessoas (o inglês, pretensa língua oficial do país, só é falado por 5%). A população do Paquistão consiste em 55% de punjabi, 20% de singhi, 10% de patel, 10% de mujahir e 5% de balúchi; o urdu, que o governo quer transformar em língua oficial, só é falado por uma pequena minoria. Na Nigéria, os três maiores grupos – haussá, ioruba e ibo – representam apenas 60% da população, e o restante está dividido entre nada menos que 250 grupos étnicos[109]; do outro lado do continente, diz-se que a Etiópia contém 76 grupos étnicos que falam 286 línguas[110]. Mas o extremo

---

108. Para uma perspectiva otimista acerca do futuro da China, ver B. B. Conable, Jr., e D. M. Lampton, "China: The Coming Power", *Foreign Affairs,* 72, 5, inverno de 1992-93, pp. 137-49; para uma visão pessimista, ver G. Segal, "China's Changing Shape", *Foreign Affairs,* 73, 3, maio-junho de 1994, pp. 43-58.

109. Ver discussão principalmente dos problemas étnicos africanos em B. Neuberger, *National Self-Determination in Postcolonial Africa* (Boulder: Rienner, 1986), pp. 14-15, 25 ss, 34-6, 55-6.

110. *Economist World Atlas and Almanac* (Londres: The Economist, 1989), p. 293.

da fragmentação talvez esteja representado por Papua, onde uma população de 2,5 milhões fala mais de 700 línguas. Dos Estados africanos, diz-se que a maioria "pouco tem em comum além da própria diversidade"[111].

Essa diversidade não foi criada pelos governos coloniais. Pelo contrário, em alguns aspectos foi mero resultado do fato de que, no Terceiro Mundo, o Estado não vingara. Contudo, na medida em que juntaram territórios e povos que nada tinham em comum – às vezes usando simplesmente uma régua para traçar uma linha em um mapa em branco[112] –, as potências imperiais contribuíram para ela. Esse foi o caso na maior parte da África durante as últimas décadas do século XIX, e no Oriente Médio após a desintegração do império otomano, quando foram criadas fronteiras que flagrantemente desconsideravam etnias e religiões, bem como padrões sociais e econômicos bem antigos, como a migração. Assim que se estabeleceram, várias administrações européias jogaram os grupos étnicos propositalmente uns contra os outros, como fizeram os ingleses no Chipre (turcos contra gregos), na Palestina (judeus contra árabes), na Índia (muçulmanos contra hindus) e na Nigéria (haussá contra todos os outros). Mesmo quando não faziam isso, costumavam criar novos contrastes entre as aldeias e as cidades então em desenvolvimento, entre cristãos e membros de outras religiões, entre as classes escolarizadas no Ocidente e as que se aferravam aos costumes tradicionais. Às vezes, graus diversos de desenvolvimento econômico entre as próprias colônias levavam à chegada de estrangeiros em larga escala. A África do Sul, por exemplo, embora já inundada de mão-de-obra barata, atraía e ainda atrai mais gente dos países vizinhos, Angola e Moçambique[113];

---

111. K. Manogue, *Nationalism* (Londres: Batsford, 1967), p. 13.

112. P. J. Yearwood, "In a Casual Way with a Blue Pencil: British Policy and the Partition of Kamerun, 1918-1919", *Canadian Review of African Studies*, 27, 2, 1993, pp. 214-18.

113. Ver em B. B. Brown, "Facing the 'Black Peril': The Politics of Population Control in South Africa", *Journal of South African Studies*, 13, 2, 1987, pp. 256-73, as tentativas do governo de resolver o problema durante a era do *apartheid*.

o mesmo acontece em alguns dos Estados (relativamente) mais bem-sucedidos da África ocidental. E isso nem leva em conta diversas minorias brancas e indianas – em grande parte do sudeste asiático, chineses – que às vezes eram substanciais e, mesmo onde numericamente inferior, costumavam dominar a vida econômica. Na época da conquista da independência, era um mistério como os Estados recém-constituídos superariam essas circunstâncias e funcionariam bem.

De fato, em muitos países o mistério logo se resolveu. Depois que arrefeceu o entusiasmo que caracterizou os primeiros anos, muitas, se não a maioria, das populações continuaram apegadas a suas próprias instituições, o que significou – já que os mais importantes chefes remanescentes da época colonial foram sistematicamente postos de lado – redes imensas de parentesco[114]. Ou, alienadas de sua pátria e migrando em bandos para as cidades em rápido crescimento, perderam praticamente todas as instituições. De qualquer maneira, o Estado, por mais grandiloqüentes que fossem suas pretensões, e por mais coloridos os símbolos com os quais se adornava, continuou praticamente irrelevante para a vida do povo. Num cenário de analfabetismo generalizado, o conceito mesmo de uma entidade abstrata era geralmente incompreensível – ainda mais porque as idéias de autoridade política continuavam misturadas com as idéias tradicionais sobre o poder de chefes religiosos e mágicos, que estavam mais próximos da vida cotidiana do que os burocratas do Estado.

As próprias burocracias estavam eivadas de corrupção[115]. Alguns de seus funcionários tinham formação ocidental e, em conseqüência disso, eram tão alienados do resto do povo

---

114. Ver N. Chazan *et al.*, *Politics and Society in Contemporary Africa* (Boulder: Rienner, 1992), pp. 77-82, 94-7.

115. Ver J. M. Mbaku, "Bureaucratic Corruption and Policy Reform in Africa", *Journal of Social, Political, and Economic Studies*, 19, 2, verão de 1994, pp. 149-75.

que dificultavam, ou mesmo inviabilizavam, a comunicação. Outros consideravam seus cargos principalmente um meio de transferir suas obrigações aos próprios parentes – tendência que, em vez de ser condenada, era comum e até incentivada pela sociedade em geral ou, pelo menos, pelos segmentos que beneficiava. O vácuo político decorrente resultou em instabilidade crônica, agravada muitas vezes pela tentativa de encontrar atalhos para o desenvolvimento na forma de projetos megalomaníacos de engenharia (represas, usinas elétricas, aeroportos etc.), regimes econômicos de estilo socialista ou comunista, ou ambos. Estes, por sua vez, oprimiam tanto a população que esta abandonou totalmente a economia de mercado, voltando à agricultura de subsistência, como em partes da África. Em outros lugares, o povo recorria a atividades ilícitas, como o tráfico de drogas, que é endêmico em grande parte do sudeste asiático e nas antigas repúblicas soviéticas, ou mesmo a pirataria, nas águas da África ocidental e do sudeste da Ásia.

De um jeito ou de outro, a tentativa do Estado de envolver toda a população, ou mesmo a maioria dela, em algum tipo de vida política organizada quase sempre terminou em fracasso. Conseqüentemente, nas últimas décadas praticamente não houve nenhum país recém-independente na Ásia e na África que não passasse por algum tipo de golpe, revolução ou conflito violento e destrutivo entre grupos étnicos e religiosos adversários. Muitos países passaram por uma série desses conflitos, que jogavam tribo contra tribo, povo contra povo e, não raro, militares, grupo mais bem organizado e mais experiente com as tecnologias modernas, contra civis, menos organizados[116]. No Congo Brazzaville, assim como em Belize, Granada e nas Ilhas Comores, os governos eram tão fracos que foram depostos por um punhado de sargentos ou mercenários, apenas para ser restaurados, com igual facilidade, por pequenos contingentes de tropas

---

116. O relato clássico ainda é E. N. Luttwak, *Coup d'Etat: A Practical Handbook* (Harmondsworth: Penguin Books, 1969).

estrangeiras convocadas para tal fim. Outros caíram nas mãos de loucos arrogantes como Idi Amin em Uganda e o "imperador" Bokassa na República Centro-Africana. Esses e outros personagens semelhantes em outros países teriam sido cômicos se não tivessem instituído regimes de terror e assassinado dezenas, às vezes centenas, de milhares de compatriotas. Por outro lado, nos países onde se estabeleceu um governo forte, os resultados às vezes foram ainda piores – tanto Mao Tsé-tung quanto Pol Pot contavam suas vítimas aos milhões.

Nos dois continentes, afora as histórias de êxito no leste e no sudeste asiático acima mencionadas, as duas únicas exceções ao triste desfile de regimes unipartidários, regimes autoritários, regimes militares e ditadores ordinários de todos os tamanhos, cores e descrições, são a Índia e Israel. Dos dois países, a realização do primeiro em manter uma tradição democrática quase ininterrupta (exceto no período do governo "totalitarista" de 1975-77) é impressionante em vista do tamanho descomunal, da diversidade étnica, das divisões religiosas e da renda *per capita* baixíssima. Contudo, mesmo a Índia atual, que trilha o caminho oposto ao dos Estados Unidos durante a primeira metade do século XIX, está se transformando lentamente de Estado único em conjunto de províncias semi-autônomas. Passou, e continua passando, por distúrbios étnicos e religiosos em locais como Bengala, Punjab e Caxemira, alguns tão grandes que, se acontecessem num país com menos de 900 milhões de habitantes, mereceriam o nome de guerra civil[117].

Israel também mantém uma tradição democrática na política. Em parte porque a maior parte de sua população original era de origem européia e muito culta, e, em parte, porque recebeu e continua recebendo auxílio internacional em quantidades sem igual em toda a história, Israel foi mais longe no caminho da modernização do que praticamente

---

117. Ver S. Kaviraj, "The Crisis of the Nation State in India", *Political Studies*, 42, 1994, pp. 115-29.

qualquer outro país em desenvolvimento, com exceção de Cingapura. Contudo, sem levar em conta os residentes da Cisjordânia e da Faixa de Gaza, que somam quase 2 milhões de pessoas, contém uma minoria árabe que consiste em cerca de 20% da população do país, que tem 5 milhões de habitantes. A questão da fidelidade política dessa minoria, principalmente tendo em vista a futura instituição de algum tipo de entidade palestina, ainda não foi resolvida. Em conseqüência disso, as perspectivas a longo prazo também para a Terra Santa podem não ser o tipo de paz e integração econômica com os vizinhos que alguns líderes israelenses, em especial, vêem no horizonte[118], mas uma série de conflitos étnicos e religiosos cada vez mais violentos.

Quando o século XX chegava ao fim, a maioria dos novos Estados da Ásia e da África apresentava um panorama lastimável. Na melhor das hipóteses, tinham alcançado algum tipo de estabilidade com a liderança de algum ditador, como na Síria, na Jordânia e na Líbia, embora essa estabilidade talvez fosse temporária e mal conseguisse ocultar os intensos conflitos religiosos, econômicos e, às vezes, étnicos que ferviam em segundo plano. Outros países eram dilacerados por guerras às vezes extremamente sangrentas, como Afeganistão, Sri Lanka, Somália, Sudão, Ruanda e Libéria, para mencionar apenas alguns. Desde a Argélia, passando por Egito, Turquia, Iraque e Irã, até Paquistão, Sri Lanka, Indonésia e Filipinas, muitos tinham grupos de guerrilheiros e terroristas em operação em seus territórios nacionais – chegando ao ponto em que províncias inteiras escaparam ao controle do governo central e só foram controladas, se é que sim, com a presença maciça das forças armadas. Ainda em outros lugares, o Estado continuava sendo um título vazio; jamais se estabelecera de fato e simplesmente deixou de funcionar, como em grande parte da África central e ocidental[119].

---

118. S. Peres, *The New Middle East* (Nova York: Holt, 1993).
119. Sobre a situação difícil desses Estados, ver R. Kaplan, "The Coming Anarchy", *Atlantic Monthly*, fevereiro de 1994, pp. 44-76.

Em virtude desses problemas, alguns até começaram a questionar se o modelo "uma nação, um Estado" era realmente apropriado e se as diversas sociedades não seriam mais bem-atendidas por alguma estrutura política diferente daquelas que, afinal, lhes foram impostas de fora para dentro[120]. Além dos enunciados vagos, porém, ainda não foi definida a forma dessas estruturas. Enquanto isso, muitas das sociedades em questão têm seguido seu próprio rumo, desviando-se do Estado, ignorando-o, ou transformando-o numa casca oca.

O que todos têm...

No decorrer desses mais de cinqüenta anos desde 1945, o número total de Estados no planeta mais que triplicou, levando ao congestionamento e ao acréscimo de uma segunda fileira de mastros na fachada da sede da ONU em Nova York. Entre os recém-chegados, alguns estão representados por Estados que, embora já existissem antes de 1945, foram, a princípio, excluídos da afiliação à ONU devido a sua derrota na Segunda Guerra Mundial, entre eles Alemanha, Itália, Japão e alguns outros. Contudo, a grande maioria consiste em países que, até há pouco tempo, não eram Estados segundo nossa definição do termo, mesmo nos casos (relativamente poucos) em que não perderam a independência para outros.

Conforme demonstraram as páginas anteriores, a propagação do Estado desde a Europa ocidental, onde teve origem, para os outros continentes esteve longe de ser uniforme. Embora os primeiros transplantes de instituições políticas tenham acontecido no leste europeu e na América Latina, pelo menos até o início do século XX os mais bem-sucedidos foram os inaugurados pelos ingleses na América do Norte e

---

120. Ver R. Jackson, *Quasi-States* (Londres: Cambridge University Press, 1990); e B. Davidson, *The Black Man's Burden: Africa and the Curse of the Nation State* (Londres: James Currey, 1992), sobre os problemas étnicos em questão.

na Australásia. Conforme demonstra o caso da África do Sul, não devem seu êxito a algum gênio político excepcional, mas ao fato de que os continentes em questão eram praticamente desabitados, o que, por sua vez, costumava ser conseqüência do extermínio sistemático de muitos nativos e da expulsão dos restantes. Mais recentemente, alguns Estados se tornaram muito bem-sucedidos no leste asiático, onde se construíram sobre os alicerces de homogeneidade étnica, culturas antigas, elites muito cultas e, às vezes – como no Japão –, sociedades organizadas sob governos fortíssimos[121]. Na maioria dos outros lugares, porém, a história é, na melhor das hipóteses, uma história de êxitos ambíguos. Nem nos Estados nascidos após o desmantelamento da União Soviética, nem na América Latina, nem em vastas partes da Ásia e da África, os governantes têm grandes motivos para se parabenizar. Os problemas vividos pelo "mundo desenvolvido" – Europa ocidental, América do Norte, Japão, Australásia – são, em muitos casos, bem graves. Os do mundo em desenvolvimento, nele inclusa a maior parte das antigas repúblicas soviéticas tanto da Ásia quanto da Europa, são, com poucas variações, piores.

O valor duvidoso que quase sempre se anexa ao termo "Estado" também é indicado por outros fatores. Formalmente, todos somos iguais; na prática, as diferenças entre todos são enormes e muitas, de fato, nunca foram maiores. Um dos extremos é representado pelos Estados Unidos, com área aproximada de 9,4 milhões de quilômetros quadrados, população de 270 milhões (a terceira maior do mundo), PIB de 8,5 trilhões de dólares, e interesses globais e forças armadas que lhes permitem impor-se em qualquer ponto do globo. Na outra ponta da escala estão alguns Estados com área de poucas centenas (ou mesmo poucas dezenas) de quilômetros quadrados, população cujo número está nas centenas de milhares ou menos e PIB tão baixo que só conse-

---

121. Sobre a tradição autoritária da política japonesa, ver, sobretudo, K. van Wolferen, *The Enigma of Japanese Power* (Nova York: Vintage Books, 1990).

gue manter a maioria dos cidadãos próximos do nível da subsistência[122]. Tendo perdido terreno na economia durante a década de 1980, muitos Estados cujos representantes ocupam assentos na Assembléia Geral têm hoje um PIB que não se compara ao orçamento das grandes cidades, nem mesmo ao de algumas universidades do mundo desenvolvido, muito menos ao capital de giro de grandes empresas multinacionais. Não é de admirar que estas sejam procuradas por governantes de países do Terceiro Mundo (e não só por estes) com o pires na mão, ansiosos por investimentos.

Já que nem seus órgãos policiais nem suas forças armadas alcançaram o grau de autonomia e coesão necessários para um funcionamento eficiente, muitos não são capazes de manter a ordem interna, muito menos de se defender em guerra no exterior. Nem é raro que as forças e as entidades em questão representem uma ameaça maior para seus próprios governos do que quaisquer outras: é o que acontece, por exemplo, em grande parte da América Latina, porém também em partes do leste asiático, onde, para citar apenas um exemplo, os líderes tailandeses estão empenhados em debate sério para decidir se a Constituição, que permite explicitamente que os militares organizem golpes de Estado, também deveria garantir à população o direito de resistir ao golpe, caso aconteça. Alguns Estados são tão pobres que não têm nem meios para enviar representantes à maioria dos outros Estados, que, por sua vez, não se dão o trabalho de neles ter representação. Seus sistemas educacionais mal se desenvolveram desde de 1950[123]; os sistemas de transportes encontram-se em situação caótica; as fronteiras estão praticamente sem controle; a moeda (quando a têm, pois

---

122. Entre 1970 e 1990, a lacuna em renda *per capita* entre os países ricos e pobres cresceu de 14,5:1 para 24:1, segundo os dados do Banco Mundial, *World Tables 1991* (Baltimore: Banco Mundial, 1991), tabela 1.

123. As estatísticas de fracasso são apresentadas por M. Meranghiz e L. A. Mennerik, "World-Wide Education Expansion from 1950 to 1980: The Failure of the Expansion of Schooling in Developing Countries", *Journal of Developing Areas,* 22, 3, pp. 338-58.

alguns optaram ou foram obrigados a adotar a moeda do vizinho mais forte) é pouco mais do que pedaços de papel colorido. E, de fato, sua própria existência talvez seja notada pelo resto do mundo principalmente pelos selos postais extravagantes que alguns emitem.

Apresentar alguns desses Estados como personagens soberanos no cenário mundial é travestir a realidade. Seja em razão da penetração estrangeira ou de sua dependência excessiva de uma só categoria de exportações, é comum que suas economias estejam à mercê de outros, bem mais poderosos que eles. Além disso, em alguns casos os governantes que habitam os palácios presidenciais – quase sempre esplêndidos – não são senhores de si. Ou trabalham para traficantes de drogas ou, como era o caso e talvez ainda seja na América Central e nos países das Caraíbas, para os serviços de espionagem de outros países. Em alguns casos, em especial o do Haiti no governo dos Duvalier (*père et fils*), da Nicarágua no governo da família Somoza, do Panamá no governo de Noriega e da Costa do Marfim no governo de Houphouet-Boigny, até a diferença entre público e privado continua nublada; nem era muito diferente a situação nas Filipinas, durante o regime de Marcos, ou no Zaire, quando governado por Mobutu. Agindo como pessoas físicas, os presidentes desses países, suas esposas, amantes e filhos eram, ao mesmo tempo, os maiores empresários do país. Nessa situação, criaram exércitos particulares, além dos oficiais; saquearam livremente os recursos do Estado; e não raro se engajaram numa série de negócios lícitos e ilícitos, de crime organizado e tráfico de drogas até a exploração do lenocínio.

Na melhor das hipóteses, esses países continuam a vegetar, mantendo algum tipo de estabilidade e um padrão de vida mais ou menos tolerável, sem infligir nenhum dano especial à própria população e a outras. Na pior das hipóteses, sofrem com um governo autoritário ou instabilidade crônica e guerra civil, conflitos étnicos, fanatismo religioso, terrorismo de guerrilhas e narcoterrorismo, o que, por sua vez, expressa a incapacidade do governo de controlar o interior, distante e atrasado, a hipertrofia das áreas urbanas, os exércitos particulares de traficantes de drogas e líderes populistas, ou todos juntos. Alguns desses conflitos, como a guerra civil da Nigéria de 1967-69 e a do Camboja de 1970-95, levaram a milhões de mortes. Outros, como o do Sudão, já persistem há décadas sem fim e deixam em frangalhos distritos geográficos inteiros. Como são fracos demais para jogar o jogo tradicional do equilíbrio de poderes, a soberania de alguns está condicionada à boa-vontade dos vizinhos. Esses vizinhos recrutam mercenários para interferir em seus assuntos internos, ajudar a organizar golpes e contragolpes, comprar ou intimidar presidentes, e até mesmo trocar seu governo conforme lhes aprouver.

Com a proximidade do fim do século XX, o Estado, outrora raro construto político confinado à parte ocidental de um continente bem pequeno, disseminou seu predomínio por todo o mundo. A partir da Revolução Francesa, que marcou sua transformação de meio em fim, ter Estado próprio tornou-se algo de que o povo costumava orgulhar-se muito e pelo que costumava dispor-se a qualquer sacrifício, inclusive, quando necessário, derramar rios de sangue. Da Palestina à Chechênia, isso ainda é verdade em alguns lugares; mas em muitos deles é muito pequena a probabilidade de que os povos em questão venham a instituir seus próprios Estados soberanos. Inversamente, conforme argumentarei mais adiante neste volume, onde os Estados soberanos já existem e estão há muito estabelecidos, geralmente são vistos com sombria indiferença, até hostilidade, razão pela qual, talvez, em vez de tentar preservar sua soberania, estão em vias de entregá-la a outras entidades supostamente mais capazes de atender às carências econômicas de seus cidadãos. Em muitos locais, ainda se pode descobrir que o momento do grande triunfo do Estado será o início de seu declínio. O que todos têm pode acabar valendo muito pouco.

6. O declínio do Estado: 1975-

Como vimos, o homem que "inventou" mesmo o Estado foi Thomas Hobbes. De sua época até o presente, uma das mais importantes funções do Estado – bem como de todas as formas anteriores de organização política – era guerrear contra outros Estados. Não fora a necessidade de travar guerras, é quase certo que teria sido muito mais difícil centralizar o poder nas mãos dos grandes monarcas. Não fora a necessidade de guerrear, o desenvolvimento da burocracia, da tributação e até dos serviços sociais como educação, saúde etc. talvez tivesse sido bem mais lento. Conforme demonstra a história, de uma forma ou de outra, todos estavam a princípio vinculados ao desejo de tornar os povos mais dispostos a lutar em nome de seus respectivos Estados.

Para nos concentrarmos só no campo da economia, o Banco da Inglaterra, primeira instituição desse tipo, teve origem nas guerras que a Inglaterra travou contra Luís XIV[1]. No início do século XIX, os primeiros impostos de renda modernos também foram produtos da guerra, assim como a moeda de curso forçado e seu espécime mais importante, o papel-moeda. Mais tarde, para citar apenas três exemplos, nem as primeiras tentativas de oferecer seguridade social,

---

1. Ver M. Godfrey, "A Short Account of the Bank of England" (1695), impresso em M. Collins, *Central Banking in History* (Aldershot: Elgar, 1993), vol. I, pp. 3-10.

nem o abandono do padrão ouro em 1914, nem a Revolução Bolchevique (que representou a tentativa de instituir o controle total do Estado sobre a economia) teriam acontecido da maneira como aconteceram, e no momento em que aconteceram, não fosse a necessidade do Estado de mobilizar seus recursos para guerrear com os vizinhos.

Não menos importante que sua contribuição maciça para a estrutura e a organização do Estado, a guerra foi também fator de unificação emocional. Por mais famosos que fossem, os escritos de Rousseau, Herder, Fichte, Hegel e outros só foram lidos por um grupo relativamente pequeno de pessoas. Foi só quando o Estado francês, após a Revolução, instituiu a *levée en masse* – e nesse aspecto outros Estados o acompanharam – é que aconteceu a Grande Transformação e o nacionalismo, patrocinado por todos os meios à disposição das autoridades, se transformou na ideologia predominante do século XIX. Isso não quer dizer, obrigatoriamente, que compartilho da opinião daqueles que acreditam que o Estado soberano, que não admite juiz superior a si mesmo, seja a causa da guerra; pelo contrário, creio que o verdadeiro motivo da existência da guerra é os homens sempre terem gostado da guerra, e as mulheres, de guerreiros[2]. Significa, porém, que os Estados só conseguem gerar forte apelo emocional quando se preparam para a guerra e se lançam a ela. Se, por alguma razão, tivessem de deixar de fazê-lo, não haveria motivo para que o povo continuasse mais leal a eles do que, por exemplo, à General Motors ou à IBM; e isso equivale a dizer que estará perdida grande parte de sua *raison d'être.*

A primeira parte deste capítulo afirma que a capacidade de Estados entrarem em guerra uns contra os outros vem diminuindo desde 1945. A segunda parte explica como, diante dessa perda, adotaram idéias socialistas, internamente, e

---

2. Ver van Creveld, *Transformation of War,* cap. 6; e J. Keegan, A *History of Warfare* (Londres: Hodder Stoughton, 1993), parte 2. Ver pesquisa recente da vasta bibliografia do assunto em J. M. G. van der Dennen, *The Origin of War: The Evolution of a Male-Conditional Reproductive Strategy* (Groningen: Origin Press, 1995), 2 vols.

construíram o moderno Estado de bem-estar, para descobrir, por volta de 1975, que tal sistema não tinha mais viabilidade econômica ou, conforme alguns declararam, não era socialmente desejável. A terceira examina o modo como a tecnologia, que, entre 1500 e 1945, foi de grande valia na construção do Estado, mudou de direção e está, com freqüência, provocando a perda de poder dos Estados em favor de diversos tipos de instituições sem território ou sem soberania, ou ambas. A quarta parte pormenoriza as anteriores e afirma que, em locais tão distantes entre si quanto a África do Sul e os Estados Unidos, muitos Estados estão se tornando menos dispostos e menos capazes de garantir a vida e a propriedade de seus cidadãos. A conseqüência disso é que tal tarefa vem sendo, cada vez mais, delegada a outras instituições. Por fim, quando todas as peças estiverem em seus lugares, terá chegado a hora de olhar para o futuro.

A decadência das grandes guerras

A decadência da grande guerra internacional, que durante os últimos anos do século ainda está acontecendo, foi provocada principalmente pela criação das armas nucleares. Desde os primórdios da história, as organizações políticas em guerra contra outras podiam ter a esperança de se preservar ao derrotar o inimigo e conquistar a vitória; mas agora, presumindo-se apenas que o lado derrotado preservará um punhado de armas prontas para uso, rompeu-se o elo entre vitória e autopreservação[3]. Pelo contrário, deve-se levar em conta pelo menos a possibilidade de que quanto maior o triunfo sobre o adversário que possuía armas nucleares, maior também o risco para a sobrevivência do vitorioso. O país beligerante que se deparasse com a perspectiva iminente de perder tudo – como, por exemplo, aconteceu primeiro com a França e a Rússia e, depois, com a Alemanha

---

3. Ver, sobretudo, T. S. Schelling, *Arms and Influence* (New Haven: Yale University Press, 1966), cap. 1.

e o Japão durante a Segunda Guerra Mundial – teria muito maior probabilidade de reagir pressionando o botão nuclear, ou, na verdade, caindo sobre ele quando sua cadeia de comando se desmoronasse e perdesse o controle.

Tendo surgido no final, e em conseqüência, do maior conflito armado da história, armas nucleares ficaram aí um bom tempo sem que se percebesse o seu efeito de tornar inúteis as guerras futuras. Durante os anos imediatamente após 1945, apenas um autor importante parece ter entendido que nunca seria possível usar "as armas absolutas"[4]; com ou sem uniforme, a grande maioria preferiu procurar maneiras em que a arma pudesse e, se necessário, *viesse a ser* usada[5]. Como sempre acontece quando se tenta prever a forma do futuro conflito, a inércia e as "lições" da Segunda Guerra Mundial desempenharam seu papel. Enquanto o número de armas nucleares disponíveis permaneceu limitado, enquanto seu poder se manteve pequeno em comparação ao que estava por vir, e enquanto não se conheciam bem seus efeitos, foi possível crer que fariam pouca diferença e que as guerras prosseguiriam mais ou menos como antes. Para quem viveu durante ou pouco após a guerra, a característica excepcional da guerra "total" do século XX fora a capacidade do Estado de usar os órgãos administrativos à disposição para mobilizar recursos em massa e criar forças armadas igualmente maciças[6]. Por conseguinte, era natural presumir que tais recursos, menos, é claro, os destruídos pela ocasional bomba atômica sobre eles lançada, continuariam a ser mobilizados e lançados em combate uns contra os outros[7].

---

4. B. Brodie *et al.*, *The Absolute Weapons* (Nova York: Columbia University Press, 1946), cap. 1; Brodie, "The Atom Bomb as Policy Maker", *Foreign Affairs*, 27, 1, outubro de 1948, pp. 1-16.

5. A melhor história da "estratégia" nuclear ainda é L. Freedman, *The Evolution of Nuclear Strategy* (Nova York: St. Martin's Press, 1981).

6. Ver, por exemplo, J. F. C. Fuller, *The Conduct of War* (Londres: Eyre & Spottiswode, 1961), pp. 321 ss.

7. P. M. S. Blackett, *The Military and Political Consequences of Atomic Energy* (Londres: Turnstile Press, 1948), cap. 10.

A princípio, a posse de armas nucleares era exclusividade de um único país, os Estados Unidos, que as usaram para encerrar a guerra contra o Japão. Contudo, o "segredo atômico"não ficaria guardado por muito tempo e, em setembro de 1949, a URSS realizou seu primeiro teste[8]. Com a produção cada vez maior de armas, havia, então, *dois* Estados capacitados para infligir "danos inaceitáveis" um ao outro, como se dizia na época. A invenção das bombas de hidrogênio em 1952-53 gerou a idéia de poder destrutivo ilimitado (na prática, a mais potente bomba construída era 3 mil vezes maior que aquela que arrasou Hiroshima) e tornou ainda mais horrível a expectativa de uma guerra nuclear. No final da Segunda Guerra Mundial, só existiam duas bombas; agora, porém, chegara a era da abundância nuclear, com dispositivos mais do que suficientes para "atender" a qualquer alvo concebível[9]. Pela primeira vez a humanidade encontrava-se numa situação em que poderia destruir a si mesma se quisesse. Durante a década e meia após 1945 foram publicados romances de muito sucesso como *Ape and Essence* (*O macaco e a essência*), de Aldous Huxley (1948), *On the Beach* (*Na Praia*), de Nevil Shute (1957), e *A Canticle to Leibowitz* (*Um Cântico para Leibowitz*), de Walter Miller (1959). Os três descreviam o colapso da civilização após uma permuta nuclear. Os três tinham como imagem central a necessidade de impedir tal permuta a qualquer preço.

Mesmo quando as conseqüências possíveis das armas nucleares se tornavam claras, as duas potências principais estavam empenhadas na criação de bombas melhores. O equipamento original era grande e incômodo demais para o transporte, que só podia ser feito por versões especialmente modificadas dos bombardeiros mais pesados da época; contudo, durante a década de 1950, foram montadas versões

---

8. Sobre o caminho soviético até a bomba, ver, mais recentemente, D. Holloway, *Stalin and the Bomb* (New Haven: Yale University Press, 1994).

9. Sobre o tipo de cálculos usados, ver A. Enthoven, How *Much Is Enough? Shaping the Defense Budget, 1961-1969* (Nova York: Harper & Row, 1971).

menores e mais leves, que podiam ser transportadas por bombardeiros leves, caças-bombardeiros, balas de canhão e até armas leves operadas por três homens em um jipe. O auge do progresso, caso seja mesmo essa a palavra adequada, foi representado pelos mísseis balísticos. Com base nos criados pelos alemães durante a Segunda Guerra Mundial, por volta de 1960 seu alcance se ampliara ao ponto de conseguirem lançar uma bomba de hidrogênio para qualquer ponto do planeta. Nas décadas de 1960 e 1970 os mísseis se tornaram muito mais precisos e era possível mirar não só "alvos regionais"– isto é, cidades inteiras –, mas localizar e, com um pouco de sorte, acertar alvos menores, como, por exemplo, bases militares. Os milagres da computação levaram ao advento dos veículos de reentrada com alvos múltiplos (MRV) e dos veículos de reentrada com alvos múltiplos e independentes (MIRV); isso viabilizou a colocação de até dez ogivas em um só míssil. Além disso, tanto os mísseis balísticos quanto os mísseis teleguiados, menores, poderiam ter base em terra – em silos fixos ou em cima de vagões de trens –, no ar e no mar, onde centenas e mais centenas deles foram colocados em submarinos ou montados no convés de encouraçados da época da Segunda Guerra Mundial, que foram recauchutados especialmente para tal fim.

Só nos Estados Unidos, o número de armas disponíveis subiu de talvez menos que 100 em 1950 para cerca de 3 mil em 1960, 10 mil em 1970 e 30 mil no início da década de 1980, quando, por falta de alvos, o desenvolvimento foi paralisado. O tamanho das armas variava provavelmente de menos de 1 quilotonelada (isto é, mil toneladas de TNT, o mais potente explosivo convencional) até 15 megatoneladas (15 milhões de toneladas de TNT); embora, com o passar do tempo e a criação de novos computadores e outros auxílios à navegação que permitiram a construção de veículos de lançamento mais precisos, tenha havido uma tendência a reduzir as ogivas "estratégicas" a 50-150 quilotoneladas. Com algumas variações, principalmente a preferência por ogivas maiores e maior confiança em mísseis lançados de terra firme, em oposição aos aéreos e marítimos, essas estratégias foram duplicadas do outro lado da Cortina de Ferro. Em seu auge, entre 1980 e 1985, é provável que o arsenal soviético contasse com mais ou menos 20 mil ogivas e veículos de lançamento. Como no caso norte-americano, estavam ligados por meio de vastas e complicadas redes de comando e controle que consistiam em postos de comando à prova de bombas (alguns deles aéreos), radar, satélites, comunicações e os inevitáveis computadores[10]. Sua finalidade era servir de advertência contra ataques e garantir que as forças de retaliação ainda seriam capazes de cumprir sua missão, mesmo depois de "sobreviver" a um ataque nuclear.

Plantando-as no chão, no mar e no ar, e aumentando muito seu número, as próprias forças nucleares estariam protegidas contra ataques, pelo menos porque um número suficiente delas sobreviveria para lançar o suposto segundo ataque. Contudo, isso não era verdadeiro no tocante a alvos industriais, urbanos e demográficos. Durante a Segunda Guerra Mundial, as defesas que contavam com um radar e combinavam caças com artilharia antiaérea às vezes derrubavam um quarto dos bombardeiros que estivessem atacando um alvo: foi o que aconteceu, por exemplo, no caso do ataque americano contra a cidade alemã de Schweinfurt no último trimestre de 1943. Se fosse um ataque com armas nucleares, porém, nem uma defesa capaz de interceptar 90% das aeronaves serviria para nada, já que um só bombardeiro que conseguisse passar seria capaz de destruir o alvo com a mesma certeza com que Hiroshima e Nagasaki foram destruídas.

Com o surgimento dos mísseis balísticos voando em velocidades supersônicas, bem como dos mísseis teleguiados voando tão baixo que não poderiam ser rastreados por radares terrestres, o problema da defesa contra ataques tornou-se ainda mais insolúvel. Da área de mísseis antibalísticos de fins da década de 1960 ao programa "guerra nas estrelas"

---

10. Sobre as estratégias em questão, ver P. Bracken, *The Command and Control of Nuclear Forces* (New Haven: Yale University Press, 1983).

anunciado pelo presidente Reagan em 1983, foram gastas dezenas de bilhões de dólares e propostas muitas soluções; no fim das contas, porém, nenhuma delas pareceu promissora o bastante para ser posta em prática e nenhuma foi implantada. Do ponto de vista técnico, parecia viável a possibilidade de se lançar um míssil contra outro com probabilidade razoável de atingi-lo em pleno vôo (embora o significado de "razoável" permaneça em dúvida). Todavia, como lidar com um míssil que transportasse dez ogivas, ou até com um ataque que consistisse em inúmeros mísseis e que pretendesse minar a defesa, já era outra história.

Na ausência de uma defesa capaz de proteger com eficiência os alvos demográficos, econômicos e industriais, as armas nucleares apresentavam um dilema para os formuladores de políticas. Obviamente, uma de suas funções mais importantes – sua única função justa, segundo alguns – era impedir a guerra. Teóricos militares anteriores, com Clausewitz na liderança, raramente se deram o trabalho de mencionar a dissuasão; mas ela se tornara parte fundamental da estratégia formulada nos departamentos de defesa e estudada nos institutos de pesquisas interdisciplinares e universidades. Por outro lado, para que as armas fossem capazes de exercer efeito dissuasivo, era preciso que pudessem ser usadas. Ademais, tinham de ser usadas de uma maneira "crível", que não levasse automaticamente a uma guerra de tudo ou nada e, assim, à aniquilação do próprio usuário.

No Ocidente, que, em razão da inferioridade numérica de suas forças convencionais, acreditava que talvez se visse obrigado a "usar primeiro" seu arsenal nuclear, a procura de solução para esse problema começou em meados da década de 1950 e prosseguiu durante os trinta anos seguintes. Surgiram inúmeras teorias, embora nenhuma delas jamais tenha sido testada; retrospectivamente, podemos dividi-las em três tipos. O primeiro, proposto por Henry Kissinger, entre outros[11], sugeria um acordo explícito com relação ao tipo

---

11. H. A. Kissinger, *Nuclear Weapons and Foreign Policy: The Need for Choice* (Nova York: Harper & Row, 1957), pp. 174-83.

de alvos que se poderia sujeitar a bombardeio nuclear, bem como o tamanho máximo das armas que se poderiam usar para destruí-lo. O segundo, conhecido pelos nomes de "reação flexível" e "opções seletivas", também dependia de um acordo, embora tácito. Amparava-se na esperança de que, em troca da promessa da OTAN de não usar cada arma nuclear de seu arsenal contra qualquer tipo de alvo, a URSS exerceria restrição semelhante e consentiria em manter a guerra limitada em termos de geografia, de alvos, ou ambos – embora essa esperança não fosse ratificada pelas repetidas declarações soviéticas contrárias[12].

O terceiro, a "solução" mais arrepiante para o problema, foi proposto em meados da década de 1980 e ficou conhecido como decapitação. Seus defensores reconheciam que as probabilidades de se chegar a um acordo, tácito ou explícito, no tocante à limitação do uso de armas nucleares numa guerra entre as superpotências não eram nada boas; por conseguinte, sugeriram que os novos mísseis e os mísseis teleguiados a serem instalados deveriam ser usados para "decapitar" a União Soviética. Isso significava uma série de ataques superprecisos que eliminariam a liderança e destruiriam seu sistema de comando, controle e comunicação, esperando-se, assim, impedir uma retaliação eficaz[13].

Como indicam as duas últimas estratégias mencionadas acima, que remontam às décadas de 1970 e 1980, nessa ocasião os temores apocalípticos tão característicos da década de 1950 já tinham, até certo grau, se evaporado. Romances como *A Terceira Guerra Mundial*, de John Hackett (1979), e *Tempestade vermelha*, de Tom Clancy (1984), gozaram de imensa popularidade – para não falar de *Dívida de honra*, de

---

12. Sobre essas doutrinas, que, em nome da brevidade, foram todas agrupadas, ver, por exemplo, R. van Cleave e R. W. Barnett, "Strategic Adaptability", *Orbis*, 18, 3, outono de 1974, pp. 655-76; e L. Etheridge-Davis, *Limited Nuclear Options: Deterrence and the New American Doctrine* (Adelphi Paper n? 121, inverno de 1975-76; Londres: International Institute for Strategic Studies, 1976).

13. C. S. Gray, "War Fighting for Deterrence," *Journal of Strategic Studies*, 7, março de 1984, pp. 5-28.

Clancy (1994), no qual uma equipe militar é enviada para demolir as instalações nucleares do Japão a fim de que se pudesse guerrear contra esse país. Nos anos que antecederam 1914, a popularidade da ficção militar era uma indicação da carnificina iminente[14]. Nos Estados Unidos de Reagan, muita gente talvez tivesse acolhido bem a oportunidade de testar as armas maravilhosas postas à sua disposição pela tecnologia em progresso constante. Poderiam, de fato, ter provocado um conflito se não fosse o efeito restritivo das armas nucleares, que, infelizmente, ameaçavam acabar com a alegria antes mesmo do começo; não é por acaso que tanto *A Terceira Guerra Mundial* quanto *Tempestade vermelha* chegam ao fim no momento em que tais armas entram em cena. Seja qual for a relação entre fato e ficção, na prática as tentativas dos planejadores de criar estratégias "de guerra" para o uso das bombas menores e de veículos superprecisos de lançamento não deram em nada. Prevaleceu a dissuasão, "a filha robusta do terror", como Winston Churchill uma vez a denominou.

Depois da crise dos mísseis em Cuba, que, durante alguns dias em outubro de 1962, parecia ter levado o mundo à beira do holocausto nuclear, as superpotências se tornaram perceptivelmente mais cautelosas. Vieram, em seguida, acordos como o Tratado de Proibição de Testes (1963), o Tratado de Não-Proliferação de Armas Nucleares (NPT, 1969), os dois tratados de Limitação de Armas Estratégicas de 1972 e 1977, e os cortes no número de mísseis de médio alcance e das ogivas, alcançados em fins da década de 1980 pelo presidente Reagan e pelo secretário-geral Gorbachev. Cada um deles foi assinado sob circunstâncias diversas, mas todos expressavam a disposição de ambos os lados de pôr fim à corrida armamentista, bem como a convicção cada vez maior de que, se irrompesse uma guerra nuclear, não haveria vencedores nem derrotados. Até o momento, o mais importante desses acordos é o que foi assinado pelos presidentes George Bush e Boris Yeltsin, estipulando a eliminação dos mais

---

14. Ver I. V. Clark, *Voices Prophesizing War* (Harmondsworth: Penguin, 1963), cap. 5.

precisos veículos de lançamento (os MIRV). Isso foi fundamental para a admissão de que a "briga por meio de guerra" estava morta e que a única função das armas nucleares era a dissuasão.

Quando terminou a Guerra Fria, o número de Estados nucleares, que no início era apenas um, tinha chegado a pelo menos oito. De Argentina e Brasil, passando pelo Canadá, pelo leste e oeste europeus, até Taiwan, Coréia (tanto do Norte quanto do Sul), Japão, Austrália e provavelmente Nova Zelândia, e dezenas de outros países estavam preparados, ou pelo menos capacitados, para construir bombas rapidamente, se quisessem[15]. Um deles, a África do Sul, orgulhava-se de ter montado armas nucleares e depois as desmontado, embora, compreende-se, tanto o significado de "desmontar" como o destino das partes desmontadas tenham ficado um tanto obscuros. Enquanto isso, o progresso tecnológico deixou as armas nucleares ao alcance de qualquer um capaz de produzir armas convencionais modernas, conforme demonstra o fato de que Estados como China, Israel, Índia e Paquistão já tinham suas armas nucleares anos antes, até décadas antes, de começarem a produzir aquelas.

O ingresso de novos membros no clube nuclear não foi, naturalmente, bem-recebido pelos que já ali estavam. Procurando preservar seu monopólio, sempre expressavam seu receio das conseqüências terríveis que se seguiriam. Seu objetivo era provar que eram estáveis e responsáveis, e que nada queriam além da paz; contudo, por motivos ideológicos, políticos, culturais ou técnicos, isso não se aplicava a outros lugares[16]. Foram criadas algumas salvaguardas internacio-

---

15. Ver, mais recentemente, T. Rauf, "Disarmament and Non-Proliferation Treaties", em G. A. Wood e L. S. Leland, Jr. (orgs.), *State and Sovereignty: Is the State in Retreat?* (Dunedin: University of Otago Press, 1997), pp. 142-88.

16. Ver, por exemplo, *Public Opinion Quarterly*, 14, primavera de 1950, p. 182 (a bomba soviética); R. Ducci, "The World Order in the Sixties", *Foreign Affairs*, 43, 3, abril de 1964, pp. 379-90 (a bomba chinesa); e A. Myrdal, "The High Price of Nuclear Arms Monopoly", *Foreign Policy*, 18, primavera de 1975, pp. 30-43 (a bomba indiana).

nais, como o Tratado de Não-Proliferação de Armas Nucleares de 1969 e o Regime de Londres de 1977, com a intenção de evitar que tecnologias delicadas caíssem nas mãos de países indesejáveis – o que, na prática, significava países do Terceiro Mundo. Contudo, era difícil deter a proliferação da tecnologia nuclear. Se, atualmente, o número de Estados com armas nucleares em seus arsenais continua limitado a oito, isso se deve menos à falta de meios do que à falta de vontade da parte dos candidatos a proliferadores.

Em retrospectiva, os temores em relação à proliferação nuclear eram exagerados demais. No mundo inteiro, o número de armas atômicas produzidas chega a muitas dezenas de milhares, cinqüenta anos depois de sua invenção, porém, as únicas usadas em guerra foram as lançadas em Hiroshima e Nagasaki. Primeiro as superpotências, bastante aterrorizadas com a crise dos mísseis cubanos, criaram os "telefones diretos" (*hot lines*); depois, seus aliados mais próximos na OTAN e no Pacto de Varsóvia, que assinaram vários acordos com o objetivo de evitar a eclosão de uma guerra nuclear acidental; depois, a URSS e a China, que resolveram seu litígio de fronteiras em 1991; depois a China e a Índia, que não disparam nem um tiro através de suas fronteiras desde a guerra de 1961; depois, a Índia e o Paquistão; e, por fim, Israel e seus vizinhos – que, por sua vez, descobriram que a posse dessas armas não se traduziu no poderio militar que imaginavam.

Pelo contrário, o arsenal nuclear tendeu a funcionar como fator de inibição de operações militares. Com o tempo, o medo da intensificação não permitiu mais que esses países partissem para o confronto direto, grande ou pequeno. E como demonstrou o tempo, essa tendência se manifestou até mesmo quando um ou mais desses Estados nucleares eram chefiados por ditadores absolutistas, como a URSS e a China em diversos períodos; mesmo quando o equilíbrio das forças nucleares era completamente desproporcional, como foi o caso durante a crise dos mísseis, em que os Estados Unidos levavam vantagem de dez para um em veículos de lançamento sobre a URSS; mesmo quando os dois lados se odiavam "há mais tempo do que quaisquer outros povos do planeta" (primeiro-ministro Zulfikar Ali Bhutto, do Paquistão), como no caso da Índia e do Paquistão; e mesmo quando as autoridades negavam a existência da bomba, como no sul da Ásia e no Oriente Médio. De fato, pode-se afirmar com segurança que, onde surgirem armas nucleares ou onde houver apenas forte suspeita de sua presença, a guerra internacional em qualquer escala estará em processo de lenta extinção. Ademais, qualquer Estado, de qualquer importância, agora é, por definição, capaz de produzir armas nucleares. Por conseguinte, só se pode travar tal guerra entre ou contra países de terceira e quarta classe[17].

Já que após 1945 as potências militares de primeira e segunda classe acham cada vez mais difícil brigar umas com as outras, não é de admirar que, em perspectiva global, o tamanho das forças armadas e a quantidade de armas à sua disposição tenham diminuído muito. Em 1939, França, Alemanha, Itália, URSS e Japão possuíam, cada um, forças que reuniam vários milhões de homens, prontos para mobilização. O ápice de todos os tempos aconteceu em 1944-45, quando os seis principais beligerantes (tendo a Itália se afastado em 1943) mantinham, somados, entre 40 e 45 milhões de homens nas forças armadas. Desde então, a população mundial triplicou, e as relações internacionais não têm sido nada pacíficas; não obstante, o tamanho das forças armadas permanentes diminuiu para mera fração do que era nos anos da guerra e continua em declínio[18].

Para citar exemplo mais específico, em 1941 a invasão alemã da URSS, maior operação militar de todos os tempos,

---

17. Ver discussão mais minuciosa do declínio das guerras internacionais desde 1945 em M. van Creveld, *Nuclear Proliferation and the Future of Conflict* (Nova York: Free Press, 1993), cap. 1; e E. Luard, *The Blunted Sword: The Erosion of Military Power in Modern World Politics* (Londres: Tauris, 1988).

18. The International Institute of Military Studies, *The Military Balance, 1994-1995* (Londres: IISS, 1995) oferece um panorama, país por país, das forças armadas atuais.

usou 144 das aproximadamente 209 divisões que a Wehrmacht possuía; mais tarde, durante a guerra teuto-soviética, as forças mobilizadas em ambos os lados, porém principalmente pelos soviéticos, foram ainda mais numerosas. Em comparação, desde 1945 não houve provavelmente nem um caso em que algum Estado tenha usado mais de 20 divisões inteiras em qualquer campanha, e os números continuam caindo. Em 1991, uma coalizão que contava com três dos cinco membros do Conselho de Segurança levou cerca de 500 mil soldados para lutar contra o Iraque, número que representava apenas cerca de um terço do que a Alemanha usou, contando-se somente as forças de campo, para invadir a França em 1914. Em fins da década de 1990, os únicos Estados que ainda mantinham forças com mais de 1,5 milhão de soldados (em 1945, só os Estados Unidos tinham 12 milhões) eram Índia e China – e, delas, a última acabara de anunciar que meio milhão de homens teriam baixa. Seja como for, a maioria dessas forças consistia em infantaria de baixa qualidade, algumas das quais, armadas com fuzis da Primeira Guerra Mundial, mais serviam para manter a segurança interna – quando muito – do que para travar qualquer guerra externa.

Se o declínio no número de soldados das forças permanentes – tanto regulares como, ainda mais, reservistas – tem sido grande, a queda no número de armas de grande porte e de sistemas de armas tem sido ainda mais vertiginosa. Em 1939, as forças aéreas de cada uma das principais potências tinham milhares de aviões; entre 1942 e 1945, só os Estados Unidos produziram 75 mil aeronaves militares, em média. Cinqüenta anos depois, as forças aéreas de praticamente todos os países mais importantes encolhiam rapidamente. A maior, a Força Aérea dos Estados Unidos, comprou exatamente 127 aeronaves em 1995, entre elas helicópteros e transportes[19]; em outros países, os números caíram para pou-

---

19. Os números da Segunda Guerra Mundial provêm de R. Overy, *The Air War 1939-1945* (Londres: Europa, 1980), pp. 308-9; os de 1995, de D. M. Snider, "The Coming Defense Train Wreck", *Washington Quarterly*, 19, 1, inverno de 1996, p. 92.

cas dezenas. No mar, a história tem sido bem semelhante. Da antiga marinha soviética, com a qual a URSS gastou fortunas e que, ainda na década de 1980, parecia apresentar ameaça global, pouco resta além de navios velhos com a carcaça enferrujada, submarinos sem manutenção que, segundo se comenta, correm o risco de vazar material nuclear no mar. A Marinha dos EUA está em forma muito melhor, mas o número de porta-aviões – o mais importante sistema de armas, ao redor do qual tudo gira – caiu de quase 100 em 1945 para 12 em 1995. Sem contar os Estados Unidos, o único país que ainda mantém um porta-aviões completo é a França; fora isso, os porta-aviões (todos de segunda classe) de todos os outros Estados somados podem ser contados nos dedos de uma das mãos. De fato, é verdade que, com uma única grande exceção, a maioria dos Estados não mantém mais marinhas nos oceanos.

Em parte, esse declínio no tamanho das forças armadas expressa o custo em alta das armas e dos sistemas modernos de armas[20]. O preço aproximado de um caça-bombardeiro da Segunda Guerra era 50 mil dólares. Alguns de seus sucessores modernos, como o F-151, custam 100 milhões de dólares com os pacotes de manutenção (sem os quais não funcionariam) inclusos – o que, quando se leva em conta a inflação, representa um acréscimo de mil por cento. Nem isso marca o limite de quanto podem custar alguns sistemas aéreos de armas, tais como o bombardeiro "camuflado" AWACS e o J-STAR – todos produzidos, pertencentes e operados exclusivamente pela única superpotência restante no mundo. E dizem que a relutância da Força Aérea dos Estados Unidos em usar sua mais recente aquisição, o bombardeiro B-2, que custou 2 bilhões de dólares, contra o Iraque provém, em parte, do fato de que simplesmente não existem alvos que valham o risco[21].

---

20. A melhor análise das tendências dos preços ainda é F. Spinney, *Defense Facts of Life* (Boulder: Westview, 1986).
21. BBC World Service, transmissão televisiva, 25 de fevereiro de 1998.

Mesmo assim, não se deve subestimar o fator preço. As economias modernas são extraordinariamente produtivas e poderiam decerto dedicar recursos muito maiores à aquisição de equipamentos militares do que dedicam hoje. Assim, o preço dos sistemas modernos de armas pode parecer exorbitante apenas porque a segurança elementar do Estado, salvaguardada como está por suas armas nucleares e seus veículos de lançamento em eterna prontidão, não parece estar correndo risco suficiente para justificá-los. De fato, essa talvez seja a interpretação correta – como indica a tendência, que se evidencia há décadas, de reduzir o tamanho de qualquer programa de produção e adiar *sine die* qualquer processo de aquisição. Por exemplo, a criação do Projeto Manhattan – inclusive a construção de algumas das maiores usinas industriais da história – e a montagem da primeira bomba atômica demoraram menos de três anos; mas os projetistas dos atuais sistemas de armas convencionais querem nos convencer de que não se pode lançar um novo caça-bombardeiro em menos de quinze anos. A história da invenção de incontáveis sistemas modernos de armas prova que, na maioria dos casos, inicialmente só se produz uma fração dos números necessários, e somente depois de atrasos de muitos anos. O motivo é que, na maioria dos casos, não existe mais a ameaça – que tornaria necessária a produção rápida e em massa e, em conseqüência disso, levaria a grande baixa no preço unitário.

Ao mesmo tempo, outra explicação para o declínio na quantidade de armas produzidas e postas em uso é o grande aumento de qualidade; afirma-se que isso torna supérfluo o grande número de outrora[22]. De fato, há alguma verdade nessa argumentação. Desde que os mísseis de cruzeiro subs-

---

22. Ver alguns cálculos pertinentes a esse assunto em N. Brown, *The Future of Air Power* (Nova York: Holmes & Meier, 1986), p. 88; J. A. Warden, III, "Air Theory for the Twenty-First Century", em K. P. Magyar (org.), *Challenge and Response: Anticipating US Military Security Concerns* (Maxwell AFB: Air University Press, 1994), pp. 313 e 328; e D. T. Kuehl, "Airpower vs. Electricity: Electric Power as a Target for Strategic Air Operations", *Journal of Strategic Studies*, 18, 1, março 1995, pp. 250-60.

tituíram as armas balísticas na forma da artilharia e dos foguetes mais antigos, o número necessário para destruir qualquer alvo caiu de maneira pronunciada; como demonstrou a Guerra do Golfo de 1991, em muitos casos já se alcançou a capacidade de atingir o objetivo com apenas um disparo. Por outro lado, devemos lembrar que para cada arma moderna – com a única exceção das nucleares – pode-se criar uma contra-arma, e na maioria dos casos ela já foi criada. Por mais simples ou avançados que sejam dois sistemas militares adversários, se forem tecnologicamente semelhantes, é provável que a luta entre eles seja prolongada e resulte em conflito pesado[23]. Se a expectativa era de que as armas de maior precisão intensificariam os atritos – como, de fato, foi o caso da guerra árabe-israelense de 1973 e da Guerra das Malvinas em 1982, cada uma a seu tempo o mais moderno conflito da história até então –, o lógico seria que, em fins do século XX, os Estados tivessem produzido e instalado mais armas, e não menos. O fato de não ter acontecido isso é uma demonstração quase certa de que não estão mais dispostos ou não são mais capazes de se preparar para guerras em escala superior, digamos, à do Vietnã e do Afeganistão; e mesmo essas duas guerras chegaram perto de levar à falência as duas maiores potências, os Estados Unidos e a URSS, respectivamente.

Interpretando ainda de outra maneira, durante a Segunda Guerra Mundial, quatro dos sete (cinco dos oito, caso se inclua a China) principais beligerantes sofreram ocupação da capital. Outras duas capitais (Londres e Moscou) sofreram fortes bombardeios, e somente uma (Washington) escapou de ambas as desgraças. Desde então, porém, nenhuma potência de primeira ou segunda classe sofreu operações militares de grande escala em seu próprio território; os motivos disso são óbvios demais para exigir explicação. De fato, a maioria dos países que declararam guerra – ou contra os quais outros declararam guerra – eram muito pequenos

---

23. Ver M. van Creveld, *Technology and War: From 2000 BC to the Present* (Nova York: Free Press, 1988), caps. 9 e 11.

e relativamente sem peso. Por exemplo, Israel contra os Estados árabes; a Índia contra o Paquistão; o Irã contra o Iraque; os Estados Unidos, primeiro contra o Vietnã e depois contra o Iraque; e, durante alguns dias em 1995, Peru contra o Equador. Quando os países em questão não eram sem peso, como no caso da Índia e da China durante sua era pré-nuclear, as operações militares quase sempre se confinaram às margens e nunca se aproximaram das capitais.

A importância dessa mudança foi que a estratégia, que de Napoleão à Segunda Guerra Mundial costumava medir seus avanços e retrocessos em centenas de quilômetros, hoje opera em escala bem menor. Por exemplo, nenhum exército pós-1945 tentou repetir o avanço alemão de 900 quilômetros, do rio Bug a Moscou, muito menos a marcha soviética de 2 mil quilômetros de Stalingrado a Berlim. Desde então, as distâncias percorridas pelos exércitos foram muito mais curtas. Em nenhum dos casos excederam 450 quilômetros (Coréia em 1950); em geral, contudo, não penetravam além de mais ou menos 220 quilômetros. Em 1973, a Síria e o Egito enfrentaram uma ameaça nuclear não declarada da parte de Israel. Por conseguinte, conforme alguns de seus líderes admitiram depois, limitaram-se a avançar quinze e sete quilômetros, respectivamente, para dentro do território ocupado – a poderosa arte outrora conhecida como "estratégia" se reduzira a isso[24]. Em outros lugares onde as forças nucleares se enfrentam, como nas desavenças entre a Índia e o Paquistão, as hostilidades que ainda acontecem (na remota e praticamente inútil geleira de Siachen) não envolvem nenhuma invasão territorial[25].

Já que as armas nucleares restringiram a abrangência da guerra, talvez não seja de admirar que a teoria militar con-

---

24. Sobre as conseqüências das armas nucleares no conflito árabe-israelense, ver S. Aronson, *The Politics and Strategy of Nuclear Weapons in the Middle East* (Albany: State University of New York Press, 1992).

25. Sobre o conflito contínuo em Siachen, ver A. S. Wirsing, "The Siachen Glacier Dispute", partes 1, 2 e 3, *Strategic Studies*, 10, 1, outono de 1987, pp. 49-66; 11, 3, primavera de 1988, pp. 75-94; e 12, 1, outono de 1988, pp. 38-54.

vencional tenha se estagnado. Os pensadores que, durante os anos entre guerras, ensinaram às forças armadas do mundo como guerrear com armas e sistemas de armas movidos por motores de combustão interna – Giulio Douhet, John Frederick Fuller, Basil Liddell Hart, Heinz Guderian – não tiveram sucessores de valor. Sempre se acreditou que, durante toda a Guerra Fria, um dos pensamentos a ocupar o cérebro do comando-geral em Moscou fosse como realizar uma *Blitzkrieg* ao estilo de 1940, só que muito maior, mais veloz e mais potente; contrariamente, 90% de todo o planejamento da OTAN ocupava-se da questão de como impedir tal *Blitzkrieg* e, então, talvez, passar à contra-ofensiva, como fizeram os ingleses em Alamein em 1942[26]. Em meio a tudo isso, os termos analíticos fundamentais usados para se entender as operações militares de larga escala – tais como avanço, recuo, ruptura das linhas inimigas, penetração, cerco, linha de frente, linha de comunicações, linhas interna e externa, aproximação direta e indireta – continuavam com o mesmo significado, e a *Estratégia* de Liddell Hart, publicada pela primeira vez em 1929, costumava ser reimpressa sempre que estourava uma guerra convencional[27]. O único conceito novo a entrar em cena desde mais ou menos 1935 foi o do cerco vertical[28]. Envolvendo o uso de aviões e, mais tarde, helicópteros para desembarcar soldados na retaguarda inimiga, sitiar locais importantes e cortar as comunicações, o cerco vertical foi usado em diversas ocasiões durante a Segunda Guerra Mundial. Contudo, depois da campanha de Suez em 1956, nenhum exército tentou executá-lo em escala nenhuma; seu uso fora das contra-insurgências, a idéia mais inovadora de todas (que, mesmo assim, tem mais de meio século de idade), permaneceu no papel.

---

26. Ver, por exemplo, A. A. Sidorenko, *The Offensive* (Moscou, 1970; tradução da United States Air Force, Washington: Government Printing Office, s.d.).

27. B. H. Liddell Hart, *The Decisive Wars of History* (Londres: Faber & Faber, 1929), reimpresso com o título *Strategy: The Indirect Approach* em 1946 e 1954, e *Strategy* em 1967 e 1991.

28. Ver, sobretudo, N. Browne, *Strategic Mobility* (Londres: Praeger, 1963); e R. Simpkin, *Race to the Swift* (Londres: Pergamon Press, 1985).

Iniciado pela criação das armas nucleares e acompanhado por uma redução drástica no tamanho das instituições militares, o declínio das grandes guerras internacionais também se expressou nas leis e nos costumes internacionais. Durante séculos, se não milênios, o motivo mais importante por que as sociedades politicamente organizadas, incluindo-se (depois de 1648) os Estados, travavam guerras umas contra as outras fora conquistar territórios. Foi pela espada e pelo fogo que Luís XIV conquistou a Alsácia, Frederico II a Silésia e Napoleão (embora temporariamente) a maior parte da Europa; esse também foi o caso em 1815, quando a Prússia saiu das guerras napoleônicas de posse da Renânia, território que jamais lhe pertencera antes, e quando os Estados Unidos ocuparam trechos imensos do território mexicano em 1846-48. Ainda em 1866, foi por meio da guerra, e do tratado de paz concluído logo após, que a Prússia anexou alguns dos Estados do norte da Alemanha e a Itália conquistou Veneza, que pertencia à Áustria. Durante os cinqüenta anos seguintes, a aquisição de territórios na Ásia e na África, onde a sociedade ainda não se organizara em Estados, continuou e até se acelerou. Isso não se deu na própria Europa. Ali, a proliferação do nacionalismo – ou seja, o aumento da identificação do povo com o Estado do qual era cidadão – talvez já estivesse começando a dificultar mais a realização e a legitimação da conquista.

Em retrospectiva, o momento decisivo do processo que acabou transformando em impossibilidade jurídica e prática a anexação por um Estado de território pertencente a outros talvez tenha acontecido em 1870-71. Tendo vencido a guerra contra a França, os alemães, assim como os incontáveis conquistadores que os precederam, exigiram pagamento na forma de terras. Tais terras foram devidamente outorgadas pelo governo republicano recém-constituído, porém legítimo, de Adolphe Thiers; todavia, logo ficou claro que, em nítido contraste com eventos semelhantes do passado, o povo francês simplesmente se recusava a aceitar em acordo. Pelo contrário, o próprio fato de terem sido conquistados à força fez com que a Alsácia e a Lorena fossem designadas "sagradas". Durante a segunda metade do século XX esse seria o destino de *cada* território ocupado, por mais insignificante que fosse. Sendo as terras sagradas, esperaram por *la revanche*, cuja preparação da melhor maneira possível era, então, o dever patriótico de todos os franceses. Como o próprio Bismarck previra expressamente[29], a mudança de comportamento transformou a anexação das duas províncias – realizada por insistência de Moltke e do comando-geral – no pior erro político já cometido. De então em diante, todos os outros Estados que alimentassem ressentimento contra a Alemanha poderiam, invariavelmente, contar com o apoio da França.

A idéia de que a soberania completa, inclusive o direito irrestrito de declarar guerra, era perigosa demais para se alimentar na era da tecnologia moderna sofreu ainda mais um golpe em conseqüência da Primeira Guerra Mundial e das 10 milhões de baixas (só mortos) que causou[30]. Desde a primeira metade do século XVII, houve inúmeras sugestões de se limitar o direito dos Estados de guerrear contra os inimigos. A idéia era criar algum tipo de instituição internacional que estivesse acima de todos os Estados, arbitrasse os litígios entre eles e usasse a força contra os perturbadores da paz. Além de Sully, entre os que sugeriram projetos desse tipo figuravam Abbé Cruce, William Penn, Jean-Jacques Rousseau, Immanuel Kant, John Stuart Mill e o jurista suíço Johann Bluntschli – em resumo, muitos dos maiores intelectuais do período entre 1650 e 1900[31]. Por fim, em 1919, o

---

29. O. von Bismarck, *Reflections and Reminiscences* (Londres: Smith, 1898), vol. II, pp. 252 ss.

30. Sobre o que se segue, ver F. Przetacznik, "The Illegality of the Concept of Just War Under Contemporary International Law", *Revue de Droit International, des Sciences Diplomatiques et Politiques*, 70, 4, outubro-dezembro de 1993, pp. 245-94.

31. Sobre essas e outras tentativas de organização internacional, ver A. Saita, "Un riformatore pacifista contemporaneo de Richelieu: E. Cruce", *Rivista Storica Italiana*, 64, 1951, pp. 183-92; W. Penn, *An Essay Towards the Present and Future Peace of Europe* (Hildesheim: Olms,1983 [1699]); Abbé de Saint Pierre, *A*

ideal foi realizado em parte, com a criação da Liga das Nações. Seu pacto, principalmente o artigo 10, representou um novo ponto de partida no direito internacional. Pela primeira vez na história, a integridade territorial e a independência política – em outras palavras, o direito de não ser conquistado – dos Estados foram reconhecidas como normas internacionais fundamentais.

O passo seguinte foi em 1928, com o Pacto de Kellogg-Briand. Nesse pacto, elaborado pelos ministros das relações exteriores dos Estados Unidos e da França, os signatários se comprometeram formalmente a "renunciar à guerra como instrumento de política nacional". Durante os anos seguintes, 61 outros Estados assumiram essa obrigação; já que não havia prazo, tecnicamente o pacto continua em vigor até os dias de hoje[32].

Nessa época, esses e outros "beijos internacionais", como foram chamados pelos que se diziam os críticos "realistas", não conseguiram evitar o desencadeamento da Segunda Guerra Mundial, a maior guerra de conquista de todos os tempos. Isso, porém, não significa que, como indicadores da opinião pública, não tivessem importância nenhuma. Quando terminou a Segunda Guerra, as pessoas consideradas mais responsáveis por ela foram levadas a julgamento em Nuremberg e Tóquio. Os tribunais criados pelos Aliados usaram o Pacto de Kellogg-Briand como fundamento jurídico para acusá-los de um novo crime, do qual não se ouvia falar desde os tempos de Hugo Grócio[33], ou seja,

---

Scheme for Lasting Peace in Europe (Londres: Peace Book, 1939 [1739]); O. Schreker, "Leibnitz: ses idées sur l'organisation des relations internationales", *Proceedings of the British Academy*, 23, 1937, pp. 218-19; I. Kant, *Plan for a Universal and Everlasting Peace* (Nova York: Garland, 1973 [1796]); J. Lorimer, *The Institutes of the Law of Nations* (Edimburgo: Blackwood, 1883-84), cap. 14; e J. G. Bluntschli, *Gesammelte kleine Schriften* (Nordlingen: Beck'sche Buchhandlung, 1879-81), vol. II, pp. 293-5.

32. Sobre esses acontecimentos, ver Przetacznik, "Illegality of the Concept of Just War".

33. H. Grócio, *De Jure Belli ac Pacis* (Amsterdam: Jansunium, 1632), 2, 23, 13; 1, 3, 1.

planejar e realizar guerra "agressiva"[34]. A argumentação dos advogados dos réus, isto é, que se tratava de um indiciamento *post facto* por crime que não era reconhecido como tal quando foi supostamente cometido, não foi levada em consideração. Os mais importantes criminosos de guerra nazistas e japoneses foram condenados – tanto por esse crime quanto por outros – e a maioria deles foi executada. Ademais, não se tinham passado trinta meses desde o fim das hostilidades quando a proibição de guerra agressiva e do uso da força para anexar territórios pertencentes a outras entidades soberanas foi inserida no Artigo 2(4) da Carta das Nações Unidas. Quando outros Estados se afiliaram à ONU, com o tempo esse documento se tornou o documento com o maior número de assinaturas da história da humanidade.

O Artigo 39 da Carta deixou a decisão sobre o que constituía agressão nas mãos do Conselho de Segurança, que, principalmente em razão das discordâncias entre seus membros, achava a tarefa dificílima[35]. Não obstante, pode-se argumentar que a tentativa de impedir os Estados de gozar dos frutos da agressão na forma de ampliação territorial fora muitíssimo bem-sucedida. A última vez que uma guerra levou à anexação de território em qualquer escala foi em 1945, quando a URSS tomou posse de terras pertencentes à Polônia (que também anexou terras alemãs), à Alemanha, à Tchecoslováquia e ao Japão; desde então, porém, as fronteiras internacionais permanecem praticamente congeladas. Por incrível que pareça, nem a Guerra da Coréia, nem as três guerras indo-paquistanesas, nem a guerra indo-chinesa, nem as guerras árabe-israelenses terminaram com a cessão de trechos importantes do território de um lado para outro; de fato,

---

34. Ver G. Best, *War and Law Since 1945* (Oxford: Clarendon Press, 1991), pp. 181-2.

35. Sobre duas tentativas de tratar dessa questão, ver Y. Melzer, *Just War* (Leiden: Sijthoff, 1975), pp. 83 ss, e I. D. de Lupis, *The Law of War* (Cambridge: Cambridge University Press, 1987), pp. 58 ss.

a grande maioria não levou a mudança territorial nenhuma. O máximo que aconteceu foi a divisão do país e a criação de mais uma fronteira internacional. Foi o que aconteceu, por exemplo, na Iugoslávia entre 1991 e 1995. Também foi o que aconteceu na Palestina em 1948-49, quando Israel, país criado por intermédio de uma resolução das Nações Unidas, ocupou um território um pouco maior do que lhe fora reservado pelo Plano de Partilha. Naquela época, o rei Abdullah da Jordânia, que talvez tenha agido de comum acordo com Israel, aproveitou a oportunidade para tomar posse de um território de 5 mil quilômetros quadrados conhecido como Cisjordânia. Contudo, no mundo inteiro os únicos países a reconhecer a anexação foram a Inglaterra e o Paquistão; e, seja como for, ela foi, desde então, anulada.

Em outros lugares, prevaleceu a idéia de que não se devia recorrer à força para alterar fronteiras, que foi novamente reafirmada pela Resolução 2374 da ONU, de 1970[36]. Antes de 1945, a conquista de vitória militar costumava levar à rendição do derrotado, a um tratado de paz e à cessão de território; agora, porém, quase sem exceção, o máximo que um ocupante poderia obter seria um armistício. Principalmente no Oriente Médio, o estado de "sem guerra, sem paz" se revelou capaz de durar décadas; em conseqüência disso, muitos dos mapas em uso têm duas linhas marcadas, isto é, uma linha verde que denota a fronteira internacional (que só esteve em vigor durante os primeiros dezenove anos após 1948) e uma linha roxa que indica a linha de cessar-fogo instituída em 1967. De fato, a tendência favorável ao *status quo ante* se tornou tão forte que prevaleceu até nos casos em que o derrotado não tinha capacidade nenhuma de expulsar o vitorioso. Foi o que aconteceu quando a Índia ocupou alguns milhares de quilômetros quadrados do território paquistanês em 1971, e também depois que a China invadiu o Vietnã em 1979.

---

36. Os parágrafos relevantes foram impressos em S. D. Bailey, *Prohibitions and Restraints on War* (Londres: Oxford University Press, 1972), apêndice 1, p. 162.

Ademais, o declínio das grandes guerras levou a uma mudança na terminologia que as cercava. Foi extinta uma série de termos e expressões como "subjugação" e "direito de conquista", que ainda por volta de 1950 eram parte normal do discurso jurídico de uma obra sobre direito internacional escrita por uma autoridade tão civilizada quanto o conselheiro oficial do governo de Sua Majestade Britânica[37]. Dos dois, o primeiro ganhou conotação arcaica, para não dizer extravagante. O segundo é considerado quase uma contradição em termos, já que a força exercida por um Estado soberano contra outro não pode mais, por definição, gerar direito. Foram-se também os "ministérios da guerra" dos diversos Estados, pois todos mudaram de nome para Ministério da Defesa, Ministério da Segurança, ou algo semelhante. Não é necessário dizer que a mudança na nomenclatura nem sempre significou um tipo diferente de atividade. Conforme faziam nos séculos anteriores, os funcionários da "defesa" de muitos países continuaram a planejar e a se preparar para guerras, algumas das quais, no mínimo, agressivas. O que essa mudança salientou foi a força cada vez maior do direito internacional de deslegitimar a guerra ou, pelo menos, a guerra travada por um Estado contra outros.

A invasão do Iraque ao Kuwait, em 1990-91, marcou ainda outro passo rumo à deslegitimação da guerra internacional. No cenário de normas internacionais em transformação, talvez desde a época da Coréia não tinha havido uma tentativa tão clara de ocupar um Estado soberano e apagá-lo do mapa. Afora a questão do petróleo, não é de admirar que Saddam Hussein tenha se deparado com a censura mundial; não conseguiu fazer com que sua anexação fosse reconhecida nem mesmo pelos poucos países que o apoiavam, como Cuba, Jordânia, Iêmen e Sudão.

Do outro lado do litígio, os Estados que formaram a coalizão contra o Iraque não reagiram com uma declaração de

---

37. H. Lauterpacht, *International Law: A Treatise* (Londres: Longmans, 1947).

guerra por conta própria. De acordo com a jurisprudência firmada na questão da Coréia em 1950, pediram ao Conselho de Segurança (onde, naturalmente, sua influência foi fundamental) um mandato para acabar com a agressão, ou, em português claro, expulsar os iraquianos do Kuwait. Conforme se observou na época[38], o procedimento escolhido pelo presidente Bush levantou a questão de se os Estados ainda tinham o direito de usar a força para garantir seus interesses, ou se tinham de pedir permissão à maneira dos príncipes medievais quando apelavam ao papa. A jurisprudência assim firmada, conforme demonstraram os acontecimentos, teve conseqüências. Durante a maior parte do ano de 1995 discutiu-se se a OTAN, mera aliança de Estados soberanos, tinha o direito de enviar soldados à Bósnia sem requerer mandato à ONU. No início de 1998, enquanto tentavam punir Saddam Hussein pela suposta "obstrução" às inspeções de armamentos a que o Iraque se sujeitava havia sete anos, os Estados Unidos descobriram que fazer guerra sem permissão do Conselho de Segurança poderia custar um alto preço político.

Tanto nas leis quanto nos fatos, quando o século XX se aproximava do fim, a guerra internacional parecia estar em baixa. O direito de guerrear, longe de ser elemento fundamental da soberania, fora revogado, a não ser que a guerra fosse estritamente em legítima defesa; mesmo quando os Estados entravam em guerra em estrita legítima defesa (e precisamente por esse motivo), não lhes era mais permitido aproveitar-se dela para realizar alterações territoriais. Assim, tal guerra perdeu sua atração principal. Ao mesmo tempo, no tocante a Estados importantes, os riscos se tornaram muito maiores com a chegada das armas nucleares; não é

---

38. Ver G. Picco, "The UN and the Use of Force", *Foreign Affairs*, 73, 5, setembro-outubro de 1994, pp. 14-8; e, em geral, A. Roberts, "The United Nations: A System for Collective International Security?", em G. A. S. C. Wilson (org.), *British Security 2010* (Camberley Staff College: Strategic and Combat Studies Institute, 1996), pp. 65-8.

de admirar que sua incidência, pelo menos entre esses Estados, estivesse diminuindo.

Quanto às guerras internacionais que ainda aconteciam, com raras exceções, nem o tamanho das forças envolvidas, nem a magnitude das operações militares realizadas, nem a ameaça que representavam para a existência dos beligerantes chegava a se aproximar das dimensões pré-1945. Do Oriente Médio ao estreito de Taiwan, o mundo continua sendo um lugar perigoso e parece que há novas formas de conflito armado substituindo as antigas[39]. Não obstante, comparada à situação que existia ainda em 1939, a mudança foi importantíssima.

O recuo do estado de bem-estar

Quando a criação das armas nucleares e a transformação das idéias no direito internacional levaram à perda da capacidade de se expandir à custa dos vizinhos, o Estado voltou para dentro suas consideráveis energias. Recorrendo a ferramentas como estatísticas, impostos, polícia, prisão, educação compulsória e bem-estar social, o Estado vem há séculos ampliando seu poder sobre a sociedade, impondo suas próprias leis, erradicando ou, pelo menos, enfraquecendo muito as instituições menores nas quais o povo costumava passar a vida, e se expandindo até dominar a sociedade civil. De mais ou menos 1840 em diante, as idéias socialistas, traduzidas na prática, funcionaram na mesma direção e ajudaram a realizar mudanças; o final da Segunda Guerra Mundial, então, longe de proporcionar um período de descanso, obrigou-as a redobrar seu esforço.

No nível da retórica, a mudança rumo ao Estado de bem-estar começou durante a própria guerra. Tanto Churchill quanto Roosevelt estavam bem conscientes de que seria pre-

---

39. Ver M. Kaldor, *New Wars for Old* (Londres: Pergamon,1998, pp. 13-30); e a parte deste capítulo sobre "A ameaça à ordem interna", pp. 394-408.

ciso compensar os sacrifícios dos trabalhadores pelo Estado; quando assinaram a Carta do Atlântico no início de 1942, declararam oficialmente que a "libertação da pobreza" seria um dos principais objetivos dos Aliados. Para isso, os contemporâneos indicaram o enorme aumento de produção trazido pela mobilização e pelo fornecimento de todos os recursos para a missão militar. Afirmaram que, se apenas uma pequena fração desses recursos pudesse permanecer nas mãos do Estado e ser usada para fins públicos, seria possível resolver ou, pelo menos, aliviar alguns dos problemas sociais mais urgentes, como a pobreza, o desemprego (ambos bastante evidentes durante os anos da Grande Depressão), os serviços de saúde inadequados e o acesso insuficiente à educação secundária e terciária como meios de se alcançar uma vida melhor. Indicando a direção a seguir e servindo de modelo para muitos outros na Europa ocidental, no Canadá e na Australásia, estava o Relatório Beveridge, publicado na Inglaterra em 1944, e que preparou o caminho para profundas reformas sociais e econômicas. Contudo, ninguém expressou melhor o sentimento predominante do que o estadista australiano John Curtin, que fora primeiro-ministro durante toda a Segunda Guerra Mundial; na opinião dele, "o governo devia ser, antes de tudo, o agente por meio do qual se erguessem as massas"[40].

Em termos gerais, eram necessárias duas séries de etapas para executar esse programa. De um lado, tratava-se de concentrar muito mais recursos nas mãos do Estado – se não no montante em que isso foi feito durante a própria guerra, pelo menos em comparação com os anos anteriores a 1939. De outro lado, tratava-se de criar novos mecanismos para a distribuição desses recursos para os grupos e os povos que parecessem necessitar mais. Ambos os lados do problema tinham em comum que, se era para atacá-los e resolvê-los, o número dos que trabalhavam para o Estado teria

---

40. Citado em P. Wilenski, *Public Power and Public Administration* (Sydney: Hale & Ironmonger, 1986), p. 20.

de aumentar muito, com tudo o que isso significava em termos de oportunidades profissionais, promoções e poder sobre toda a sociedade. Desde o início, em outras palavras, as reformas propostas exigiam pessoal para a burocracia estatal e todos os seus múltiplos órgãos – que nas três décadas seguintes conseguiria impor suas exigências de maior intervenção do Estado em praticamente todos os setores da vida quase sem levar em conta os desejos do eleitorado[41].

Os primeiros passos firmes rumo ao estreitamento do jugo do Estado sobre a economia já tinham sido dados, de fato, durante o período entre guerras. Além de os níveis de tributação nunca terem voltado aos anteriores a 1914 – problema que atingiu até o país mais relutante em ingressar no novo rumo, isto é, os Estados Unidos –, havia nos Estados uma tendência à nacionalização da indústria. Entre as mais atingidas estavam as indústrias recém-criadas ou as que estavam envolvidas na formação da opinião pública: por exemplo, na Inglaterra, a BBC (British Broadcasting Corporation) e a General Electricity Board foram ambas fundadas na década de 1920 e logo se tornaram duas das maiores organizações em seus ramos. Em 1931, Ramsay MacDonald, o primeiro trabalhista a assumir o cargo de primeiro-ministro, tirou os transportes de Londres das mãos da iniciativa privada. Em 1939, foi criada a BOAC (British Overseas Air Corporation), com a fusão de várias empresas anteriormente privadas, que logo conquistou, conforme de fato se pretendia, um virtual monopólio no setor. Do outro lado do canal da Mancha, a França acompanhou os acontecimentos ingleses em 1936-39, quando o governo da Frente Popular de Leon Blum nacionalizou partes importantíssimas dos setores ferroviário, armamentista e bancário.

À guisa de justificar ainda mais a maior intervenção do Estado na economia, foram criadas diversas linhas de racio-

---

41. Ver breve análise econômica dos fatores subjacentes à expansão do Estado durante o período pós-1945 em A. Peacock, *The Economic Analysis of Government and Related Themes* (Oxford: Robertson, 1979), pp. 105-17.

cínio. De um lado, havia a doutrina socialista e comunista, que remontava ao *Manifesto Comunista* e à *Crítica ao Programa de Gotha,* e que foi implantada mais completamente na União Soviética. Durante o período entre guerras, houve em muitos países europeus um pequeno grupo de intelectuais esquerdistas, principalmente da classe média, que consideravam os acontecimentos em Moscou como seu exemplo brilhante; envergonhavam-se do que chamavam de "pobreza no seio da abundância" (John Stacey, escritor inglês) e argumentavam que a nacionalização resultaria em maior responsabilidade, preços mais justos, maior eficiência, crescimento mais rápido, desaparecimento ou, pelo menos, achatamento do ciclo dos negócios, e o fim da luta de classes que atormentava os países capitalistas pelo menos desde a época da Revolução Industrial[42]. É esquisito, mas muitas das convicções daquelas pessoas bem-intencionadas da esquerda correspondiam às medidas implantadas naquela mesma época pelos regimes "totalitaristas" de direita de Mussolini e Hitler, embora estes, ao estenderem o controle estatal à produção e a outros campos (como a vida em família, para incentivar o crescimento populacional), com certeza tivessem mais em mente a preparação para a guerra do que qualquer desejo de "erguer as massas".

Afora as ideologias de esquerda e direita, na opinião dos economistas profissionais outro incentivo à intervenção maior do Estado foi um livro famoso, *The General Theory of Employment, Interest and Money* (*Teoria geral do emprego, do juro e da moeda*), de John Maynard Keynes (1936)[43]. Escrito no cenário da Grande Depressão, afirmava que a *oferta agregada* e a *demanda agregada* não se equilibravam automaticamen-

---

42. Ver, no caso da Inglaterra, E. J. Hobsbawm, *The Age of Empire* (Harmondsworth: Penguin Books, 1989), pp. 239 ss.

43. Sobre o modo como a influência de Keynes se fez sentir, ver P. Weir e T. Skocpol, "State Structures and the Possibilities for Keynesian Responses to the Great Depression in Sweden, Britain, and the United States", em P. B. Evans *et al.* (orgs.), *Bringing the State back in* (Cambridge: Cambridge University Press, 1985), pp. 107-68.

te, conforme afirmavam Adam Smith e tantos sucessores. Pelo contrário, era possível que a demanda ficasse presa a uma situação em que restringisse a oferta. Quando as pessoas deixavam de gastar, o resultado era uma redução na demanda, e assim por diante, numa espiral descendente bem capaz de durar infindáveis anos, fazendo com que as economias funcionassem em uma fração de seu potencial de produção e até arruinando sociedades inteiras. Opondo-se ao saber tradicional, com sua ênfase nos orçamentos equilibrados e no dinheiro "sadio", Keynes advertia que o Estado devia resolver essa situação por meio da estimulação artificial da demanda. Se o faria por meio da liberação do crédito, da redução dos impostos ou pelo "financiamento deficitário" – nome elegante para o funcionamento das prensas –, não importava muito; se necessário, deviam-se empregar os três métodos separadamente ou combinados. O principal era pôr dinheiro nas mãos do povo. Isso estimularia a produção, geraria receita tributária para o Estado, e assim por diante, numa espiral cuja direção, esperava-se, seria sempre ascendente.

Qualquer que fosse sua origem exata, depois de 1945 a confluência de todas essas modalidades distintas de pensamento fez com que a intervenção estatal na economia explodisse. Entre os primeiros a ingressar no caminho para o futuro estava a França. Em 1946, nacionalizou a energia, que consistia em eletricidade, gasolina e carvão; as 32 maiores companhias de seguro, os quatro maiores bancos; a Air France; e a fábrica de aviões Berliet. Também caíram na rede algumas empresas acusadas de ter colaborado com o regime da ocupação alemã, das quais a mais famosa era a fabricante de automóveis Renault. Em 1947-48, o Partido Trabalhista, que assumiu o poder na Inglaterra, acompanhou a França. Carvão, gasolina, aço, transportes públicos (ferrovias, canais e algumas transportadoras rodoviárias) foram nacionalizados, o que levou à criação de uma série de empresas imensas, cujos nomes sempre começavam com a palavra "British". Em diversos graus essas medidas tiveram paralelo em outros países, como a Itália, a Holanda, a Escandinávia e até o Canadá, todos os quais expandiram de maneira significativa a propriedade estatal durante os quinze anos após 1945. Entre os países ocidentais importantes, só na Alemanha Ocidental a corrente seguiu a direção contrária, e o motivo era que, nos tempos do Terceiro Reich, a nacionalização tinha ido tão longe que a questão não era expandir as propriedades do Estado, mas desmantelá-las. Ainda na década de 1960, e apesar de um grande número de privatizações (por exemplo, a venda da Volkswagen, que aconteceu em 1959), o governo central de Bonn continuava a possuir partes consideráveis da economia, inclusive 40% dos setores do carvão e do ferro, 62% da geração de energia elétrica, 72% da indústria de alumínio, sem falar que 62% do setor bancário era exclusivo do Banco Central[44].

A maior parte das nacionalizações que aconteceram nas décadas de 1930 e 1940 foram realizadas por governos de esquerda, por motivos ideológicos, e perante a oposição da direita. Contudo, em um país após o outro, ficou claro que o movimento fazia parte, de fato, de uma tendência histórica de longo prazo que os gabinetes conservadores não tinham poder para resistir. Às vezes a necessidade de gerar empregos funcionava como fator decisivo; em outros casos, era questão de permitir que empresas falidas continuassem a oferecer serviços essenciais em campos tão distantes entre si quanto o dos transportes e o da defesa. Por exemplo, já em 1952, o novo governo conservador britânico, sob o comando de Winston Churchill, tentou devolver o aço à iniciativa privada; fracassou, e não só porque o Partido Trabalhista ameaçou renacionalizá-lo se voltasse ao poder, mas também em razão de interesses que haviam crescido dentro do próprio aparato do governo e já estavam se tornando direito adquirido. Em 1967, a British Rail e a British Coal tinham se tornado os maiores empregadores fora dos Estados Uni-

---

44. Números de H. van der Wee, *Prosperity and Upheaval* (Nova York: Viking, 1986), p. 307.

dos[45]. Na Itália foi o Partido Democrata Cristão, que estava no poder, e não um governo socialista, que criou a ENI (Ente Nazionale Idrocarburanti) e a EFIM (Ente Partecipazione et Finanziamento Industria Manifatturia), ambas reunindo empresas de seus respectivos campos da energia e da manufatura; mais tarde, o mesmo partido também assumiu responsabilidade por transformar a geração de eletricidade em monopólio do governo. Também foi o governo conservador de Edward Heath, e não um gabinete trabalhista, que salvou a empresa da Rolls-Royce em 1971. Esse foi o mesmo ano em que a administração republicana de Richard Nixon, por motivos bem semelhantes (ou seja, a ameaça de falência das empresas em questão), assumiu o transporte ferroviário na maior parte dos Estados Unidos e criou a Amtrak.

Embora na maioria dos países o ritmo da nacionalização tenha exibido sinais de desaceleração após 1975, alguns passaram pela maior expansão do setor público em fins da década de 1970 e ainda no início da década de 1980. Na Áustria, o governo socialista de Bruno Kreisky, que esteve no poder ininterruptamente de 1970 a 1987, realizou estatizações maciças de empresas em campos como o aço, os produtos químicos e a mineração. Na França, que após 1958 foi controlada por gaullistas durante 23 anos, a vitória de François Mitterand nas eleições de 1981 levou a aumentos impressionantes no controle estatal sobre tudo: mineração e aço, indústria farmacêutica, química, de vidro e de equipamentos elétricos, até os serviços bancários[46]. Um dos últimos casos foi o do Canadá, que, nesse aspecto, se parecia mais com a Europa do que com os Estados Unidos. Ali, as ponderações elei-

---

45. G. L. Reid e K. Allen, *Nationalized Industries* (Harmondsworth: Penguin Books, 1970), pp. 14-5.
46. Sobre as nacionalizações francesas durante esses anos, ver A. H. Hanson (org.), *Public Enterprise: A Study of Its Organization and Management in Various Countries* (Bruxelas: International Institute of Administrative Sciences, 1955), pp. 201-24; e J. P. van Ouderhoven, "Privatization in Europe", em K. K. Finley, *Public Sector Privatization: Alternative Approaches to Service Delivery* (Nova York: Quorum Books, 1989), pp. 168 ss.

torais e a necessidade de evitar o desemprego levaram à nacionalização do falido setor pesqueiro em 1984.

Durante essas décadas, a tendência a uma estatização mais ampla não se limitou aos países desenvolvidos. Pelo contrário, muitos países em desenvolvimento foram ainda mais velozes, levando-se em conta que a consideravam um dos principais veículos para a modernização, bem como a solução de todos os problemas sociais. Assim, o governo do México, entre 1940 e 1980, fundou 111 empresas industriais, tornou-se acionista majoritário de 59 e sócio de 124 – 35 das quais foi "obrigado" a salvar da falência[47]. No Chile, por volta de 1970, o Estado era o único proprietário ou o sócio majoritário de 44 das maiores empresas, entre elas as de geração de eletricidade, energia e transporte aéreo; e isso foi *antes* que o governo socialista de Salvador Allende tomasse posse de outras quinhentas durante os três anos em que esteve no poder. Na Argentina, a expansão do setor público foi, em grande parte, produto dos anos peronistas, entre 1947 e 1955, demonstrando mais uma vez que as idéias socialistas e semifascistas tinham pontos em comum. No Brasil, foi realizada pelos diversos governos militares que administraram o país entre 1963 e 1978 e que derramaram muito dinheiro nos setores industriais considerados essenciais para o bem-estar social, como produtos químicos, energia, cimento e armas.

Contudo, até esses acontecimentos foram obscurecidos pelos que ocorreram na África e na Ásia, onde, entre 1960 e mais ou menos 1975, a grande maioria dos Estados recém-independentes adotou algum tipo de programa socialista de desenvolvimento fortemente influenciado pelo modelo soviético ou pelo chinês. O resultado foi um número imenso de sistemas unipartidários administrados em linha dita-

---

47. Ver dados adicionais sobre a expansão da economia estatal no México em O. Humberto Vera Ferrer, "The Political Economy of Privatization in Mexico", em W. Glade (org.), *Privatization of Public Enterprise in Latin America* (San Francisco: ICS Press, 1991), pp. 35-58.

torial ou semiditatorial. Declarando ter libertado o povo da "exploração" imperialista e estar reunindo os parcos recursos disponíveis para o bem público, nacionalizaram – em outras palavras, tomaram posse sem compensação – praticamente todas as formas de empreendimentos econômicos, tanto nacionais quanto estrangeiros: da extração de recursos naturais, passando pela produção de energia, até a administração dos transportes públicos e dos hotéis. Por exemplo, em 1974 mais de três quartos da produção industrial do Egito se originavam em fábricas estatais[48]. Nem as empresas menores, em especial na agricultura, estavam isentas. Do Vietnã à Tanzânia, muitas vezes até os camponeses que só se dedicavam à agricultura de subsistência foram destituídos de suas terras – quando pertenciam a eles – e concentrados em comunas rurais sob rígido controle do Estado.

Embora muitos Estados em desenvolvimento também tentassem distribuir pelo menos alguns benefícios na forma de educação gratuita e assistência médica básica – por exemplo, os "médicos descalços" da China – o verdadeiro triunfo do moderno Estado de bem-estar aconteceu na Europa ocidental, no Canadá e na Nova Zelândia. Em fins da década de 1960, esses Estados tinham ampliado a educação gratuita até abranger todos os alunos do ensino médio e muitos universitários também. Ofereciam algum tipo de atendimento médico gratuito (ou, pelo menos, bem subsidiado) que acompanhava todas as fases da vida do indivíduo, desde o pré-natal à assistência geriátrica; tinham instituído imensos projetos de habitação e ensino profissionalizante, bem como seguros contra desemprego, acidentes, doenças e velhice em níveis que, na maioria dos casos, permitiriam a subsistência dos atingidos e que eram, às vezes, generosíssimos. Alguns países também adotaram a licença-maternidade (e paternidade), pensões para os filhos, assistência jurídica gratuita para quem não pudesse pagar, refeições e serviços de

---

48. US Embassy, Cairo, *Egyptian Economic Trends,* publicação ocasional, março de 1989, p. 8.

enfermagem para os deficientes e idosos, e inúmeros outros programas.

Nos Estados Unidos, a sociedade mais rica do mundo e uma das mais comprometidas com o capitalismo da livre iniciativa, os projetos de serviços sociais federais progrediram pouco depois da época do New Deal. Contudo, em fins da década de 1950 e no início da década de 1960, o governo também foi obrigado a entrar em ação por um número de pesquisas que revelaram como viviam os cidadãos mais desafortunados em meio à abundância que os cercava[49]. Quando Eisenhower, que era rígido com relação a questões orçamentárias, finalmente deixou o poder, na administração Kennedy começaram a surgir reformas com o fim de corrigir essa situação. Foram muito aceleradas por Lyndon Johnson, que criou o termo Grande Sociedade para defini-las; apesar das tendências conservadoras dos republicanos, o controle democrata do Legislativo garantiu sua realização também durante as eras Nixon e Ford. Juntas, essas reformas configuraram a maior expansão da assistência social na história dos Estados Unidos. Entre os programas mais conhecidos estavam o Medicare e o Medicaid; a cesta básica, o SSI (*Supplemental Security Income*, um esquema para garantir renda aos idosos, aos cegos e aos deficientes físicos); o WIN (*Work Incentive Program*, cuja finalidade era oferecer oportunidade de ensino profissionalizante aos adultos); e um número bem grande de programas criados para ajudar grupos específicos, de pais solteiros a membros de minorias.

Tanto na Europa quanto nos Estados Unidos – para não falar dos países em desenvolvimento – a expansão da assistência social estatal levou a uma expansão igualmente grande da burocracia. Na segunda metade do século XX, o número de ministros, que durante os anos de formação do Estado nos séculos XVII e XVIII raramente era superior a quatro,

---

49. Ver, principalmente, J. K. Galbraith, *The Affluent Society* (Boston: Houghton Mifflin, 1959), bem como M. Harrington, *The Other America: Poverty in the United States* (Nova York: Collier, 1962).

aumentou para cerca de vinte em muitos dos países mais desenvolvidos. Aos ministros da justiça, das relações exteriores, da guerra e do tesouro uniram-se os ministros do interior, da polícia, da agricultura, dos transportes, das comunicações, da educação, da saúde, do trabalho, da previdência social, do comércio e da indústria, da aviação, da energia, do planejamento, da habitação, da ciência e da tecnologia, e do turismo. Alguns países acharam indispensável ter um ministro especial da infra-estrutura. Outros achavam que não podiam viver sem uma pasta ministerial de esportes e lazer, ao passo que outros ainda expandiam o gabinete com a inclusão de um ministro que fosse responsável pelos assuntos ecológicos e outro para cuidar das mulheres. O número de funcionários do governo também cresceu a passos largos: por exemplo, de 11% para 23% da força de trabalho européia entre 1950 e 1980, e de 9,7% para 15,2% da mão-de-obra civil nos Estados Unidos durante o mesmo período. Em 1982, os países do Ocidente com o maior número de funcionários públicos na força de trabalho eram a Suécia e a Noruega, com 32% cada. Em seguida, vinha o Reino Unido (22%), ao passo que a França e os Estados Unidos, com 17%, estavam quase nos últimos lugares da lista[50].

Para sustentar todos esses burocratas, a fatia do PIB gasta pelo governo subiu a proporções que, a não ser em períodos de guerra total, não tinham precedentes históricos. Para citar apenas alguns países, entre 1950 e 1973 subiu de 27,6% para 38,8% na França; de 30,4% para 42% na Alemanha (ocidental); de 26,8% para 45% na Inglaterra; e de 34,2% para 41,5% na Holanda[51]. Também não surpreende

---

50. Números de G. K. Fry, *The Growth of Government* (Londres: Cass, 1979), p. 32; R. Higgs, *Crisis and Leviathan: Critical Episodes in the Growth of American Government* (Nova York: Oxford University Press, 1987), pp. 22-3; R. A. Freeman, *The Growth of American Government: A Morphology of the Welfare State* (Stanford: Hoover Institution Press, 1975), p. 35.

51. Números de A. Milward, *The European Rescue of the Nation State* (Londres: Routledge, 1992), p. 35. Ver números análogos em outros países em P. Flora e A. J. Heidenheimer (orgs.), *The Development of Welfare States in Europe and America* (New Brunswick: Transaction Livros, 1981), p. 319.

que grande parte desse aumento se atribuísse à ascensão de diversos serviços sociais. Entre 1940 e 1975, sua parcela do PIB dobrou na Alemanha (que, graças aos nazistas, ingressou no período ainda de posse de um sistema mais desenvolvido do que qualquer outro país ocidental), triplicou no Reino Unido, quadruplicou na Holanda e quintuplicou na Dinamarca, onde o aumento foi de 4,8% para espantosos 24%[52]. Do outro lado do Atlântico, os números correspondentes subiram de 23% para 35,8% do PIB (gastos totais do governo, tanto no nível federal quanto no estadual). A parcela de pagamentos à previdência social subiu de 8,9% para 20% do orçamento federal, demonstrando que, da segunda metade da década de 1970 em diante, os gastos sociais passaram a constituir a maior parte dos gastos do governo, mesmo no único Estado cujo compromisso com o "individualismo inflexível" era o mais forte do planeta.

Conforme Northcote Parkinson previra em 1958, se tivessem permitido que as tendências predominantes continuassem, por volta do ano 2195 todos os homens, todas as mulheres e todas as crianças nascidos na Inglaterra estariam trabalhando para o governo. Isso não acontecer deveu-se, sobretudo, a dois fatores, um externo e outro interno. O fator externo foi representado pela guerra árabe-israelense de 1973 e a quadruplicação do preço da energia que veio a reboque[53]. Esses acontecimentos provocaram na maioria das economias ocidentais uma recessão que durou a maior parte da década de 1970; de então até mais ou menos 1981, sempre que os ministros da Organização dos Países Exportadores de Petróleo (OPEP) se reuniam, o mundo ficava ansioso, na expectativa da má notícia que fatalmente viria. As economias da Europa ocidental e da América do Norte também não se beneficiaram com a intensificação da concorrência

---

52. N. Gilbert, *Capitalism and the Welfare State* (New Haven: Yale University Press, 1981), tabela 7.2.

53. Ver breve relato acerca do impacto da "crise" sobre a economia internacional em W. M. Scammell, *The International Economy Since 1945* (Londres: Macmillan, 1983), pp. 193 ss.

do leste asiático, em especial do Japão, que aconteceu durante aqueles anos e que ameaçaram exterminar – e, em alguns casos, exterminaram mesmo – setores industriais inteiros, desde têxteis, automóveis e equipamentos fotográficos até aparelhos eletrônicos domésticos. De uma maneira ou de outra, na maioria dos países da Europa ocidental, o desemprego subiu a níveis duas a três vezes mais altos do que se considerava normal durante a maior parte das décadas de 1950 e 1960[54]. O sistema de pagamentos que fora criado para permitir que os desempregados sobrevivessem, e que lhes oferecia benefícios generosos como reciclagem para o mercado de trabalho e recolocação, ficou congestionado.

O outro fator que levou o Estado de bem-estar ao ponto de ruptura foi seu próprio êxito[55]. Qualquer que fosse sua forma exata, os diversos programas foram criados para auxiliar grupos populacionais fracos, como os idosos, os doentes e, mais tarde, as mães solteiras; contudo, logo se descobriu que, quanto maiores os benefícios oferecidos, maior era o número de pessoas que a eles tinham direito. Por exemplo, na Alemanha, o número de pessoas com mais de 65 anos subiu de 9,2% da população em 1950 para 11,1% em 1961, 13,2% em 1970 e 15,5% em 1980[56]. Como os idosos adoecem com mais freqüência, e também em razão da revolução na tecnologia médica ocorrida durante esses mesmos anos, o custo da assistência médica subiu de maneira espantosa[57];

---

54. Ver números relativos à Europa em Milward, *The European Rescue of the Nation State*, p. 30; sobre os Estados Unidos, *Monthly Labor Review*, 103, 2, fevereiro de 1980, p. 75.

55. J. Logue "The Welfare State: Victim of Its Success", em S. R. Graubard (org.), *The State* (Nova York: Norton, 1979), pp. 69-88; M. Dogan, "The Social Security Crisis in the Richest Countries: Basic Analogies", *International Social Science Journal*, 37, 1, 1985, pp. 47-61.

56. R. Tylewski e M. Opp de Hipt, *Die Bundesrepublik Deutschland in Zahlen 1945/49-1980* (Munique: Beck, 1987), p. 38; há números análogos para a Inglaterra em A. F. Stiletto, *Britain in Figures: A Handbook of Social Statistics* (Harmondsworth: Penguin Books, 1971), p. 31.

57. Ver alguns números relativos a isso em C. W. Higgins, "American Health Care and the Economics of Change", em Finley, *Public Sector Privatization*, pp. 99 ss.

isso ajuda a explicar por que os gastos "sociais" (considerados como parte do PIB ou do orçamento do Estado) quase dobraram durante o mesmo período[58].

Outro exemplo é que o número de crianças nos Estados Unidos subiu 41% entre 1952 e 1972, mas o número das que tinham direito aos benefícios do Programa de Auxílio a Crianças Dependentes (AFDC) aumentou 456%. O motivo é que, em razão do aumento da ilegitimidade e do divórcio (que em 1980 crescera de 26% para 50% dos casamentos), já se podia esperar que a maioria das crianças passasse pelo menos uma parte de seus primeiros dezoito anos em lar com apenas um dos pais; houve desdobramentos semelhantes na maioria dos outros países desenvolvidos[59]. Como último exemplo, a Dinamarca, com seu sistema generosíssimo de benefícios aos enfermos (90% do salário industrial médio), descobriu que o número médio de dias em licença médica declarado anualmente por trabalhador dobrou entre 1967 e 1977[60]. Nada poderia ser prova melhor da capacidade espantosa que tinha o Estado de bem-estar de agravar os próprios problemas sociais que se destinava a resolver. De fato, isso já vinha acontecendo desde a criação dos primeiros programas, na virada do século.

É difícil desfazer-se de hábitos antigos. Presos às idéias das duas décadas e meia anteriores, a princípio a maioria dos governos que se depararam com esses problemas se recusaram a encará-los. Embora em desaceleração, a expansão do Estado de bem-estar e a onda estatizante que a acompanhou continuaram durante a primeira metade da década de 1970, em alguns casos entrando pela segunda. Assim, na Alemanha Ocidental, a grande melhoria no auxílio aos idosos só aconteceu *depois* que Helmut Schmidt tomou posse, no

---

58. Tylewski e Opp de Hipt, *Die Bundesrepublik in Zahlen*, pp. 183-4.

59. Dados sobre os EUA extraídos de Freeman, *The Growth of American Government*, p. 11; números de alguns outros países em L. Bryson, *Welfare and the State: Who Benefits?* (Londres: Macmillan, 1992), p. 193.

60. J. Logue, "Will Success Spoil the Welfare State?", *Dissent*, inverno de 1985, p. 97.

cargo de chanceler, em 1974. Na Inglaterra, foi a afiliação à CEE que levou à concessão dos benefícios à maternidade em 1975, e no mesmo ano o Estado de bem-estar europeu chegou ao apogeu, com o aumento do auxílio-desemprego e sua duração média ampliada para 44 semanas[61]. Semelhantemente, nos Estados Unidos, o parágrafo vigésimo da Lei de Seguridade Social consolidou uma grande série de benefícios de maneira que, entre 1975 e 1977, o número de beneficiários aumentou de 2,4 milhões para 3,5 milhões, levando a uma situação em que quase metade da população recebia algum tipo de pagamento[62]. A média dos gastos sociais nos países da Organização para a Cooperação e o Desenvolvimento Econômicos (OCDE) subiu, chegando a quase 25% do PIB[63]. As conseqüências, em todos os casos, foram déficits governamentais e inflação. Por exemplo, o governo federal dos Estados Unidos *nunca* teve saldo positivo de 1969 a 1998 (mesmo atualmente, o "orçamento equilibrado" supostamente alcançado pela administração Clinton oculta uma lacuna imensa em seguridade social). Em fins da década de 1970, a Itália, a Bélgica, a Inglaterra, o Japão e a Alemanha Ocidental estavam deficitários em 5% do PIB[64]. Também estava em situação deficitária o mundialmente famoso bastião da moeda forte, a Suíça – e o resultado foi uma inflação entre 3,6% em 1979 e 6,5% em 1981[65].

Nessa época, porém, já se instalava uma reação. Pressionado pela combinação de aumentos de impostos e inflação, e temendo um futuro que não prometia nada além de

---

61. Flora e Heidenheimer, *The Development of Welfare States*, p. 1, 67.

62. Gilbert, *Capitalism and the Welfare State*, pp. 52-4; J. L. Clayton, *On The Brink: Defense, Deficits and Welfare Spending* (Nova York: National Strategy Information Center, 1984), p. 101.

63. O número de 1980 foi extraído de N. Ginsburg, *Divisions of Welfare* (Londres: Sage, 1992), p. 199.

64. D. Cameron, "On the Limits of the Public Economy", *Annals*, janeiro de 1982, p. 46.

65. Os números acerca da inflação na Suíça e em outros países foram extraídos de Scammell, *The International Economy Since 1945*, p. 216.

fardos mais pesados, o eleitorado de vários países manifestou seu desagrado com o Estado de bem-estar e com aqueles que o promoviam. Por exemplo, de 1975 em diante o Canadá começou a cortar o Programa de Seguro-Desemprego com a intenção de reduzir as despesas. Em 1977, o governo federal em Ottawa definiu um teto para a quantidade de verba destinada aos programas de assistência social da província[66]; de então em diante, os cortes têm sido mais ou menos constantes[67]. Na Inglaterra, a construção de alojamentos públicos parou em 1977, isto é, enquanto ainda estava no poder o governo do Partido Trabalhista. Um ano depois, iniciou-se um programa com a finalidade de tirar as pessoas do plano de aposentadoria estatal e encaminhá-las aos fundos privados de aposentadoria, e o resultado foi que, por volta de 1983, 45% dos envolvidos tinham feito a troca. Nos Estados Unidos, o momento decisivo no seio do povo talvez tenha sido a rebelião fiscal que houve por volta de 1980 na Califórnia, que levou à adoção da Proposição 13 e demonstrou que as pessoas já tinham se cansado do Estado de bem-estar que não parava de crescer. De fato, no fim da década de 1970 e no início da década de 1980, subiram ao poder na Inglaterra e na Alemanha Ocidental governos conservadores cuja intenção declarada era realizar uma revolução de direita, enquanto nos Estados Unidos o presidente Reagan, em seu discurso de posse, prometia "controlar e inverter o crescimento do governo, que mostra sinais de ter crescido além do consentimento dos governados"[68].

Desde então, com poucas exceções, como a Noruega, cuja economia flutua num lago de petróleo, no mundo inteiro a situação ficou ruim para o Estado de bem-estar. Os

---

66. S. B. Seward, *The Future of Social Welfare Systems in Canada and the UK* (Halifax, Nova Escócia: Institute for Research on Public Policy, 1987), p. 63.

67. Ver W. Thorsell, "Canada Counts the Cost", em *The World in 1996* (Londres: The Economist, 1996), p. 67.

68. O texto desse discurso encontra-se em http://www.cc.columbia.edu/acis/bartelby/inaugural/pres61.html, parágrafo nº 13.

métodos usados para reduzir os benefícios e os serviços têm sido numerosos e variados. Um deles foi definir um teto arbitrário para os gastos, cortando assim a qualidade dos serviços e obrigando as pessoas a procurarem por eles em outros lugares. Houve, então, a criação da análise de recursos para limitar o número de beneficiários; a substituição de pagamentos diretos por créditos em impostos, método que quase sempre beneficiava as famílias da classe média à custa das famílias de renda mais baixa; a ampliação da base tributária para que os pagamentos da previdência social passassem a ser considerados rendimentos; cortes em programas habitacionais, educativos e de saúde; várias mudanças nas regras de qualificação (como o aumento da idade para aposentadoria e para o Medicaid nos Estados Unidos); exigência de pagamento de tarifas pelos serviços que antes eram gratuitos; e, nos locais onde existiam, o cancelamento ou a redução dos subsídios para tudo, dos serviços culturais (educação terciária, museus, bibliotecas, teatro, artes plásticas, música) a habitação, transportes públicos e pão.

Na segunda metade da década de 1980, não existia provavelmente no mundo desenvolvido país que não tivesse adotado pelo menos algumas dessas mudanças. Contudo, mesmo onde os cortes foram mantidos no nível mínimo, a qualidade real dos serviços decaiu, de maneira geral. Os métodos usados eram a continuidade da inflação, a ampliação das listas de espera (como no caso das cirurgias "não-essenciais", que podiam levar meses ou anos para se realizar) e a intimidação burocrática, cuja conseqüência – deliberada ou não – foi garantir que pelo menos alguns dos que tinham direito aos benefícios não aparecessem para reivindicá-los. Por exemplo, um estudo de meados da década de 1980 indicou que uma viúva norte-americana com vários filhos, um dos quais fosse deficiente mental, tinha o direito de participar de sete programas assistenciais tanto estaduais quanto federais.

Para receber os benefícios, ela teria de ir a quatro repartições, preencher cinco fichas e responder a 300 perguntas.

Eram necessárias nada menos que 1.400 informações só para decidir o nível de renda daquela senhora – e isso antes que ela visse o desembolso de ao menos um centavo[69].

Com o encolhimento dos diversos sistemas de assistência social, as lacunas entre a renda dos ricos e dos pobres começou a se alargar. Sempre se debateu até que ponto os trinta ou quarenta anos de legislação social nos países mais desenvolvidos tinham alcançado seu fim, isto é, promover uma distribuição mais igualitária da riqueza; embora sempre seja difícil obter dados, a conclusão, parece ser, caso se chegue a alguma, é que pode ter havido uma contribuição modesta nesse sentido[70]. Porém, a partir do início da década de 1980, houve sinais inconfundíveis de que qualquer progresso que tivesse existido nesse sentido estava sendo desfeito, ou logo o seria. Assim, no Canadá, um dos mais ricos e mais abrangentes Estados de bem-estar, o índice de pobreza, que caíra continuamente de meados da década de 1960 em diante, começou a subir de novo, e o resultado foi que em 1985 um quinto das crianças estava vivendo na pobreza[71]. Na Inglaterra, o número de pobres – definidos como quem tem renda inferior à metade da renda média na CEE – aumentou de 5 milhões em 1979 para 12 milhões em 1993, enquanto a parcela do produto nacional bruto que cabia aos 10% da classe mais baixa caiu de 4% para 2,1%[72]. Nos Estados Unidos, a parcela da receita nacional dos 20% mais pobres caiu cerca de 5% entre 1977 e 1990, ao passo que os 20%

---

69. E. E. Berkowitz e K. McQuaid, *Creating the Welfare State: The Political Economy of Twentieth-Century Reform* (Lawrence: University of Kansas Press, 1992), pp. 207-8.
70. Ver Flora e Heidenheimer, *The Developmentof Welfare States*, pp. 202-4; M. Schnitzer, *Income Distribution: A Comparative Study of the United States, Sweden, West Germany, East Germany, and the UK* (Nova York: Praeger, 1972); A. B. Atkinson, *Poverty and Social Security* (Nova York: Harvester Wheatsheaf, 1989), pp. 48 ss.; e J. A. Pechman, *The Rich, the Poor, and the Taxes They Pay* (Boulder: Westview Press, 1986), pp. 19-30.
71. Seward, *The Future of Welfare Systems*, pp. 214, 218.
72. *The Economist*, 11 de setembro de 1993.

mais ricos se tornaram 9% mais abastados[73]. Tanto nos Estados Unidos quanto na Europa, um dos grupos que mais sofreram foi o da mão-de-obra não qualificada, que viu os benefícios fornecidos pelo Estado – como o seguro-desemprego – serem cortados, mesmo com a redução de seus salários reais[74]; primeiro nos Estados Unidos, depois em partes da Europa, aumentou o número dos chamados trabalhadores pobres. A maioria deles eram empregados do setor de serviços que não gozavam de nenhum tipo de benefícios e, embora estivessem empregados e quase sempre trabalhassem um número excessivo de horas, não conseguiam atingir um padrão de vida razoável[75].

Para justificar e explicar as mudanças que ocorriam, a doutrina econômica também estava mudando. Embora o próprio Keynes tenha morrido em 1946, seu fantasma – na forma de gerações de economistas que elaboravam as implicações da última de suas equações – continuava em ação. Desfrutou talvez de seu maior triunfo em 1969, quando, para a consternação de alguns membros radicais do partido, o presidente republicano recém-empossado anunciou: "Sou um presidente keynesiano". Esse triunfo, porém, foi efêmero. A crise da energia trouxe consigo uma combinação de inflação e estagnação antes considerada impossível e que logo recebeu um nome novo, "estagflação". De meados da década de 1970 em diante, obrigou os economistas a reavaliarem a ortodoxia keynesiana consagrada.

Em alguns aspectos, os novos acontecimentos no campo da teoria econômica foram mero retorno aos profetas mais

---

73. Gabinete Orçamentário do Congresso, Câmara dos Deputados da EUA, Ways and Means Committee, "The Changing Distribution of Federal Taxes, 1977-1990", fevereiro de 1987, e "Tax Progressivity and Income Distribution", 26 de março de 1990.

74. Ver E. B. Kapstein, "Workers and the World Economy", *Foreign Affairs*, 73, 3, maio/junho de 1996, pp. 16-37.

75. Sobre os Estados Unidos, ver R. B. Freeman e L. F. Katz (orgs.), *Differences and Changes in Wage Structures* (Chicago: University of Chicago Press, 1995); sobre acontecimentos semelhantes na Alemanha, maior país da Europa, ver *Der Spiegel*, 39, 1997, pp. 96 ss.

antigos, principalmente Gustav Hayek e sua assim chamada escola austríaca, que durante toda a década de 1950 tinham criticado as doutrinas keynesianas em nome da moeda forte[76]. Mais tarde, quem assumiu a liderança foi o professor Milton Friedman da Universidade de Chicago. Laureado com o Nobel de Economia em 1976, deu início, mais do que ninguém, ao surgimento da assim chamada teoria econômica monetária ou da oferta. A idéia de que o governo devia incorrer em déficits orçamentários para dar um jeito no ciclo dos negócios passou a ser vista como ruim para a iniciativa privada e para a produtividade, e boa somente para a inflação. As idéias de Friedman foram levadas um passo adiante por outro ganhador do Nobel, o professor Robert Lucas III e sua escola das "expectativas racionais". Para os economistas anteriores, os Estados e suas populações eram parceiros num empreendimento em comum; Lucas não concordava com isso e, de maneira muito característica na época, via-os como adversários. Recorrendo à estrutura da teoria dos jogos, afirmava que o Estado não podia fazer *nada* para provocar o crescimento da economia[77]. Embora poucos países tenham ido tão longe, o resultado foi o renascimento de algo que se aproximava da doutrina econômica "clássica", com forte ênfase no equilíbrio orçamentário, na iniciativa privada, na livre concorrência e na sobrevivência do mais forte.

Em meados da década de 1980, até a idéia de que o Estado devia, obrigatoriamente, responsabilizar-se pela moeda – que, pelo menos durante quatrocentos anos, fora um dos pilares da soberania – foi atacada[78]. Como fora o caso da

---

76. Há uma antologia acessível de idéias de Hayek em C. Nishiyama e K. L. Leube (orgs.), *The Essence of Hayek* (Stanford: Hoover Institution Press, 1984).

77. Ver um resumo prático em P. J. Miller (org.), *The Rational Expectations Revolution* (Cambridge: MIT Press, 1994). Gostaria de agradecer ao prof. H. Barkai, do Departamento de Economia da Universidade Hebraica, por me informar acerca dos mais recentes abracadabras da economia.

78. Por exemplo, R. L. Greenfield e L. B. Yaeger, "A *Laissez Faire* Approach to Monetary Stability", *Journal of Money, Credit and Banking*, 15, 1983, pp. 302-15; L. H. White, "The Relevance of Free Banking Today", impresso em

Inglaterra durante o governo da dinastia Stuart, afirmava-se que os governos eram poderosos demais para que se confiasse a eles a administração da moeda, como evidenciava a inerente tendência para a inflação, bem como a maneira irresponsabilíssima como às vezes se lidava com ela. Até o presente, nenhum Estado chegou ao ponto de devolver a administração da moeda à iniciativa privada; em outros aspectos, porém, os monetaristas triunfaram há um bom tempo. Economicamente falando, grande parte do mundo estava no caminho de volta ao capitalismo do século XIX – não por acidente ou em ato de contrição, mas por desígnio ponderado e deliberado. Do Canadá à Nova Zelândia, a meta era baixar a inflação e gerar condições para um crescimento econômico constante e não espetacular. Era preciso alcançar essa meta, mesmo ao custo de pôr fim ao planejamento central, permitir que o ciclo dos negócios seguisse seu rumo e incorrer em insegurança tanto para patrões quanto para empregados. Em muitos lugares, isso também recriou o que Marx, em *Das Kapital*, chamava de exército industrial de reserva – um núcleo mais ou menos permanente de desempregados que poderia ser, e era, usado para limitar os salários dos restantes.

No novo programa, os setores com os quais os governos tinham gasto tanto dinheiro para nacionalizar entre 1945 e 1975 foram reprivatizados. Quando isso aconteceu, muitas das indústrias que os governos, principalmente europeus, assumiram, já estavam em declínio: esse foi, por exemplo, o caso do carvão, cujo lugar estava sendo tomado pelo petróleo; do aço, cada vez mais fabricado no Japão, e da construção naval (idem). O mesmo também aconteceu com as ferrovias, que estavam sendo superadas pelo transporte motorizado. Em outros casos, como a nacionalização atingiu empresas que tinham sofrido anos de desatenção durante a

---

Collins, *Central Banking in History*, vol. I, pp. 434-49; R. Vaubal, "The Government's Money Monopoly: Externalization of Natural Monopoly", *Kyklos*, 37, 1984, pp. 27-58; e, sobretudo, F. A. Hayek, *Denationalization of Money* (Londres: Hobart Special Paper, 70, 1978).

Segunda Guerra Mundial, seus equipamentos ficaram obsoletos e elas estavam completamente descapitalizadas. Com o tempo, muitos dos setores estatizados se enfraqueceram ainda mais por serem administrados segundo princípios políticos – como quando eram obrigados a fornecer serviços não lucrativos, ou empregar trabalhadores demais, ou manter suas tarifas em níveis artificialmente baixos, em vez de níveis comerciais sadios – sem falar que os cargos mais altos das empresas estatais quase nunca eram tratados como funções que exigiam experiência, mas como cabides de empregos para políticos e burocratas, dentro e fora do poder.

Sejam quais forem os motivos exatos, as esperanças daqueles que defendiam a nacionalização, isto é, que toda a comunidade desfrutaria dos lucros, em vez de somente os acionistas, raramente se concretizaram. De fins da década de 1960 em diante, muitas empresas começaram a empregar números imensos de trabalhadores supérfluos, quase sempre gerando igualmente imensos rios de tinta vermelha. Assim, na Inglaterra, todas as empresas estatais, menos a de gasolina, estavam perdendo dinheiro, fechando fábricas e demitindo funcionários num ciclo infindável que, durante a segunda metade da década de 1970, reduziu regiões inteiras à pobreza e ao desespero[79]. Na Itália, as empresas estatais – IMI, ENI, EFIM e IRI (esta se tornara a maior empregadora do país) – estavam todas falidas em meados da década de 1970. Em meados da década de 1980, os mais ou menos 20% da indústria austríaca que estavam nas mãos do governo haviam-se tornado monumentos à ineficácia e à burocracia. A lista, que era interminável, não se limitava apenas aos países desenvolvidos: disso são testemunhos, por exemplo, os vastos problemas dos países árabes, bem como os numerosos problemas latino-americanos.

Fosse para escapar das perdas, ou apenas como meio de levantar verba para cobrir seus déficits, muitos governos

---

79. Ver R. Pryke, *The Nationalized Industries: Policies and Performance Since 1968* (Oxford: Robertson, 1986), especialmente pp. 237-66.

começavam a reprivatizar as empresas com as quais gastaram tanto dinheiro e esforço durante as décadas anteriores para adquirir; ao mesmo tempo, começaram a terceirizar os serviços antes fornecidos pelo governo. Quem assumiu a liderança em ambos os campos foi a Inglaterra, que, entre 1964 e 1978, fora governada principalmente pelo Partido Trabalhista, mas que devolveu o poder aos Conservadores em 1979. A primeira-ministra Margaret Thatcher e seu governo estavam entre os mais veementes representantes do novo conservadorismo econômico. Com dedicação consciente e deliberada, começaram a oferecer ao público as ações de uma empresa estatal após outra, entre elas a British Petroleum, a British Aerospace, a Cable and Wireless, a Britoil (empresa responsável pela extração de petróleo no mar do Norte), a Associated British Ports, a British Airways, a British Steel e a National Freight, empresa estatal de transporte rodoviário que existia desde a década de 1950.

Depois que Margaret Thatcher compôs seu segundo mandato em 1982, o ritmo da privatização se acelerou. Foram postas no mercado fatias adicionais das empresas enumeradas acima, juntamente com a British Gas, British Telecom, British Sugar, British Rail Hotels, Royal Ordnance e partes da British Leyland, inclusive a prestigiosa fábrica de automóveis Jaguar[80]. Por volta de 1988, quase 40% dos setores que até 1979 tinham sido estatais foram devolvidos à iniciativa privada, ao passo que a parcela do PIB nas mãos do governo caíra de 10,5% para 6,5%. Cerca de 650 mil pessoas deixaram de ser funcionárias públicas, e 90% delas também se tornaram acionistas das empresas onde trabalhavam ou de outras empresas. Nesse ínterim, triplicou a percentagem de adultos que possuíam ações, e considera-se que foi esse fator que gerou um eleitorado a favor da continuidade da reforma, como, de fato, fora deliberadamente planejado desde

---

80. Ver uma lista completa de empresas vendidas, total ou parcialmente, bem como as quantias recebidas em S. Chodak, *The New State: Etatization of Western Societies* (Boulder: Rienner,1989), p. 147.

o início. Também foram anunciados planos de privatização total ou parcial de serviços como o abastecimento de água, o tratamento de esgotos, os suprimentos da Coroa (órgão central de compras para todos os departamentos do governo, entre eles os serviços armados) e as penitenciárias. Só no setor da saúde, uma série de serviços auxiliares, como os serviços de limpeza, alimentação e lavanderia dos hospitais, foram privatizados entre 1981 e 1988, bem como a realização de abortos e a tarefa de cuidar dos doentes mentais. O resultado foi uma queda de 33,5% no número de serviços auxiliares prestados pelo National Health Service. Da perspectiva dos pacientes, isso também significou redução considerável na qualidade dos serviços prestados e aumento dos custos[81].

O caminho trilhado por Margaret Thatcher era definido, em geral, como "a cura inglesa", embora talvez "a lavagem inglesa" seja mais apropriado. Durante a década de 1980, foi um farol para inúmeros outros governos, que trilharam o mesmo caminho. Por exemplo, na Itália, entre 1983 e 1989, as empresas estatais liquidaram 5 bilhões de dólares em patrimônio para cobrir seus prejuízos; entre essas empresas estavam símbolos nacionais como a fábrica de automóveis Alfa Romeo, o grupo de comunicações Italtel e fatias apetitosas do sistema bancário, com o Banco di Roma na liderança. Embora o presidente socialista da França, Mitterand, estivesse destinado a permanecer no cargo até 1995, ali também chegou o momento decisivo na época das eleições de 1986; liderado pelo ministro das Finanças Edouard Balladur, o governo começou a liquidar algumas empresas estatais de setores como indústria, seguros, bancos e finanças. Só em 1987, a quantia resultante dessas vendas chegou a 11,5 bilhões de dólares. O número de pessoas empregadas pelo governo caiu em 800 mil, ao passo que o número de acionistas – em outras palavras, aqueles que compraram as empresas recém-privatizadas – aumentou em 5 milhões.

---

81. Ver pormenores em R. Fraser (ed.), *Privatization: The UK Experience and International Trends* (Londres: Longman, 1989).

Também na Alemanha Ocidental a privatização ganhou ímpeto durante a década de 1980. Liderado pelo democrata-cristão Helmut Kohl, o governo – cuja fatia já era menor do que na maioria dos países – liquidou mais de cinqüenta empresas, entre elas as de alumínio, produtos químicos, energia, veículos e serviços bancários. No Canadá, a última onda importante de aquisições do Estado terminou em 1984. A ela seguiu-se, quase imediatamente, a venda maciça dos setores pertencentes ao governo, entre eles o de transporte ferroviário, fabricação de aviões, processamento de peixe, munição, finanças, mineração (inclusive de urânio), energia nuclear, transporte de mercadorias em caminhão e geração de eletricidade. E assim foi em sucessivos países economicamente desenvolvidos, dos Estados Unidos – onde a Conrail foi vendida em 1982 – à Holanda e à Bélgica, passando por Turquia, até chegar à Nova Zelândia e à Austrália.

Embora assumindo forma diferente, a tendência alcançou os Estados de governo bem rígido, como a Coréia do Sul e Taiwan. Em ambos os países, a Chaebol e a Guanxiqiye (grandes empresas industriais) foram fundadas pela iniciativa privada e sempre permaneceram privadas. Durante o assim chamado período de desenvolvimento, que durou do início da década de 1950 até o início da década de 1980, foram muitas vezes controladas tão de perto pelo governo que praticamente passaram a integrá-lo. Fortes governos *dirigistes* ditavam quais setores deviam desenvolver-se. Assim, tratavam de providenciar os pré-requisitos, que incluíam barreiras alfandegárias, força de trabalho dócil e controlada pela lei, ausência quase total de uma rede de seguridade social, e uma dose adequada de panfletagem confuciana[82], e, quando havia mais recursos disponíveis, aperfeiçoamento da infra-estrutura na forma de estradas, telecomunicações, usina geradora de eletricidade, portos e aeroportos. Em tro-

---

82. C. Jones, "The Pacific Challenge: Confucian Welfare States", em Jones (ed.), *New Perspectives on the Welfare State in Europe* (Londres: Routledge, 1993), pp. 198-220.

ca, as próprias empresas forneciam aos governos, aos partidos e às autoridades subsídios maciços, quase sempre chegando ao suborno.

Por volta de 1985, porém, esse modelo começou a mudar. Em parte, isso aconteceu porque a maioria dos setores mais importantes havia se tornado multinacional, o que os obrigou a prestar mais atenção às exigências de governos estrangeiros e de grupos de empresas internacionais. Também em parte, isso expressava a evolução gradual rumo à democracia; com o surgimento de uma nova classe média próspera, as antigas formas autoritárias de governo passaram a ser questionadas. A relação confortável entre o governo e a indústria passou a ser considerada corrupta, o que levou a alguns julgamentos espetaculares, em especial de políticos da Coréia do Sul[83]. Então, em meados de 1997, a maioria dos países asiáticos foi atingida por uma grave crise econômica. Suas indústrias, acostumadas à situação de estufa proporcionada pelas barreiras alfandegárias e pela "proteção"de políticos importantes, começaram a sofrer com excesso de capacidade. Os preços de seus imóveis (que sempre serviram de garantia para empréstimos bancários de auxílio à expansão) despencaram, as exportações diminuíram e suas moedas tiveram de ser desvalorizadas. No momento em que escrevo este livro, parece que a maioria deles vai superar a crise, embora com desaceleração do crescimento e reformas impostas pelo FMI que enfraquecerão ainda mais a relação entre o governo e os setores industriais[84]. Alguns, como a Indonésia, talvez não.

Ainda que a maioria dos países estivesse se privatizando o mais depressa possível, o movimento ganhou um tremendo impulso, em grande parte inesperado, com a queda do bloco comunista. Tendo assumido o poder em 1917, os bolcheviques tinham a meta declarada de eliminar todas as

---

83. Ver K. J. Fields, *Enterprise and the State in Korea and Taiwan* (Ithaca: Cornell University Press, 1995), principalmente pp. 238 ss.

84. Ver D. Hale, "Test of the Tigers", *World Link,* setembro-outubro de 1997, pp. 17-33.

formas de empresas privadas, e, de fato, a maioria dos principais recursos e empresas foi encampada pelo Estado em poucos anos. O início da Nova Política Econômica (NPE) em 1923 atrasou a conclusão do processo; em 1932, porém, Stalin já eliminara todos os "capitalistas" restantes, não raro "liquidando-os", como aconteceu a milhões de camponeses. Os recursos que a coletivização disponibilizou foram usados para aprimorar a indústria, e o resultado foi que, desde o início do Plano de Cinco Anos em 1928, principalmente a indústria pesada começou a se expandir a passos largos. Por volta de 1939, tornara-se a segunda maior do mundo, depois dos Estados Unidos[85].

Depois que a Segunda Guerra Mundial deixou a Alemanha em ruínas, aumentou a liderança soviética sobre os outros países europeus, chegando ao auge entre 1965 e 1975[86]. Embora operassem em escala muito menor, os protegidos da União Soviética no leste europeu trilharam caminho semelhante durante mais ou menos vinte anos após 1945 e, graças em parte a seus pontos de partida baixíssimos, também desfrutaram de índices excepcionais de desenvolvimento industrial[87]. Especialmente durante fins da década de 1970 e início da década de 1980, a Alemanha Oriental, país com menos de 20 milhões de habitantes, tornou-se a vitrine do leste. Era anunciada como a nona potência industrial do mundo (depois dos Estados Unidos, URSS, Japão, Alemanha Ocidental, França, Inglaterra, Itália e Canadá), com um padrão de vida comparável ao da Inglaterra[88].

---

85. Ver números em Hillman, "Comparative Strength of the Great Powers", p. 146.
86. Sobre estatísticas de produção, ver R. Munting, *The Economic Development of the USSR* (Londres: St. Martin's, 1982), p. 133.
87. Ver em M. C. Kaser (org.), *The Economic History of Eastern Europe* (Oxford: Clarendon Press, 1986), vol. III, pp. 9 ss, 19, 52, 95, 152, dados sobre a coletivização da agricultura nesses países, bem como o desenvolvimento econômico resultante.
88. I. Jeffries, "The DDR in Historical and International Perspective", em Jeffries e M. Melzer (orgs.), *The East German Economy* (Londres: Methuen, 1987), pp. 1-11.

Embora a fachada possa ter impressionado algumas pessoas – talvez não aquelas que visitaram a Alemanha Oriental e viram as lojas vazias –, nessa época os índices de desenvolvimento alcançados pelos países comunistas já estavam começando a cair. As burocracias centralizadíssimas responsáveis pela elaboração de planos e pela distribuição de recursos tiveram muito êxito no fornecimento de enormes quantidades de produtos comuns, como matérias-primas, eletricidade, aço e produtos químicos[89]. No entanto, em parte por deliberado descaso, em parte porque seus métodos estavam mal-adaptados às exigências variadíssimas dos consumidores, na agricultura e na indústria leve não obtiveram tanto êxito. O primeiro setor a fracassar foi a agricultura, o que obrigou os soviéticos a comprar trigo norte-americano e canadense a partir de 1963. Depois veio o seu fracasso e o de seus satélites de se adaptarem à situação mais difícil que prevaleceu no mercado internacional de 1973 em diante, que consistia, especificamente, no aumento do preço do petróleo; e, por fim, não conseguiram usar com eficiência as tecnologias emergentes como a microeletrônica e os computadores[90]. Se muitos produtos soviéticos sempre tiveram certa aparência tosca, agora então começaram a parecer provenientes de uma remota era stakhanovita – o que quase sempre era verdade. A produtividade ficou paralisada e a lacuna entre a renda *per capita* no Oriente e no Ocidente, que parecia estar se fechando, começou a aumentar de novo[91].

O primeiro país comunista importante que começou a reduzir o controle estatal sobre a economia foi, surpreen-

---

89. Ver os números da produção soviética dessas mercadorias em 1960 em G. A. Hosking, *History of the Soviet Union* (Londres: Collins, 1985), apêndice C ("Selected Indices of Industrial and Agricultural Production"), pp. 483 ss.

90. Ver R. W. Judy e V. L. Clough, *The Information Age and Soviet Society* (Indianapolis: Bobbs Merrill, 1989), cap. 1.

91. Ver R. E. Ericson, "The Soviet Economic Predicament", em H. S. Rowen e C. Wolf, Jr. (orgs.), *The Future of the Soviet Empire* (Nova York: St. Martin's, 1987), pp. 95-120; e W. Moskoff, *Hard Times: The Soviet Union 1985-1991* (Armonk: Sharpe, 1993).

dentemente, a China. Depois de sua implantação em 1949, o Estado comunista chinês seguira, em certos aspectos, os passos de seus camaradas europeus, nacionalizando a terra e recorrendo à coletivização para extorquir o interior e liberar recursos para a industrialização rápida. Mais do que a maioria, permitiu que ponderações ideológicas levassem sua economia ao caos, primeiro durante o Grande Salto à Frente em 1957-61, e depois durante a ainda mais destrutiva Revolução Cultural. Enquanto Mao viveu, a economia e a sociedade chinesas trilharam uma rota em ziguezague entre o planejamento estritamente centralizado e o tumultuoso populismo; sua morte em 1976, porém, seguida pelo afastamento de seus candidatos a sucessores, a "Gang dos Quatro", por fim abriu o caminho para a reforma.

Em 1978, o novo secretário-geral do partido, Deng Xiaoping, fez o comunicado formal das "Quatro Modernizações" nos campos das ciências, da agricultura, da indústria e das forças armadas. De então em diante, a China não olhou mais para trás. Um setor após outro abriu as portas à iniciativa privada; em fins da década de 1980, a agricultura tinha desaparecido e havia uma bolsa de valores, a primeira a ser permitida na China desde 1949, funcionando em Xangai – sinal claro de que os processos que tomavam conta dos outros países também estavam em vigor ali.

Durante as décadas de 1980 e 1990, a disposição do Estado chinês de relaxar seu jugo sobre a economia levou a índices fenomenais de desenvolvimento – auxiliado muitas vezes pelo derrame de capital estrangeiro (principalmente japonês e taiwanês), que vinha atrás da mão-de-obra barata, e das exigências ambientais menos rígidas. Embora a indústria pesada permanecesse em geral nas mãos do Estado, transformado-se em monumento ao atraso e à ineficácia, houve uma revolução na indústria leve e na prestação de serviços, com a proliferação de centenas de milhares de novas empresas[92]. As

---

92. Por volta de 1989, somavam quase 250 mil: J. P. Sterba, "Long March", *Wall Street Journal,* 16 de junho de 1989, p. A4.

mudanças foram muito mais evidentes no sul do que no norte, e ao longo do litoral mais do que no interior; as áreas urbanas costumavam beneficiar-se mais do que as rurais, o que levou a distúrbios no campo, bem como à grande migração do interior para as cidades. Apesar de todos os problemas que o desenvolvimento gerou – inclusive inflação e corrupção em escala maciça –, pela primeira vez na história a China conquistava algo semelhante a uma classe de consumo em massa. Desde que conseguisse manter o índice de crescimento alcançado, o governo podia aguardar ansioso o dia em que o país se transformaria na maior unidade econômica do mundo (segundo alguns cálculos, já está em terceiro lugar), muito embora ainda não houvesse perspectivas de alcançar a produção *per capita* e os padrões de vida dos países desenvolvidos. Nas proximidades do fim do milênio, parecia que o principal problema da China não era tanto sua capacidade de manter o impulso rumo ao desenvolvimento econômico quanto a possibilidade de reconciliar esse crescimento, e as tensões sociais que gerava, com a continuação da ditadura do Partido Comunista[93].

O êxito da China ao afrouxar o controle estatal sobre a economia sem (até o momento) passar por um grande levante político não se repetiu na maioria dos outros países comunistas. Conforme já observamos, a recuperação soviética das provações da Segunda Guerra Mundial fora relativamente rápida. A partir de meados de 1970, porém, o desenvolvimento se desacelerou e, quando Brejnev morreu em 1982, a liderança soviética sabia que estava perdendo para o Ocidente na economia e na tecnologia. Contudo, seus sucessores imediatos, Yuri Andropov e Konstantin Chernenko, relutaram em apresentar reformas de amplo alcance. Em razão de sua experiência na KGB, principalmente Andropov preferia falar na necessidade de tornar mais rígida a

---

93. Ver discussão aprofundada do problema em O. Schell, *Mandate of Heaven: The Legacy of Tiananmen Square and the Next Generation of China's Leaders* (Nova York: Simon & Schuster, 1994), principalmente parte V.

disciplina. Como símbolo de suas intenções, lançou uma campanha contra a embriaguez. Quando, depois de 1985, Mikhail Gorbachev deu início às transformações fundamentais, o caminho que trilhou foi o oposto ao chinês. Em vez de afrouxar as rédeas do Estado na economia, Gorbachev iniciou a abertura, ou *glasnost*. Em vez de oferecer ao povo incentivo para trabalhar, abrindo o caminho para a iniciativa privada, permitiu que falassem de política com liberdade. E falaram com liberdade, sendo o assunto principal os repetidos e persistentes fracassos do sistema. A partir do quarto trimestre de 1980, a União Soviética se envolveu numa guerra sangrenta no Afeganistão. Quando tal aventura terminou em derrota, em 1988, a liderança soviética não tinha mais forças armadas que pudessem impor unidade no país. Manifestaram-se pressões econômicas e, principalmente, nacionalistas; primeiro os países bálticos, depois partes da Ásia central se libertaram. Em 1991, o regime político do comunismo se desmoronou de maneira repentina e surpreendente. Com ele, o Estado que talvez fosse o maior, o mais centralizado e o de maior poderio militar que o mundo já vira e, pelo que se pode julgar no presente, verá.

Embora a queda talvez fosse inevitável, deve-se dizer em defesa de Gorbachev que, sob sua supervisão, ela aconteceu, de maneira notável, com pouco derramamento de sangue. Mas a situação não permaneceu assim depois que ele saiu de cena. Das ruínas, surgiram nada menos que quinze novas repúblicas, algumas das quais não perderam tempo e já avançaram umas contra as outras, exterminando ou expulsando membros de minorias étnicas. Quando a URSS começou a se desintegrar, a perda do controle soviético, bem como o colapso do comunismo, nos países do leste europeu, era conclusão inevitável. Assim como na URSS, e principalmente porque pareciam restar ao comunismo poucos defensores, o processo foi, em grande parte, pacífico – na Tchecoslováquia chegou a ganhar o nome de "revolução de veludo". A principal exceção foi a Iugoslávia, que explodiu em chamas quando várias de suas nacionalidades constituintes renunciaram ao governo central e iniciaram uma sangrenta guerra civil. Qualquer que fosse o caminho escolhido, depois de acalmada a empolgação, todos esses países descobriram que os 45 anos de estatismo deixaram suas economias desatualizadíssimas e incapazes de competir nos mercados mundiais. Em parte para liberar a energia dos próprios cidadãos, em parte para atrair investimentos estrangeiros, todos se apressaram em ingressar no caminho da democratização, da liberalização e da privatização. Desde então, embora o ritmo da reforma tenha caído em alguns lugares, na maioria ainda está em andamento[94].

Não só no Ocidente e no Oriente, mas em todos os continentes, era quase impossível encontrar um país que não estivesse se privatizando o mais depressa possível[95]. Quase sempre o preço era uma considerável ruptura social: cortes nos subsídios; aumento dos preços das mercadorias essenciais; cobrança de tarifas por serviços como habitação e assistência médica, antes gratuitos ou quase; cortes na burocracia; rios de funcionários supérfluos despejados pelas empresas estatais em mercados de trabalho mal-equipados para absorvê-los. A tendência era tão forte que chegou até a países cuja própria *raison d'être* desde a independência estivera vinculada à ideologia de esquerda, como Vietnã, Índia, Síria, Israel, Egito, Tunísia, Argélia e muitos outros em toda a África e toda a Ásia.

Quando perceberam que a "reestruturação" era tarefa difícil demais, muitos países em desenvolvimento foram obrigados a recorrer ao Banco Mundial e ao Fundo Monetário Internacional. No início de 1998, o FMI tinha programas em

---

94. Ver R. Frydman *et al.*, *The Privatization Process in Central Europe* (Nova York: Oxford University Press, 1993).

95. Sobre algumas regiões, ver R. A. Ahene e B. S. Katz (orgs.), *Privatization and Investment in Sub-Saharan Africa* (Nova York: Praeger, 1992), e I. Harik e D. J. Sullivan (orgs.), *Privatization and Liberalization in the Middle East* (Bloomington: Indiana University Press, 1992); ver panorama global resumido em P. Young, "Privatization Around the World", em S. H. Hanke (org.), *Prospects for Privatization* (Nova York: AOS, 1987), pp. 190-206.

nada menos que 75 países com um total de 1,4 bilhão de habitantes; a lista começava com a Albânia e terminava com o Zimbábue[96]. Com um quadro de pessoal adepto da nova economia da oferta, as duas instituições forneceram a seus protegidos empréstimos imensos, dos quais esses países precisavam muito. Em troca, exigiram reformas abrangentes. Entre essas reformas, sobretudo, o fim dos gastos deficitários, o desmantelamento do setor estatal ou controlado pelo Estado e a liberalização dos mercados financeiros. Além disso, tinham de criar moedas estáveis, afrouxar as rédeas dos recursos naturais, permitir a entrada de capital estrangeiro e lhe oferecer diversos privilégios, começando pelo direito de repatriar os lucros livremente e acabar com a instituição de "livre comércio" especial, isto é, zonas isentas de impostos.

Perto do ano 2000, a política econômica da maioria dos países, assim como a ciência da economia que lhe fornecera explicação e justificativa, tinha feito um giro de 180 graus. A tendência rumo à maior intervenção do Estado na economia, que começara na década de 1840 e ganhara força depois de 1900, estava morta ou moribunda; seu lugar fora tomado por uma ênfase renovada na iniciativa privada e na concorrência. Quase sempre a concorrência e a iniciativa privada se manifestaram em suas formas mais selvagens e menos civilizadas: por exemplo, quando a luta desordenada pelas propriedades que antes pertenciam ao governo levou à ascensão da "máfia russa". Também veio acompanhada muitas vezes por lacunas imensas entre as classes sociais, ascensão do crime organizado e desorganizado e consideráveis infortúnios para a grande maioria da população, em especial aquelas pessoas – como os idosos aposentados, por exemplo – que, por algum motivo, não eram capazes de se livrar da dependência do Estado então falido.

Naturalmente, os pormenores variavam de uma região para outra. No leste asiático, como já observamos, a ausên-

---

96. J. Sachs, "Recipe for Disaster", *World Link,* janeiro-fevereiro de 1998, p. 17.

cia quase total de uma rede de seguridade social significou que as partes mais importantes do processo consistiram provavelmente na liberalização dos mercados, no afrouxamento dos laços entre governo e indústria e no aperto geral dos cintos. Nos Estados Unidos, entusiasmados pela onda de prosperidade, mas divididos entre um presidente democrata e um Congresso republicano, os políticos preferiram adiar decisões difíceis quando a previdência social foi ameaçada de falência no início do ano 2000. Em grande parte da Europa, o Estado de bem-estar ainda existia, mais em razão da inércia e da falta de uma alternativa que atraísse os eleitores do que por qualquer outro motivo. Na Ucrânia, bem como em grandes partes do leste europeu, da Ásia Central e da África, o colapso dos regimes comunistas e socialistas unipartidários deixou em seu rastro economias arruinadas que mal conseguem funcionar. Quase por toda parte os governos se empenharam em conservar pelo menos partes do Estado de bem-estar, inclusive, e sobretudo, o sistema educacional fundamental e médio. Afora isso, o sonho de usar o governo para "elevar" as massas estava claramente em ruínas, e, de fato, até os partidos que se diziam de "esquerda" assumiram uma perspectiva centrista e declararam não ser mais socialistas. As antigas formas de organização político-econômica foram, em sua maioria, desacreditadas, e continua a procura por outras que as substituam.

A internacionalização da tecnologia

Conforme explicamos nas outras partes deste livro, a ascensão do Estado é inseparável da ascensão da tecnologia moderna. Imprensa, estradas, ferrovias, telecomunicações e máquinas de escrever – para não falar das armas e dos sistemas de armas – estão entre os mais importantes meios que permitiram ao Estado impor seu poder sobre cada quilômetro quadrado de território e cada indivíduo da população. Em separado ou combinados, viabilizaram a instituição e as operações das forças armadas, o recolhimento de receita, a transmissão de leis e decretos, e a coleta de informações, em quantidades, velocidades e a distâncias jamais sonhadas. O primeiro uso que tiveram os computadores mecânicos na década de 1890 foi tabular e conferir os resultados do recenseamento dos Estados Unidos. Encarando o fato de outra maneira, não foi por acidente que a tecnologia moderna teve origem na Europa ocidental e atingiu seu mais alto grau de evolução principalmente nas partes do mundo onde os Estados são fortes e estáveis[97]. Reciprocamente, as áreas que, por algum motivo, deixaram de instituir Estados poderosos também são, em geral, as que ficaram para trás na geração e na aplicação de todos os tipos de tecnologia.

Desde o início, porém, grande parte da tecnologia moderna – o que significa, neste contexto, tecnologia posterior a 1800 – teve duas caras. De um lado, permitiu que os governos lançassem mais longe e com mais firmeza a rede da soberania, ajudando-os assim a controlar tudo dentro de suas fronteiras nacionais. De outro lado, geralmente transcendeu essas fronteiras, atravessando-as e transformando-as em obstáculos ao progresso. Isso porque, ao contrário dos avanços pré-1800, grande parte da tecnologia moderna só opera quando e até o ponto em que está agrupada em sistemas. O arado, o martelo, o mosquete, até o motor ou o barco a vapor conseguem cumprir sua função mesmo na ausência de outros de seu tipo; quando se usam inúmeros arados lado a lado, ou muitos navios unidos numa armada, cada um desempenha sua função sem depender dos outros. Não é o que acontece com o vagão de trem, o aparelho de telé-

---

97. Sobre o uso estatal das novas tecnologias para controlar a população, ver M. K. Matsuda, "Doctor, Judge, Vagabond: Identity, Identification and Other Memories of the State", *History and Memory*, 6, 1, 1994, pp. 73-94; B. Delmas, "Revolution industrielle et mutation administrative: l'innovation de l'administration française aux XIXe siècle", *Histoire, Economie et Société*, 4, 2, 1985, pp. 205-32; e, mais pormenorizado, J. R. Beniger, *The Control Revolution: Technological and Economic Origins of the Information Society* (Cambridge: Harvard University Press, 1986).

grafo ou o telefone, cada um dos quais é inútil sozinho. O número de tecnologias como essas vem crescendo dia após dia; com elas, o que importa é a *rede* de trilhos, ou fios, ou estações comutadoras, que ligam cada unidade com incontáveis outras de sua espécie. Ainda mais crítico é o pulso do comando central, que, definindo horários e organizando rotas e prioridades, permite que se comuniquem uns com os outros à vontade, de maneira organizada e sem interferência mútua.

Talvez se possa explicar a natureza dos sistemas tecnológicos modernos com o exemplo do primeiro deles, o telégrafo óptico[98]. Nascido nos últimos anos do século XVIII e conhecido pelo nome de seus inventores, os irmãos franceses Chappe, consistia em estações – montadas em estruturas já existentes, como torres de igrejas, ou especialmente construídas – coroadas, cada uma, por um conjunto com uma viga horizontal e duas verticais que formavam a letra H. Ligadas umas às outras por dobradiças, as vigas eram equipadas com polias e cordas que lhes permitiam 196 posições, o suficiente para todas as letras do alfabeto, os sinais de pontuação, um grupo de sílabas selecionadas, palavras e até frases inteiras. Era possível enviar mensagens de dia e de noite (com lampiões), que podiam ser explícitas ou, com a troca de letras, codificadas. O operador de cada estação estava equipado com um telescópio. Recebia os sinais transmitidos pela estação anterior à sua, anotava-os e mandava o colega transmiti-los para a próxima estação. Dependendo da topografia, a distância média entre estações era da ordem de 6 a 8 quilômetros. A velocidade normal de transmissão era em torno de 300 ou 450 quilômetros por dia, embora muito dependesse das condições atmosféricas (com o tempo bom, algumas estações intermediárias podiam ser fechadas), bem como da extensão das próprias mensagens.

Conforme logo se tornará óbvio, a eficiência do sistema dependia das distâncias a percorrer, bem como de sua própria densidade – o número de estações por quilômetro

---

98. Ver p. 251.

quadrado de território. Abaixo de certa distância, não proporcionava vantagem nenhuma, em especial se as mensagens fossem longas e sua transmissão exigisse um número muito grande de movimentos das vigas. Em contrapartida, quanto mais longos os fios e maior o número de direções para onde seguiam, também maior era sua eficiência. As fronteiras nacionais, mesmo as de um país grande como a França, simplesmente atrapalhavam essa eficácia. Napoleão já tinha linhas construídas que ligavam Paris a cidades alemãs e italianas; em 1809, demonstraram seu valor ao adverti-lo de que os austríacos tinham declarado guerra e invadido o território de seu aliado da Baviera. Para desempenhar sua missão, todas as estações, qualquer que fosse sua localização, tinham de ser construídas exatamente com os mesmos princípios e seguir as mesmas diretrizes com relação à natureza dos sinais, códigos, prioridades etc. Essas diretrizes só podiam ser definidas por uma sede central, que também se encarregava de seu cumprimento. Em outras palavras, essa pioneira das redes tecnológicas modernas já tinha o potencial de tornar internacionais e sobrepujar, pelo menos para suas limitadas finalidades, as diferenças entre um Estado soberano e outro.

O que se aplicava ao sistema de semáforos também se aplicava *a fortiori* aos telégrafos elétricos e às ferrovias, que começaram a aparecer na década de 1840; sempre encadeados, a princípio os telégrafos e as ferrovias eram construídos em escala local, como, para citar dois exemplos, a famosa linha telegráfica por meio da qual Samuel Morse ligou Washington a Baltimore e a extensão igualmente famosa da ferrovia que ligava Liverpool a Manchester. No início, eram geralmente propriedade privada, mas, independentemente de quem fosse o proprietário, as vantagens de ligar telégrafos e ferrovias logo se tornaram óbvias. Já na década de 1850, era comum sistemas telegráficos e ferroviários que pertenciam a países distintos se integrarem uns com os outros por intermédio de comissões *ad hoc* nomeadas pelos governos. Definiam padrões, diretrizes operacionais, ordens de prioridade etc.; quanto mais denso o tráfego, mais imperativo que se resolvessem esses problemas. Em contrapartida, o sistema ferroviário criado só para atender às necessidades de um único Estado, como o de bitola larga construído pela Rússia imperial e, mais tarde, transferido para a URSS, oferecia certa proteção contra invasões (fator que viria a tornar-se importantíssimo em 1914-18 e 1941-45); contudo, ao tornar necessária a baldeação, também funcionava como barreira para o comércio russo com outros países. Mais tarde, o mesmo se aplicou às tentativas de construir redes elétricas autônomas, sistemas de estradas de rodagem e redes telefônicas, para não falar de teletipos, máquinas de fax e computadores.

Em teoria, cada Estado era, e ainda é, livre para exercer sua soberania e construir suas próprias redes segundo seus próprios padrões, por mais idiossincráticos que fossem, ao mesmo tempo ignorando os dos vizinhos e se recusando a integrá-los. Na prática, os Estados só podiam fazê-lo a um preço tecnológico e econômico altíssimo. Os apuros atuais da Coréia do Norte são um exemplo perfeito. Ali, um governo comunista xenófobo impôs isolamento aos cidadãos, obrigando-os a se tornar auto-suficientes em todos os aspectos importantes e, assim, impedindo-os de se aproveitar de qualquer vantagem comparativa que pudessem ter; o preço a pagar foram a ineficácia e a incapacidade de elevar ao máximo as vantagens das tecnologias que evoluíram mais rapidamente a partir de 1945, isto é, comunicações (inclusive o processamento de dados) e transportes. O custo exato do isolamento varia com as circunstâncias e também depende do tamanho do país em questão. Contudo, mesmo no caso dos maiores, ainda é substancial – não é à toa que os Estados Unidos, maior economia do mundo, estão começando a adotar o sistema métrico. Para evitar os custos, os Estados tiveram de obter acesso às redes internacionais, que, por sua vez, obrigaram-nos a conceder acesso às suas redes. Ademais, também acharam necessário afiliar-se a órgãos internacionais cuja tarefa era regulamentar as tecnologias em nome de todos.

Outra conseqüência do progresso tecnológico foi deixar a seu alcance um número cada vez maior de ambientes que antes eram inacessíveis à humanidade. Sabia-se havia muito tempo da existência de alguns desses ambientes, tais como o ar e o fundo do mar, mas eram pouco explorados; outros, como o espectro eletromagnético, acabavam de ser descobertos e se revelaram de natureza completamente nova. Seu uso eficiente, ou mesmo se podiam ser usados, quase nunca dependia dos caprichos deste ou daquele país, mas da colaboração internacional. Por exemplo, sem regras, diretrizes e instituições responsáveis pela distribuição do espaço aéreo e pela coordenação de comunicações, navegação, segurança, serviços de emergência e uma infinidade de outros assuntos, o setor aéreo civil de transportes não existiria. O mesmo também se aplica às operações espaciais, submarinas e, naturalmente, ao espaço eletromagnético. Seja porque o espaço pertencente a cada país é muito pequeno, ou em razão do perigo da interferência mútua, tudo requer que sejam regulamentados por instituições e padrões que sejam capazes de enxergar além das necessidades de um só Estado.

Por fim, um terceiro aspecto em que a tecnologia moderna obrigou os governos a trabalharem juntos nasceu dos problemas ecológicos que ela criava[99]. Como nos lembram Coketown e as satânicas usinas negras de Charles Dickens, já durante o século XIX a industrialização conseguiu poluir distritos inteiros, estragar sua água potável e encher o ar de fumaça negra. Mas esses problemas não eram nada se comparados aos que surgiram depois de 1945 e, ainda mais, desde a ascensão das modernas sociedades de consumo de massa dos países mais desenvolvidos. Aos resíduos, muitos deles tóxicos, criados pela própria indústria – fumaça, fuligem, escória de todos os tipos –, acrescentavam-se as des-

---

99. Ver J. Vogler, "The Politics of the Global Environment", em C. Bretherton e G. Ponton (orgs.), *Global Politics: An Introduction* (Oxford: Blackwell, 1996), pp. 194-219; e M. S. Soroos, *Beyond Sovereignty: The Challenge of Global Policy* (Columbia: University of South Carolina Press, 1986), caps. 8 e 9.

cargas de automóveis, o chumbo das pilhas descartadas, o vidro e o alumínio de recipientes descartados de alimentos e bebidas e, naturalmente, vastas quantidades de plástico e isopor usados em todos os tipos de embalagens que, depois de servir a sua finalidade, tornavam-se lixo para sempre acumulado no país.

Alguns dos poluentes iam para o ar, outros para o chão, outros ainda para a água – inclusive para os oceanos –, onde nem mesmo os peixes estavam seguros. Embora alguns fossem estorvos estritamente locais, outros eram capazes de se fazer sentir a centenas ou mesmo milhares de quilômetros do ponto de origem. Por exemplo, o aquecimento global – o nome fala por si – e a destruição da camada de ozônio são provocados por descargas de usinas elétricas, fábricas e automóveis e representam problemas planetários. A fumaça gerada pela indústria norte-americana fará cair chuva ácida no Canadá. Materiais tóxicos derramados no Reno pelas fábricas de produtos químicos localizadas na Suíça e na Alsácia atingirão o rio até chegar à foz, perto de Hoek, na Holanda; e os vazamentos de petróleo nas águas territoriais do Egito, por exemplo, podem ir parar nas praias de Israel. A lista de problemas, quando se pensa no assunto, é interminável. Contudo, talvez a demonstração mais impressionante das conseqüências globais da poluição foi a explosão do reator nuclear de Chernobyl em 1986. De seu local de origem nas proximidades da cidade ucraniana de Kiev, a radiatividade resultante se espalhou por quase todo o hemisfério norte, inclusive sobre a Belarus, a Polônia, os Estados do Báltico, a Escandinávia e o Canadá.

Com a tecnologia gerando a necessidade de órgãos internacionais e, ao mesmo tempo (ao facilitar os transportes e as comunicações), incentivando sua criação, não é de surpreender que os primeiros desses órgãos tenham surgido em meados do século XIX. Antes, as alianças quase sempre eram bilaterais ou multilaterais, algumas das quais com a intenção de ser permanentes. Um bom exemplo disso é o Concerto da Europa, associação livre de Estados cuja finalidade era impedir que quaisquer de seus membros se expandissem à custa dos outros, ao mesmo tempo reprimindo o extremismo de esquerda onde quer que aparecesse[100]. Todavia, a União Internacional do Telégrafo representava outra coisa. Sua fundação, em 1865, marcou a primeira vez em que os Estados criaram uma instituição da qual eram membros mas que, ao mesmo tempo, tinha personalidade jurídica própria, além de um quadro permanente de pessoal e uma sede permanente onde procurá-la. Dentro de seu campo limitado, a instituição tinha autorização para tomar decisões às quais os Estados tinham de obedecer. É verdade que não contava, nem no início nem depois, com nenhum mecanismo para fazer valer essas decisões. Mas um dos motivos disso é precisamente que, conforme demonstrou a experiência, diante das desvantagens tão grandes que resultavam do isolamento, essa e outras instituições semelhantes podiam funcionar razoavelmente bem mesmo sem tal mecanismo.

Durante os primeiros quarenta anos de sua existência, a ITU ajudou a aumentar o número de telegramas internacionais de 5 milhões para 82 milhões por ano[101]; mas isso foi só um vislumbre do futuro, quando a tecnologia começou a invadir outros setores do espectro eletromagnético. Um tanto surpreendida pela invenção do rádio, em 1932 a organização foi transformada na União Internacional de Telecomunicação. Em 1947, foi transformada em órgão especializado da ONU e, no ano seguinte, sua sede mudou-se de Berna para Genebra. Em sua constituição atual, está ancorada em inúmeras convenções que foram assinadas pelos Estados membros. Seus órgãos mais importantes são o Conselho Plenipotenciário, que se reúne a cada cinco anos, bem como os Conselhos Administrativos. Além disso, tem um

---

100. Ver A. H. Kissinger, A *World Restored: Metternich, Castlereagh and the Problems of Peace 1812-1822* (Londres: Weidenfeld & Nicolson, 1957), caps. 11 e 13.

101. F. S. L. Lyons, *Internationalism in Europe 1815-1914* (Leiden: Sijthoff, 1963), p. 41.

secretariado permanente e uma série de órgãos técnicos que cuidam da distribuição de freqüências de rádio, oferecem aconselhamento técnico aos Estados membros etc.

Servindo de modelo para as futuras instituições do mesmo tipo, a ITU precedeu a União Postal Internacional (1874)[102] e o Escritório Internacional de Pesos e Medidas (1875). Houve uma espécie de marco em 1884, quando se padronizou o espaço geográfico fazendo-se de Greenwich o meridiano primo; anteriormente, Cracóvia, Uraniborg, Copenhagen, Ter-Goes, Pisa, Augsburgo, Terra do Fogo (no arquipélago de Cabo Verde), Roma, Ulm, Tubingen, Bolonha, Rouen, S. Petersburgo, Washington, Filadélfia, Munique, Bruxelas, Rio de Janeiro, Amsterdã, Christiana, Lisboa, Pultowa, Cádiz, Madri, Varsóvia, Paris e Estocolmo já tinham disputado essa honra[103]. Imediatamente após o meridiano veio a hora-padrão de Greenwich, que sofrera oposição durante muito tempo até na Inglaterra ("uma agressão mais insidiosa em suas investidas do que a papal", reclamou um autor anônimo em 1848), mas que se tornara necessária devido às ferrovias e era então transmitida instantaneamente por meio do telégrafo. Um por um, aqueles que se opunham – França, Haiti, Brasil e, nos Estados Unidos, a cidade de Detroit – capitularam. Comentadores de fins do século XIX esperavam muito dessas instituições. Segundo um deles, "as vitórias de Alexandre e Napoleão não valem praticamente nada em comparação com o desfile triunfal do minúsculo selo postal ao redor do mundo"[104].

Por volta de 1984, o número de instituições intergovernamentais, que era de 123 em 1951 e 280 em 1972, chegou

---

102. Ver sua história em M. W. Zacher, *Governing Global Networks: International Regimes for Transportation and Communication* (Londres: Cambridge University Press, 1996), pp. 182 ss.

103. R. K. Schaeffer, "The Standardization of Time and Place", em E. Friedman (org.), *Ascent and Decline in the World System* (Londres: Sage, 1982), pp. 71, 79.

104. W. T. Stead, *The United States of Europe on the Eve of the Parliament of Peace* (Nova York: Garland, 1971 [1899]), p. 141.

a 395[105]; só na Europa, treze Estados seletos enviaram 391 representantes a órgãos regionais em 1988, em comparação com apenas 101 em 1950[106]. Essas instituições abrangiam quase todos os campos concebíveis das atividades humanas, da regulamentação dos transportes aéreos – a Associação Internacional de Transporte Aéreo, IATA, talvez contasse com mais Estados membros do que a própria ONU –, passando pela conservação da fauna e flora e a exploração do fundo do mar, até a implantação de medidas e padrões e o despejo de materiais perigosos. Da Interpol à União Internacional Aduaneira, a maioria delas tinha sede própria e empregava seus próprios burocratas. Embora esses burocratas permanecessem cidadãos de seus Estados de origem, eram ao mesmo tempo funcionários das próprias instituições. Assim como os outros burocratas, costumavam ter opiniões e interesses em comum que quase sempre diferiam muito daqueles dos Estados membros; na verdade, se não fosse assim, teriam perdido credibilidade. Embora cada Estado fizesse o possível para manipular essas instituições, havia limites claros quanto ao que se podia fazer. Conforme indica o ingresso na Organização Mundial do Comércio de países que antes eram isolacionistas, como a China, afastar-se do "emaranhado de acordos"[107] era o mesmo que se condenar a uma espécie de existência pré-industrial.

Embora não fosse produto das necessidades tecnológicas – na origem, era uma simples coalizão de Estados criada para lutar contra a Alemanha e o Japão na Segunda Guerra Mundial –, a ONU tendia a encampar muitas dessas instituições e abrigá-las sob um só teto. Assim como as outras instituições internacionais, criou sua própria personalidade jurídica, sua identidade consagrada e seus mecanismos burocráticos. Estes não são idênticos aos dos Estados membros

---

105. D. Held, "Farewell Nation State", *Marxism Today*, dezembro de 1988, p. 15.

106. Números de D. J. Puchala, "Western Europe", em R. H. Jackson e A. James (orgs.), *States in a Changing World: A Contemporary Analysis* (Oxford: Clarendon, 1993), p. 87, tabela 4-4.

107. Zacher, *Governing Global Networks*, p. 230.

a cujos interesses servem; se houver alguma correspondência, é de grau bem limitado – exemplo disso são as brigas constantes entre a ONU e os Estados Unidos, seu membro mais forte. Em muitos aspectos, sua situação se assemelha à do Papado medieval: *vox populi, vox Dei* (a voz do povo é a voz de Deus), como diz o provérbio. Assim como o Papado, desvia-se de uma crise financeira para outra e vive negociando com os membros (antigamente, príncipes) que se recusam a pagar os débitos. Assim como o Papado, sua impotência prática se destaca, em parte, pela considerável autoridade moral que impõe.

Se a ONU é capaz de oferecer um fórum para o adversário de algum Estado fazer suas queixas, opor-se a ela geralmente significa pagar um preço bem alto perante a opinião pública. Sofrer sanções da ONU também pode custar caro – como demonstra o fato de que, cerca de um ano depois de suspensas as sanções à África do Sul, o comércio internacional do país deu um salto de nada menos que 38%[108]. Ademais, a partir de 1995, a verba canalizada por intermédio da ONU ou das instituições a ela afiliadas chegava a 10,5 bilhões de dólares. Dessa quantia, cerca de 3,5 bilhões de dólares eram usados para manter por volta de 100 mil soldados disciplinados e bem armados, com capacetes azuis e distribuídos em dezessete pontos de conflito ao redor do mundo. Comparados aos recursos até de Estados membros de segunda categoria, nenhum dos três números é muito impressionante. Por outro lado, são números que não podem ser alcançados por muitos, talvez até a maioria, dos membros da ONU.

A instituição responsável pela distribuição desses recursos pelo bem comum é o Conselho de Segurança. Com a função de uma espécie de executivo global, após o fim da Guerra Fria tem se mostrado cada vez mais disposto a invocar o Capítulo VII da Carta da ONU e usar a força para policiar os Estados que perturbam a ordem internacional ou praticam atos "intoleráveis" contra suas próprias populações:

---

108. *World Link,* março-abril de 1994, p. 99.

exemplos são, além do Iraque, a Somália, a Bósnia e, mais recentemente, Ruanda. Em apoio a essa atividade, a Assembléia Geral, cujo papel é o de um legislativo global, tem adotado uma série de resoluções acerca dos direitos humanos fundamentais. Em muitos aspectos, essas resoluções representam um retorno às idéias do século XVII do direito natural. Expressamente elaboradas para impor limites à soberania, além de obrigatórias para os governos que as subscrevem, também o são para os outros.

Ao contrário da antiga Liga das Nações, que desde o início não contava com a potência mais importante de todas e que, durante a década de 1930, perdeu outras potências importantes, nenhum país jamais deserdou da ONU. Só uma vez um Estado se afastou, ainda em junho de 1950, quando Stálin mandou sua delegação sair do Conselho de Segurança. Sua ausência, longe de prejudicar a instituição ou de ser vantajosa para a URSS, foi usada pelos Estados Unidos para pressionar a aprovação de uma resolução que levou as tropas da ONU à Coréia; não é de admirar que, desde então, país nenhum, por mais fraco ou forte, quis repetir a experiência e deixar seu assento em Nova York desocupado. De fato, a ONU se tornou um fórum de debates tão importante – onde ocasionalmente são adotadas e impostas resoluções práticas – que os serviços diplomáticos da maioria dos países contam com poucos postos, quando muito, que tenham peso maior que o cargo de embaixador em sua sede na Primeira Avenida; em contrapartida, os representantes da ONU (e de outras instituições internacionais) são conhecidos como embaixadores e têm *status* diplomático, como os dos Estados soberanos. Tudo isso se resume a um fato simples. Em fins do século XX, um Estado ignorar a ONU seria análogo a uma empresa comercial aliar-se a todos os concorrentes, mas deixar de ficar de olho na bolsa de valores, onde se decide o destino de todos[109].

---

109. Sobre a história de êxitos da ONU, ver Report of the Commission on Global Governance, *Our Global Neighborhood* (Oxford: Oxford University Press, 1995), pp. 227 ss, 266 ss, e 305 ss.

Se, de um lado, a tecnologia moderna fez muito para incentivar a fundação de instituições internacionais que não têm território e não são Estados, de outro lado obrigou e ainda obriga os Estados a se reunirem em blocos cujo território seja maior do que o de cada um dos membros. Até o momento, o mais conhecido e bem-sucedido desses blocos é a União Européia, que proporciona expressão tangível do fato de que as relações econômicas geradas pela tecnologia moderna estão em escala ampla demais para que países isolados possam lidar com elas. No início, o Mercado Comum Europeu só contava com seis membros e não constituía nada além de uma zona de livre comércio de carvão e aço. Mais tarde, os acordos passaram a abranger outros produtos também e foram criadas tarifas comuns para o resto do mundo[110]. Levada pela necessidade de alcançar as economias de escala – quase sempre em concorrência direta com o outro superestado, os Estados Unidos[111] –, a CEE se expandiu, até tornar-se a unidade com o terceiro maior número de pessoas (depois da China e da Índia) e o mais alto PIB do planeta.

Também importante para nossos fins é que, desde o início, a CEE representou mais do que um mero acordo temporário entre Estados soberanos. Assim como os outros tipos de organização internacional de que acabamos de falar, sua intenção era ser permanente. Também como elas, tem sua própria personalidade jurídica e suas instituições. Com o passar dos anos, criou legislativo próprio (o Parlamento europeu, localizado em Estrasburgo), suprema corte e executivo próprios. Os três, porém o último em especial, ainda estão muito longe do que se esperaria de um Estado soberano unificado. Contudo, desde 1963, quando foi declarado

---

110. Sobre os primórdios da história da CEE, ver A. S. Milward, *The Reconstruction of Western Europe, 1945-1951* (Londres: Methuen, 1984); e E. B. Haas, *The Uniting of Europe: Political, Social and Economic Forces, 1950-1957* (Stanford: Stanford University Press, 1968).

111. Ver J. J. Servan-Schreiber, *The American Challenge* (Londres: Hamilton, 1968 [1967]), principalmente caps. 1 e 2.

que as leis da Comunidade exigiam comprometimento dos Estados membros[112], os três demonstraram sua influência na vida cotidiana das pessoas de todos os países membros. Não raro isso acontece de maneiras inesperadas: como quando a Corte européia decretou que o governo da Irlanda não podia impedir que seus cidadãos viajassem para o exterior a fim de fazer aborto, ou quando a Comissão Européia multou a indústria siderúrgica inglesa em 100 milhões de libras (1994), ou quando a mesma comissão decidiu que os tamancos holandeses não alcançavam os padrões europeus de calçados e que sua fabricação devia parar. Ao permitir que os cidadãos dos Estados membros se mudassem, morassem e trabalhassem com liberdade – em alguns casos, que também tivessem acesso igualitário aos serviços sociais oferecidos pelos outros membros –, a União deu um grande passo rumo à criação da cidadania em comum. Em 1979, recebeu fonte permanente de renda na forma de 1% da receita do imposto sobre o valor agregado (VAT), que lhe é pago por todos os Estados membros. Desde então, a União se tornou a primeira instituição da história moderna que não é um Estado, a ter moeda própria, sendo que no ano 2002 essa moeda substitui as de todos os Estados membros.

Discute-se a possibilidade de a União Européia poder se tornar, ou vir a se tornar, os Estados Unidos da Europa[113]. Alguns dos Estados membros menores apóiam enfaticamente tal evolução; em 1996, começaram as conversas sobre a possibilidade de abdicarem do *liberum veto* de que ainda desfrutam. Outros, principalmente os que têm passado imperial e interesses extra-europeus a levar em conta, são mais céticos. Nesse contexto, não se deve menosprezar o fato de que, em certos aspectos, a Europa já está mais integrada do

---

112. Ver P. M. R. Stirk, *A History of European Integration Since 1914* (Londres: Pinter, 1996), p. 169.

113. Ver resumo do debate em W. Wallace, "Rescue or Retreat?: The Nation State in Western Europe, 1945-1993", *Political Studies*, 42, 1994, pp. 52-76.

que a outra grande entidade federal do outro lado do Atlântico. Por exemplo, enquanto as universidades dos Estados Unidos costumam cobrar anuidades mais altas dos alunos originários de outros estados do que as anuidades exigidas aos residentes no próprio estado, essa discriminação é expressamente proibida por uma regulamentação da Comissão Européia e confirmada pelo Parlamento europeu. Além disso, o sistema bancário europeu é mais integrado do que o norte-americano, e o resultado disso é que um banco alemão pode achar mais fácil operar, digamos, na Suécia do que um banco de Nova York na vizinha Nova Jersey. A Alemanha e a França já montaram o núcleo da força de defesa européia e, em alguns aspectos, já é mais forte do que as forças armadas da Inglaterra sozinhas, por exemplo. No futuro, é provável que outros membros se afiliem a essa força de defesa.

Por outro lado, o que impede a evolução rumo a um superestado europeu é a existência de outras instituições internacionais, tanto menores, como o Conselho Nórdico, quanto maiores, como a Organização do Tratado do Atlântico Norte. Tendo criado nada menos que 112 instituições nórdicas, e contando com 450 "nordocratas" (1985), o Conselho Nórdico é uma instituição dentro de uma instituição. Na prática, impôs alguns obstáculos à integração européia; mas, em princípio, sua existência (e a de grupos semelhantes entre outros países) dentro do contexto de uma União Européia mais unida não é mais aceitável do que seria, digamos, uma aliança formal entre a Virgínia, as Carolinas do Norte e do Sul e a Geórgia nos Estados Unidos. A OTAN, de sua parte, conta com três membros não-europeus, isto é, os Estados Unidos, o Canadá e a Turquia. Ao mesmo tempo, exclui três países europeus que são membros da União, isto é, Áustria, Suécia e Finlândia. Conforme principalmente os franceses já disseram muitas vezes, a existência da OTAN em sua forma atual é claramente incompatível com a continuidade do movimento rumo à integração da Europa, porque atua no mais importante dos campos, que é o de oferecer defesa em comum contra agressões externas. Generalizando a partir desse caso, talvez se possa concluir que os obstáculos que Estados como a Inglaterra impõem à unidade européia são bem significativos. Contudo, com o tempo, é possível que haja oposição maior não só de Estados, mas de instituições internacionais cuja afiliação e objetivos não coincidem.

Seja qual for o futuro da Comunidade Européia, seu êxito econômico já incentivou Estados de outras partes do mundo a criar instituições semelhantes. Até o momento, nenhuma delas progrediu tanto quanto seu modelo na criação de instituições comuns e na imposição de leis comuns. Por outro lado, os acordos multilaterais que visam reduzir os obstáculos ao comércio, eliminar tarifas, fazer integrações (como, por exemplo, entre as redes elétricas e telefônicas dos EUA e do Canadá), criar um fronte econômico comum em relação ao resto do mundo e lidar com problemas ecológicos já chegam às dezenas em todos os continentes. Para enumerar apenas alguns dos mais importantes, em 1959 foi fundada a AELC (Associação Européia de Livre Comércio), da qual todos os membros mais tarde se afiliaram à União Européia. A isso seguiu-se, em 1960, a ALALC (a Associação Latino-Americana de Livre Comércio), que reúne o México e todos os países latino-americanos, com exceção da Guiana, bem como o MCCA (o Mercado Comum Centro-Americano). A UAEAC (União Aduaneira dos Estados da África Central, cujos membros são Camarões, República Centro-Africana, Congo e Gabão) foi fundada em 1966; a ASEAN (Associação das Nações do Sudeste Asiático, composta por Indonésia, Malásia, Filipinas, Tailândia e Cingapura), no ano seguinte. O Pacto Andino, cujos membros são Bolívia, Chile, Colômbia, Equador, Peru e Venezuela, foi assinado em 1969 e mais tarde serviu de exemplo para a criação do Mercosul, cujos membros são Brasil, Bolívia, Paraguai, Uruguai e Argentina. Em 1975, a Comunidade Econômica dos Países da África Ocidental (CEDEAO) foi fundada por Benin, Gâmbia, Gana, Guiné, Guiné-Bissau, Costa do Marfim, Libéria, Máli, Mauritânia, Níger, Nigéria, Senegal, Serra Leoa, Togo e Alto Volta. Em 1994, a ratificação do Acordo Norte-Americano de Livre Comércio (Nafta) por Estados Unidos, Canadá e México demonstrou que nem mesmo a maior e mais produtiva economia da história consegue existir no isolamento. Admite-se que há algumas exceções, principalmente no Oriente Médio, onde, depois da morte de Nasser, a soberania dos Estados ganhou predominância sobre o pan-arabismo[114]. Em outros locais, porém, é infindável a lista de tratados já existentes ou em negociação.

A finalidade declarada de todos esses acordos não é eliminar as fronteiras políticas. Pelo contrário, essas fronteiras são fixas (teoricamente, para todo o sempre); a meta é reduzir sua importância econômica, facilitar a movimentação entre elas e promover o comércio entre os Estados signatários. Atenta à experiência de mobilização total de 1914-18, durante os anos entre guerras a maioria das grandes potências tentou construir impérios comerciais para se tornar o mais auto-suficiente possível; era essa, afinal, a finalidade declarada do imperialismo alemão, italiano e japonês. Contudo, a partir de 1945, a maioria dos Estados bem-sucedidos são os que, como Alemanha, Japão, Coréia do Sul e Cingapura, se integraram ao mercado mundial. Quanto maior a fração do PIB que o Estado exportou e importou – em outras palavras, quanto melhor usou a tecnologia moderna para elevar ao máximo sua vantagem comparativa – maior, em geral, seu êxito econômico[115]. Durante a década de 1980, até as estatísticas econômicas, que costumam ser conservadoras, começaram a reconhecer a mudança ao separar o produto

---

114. Ver M. Barnett, "Sovereignty, Nationalism and Regional Order in the Arab States System", em T. J. Biersteker e C. Weber (orgs.), *State Sovereignty as a Social Construct* (Cambridge: Cambridge University Press, 1996), pp. 148-89.

115. Ver alguns números sobre a relação entre comércio e desenvolvimento econômico em alguns países em C. Mulhearn, "Change and Development in the International Economy", em Bretherton e Ponton, *Global Politics*, pp. 160-5.

doméstico bruto do produto nacional bruto. Mantidas as semelhanças, a lacuna entre os dois fornecia um bom índice do desempenho econômico de qualquer país; ao mesmo tempo, esses mesmos números tendem a salientar o fato de que faz cada vez menos sentido calcular o êxito econômico em termos de cada país. Por exemplo, mais de 40% de todos os produtos "japoneses" agora são produzidos fora do Japão, em locais distantes como Estados Unidos, Europa e Indonésia; e esse número não pára de crescer.

Em razão dessa ênfase no comércio internacional – expressa, entre 1965 e 1990, na duplicação da percentagem do produto mundial que era exportado[116] –, talvez não surpreenda que as empresas comerciais representadas em diversos Estados estivessem quase sempre em melhor situação para aproveitar as oportunidades do que os próprios Estados. Ao contrário destes, as multinacionais não tinham cidadãos para proteger, pagamentos de previdência social para fazer, fronteiras para proteger, nem território soberano para cuidar. Livres dessas responsabilidades e limitações, podiam aproveitar as oportunidades econômicas onde quer que se apresentassem, assim que se apresentassem e – aspecto importante – pelo tempo em que se apresentassem. Podiam fazê-lo sozinhas, por meio das filiais que criavam, ou firmando alianças com suas equivalentes em outros Estados. Entre os métodos adotados figuravam pesquisa e desenvolvimento comuns; divisão do trabalho na fabricação, para que as peças fornecidas por uma empresa entrassem nos produtos de outra; acesso compartilhado às redes de distribuição e prestação de serviços; aquisição mútua das ações umas das outras; e, naturalmente, fusões do tipo que aconteceu em maio de 1998, quando a Daimler Benz, situada na Alemanha, se casou com a Chrysler, situada nos Estados Unidos[117]. Ademais, na maioria dos casos, foram as multinacio-

---

116. World Bank, *World Development* (Baltimore: World Bank, 1992), p. 235.

117. Ver Scammell, *The International Economy Since 1945,* cap. 10.

nais, e não os Estados, que primeiro criaram e implantaram as mais modernas tecnologias em campos que incluíram desde aeronaves e computadores até telecomunicações[118]. Tanto por esse motivo quanto porque estavam em melhor situação para usá-las, foi em suas mãos que as tecnologias realmente progrediram.

Como já se observou muitas vezes, as multinacionais precisam do Estado para oferecer-lhes estabilidade e defesa; além disso, a ameaça que apresentam à soberania é limitada pelo fato de que suas partes que funcionam dentro da jurisdição de qualquer Estado têm de obedecer às leis desse Estado da mesma maneira que as empresas nacionais. Com relação ao primeiro ponto, argumentarei que, como alguns Estados se tornam menos capazes de oferecer defesa, as multinacionais podem vir a assumir partes dessa tarefa[119]. No tocante ao segundo, a internalização das empresas e a abertura a estrangeiros de sucessivas bolsas de valores significam que uma grande percentagem dos bens pertencentes aos cidadãos de cada Estado se localizava provavelmente além de suas fronteiras; e que decisões econômicas fundamentais que afetavam coisas como investimentos e emprego dentro de cada Estado eram provavelmente tomadas por gente sobre quem o Estado não tinha controle.

Conforme os Estados Unidos descobriram ao tentar proteger sua indústria contra os automóveis importados do Japão, em muitos casos as medidas analisadas para se opor à tendência eram inúteis, porque o "inimigo" já havia atravessado os portões, chegando inclusive a admitir que o termo é apropriado, já que a grande maioria das pessoas empregadas em solo dos EUA por firmas como Honda, Mitsubishi e BMW são norte-americanos e vendem seus produtos a clientes norte-americanos. Os Estados que tentaram resistir à tendência e levaram longe demais seus esforços para vol-

---

118. Ver J. H. Dunning, *Multinationals, Technology and Competitiveness* (Londres: Unwin Hyman, 1988), principalmente cap. 6.

119. Ver a seção "A ameaça à ordem interna", neste capítulo, pp. 394-408.

tar a impor controle se arriscavam a ser desprezados por possíveis investidores e abandonados pelos existentes[120]. Em um mundo onde o papel da guerra internacional estava em declínio, a situação dos líderes políticos tornava-se cada vez mais dependente de sua capacidade de oferecer prosperidade material. Esta passou, então, a ser definida menos em termos de serviços previdenciários, como entre 1945 e 1975, do que em termos de atrair investimentos, gerar empregos e produzir desenvolvimento. Foram criados locais para reuniões especiais, como o Fórum Econômico Mundial em Davos, onde os políticos podem recorrer às multinacionais de pires na mão e fazer seus pedidos.

Outro fato implícito na mudança rumo ao comércio internacional foi que os governos, nas palavras do ex-ministro do Tesouro inglês Denis Healey, descobriram que sua capacidade de controlar a própria moeda fora "ferozmente mutilada"[121]. Para que uma nação participasse do comércio internacional, sua moeda precisava ser conversível, estar o mais livre possível de controles administrativos unilaterais e poder ser exportada para qualquer lugar sem permissão e imediatamente. Mas a liberdade dos controles administrativos deixava-a à mercê do mercado internacional, em especial num período em que a nova tecnologia dos computadores permitia a realização instantânea, 24 horas por dia, de transações em moedas estrangeiras em escala que nem mesmo os Estados maiores e mais ricos conseguiam alcançar (4 *trilhões* de dólares por dia em 1996).

Longe estavam os dias em que, como durante o período entre 1914 e 1945, muitos governos importantes tentaram criar sistemas monetários fechados e, pelo menos no

---

120. Como exemplo das conseqüências desses acontecimentos em dois países específicos, ver V. Dela Sala, "Capital Blight? The Regulation of Financial Institutions in Italy and Canada", *Governance,* 7, 3, julho de 1994, pp. 244-64.

121. Citado em *The Economist,* 7 de outubro de 1995, p. 15. Lorde Healey explicou suas opiniões em pormenores numa palestra intitulada "The New World Disorder", realizada na Royal Geographical Society em 14 de março de 1995.

tocante a seus próprios cidadãos, definir o valor da moeda por decreto. Idos, também, os Acordos de Bretton Woods, que duraram de 1944 a 1971 e vincularam as diversas moedas ao dólar norte-americano, que estava vinculado ao ouro[122]. Desde 1971, quando o presidente Nixon, no que descreveu com modéstia como "a maior reforma monetária da história", desvinculou o dólar do ouro, todas as moedas flutuam umas contra as outras. Porém, se antes de 1944 estavam vinculadas ao ouro, agora até esse amparo desapareceu e o único apoio que lhes resta são, com freqüência, as estatísticas compiladas pelos economistas.

Os governos decerto não perderam todo o poder sobre as moedas. Ainda podiam manipular a reserva, seja por meio do equilíbrio orçamentário ou pela falta de equilíbrio; também conservaram o controle sobre as principais taxas de juros, como a taxa de desconto (que o Banco Central usava para emprestar dinheiro aos outros bancos) e as que pagavam sobre seus próprios títulos. Ademais, tem-se chamado a atenção para a probabilidade de que os envolvidos na especulação monetária não sejam, e é o que acontece quase sempre, estrangeiros, mas cidadãos do próprio Estado[123]. Porém, é exatamente essa a questão. Na nova economia liberal, a diferença entre os dois está em extinção, em muitos aspectos. Cidadãos e estrangeiros agem com igual facilidade, ignorando os respectivos governos enquanto movimentam o dinheiro para dentro e para fora de qualquer país ao pressionar de um botão. Conseqüentemente, o valor de muitas moedas, inclusive algumas das mais importantes, passou a estar sujeito a grandes flutuações que não raro ultrapassavam os poderes de controle dos bancos centrais, ou mesmo combinações de bancos centrais. Do ponto de vista dos ato-

---

122. Ver breve discussão do sistema e de sua morte em J. Agnew e S. Cobridge, *Mastering Space: Hegemony, Territory and International Political Economy* (Londres: Routledge, 1995), pp. 171 ss.

123. Ver, por exemplo, D. Brash, "New Zealand and International Markets: Have We Lost Control of Our Own Destiny?", em Wood e Leland, *State and Sovereignty*, p. 58.

res não estatais, essas flutuações oneram o *hedging*, o que pode acontecer mantendo-se parte do próprio patrimônio em moedas estrangeiras, ou fazendo-se empréstimos nessas moedas[124]. E assim continua a ciranda, também conhecida como "capitalismo de cassino"[125]. Só está sujeito ao controle, quando muito, do FMI, que é um personagem não estatal.

Por fim, parece que a evolução sem precedentes dos serviços eletrônicos de informações marcou mais um passo no recuo do Estado[126]. Tradicionalmente, nenhum Estado jamais conseguiu exercer controle total sobre os pensamentos de todos os cidadãos; a favor dos Estados de mentalidade mais liberal, deve-se acrescentar que nunca tentaram. A invenção da imprensa aumentou muito a quantidade de informações e reduziu o preço de sua divulgação, mas a capacidade de divulgar essas informações para além das fronteiras continuava limitada pela necessidade do transporte físico do papel (ou da montagem de prensas), bem como pelas barreiras lingüísticas. Estas, em especial, eram importantes. Sua existência significava que, com exceção das pequenas elites diplomáticas e comerciais, havia a forte tendência de distribuir as informações na base de um país por vez.

Nessa época, o primeiro desses problemas foi resolvido pelas transmissões públicas de rádio durante a década de 1920 – que levou a uma situação em que, nos países ocupados pela Alemanha durante a Segunda Guerra Mundial, ouvir as estações de rádio dos inimigos se tornou crime capital. A televisão, que se baseia mais nas imagens, em vez de palavras, eliminou o segundo problema. Durante a década de 1980, a televisão via cabo e satélite, bem como o videoteipe, tornaram-se disponíveis em larga escala. Logo começou a transmitir a cobertura instantânea dos fatos em escala glo-

---

124. Ver K. Mehta, "Risky Business", *World Link*, janeiro-fevereiro de 1998, pp. 84-8.
125. S. Strange, *Casino Capitalism* (Nova York: Blackwell, 1986).
126. Ver W. Wriston, *The Twilight of Sovereignty: How the Information Revolution Is Transforming Our World* (Nova York: Scribner, 1992).

bal; uma década depois, o surgimento da Internet, que permitia a comunicação instantânea entre indivíduos, em qualquer lugar, a qualquer momento e a qualquer distância, hora, ou qualquer outro fator, representou uma revolução ainda maior. Da mesma forma que na economia, os Estados viram-se obrigados a relaxar o controle sobre as informações em benefício de pessoas e instituições que não eram soberanas, não tinham território e não eram Estados. Decerto é verdade que alguns magnatas dos meios de comunicação, como Ted Turner e Rupert Murdoch, têm mais influência sobre os assuntos internacionais do que a maioria dos chefes de Estado e de seus ministros das relações exteriores; mas até os governos mais poderosos agora costumam fazer política tendo em mente o chamado "fator CNN"[127].

Embora não seja possível avaliar o papel de diversos serviços de informações na derrubada do antigo bloco oriental, decerto foi bem grande[128]. Só na Alemanha Oriental, 15 milhões de seus 18 milhões de habitantes assistiam regularmente à televisão da Alemanha Ocidental. Com base em declarações de viajantes, as estações de rádio do Ocidente, tais como RFE, VOA, BBC e DW, afirmaram ter quase 100 milhões de ouvintes em 1989; fosse ou não preciso esse número, seu papel em ajudar a URSS no rumo da *glasnost* e da *perestroika* foi depois reconhecido por Mikhail Gorbachev[129]. Em contrapartida, Estados como China, Birmânia, Irã e Arábia Saudita, que tentam vendar os olhos dos cidadãos e evitar que tivessem acesso aos serviços internacionais de in-

---

127. Ver W. Wriston, "The Twilight of Sovereignty", *Fletcher Forum of World Affairs*, 17, 2, verão de 1993, pp. 117-30; J. F. Hodge, Jr., "Media Pervasiveness", *Foreign Affairs*, 73, 4, julho-agosto de 1994, pp. 136-45.

128. Sobre a tentativa do bloco comunista de controlar as informações, e seu fracasso, ver L. R. Sossman, "Information Control as an International Issue", *Proceedings of the Academy of Political Science*, 34, 4, 1982, pp. 176-88; e W. R. Roberts e H. Engels, "The Global Information Revolution and the Communist World", *Washington Quarterly*, 9, 2, 1986, pp. 141-55.

129. Ver W. R. Roberts, "The Information Revolution I: A Breakdown in the East?", *The World Today*, 45, 6, 1989, pp. 95-6.

formações, descobrirão que é considerável o preço a pagar pelo isolamento auto-infligido. Com o tempo, é quase certo que sua luta será inútil.

Assim, a despeito de George Orwell em *1984*, a partir dos últimos anos do século XX, parece que a tecnologia moderna não foi o arauto de uma era de impérios hermeticamente fechados, Ingsoc e controle do pensamento. Na verdade, os obstáculos à "globalização" ainda são imensos. Incluem não só o tipo de nacionalismo e xenofobia encontradiços, em especial, em muitas partes do mundo em desenvolvimento, mas também o tipo de entidade regional que, longe de abrir os países ao comércio mundial, costuma construir blocos de países relativamente fechados a ele. Seja qual for o vitorioso nessa luta, o globalismo ou o regionalismo, a repercussão sobre cada Estado será semelhante[130]. Quanto mais importante o Estado, mais provável é que participe de um número bem grande de instituições internacionais, sejam elas globais, regionais ou meramente técnicas. Ao fazê-lo, abre mão de partes de sua soberania em troca do direito a uma opinião nos assuntos dos vizinhos; entretanto, não restam dúvidas de que seu controle sobre sua economia e seus cidadãos declinou.

Em tais circunstâncias, o melhor que os Estados podem fazer é não nadar contra a corrente. Devem incentivar os cidadãos a estudar línguas estrangeiras, bem como as novas linguagens internacionais de processamento de dados; afiliar-se a instituições internacionais para garantir que seus interesses não sejam desprezados; criar redes de comunicação e transportes, o que, na maioria dos casos, significa integrá-las com as dos vizinhos; e explorar as novas oportunidades de comércio reduzindo as tarifas, oferecendo moedas estáveis e conversíveis, abrindo os mercados financeiros e proporcionando "transparência" ao permitir a livre circulação de informações sobre si mesmos, suas economias e suas

---

130. Ver M. Svetlicic, "Challenges of Globalization and Regionalization in the World Economy", *Global Society*, 10, 2, maio de 1996, pp. 207-23.

sociedades. Se o fizerem, é provável que prosperem, visto que aqueles que se recusam a fazê-lo, por motivos religiosos, ideológicos ou outros motivos, ficaram para trás e, ao que tudo indica, estão fadados a continuar assim. Foram-se os dias em que um só Estado, por maior e mais poderoso, poderia ter esperança de erguer-se sozinho, criar seu próprio império auto-suficiente e usar seu poder para conquistar os territórios dos vizinhos ou mesmo dominar o mundo.

A ameaça à ordem interna

Conforme demonstrou o capítulo 5 deste estudo, muitos governos do Terceiro Mundo sempre tiveram muita dificuldade para tirar a violência das mãos de indivíduos e instituições e monopolizá-la em suas próprias mãos. Da Colômbia às Filipinas, passando pela Libéria e pelo Afeganistão, sempre foram destruídos por guerra civil, conflitos étnicos, brigas religiosas, guerrilhas, terrorismo, narcoterrorismo ou, provavelmente, alguma combinação de tudo isso. Com esses problemas, o Estado continuava a vegetar, às vezes durante infindáveis séculos, como em grande parte da América Latina durante seus "cem anos de solidão", ou começava a desmoronar quase antes de se formar, conforme aconteceu em partes da Ásia e, sobretudo, da África. Entretanto, o progresso tecnológico e econômico está, até certo ponto, fazendo com que os governos do mundo desenvolvido percam, ou renunciem, a sua capacidade de travar guerras internacionais, oferecer bem-estar social, dominar a economia e controlar o pensamento dos cidadãos. Por conseguinte, podemos perguntar: serão capazes de conservar seu monopólio sobre a manutenção da lei e da ordem?

Talvez a melhor maneira de tratar do problema seja a seguinte. De meados do século XVII até 1914, as forças armadas dos governos "civilizados" – principalmente da Europa, porém mais tarde também as norte-americanas e as japonesas – demonstraram-se mais do que capazes de combater qualquer oposição de outras entidades políticas e da sociedade. Com o tempo, essa vantagem cresceu: em Omdurman, em 1896, um punhado de metralhadoras Maxim capacitou essas forças a exterminar colunas inteiras de dervixes, como num passe de mágica. Suas vitórias permitiram que se expandissem até controlar o mundo quase todo, e só três ou quatro países não brancos escaparam à dominação que era quase sempre imposta por pequenas empreitadas de estrangeiros provenientes d'além mar.

Entre 1918 e 1939, aumentaram muito as dificuldades de manter os diversos impérios coloniais. Em muitos lugares, os imperialistas foram obrigados a fazer alianças com as elites locais, convidadas a participar dos escalões mais baixos do governo; estas cada vez mais se escondiam atrás de uma série de tratados que concediam a aparência de poder, enquanto preservavam a situação vigente. Embora estivesse, assim, bem clara a direção da mudança, não se deve exagerar sua extensão. Quando estourou a Segunda Guerra Mundial, nenhum país asiático ou africano tinha conseguido livrar-se de seus verdadeiros senhores, isto é, soldados brancos ou organizados pelos brancos e administrados por eles.

Nos últimos cinqüenta anos, ocorreu uma mudança importantíssima. Da França aos Estados Unidos, não houve praticamente nenhum governo "desenvolvido" na Europa e na América do Norte cujas forças armadas não tenham sofrido derrotas nas mãos de combatentes da liberdade, ou guerrilheiros, ou terroristas mal-equipados, maltreinados, mal-organizados, quase sempre malvestidos, subnutridos e analfabetos; em resumo, por homens – e, não raro, mulheres –, a quem faltava tudo, menos grande coragem e determinação para resistir e persistir perante operações policiais, operações contra insurgências, operações pacifistas e quaisquer outros tipos de operações maquinadas pelos senhores.

Nessa ocasião, talvez os primeiros a perceber que a natureza da guerra começara a mudar foram os alemães. Embora fossem imperialistas tardios, antes de 1914 tinham travado guerras coloniais com os melhores. Tanto na Tanzânia quanto na Namíbia, houve levantes em massa por volta da virada do século, e em ambos os países foram reprimidos com suprema brutalidade. Ou os nativos – que partiam para o ataque frontal acreditando que por serem borrifados com água tornavam-se imunes às balas – eram dizimados por armas modernas; ou, na tentativa de realizar uma guerra de guerrilhas, eram encurralados e expulsos para o deserto, onde tribos inteiras morreram de sede. Nos dois países juntos, o número total de vítimas talvez tenha chegado às centenas de milhares.

Os primeiros anos da Segunda Guerra Mundial novamente ofereceram aos administradores e aos soldados alemães territórios imensos, comparativamente subdesenvolvidos, nos quais exibir suas habilidades. Foi uma oportunidade que muitos deles, acostumados a anos de panfletagem racista e sob ordens explícitas do próprio Hitler[131], agarraram com avidez. Já em 1941, e em crescimento constante de então em diante, a ocupação alemã da Iugoslávia e da União Soviética, principalmente, foi tão cruel que parecia, em muitos casos, um genocídio, com milhares e milhares de pequenas cidades incendiadas e seus habitantes assassinados, quer em operações de "antibanditismo", quer sem motivo nenhum. Não obstante, a ferocidade dos métodos dos alemães e de seus aliados não levou à paz e à tranqüilidade; pelo contrário, quanto maiores as atrocidades cometidas, mais feroz a resistência encontrada. Embora alguns países fossem um pouco mais lentos que outros, essa resistência se espalhou para praticamente todos os outros países ocupados pelos alemães, até que, em meados de 1944, grande parte da Europa estava em chamas.

Jamais saberemos se as operações dos combatentes da liberdade por toda parte teriam levado à libertação da Eu-

---

131. Ver os comentários do próprio Hitler sobre o assunto registrados em F. Halder, *Kriegstabeguch* (Stuttgart: Kohlhammer, 1962), vol. II, pp. 335-7, verbete de 30 de março de 1941.

ropa do jugo nazista, mesmo na ausência das diversas forças armadas dos Aliados. Vamos supor que a Alemanha tivesse "vencido" a guerra ao assinar um tratado de paz no Ocidente e derrotar a União Soviética, pelo menos no sentido em que não houvesse mais necessidade de operações de grande escala contra ela (como o próprio Hitler esperava que acontecesse)[132]. Nesse caso, a Wehrmacht, reduzida pela desmobilização para, digamos, 1,5 milhão de homens (o dobro das forças ativas em 1939), teria de enfrentar a tarefa de reprimir indefinidamente o *Lebensraum*, um "espaço vital" que consistia em alguns milhões de quilômetros quadrados e habitado por algumas centenas de milhões de pessoas. Mesmo no período relativamente breve de três a quatro anos que durou a ocupação na maioria dos países, os diversos movimentos de resistência conseguiram infligir danos substanciais, tanto em baixas quanto em material, e dominar centenas de milhares de soldados; só na Iugoslávia, foi preciso manter um grupo inteiro do exército, com quase trinta divisões do Eixo, em prontidão permanente, embora se admita que só uma parte dessas divisões fossem alemães[133]. A julgar pelo fato de que, no fim da guerra, os guerrilheiros de locais como Iugoslávia, Grécia e norte da Itália tinham conseguido tornar insustentável a situação da Alemanha, há bons motivos para acreditar que não se poderia ter feito isso.

Diante da resistência armada das populações sob ocupação, os alemães logo descobriram que os componentes mais inúteis de suas forças armadas eram precisamente os mais modernos. Até então, seus tanques, artilharia, caças e bombardeiros tinham tido pouca dificuldade para destruir os exércitos mais avançados do mundo – inclusive os das forças combinadas das três potências mundiais, muito maio-

---

132. H. R. Trevor-Roper, *Hitler's Table Talk* (Londres: Weidenfeld & Nicolson, 1953), entradas de 8 e 29 de agosto de 1942, pp. 621, 672-3.
133. Ver a ordem exata da batalha em M. F. Cancian, "The Wehrmacht in Yugoslavia: Lessons of the Past?", *Parameters*, 21, 3, outono de 1993, p. 78.

res que as dos alemães[134]; mas, ao enfrentar pequenos grupos de guerrilheiros, que não constituíam exércitos, não usavam uniforme, não lutavam em terreno aberto e costumavam se dissolver pelo interior ou pelas populações vizinhas, ficavam perplexos. Assim como outros conquistadores que os sucederam, os alemães aprenderam que, para combater insurgências, as únicas forças que importavam eram as que carregavam armas leves, isto é, polícia, infantaria, forças montanhesas, forças especiais, sinalizadores e, sobretudo, todos os tipos de serviços de informações. Todos tinham de operar a pé, ou viajar em veículos leves, de preferência que também tivessem capacidade de percorrer terrenos acidentados. Fora das cidades, podiam contar com o reforço de aviões de reconhecimento e, nas ocasiões relativamente raras em que a oposição se deixava surpreender, por um punhado de fuzis e tanques. Contudo, não havia espaço nessas operações para as favoritas da Wehrmacht, isto é, as divisões blindadas e mecanizadas – e, de fato, já que a escala das operações costumava ser bem pequena, para praticamente nenhuma divisão.

A descoberta feita pelos alemães – e, em grau menor, porém ainda significativo, pelos seus aliados japoneses – durante a Segunda Guerra Mundial vem sendo praticada por quase todas as outras grandes forças armadas do planeta. Dentre os primeiros a deparar-se com guerrilhas durante os anos imediatamente após a guerra estavam os franceses e os ingleses. Em crueldade, suas operações estiveram bem longe de se comparar com as dos alemães; contudo, em especial no caso dos franceses na Indochina e na Argélia, foram bem cruéis. Em ambos os países, a tentativa dos franceses, com o apoio de todas as armas modernas que conseguiram levar, de recuperar o controle das colônias levou a centenas de milhares de mortes e à destruição brutal de al-

---

134. Ver, mais recentemente, K.-H. Frieser, *Blitzkrieg Legende: Der Westfeldzug 1940* (Munique: Oldenburg, 1995), que mostra que em 1940 os alemães eram inferiores aos Aliados até no número e na qualidade dos tanques.

deias inteiras, até mesmo distritos. Embora os ingleses não tenham ido tão longe – o maior número de nativos mortos em quaisquer de suas campanhas coloniais, isto é, a campanha do Quênia, parece ter ficado em 100 mil[135] – também recorriam à pena capital, à tortura e ao esvaziamento de aldeias inteiras, cujos habitantes eram transportados para campos de concentração[136]. Assim como os alemães, as forças armadas dos ingleses e dos franceses descobriram serem precisamente as armas e os sistemas de armas mais potentes os mais inúteis, pois eram caros, velozes, indiscriminados, grandes, imprecisos demais, ou tudo isso. Assim como as armas mais potentes de todas, isto é, as nucleares, eram ineficazes contra um inimigo tão disperso e tão ladino que mal conseguiam encontrar.

Simultaneamente ou mais tarde, a experiência dos franceses e dos ingleses entre 1945 e 1960 também foi vivida por quase todas as outras forças armadas modernas que tentaram jogar o jogo da contra-insurgência. Os holandeses, os belgas, os espanhóis e os portugueses, todos foram obrigados a desocupar suas colônias, como já relatamos. Procurando tomar o lugar dos supostamente desmoralizados franceses no Vietnã[137], os norte-americanos primeiro enviaram conselheiros; depois, forças especiais e, então, a partir de 1965, imensas forças convencionais, àquele pequeno país atrasado e distante. No fim, o número total dos soldados passou de 2,5 milhões, ao passo que o maior número de soldados presentes a um só tempo foi de 550 mil. Contavam com o apoio de todas as tecnologias militares mais potentes, inclusive bombardeiros pesados, caças-bombardeiros, porta-aviões, helicópteros (só o número de helicópteros perdidos

---

135. Sobre o histórico do conflito, ver J. Kenyatta, *Suffering Without Bitterness: The Founding of the Kenya Nation* (Nairobi: East African Publishing House, 1968).

136. Ver breve história das tentativas inglesas de manter seu império em L. James, *Imperial Rearguard* (Londres: Brassey's, 1988).

137. R. H. Spector, *Advice and Support: The Early Years of the US Army in Vietnam, 1941-1960* (Nova York: Free Press, 1985).

chegou a 1.500), tanques, artilharia, e do sistema de comunicações mais avançado da história até então. O número de vietcongues, vietnamitas do norte e civis mortos talvez tenha ficado entre 1 e 2 milhões – ao qual se deve somar um número três ou quatro vezes maior de feridos –, mas de nada adiantou. Depois de oito anos de lutas e 55 mil baixas – só mortos –, foram os norte-americanos que desistiram, quando os últimos remanescentes evacuaram Saigon pendurados nos esquis dos helicópteros.

Do Afeganistão (onde o exército soviético foi derrotado depois de oito anos de lutas), passando pelo Camboja (onde os vietnamitas foram obrigados a recuar) e pelo Sri Lanka (onde o exército indiano não conseguiu impor a ordem), à Namíbia (a quem a África do Sul concedeu a independência depois de uma luta longa e amarga), à Eritréia (que conquistou a independência contra tudo o que os etíopes, com o apoio da URSS, puderam fazer) e à Somália (evacuada pela maioria das forças da ONU, depois de seu fracasso no trato com os líderes militares), a história é sempre a mesma. Todas a vezes que as forças estatais (mais ou menos) normais modernas, pesadamente armadas, tentaram jogar o jogo da contra-insurgência foram derrotadas.

Talvez um dos casos mais interessantes tenha sido o de Israel e Líbano. A fronteira entre Israel e Líbano, que durante os primeiros vinte anos após 1948 era a mais pacífica de todas, tornou-se fonte de problemas em 1968, quando os guerrilheiros da Organização de Libertação da Palestina (OLP) iniciaram seus ataques. Quatro operações israelenses maciças (1978, 1982, 1994 e 1996), bem como incontáveis operações menores, não conseguiram resolver o problema; embora os grupos de guerrilheiros mudassem de nome, de OLP para Amal e para Hizbullah, não se conseguiu pôr fim a nenhuma das emboscadas dirigidas aos soldados israelenses que operavam dentro do território libanês, nem ao disparo de foguetes para o outro lado da fronteira, até a Galiléia.

Principalmente em abril de 1996, a força aérea e a artilharia de Israel – depois da desintegração da União Soviética, talvez a segunda ou terceira força armada mais potente do mundo – fizeram chover milhares de bombas e mísseis sobre uma área bem pequena no sul do Líbano. Guiados pelos equipamentos eletrônicos mais avançados já usados em guerra, os israelenses reagiram aos ataques dos guerrilheiros de maneira quase instantânea e tão precisa que praticamente todos os disparos atingiram o alvo; a capacidade dos helicópteros israelenses de fazer com que os mísseis entrassem pelas janelas de prédios altos, mesmo alguns prédios que estavam cercados por outros no centro de Beirute, era impressionante. Não foi a primeira vez que grande parte da área atingida se transformou em ruínas em chamas. Porém, quando a fumaça se dissipou, descobriu-se que não passava de trinta (num total de mais ou menos duzentos mortos) o número de guerrilheiros Hizbullah mortos. A capacidade da organização de continuar lutando era ímpar, e logo se recuperava dos danos sofridos.

Seria fácil reforçar os exemplos acima com muitos outros. Demonstram que, de 1945 em diante, a maioria das campanhas guerrilheiras e terroristas, em especial, foi travada nos países do Terceiro Mundo; em outras palavras, lugares onde o povo tentava formar Estados próprios ou, pelo contrário, onde os Estados existentes não conseguiram instalar seu monopólio sobre a violência. Contudo, não seria verdade afirmar que os países desenvolvidos ficaram imunes ao terrorismo ou que, neles, o problema não existe. Da Alemanha, passando pela França e pela Itália, à Espanha e Inglaterra, até o Japão – onde, em 1995, Tóquio sofreu dois ataques de gás venenoso –, muitos desses países sofreram pelo menos alguns atos terroristas dentro de seu território nacional. Não raro os ataques foram letais, pois levaram à morte ou feriram dezenas, ou mesmo centenas, de pessoas; por exemplo, o número de mortos pelo IRA, ou em operações contra o IRA, estava em 3 mil ainda em 1996, isto é, *antes* que essa instituição mostrasse o que era capaz de fazer ao ferir duzentas pessoas numa única explosão (em Manchester) em maio daquele ano. Nesses e noutros países, na lista de pessoas e alvos atacados figuram primeiros-ministros, políticos importantes, estações ferroviárias, trilhos de trem, ônibus, hospitais, *shopping centers*, prédios comerciais, hotéis, bares, aeroportos, aviões em pleno vôo, navios e, naturalmente, embaixadas estrangeiras e equipe diplomática.

Alguns desses atentados sofriam influência de lutas que estavam ocorrendo em outros países, como quando os curdos lutaram com os turcos em território alemão e suíço; ou quando os guerrilheiros palestinos e os agentes secretos israelenses perseguiam uns aos outros em locais tão distantes como a Noruega e a América Latina. Em outros casos, os terroristas, embora talvez mantenham ligações estrangeiras, são naturais do país em questão, ou pelo menos ali criados. Bons exemplos são as falecidas, e não lamentadas, Facções alemã e italiana do Exército Vermelho, que mantinham vínculos mútuos, o Exército Republicano Irlandês, com seus laços nos Estados Unidos e na Líbia; o ETA (representando os bascos) na Espanha e na França; e as diversas organizações muçulmanas que vêm operando na França e que, no início de 1996, fizeram com que a capital desse país parecesse uma fortaleza armada. Quase sempre têm suas raízes em minorias étnicas e religiosas que, licitamente ou não, entraram nos países em questão – só na França, na Alemanha e na Inglaterra, há atualmente cerca de 10 milhões de muçulmanos.

Ainda que apenas porque têm de tirar seu sustento de algum lugar, é comum que as organizações terroristas exerçam atividades criminosas auxiliares, como tráfico de drogas, contrabando de armas e, a partir do início da década de 1990, venda de materiais radiativos como urânio e plutônio. Repetidas vezes já provaram que são capazes de exigir uma lealdade cruel; no Oriente Médio e na Turquia, não é muito difícil encontrar até pessoas dispostas a se suicidar (e ir para o céu como recompensa). Os atentados cometidos por terroristas estrangeiros ao World Trade Center em Nova York, em 1992, e por terroristas nativos ao prédio federal na cidade de Oklahoma em 1995, mostraram que nem mesmo os dois maiores oceanos do planeta conseguem proteger um país contra atividades terroristas. Em conseqüência disso, nos Jogos Olímpicos de Atlanta, em 1996, havia dois seguranças para cada atleta[138].

Como se saem, perante esses atentados, as forças armadas à disposição do Estado? Nem é preciso assinalar que as armas mais potentes disponíveis, inclusive as pesadas, que se encarregam da maioria dos alvos, são totalmente inúteis contra esses e outros movimentos. O necessário são forças policiais, tanto uniformizadas quanto à paisana[139]. E, de fato, desde o surgimento do terrorismo moderno, em fins da década de 1960 e no início da década de 1970, raros são os países desenvolvidos que não tentaram fortalecer as "forças da ordem". Entre as medidas mais comuns estão a expansão das organizações de espionagem e da coordenação entre elas; a criação de esquadrões especiais antiterrorismo, treinados para operações de resgate de reféns e outras semelhantes; criação e aquisição de uma ampla série de comunicações aperfeiçoadas via rádio, carteiras de identidade à prova de falsificação, câmeras de televisão de circuito fechado, detectores de metal, máquinas de raios X, aparelhos de visão noturna, equipamentos de escuta, dispositivos automáticos para eliminação de bombas e, mais recentemente, máquinas para detectar materiais radiativos, químicos e biológicos[140], tudo com o apoio de computadores que armazenam, compilam, processam dados dessas e de outras fontes, enviando-os para onde for necessário, instantaneamente e muitas vezes para o outro lado das fronteiras, onde os Estados tentam coordenar suas reações à ameaça. A tecnologia necessária para implantar *chips* eletrônicos em corpos humanos, o que possibilitaria identificar cada um de nós e

---

138. CNN, *World Report*, 17 de julho de 1996.
139. Ver G. Daeniker, *The Guardian Soldier: On the Nature and Use of Future Armed Conflict* (Nova York: United Nations Institute for Disarmament Research, 1995).
140. CNN, *World Report*, 16 de março de 1998.

rastrear nossos movimentos, já está disponível e em uso para fins de pecuária. Se as forças da segurança de certos países conseguirem impor sua vontade, então será apenas questão de tempo para que essa tecnologia seja aplicada a seres humanos, talvez primeiro entre criminosos, crianças e idosos (se sofrerem de perda de memória) e, então, em grupos populacionais mais amplos[141].

Conforme nos informam diversos grupos preocupados com a preservação da privacidade, esses avanços são perturbadores. Talvez ainda mais perturbadora, diante dos possíveis perigos – que incluem, além dos ataques comuns de guerrilheiros ou com bombas, o terrorismo químico, o terrorismo biológico e o terrorismo nuclear –, seja a óbvia incapacidade das diversas forças policiais de manter nas mãos do Estado o monopólio da violência. Mesmo em países desenvolvidos, o máximo de que se pode gabar a maioria deles é de manter o terrorismo dentro de limites "aceitáveis". Contudo, quando as pessoas se acostumam a ver pela televisão as atividades terroristas, a definição do que constitui "aceitável" parece ampliar-se, a cada ano que passa. Até certo ponto, a mudança foi reconhecida pelo direito internacional formal. Em 1977 foi assinada a Quarta Convenção de Genebra, que oferecia alguma proteção aos combatentes que não são reconhecíveis a distância e não usam uniformes enquanto participam de operações militares[142].

Enquanto isso, da Casa Branca, em Washington, a Downing Street, em Londres, a mudança que aconteceu é óbvia até para os turistas ocasionais. Quarteirões inteiros, onde moram e trabalham presidentes e primeiros-ministros, e que

---

141. Ver um relato impressionante das possibilidades tecnológicas no campo da vigilância e seu uso cada vez maior em um país que tradicionalmente está entre os mais livres do planeta, em S. Davies, *Big Brother: Britain's Web of Surveillance and the New Technological Order* (Londres: Pan Books, 1996).

142. Ver L. Doswald-Beck, "The Value of the 1977 Geneva Protocols for the Protection of Civilians", em M. A. Meyer (org.), *Armed Conflict and the New Law* (Londres: British Institute of International and Comparative Law, 1989), pp. 160 ss.

não faz muito tempo eram abertos ao trânsito de pedestres e veículos, estão sendo isolados e transformados em fortalezas; ainda que porque ninguém esteja disposto a assumir a responsabilidade, é provável que, uma vez fechados, jamais voltem a se abrir. Sua proteção está nas mãos de pessoal uniformizado – e, principalmente, à paisana – que dispõe de todos os recursos tecnológicos imagináveis. Da Suécia a Israel, os líderes que costumavam caminhar livremente e sem escolta pelas ruas já deixaram de fazê-lo há muito tempo. Agora só são vistos pelo público, quando muito, ao serem transportados de um local para outro em seus carros blindados e acortinados; para despistar possíveis terroristas, é comum haver vários carros idênticos em comboio, ou mesmo vários comboios que seguem em direções diferentes. Os locais onde se espera que se apresentem costumam ser isolados e revistados, às vezes durante dias ou semanas antes do evento, bem como as áreas adjacentes. É o tipo de segurança de que César Bórgia, sempre assassinando outros e em constante temor de ser assassinado, se orgulharia, e que, uma ou duas gerações atrás, só era considerada necessária para proteger alguns dos piores ditadores do mundo, como Hitler e Stálin.

    Em certos aspectos, a ascensão do terrorismo internacional apenas representa a imagem refletida de tudo aquilo sobre o que discorremos até aqui. As armas usadas pelas forças armadas permanentes quase sempre são caríssimas e requerem amplas infra-estuturas logísticas, além de grandes contingentes – não são assim muitos dos dispositivos usados pelas forças de segurança em suas tentativas de combater o terrorismo, que são relativamente baratos e, portanto, também disponíveis para seus adversários. Os computadores podem ser – e não é raro que sejam – invadidos por *hackers* e *crackers*. É normal encontrar falsificações dos documentos de identidade emitidos pelo governo. É fácil comprar em lojas as armas de uso pessoal, os dispositivos de escuta, os equipamentos de visão com raios infravermelhos e equipamentos semelhantes aos usados pela polícia;

e, de fato, os fabricantes os vendem com prazer para quem puderem vender. Se a polícia usa aparelhos de rádio de amplo espectro para coordenar seu trabalho, os criminosos e os terroristas (bem como os jornalistas que perseguem a ambos) fazem o mesmo; ouvem a rede para enganar os perseguidores ou, o que não é incomum, fazem com que realizem buscas inúteis, com pistas falsas. Da mesma maneira, as redes de transportes, que viabilizam as comunicações e o comércio internacional, podem ser, e às vezes são, usadas pelos terroristas para circular ao redor dos Estados, de suas fronteiras e de seu território soberano.

Mas talvez o fator mais importante envolvido na ascensão do terrorismo moderno seja a multiplicidade de Estados. Hoje existem quase duzentas entidades políticas soberanas, e estão surgindo outras quase diariamente. Entre elas, algumas estão interessadas em criar problemas para os vizinhos. Outras procuram promover uma série de causas ideológicas e religiosas, ao passo que outras ainda são governadas por pessoas ambiciosas e não muito escrupulosas quanto aos meios de obter dinheiro. Assim, é quase certo que, a qualquer momento, seja possível encontrar pelo menos algumas dispostas a colaborar com os terroristas, se não contra todos os outros Estados, pelo menos contra alguns[143]. Tal colaboração pode assumir a forma de bases, treinamento, financiamento, documentos, comunicações (por meio da rede de correio diplomático), transportes, armas, refúgio, ou tudo isso. Sabe-se de inúmeros casos em que embaixadas no exterior se transformaram em bases terroristas. Abrigavam pessoal, contrabandeavam armas, forneciam apoio logístico e se envolviam em operações de seqüestro.

Como a segurança é um dos campos de trabalho humano que mais consomem mão-de-obra – por exemplo, no início da década de 1990, 40% dos empregados da Ameri-

---

143. Ver, por exemplo, P. Williams e S. Black, "Transnational Threats: Drug Trafficking and Weapons Proliferation", *Contemporary Security Policy*, 15, 1, abril de 1994, pp. 127-51.

can Airlines na Europa eram pessoal de segurança –, fornecê-la pode ser caríssimo. Proteger uma base militar ou transformar em fortaleza um bloco de prédios do governo é uma coisa; oferecer o mesmo tipo de proteção a um país inteiro é outra. Mesmo supondo que fosse sustentável e eficaz, tornaria quase impossível a vida cotidiana, pois levaria as atividades mais comuns a uma lentidão intolerável. Por esses e outros motivos – entre eles a probabilidade de serem criticados em caso de fracasso –, muitos Estados relutam em envolver suas próprias forças na tarefa. Na melhor das hipóteses, treinam unidades antiterroristas e as mantêm na reserva para serem chamadas a lidar com emergências notórias como bombas, seqüestros etc., ao passo que o ônus financeiro e organizacional que a segurança cotidiana representa é algo que, conforme demonstra a experiência, estão dispostos a transferir para a iniciativa privada.

Seja porque o governo ordenou – como no caso da aviação civil de muitos países – ou porque simplesmente não confiam no Estado para lhes fornecer segurança razoável, os indivíduos e a iniciativa privada já cuidam de si, cada vez mais. Dependendo da natureza da ameaça percebida, os cidadãos de muitos países já se acostumaram com a inspeção dos pertences, e até do corpo, sempre que entram em lojas de departamentos, cinemas, estádios de futebol, espetáculos de *rock*, ou locais semelhantes, onde se reúnem multidões e onde o ato terrorista é portanto mais provável de acontecer e, caso aconteça de fato, resultar em um grande número de mortes. Da África do Sul à Itália, alguns Estados agora exigem que todos os bancos sejam protegidos por detectores de metal e portas duplas que só se abrem se e quando for constatada a inocência do visitante (isto é, o fato de não portar armas). Indivíduos, bairros e empresas tentam proteger-se contra o terrorismo e o crime contratando guardas particulares, construindo cercas de segurança, instalando sistemas de alarme e circuitos fechados de televisão, exigindo prova de identidade ao entrar em prédios ou instalações (amparados pela lei ou não, o pessoal responsável sempre faz questão de reter os documentos até a saída do visitante), exigindo o uso de crachás etc.

Embora nem todos os países sejam igualmente atingidos, até o momento parece que essas medidas pouco fizeram para eliminar o problema. O que fizeram foi transformar a segurança privada numa indústria em crescimento no mundo inteiro[144]. Assim, na Alemanha, entre 1984 e 1996, o número de empresas de segurança particular mais que dobrou (de 620 para 1.400), ao passo que o número de empregos nesse ramo aumentou nada menos que 300%[145]. Na Inglaterra, que não é considerada um país especialmente violento, o número de empregados no setor aumentou de 10 mil em 1950 para 250 mil em 1976[146]; como o crescimento continuou desde então, já deve ter ultrapassado há alguns anos o ponto em que há mais guardas particulares do que soldados uniformizados do Estado (cujo número estava em 237 mil em 1995). De maneira semelhante, nos Estados Unidos, já por volta de 1972, o setor da segurança particular tinha quase o dobro de empregados e orçamento 1,5 vez maior que o de todas as forças policiais locais, estaduais e federais combinadas[147]. Por volta de 1995, o capital de giro desse ramo estava em 52 bilhões de dólares por ano, e esperava-se que dobrasse em fins do século[148]. Se a tendência atual persistir, já se prevê o dia em que os cidadãos norte-americanos venham

---

144. Ver, sobre a Alemanha, B. Jean d'Heur, "Von der Gefahrenabwehr als staatlicher Angelegenheit zum Einsatz privater Sicherheitskräfte – einige Rechtpolitische und Verfassungsrechtliche Anmerkungen", *Archiv des offentlichen Rechts*, 119, 1, março de 1994, pp. 107-36; sobre a França, F. Coqeteau, "L'état face au commerce de la securité", *L 'Année Sociologique*, 40, 1990, pp. 97-124; e, sobre a Itália, A. M. Ogliati-Vittorio, "La defesa armata privata in Italia", *Sociologia del Diritto*, 15, 3, 1988, pp. 47-71.

145. *Der Spiegel*, n° 46, 1996, p. 37.

146. N. South, *Policing for Profit: The Private Security Sector* (Londres: Sage, 1989).

147. J. S. Kakalik e S. Wildhorn, *The Private Police: Security and Danger* (Nova York: Crane Russak, 1977), p. 18, tabela 2.1.

148. Números de B. Jenkins, "Thoroughly Modern Sabotage", *World Link*, março-abril de 1995, p. 16.

a pagar mais pela segurança particular do que pelas forças armadas do país; a proporção entre as duas, que em 1972 era de 1:7, desde então caiu para 1:5 e continua caindo. O número de empregados no setor, estimado em 1,6 milhão, já excede o de soldados na ativa. Na década de 1990, só o setor da aviação nos Estados Unidos gastava cerca de 1 bilhão de dólares por ano na segurança de aeroportos, na instalação de dispositivos de segurança e na revista de passageiros e de bagagem; acrescentam-se novos dispositivos quase diariamente, como os necessários para investigar o transporte de materiais radiativos. Algumas empresas preferem operar com empregados próprios, outras terceirizam. O motivo é que, já que os salários pagos pelos fornecedores costumam ser piores e há menos benefícios a pagar, a terceirização representa um modo de cortar despesas, mesmo que à custa de alta rotatividade de pessoal e, quase sempre, má segurança[149].

Assim como tantos outros, o setor da segurança está centralizadíssimo no topo. Algumas das principais empresas do setor estão atualmente no comando de exércitos privados, com milhares de empregados, ou mais. No mundo em desenvolvimento, em especial na Nova Guiné, Serra Leoa e Libéria, já foram usados mercenários em golpes e contragolpes. Embora os mercenários ainda não ameacem a estabilidade política dos países desenvolvidos, é impressionante a gama de serviços que oferecem: pesquisa e desenvolvimento, tanto de armas quanto de cenários; recrutamento, treinamento e teste de todo o tipo de pessoal, de simples guardas ao especialista em fortificar complexos inteiros e realizar investigações avançadas; venda, aluguel ou arrendamento de equipamentos, desde crachás plásticos de dez centavos e equipamento de controle de multidões, até detectores de explosivos no valor de 1 milhão de dólares; investigações, detecção de fraudes, exames com detector de mentira e grampos telefônicos; planejamento, construção e

---

149. Sobre o funcionamento do setor de segurança da aviação moderna, ver D. Phipps, *The Management of Aviation Security* (Londres: Pitman, 1991).

operação de todos os tipos de sistemas de segurança; exame de tais defesas, também por meio de equipes "vermelhas" especialmente designadas; para não falar nas atividades de "capangas", como cobrar débitos, expulsar invasores, ajudar as empresas a lidar com grevistas e obter provas de tudo, de corrupção à infidelidade conjugal.

Entre os clientes das empresas de segurança não estão só pessoas físicas, bairros e grupos empresariais, mas, em alguns casos, o próprio governo. Este pode recorrer a elas à procura de peritos que não tem, ou como forma de cortar as despesas, ou para contornar seu próprio pessoal que, em alguns casos, é o alvo da investigação. Em alguns países desenvolvidos, são seguranças particulares contratados pelo Estado que trabalham nos controles de fronteira e examinam passaportes. Em outros, os guardas particulares têm o poder de deter suspeitos e acompanhá-los às prisões a que se destinam – para não falar do fato de que essas prisões também vêm sendo rapidamente privatizadas. Enquanto só os Estados Unidos têm nada menos que 150 empresas especializadas em obrigar pais delinqüentes a saldar suas obrigações, até num país tão civilizado como a Nova Zelândia está se discutindo seriamente se é correto permitir que a segurança particular participe de bloqueios em estradas para prender devedores[150]. É como se os formuladores de políticas de muitos lugares estivessem decididos a encerrar o "século policial" (1830-1945). Num cenário de indícios de que a fé das pessoas na polícia está em declínio[151], a tarefa de combate ao crime pode retornar aos "caçadores de ladrões", em cujas mãos estivera, na maioria dos países, até a época da Revolução Francesa e mesmo depois dela.

Dos homens de diretoria aos guardas no portão, o pessoal contratado pelo setor da segurança particular quase sempre é formado por ex-militares, agentes secretos e poli-

---

150. *Herald,* 27 de junho de 1997, p. 1.
151. Ver R. Robert, "Policing in a Postmodern World", *Modern Law Review,* 55, 6, novembro de 1992, pp. 761-81.

ciais à procura de pastos mais verdes. Às vezes, a experiência em um desses órgãos é pré-requisito para a contratação no setor. Em outros casos, são os próprios policiais que fazem biscate nas horas vagas, oferecendo seus serviços a qualquer um, de proprietários de times esportivos a donos de lojas[152]. Seu treinamento, que equivale ao oferecido aos membros do próprio aparato de segurança do Estado, é posto à disposição de objetivos particulares. Contanto que o pagamento seja alto – e diz-se que algumas organizações terroristas, que recebem dinheiro de proteção, tráfico de drogas e contrabando de materiais nucleares, possuem patrimônios que chegam às centenas de milhões de dólares[153] –, não é impossível que algumas dessas pessoas se transformem em terroristas em algum ponto da carreira. Farão isso em seus próprios países ou, mais provavelmente, no exterior; de fato, o ressurgimento dos mercenários – soldados da fortuna, como preferem denominar-se – a serviço dos governos e de seus adversários é um dos fatos excepcionais dos últimos 25 anos do século XX[154]. Em outras palavras, os terroristas, os membros do setor da segurança e a segurança estatal parecem estar se tornando intercambiáveis em teoria e, em alguns casos, também na prática.

Está claro que a repercussão desses acontecimentos difere muito de um local para outro; e alguns lugares continuam sendo muito mais seguros do que outros. Não obstante, globalmente, não é de admirar que a luta contra o terrorismo pareça não estar progredindo muito. Se as tendências

---

152. Ver J. Vardalis, "Privatization of Public Police", *Security Journal*, 3, 4, 1992, pp. 210-14.

153. Por exemplo, em meados da década de 1980, presumia-se que a organização de Abu Nidal possuía 400 milhões de dólares guardados em bancos suíços: P. Seale, *Abu Nidal: A Gun for Hire* (Nova York: Random House, 1992), p. 204.

154. Ver breve relato em Wilson, *British Security 2010*, pp. 59-60; também, de maneira paranóica, porém curiosamente paralela, os relatos dos diversos exércitos particulares que se presume serem administrados pela Coroa inglesa em locais tão distantes quanto África, América Latina e Papua-Nova Guiné, em *Executive Intelligence Review*, 24, 34, agosto de 1997.

atuais persistirem, já se prevê o resultado, e, de fato, já é assunto de muita ficção científica[155], bem como de jogos de computador. O fornecimento de segurança – que, pelo menos desde Thomas Hobbes, é reconhecido como a função *mais* importante da corporação conhecida como Estado – voltará a ser repartido entre outras entidades[156]. Algumas serão territoriais, mas não soberanas, isto é, comunidades maiores do que Estados; outras, talvez mais numerosas, nem soberanas nem territoriais. Algumas vão operar em nome de objetivos políticos, ideológicos, religiosos ou étnicos; outras, visando apenas lucros particulares. Sejam quais forem seus objetivos, todas precisarão de dinheiro para sobreviver. Para obtê-lo, firmarão contratos com os Estados para fazer por eles o serviço sujo, ou venderão seus serviços a outras organizações, ou chantagearão a população[157]; por exemplo, durante o levante da OLP contra Israel, foram usados os três métodos, por facções distintas ou simultaneamente pelas mesmas. Em contrapartida, e já é o caso em alguns lugares, é provável que os Estados adotem o princípio "o usuário paga". Começarão a cobrar taxas pelo menos para alguns tipos de segurança, tais como assistência em casos de arrombamento, que era gratuita (quando fornecida).

Assim, aumenta a probabilidade de que o Estado venha a perder seu monopólio sobre essas formas de violência organizada que continuam viáveis na era nuclear, tornando-se apenas um personagem entre muitos. Espalhando-se de baixo para cima, o exercício dessa violência pode reverter ao que era ainda na primeira metade do século XVII, ou seja,

---

155. Por exemplo, N. Stephenson, *Snow Crash* (Nova York: Bantam, 1992).

156. Ver R. W. Mansbach, Y. H. Ferguson e D. E. Lampert, *The Web of World Politics: Nonstate Actors in the Global System* (Englewood Cliffs: Prentice Hall, 1976), p. 297.

157. Sobre esses métodos, ver, em geral, R. Naylor, "The Insurgent Economy: Black Market Operations of Guerrilla Organizations", *Crime, Law and Social Change,* 20, 1, julho de 1993, pp. 13-51; e um estudo de caso em K. Maguire, "Fraud, Extortion and Racketeering: The Black Economy in Northern Ireland", *Crime, Law and Social Change,* 20, 4, novembro de 1993, pp. 273-92.

uma empresa capitalista pouco diferente de muitas outras, com as quais tem estreito vínculo. No setor em que os príncipes e outros empreendedores militares faziam contratos lucrativos entre si – um capitalista de Amsterdã, Louis de Geer, certa feita forneceu ao governo sueco uma marinha completa, com marinheiros e comandantes, até o vice-almirante –, no futuro várias empresas públicas, semipúblicas e particulares farão o mesmo. Para algumas delas a segurança será a atividade principal, ao passo que, para outras, será atividade auxiliar. Algumas serão lícitas, outras serão criminosas; embora, com o tempo e a interação entre as diversas organizações e pessoas – pelo menos para aprender a oferecer melhores serviços de segurança –, é provável que diminuam as diferenças entre elas.

Em muitos dos países em desenvolvimento, a situação que acabamos de descrever já existe e, de fato, nunca deixou de existir. Por conta própria – montando guardas particulares e até criando exércitos inteiros – ou por meio de acordos com os insurgentes locais, pessoas e empresas estão tentando salvaguardar seus bens e suas instalações, situação quase sempre conhecida como neocolonialismo[158]. É verdade que a maioria dos cidadãos da maioria dos países desenvolvidos ainda são capazes de dormir em segurança em suas camas, embora cada vez mais camas estejam se colocando sob a proteção de armas e cercadas por paredes. Assim, só na Inglaterra é provável que haja cerca de 2 milhões de armas de fogo ilícitas[159]. A partir de 1997, havia 30 mil condomínios fechados nos Estados Unidos, número que se espera dobrar em alguns anos; não é de surpreender que haja indícios da falta de interesse e do afastamento cada vez maiores de seus moradores em relação aos assuntos públicos[160].

---

158. Ver C. Clapham, *Africa and the International System: The Politics of State Survival* (Cambridge: Cambridge University Press, 1996), principalmente parte 3.

159. CNN, *World Report*, 30 de setembro de 1997.

160. Sobre os Estados Unidos, ver J. I. Bayne e D. M. Freeman, "The Effect of Residence Enclaves on Civic Concern", *Social Science Journal*, 32, 4, 1995, pp. 409-21.

Tanto para eles quanto para seus compatriotas menos afortunados, a vida no futuro provavelmente será menos segura ou, pelo menos, mais obcecada com a segurança do que a vida oferecida pela maioria dos Estados poderosos no passado.

Do lado positivo, é muito menos provável que esses mesmos Estados enfrentem uns aos outros com grandes hostilidades – muito menos em guerra de escala global – do que antes de 1945. A barganha diabólica realizada no século XVII, e na qual o Estado oferecia aos cidadãos uma boa segurança cotidiana em troca de sua disposição de se sacrificar em seu nome, se convocados, pode estar chegando ao fim. E sua morte não é de lamentar, levando-se em conta o número de mortos durante os seis anos da Segunda Guerra Mundial, que girava em torno de 30 mil por dia.

A retirada da fé

Embora, em 1830, Hegel tenha elogiado a burocracia como a "classe objetiva" que punha o bem público acima de seu próprio bem, e embora, no início do século atual, Otto Hintze tenha louvado as "elevadas virtudes" dos funcionários públicos, e Max Weber tenha considerado a administração estatal a personificação da "racionalidade voltada para fins"[161], hoje talvez não reste sequer um indivíduo no mundo que acredite serem esses seus atributos. Na verdade, é o contrário. Em sucessivos estudos apresentados a partir da década de 1960, as burocracias estatais foram descritas como infinitamente exigentes (a solução burocrática de qualquer problema é mais burocracia), egoístas, propensas a mentir para encobrir suas gafes, arbitrárias, caprichosas, impessoais, mesquinhas, ineficazes, resistentes a mudanças e de-

---

161. Hegel, *Philosophy of Right*, artigos 202, 205, 294; O. Hintze, *Der Beamtestand* (Leipzig: Thieme, 1913), p. 17; M. Weber, *Economy and Society* (Londres: Allen & Unwin, 1923), pp. 249 ss.

salmadas[162]. Argumentando contra a amplitude dos serviços públicos de saúde, o presidente Bush certa feita afirmou que sua própria administração tinha "a compaixão da KGB". O termo "burocracia" passou a significar qualquer coisa ruim, e um dos piores nomes que se pode aplicar a alguém é "burocrata".

Talvez ainda mais marcante seja o destino da própria palavra "público". Na Grécia clássica, onde foi inventada a diferença entre o privado e o público, era o domínio público que gozava de prioridade[163], a tal ponto que de privado, *ídios*, provém nosso moderno "idiota". Quando em fins do século XX presenciamos a morte do socialismo, a situação se inverteu. Na maioria dos casos, "público", com o significado de pertencente ou fornecido pelo Estado, tornou-se sinônimo de "de segunda classe". Corretamente ou não, o melhor que se pode dizer acerca de uma escola é que ela é particular (embora tais escolas sejam chamadas de "públicas"na Inglaterra) e cara; o pior, que é pública e barata. Dependendo do país em questão, o mesmo se aplica aos serviços médicos, à habitação (setor em que "público"em geral é sinônimo de "em ruínas"), instalações de lazer (idem), transportes (em geral, só faz uso dos transportes públicos quem não pode ter carro), e outros campos, numerosos demais para serem mencionados. Numa época em que as empresas públicas só conseguem sobreviver se afirmarem ser tão eficientes quanto as particulares[164], o preconceito contra qualquer coisa que seja pública parece atingir serviços essenciais como a água potável. A água fornecida pelo Estado, como ainda acontece em muitos países, e que sai da tornei-

---

162. Entre os primeiros críticos estavam E. Strauss, *The Ruling Servants* (Londres: Allen & Unwin, 1961); P. Blau, *Formal Organizations* (Londres: Routledge, 1963); M. Crozier, *The Bureaucratic Phenomenon* (Londres: Tavistock, 1964); e outros.

163. P. Rahe, "The Primacy of Politics in Classical Greece", *American Historical Review*, 89, 1984, pp. 265-93.

164. Por exemplo, o setor nuclear da França: A. Rosenbaum, "The Grand Alliance", *World Link,* maio-junho de 1996, p. 89.

ra, não é considerada boa para beber, não raro com razão, ao passo que a produzida por engarrafadoras privadas é supostamente ótima.

Embora "reduzir a papelada" e "cortar a burocracia" tenham se tornado lemas de campanhas políticas, até hoje são poucos os países onde se cumpriu a promessa. Em duas décadas de privatização, incontáveis empresas estatais do mundo inteiro foram vendidas ou fechadas, quase sempre à custa de seus funcionários, que ingressaram nas fileiras dos desempregados ou que tiveram de conformar-se com empregos alternativos, que prometiam menos benefícios. Além disso, desde 1980 foram raros os sistemas de assistência social de qualquer lugar do mundo desenvolvido que não cortaram os benefícios que oferecia e ameaçaram voltar a cortá-los. A única diferença entre conservadores e socialistas, como Blair e Jospin, é que estes prometem fazê-lo com menos sofrimentos. Na França, durante o último mês de 1995, o resultado foi greve e tumultos. Nos Estados Unidos, a previdência social esteve ameaçada de falência[165] e, entre as muitas soluções propostas, falou-se em privatizá-la, o que significa que o governo, embora ainda nos obrigando a investir parte de nossos rendimentos em poupanças compulsórias, não mais garantirá que o dinheiro, de fato, ali estará (mesmo com as limitações de hoje) quando chegar a hora do pagamento.

Para acrescentar insulto à injúria, até em países cujo clamor pelo individualismo implacável, pelo "cada um por si" e pela privatização foi o mais estridente, o número de burocratas não diminuiu: nos Estados Unidos, durante o governo de Ronald Reagan, por exemplo, ainda conseguiu subir 1%[166]. Nem caiu a parcela do PIB que consome. Por exemplo, na Inglaterra, estava em 45,5% em 1993, contra 44% em 1978. Para toda a Comunidade Econômica Européia, os números

---

165. Ver pormenores em *Business Week*, 5 de abril de 1993, pp. 68-9.

166. *Statistical Census of the United States 1992* (Washington: US Government Printing Office, 1992), p. 989.

correspondentes foram 52% e 50%[167]; em 1996, após uma década de cortes fiscais, o governo francês voltara a recolher o recorde de 45,7% do PIB em impostos[168]. Nos Estados Unidos também, o fardo tributário permaneceu mais ou menos estável, apesar de todos os cortes na previdência social que ocorreram a partir da posse dos republicanos em 1981.

Assim, fica provado que, tanto às claras e descaradamente quanto às escondidas, a maioria dos Estados modernos está exigindo mais e mais, embora ofereça cada vez menos. Na melhor das hipóteses, compensa com o desenvolvimento da infra-estrutura e oferecendo condições para vigoroso crescimento econômico, como acontece atualmente nos Estados Unidos (embora à custa de um déficit constante na balança de pagamentos externos, chegando a mais ou menos 120 bilhões de dólares por ano), e como foi o caso até há pouco tempo em diversos países do leste e do sudeste asiático. Na pior das hipóteses, induzem setores inteiros da força de trabalho à sonegação fiscal e até ao escambo, como na Itália (entre 1980 e 1990, a parcela de impostos do PIB italiano aumentou de 30% para 42%)[169].

Talvez para compensar sua impotência cada vez maior, muitos Estados também criaram o perturbador hábito de se envolver nos menores detalhes da vida do povo. Na República da Irlanda não se podem obter informações sobre o controle da natalidade; na Holanda é preciso pedir permissão ao governo para pintar a fachada da casa na cor escolhida. Alguns governos avisam que não se podem fazer apostas fora do sistema de loterias administrado pelo Estado (que faz questão de confiscar os lucros). Outros decretam que os fumantes são párias; outros que, em certas circunstâncias, o cidadão tem de tornar-se informante sobre a família e os vizinhos (método antes reservado aos piores re-

---

167. *The Economist,* 4 de setembro de 1993, p. 29.
168. D. Geddes, "The Return of Orthodoxy", *World Link,* maio-junho de 1996, p. 84.
169. *Ibid.,* p. 129.

gimes totalitaristas)[170]; outros, ainda, que o cidadão só pode ouvir determinado número de músicas estrangeiras pelo rádio (idem), e outros que o cidadão nem sequer tem controle sobre o próprio corpo no que diz respeito a usar remédios ou fazer aborto.

Para impor essas e outras metas louváveis, e quase sempre estimuladas por demandas ecológicas, ou por exigências de grupos minoritários, chovem novas leis e novos regulamentos como granizo em janela de vidro. Por exemplo, em fins da década de 1980, o número de páginas do *Federal Register* norte-americano, o jornal oficial que publica as leis e os regulamentos federais, chegava à marca de 100 mil. Essas leis controlavam até o formato das banheiras de hotéis e a altura do batente de suas portas; e os órgãos envolvidos não pareciam inclinados a reduzir sua produção depois que o presidente Bush mandou adiar as novas regulamentações em 1992[171]. Essas e inúmeras outras formas de invasão só podem levar à alienação e à ira, que às vezes é, literalmente, explosiva. Numa pesquisa feita após o atentado de 1995 na cidade de Oklahoma, 39% dos cidadãos dos EUA entrevistados disseram que o governo federal era uma ameaça a seus direitos e liberdades[172]. Outra pesquisa demonstrou que só 31% confiavam no governo "na maior parte ou todo o tempo"[173]. O governo, por sua vez, sente-se alarmado com a ameaça, a ponto de criar equipes especiais para lidar com os possíveis atos de terrorismo químico e biológico nas cidades dos EUA – e em boa hora, já que a primeira suposta tentativa de lançar um desses ataques foi descoberta pelo FBI em fevereiro de 1998.

---

170. R. W. Thurston, "The Soviet Family During the Great Terror, 1935-1941", *Soviet Studies*, 43, 3, 1991, pp. 553-74.
171. S. R. Furlong, "The 1992 Regulatory Moratorium: Did It Make a Difference?," *Public Administration Review*, 55, 3, maio-junho de 1995, pp. 254-62.
172. CNN, *World Report*, 22 de abril de 1995.
173. *Herald Tribune International*, 11 de fevereiro de 1998, p. 7.

Mais indícios da capacidade em declínio do Estado de atrair a lealdade do povo provêm do campo dos esportes. Conforme assinalamos antes, a idéia moderna de que os jogos e as competições devem ser organizados nacionalmente é produto do nacionalismo do século XIX, de um lado, e das ferrovias, de outro. A nacionalização dos esportes se intensificou após 1918, principalmente nos Estados totalitaristas, que costumavam preparar seu povo para a guerra e que, tanto nesse aspecto quanto em muitos outros, apenas foram mais longe que os demais[174]. É provável que o auge tenha ocorrido mais ou menos entre 1950 e 1980, quando, na URSS de Stálin, atribuir o êxito nos esportes a motivações que não fossem patrióticas era correr o risco de ser punido[175], e quando os atletas da China comunista atribuíam *seu* êxito às idéias de Mao. Desde então, tudo mudou quando o dinheiro passou a ter um papel maior, e a nacionalidade um papel menor. A partir dos Jogos Olímpicos, as mais importantes competições se tornaram comercializadas. Embora muitos eventos ainda sejam organizados sob orientação nacional, em outros tanto os concorrentes quanto as equipes são patrocinados por empresas (quando não pertencem a elas) que os usam para fins publicitários e os deduzem dos impostos.

A tendência é mais evidente em esportes caros como as corridas automobilísticas e os esportes náuticos, cujos custos podem chegar com facilidade aos milhões de dólares. Deles, espalhou-se para os outros esportes, nos quais os logotipos das empresas substituíram as cores nacionais nas costas dos jogadores, quase sempre fazendo-os parecer uma versão de mau gosto de árvores de Natal sobrecarregadas. Por

---

174. H. Weiss, "Ideologie der Freizeit im Dritten Reich: die NS-Gemeinschaft Kraft durch Freude", *Archiv für Sozialgeschichte*, 33, 1993, pp. 289-303; sobre fatos semelhantes em pelo menos um país democrático, ver S. G. Jones, "State Intervention in Sport and Leisure in Britain Between the Wars", *Journal of Contemporary History*, 22, 1, 1987, pp. 163-82.

175. Ver o exemplo citado em W. W. Kulski, "Can Russia Withdraw from Civilization?," *Foreign Affairs*, 28, 4, oububro de 1950, p. 639.

exemplo, a Federação Européia de Futebol agora permite aos diversos times "nacionais" contratação ilimitada de jogadores estrangeiros (e não só europeus) para seus times. No tênis, a desnacionalização chegou ao ponto em que os principais jogadores quase sempre relutam em representar seus países na Copa Davis que, ao contrário dos diversos torneios "abertos", ainda tem orientação nacional, e o motivo é que o torneio não paga nem conta como parte do chamado *grand slam* – para não falar do fato que, tendo enriquecido, muitos desses tenistas preferem morar em paraísos fiscais, e não em seu próprio país.

Por fim, o sinal mais óbvio do que pensam as pessoas sobre o Estado está em sua disposição cada vez menor de lutar em seu nome, e o resultado é que em um país após outro o alistamento obrigatório vem chegando ao fim. O primeiro país importante a passar por essa mudança foi o Japão, ao qual foi imposta de fora e onde a opinião pública, desde então, se tornou enfaticamente pacifista. De lá para cá, a lista de Estados que optaram por voltar ao século XVIII e depositar sua confiança em forças voluntárias e profissionais conta com a Inglaterra (1960), os Estados Unidos (1973) e a Bélgica (1994). A França, país que em 1793 se tornou o primeiro na história moderna a instituir a *levée en masse*, considerada durante muito tempo como símbolo da unidade nacional, embarcou na tendência no início de 1996. Alguns meses depois, até Boris Yeltsin, da Rússia, dizia aos eleitores que, se fosse reeleito, aboliria o alistamento obrigatório[176].

Depois de fazer isso, tais Estados descobriram, envergonhados, que não era mais possível voltar atrás. Nos Estados Unidos, durante o governo de Carter, a tentativa de registrar jovens como preliminar para um possível alistamento em futura emergência nacional encontrou resistência e teve de ser abandonada, ao passo que as propostas de instituir algum outro tipo de serviço nacional nunca saíram do papel[177]. Além

---

176. CNN, *World Report*, 18 de maio de 1996.
177. Ver uma dessas tentativas em C. C. Moskos, *A Call to Civic Service* (Nova York: Free Press, 1988).

de ter sido a estratégia dos EUA durante a Guerra do Golfo de 1991 quase totalmente ditada pela necessidade de manter pequeno o número de baixas[178], um ano depois o fato de que Bill Clinton escapara do alistamento durante a Guerra do Vietnã não o impediu de derrotar um veterano da Segunda Guerra Mundial na corrida presidencial. Tendências semelhantes afetam quase todos os outros países desenvolvidos, até mesmo Israel, que antes de 1982 talvez fosse a sociedade mais beligerante do planeta[179]. Desde então, houve um notável declínio na disposição de seus jovens de servir à pátria alistando-se no exército permanente, muito menos de arriscar a vida por ela[180].

Contra esses sintomas de fé em declínio, argumentar-se-á que, do Oriente Médio à Chechênia, muitas das organizações que mais fizeram para abalar as estruturas do Estado estão, elas mesmas, tentando fundar Estados independentes[181]. De fato, é verdade que fazê-lo é quase sempre um de seus objetivos, embora não seja o único; porém, ainda mais notável é o fato de que muitas começam a perceber que podem perder a soberania ainda antes de conquistá-la. Assim, os separatistas de Quebec esperam conservar as vantagens da união econômica com o resto do Canadá, inclusive uma moeda em comum. Mal se desmoronara a União Soviética, foi fundada a CEI, ou Comunidade de Estados Independentes, com a finalidade – só parcialmente atingida – de conservar as instituições em comum consideradas essenciais para

---

178. Ver M. R. Gordon e E. Trainor, *The Generals' War: The Inside Story of the Conflict in the Gulf* (Boston: Little, Brown, 1995), pp. 379-80.

179. Ver M. van Creveld, "Conscription Warfare: The Israeli Experience", em R. G. Förster (org.), *Die Wehrpflicht: Entstehung, Erscheinungsformen and politische-militärische Wirkung* (Munique: Oldenburg Verlag, 1994), pp. 227-34.

180. Entrevista com o tenente-coronel dr. R. Dovrat, chefe de ciências comportamentais, Forças de Defesa de Israel, *Yedi'ot Acharonot* (hebraico), 19 de abril de 1996, pp. 10-16; entrevista com o ministro da Defesa Y. Mordechai, *Yedi'ot Acharonot* (hebraico), 7 de agosto de 1996, p. 12.

181. Ver F. Parkinson, "Ethnicity and Independent Statehood", pp. 322-45, e R. H. Jackson, "Continuity and Change in the State System", p. 348, em Jackson e James, *States in a Changing World*.

o bem-estar de todos[182]. Em conseqüência disso, os russos étnicos que viviam nas repúblicas bálticas tiveram permissão para participar das eleições russas de maio e junho de 1996. Entrementes, pelo menos uma república (Belarus) ainda não se decidira se queria ser independente ou não.

Em outras partes da Europa, cinco outros Estados recém-fundados, isto é, a República Tcheca, a Eslováquia e as repúblicas bálticas, estão todos tentando ingressar na União Européia. No Oriente Médio, a OLP, consciente de que um Estado palestino na Cisjordânia e na Faixa de Gaza não teria viabilidade econômica, vem há bastante tempo pensando em alguma forma de integração com a Jordânia, com Israel e talvez outros países; supondo-se que a região esteja se encaminhando para a paz, e não para a guerra, em certos aspectos é provável que tal união aconteça, mesmo que as partes não queiram[183]. Um último caso em questão é representado pelas ex-repúblicas iugoslavas. Mal a Croácia e a Bósnia-Herzegovina se tornaram Estados independentes – este último ainda antes de se tornar – já criaram uma federação. Assim como seus colegas retardatários da Europa central e oriental, a Eslovênia ainda está no processo de ingressar na União Européia. Conforme o ministro das relações exteriores de um desses Estados disse a este autor durante uma reunião em Davos, se seu país não esperasse ingressar na União Européia, qual teria sido o motivo de romper com a Iugoslávia?

Embora os Estados continuem a exercer algumas funções importantes, dois séculos depois que a Revolução Francesa arregimentou pela primeira vez o nacionalismo moderno de massa, a muitos deles parece faltar quem neles acredite e esteja disposto a ser bucha de canhão em seu nome.

---

182. Sobre a tentativa de usar a CEI para salvar o que fosse possível da antiga economia soviética, ver R. E. Ericson, "Economics", em T. J. Colton e R. Legvold (orgs.), *After the Soviet Union: From Empire to Nations* (Nova York: Norton, 1992), pp. 49-83.

183. Ver S. Peres, *The New Middle East* (Londres: Weidenfeld & Nicolson, 1996).

Às vezes isso parece resultado de uma guerra malsucedida, como nos Estados Unidos (após o Vietnã e a "lacuna da confiança"[184]) e na URSS (onde o fracasso no Afeganistão teve papel semelhante). Em outros lugares, aconteceu de maneira imperceptível, quando a integração cada vez maior com outros Estados reduziu a soberania de todos, como ocorreu na maior parte da Europa[185].

Sejam quais forem os processos exatos, em quase toda parte foram acompanhados por um declínio na disposição dos Estados de assumir a responsabilidade por suas economias, fornecer benefícios sociais, educar os jovens, e mesmo exercer a função elementar de proteger os cidadãos contra o terrorismo e o crime, tarefa que, na melhor das hipóteses, está sendo repartida com outras instituições e, na pior, simplesmente deixada de lado. No final do segundo milênio, em número cada vez maior de lugares da Europa ocidental e oriental, até o mundo em desenvolvimento[186], mais se tolera do que se admira o Estado. Os dias em que, como foi o caso em especial durante a era da guerra total, o Estado podia fazer-se passar por um deus na Terra chegaram claramente ao fim.

---

184. Ver S. M. Lipset, *The Confidence Gap* (Baltimore: Johns Hopkins University Press, 1987).

185. Ver M. Dogan, "The Decline of Nationalisms Within Western Europe", *Comparative Politics*, 26, 3, 1994, pp. 281-305; também E. Pond, "The Escape from History", *World Link*, janeiro-fevereiro de 1998, pp. 64-70.

186. Sobre a Europa ocidental, ver, sobretudo, W. Wallace, "Rescue or Retreat: The Nation State in Western Europe, 1945-1993", *Political Studies*, 42, 1994, pp. 52-76; sobre a Europa oriental, ver U. Plasser-Fritz, "Politische Systemunterstützung und Institutionvertrauen in den OZE Staaten", *Österreichische Zeitschrift für Politikwissenschaften*, 23, 4, 1994, pp. 365-79; e ver o pormenorizado estudo de caso de um país em desenvolvimento em A. N. Longha, "Citizenship, Identity and Questions of Supreme Loyalty: The Case of Kuwait", *Forum for Development Studies*, 2, 1995, pp. 197-217.

Conclusões: além do Estado

Conforme apresentados neste estudo, governo e Estado não são, absolutamente, idênticos. O primeiro é uma pessoa ou grupo que pacifica, faz guerra, promulga leis, exerce a justiça, eleva a receita, define a moeda e cuida da segurança interna em nome de toda a sociedade, sempre tentando oferecer um foco para a lealdade das pessoas e também, talvez, um pouco de bem-estar social. O segundo é apenas uma das formas que, historicamente, a organização do governo assume e que, em conseqüência disso, não precisa ser considerada mais eterna e auto-evidente do que as anteriores.

O primeiro lugar a ter esse tipo de governo foi a Europa ocidental, onde começou a desenvolver-se por volta do ano 1300 e onde aconteceram mudanças decisivas entre a morte de Carlos V, em 1558, e o tratado da Vestefália, noventa anos depois. *Grosso modo*, e omitindo as muitas diferenças que separavam vários países, ocorreu o seguinte. Depois de lutar contra o universalismo e derrotá-lo, de um lado, e o particularismo, de outro, um pequeno número de monarcas "absolutistas" consolidou os domínios territoriais e concentrou o poder político nas próprias mãos. Simultaneamente, para administrar os aspectos tanto civis quanto militares desse poder, resolveram montar uma burocracia impessoal, bem como uma infra-estrutura de impostos e informação necessária a seu sustento. Instalada a burocracia, sua própria natureza – o fato de que as leis em que consiste não poderiam ser arbitrariamente transgredidas sem risco de colapso – logo fez com que começasse a desviar o poder das mãos dos governantes para as suas, replicando, assim, o próprio governo.

Em associação íntima com o declínio do mundo medieval e as conseqüentes guerras civis e religiosas, o Estado foi concebido principalmente como instrumento de imposição da lei e da ordem sobre grupos e indivíduos. Cerca de um século e meio após seu nascimento, porém, deparou com o clamor do nacionalismo e tratou de apropriar-se dele, o que lhe concedeu teor ético. Construído pela e para a guerra – quase sempre, como assinalaram os críticos[1] a partir de Maquiavel, recorrendo a métodos criminosos, tanto contra seus concorrentes quanto contra os próprios súditos –, nessa época já se tornara muito mais forte que quaisquer organizações políticas, tanto na Europa como nos outros continentes. O resultado foi sua propagação para o resto do mundo até que, durante a segunda metade do século XX, de uma forma ou de outra, seu triunfo se tornara total.

Repetindo a definição fornecida antes, comparadas às formas anteriores de governo, as mais importantes características do Estado são as seguintes. Em primeiro lugar, sendo soberano, recusa-se a repartir com outros as funções acima, concentrando-as todas nas próprias mãos. Em segundo lugar, sendo territorial, exerce tais poderes sobre as pessoas que vivem entre suas fronteiras e somente sobre elas. Em terceiro lugar, e o que é mais importante, é uma instituição abstrata. Ao contrário de todos os seus predecessores em qualquer época e lugar, não é idêntico aos governantes nem aos governados; não é um homem nem uma comunidade, mas um ser invisível conhecido como uma corporação. Essa corporação tem uma personalidade independente. Esta é reconhecida por lei e capaz de se comportar *como se* fosse uma pessoa na assinatura de contratos, na posse de propriedades, ao defender-se etc.

---

1. Mais recentemente, C. Tilly, "War Making and State Making as Organized Crime", em Evans *et al.*, *Bringing the State back in*, pp. 169-91.

A partir dos últimos anos do século XX, torna-se claro que a terceira característica do Estado – o fato de ter uma personalidade – começa a tornar redundantes as outras duas. Em geral, a ameaça ao Estado não provém de indivíduos nem de grupos do tipo que exercia as funções do governo em várias comunidades em diversas épocas e lugares antes de 1648. Pelo contrário, provém de outras corporações; em outras palavras, de "homens artificiais" que têm natureza igual, mas dele diferem no aspecto do controle sobre o território e no tocante ao exercício da soberania.

Algumas das corporações em questão são de natureza territorial, mas a maioria não é. Algumas são regionais e maiores que Estados, outras são menores e apenas locais[2]. Algumas são intergovernamentais, outras são não governamentais. Algumas são de natureza principalmente política, outras se dedicam a outros fins, como ganhar dinheiro, proteger o meio ambiente, divulgar alguma mensagem religiosa, ou propagar alguma causa especial, que pode ir da redução da poluição aos direitos dos animais. Conforme um entendido afirmou recentemente[3], porém, todas têm em comum o fato de estarem mais afinadas com a tecnologia moderna, as comunicações e, em especial, com os transportes, do que o Estado. Em conseqüência disso, algumas delas são capazes de se tornar muito mais ricas que a maioria dos Estados; ou assumir algumas de suas funções; ou fugir a seu controle criando colônias e levando seus recursos para fora das fronteiras; ou influir mais do que os governos nas opiniões de seus cidadãos; ou (como no caso das inúmeras organizações de guerrilheiros e terroristas) ter êxito na resistência armada; ou, não raro, alguma combinação de todos esses fatores.

---

2. Sobre o formato que algumas instituições podem assumir, ver K. Ohmae, "The Rise of the Region State", *Foreign Affairs,* 72, 2, primavera de 1993, pp. 78-87; e, na outra extremidade do espectro, G. Gottlieb, "Nations Without States", *Foreign Affairs,* 73, 3, maio-junho de 1994, pp. 100-12.

3. J. Mathews, "Power Shift", *Foreign Affairs,* 76, 1, janeiro-fevereiro de 1997, pp. 50-66.

Em muitos casos, o recuo do Estado é voluntário. É esse o caso, por exemplo, quando decide fugir a suas responsabilidades, fazendo cortes na previdência, na seguridade social, na educação etc; também quando procura melhorar as oportunidades de comércio ao abrir as fronteiras, integrando sua infra-estrutura à dos vizinhos, afiliando-se a diversos tipos de instituições internacionais e submetendo-se aos regulamentos que essas instituições possam impor. Em outros, é involuntário: é o produto de enormes forças econômicas, tecnológicas e culturais que, embora atinjam diversas regiões de diversas maneiras, estão além do controle até dos Estados mais poderosos, e às quais os Estados só podem resistir, quando muito, à custa de ficarem para trás, enquanto a história vai em frente como um rolo compressor. Também é comum que esse processo aconteça à revelia. Não se trata de o Estado decidir integrar-se ou isolar-se, mas principalmente da lenta erosão da qualidade dos benefícios que pode oferecer e oferece.

O outro lado dessa moeda é a sensação, predominante entre os cidadãos de muitos países desenvolvidos, de que, quando chega a hora de pagar, o Estado não cumpre suas promessas; que paga, quando paga, com dinheiro falso. E que, para garantir algum tipo de futuro para si e para os filhos, aos cidadãos não resta escolha a não ser cuidar de si mesmos de modo que independam da vontade do Estado – e talvez até se oponham a ela.

Enquanto o Estado moderno abandona as alturas do comando que alcançou entre 1945 e 1975, é provável que entrem em declínio algumas de suas instituições mais características. Entre elas estão, naturalmente, as empresas econômicas estatais (que, da China à Inglaterra, estão sendo desprezadas ou vendidas); os sistemas de seguridade social (cuja parcela do PIB está caindo em quase todo o mundo)[4]; o sistema jurídico (em alguns países, a justiça privada, tam-

---

4. Uma das poucas exceções é a Noruega que, flutuando sobre um lago de petróleo, os mantém intactos, porém somente à custa da desindustrialização.

bém conhecida como "juiz de aluguel", já está prevalecendo, por ser mais rápida e mais barata do que a fornecida pelo Estado); o sistema carcerário (da Austrália, passando pela Inglaterra, aos Estados Unidos, todos os países desenvolvidos estão desesperados à procura de uma alternativa mais barata à prisão e fazendo experiências com penitenciárias privadas)[5]; as forças armadas (muitas das quais, tendo encolhido de maneira impressionante após o fim da Guerra Fria, estão à procura de novas missões em qualquer campo, de busca e apreensão à guerra contra as drogas); a polícia (que vem sendo complementada, e em alguns casos posta de lado, por forças de segurança privada); as escolas públicas (que, enquanto os pais abastados matriculam os filhos em escolas particulares ou passam a educá-los em casa, vêm-se tornando pocilgas para os filhos dos desprivilegiados); os meios de comunicação de massa estatais (que, além dos subsídios que requerem, sempre são sinônimos de tédio); e o aparato estatístico (que, quando ainda funciona, está-se tornando cada vez mais irrelevante). De um modo ou de outro, esses e outros serviços vão sendo cortados no mundo inteiro.

À medida que outras instituições assumem as funções do Estado, não há dúvida de que tentarão representar seu papel em muitos desses aspectos. Ao contrário dos atuais membros da comunidade internacional, todos soberanos, a maioria deles talvez não consiga exercer controle exclusivo sobre determinado território; em vez disso, serão obrigados a repartir esse controle com outras instituições. Em vez de serem pelo menos formalmente iguais, como os Estados, algumas delas serão, com certeza, superiores, e outras, inferiores. Em outras palavras, trata-se de um mundo cuja estrutura jurídica estará mais em harmonia com as realidades políticas que já existiam e que, em muitos locais e de muitas maneiras, jamais deixaram de existir.

---

5. Sobre a privatização, em especial, dos sistemas jurídico e carcerário dos Estados Unidos, ver R. Fitzgerald, *When Government Goes Private: Successful Alternatives to Public Services* (Nova York: Universe Books, 1988), cap. 3.

As instituições que, no futuro, realizarão as funções do governo serão mais fragmentadas, mais integradas entre si do que aquelas com as quais nos acostumamos durante os últimos trezentos anos. Ao contrário dos Estados, que, na teoria pelo menos, são iguais entre si, também tenderão a formar relações hierárquicas umas com as outras. Às vezes a soberania será dividida, como está acontecendo na Irlanda do Norte e pode acabar acontecendo na Terra Santa. Uma estrutura hierárquica na qual algumas entidades políticas são mais iguais que outras também significa que essas entidades terão um ou mais graus de distanciamento de suas populações. Isso apresenta o perigo de que venham a ser menos representativas e menos democráticas do que a maioria dos Estados modernos, mais ou menos da maneira como, já hoje, os eurocratas do alto escalão e o secretário-geral da ONU são nomeados ou eleitos por governos, e não pelo voto do povo da União Européia e do mundo, respectivamente.

Como era o caso antes de 1648, todas essas instituições vão interagir e negociar umas com as outras. Ocasionalmente, decerto, também farão uso de suas próprias forças ou, o que parece cada vez mais provável, forças terceirizadas para agredir umas às outras. Embora tal situação não venha a ser novidade para os habitantes de grande parte do Terceiro Mundo – cuja característica principal é o fato de que o Estado jamais conseguiu estabelecer um monopólio eficaz sobre a violência –, em muitos países desenvolvidos é quase certo que serão adversas as conseqüências sobre a segurança cotidiana. As pessoas e as instituições que se encostavam no Estado terão de fazer, e, de fato, já estão fazendo, mais para se defender, por exemplo, comprando todos os tipos de equipamentos especializados; fortificando os prédios onde vivem e trabalham; montando suas próprias guardas, uniformizadas ou não; e talvez até criando suas próprias forças armadas com comandantes adequados (oficiais e suboficiais reformados, sem dúvida).

Comparada à que testemunhamos entre 1914 e 1945, a maior parte dessa violência será quase sempre local, esporádica, em escala bem pequena. Não resta dúvida de que o futuro terá muitos conflitos, como os da Bósnia, de Sri Lanka e de Ruanda; os terroristas e guerrilheiros não só continuarão a se fazer presentes em muitos países, como é possível que recorram a armas químicas, biológicas e até nucleares[6]. Ao contrário dos temores de muitos e das esperanças de poucos, contudo, é quase certo que não aconteça a Terceira Guerra Mundial – isto é, um conflito em larga escala entre superpotências, cada uma das quais dominando parte de um continente ou hemisfério. Porém, se *acontecer* e forem usadas quaisquer quantidades de armas nucleares, o resultado será um retorno não só à época pré-Vestefália, mas à Idade da Pedra.

Para pessoas e instituições que estão limitadas ao Estado e dependem dele para sua defesa, sustento, educação e outros serviços, uma situação assim é mau presságio. Para grupos diversos como os funcionários públicos e os beneficiários da previdência social (em especial os que esperam receber os benefícios no futuro), a advertência é bem clara. Se não começarem a procurar em outro lugar a preservação de sua situação econômica e, em alguns casos, até de proteção física, é provável que não tenham futuro. Como também aconteceu durante períodos anteriores, quando os impérios se desmoronaram e surgiram estruturas feudais, não raro procurar em outro lugar significará perder a liberdade, tornando-se clientes dos fortes e ricos, sejam estes indivíduos, sejam – talvez o mais provável para a maioria – grupos empresariais de diversos tipos. Parece provável o ressurgimento de uma subclasse politicamente destituída semelhante àquela que, mesmo nos países mais "desenvolvidos", continuou a existir até a Revolução Francesa e depois dela. Alguns diriam que, da Califórnia à Itália, ela já existe na forma

---

6. Falando em *Panorama* no dia 14 de setembro de 1997, o general Lebed afirmou que, de cem bombas nucleares do tamanho de uma maleta fabricadas para as forças especiais da União Soviética, ninguém sabe o paradeiro de dois terços.

dos estrangeiros clandestinos, dos trabalhadores convidados e da cidadania econômica[7] – isto é, pessoas que, embora sujeitas a tributação e no gozo de pelo menos um acesso limitado ao sistema judiciário e aos serviços sociais oferecidos pelo país que as hospeda, não têm direitos políticos.

Em contrapartida, instituições e pessoas cuja riqueza e *status* são independentes do Estado, pessoas com mentalidade internacional e preparadas para aproveitar as oportunidades que se abrem em todos os campos, da comunicação e do comércio globais à educação particular, lucrarão; e, conforme afirmam vários analistas[8], já estão lucrando à custa de todo o resto. Com o enfraquecimento do Estado, muitas delas decerto acharão mais fácil e mais necessário traduzir quaisquer vantagens que tenham em poder político direto. Em vez de apenas fazer pressão e subornar, como é hoje o caso, governarão – pelo menos exercendo algumas das funções de governo, com relação a algumas pessoas e até certo ponto.

Para cada pessoa, se as possibilidades vindouras serão boas ou ruins vai depender do sexo, do relacionamento familiar, da situação econômica, do *status* social, da ocupação, das afiliações organizacionais etc. É, sobretudo, uma questão de disposição para descartar as antigas certezas e adaptar-se ao admirável mundo novo que nos aguarda. Em alguns lugares, a mudança será pacífica. O resultado será uma prosperidade sem precedentes, quando as fronteiras nacionais se tornarem menos importantes, a tecnologia progredir, as oportunidades econômicas se abrirem e os transportes e as comunicações permitirem que diversas culturas fecundem umas às outras. As instituições regionais e locais terão uma nova oportunidade de progresso – como já está acontecendo na Espanha (Catalunha), na Inglaterra (Escócia e Gales), na Bélgica (nas regiões de Flandres e Valão) e na Austrália (muitos de seus estados já têm representantes

---

7. Ver S. Sassen, *Losing Control?: Sovereignty in the Age of Globalization* (Nova York: Columbia University Press, 1996), cap. 2.

8. Por exemplo, A. Toffler e H. Toffler, *The Third Wave* (Nova York: Morrow, 1980); e Reich, *The Work of Nations,* principalmente parte 3.

próprios no exterior), entre outros. Por fim, quem quiser escapar de algumas das tendências mais intrusivas do Estado poderá fazê-lo mudando-se para outro lugar ou simplesmente conectando-se à Internet.

Em outros lugares, o recuo do Estado terá conseqüências menos afortunadas. Na melhor das hipóteses, o ressurgimento do "mercado" à custa dos controles administrativos e do bem-estar social significará segurança reduzida e, quase sempre, mais desordem. Na pior das hipóteses, pode haver uma reviravolta e as pessoas passarem a ser dominadas ou governadas por instituições menos responsáveis e mais autoritárias. Dependendo das circunstâncias, essas instituições serão capazes, ou não, de manter a paz, tanto entre si como com o que restar dos antigos Estados; nesse caso, pode cair a autoridade pública, irromper a violência, rolar sangue de combatentes e não-combatentes e haver, pelo menos, um retorno temporário a modos de vida mais primitivos. Pode haver até algumas regiões e alguns países que continuem a vegetar como sempre fizeram, sem acompanhar o ritmo acelerado das mudanças nem, pode-se esperar, tornar-se mais tumultuados do que o normal[9].

No fim das contas, os riscos e as oportunidades talvez sejam quase iguais. Não se deve lamentar o recuo do Estado, nem será o mundo de amanhã muito melhor ou muito pior do que esse que agora mesmo desaparece nas sombras. Certa feita, quando lhe perguntaram sobre o que estava por vir, Mao Tsé-tung respondeu com uma quadrinha característica:

> O Sol continuará a nascer
> as árvores continuarão a crescer
> e as mulheres
> continuarão a ter filhos.

---

9. Sobre os três resultados possíveis – que chamam de "Estado pós-moderno", "Estado pré-moderno" e "Estado moderno", ver H. H. Holm e G. Sorenson, "International Relations Theory in a World of Variation", em Holm e Sorenson (orgs.), *Whose World Order? Uneven Globalization and the End of the Cold War* (Boulder: Westview Press, 1995), pp. 202 ss.

Índice remissivo

Abdullah da Jordânia, 504
aborígines australianos, 9
Académie politique, 301
Acadiano, império, 57, 60
Acordo Norte-Americano de Livre Comércio (NAFTA), 556
Action française, 291
administrativa, revolução, 182-4
Adriano, M. A., 54
Adriano de Utreque, papa, 93; humanista, 161
Adulteração de Alimentos, Lei da, inglesa, 312
aediles, 36
aerarium, 47, 63
Afeganistão, 475; guerra no, 497, 593
Afonso V de Aragão, 138
África do Sul, 403, 419; história da, 424-6, 461, 483, 550, 570, 577
Africânders, 424
Africano, S. C., 47, 76; acusado de peculato, 76-7
Agamenon, rei, 20
agentes rerum, 71
Agincourt, Batalha de, 131
Agostinho, Sto., 241, 255
Air France, 511
Alagno, L. de, 138
Alba, duque de, 142
Albânia, 539
Alberto de Brandenburgo-Ansbach, 95
Alberto I de Habsburgo, 107
Alberto V da Baviera, 143
Albigenses, 91
alcabala, 163
Alemanha, 279, 291; educação na, 304, 307-11; previdência social na, 314-5; durante o governo do Nacional-Socialismo, 317-8; adota o padrão-ouro, 332, 338; mobiliza-se para a II Guerra Mundial, 341, 365, 370, 393, 402, 417; império colonial da, 456, 485-6, 493, 500-1; *ver também* Alemanha Oriental, Alemanha Ocidental
Alemanha Ocidental, 512, 517, 519-21; e privatização, 531

Alemanha Oriental, 533, 549, 556, 567
Alexandre o Grande, da Macedônia, 62, 66, 548
Alexandre I da Rússia, 170, 296, 386-7
Alexandre II da Rússia, abole a escravidão, 391-2, 394-5
Alexandre VI, papa, 104
Alfa Romeo, 530
Ali, R., 465
alistamento obrigatório, adotado pelas grandes potências, 361
Allende, S., 438, 514
Allgemeines Landesrecht, 392
Almirantado, 406
Amadeu VIII de Savóia, 113
Amal, 570
Amin, I., 474
Amtrak, 513
Ana da Boêmia, 171
Ana da Bretanha, 171
Ana da Inglaterra, 188
Ana da Rússia, 388
anarquismo, 262, 292, 295, 394
ancien régime, 182
Andrea, V., 300
Andropov, Y. V., 536
Angkole, 20
Anglicanismo, 96
Angola, 452, 468, 471
Aníbal, 45, 47
Annapolis, Academia de Oficiais de, 301
Antíoco III, 47; morto quando assaltava o templo, 66, 77
Antíoco IV, 55
Anuak, 3
apartheid, 432
Aquino, T., 73, 243

árabe-israelenses, guerras, 498, 503, 518
Arábia Saudita, 17, 562
Aragão, 126; unido a Castela, 137-41, 428
architecture parlante, 284
Argélia, 51, 475; afasta-se do socialismo, 538; guerra na, 568
Argentina, 288, 373, 436, 439; colonização da, 439-40, 444, 448, 491, 514, 555
Ariosto, 114
Aristóteles, 31; critica Platão, 35, 192, 243; modelo de Bodin, 249, 253, 263
árkhontes, 40
armas nucleares, impacto sobre a guerra, 484-93
Armênia, 51
Arndt, M., 284
Artigos da Confederação, EUA, 407-8
artilharia, desenvolvimento da, 220-1, 224-5, 358
assignats, francesas, 328, 333
assírio, império, 57
Associação das Nações do Sudeste Asiático (ASEAN), 555
Associação Européia de Livre Comércio (AELC), 555
Associação Internacional de Transporte Aéreo (IATA), 549
Associação Latino-Americana de Livre Comércio (ALALC), 555
asteca, império, 52, 61-2, 69, 428
Atahualpa, 66
ateliers nationaux, 314
Atenas, 35, 40, 45, 51, 77, 80, 152

Atlântico, Carta do, 508
Ato Constitucional, canadense, 419
Ato da América do Norte Britânica, 420
Ato de Regulação, RU, 198
Ato de Restauração, EUA, 331
Ato do Governo da Índia, RU, 465
Atos de Navegação, 406
auctoritas, 39
Augsburgo, Confissão de, 95
Augsburgo, Paz de, 97, 121, 122
augusti, 53
Augusto, C. O., 54-5, 62, 80, 237, 244, 321
aurea libertas, 397
Aurélio, M., 54; no monte Capitólio, estátua de, 175
Austerlitz, Batalha de, 170
Austrália, 373, 403; unificação da, 421-3, 427, 461, 467, 491, 531
Austrália do Sul, 422
Áustria, 51, 110, 118, 144, 182, 189, 201, 203; tributação na, 219-20, 239, 264, 271, 284; cria papel-moeda, 328; adota o padrão-ouro, 332, 360, 402, 417, 500, 554
austríaca, escola, 526
Auxílio a Crianças Dependentes, Programa de, (AFDC), EUA, 520

babilônio, império, 57
Bacon, F., 372
bailios, 131
bajulação, 41
Bakunin, M. A., 295
Bakwain, 13

Balladur, E., 530
Baltheassar, F. U., inventa o nacionalismo suíço, 274
Banco da Inglaterra: fundação do, 325-6, 328-9; absorvido pelo Estado, 340, 481
Banco di Roma, 530
Banco Mundial, 538
Bancos, Lei dos, EUA, 410
bancos centrais, papel em expansão dos, 333
bancos de transferência de crédito, 327-8
bancos pequenos, 328
bandos, sociedades de, 2, 7
Bandung, congresso de, 468
Banque de France, 327; restabelecido por Napoleão, 328.
Barere, B., 351
Baruch, B., 341
Basiléia, Paz da, 115
Bassianus, V. A., 54
Bastilha, dia da, 283
Baviera, 98, 143, 192, 210; educação na, 302-3
Bayerische Motoren Werke (BMW), 558
Beccaria, C., 238
Becket, T., 87
Beer, F. von, 236
Belarus, 387, 462, 546, 592
Bélgica, 314; adota o padrão-ouro, 332; império colonial da, 456, 461, 521, 531, 590
Belize, 473
Benedito XI, papa, 89
Benin, 555
Bentham, J., 198-9, 238
Beria, L., 319
Berliet, 511

Bernhardi, T. von, 415
Berti, 8
Beveridge, A., 460
Beveridge, Relatório, 508
Beza, T., 95
Bhutto, Z. A., 493
Bíblia, 6-7, 9-10, 18, 30, 56, 97, 241, 251
billets d'état, 327
Birmânia, 466, 468-9, 562
Bismarck, O. von, 304, 309; cria a previdência social, 314; e anexação da Alsácia-Lorena, 501
Bizâncio, 24, 54, 63, 67, 72, 83
Blair, A., 586
Blanc, L., 313
Blanche de Savóia, 98
Blenheim, Batalha de, 358
Blum, L., 509
Bluntschli, J., 501
Boccini, A., 319
Bodin, J., 99, 124, 205; e as origens do Estado moderno, 250-4, 257, 261; e propriedade privada, 294
Bokassa, 474
Bolcheviques, 342, 395, 532
Bolingbroke, H., 189
Bolívar, S., 436, 451
Bolívia, 439, 444, 555
Bonifácio VIII, papa, 86; e briga com Felipe IV, 88-9, 107
bonnes villes, 157
Bórgia, C., 105, 575
Bórgia, R., *ver* Alexandre VI
Bósnia, 506, 551, 592
bosquímanos, 2, 11
Bosworth Field, Batalha de, 129, 150
Botha, L., 425

boulé, 38
Bourbon, família, 117
Bouvines, Batalha de, 107
Brasil, 436, 439, 442; sob governo militar, 444-5, 491, 514, 555
Braun, H., 301
Bret, C. Le, 253
Bretton Woods, Acordos de, 560
Brejnev, L. I., 536
British Aerospace, 529
British Airways, 529
British Broadcasting Corporation (BBC), 509, 562
British Gas, 529
British Overseas Air Corporation (BOAC), 509
British Petroleum, 529
British Rail, 512
British Steel, 529
British Telecom, 529
Bucer, M., 95
Buganda, 20
Bula de Ouro, 111, 141
Bulgária, 51
Bulnes, M., 437
Bunyoro, 20
Bureau of Internal Revenue, EUA, 332
Burke, E., 198; e a criação da moeda de curso forçado, 329
Burkhardt, J., 104
burocracia, nos impérios, 60, 72; no feudalismo, 73; e os primeiros Estados modernos, 180-3; expansão da, 189-91, 196-201; prussiana, 217, 271; e a Revolução Francesa, 283, 300; evolução durante a I Guerra Mundial, 335; na União Soviética, 342; na

ÍNDICE REMISSIVO

Rússia, 386, 389; polonesa, 403; norte-americana, 417; na América Latina, 443; na Ásia e na África, 469, 472, 509; e o Estado de bem-estar, 519; perda da fé na, 585-6
Burr, A., 410
Burundi, 19
Bush, G. S., 270, 490, 506; compara a administração com a KGB, 585

Cabet, H., 313
cabildos, 430, 432-3
Cable News Network (CNN), 562
Cabo, colônia do, 425
caciques, 432
caisse d'escompte, 328
califa, cargo religioso de, 54
Califórnia, 416; rebelião fiscal na, 522
Calígula, C., 369
Calvino, J., 261
Câmara Estrelada, Inglaterra, 129
Camarões, 555
"Caminho do Povo", 395
campos de concentração, 319
Campus Martius (Campo de Marte), 43
Canadá, 373, 407, 414; história política do, 419-23, 426, 491, 508; cria o Estado de bem-estar, 512, 515; afasta-se do Estado de bem-estar, 522, 524, 527, 531, 533, 546, 548; e NAFTA, 556
Canaletto, J. A., 153
Canqui, J. G. C., 433

Capeto, dinastia dos, 88
carabinieri, 235
Cardwell, reformas de, 226
cargos venais, 184-7
carlistas, guerras, 355
Carlos, o Temerário, da Borgonha, 110, 133
Carlos Magno, 54; imperador universal, 58, 85, 115
Carlos I da Inglaterra, 99, 129, 151, 169, 175; renda de, 210, 325
Carlos II da Inglaterra, 130, 404
Carlos III de Espanha, 433
Carlos IV da França, 131
Carlos V da França, 208, 595
Carlos V, Imperador, 58, 63, 93, 97; saqueia Roma, 105, 115-7, 123, 133, 139, 142; e *germanias*, 160, 163, 169, 172, 177, 183, 190, 225; testamentos de, 244-5, 249, 428, 431; campanhas no norte da África, 455
Carlos IX da França, 101
Carlos VI da França, 109, 252
Carlos VII da França, 208
Carlos VIII da França, 170-1
Carlos XII da França, 132
Carlos XII da Suécia, 169, 387
Carlota de Savóia, 171
Carnot, L., 351
Carolina do Norte, 544
Carolina do Sul, 214, 544
carolíngio, império, 16, 83-4, 299
Cartago, 31, 80
Carter, J. E., 590
casa de la contratación, 434-5
Casimiro do Palatinado, 135
Castela, 126; unida com Aragão, 137-9, 161, 428

Catarina de Médici, 99-100, 134, 171
Catarina II da Rússia, 388; e a Polônia, 402
cataristas, 91
Cateau-Cambresis, Tratado de, 134
católicos, reis, 139
caudilhos, 438, 441-3, 447
Ceilão, ver Sri Lanka
censores, 76
César, G. J., 47, 53
Chaco, guerra do, 444
Charlottenburg, Palácio de, 173
Chechênia, guerra na, 480, 591
Cheka, 296
Chernenko, C. U., 536
Chernobyl, acidente de, 546
cherokee, 11
Chiang Kai-shek, 466
Chile, 437-8, 444; governo militar no, 445, 514, 555
China, 30; unificação da, 31, 52-3; e confucionismo, 54; burocracia na, 60-4, 78-9; e papel-moeda, 322, 416, 461, 466, 492, 494, 497; invade o Vietnã, 504, 514-5; abranda o comunismo, 535, 562
Chipre, 471
Chrysler, 557
Churchill, W. S., 341, 458; e o equilíbrio do terror nuclear, 490, 507-8, 512
Cícero, M. T., 40; define a *res publica*, 82, 250
cidades, definição de, 29-30
cidades-estado: conceito de liberdade nas, 48, 76-7, 241; educação nas, 299

ciência política, 99; toma o lugar da religião, 261
Cingapura, 466, 469, 475, 555-6
cinismo, 56
Ciro II, 243
Clancy, T., 490
Clausewitz, C. von, 350, 354
Clemente IV, papa, 85
Clemente V, papa, transfere o Papado para Avignon, 89
Clemente VII, papa, 105, 116
Clinton, W. J., 1, 270, 521, 591
Clive, R., 454
Código de Napoleão, 239
coercitio, 37
Colbert, C. S., 189
Colbert, J. B., 100; realiza a *recherche de la noblesse*, 136, 205; calcula a receita da França, 211, 301
Colômbia, 439, 442, 445, 548
Colonna, família, 84, 104
Colorado, 298
Colúmbia Britânica, 420
Comissão Européia, 552-5
communeros, 140, 161
compagnies d'ordonance, 208
Companhia das Índias Ocidentais, 227, 453
Companhia das Índias Orientais, 199, 227; história da, 453
complexo industrial-militar, 418
Comunidade de Estados Independentes (CEI), 591
Comunidade Econômica dos Países da África Ocidental (CEDEAO), 555
Concerto da Europa, 546
conciliários, 90
Concílio de Constança, 90

ÍNDICE REMISSIVO

Concílio de Trento, 98
Condé, família, 134
Condé, Luís de, 136, 146
confrarias, 4-5; base para a guerra, 9, 15
Confucionismo, religião oficial, 55, 241
Congo, ver Zaire
Congresso Continental, 408
Connecticut, 405, 409
Conrado I, imperador, 86
Conrado IV, imperador, 107
Conrail, 531
conseil d'état, 197
Consejo de las Indias, 428
Conselho de Segurança, ONU, 494, 503, 506, 550-1; ver também Organização das Nações Unidas
Conselho Geral de Medicina, britânico, 312
Conselho Nórdico, 554
Constantino, Doação de, 92
Constantino, F. V., 118
Constantinopla, queda de, 221
Constituição, EUA, 408-10
cônsules, 36
cônsules (Itália), 147
Contra-Reforma, 90; na Baviera, 144; acaba com a beatificação dos governantes, 173-4; interrompe a construção do serviço diplomático, 188
contravenções, 6
Convenção de Genebra, 574
Copérnico, N., 171
Coréia, Guerra da, 415, 498, 506
Coréia do Norte, 491
Coréia do Sul, 469, 491, 531-2, 556
Corinto, 45, 80, 293

corregidores, 160; de indios, 429
Corte Européia, 553
Cortés, H., 119, 428
corvéia (trabalhos forçados), 70; no Congo Belga, 456
Costa do Marfim, 555
Costa Rica, 445
costumes, em tribos sem governantes, 7
County and Borough Police Act, RU, 297
cour des aides, 208
Crasso, M. L., 47
Crecy, Batalha de, 131; uso da pólvora na, 221
Crevecoeur, H., 234
Criméia, Guerra da, 374, 392
Crise dos Mísseis de Cuba, 490, 492
Cristianismo: religião de resignação, 56; religião imperial durante a Idade Média, 84-5; não pode mais servir de base do governo, 250-1
Cristina da Suécia, 184
Croácia, 592
Crolie, H., 414
Cromwell, O., 104, 151; e revolução administrativa, 183, 218
Cruce, Abbé, 501
cruzada, 97
Cuba, 418, 505
cursus honorum, 37
cursus publicus, 76
Curtin, J., 508
Czartoryski, família, 400

Dabrowski, H., 402
Daimler Benz, 557

Dante Alighieri, 108
Daomé, 20
Dario III, 62, 264
David, L., 284
Decembrista, Levante, 388
Declaração de Direitos, 213
Declaração dos Direitos do
   Homem, 294
Deng Xiao-ping, 535
Departamento de Matérias-
   Primas, Alemanha, 341
Departamento de Saúde e
   Serviços Humanos
   (Department of Health and
   Human Services), EUA, 317
Deutsche Arbeitsfront, 344
Deutsche Welle (DW), 562
Deutschland über Alles, 285
Dickens, C., 545
Diderot, D., 16
Dinamarca, 155, 203, 210, 314;
   adota o padrão-ouro, 332-3;
   Estado de bem-estar na, 518,
   520
dinheiro, 74, 79; origens do,
   320-1; primeiras tentativas
   de criar papel-moeda, 321-2;
   e Banco da Inglaterra, 323-4,
   370; na Polônia, 396; durante
   a guerra total, 340, 370
dinka, 3, 11
Diocleciano, G. A. V., 53, 321
Diretoria das Indústrias de
   Guerra (War Industries
   Board), EUA, 341
Diretório, o (França), 328
Disraeli, B., 420
ditador romano, 36, 47
dívida interna, EUA, 212
Dluski, T., 401
dois corpos do rei, 251-2

Domesday Book, 124, 204
domínios, britânicos, 418-20
dominium, 76
Douhet, G., 363-4, 366, 499
Drake, F., 227
Dreros, 34
duma, 381
Dürer, A., 221
Duvalier, família, 479
dvoriane, 381, 389, 392
Dyck, A. van, 175

echevins, 147
Édito da Restituição, 121-2
Eduardo I da Inglaterra, 126,
   150, 208
Eduardo II da Inglaterra, 92, 126
Eduardo III da Inglaterra, 127
Eduardo IV da Inglaterra, 128-9
educação: assumida pelo
   Estado, 299-310; privatização
   da, 599
éforos, 36
Egito, 51, 60, 242; nacionalismo
   no, 465, 498, 515; afasta-se
   do socialismo, 538
Eglantine, F. de, 283
Eisenhower, D. D., 418, 516
El Salvador, 447
eleuthería, 48
Elgabalo, *ver* Bassiano, V. A.
Elisabete I da Inglaterra, 58,
   129, 227, 324
encomiendas, 428, 431
Encyclopédie, a, 291
Engels, F., 313
epicurismo, 56
Equador, 439, 498
Erasmo, D., 170, 218; teórico
   político, 244-6, 249, 259
Eritréia, 468, 570

ÍNDICE REMISSIVO

Escócia, 95, 271
escolas de oficiais, fundação das, 301
Escorial, 173
Escritório Internacional de Pesos e Medidas, 548
esfera de prosperidade maior no leste asiático, 466
Esídio Romano, 86
eslavófilos, 394
Eslováquia, 592
Eslovênia, 592
Espanha, 51, 83, 94, 98, 102, 105; no reinado de Carlos V, 116-7, 133, 135; unida pelos reis católicos, 136, 139, 141-2, 151; cidades da, 156, 160-1, 189-90; adota sistema administrativo francês, 201, 224, 227, 249, 261, 266, 288; tenta criar papel-moeda, 322, 324, 346, 359, 377, 414; e império sul-americano, 428-36, 442; perde colônias, 450-1, 571
Esparta, 36, 38, 44, 77, 152
Espártaco, 47
Espelhos para Príncipes, 249, 260
esporte, nacionalização do, 287-8
esquimó, 2
Estado, o: definição, 1; origens do termo, 177-9; caráter territorial do, 187-8; produto da burocracia, 190; coletar estatísticas, 202-6; monopoliza a guerra, 220-35; e crime, 239-41; cristalização do, 252-4; construção teórica concluída, 259; unidade humana básica, 263; de meio a fim, 269; adota o nacionalismo, 270-2; fascista, 290; assume a educação, 299-311; e previdência social, 310-7; totalitário, 317-8; e dinheiro, 319, 340; cria tecnologia militar, 357-8; adota alistamento obrigatório, 360; monta armas nucleares, 368; e as ciências, 371; culmina em guerra total, 375; russo, 391; anglo-saxão, 425; na América Latina, 450; na Ásia e na África, 470, 475-6, 478-80; enfrenta armas nucleares, 484-97; pára de expandir-se, 500; amplia a previdência social, 507-17; solapado pela tecnologia moderna, 541-8; multiplicidade do, 576; recuo do, 593, 598-9
Estado Livre de Orange, 425
Estado Papal, instituição do, 103-6, 184, 208
estados gerais, 209
Estados Unidos, 207, 210; adota separação dos poderes, 259, 263, 294; ascensão da polícia nos, 297; universidades do, 308-9, 313; e previdência social, 315-7, 329; cria o Federal Reserve System, 334; governo durante a I Guerra Mundial, 334-8, 345, 361, 366, 374, 393; primeira constituição dos, 407; criação artificial, 409, 411-2; guerra civil nos, 412-3; "nação temperamental", 416;

expansão do governo, 417; e Canadá, 419-21, 453; missão imperial dos, 460, 464; e descolonização, 467, 474, 477, 483; usam armas nucleares, 485, 489-90; forças armadas dos, 494-8, 502, 506, 509, 513-4; cria o Estado de bem-estar, 516-7; desmantelamento do Estado de bem-estar, 520-6; e privatização, 531, 540; e ONU, 550-1, 553; e NAFTA, 556, 558, 565, 572, 578; polícia privada nos, 579; constrói condomínios fechados, 584-91

Estanislau II Poniatowski da Polônia, 396

estatísticas, origens das, 204-8

Estatuto Imperial, britânico, 419

Estatutos Ingleses de Praemunire, 92

Ester, 56

Estêvão da Inglaterra, 125

estoicismo, 56

estratégia, declínio da, 498

Etiópia, 456, 468, 470

etruscos, 31

Eugênio IV, papa, 90

eunucos, em cargos de autoridade, 64, 71

Evans-Pritchard, E. E., 3

Exército Republicano Irlandês (IRA), 571

exércitos permanentes, 226

Fabio, Q. M. Cunctator, 47

Fajardo, S., 193

faraó, 56, 229; filho de Ra, 243

Federal Bureau of Investigation (FBI), EUA, 298, 588

Federal Emergency Relief Agency, EUA, 316

Federal Reserve, Sistema do, EUA, criação, 334

Felipe II da Espanha, 63, 98, 119, 135; derrota a nobreza espanhola, 139-40, 161; e a Holanda, 163, 169-70, 183, 191; ameaçado pela própria burocracia, 193, 201, 245, 261

Felipe III da Espanha, 99, 169

Felipe III da França, 130

Felipe IV da Espanha, 99, 169

Felipe IV, o Belo, da França, 88, 107

Felipe V da Espanha, 266

Felipe V da França, 131

Felipe VI da França, 131

Felix V, papa, 90

fenícios, 31

feriados inventados, 384

Fernando I, imperador, 117, 156

Fernando I de Aragão, 138, 323

Fernando II, imperador, 121, 169

Fernando II de Aragão, 93; casa-se com Isabel de Castela, 138, 160

ferrovias, 297; criação das, 359-62, 373; na Rússia, 390, 541-2

Ferry, J., 306

Feu, J., 115

feudalismo, 72; e impérios fracassados, 73-4, 78, 80-2, 87

Fichte, J. G., 277, 279, 482

Filipe Augusto da França, 87, 107, 130, 180

Filipinas, 116; passa ao controle dos EUA, 460, 468, 475, 479, 555

Filmer, R., 261-2

Finlândia, 314, 554
fiscus, 63
Flaminino, C. T., 44
Flodden, Batalha de, 168
Florença, 112, 152, 208, 248, 293
Flórida, 407; tomada à Espanha, 414
Ford, 482
Ford, G., 516
Fornovo, Batalha de, 162
Fórum Econômico Mundial, 559
Fouché, J., 236, 239
Fourier, F. M. C., 313
França, 51, 101-2, 121, 136, 141, 147; cidades da, 156, 165, 173-4, 183; cargos venais na, 183, 185; serviço diplomático da, 187-8; abolição da venalidade na, 194-5, 200-3; primeiro recenseamento realizado na, 206-7; tributação na, 208-9, 218, 220, 222, 233, 240, 249, 252, 259-62, 277, 292, 294, 304; nacionaliza a educação, 305-6, 309, 313-4, 322-3; tentativas com o papel-moeda, 327, 329; adota o padrão-ouro, 332, 347, 359, 362, 365, 370-1, 377, 387, 391, 393, 440, 452; expansão na África e na Ásia, 453, 461, 464, 483, 493-4, 502; e Estado de bem-estar, 511, 517, 530, 543, 554, 565, 571-2, 586, 590
Francisco I da França, 58, 93, 97; capturado por Carlos V, 116-9, 133, 169, 172, 177, 209, 225, 230
Francisco I, imperador, 170, 266, 271

Frankfurt am Main, 155
Frederico Guilherme I da Prússia: proíbe a venda de cargos, 186; e educação, 301
Frederico Guilherme II da Prússia, 195
Frederico Guilherme III da Prússia, 195, 303
Frederico Guilherme, o Grande Eleitor da Prússia, 144, 184, 211, 400
Frederico I da Prússia, 144
Frederico II da Prússia, 169, 187; e burocracia, 192, 194, 201; e tributação, 216, 230, 270; e educação, 302; cria o papel-moeda, 328, 352, 358, 386; reparte da Polônia, 400, 500
Frederico III, imperador, 113, 170
Frente Popular, 509
Friedland, Batalha de, 387
Friedman, M., 526
Fronda, 136, 190
fueros, 436
Fugger, família, 117
Fuller, J. C. H., 363, 365, 499
Fundo Monetário Internacional (FMI), 532, 538, 561
Füssli, H., e o nacionalismo suíço, 274
fyrd, 27

Gabão, 555
gabelle, 157, 208
Galileu, G., 103; modelo para Hobbes, 253
Gallipoli, campanha de, I Guerra Mundial, 423
Gama, V. da, 452, 454
Gâmbia, 555

Gana, 555
Gandhi, M., 465
"Gang dos Quatro", 535
Garfield, J. A., 374
Gattinara, M., 115
Geer, L. de, 583
Genebra, 157; e Rousseau, 273
General Electricity Board, RU, 509
General Motors, 482
generalites, 187
Generalkommissaren, prussianos, 190
Gêngis Khan, 369
Gênova, 152, 208, 323
Geórgia, 404; acaba com o governo proprietário, 413
gerousía, 38
Gerson, J., 243
Gestapo, 318
Gettysburg, Batalha de, 413
Gibbons v. Ogden, 411
Gibbons, E., 267
glebi adscripti, 74
Gneisenau, A. von, 354
Goebbels, J., 290
Goering, H., 344
Gonsalvo de Córdoba, 224
Gonzaga, F., 113
Gonzaga, família, 112
Gorbachev, M. S., 537, 562
góticos, 16, 29
Gourmay, V. de, 192
Grã-Bretanha, 51; primeiro recenseamento na, 208; abandona a coleta de impostos, 217-9, 286, 291; ascensão da polícia na, 297, 304, 310-2; adota a previdência social, 315; funda o Banco da Inglaterra, 325-6; cria a moeda de curso forçado, 326; tributação durante a I Guerra Mundial, 336-7; mobilização para a II Guerra Mundial, 345, 347, 361-5, 374, 377, 389, 393-4; conquista o Canadá, 406-7, 417; e Canadá, 419-20, 440, 453; expansão na Ásia e na África, 453, 461, 464, 467, 481, 505, 517-9; afasta-se do Estado de bem-estar, 528-30, 533, 553; e União Européia, 554, 583, 586-8, 590; *ver também* Inglaterra, Escócia
Gracos, irmãos, 52
Granada, 451, 473
Grande Cisma, 89-90
Grande depressão, 337, 508
Grande Governo, 418
Grande Guerra do Norte, 186, 400
Grande Jornada (Great Trek), 425
Grande Salto à Frente, China, 535
Grande Sociedade, EUA, 516
Grande Transformação, 482
Grant, U., 331
Granvelle, N. P., 99, 163
Grassaille, C. de, 115
Grécia, 51, 365; resiste à ocupação alemã, 567
Gregoire, H., 281
Gregório VII, papa, 85
Gregório XI, papa, 89
Gresham, T., 324
Grócio, H., 228, 271, 502
Groves, L., 368
Guatemala, 445
Guderian, H., 499

guerra: em tribos sem governantes, 9-10; em chefias, 25-7; travadas por impérios, 58-9; na Idade Média, 220-1; prisioneiros de, 227; monumentos aos mortos em, 229; nos séculos XVIII e XIX, 231; monopolizada pelo Estado, 240, 266-7; da França revolucionária e napoleônica, 271; teste supremo do Estado, 279; tamanho cada vez maior das, 346-7; e evolução industrial, 357-8; teorias modernas da, 362-4; e armas nucleares, 484-5; depois de 1945, 569-72
Guerra Civil, inglesa, 103, 130, 151
Guerra Civil, norte-americana, 330-1; ferrovias durante, 361, 411-2, 420
Guerra da Devolução, 265
Guerra de 1812, 411, 414
Guerra do Golfo Pérsico, 415, 497, 591
Guerra dos Bôeres, 425
Guerra dos Cem Anos, 93, 127, 131; e cidades francesas, 127; uso de artilharia na, 221
Guerra dos Trinta Anos, início da, 120-1, 135; conseqüências sobre a unidade alemã, 144, 155, 186, 202, 216, 225, 240, 324, 348
Guerra franco-indiana, 407
Guerra Fria, 410; e o Grande Governo, 418, 445, 467, 499, 550, 599

Guerra hispano-americana, 415, 456
"Guerra nas Estrelas", programa, EUA, 487
Guerra Púnica, Segunda, 37, 45, 47
guerra social, 55, 151
Guerras das Rosas, 128
Guerras de Libertação, alemãs, 284, 303
Guicciardini, F., 106, 177
Guilherme, o Conquistador, 124
Guilherme, o Ruivo, 124
Guilherme, o Taciturno de Orange, 102, 164
Guilherme de Ockham, 108-9.
Guilherme I, imperador alemão, 305
Guilherme II, imperador alemão, 200
Guilherme III da Inglaterra, 188, 218, 266
Guilherme IV da Baviera, 143
Guiné, 555
Guiné-Bissau, 555
Guise, dinastia, 134, 146
Guizot, F., 280, 305
Gustavo Adolfo, 121, 184, 224
Gustavo Vasa, 96

Habsburgo, família, 107, 115, 117; inicia a Guerra dos Trinta Anos, 120; e Suíça, 162, 245
Hackett, J., 489
Hahn, O., 368
Haiti, 451, 479
Hambach Festival, 285
Hamburgo, 155
Hamilton, A., 410
Han, dinastia, 78

Hansa, a, 148; declínio da, 154-5
Hardenberg, K. A. von, 196, 218
Hartington, J., 372
Hastings, W., 454
Havaí, 16; torna-se protetorado dos EUA, 414
Hayek, G., 526
Healey, D., 559
Hearst, W. R., 414
Heath, E., 513
Hebner, J., 203
Hegel, G., 201; deifica o Estado, 278-80, 290, 482
Heidelberg, Aliança de, 148
Henrique I da Inglaterra, 124
Henrique II da França, 134, 143, 172
Henrique II da Inglaterra, 87, 125
Henrique III da França, 101, 183, 205, 250
Henrique III da Inglaterra, 125, 149
Henrique III de Castela, 137
Henrique IV da França, 100, 120, 136, 158, 167, 171, 174, 180, 185, 252, 323
Henrique IV da Inglaterra, 128-9
Henrique IV de Castela, 137
Henrique IV, imperador, 85
Henrique V da Inglaterra, 128, 131
Henrique VI da Inglaterra, 128-9
Henrique VII da Inglaterra, 129
Henrique VIII da Inglaterra, 94, 96, 101; e religião, 103, 115, 117-8, 129, 172; e revolução administrativa, 183, 201; renda de, 209, 230, 324

Hepburn v. Griswold, 331
Herder, J. G. von, 275-6, 371, 482
Heródoto, 352
Herzl, T., 289
Hesse, 144
Himmler, H., 319
Hintze, O., 584
Hiroshima, bombardeio de, 368, 487
Hitler, A.: e nacionalização, 343, 370; e Estado de bem-estar, 510, 566, 575
Hizbullah, 570-1
Ho Chi Minh, 460
Hobbes, T., 103; inventa o Estado, 253-5; e absolutismo, 255-7; e igualdade humana, 264, 266, 269; comparado com Hegel, 278; e propriedade privada, 294, 346, 372, 481, 582
Hofgericht, 111
Holanda, 101; conflito religioso na, 101, 116, 147, 162; rebelião contra a Espanha, 163-4; adota o sistema administrativo francês, 197, 202, 218, 227, 314, 322, 347, 377; cria Estado de bem-estar, 512, 517, 531, 587
Homero, 34, 167
Honda, 558
Hopkins, H., 316
Hora-Padrão de Greenwich, 548
Houphouet-Boigny, F., 479
huguenotes, 101, 135, 158; na África do Sul, 424
humanismo, 92, 99-100
Humboldt, A. von, 433

Hume, D., 260
Hungria, 110, 114, 355
Hussein, S., 305
hussita, 91-2
hutu, 19
Huxley, A., 485
huyscarls, 22

Iêmen, 505
Iena, Batalha de, 271
igreja ortodoxa, russa, controlada por Pedro I, 384
Ilhas Comores, 473
Ilíada, 34, 167
Iluminismo, o, 123, 255, 278; opinião acerca da guerra, 347
império mogol, 52, 79
império otomano, 59, 299, 471
imperium, 33
imposto de renda, 217-9, 331, 481
inca, império, 51; religião imperial no, 54; tributação no, 61, 67, 69, 84, 299, 428
Índia: passa a ser governada pela Inglaterra, 452; inicia o movimento de independência, 459, 463; heterogeneidade da, 470, 474, 491; e Paquistão, 492, 498; afasta-se do socialismo, 538
índios norte-americanos, 3, 7, 9
Indonésia, 377, 465, 469, 475, 532, 555
indulgentia, 57
Infantado, duque de, 140
Inflação, em Roma, 321; e primeiras tentativas de implantar o papel-moeda, 321-2; na Primeira Guerra Mundial, 334-5; na Segunda Guerra Mundial, 339
Inglaterra, 92, 102-3, 109, 124-5, 149, 165; revolução administrativa na, 182-3, 187, 201; tributação na, 210, 249, 262, 294, 320, 322, 393; *ver também* Grã-Bretanha
Inocêncio III, papa, 86-7
Inocêncio VIII, papa, 104
Inocêncio X, papa, 123
Inquisição, 92, 141; na América Latina, 432
intendants, 136, 159, 185, 190; abolidos, 196, 205; na América Latina, 433
International Business Machines (IBM), 482
Internet, a, 562
Interpol, 549
Irã, 322, 475, 498, 562
Iraque, 465, 470, 475, 498, 551
Irlanda, 83, 271, 315; conquista a independência, 465, 553, 587
Isabel da Inglaterra, 127
Isabel da Rússia, 388
Isabel de Castela, 137; casa-se com Fernando II de Aragão, 138, 160, 323
Islã, religião oficial, 55
Islândia, 205
Isonzo, Batalhas de, 363
Israel, 468, 474, 492, 504; afasta-se do socialismo, 538, 546; no Líbano, 570-1, 582
Israel (bíblica), 18, 468
Itália, 51, 306; durante o governo fascista, 317-8; adota o padrão-ouro, 332, 338; mobilização para a

Segunda Guerra Mundial, 345, 370, 417, 442; império colonial da, 456, 493, 500; cria o Estado de bem-estar, 512, 521, 528, 567, 571, 577
Iugoslávia, 365, 504, 567, 592
Ivan III, 379
Ivan IV, o Terrível, 58, 399

Jackson, A., 330, 411
Jackson, F. T., 415
jacobinos, 281, 285
Jagelão, dinastia, 397
Jahn, L., 284
Jaime, duque de York, 404
Jaime I da Inglaterra, 169, 171; renda de, 210
Jaime III da Escócia, 110
Jaime IV da Escócia, 168
Jameson, invasão de, 425
janízaros, 59
Japão, 58, 72, 86, 306; mobilização para a Segunda Guerra Mundial, 345, 361, 373, 378; guerra contra a Rússia, 395, 416; império colonial do, 456; derrota a Rússia, 464, 469, 476, 485, 492-3, 502, 521, 549, 571, 590
jivaro, 11
Joana d'Arc, 132
João da Inglaterra 87, 125, 170
João de Gaunt, 93
João de Paris, 88
João I de Castela, 137
João II de Aragão, 138
João XXIII, papa, 90
Jogos Olímpicos, modernos, 287; alvo de terrorismo, 573; privatização dos, 589

Johnson, L. B., 418, 516
Jordânia, 465, 504-5
Jorge III da Inglaterra, 189, 218
José II, imperador, 236, 266
Judéia (bíblica), 18
juízes de paz, 186, 311-2
Julho, Monarquia de, 240
Júlio II, papa, 104
juros, 326
justiça: em chefias, 21; nas cidades-estado, 39-41; nos impérios, 55; e igreja, 92-4

kakoí, 19
Kammergericht, 111
Kansas, 316
Kant, I., 277, 501
Kellogg-Briand, Pacto de, 502
Kennedy, J. F., 516
Kenyatta, J., 460
Keynes, J. M., 510
KGB, 296, 536, 585
King, G., 206-7
Kipling, R., e o "fardo do homem branco", 460
Kissinger, H. A., 488
Kohl, H., 531
Königgrätz, Batalha de, 305
Kosciuszko, T., 402
Kosice, Pacto de, 396
kósmos, 34
Kreisky, B., 513
Kriegsakademie, 354
Krim, A. El, 465
Kropotkin, P., 295
Krupp, empresa de, 358
kshatriya, 30
Kublai Khan, 322
Kulturkampf, 309
Kuwait, 416; invadido pelo Iraque, 505

ÍNDICE REMISSIVO

laissez-faire, 310; abandonado pelos EUA, 316
Lancaster, dinastia de, 128
Landehoheit, 122
Landschulregiment, 302
Laud, W., 99
Lavoisier, A., 206
Law, J., 327
lealdade, 74
Leão X, papa, 105
Legnano, Batalha de, 148
Lei da Bolha (Bubble Act), 326
Lei da Receita Federal, EUA, 332
Lei da Reforma, RU, 199
Leibnitz, G. W., 272
Leipzig, Batalha de, 354, 387
leis: em tribos sem governantes, 6-7; na Grécia e em Roma, 36, 39; em impérios, 58; direito consuetudinário, 129, 145; na obra de Bodin, 250; na obra de Hobbes, 254, 269; da natureza, 258; e os primórdios do nacionalismo, 274; impostas às classes mais baixas, 295-6; com relação ao bem-estar social, 312; na Rússia, 386, 389; na Prússia, 329; internacionais, 504
Leis Fabris, RU, 310
Lênin, V. I., 338, 395; e a questão da nacionalidade, 461
Leonardo da Vinci, 221
Lerma, duque de, 99
lesa-majestade, 242; substituído por traição, 291
levée en masse, 293, 351
L'Hôpital, M., 97
Líbano, 468
Libéria, 475, 555-6, 579

libertas, 48
liberum veto, polonês, 397, 401
Líbia, 51, 572
lictores, 42
Liddell Hart, B., 362, 365, 499
Lídia, invenção do dinheiro na, 320
Liga da Renânia, 148
Liga das Nações: prenunciada por Sully, 120; adota sistema de mandatos, 461, 502
Liga de Delos, 46
Liga do Bem Público, 132
Liga Iroquesa, 15
Liga Suábia, 148
Lipsios, J., 99, 178, 205
liturgias, 47-8
Livingstone, D., 13
Livros da Hierarquia, 380
Lloyd George, D., 315, 336, 341
Locke, J., 77, 255-6; e separação dos poderes, 257, 259, 264, 266, 269, 279, 291; e propriedade privada, 294; e Constituição dos EUA, 409
Lodi, Paz de, 102
logistai, 76
lolardistas, 91
Lords Appellant, 127
Louisiana, 204
Louvois, F. M., 100, 205
Loyseau, C., 181
Lucas, R., 526
Ludendorff, E., 364
Ludovico II, o Mouro, 113, 177
Lugard, F., 457
lugol, 30
Luís da Polônia, 396
Luís, o Bávaro, 108-9; o império encarnado, 242
Luís-Felipe, 305

Luís III de Mântua 113
Luís IX da França, 130, 172, 184
Luís X da França, 131
Luís XI da França, 93, 104, 132, 138, 170, 180, 252
Luís XII da França, 133, 170, 252
Luís XIII da França, 121, 135, 171, 175, 185, 211
Luís XIV da França, 100; acaba com os levantes dos nobres, 135-6; suprime as eleições municipais, 159, 169-71, 179, 185; cria o serviço diplomático, 189, 202, 205-6, 218, 239, 257; e o Estado francês, 259, 261, 264-6; e a educação francesa, 301, 327, 346-7, 357, 481, 500
Luís XV da França, 173, 194, 201, 347
Luís XVI da França, 206, 266
Luísa da Prússia, 195
Luna, A. de, 137
Luneville, Paz de, 302
Lutero, M., 94-5; visita Roma, 105; inicia a Reforma, 248, 261
Lützen, Batalha de, 169

MacDonald, R., 509
Macedônia, derrotada por Roma, 44
Magdeburg, saque de, 121
magistrados, 32, 35-6, 38-42, 47, 76-7
Magna Carta, 125
Mahan, A. T., 414
majordomo, 19
Majuba Hill, Batalha de, 425
Malásia, 377, 466, 555
Máli, 556

Malplaquet, Batalha de, 347
Malvinas, Guerra das, 497
Mandarins, 60-1
Manhattan, Projeto, 368, 496
Mântua, 113
Mao Tsé-tung, 17, 474, 535, 589, 603
Maomé, 54
mapas, 79, 202
Maquiavel, N., 100, 103; e o Papado, 106, 153, 178; escreve *O príncipe*, 246-8, 255, 259, 596
Marco Polo, 322
Mare, N. de, 234
maréchaussée, 235
Margarete de Parma, 164
Maria Antonieta, 266
Maria da Borgonha, 163
Maria Luísa, 266
Maria Teresa, imperatriz, 184, 266
Marrocos, 51, 465
Marselhesa, 283
Marshall, J., 408; e expansão do governo federal dos EUA, 410
Marsílio de Pádua, 108-9
Martinet, J., 226
Martinho V, papa, 90
Marx, K., 11, 168, 295, 313, 527
Maryland, 404
masai, 3, 11
Massachusetts, 315, 404, 409
Matilda da Inglaterra, 125
Maurício da Saxônia, 143
Maurício de Nassau, 224
Mauritânia, 556
Maxêncio, M. A., 52
Maximiliano do México, 414
Maximiliano I, imperador, 110-1, 142, 170

ÍNDICE REMISSIVO 623

Mazarino, J., 135; suprime a independência municipal na França, 159, 211
Mazzini, G., 280, 355
McCullogh v. Maryland, 410
Mead, M., 416
Mecenas, G., 80
Medicaid, 516, 523
Medicare, 516
Medici, Cosimo de, 175
Medici, família, 112, 171; e Maquiavel, 246
Medina Sidonia, duque de, 139
Meiji, restauração, 306
Meitner, L., 368
Melanchthon, 95
Mendez de Haro, L., 99
Menelau, 34
Mercado Comum Centro-Americano (MCCA), 555
mercenários, 43, 48; na Idade Média, 223, 356, 473, 478
meru, 12
metodismo, 261
México, 414, 428, 433; rebelião contra a Espanha, 434-5, 439-41, 444, 450, 500; e a NAFTA, 555
Micenas, 16
Michelangelo, B., 221
Michigan, 298
Micronésia, 3
Milão, 113, 152, 293
militia perpetua, *ver* exércitos permanentes
Mill, J., 501
Miller, A., 485
Ming, dinastia, 60, 68, 79
Ministério da Alimentação, britânico, 345
Ministério da Educação Pública, polonês, 401

Ministério da Saúde, britânico, fundação do, 312
Ministério das Munições, britânico, 341
Ministério de Domínios do Estado, russo, 389
Ministério do Interior, RU, assume a polícia, 297
ministérios das relações exteriores, surgimento dos, 187-8
ministros de Estado, 183
Mirabeau, V. R., 196
Mississippi, Companhia do, 327
Mitsubishi, 558
Mitterand, F., 513, 530
Mobutu, S. S., 479
Moçambique, 452, 471
moeda de curso forçado, 327-8, 331; durante a década de 1930, 337
moeda de curso forçado, criação da, 327-8, 330, 481
moeda em chefias, 24
Moltke, H. von, 305, 360-1, 501
Mongóis, 222
Monroe, Declaração, 414
Monte Branco, Batalha de, 121
Montesquieu, C. de, 186; e Estado moderno, 257-9, 263, 269, 291; e propriedade privada, 294; sobre a guerra, 348; e a Constituição dos EUA, 409
Montmorency, dinastia de, 134
More, T., 99; e tolerância religiosa, 100, 204
Morgarten, Batalha de, 223
Morse, M., 543
Mortimer, 127
Möser, J., 274-5

mugwe, 12
Mühlberg, Batalha de, 142, 169
multinacionais, 478, 557-8
Murdoch, R., 562
Mushin-Pushkin, I., 383
Mussolini, B., 290, 337; e nacionalização, 343; e Estado de bem-estar, 510

nacionalismo, ascensão do, 274-9; adotado pela Revolução Francesa, 280-3; no século XIX, 284-9; norte-americano, 414
Namíbia, 468, 566
Nantes, Édito de, 101, 158
Naomi, 4
Napoleão Bonaparte, 170, 195; cria a burocracia francesa moderna, 196; aumenta os impostos, 217; e a polícia, 239, 266, 271; derrota a Prússia, 277, 284; e educação, 305, 318, 328; métodos militares de, 352-4; e tecnologia militar, 354, 435, 500, 543, 548
Napoleão III, 283, 371
Nasser, G. A., 556
Natal, 425
Natchez, 19
National Health Service, britânico, 530
Navarra, 126
Ndbele, tribo, 425
Necker, J., 206
Nelson, H., 230
neocolonialismo, 583
Nero, C. D., 62, 264, 321
New Deal, EUA, 316, 418, 516
New Hampshire, 405

Nicarágua, 447, 479
Nicolau de Cusa, 114
Nicolau I da Rússia, 49; expande a polícia, 296, 389, 393
Níger, 556
Nigéria, governo britânico na, 457, 471, 556
Nihil Novi, lei (Polônia), 397
Nijmegen, Conferência de, 110, 202
Nixon, R. M., 418, 513, 525; separa o dólar do ouro, 560
NKVD, 296
Nogaret, G. de, 88
North, F., 198
Noruega, 174, 365; Estado de bem-estar na, 517, 522, 572
Nova Gales do Sul, 422
Nova Guiné, 3, 466, 579
Nova Jersey, 404, 554
Nova Orleans, Batalha de, 411
Nova Política Econômica (NPE), URSS, 533
Nova Zelândia, 314, 403, 423, 461, 491, 515; afasta-se do Estado de bem-estar, 527, 531, 580
nuer, 3
Nymphenburg, 173

Odisséia, 34, 167
Odisseu, 20
Oglethorpe, família, 406
OGPU, 296
oidores, 429
oikouméne, 57
Olavo, São, 22
Olivares, G. de Guzman, 99; e papel-moeda, 324
Olmedo, Batalha de, 137
Ontário, 421

ordálios, 8
Ordem Teutônica, 95
ordenanças domésticas, 182-3
Oregon, 315
Organização das Nações
  Unidas, 468, 476, 503-4;
  regras sobre guerra e paz,
  506; abraça outros
  organismos internacionais,
  549, 550-1, 599; *ver também*
  Conselho de Segurança
Organização de Cooperaçao
  para o Desenvolvimento
  Econômico (OCDE), 521
Organização de Libertação da
  Palestina (OLP), 518, 582, 592
Organização do Tratado do
  Atlântico Norte (OTAN),
  489, 492, 499, 506, 554
Organização dos Países
  Exportadores de Petróleo
  (OPEP), 518
Organização Mundial do
  Comércio, 549
Orleans, duque de, 327
Orsini, família, 84
Orwell, G., 345, 563
Osse, M. von, 234
ostracismo, 36
Otto I, imperador, 110
Otto IV, imperador, 107
Owen, R., 313
Oxenstierna, B. V., 184

Pacheco, D. L., 139
Pacto Andino, 555
Pacto de Varsóvia, 492
padrão-ouro: na Inglaterra, 326;
  adoção universal do, 332; na
  I Guerra Mundial, 334;
  abandonado, 482

Page, W., 183
Paine, T., 264
Palais Royal, 173
Panamá, criação do, 442, 445,
  451, 479
papel-moeda, criação do, 331,
  481
Paquistão, 468, 470, 475, 491; e
  Índia, 492-3, 498, 504
Paraguai, 439, 555
Parkinson, N., 518
Parlamento Europeu, 552-3
Partido do Congresso, indiano,
  465
Partido Federalista, EUA, 410
Pátria Basca e Liberdade (ETA -
  Euskadi Ta Askatasuna), 572
Paulette, 185
Pavia, Batalha de, 116, 133, 169
pays d'election, 190; abolição do,
  197, 211
pays d'état, abolição do, 197, 211
Pedro de Portugal, 138
Pedro I, o Grande, da Rússia,
  372; e vassalos, 380; reformas
  de, 381-4, 390, 400
Pedro III da Rússia, 169, 385;
  abole serviço obrigatório
  para os nobres, 388
Peel, R., 297
Peloponeso, guerra do, 48, 77
Penn, W., 501
Pensilvânia, 404
Pepys, S., 347
Perenot, N., *ver* Granvelle, N. P.
Péricles, 42; acusado de
  peculato, 76
Perón, A., 444
persa, império, 55-6, 62, 72, 320
Peru, 429, 434, 439; sob governo
  militar, 445, 447, 498

Pestalozzi, J. H., 274
Peste Negra, 147
Picolomini, A., 114
Piemonte, 373
Pithou, P., 98
Pitt, W., o Jovem, 215
Pitt, W., o Velho, 189
Pizarro, F., 66
Plano da Virgínia, 408
Plano de Cinco Anos, URSS, 533
Plano de Quatro Anos, alemão, 344
Platão, 35; sobre o profissionalismo militar, 44, 273, 300
Plutarco, 44
poder aéreo, ascensão do, 364
Poitiers, Batalha de, 131, 168
Pol Pot, 474
polémarkhos, 36
polícia: significado original de, 165, 235; ascensão da, 236-8; expansão da polícia no século XIX, 295-9; em países totalitaristas, 318, 368; na América Latina, 446-9; reforço recente da, 572-3; mudança para a segurança privada, 576-82, 599
poligamia em chefias, 17
Polinésia, 16, 23, 25
pólis, 33; sistema político da, 33-4, 46, 77
politiques, 101
Polônia, 83, 110, 155, 189, 365, 379, 387; do século XIV ao século XVIII, 396-9; transformada em protetorado russo, 400-1; no século XIX, 401-2, 503, 546
pólvora, invenção da, 221

pomest'i, 380, 383
Pompadour, J. A. Poisson de, 194
Pompeu, G. M, 47
Pompone, S. A, 189
pontifex maximus, 38, 53
Pope, A., 203, 269
Portugal, 94, 138, 347, 377, 442
Potocki, família, 399-400
Predikanten, 102
prensa, 79; e a burocracia moderna, 199, 540, 561
"presidência imperial", 418
pretores, 37, 40
previdência social, ascensão da, 314-5; no Canadá, 421-2; afastamento da, 521-5, 531
prèvots, 131, 235
prikazy, 381
Primeira Guerra Mundial, 307, 334, 339; e direitos de propriedade, 341, 361; logística na, 362, 364, 370, 374, 395, 415, 443, 460; e nacionalismo no Terceiro Mundo, 464, 494
prisão, ascensão da, 237-8, 370; privatização da, 599-600
procuratores, 189
"progressistas" estadunidenses, 415
Prokopovich, F., 383-4
propriedade privada, defesa da, 294
Protetorado, o (Inglaterra), 103, 151, 183
provocatio, 40
Prússia, fundação da, 95, 103, 144; tratos com a Hansa, 154-5, 175, 182, 184; e cargos venais, 186-9, 196;

governada pela burocracia, 196-7, 210; tributação na, 216-7, 219, 232, 270; derrotada por Napoleão, 277, 294-5; educação na, 302-5; sistema militar da, 353, 359; e ferrovias, 360, 373, 387
Ptolomeu IV Filopátor, 68
pueblo, 11
Pulitzer, J., 414
puritanos, 99, 103; emigração para a Nova Inglaterra, 404-5

quaestores, 36, 70
"Quatro Modernizações", chinesas, 535
Quebec, 421; separatismo em, 591
Quebec, Ato de, 419
Queensland, 422
Quênia, 569
"questão social", a, 295
Quinta Emenda, Constituição dos EUA, 331

Radio Free Europe (RFE), 562
Radziwil, família, 399-400
Raleigh, W., 227
Rathenau, W., 343
"reação flexível", 189
Reagan, R., 488, 490, 522, 586
Rebelião dos Camponeses, 98, 156
recherché de la noblesse, 136
reconquista, 140
Reforma: papel no enfraquecimento da igreja, 94; divide a Europa, 102, 120; na França, 135, 157, 166, 189, 249

Regeringsform, 184
regidores, 147; na América Latina, 430
regimen de castas, 432, 442
Reichsgericht, 111
Reichsregiment, 115
Reino Unido, *ver* Grã-Bretanha
religião: em tribos sem governantes, 11-4; em chefias, 20; em cidades-estado, 38; em impérios, 55; como alicerce do poder político, 242-3; descartada por Maquiavel, 246-8; substituída pela soberania, 250-1; Hobbes e, 254; e o Estado moderno, 260-1
Renault, 511
repartimiento, 428, 433
República Centro-Africana, 474, 555
república de españoles, 431
república de indios, 431
Republicano, partido, EUA, 410
res publica, 52; definida por Cícero, 82, 250
Res Publica Christiana, 123
Restauração, a, 104, 355
reth, 12
"Retorno ao Povo", 395
Revolução Cultural, chinesa, 535
"revolução de veludo", 537
Revolução dos Estados Unidos, 279
Revolução Francesa, 103, 182, 196-7, 203, 209, 262; bem-recebida por Hegel, 277; adota o nacionalismo, 280; adota *levée en masse*, 293, 350, 482, 580, 592

Revolução Gloriosa, 255; de
  defesa da propriedade
  privada, 294
Revolução Industrial: e
  nacionalismo, 286-7; e
  guerra, 359; Rússia superada
  pela, 358-9, 510
Revolução Russa, 339, 402, 482
Revoluções de 1848, 236, 313,
  355-6
rex in regno suo imperator est, 107
Rhode Island, 405
Ricardo, duque de York, 129
Ricardo I Coração de Leão, da
  Inglaterra, 125, 190
Ricardo II da Inglaterra, 93, 127,
  171
Ricardo III da Inglaterra, 127
Richelieu, A. de, 100, 135; e
  revolução administrativa,
  183; e cargos venais, 185,
  190, 253
rixas, em tribos sem
  governantes, 9, 16
Robertet, F., 183
Robespierre, M. F., 283
Rocroi, Batalha de, 346
Rodolfo I, imperador, 107
Rohan, dinastia de, 134
Rolls-Royce, 513
Roma, 31; república, 33;
  assembléias do povo em,
  37-9; exército de, 40-1;
  transforma-se em império,
  52-3; burocracia em, 58-9,
  67, 76-81; governo papal em,
  105, 115; Maquiavel sobre,
  106; centro do Estado Papal,
  151-2, 189, 294
Romana, República, 355
Roon, A. von, 305

Roosevelt, F. D., 316;
  desvaloriza o dólar, 338, 507
Roosevelt, T., 414
Root, E., 414
Rothschild, L. W., 336
Rouget de Lille, C. J., 283
Rousseau, J. J., 16; inicia a
  Grande Transformação, 272-
  4; e educação, 300, 317, 371,
  482, 501
Ruanda, 19, 475, 551
Rubens, P., 175
Rússia, 189, 217; polícia na, 296;
  cria papel-moeda, 328; adota
  o padrão-ouro, 332; invadida
  por Napoleão, 355, 359,
  372-3; nos século XVII e
  XVIII, 378-91; surgimento da
  sociedade civil na, 393; no
  século XIX, 390-6, 440;
  derrotada pelo Japão, 464,
  483, 590
Rute, 4

Sacro Império Romano, 107,
  110; no folclore, 113-4, 119;
  na Paz da Vestefália, 121,
  141, 146, 222, 226, 232, 377
Saint-Simon, duque de, 173
Saint-Simon, H. de, 313
Salomão, rei, 17
Samuel, 14
San Michele, M., 221
Sanção Pragmática, 92
Sargão, 31
Saxe, M. de, 349
Saxônia, 144, 278
Scharnhorst, G. von, 354
Schiller, J. von, 276
Schmalkalden, Liga, 142
Schmidt, H., 520

Schöffen, 147
Schönbrunn, palácio de, 173
scutagium, 223
Sedan, Batalha de, 371
Sedantag, 285
Segunda Guerra Mundial, 336; tributação na, 339; mobilização para, 344-5; guerra total, 364-6, 370, 415, 418, 421, 444, 447, 462, 466, 476; uso de armas nucleares na, 484-7, 495, 497-8, 502; e origens do Estado de bem-estar, 507, 528, 533, 536, 549, 561; momento decisivo das guerras, 565, 584, 591
Sejm, 397
Senado romano, 37-9, 45, 47, 55, 321
Sendero Luminoso, 447
Senegal, 556
separação dos poderes, 35, 57; proposta por Locke, 256-7; Montesquieu e, 257-8; adotada pelos Estados Unidos, 409
Serra Leoa, 556, 579
Serviço Secreto, EUA, 298
Sete Anos, Guerra dos, 228, 230, 347, 351, 434
Severo, S., 68
Sforza, família, 112, 175
Shaka, 26
Sherman, W. T., 360, 413
Shilluk, 12
Shute, N., 485
Sigismundo, imperador, 109
Silhon, J. de, 184
Sinope, Batalha de, 390
Sionismo, 289
Siracusa, 51, 80, 293

Síria, 51, 465, 468, 475, 498; afasta-se do socialismo, 538
Síria, guerra da, 77
sistema de mandatos, 460-1
sistemas de mensagens, 26, 72, 76
Sisto IV, 104
Smith, A., 78; sobre transportes, 412
Smuts, I., 460
Snell, W., 202
soberania: no mundo antigo, 47-8; definida por Bodin, 250-1; na obra de Hegel, 278; e Primeira Guerra Mundial, 501; recuo da, limitada pela ONU, 551, 597
Sobieski, J., 400
Sobornoe ulozhenie, 379
sociedade civil, na obra de Hegel, 278; no regime totalitário, 290, 370; ausente na Rússia., 382, 388-9; dominada pelo Estado, 509-10
Sociedade Helvética, 274
sociedades governadas por subchefes nomeados, 30-1, 75-6
société d'états, eliminação da, 197, 264
Sócrates, 41
Soli, 68
Solimão, o Magnífico, 58, 119
Sólon, 35
Somália, 475, 551; guerra na, 570
Somoza, família, 479
Sorbonne, 98
Speenhamland, sistema, 311
Sri Lanka, 475

St. Blois, Édito de, 209
St. German-en-Laye, 209
Stacey, J., 510
Stálin, J. V., 106, 338, 462, 533, 551, 575, 589
Stanhope, J., 189
Stein, H. K., 196, 218
Sterne, L., 263
Stolypin, P. A., 395
strategoí, 36
strel'tsy, eliminado por Pedro I, 383
Sucessão Espanhola, Guerra da, 120, 212, 228, 266, 348
Sudão, 8, 470, 475; guerra civil no, 505
Suécia, 96, 103, 122, 155, 189, 202, 205, 249, 314, 324, 379; derrotada por Pedro I, 387; Estado de bem-estar na, 387, 554
Sueur, H. le, 175
Suíça, 50, 84, 115; torna-se independente, 121, 153; cidades da, 162, 271; adota o padrão-ouro, 332, 572
Sully, M. de Bethune, 101, 120, 122, 159, 265, 501
Sûreté, 237
synoikismós, 32
szlachta, 396

Tácito, C., 16, 20
Tailândia, 456, 469, 555
taille, 157; instituído para custear o exército permanente, 208
Taiwan, 469, 531
Talleyrand, C. M. de, 282
T'ang, dinastia, 60
Tanzânia, 515, 566

Tcheca, República, 592
Tchecoslováquia, 503, 537
tecnologia militar: evolução da, 358-70; na Segunda Guerra Mundial, 367-8
telecomunicações: monopolizadas pelo Estado, 343, 373, 541; solapa a soberania, 544-5, 556
telégrafo, 297; criação do, 361, 543-4
Telêmaco, 34
Temístocles, 45
Templários, 89
Teodoro II da Rússia, 380
Terceiro Departamento, russo, 292, 392
Terra Nova, 420
terrorismo moderno, 571-2
Texas, 414
Thatcher, M., 529-30
thesmothétai, 40
thetes, 19
Thiers, A., 500
Tiago de Viterbo, 86
Tibério, J. C., 63
Tiglat Pileser III, 62, 67, 229
Tilly, J. T. von, 146
timaîon, 79
tirania, 48
Togo, 556
trace italenne, 222
traição, 291
Trajano, M. U., 50, 229
Transvaal, 425
Trastamara, dinastia de, 137
Tratado de Não-Proliferação de Armas Nucleares, 490-2
Tratado de Paz, 186
Tratado de Proibição de Testes, 490

Tratados de Limitação de
   Armas Estratégicas, 490
Treitschke, H. von, 415
tresoir d'epargne, criação do, 209
Trevelyan, C., 199
Tribunais de Prerrogativas, 129
Tribunal de Requisições, 129
tributação: em chefias, 23; em
   cidades-estado, 46-7; em
   impérios, 59-63, 70; no
   feudalismo, 73-4, 76, 81; e a
   igreja medieval, 91; no Sacro
   Império Romano, 112-3; nos
   primórdios da Europa
   moderna, 210-1, 270; nos
   EUA do século XIX, 331-2;
   durante a Primeira Guerra
   Mundial, 336-7; durante a
   Segunda Guerra Mundial,
   339; na Rússia petrina, 382-3;
   na Polônia, 396-7; no Estado
   de bem-estar, 519, 522
Tróia, guerra de, 20
Trótski, L., 379
Troyes, Tratado de, 132
Truman, H. S., 418
tumultus, 39
Tunísia, 51; afasta-se do
   socialismo, 538
Turenne, H. de, 349
Turgot, A. G., 328
Turner, T., 562
Turquia, 475, 531, 554, 572
Tutancâmon, 66

Ucrânia, 462, 540
Uganda, 474
Unam sanctam Ecclesiam, 86, 89,
   108
União Aduaneira dos Estados
   da África Central (UAEAC),
   555

União Européia, 552-6, 586, 592
União Internacional Aduaneira,
   549
União Internacional do
   Telégrafo (ITU), 547
União Postal Internacional
   (IPU), 548
União Soviética, 317, 336;
   moeda de curso forçado na,
   338; burocracia na, 341, 389,
   418; e questão da
   nacionalidade, 462, 464;
   desintegração da, 469, 485,
   489, 493, 497, 503; modelo
   de Estado de bem-estar, 510;
   fracasso econômico da, 533-8,
   551, 567, 589, 591, 593
Urbano VI, papa, 90
Urena, conde de, 139
URSS, *ver* União Soviética
Uruguai, 439, 442, 555
US Bank, 329, 410
utraquista, igreja, 91
Utreque, Tratado de, 161

valdense, 91
Valla, L., 92
Vasari, G., 174
Vattel, E., 233
Vauban, S. le Prêtre de, 202, 352
Vega, G. de la, 67
Velazquez, D., 175
venenoso, gás, 362
Veneza, 113, 152-3
Venezuela, 439, 555
Vergara, E., 451
Vergílio, P., 118
Versailles, 173
Versailles, Conferência de, 464
Vespasiano, T. F., 59
Vestefália, Paz de, 121, 145, 226,
   271, 595

Vicksburg, Batalha de, 413
Vidocq, F., 237
Viena, Congresso de, 387
Vietnã, 415, 469; guerra no, 498; invadido pela China, 504, 515; afasta-se do socialismo, 538, 569-70, 591.
vikings, 404
Villa, P., 443
Villalar, Batalha de, 161
"Vingança do Povo", 395
Virgínia, 204, 404, 453, 554
virtù, 248
Visconti, família, 112
Visconti, G., 112-3
Vitória da Grã-Bretanha, 454
Volkswagen, 344, 512
Voltaire, F. M. A., 205, 264, 267, 291
"Vontade do Povo", 395
votchiny, 380
Voz da América (VOA), 562

Wallenstein, A. von, 146
Walpole, R., sobre tributação, 215
wanax, 30
Warwick, conde de, 128, 146
Washington, G., 401, 410

Waterloo, Batalha de, 358
Webb, B., 307
Weber, M., 370, 584
Wesley, J., 261
West Point, 301
West Virginia, 298
Weston v. Charleston, 411
Wild, J., 234
Wilson, W., 374
Winstanley, G., 204, 300
Wolsey, T., 99
Worms, Dieta de, 115
Württemberg, 144

Xenofonte, 243
Xerxes, 56, 68, 352
xhosa, tribo, 425

Yeltsin, B., 490, 590
York, Casa de, 128

Zaire, governo belga no, 456, 467, 479, 555
Zapatista, movimento, 447
Zeydlitz, K. von, 300
Zheng He, 64
Zimbábue, 538
Zulu, 20, 27, 425
Zwinglio, H., 95